龙游年鉴

2021 LONG YOU YEARBOOK

龙游县地方志编纂委员会 编

方志出版社
Publishing House of Local Records

图书在版编目（CIP）数据

龙游年鉴. 2021 / 龙游县地方志编纂委员会编. -- 北京 : 方志出版社，2021.12
ISBN 978-7-5144-5203-7

Ⅰ. ①龙… Ⅱ. ①龙… Ⅲ. ①龙游县－2021－年鉴 Ⅳ. ①Z525.54

中国版本图书馆CIP数据核字（2021）第270730号

龙游年鉴（2021）

编　　者：龙游县地方志编纂委员会
责任编辑：罗　滔

出 版 者：方志出版社
地址　北京市朝阳区潘家园东里 9 号（国家方志馆 4 层）
邮编　100021
网址　http://www.zgfzcb.cn
发　　行：方志出版社图书营销中心
电话（010）67110500
经　　销：各地新华书店
印　　刷：浙江江山鑫华印刷有限公司

开　　本：889×1194　　1/16
印　　张：30.5
字　　数：1007 千字
版　　次：2021 年 12 月第 1 版　　2021 年 12 月第 1 次印刷
印　　数：0001 ～ 1300 册

ISBN 978-7-5144-5203-7　　**定价**：220.00 元

龙游县地方志编纂委员会

《龙游年鉴》编辑部

审稿人名单

（以姓氏笔画排列为序）

丁　峰	万黎琴	马　健	马　骏	王　丽	王　烨	王　翔	王　群
王　璟	王小波	王志芳	王国清	王凉花	毛庆华	毛利剑	毛晓娟
方利民	方宝田	方爱芸	尹慧良	邓晓祯	厉文健	叶　俊	叶　翠
叶红军	叶志仪	叶鹏皓	田王健	包　锋	兰叶定	邢文明	吕元进
吕凯悦	朱　珉	朱军芳	伍军键	刘国红	刘科军	刘哲明	孙云飞
严丽萍	巫　凡	巫　凡	李　翔	李华琴	李新云	杨　建	杨　俊
杨　豪	杨　瑾	杨永雄	杨江红	吴　菁	吴　超	吴永超	吴伟红
吴旭东	吴建平	吴建标	吴惠忠	吴善龙	邱元良	邱成伟	余永华
余国忠	余春林	余健宗	汪小军	汪存伟	汪幸智	汪霄旻	沈　彬
沈海燕	沈银水	宋王珍	宋志平	宋洪斌	宋振中	张　斌	张　鹏
张国宾	陈　岗	陈　湛	陈　颖	陈小兵	林远明	罗　盈	罗玉银
金敏军	周　坤	周　奕	周　颖	周　慧	周小平	周巧萍	周叶青
周利民	周晓盈	郑　坦	郑连根	郑园萍	郑利霞	官　城	胡仁建
胡洁军	钟爱红	俞向成	施　涛	姜林榄	姜俊毅	姜朝霞	洪建新
祝红兵	袁鲁峰	晏京森	钱菊红	倪成哲	倪群英	徐　俊	徐　敏
徐发明	徐华喜	徐向东	徐红斌	徐志丹	徐佳楠	黄灵志	章承月
琚建斌	蒋澄宇	韩　彬	傅龙诚	童叶丽	童韧锋	曾松海	楼　欣
赖　云	雷小彬	雷庆岳	雷秀珍	詹　竞	廖有勤	廖成钢	缪　斌
戴　星							

编辑说明

一、《龙游年鉴》汇辑龙游县年度自然、政治、经济、文化、社会等方面的基本面貌和发展状况。旨在为各级领导资政决策提供依据，为社会各界和中外投资者了解龙游提供丰富翔实的地情资料和信息。

二、《龙游年鉴（2021）》坚持以马克思列宁主义、毛泽东思想、邓小平理论、“三个代表”重要思想、科学发展观、习近平新时代中国特色社会主义思想为指导，坚持辩证唯物主义和历史唯物主义的立场、观点和方法，着力体现时代特征和年度特点，为龙游县经济、社会发展服务。

三、《龙游年鉴（2021）》以文字记述为主，辅以图表照片；记事时间从2020年1月1日至2020年12月31日；以县机关部门、乡镇（街道）和驻龙游单位为记述主体，记述内容按事物性质分类。

四、《龙游年鉴（2021）》体例采用条目体，分为类目、分目、条目三个层次。分目一般设概况、综合记事和专题条目，简要记述一个行业、事业、单位的总体情况、单项工作及大事、要事、新事、特事。条目是年鉴汇集资料信息的基本单元。

五、《龙游年鉴（2021）》共设有特载、专文、大事记、龙游概览、中国共产党龙游县委员会、龙游县人民代表大会、龙游县人民政府、中国人民政治协商会议龙游县委员会、中国共产党龙游县纪律检查委员会　龙游县监察委员会、民主党派、群众团体、军事、法治、经济管理、农业·林业·水利、工业、交通·电力·邮政·通信、商贸服务业、金融业、城乡规划建设与管理、环境·资源·气象、教育·科技、文化·旅游·传媒·体育、卫生健康、社会事务和社会生活、乡镇（街道）、人物·荣誉、统计资料、附录、索引30个类目。类目、分目、条目的编排力求科学合理。

六、《龙游年鉴（2021）》的稿件、资料由龙游县各部门、乡镇（街道）和驻龙游的省、市直属单位确定专人负责撰写或提供，经编辑部编辑而成，再经各部门、乡镇（街道）、驻龙游单位负责人审定。单位撰稿人姓名、卷首彩页照片的摄影者统一署名于条目或照片后。

七、龙游县统计局提供全县综合性统计数据，各单位提供的数据与龙游县统计局的数据不一致的以龙游县统计局的数据为准。统计局未作统计的，以各专业部门和乡镇（街道）提供的数据为准。

八、《龙游年鉴（2021）》数字用法、标点符号、计量单位均执行国家相关标准。考虑到社会使用习惯，全书中亩不统一换算。

九、《龙游年鉴（2021）》人物·荣誉类目中，“2020年先进集体”与“2020年先进个人”分目收录2020年度各单位由国家、省相关部门及市县党委、政府授予的荣誉称号。

十、《龙游年鉴（2021）》卷首设有详细目录和英文总目，卷末编有表索引、图索引和主题索引，书眉标示类目名称。全书资料信息可由目录、书眉、索引等检索渠道获得。

2020 年 9 月 23 日，中共浙江省委常委、组织部部长黄建发（前排左二）到龙游县调研（吴森邦 摄）

2020 年 1 月 2 日，中共浙江省委常委、宣传部部长朱国贤（中）到龙游县调研（吴森邦 摄）

2020 年 4 月 27 日，浙江省副省长刘小涛（前排左二）到龙游县调研

（吴森邦　摄）

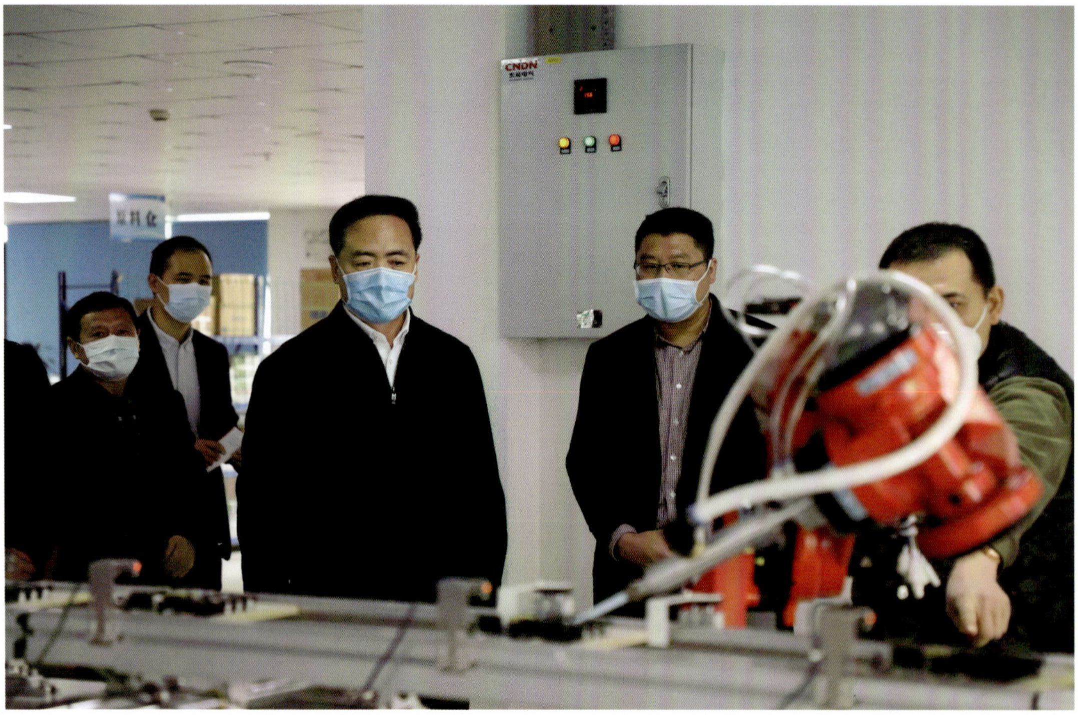

2020 年 2 月 24 日，浙江省人大常委会副主任赵光君（中）到龙游县指导督查疫情防控和复工复产工作

（姜贤帅　摄）

2020 年 6 月 28 日，中共衢州市委书记徐文光（二排中）到龙游县调研“8090”新时代理论宣讲工作（吴森邦　摄）

2020 年 6 月 2 日，中共衢州市委常委、宣传部部长钱伟刚（右二）到龙游县调研（吴森邦　摄）

重要会议

2020 年 4 月 20—22 日，中国人民政治协商会议第十届龙游县委员会第四次会议召开

（吴森邦　摄）

2020 年 4 月 21—22 日，龙游县第十三届人民代表大会第四次会议召开

（吴森邦　摄）

2020 年 7 月 21 日，全省新时代青年理论宣讲工作现场会在龙游县召开

（吴森邦　摄）

2020 年 11 月 20 日，纪念《共产党宣言》华岗中译本出版 90 周年暨马克思主义中国化研讨活动在龙游县举办。中央编译局原秘书长、马克思主义经典著作研究中心主任、清华大学特聘教授杨金海在会上发言。

（图片由山东大学党委办公室提供）

2020 年 1 月 27 日，龙游县召开新型冠状病毒肺炎防控工作视频会，中共龙游县委书记张晓峰（中）主持会议并讲话　　（姜贤帅　摄）

2020 年 11 月 13 日，在龙游县抗疫表彰大会上，中共龙游县委副书记、县长祝建东（中）为获奖者颁发证书　　（吴森邦　摄）

2020 年 12 月 17 日，全市疫情表彰大会上，中共龙游县委副书记、县长祝建东（左一）为获奖者颁奖　（吴森邦　摄）

2020 年 3 月 10 日，浙江省文旅项目龙游县公共文化服务中心集中开工

（吴森邦　摄）

2020 年 3 月 10 日，浙江省文化和旅游重大项目——双江口主题酒店公园项目开工仪式在龙游县举行　（吴森邦　摄）

2020 年 7 月 27 日，城北入城口改造项目小南海圩塘朱高架爆破　　（吴森邦　摄）

2020 年 8 月 20 日，320 国道恢复检修　　（吴森邦　摄）

内文总目

Table of Contents

目　录

图　照

特　载

专　文

大事记

龙游概览

中国共产党龙游县委员会

龙游县人民代表大会

龙游县人民政府

中国共产党龙游县纪律检查委员会 龙游县监察委员会

民主党派

工　业

交通·电力·邮政·通信

金融业

城乡规划建设与管理

社会事务和社会生活

索 引

牢记使命勇进取 当好龙头争上游 奋力谱写高水平建设浙西新明珠的时代篇章

——在县委十一届十次全体（扩大）会议上的报告（摘要）

中共龙游县委书记 张晓峰

2021 年 1 月 22 日

同志们：

今天，我们召开县委十一届十次全体（扩大）会议，主要任务是，高举中国特色社会主义伟大旗帜，以习近平新时代中国特色社会主义思想为指导，全面落实党的十九届五中全会和省委十四届八次全会、市委七届九次全会精神，深入贯彻习近平总书记考察浙江重要讲话精神，听取县委常委会工作报告，审议通过《中共龙游县委关于制定龙游县国民经济和社会发展第十四个五年规划和二〇三五年远景目标的建议》，进一步动员全县上下牢记使命、勇于进取，当好龙头、力争上游，奋力谱写高水平建设浙西新明珠的时代篇章。

下面，我代表县委常委会，向全会作工作报告。

一、回顾 2020 年主要工作

2020 年是极不平凡的一年。面对严峻复杂的国际国内形势、艰巨繁重的改革发展稳定任务特别是新冠肺炎疫情的严重冲击，我们坚决响应以习近平同志为核心的党中央号令，在省委、市委的坚强领导下，团结带领全县上下统筹推进疫情防控和经济社会发展，扎实开展“三个年”活动，奏响“双招双引”主旋律，打好国土整治大会战，持续推进县委“14456”工作布局重重落地。纵观全年，“五县”联创、“四最”建设、八大平台赋能结出新硕果，“党建工作获殊荣”“疫情防控零确诊”“经济发展走前列”三大亮点催人奋进。在 27 项主要经济指标排名中，我县地区生产总值、民间项目投资、高新技术投资、一般公共预算收入等 11 项指标增幅名列全市第一、21 项指标增幅位居全市前三，在大战大考之年交出了一份光芒四射、成色十足的高分报表。

1. 学懂弄通做实习近平新时代中国特色社会主义思想，以高度的政治自觉、思想自觉、行动自觉践行“两个维护”。县委常委会认为，学习和领会习近平新时代中国特色社会主义思想的深度，决定着政治站位的高度、政治忠诚的纯度、政治建设的力度。我们始终把学深悟透习近平新时代中国特色社会主义思想作为最大政治任务，每当习近平总书记发表重要讲话、作出重要指示，都及时通过县委常委会、县委理论学习中心组学习会和部署会、座谈会、调研宣讲等进行传达学习。我们始终牢记习近平总书记主政浙江期间调研龙游时提出的“三个指示”，深入学习贯彻习近平总书记考察浙江重要讲话精神，在县委十一届九次全会上提出当好“重要窗口”的建设者、维护者、展示者，加快形成具有龙游鲜明辨识度的标志性成果，为浙江建设“重要窗口”提供鲜活素材和基层样本。我们建立“不忘初心、牢记使命”长效机制，认真组织党的十九届五中全会精神专题学习会和干部轮训，广泛宣介习近平新时代中国特色社会主义思想在龙游的生动实践，进一步营造学思用贯通、知信行合一的浓厚氛围。特别值得骄傲的是，龙游“8090新时代理论宣讲团”获得习近平总书记重要批示，在全国推广。这是新中国成立以来龙游获得的最高荣誉，也是衢州市的特别荣耀，值得我们欢欣鼓舞，继续付诸百倍努力、作出更大贡献！

2. 统筹推进疫情防控和经济社会发展，实现了“两手硬、两战赢”。县委常委会认为，统筹做好疫情防控和经济社会发展工作，是党和人民赋予我们的一项艰巨政治责任，必须下好先手棋、打好主动仗。我们高度敏锐敏感、超前谋划考量、果断决策施策，实施网格排查“四个一户不漏”、县级领导“五个一”包干、企事业单位“四个到位”、战时管理“六个严禁”等一系列硬核措施。我们率先启动复工复产四大行动，慎终如始抓好常态化疫情防控，守住了“零确诊”的钢铁防线，维护了高质量发展和社会和谐稳定的良好局面。在抗击疫情的过程中，全县2.5万余名党员干部挺身一线、连续奋战，医务工作者白衣披甲、逆行出征，社会各界倾情倾力、风雨同担，广大群众自觉自律、守望相助，生动诠释了甘于奉献、大爱无疆的崇高精神。我县3人荣获省抗击新冠肺炎疫情先进个人，23人、8家单位荣获市级先进。同时，我们高度关注保障困难群众，倾力帮助企业渡过难关，建立“战时服务团”常态化运行机制，深入实施“五减”“两直”专项行动，全年累计实现减税降费13.26亿元，精准落实“两直”资金5.7亿元，争取抗疫特别国债资金3.87亿元。

3. 聚焦聚力“三个年”活动，在比学赶超中当仁不让、快马加鞭。县委常委会认为，高质量开展“全面小康决胜年”“招商引资攻坚年”“重大项目推进年”活动，是贯彻落实省市部署、推动龙游加快发展的重要抓手，也是积极应对考验、主动危中寻机的关键举措。我们对标高水平全面建成小康社会各项目标任务，扎实推进14个领域58项补短提升工作，与镇海联手打造“消薄飞地”，率先实现家庭人均年收入8000元以下现象、“两不愁三保障”突出问题、省定经济薄弱村“三个清零”，低保标准达到850元/月，低收入农户同步迈向高水平全面小康。我们坚持外抓“双招双引”、内抓国土整治，月专报、亮进度、强推进。在全市“互比互看互学”评比中，大干项目名列八大区块第一，招商引资位居各县（市、区）榜首。全年共安排“421”重点实施类项目134个，实际完成投资122.76亿元；新引进项目59个，总投资额105.71亿元；引进海内外高层次人才16人，新建省级人才平台15个；垦造耕地3396.5亩，建设用地复垦1591.4亩，实现指标调剂收入20.28亿元。

4. 以新发展理念构筑现代产业体系，不断积蓄高质量发展的内生动能。县委常委会认为，工业始终是龙游的立县之本、强县之基，必须坚持创新驱动、科技赋能，以制造业高质量牵引经济高质量、推动发展高质量。我们紧盯高端智造，加快数字革命，以“禾川系”为代表的先进制造业集群不断壮大，水发全竹循环产业园、云墨碳谷项目正式签约，5个项目入围省“百项万亿”重大制造业项目实施计划，新增企业上云98家。全县规模工业总产值271.62亿元，同比增长5.9%，全市第二；工业用电量21.36亿千瓦时，同比增长5.9%，全市第一。我们坚持扶优扶强，出台推进企业股改挂牌上市三年行动方案，落实“一企一策”精准服务。加快转型升级步伐，先后出清149家低效企业，淘汰20条落后生产线，整治45家“低散乱”企业，成为全市唯一入选全省加快传统制造业改造提升成效明显县。我们加快平台能级提升，经济开发区政府性建设工程完成投资8.35亿元、增长44.5%，产业创新服务综合体、机器人产业园等项目有力推进，开发区管理体制、国资运营、功能配套不断强化，在省级综合考核中斩获全市第一。

5. 坚定不移走以人为核心的新型城镇化道路，加快推进城乡融合一体发展。县委常委会认为，新型城镇化的质量影响产业发展的水平、关乎群众生活的品质、决定现代化的成色，必须坚定不移一抓到底。我们着力提升中心城区能级，大步跨入拥江发展新时代。城东片区现代化新城框架初显，滨水休闲带已具雏形，商务金融、高层住宅、高端餐饮、公共服务等一批城市楼宇、现代综合体纷纷拔地而起，跻身全国首个县级“国家绿色生态城区”。老城区迎来新一轮有机更新，大南门区块拔钉清障全面“清零”，挑水巷主体修缮全部完成，竹海路全线改造提升，3个老旧小区面貌焕然一新，有礼行动深入人心，高位创成省示范文明县城。我们深入实施“小县大城”战略，农民集聚模式得到省委袁家军书记批示肯定，湖镇小城市培育和溪口未来社区建设亮点纷呈，溪口镇、詹家镇入选浙江美丽城镇省级样板，我县获评全省2020年度新时代美丽城镇建设优秀县。

6. 高水平建设美丽大花园核心区精品园，拓展绿水青山就是金山银山转化新通道。县委常委会认为，绿色是龙游最鲜明的底色，必须把绿水青山建得更美，把金山银山做得更大，使大花园建设成为龙游助力“重要窗口”的鲜明标识。我们集中资源力量打造“两江走廊”核心区，15个重点项目完成投资18.63亿元，红木小镇验收命名、盛大开园，六春湖点燃山地旅游新爆点，石窟举办国际音乐盛典，团石湾成为知名网红村，成功创建省级全域旅游示范县，拉开了“两江化一龙、文旅再出发”的崭新帷幕。我们坚持生态优先，深入实施治水、治气、治土、清废攻坚行动，扎实开展中央环保督察反馈问题整改，在全市率先启动“无废城市”创建，PM2.5同比下降16.67%，空气优良率达98%，重点区域水质达标率100%，“绿色中国行”系列活动引起广泛关注、赢得各界好评，成功入选新一批全省大花园示范县建设单位。我们大力发展生态富民产业，粮食、生猪稳产保供获省领导批示，“龙游飞鸡”入选精准扶贫典型案例推广全国，中国TOP直播电商产业园龙游基地正式启用。士元实验区建设渐入佳境，已流转土地1.8万余亩，文成小区、黄茶小镇主体基本完工，万亩规模化种养殖基地场面壮观，呈现出一片勃勃生机。

7. 深化重点领域和关键环节改革创新，持续释放干事创业的源头活水。县委常委会认为，敢为人先是龙游人最宝贵的气质，越是加快发展地区，越要敢闯敢试、大胆创新，用体制机制新优势带来转型跨越新突破。我们着眼党政机关数字化转型，深化“最多跑一次”改革，政务服务事项网上办、掌上办实现100%，70%以上民生事项乡镇就近可办。加快“龙游通”应用开发、功能拓展，用户黏度不断提高，入选全省数字经济新治理优秀案例。我们聚焦智慧治理、协同治理、舒心治理、攻坚治理，以基层治理“一件事”系统集成为切入口，扎实推进“县乡一体、条抓块统”改革，创新县乡双向考评机制得到省委常委、秘书长陈金彪批示肯定，“舒心治理”模式在全省数字赋能县域社会治理现代化推进会上作典型推广，“一网智治”做法登上了《浙江日报》头版，为全市改革试点大局锦上添花。我们以更广视野推进开放开发，在镇海、萧山设立科创“飞地”，承接省内发达地区产业转移项目到位资金29.75亿元，一批重大交通项目有力实施，城市产业环全线打通，龙游港区运行进入良性发展轨道。

8. 把解决群众所期所盼问题作为执政根本，有效提高全县人民获得感幸福感安全感。县委常委会认为，让群众过上好日子，是一切工作的出发点和落脚点。我们坚持为民办实事长效机制，高质量办好十方面民生实事，全年投入民生保障48.5亿元，民生支出占一般公共预算支出的73.5%。扎实推进县域医共体建设，全市率先实现基层100%诊间支付。教共体、幼共体改革成效显著，高考质量有较大提升。高坪桥水库建成供水，惠及城乡26.1万人。帮扶重点群体、困难群众就业创业，低保、社保、养老、福利、慈善各项工作取得新进展。实施新时代文化工程，博物馆正式开馆，166家农村文化礼堂两堂融合，在全市率先完成“千村（社）修约”，新时代文明实践中心建设经验作全省交流。法治建设、平安建设纵深推进，市域社会治理现代化改革试点进展顺利，安全生产和应急管理形势稳定向好，全县四级信访总量下降21.3%，赴国家局登记批次、人次在2019年下降八成的基础上、再降60%以上，有望创成国家级信访“三无”县。我们打好扫黑除恶专项斗争收官战，三年来累计打掉恶势力犯罪集团2起、恶势力犯罪团伙14起，十类涉黑恶案件判决377人，有力维护社会平安和谐。

县委常委会认为，只有坚持和加强党的全面领导，才能确保各项事业始终沿着正确的方向胜利前进。我们大力支持县人大及其常委会依法履职，作出关于设立龙游县“诚信日”等决议决定23项，积极打造人大代表联络站升级版，开展依法行政、“双招双引”、农村饮用水达标提标工程等法律监督和工作监督35项，围绕企业上市、数字经济等进行专题调研，形成高质量的建议参考。支持县政协发挥专门协商机构作用，围绕全域土地综合整治、国家绿色生态城区创建等召开专题调研协商，围绕高水平全面建成小康社会补短板、社会治理领域“最多跑一地”改革、省示范文明县城创建等开展专项民主监督，深化打造“请你来协商”“委员会客厅”等特色品牌。积极做好统战工作，充分发挥各民主党派、工商联和无党派人士作用，组织千名统战对象以多种方式投身抗疫。承办全省首届民族乡村振兴“百村大会堂”，沐尘入选全国民族乡村振兴试点。坚持党管媒体，守牢意识形态领域主阵地，大力传播党的好声音，县级融媒体中心跻身全省20强。坚持党管武装，加强新时代民兵建设，扎实开展省级“双拥”模范县创建，推动退役军人服务保障体系提质升级。

县委常委会认为，全面从严治党是永葆生机活力的根本保证。我们坚持党要管党，推动党委主体责任、书记第一责任、班子成员“一岗双责”和纪委监督责任贯通联动、形成合力。坚持严管厚爱，建立“一线实绩观察团”，开展常态化巡回督导，加强干部队伍高素质、梯队式、专业化建设，选拔一线实绩突出干部35人。坚持大抓基层，开展“百日会战、干中选人”竞赛，实施“上任三把火、开门一件事”，全面全程高质量完成村社组织换届。切实加强新时代党的群团工作。稳步推进县委巡察全覆盖，做好省委巡视整改后半篇文章。深化最佳政治生态建设，持之以恒抓好中央八项规定精神落实，坚决整治形式主义官僚主义，一体推进不敢腐、不能腐、不想腐，全年立案233件，党纪政务处分244人。

经过五年的艰苦奋斗，我们完

成了“十三五”规划主要目标任务，经济建设、城乡发展、人民生活水平跃上新的大台阶。转型升级的道路不断拓宽，高质量发展的特征不断显现，治理现代化的步伐不断加快，高水平全面建成小康社会取得决定性成就，为开启高水平全面建设社会主义现代化新征程奠定了坚实基础。

成绩来之不易，这是习近平新时代中国特色社会主义思想科学指引的结果，是省委省政府、市委市政府坚强领导的结果，是全县各级党组织和广大党员干部群众勠力同心、苦干实干的结果。我代表县委常委会，向大家表示衷心的感谢！

在充分肯定成绩的同时，必须清醒看到，我县发展中仍存在不少短板和问题，特别是经济总量和发展质量有待进一步提高，科技创新能力还不足，重点领域关键环节改革任务依然艰巨，生态环保、民生保障、社会治理等方面还有弱项，干部队伍能力素质需要提升等。对于这些短板问题，我们必须高度重视，切实加以解决。

二、准确把握新发展阶段龙游面临的形势和努力奋斗的方向

党的十九届五中全会，是在我国进入新发展阶段、实现中华民族伟大复兴关键时期召开的一次具有全局性、历史性意义的重要会议，擘画了“十四五”和全面建设社会主义现代化国家的宏伟蓝图，为中国这艘巨轮行稳致远确定了新的航标和方向。省委十四届八次全会，围绕忠实践行“八八战略”、奋力打造“重要窗口”这一主题主线，聚焦聚力高质量、竞争力、现代化，提出了争创社会主义现代化先行省的奋斗目标。市委七届九次全会，提出深入贯彻“八八战略”、践行“八个嘱托”、推进“八大任务”，争创四省边际社会主义现代化先行市。党中央和省委、市委的一系列决策部署，为我们干好“十四五”、谱写新篇章提供了遵循和指南。

提交全会审议的《中共龙游县委关于制定龙游县国民经济和社会发展第十四个五年规划和二〇三五年远景目标的建议》稿，全面落实中央和省市要求、立足龙游实际、回应群众期盼，提出了“十四五”时期我县经济社会发展的总体要求、主要目标、重大任务和重要举措，贯穿了坚持系统观念、全面创新思维的理念方法，是指引我县高水平推进社会主义现代化建设的建议。

贯彻好党的十九届五中全会和省委、市委全会精神，落实好中央和省委、市委“十四五”规划建议，必须坚持正确的历史观、大局观、发展观，研判新形势，对照坐标系，找准新方位。

从国际看，当今世界正在经历百年未有之大变局。在这场变局中，新一轮科技革命和产业变革是最重要的推动力量，国际力量对比深刻调整尤其是“东升西降”成为大趋势，新冠肺炎疫情全球大流行使大变局更加扑朔迷离。从国内看，我国进入高质量发展阶段。人均生产总值已经达到1万美元，城镇化率超过60%，中等收入群体超过4亿人，人民对美好生活的要求不断提高，但发展不平衡不充分问题仍然突出。面对国内外环境的深刻变化，中央审时度势，提出构建以国内大循环为主体、国内国际双循环相互促进的新发展格局。一方面，扭住扩大内需这个战略基点，使生产、分配、流通、消费更多依托庞大的国内市场，提升供给体系对国内需求的适配性，形成需求牵引供给、供给创造需求的更高水平动态平衡。另一方面，以更加自信的姿态参与经济全球化，通过科技创新、深化改革和高水平对外开放，推动高质量发展，在全球治理体系变革中发挥大国作用。

省委紧扣把握新发展阶段新要求，提出必须担负起“五大历史使命”，抓紧抓牢抓实“十三项战略抓手”，努力打造“四高地两区一家园”，以省域现代化先行为全国现代化建设探路。市委立足衢州实际，明确了争创四省边际社会主义现代化先行市的总体目标和“一极两区四地”的具体目标，提出必须坚持“四大战略导向”，部署实施“十大行动”。

对于龙游来说，未来发展要从四个时代维度去把握：

一要从国家战略格局中去把握。长三角一体化发展，是我国构建新发展格局中一项重大国家战略。龙游作为浙西地区连接杭州、上海、宁波的重要节点，必须牢牢把握长三角区域一体化纵深推进的历史性机遇，借助义甬舟开放大通道西延的有利时机，加大融杭接沪联甬力度，主动承接发达地区的溢出和辐射，深度参与市场、技术、人才、产业、资本等高端要素循环，在国家战略格局中找到属于自己的新契机、新增量。

二要从全省战略部署中去把握。省委全会提出，要念好新时代“山海经”，推动山区跨越式发展，支持一批绿色发展重点县增强内生发展能力。这是省委继欠发达地区摘帽、实行绿色GDP考核后，对26个加快发展地区提出的新要求、新期待。今后的26县之争，只会更加激烈、更加残酷。目前，龙游总体处于26县中游水平，要成为名副其实的区域明珠，只有自我加压、争先进位，才能在新一轮区域发展中抢占先机、赢得主动，当务之急首先要在浙西地区脱颖而出。

三要从全市战略定位中去把握。市委对龙游最大的嘱托是“当好龙头、力争上游”，最大的定位是建设制造业高质量发展先行县，这是市委基于龙游现实条件、产业基础和发展态势作出的英明决断。我们要主动服务四省边际社会主义现代化先行市建设，在“一极两区四地”建设中对标对表、贡献力量，尤其

要在制造业高质量发展上放大优势、先行示范，切实扛起衢州东部门户担当。

四要从我县工作布局中去把握。自县委十一届六次全会部署“14456”工作布局以来，“五县”联创、“四最”建设有目共睹，八大战略平台动能积蓄，主要经济指标走在前列，得到了广大干部的认可、广大群众的拥护。现在，越来越多的人关注龙游、看好龙游，越来越多的优质项目选择龙游、加码龙游。可以说，我们憧憬的浙西新明珠，图景越来越清晰、准备越来越充分、势头越来越高昂，到了向更高层次、更高水平迈进的历史性时刻。

综合上述考虑，县委常委会认为，“十四五”时期的龙游，要持续深化县委“14456”工作布局，牢记使命、勇于进取，当好龙头、力争上游，努力实现“一个崛起、一个先行、六个翻番”：即在浙西地区社会主义现代化新征程中率先崛起，加快建设制造业高质量发展先行县，实现全县生产总值、一般公共预算收入、城镇和农村居民人均可支配收入比“十二五”期末翻一番，规上工业总产值、规模工业企业亩均税收比“十三五”期末翻一番，奋力谱写高水平建设浙西新明珠的时代篇章。

围绕上述目标，要在六个方面实现新突破、打造新明珠：

1. 在制造业高质量发展上实现新突破，努力打造实力新明珠。全县生产总值年均增长7.5%以上，人均生产总值力争达到10万元，投资增长与经济增长基本同步。经济结构更加优化，产业高端化、集群化、现代化水平显著提升，科技创新逐步成为经济社会发展主要驱动力，全县规上工业总产值突破500亿元，全社会R&D经费支出占GDP比重达到2.8%以上、力争达到全省平均水平，经济发展的质量、效益走在浙西地区前列。

2. 在构建开放开发大格局上实现新突破，努力打造活力新明珠。城乡统筹融合发展格局基本形成，战略性平台建设取得重大突破，常住人口城市化率突破60%、力争达到65%，初步建成现代化美丽县城；融杭接沪联甬、衢龙一体发展、山海协作升级取得新的重大成效，以数字化改革牵引的全面深化改革不断推进，加快成为浙西地区开放开发新高地。

3. 在新时代文化发展繁荣上实现新突破，努力打造魅力新明珠。以党的创新理论为引领的先进文化、以龙游历史为依托的传统文化、以龙商精神为代表的创新文化、以“衢州有礼、天下龙游”为底色的有礼文化全面发展，“8090新时代理论宣讲”成为全国性标杆，文化事业繁荣兴盛，文化产业实现倍增，努力成为浙西地区文化文明新高地。

4. 在生态文明建设上实现新突破，努力打造绿色新明珠。环境质量持续改善，节能减排持续推进，农文旅体深度融合，乡村振兴、美丽经济、低碳发展走在前列，绿水青山就是金山银山转化通道进一步拓宽，在浙西地区率先建成全域美丽大花园，努力跻身绿色发展重点县，成为全省“绿水青山就是金山银山”理论实践示范样板。

5. 在县域治理现代化上实现新突破，努力打造善治新明珠。党的领导全面加强，政治生态更加优化，社会主义民主法治更加健全，“整体智治、唯实惟先”的现代政府基本建成，党建统领的“四治融合”治理体系基本形成，“县乡一体、条抓块统”高效协同治理格局率先构建，平安建设体系更加完善，发展安全保障更加有力，成为整体智治样本县和基层治理最佳县。

6. 在创造美好生活上实现新突破，努力打造幸福新明珠。实现高质量创业就业，居民收入增长与经济增长保持同步，城乡居民收入差距持续缩小，低收入群体增收、村集体经济发展取得新成果，人民群众全生命周期需求普遍得到更高水平满足，民生事业全面进步，社会保障和养老服务体系更加完善，人均预期寿命超过80岁，成为神形兼备、舒适宜居的幸福美好家园。

三、必须紧紧抓牢4个具有战略性、前瞻性、突破性的重要抓手

推进县委“14456”工作布局、高水平建设浙西新明珠，必须贯彻新理念、把握新趋势、融入新格局，方能做到有的放矢、无往不利。当前，我们要顺时应势，高度关注4个具有战略性、前瞻性、突破性的重要课题。

首先，要高度关注科技这个第一生产力。党的十九届五中全会提出“坚持创新在我国现代化建设全局中的核心地位，把科技自立自强作为国家发展的战略支撑”，并将其摆在各项规划任务的首位进行专章部署。这是党中央站在历史新高度、从战略全局出发作出的重大战略决策。科技实力直接关系到世界政治经济力量的变化，也决定着各国各民族的前途命运。谁能在新一轮科技革命和产业变革中下好科技创新的“先手棋”，谁就能“任凭风浪起、稳坐钓鱼船”。大国博弈如此，区域竞争亦是如此。对标先进，新昌之所以能从全省次贫县跃升为全国百强县，正是十几年如一日超常规的科研投入。反观龙游，产业转型之所以比较成功，靠的是“小县城要有大科技、大梦想”。面向未来，要实现跨越式发展、推进共同富裕，我们必须持续提高科技研发比重，坚定不移走好科技引领、产业创新这条路。

第二，要高度关注数字这个核心竞争力。当今，“万物互联”的数字时代已然开启，以互联网、大数据、人工智能为代表的数字革命正深刻改变着生产生活方式和产业发

展格局，这是百年未有之大变局的关键变量，也是决胜未来的胜负手。自2003年习近平总书记主政浙江时提出“数字浙江”建设以来，历经17年拼搏努力，浙江已经成为全国数字经济的高地、数字治理的典型。省委十四届八次全会提出争创社会主义现代化先行省、实现“十个先行”，首当其冲就是数字赋能现代化先行。可以说，数字时代不抓数字，必将被时代淘汰，这是大势所趋。作为浙江一分子，作为加快发展地区，我们更要有这份觉悟和意识，主动拥抱数字新时代，抢抓新机遇，推动新发展。

第三，要高度关注低碳这个发展持续力。实现碳达峰、碳中和是党中央统筹国际国内两个大局作出的一项重大决策部署。习近平总书记在联合国大会上郑重宣布，“二氧化碳排放力争于2030年前达到峰值，努力争取2060年前实现碳中和”。当前，从中央到地方都在抓紧制定碳达峰行动计划，各地能耗将进一步列入调控、逐步削减。能耗权就是发展权。这意味着，“十四五”时期将是招商引资、扩大投资的最后窗口期，错过了这个时期，纵有再好的思路、再好的项目也难落地。所以，我们要牢牢把握宏观政策导向，超前谋划、率先布局，努力喝上新一轮低碳发展的头口水。

第四，要高度关注文化这个区域软实力。习近平总书记指出，文化自信是更基本、更深沉、更持久的力量。随着社会进步和生活水平的提高，文化越来越成为凝聚力和创造力的重要源泉、越来越成为综合实力竞争的重要因素、越来越成为经济社会发展的重要支撑。党中央和省委、市委一直高度重视文化建设。对于龙游来说，干好“十四五”、建设新明珠，我们比以往任何时候都更加需要形成普遍的思想共识，比以往任何时候都更加需要凝聚强大的精神力量。这就要求我们充分发挥文化的价值引领作用，以文载道、以文化人、以文惠民，进一步提升区域发展软实力。

这四大重要课题，是上级要求、时代召唤、现实所需，非做不可、必做必成，我们既要立足当前、加速突破，更要放眼长远、久久为功。县委常委会认为，要把“科技龙游、数字龙游、森林龙游、文化龙游”建设作为新时期推进“14456”工作布局的重要抓手，与“五县”联创、“四最”建设有机融合、系统推进。会前，县委常委会已经研究制定了关于“四个龙游”建设的具体实施意见，明确了总体目标、阶段目标和主要工作，各级各单位要逐一对照、抓好落实。下面，我就每项工作需要把握的几个关键点再作一强调。

1. 科技龙游建设方面。围绕创建省级创新型城市目标，聚焦三个重点。一要聚焦企业创新这个根本主体。以超常规的财政科技投入撬动企业主体投入，激发自主创新热情。围绕主导产业扶优扶强，每年排出一批重大科技攻关课题、重点科技项目进行精准扶持，确保“十四五”期间财政科技投入年均增长20%以上、高新技术产业投资年均增长10%以上、高新技术企业数量翻一番，实现规上企业研发活动、研发机构、发明专利三个全覆盖。二要聚焦成果转化这个价值取向。加快省级高新技术园区和产业创新服务综合体建设，致力打造全省精密制造、新材料领域科技成果转化重要基地。深化山海协作，在长三角、珠三角等重点区域谋划建设科创“飞地”。建立县领导常态化联系“科技强企”服务制度，每年清单式实施一批创新生态补短计划，重点攻关实际应用和成果转化难题。三要聚焦人才智力这个核心资源。围绕重点产业关键领域，实施“鲲鹏行动”、高层次人才引进计划、“双领”计划等重大人才工程，大力培养新时代龙游工匠，建立人才工作专项投入稳定增长机制和人才多元投入机制，广泛汇聚各方英才。

2. 数字龙游建设方面。加强数字化对各行业、各领域的全方位赋能应用，统筹推进数字工业、数字乡村、数字生活、数字治理，力争县域数字化转型走在浙西地区前列。当务之急要抓牢四件事。一要顺时应势增强数字化意识。有针对性地组织开展各类培训、轮训、考察、交流，增强全县各级党员干部和企业家的数字化意识，提高运用新观念、新技术、新模式干事创业的能力水平。二要重中之重加快制造业数字化改造。围绕诊断摸底、示范带动、技术支撑、创新突破、网络保障、政策激励等几项重点构建工作闭环，分类分步成体系推进，用五年时间基本实现全县规上工业企业数字化改造全覆盖。今年要在30家规上企业率先突破。三要擦亮“龙游通”数字化品牌。坚持从百姓视角着眼、提升用户黏度出发，持续推进“龙游通”功能开发、场景应用、迭代升级，让“龙游通”真正成为龙游人的“事事通”“时时通”“万事通”。四要不失时机推进各领域数字化应用。推动粮食、渔业、生猪等农业主导产业数字化改造，深化直播电商为主的农产品销售渠道革新，努力打造全国直播样板县。加快智慧城市和数字乡村建设。积极开展数字生活新服务、刺激带动新消费。

3. 森林龙游建设方面。围绕创建国家森林城市目标，全面开展全域造林、生态护林、产业兴林、改革强林四大行动，厚植低碳发展新优势。一要做实植树造林的加法。挖掘整合全县资源，实施绿色满山、绿色拥城、绿色绕水、绿色伴路、绿色环村五大工程，优化结构、种养结合，试点先行、分类推进，确保全县森林覆盖率止降回升，力争“十四五”期末达到56%；新增造林2万亩以上，全县林木蓄积量达到196万立方米。

二要做好节能降耗的减法。认真编排碳排放达峰行动计划，大力调整产业结构、能源结构，建立低碳循环经济体系，推进重点行业和重要领域绿色化改造，谋划低碳园区和“零碳”体系试点建设。大力倡导绿色低碳生活，推广绿色消费、绿色出行、绿色建筑等新风尚。三要做精改革创新的乘法。坚持市场导向，积极探索“两山银行”改革试点和竹林碳汇交易，争取纳入全国碳排放权交易市场。注重量质并举、神形兼备，既要种绿树，更要种风景、种效益，积极探索推出一批林下经济、森林旅游、森林文化特色发展的新模式、新经验。

4. 文化龙游建设方面。坚持项目化、清单式推进“文化龙游”七大行动，层层发力、步步为营，用五年时间打造浙西地区文化文明新高地。近期要着重在“四个一”上形成突破。一要打造一批文化新标识。加力强化8090新时代理论宣讲工作，到今年建党100周年时形成较为成熟的制度经验，到2023年成为全国性示范。深度开展文化基因解码，重点打造“龙游商帮”区域公用品牌。深入实施新时代文明生活行动，全面提升“有礼指数”。二要办好一批文体活动。坚持以社会主义核心价值观为引领、以群众参与度感受度为切入点，大力弘扬地方文化，积极组织开展群众性文体活动，让村庄热起来、群众动起来，形成百村争鸣、百花齐放的繁荣景象。三要创作一批文艺精品。全面梳理龙游文化元素清单，聚焦时代特征、县域特点、地方特色，充分发掘本土人才，创作一批经典龙游旋律、龙游故事、龙游印象，集成打造一台具有震撼力、感染力、吸引力的文化大戏，提升文化龙游知名度和美誉度。四要做强一批文化产业。围绕文化产业增加值倍增目标，培育扶持骨干文化企业和“专精特新”成长型文创企业，做强以“纸、木、食、印、渔、茶”为代表的文创旗舰企业。

四、统筹发力9项具有牵动性、关键性、根本性的攻坚重点

高水平建设浙西新明珠，需要条块结合、系统集成、整体推进，努力形成一批标志性成果。具体的工作，建议稿已经作出全面部署。这里着重强调需要统筹发力的9项攻坚重点。

1. 打造内陆地区制造业高质量发展的示范样板。制造业是支撑我县高质量发展的战略基石。要围绕制造业高质量发展先行县目标定位，健全现代产业发展体系，加速质量变革、效率变革、动力变革。一要做优做强“龙游制造”。深入实施传统制造业改造提升，培育壮大战略性新兴产业，积极抢占国产替代领域新空间，精准扶持优质企业股改上市，力争培育2家以上单项冠军企业、扶持4家以上企业A股上市。二要实施产业集群培育升级行动。坚持提升产业链、稳定供应链与做强产业集群互促共进，打好龙头引领、腾笼换鸟、产能出清系列组合拳，培育打造特种纸、高端装备、新材料等3个百亿级产业集群。三要推进产业平台提质增效。围绕“产业主平台、城市新组团”定位，深化经济开发区体制机制改革，突出“四区一镇”联创，大力度实施条抓块统，加快产城融合步伐，确保开发区综合实力全市县级领先、步入26个加快发展地区第一梯队。

2. 加快建设现代化美丽县城。县城是推进新型城镇化的重要载体。要围绕美丽县城示范县创建，推动更高品质、更优功能、更美环境系统融合，增强城市吸引力、集聚力、辐射力，力争“十四五”期间城市建成区面积达到40平方公里（含经济开发区）、人口规模达到20万人左右。一要优化空间发展格局。以县城为核心，加快老城区、城东新区、经济开发区、石窟度假区、湖镇小城市五大区块互动融合，促进龙南“一镇带三乡”区域协同发展，推进以高铁北站为启动点的龙北区域中心建设，形成“一核五区两翼”县域发展新格局。二要提升中心城区综合能级。加快城东绿色生态城区建设，构建三江口核心圈层，打开滨水空间，激活“三湖四岛”“绿心绿肺”，打造现代宜居都市新区。有序推进老城区有机更新和微改造，扎实推进大南门历史文化街区开发，积极创建历史文化名城。三要大力发展城市经济。主动顺应数字时代消费新趋势，培育新型消费，提升传统消费，打造一批夜间经济、网红经济、楼宇经济新地标。

3. 构建区域性综合交通物流枢纽。交通区位是龙游率先融入新发展格局的最大优势。要统筹综合交通和现代物流发展，扩大更深层次对外开放，努力打造浙西地区物流成本最低、交通运行效率最高县。一要构建现代化综合交通体系。客货并重推进铁路运输网建设，超前谋划空港新城联通和高铁站联通工程，实施一批高速公路、国省道新改扩建工程，适时启动320国道北移和315省道南移，提高综合性互联互通水平。二要建设现代高效物流网络。启动龙游港区二期建设，推进港区“散改集”和公铁水“零转驳”多式联运，加快培育引进一站式全过程物流服务机构，发展壮大商贸物流、制造业物流、农产品物流、电商物流等物流经济，提升物流集散和辐射能力。三要推进更广领域对外合作。深入实施融杭接沪联甬战略，主动服务四省边际中心城市和衢丽花园城市群建设，加强政策衔接联动，创新资源共享和合作机制，放大优势谋划实施一批重大项目，实现差异化、互补式发展。

4. 扮靓“两江走廊”全域旅游核心区。“两江”是龙游文旅资源富集地、展示形象主窗口。要深入

实施“两江化一龙”行动，挖掘特色亮点，做大核心产品，争创国家全域旅游示范县和省级文旅产业融合试验区。一要高水平打造文旅拳头产品。围绕创建国家AAAAA级旅游景区，加快红木小镇业态培育、产品开发，推进龙游石窟申遗和旅游度假区建设，加快原声音乐小镇谋划建设。深化龙游衢江两地合作，推进浙江衢州六春湖景区开发建设，致力打造衢州旅游一号目的地和网红景区。加强“两江”特色旅游资源的挖潜、整合，做长做亮精品线路。二要激发乡村旅游活力。通过小环境、微改造、文创植入等多种形式，打造一批高端民宿群，培育提升一批A级景区村，形成一批美丽富民产业集群。三要强化旅游市场运作。遵循文旅市场规律，创新文旅品牌宣传和产品线路营销机制，构建现代旅游集散服务体系，持续办好重大影响力的赛事文娱活动，不断扩大龙游旅游知名度。

5. 推进农业农村现代化建设。“三农”工作决定全面小康社会的成色和社会主义现代化的质量。要聚焦农业高质高效、农村宜居宜业、农民富裕富足，持续推进乡村振兴示范县创建。一要加快推进农业现代化。发展高效生态现代农业，因地制宜推广良种良法，推进适度规模经营，促进一、二、三产业融合发展。充分发挥龙头引领作用，加快士元实验区项目进度，推进水发全竹绿色循环产业园建设，推动农业全产业链迈进向规模化、品牌化、高端化、国际化。二要全域实施新时代美丽乡村创建行动。优化乡村布局，深化人居环境整治提升，推进乡村未来社区建设，加强历史文化名镇名村名居和传统村落保护利用，建设有乡土气息、浙西特色、时代韵味的美丽乡村。三要推进新时代乡村集成改革。探索集体经营性建设用地入市改革，深化村集体产权制度改革，构建“两进两回”新机制，持续开展全域土地综合整治，促进农业增效、带动农民增收。

6. 营造充满活力的一流营商环境。良好营商环境，是高质量发展的“阳光雨露”。要推动有为政府和有效市场更好结合，构建优质高效的政务环境、活力开放的投资环境、公正依法的市场环境，打造营商环境最佳县。一要全面深化政府数字化转型。推进“最多跑一次”改革，全面实现政务服务一网通办、全域通办、就近可办，探索创新以承诺制为核心的极简审批机制，更好地服务企业、服务基层、服务群众。二要进一步扩大有效投资。聚焦重点领域、重大战略、重要短板，实施“八大百亿”工程行动计划，扩大重大平台、战略性新兴产业、现代化产业链投资，加快“两新一重”建设。完善招商机制，深化项目工作推进体系，每年滚动编制一批重大建设项目，以高质量项目支撑高质量发展。三要激发市场主体活力。深化国资国企改革，全面落实民营企业发展促进条例，推动“降成本优环境”各项政策措施落到实处。巩固健全精准服务机制，放大“二期在龙游”品牌效应。完善“亩均论英雄”差别化配置机制，提高全要素生产率。

7. 高水平绘好龙游版“富春山居图”。绿色是龙游最美的本底。要以“绿水青山就是金山银山”理念提出15周年为新起点，走好生态优先、绿色发展之路，努力打造美丽中国的县域样板。一要加强生态保护。打好提气降碳增水固土污染防治攻坚战，全面推进省级生态文明示范县和“无废城市”创建。强化河长制，推行林长制，确保污水零直排、管网全收集，推进龙北优质饮用水保障和水利生态修复，科学合理开发矿产资源。二要提升环境治理能力。加强国土空间规划和用途管控，统筹划定落实生态保护、基本农田、城镇开发等空间管控边界。健全生态环境责任体系，全面加强生态环境空间管控，健全环境污染问题发现、风险预警和应急处置机制。强化环境保护、节能减排约束性指标管理，实施节能、节水、节地、节材行动。三要加速资源效益转化。健全绿色发展体制机制和政策体系，探索生态补偿合作机制，推进排污权、用能权、用水权、碳排放权市场化交易，拓宽生态产品价值实现通道。

8. 推进更高水平的县域治理现代化。加快县域治理体系和治理能力现代化，是高水平建设浙西新明珠的题中应有之义。要推动党建统领下的自治、法治、德治、智治深度融合，构建社会治理共同体，打造整体智治样本县和基层治理最佳县。一要构建高效协同治理新格局。深化“县乡一体、条抓块统”改革，推进六大片区基层“一支队伍”管执法，探索“一网智治”模式，重点打造智慧治理、协同治理、舒心治理、攻坚治理四大治理品牌。二要推进更高水平的平安建设。坚决捍卫政治安全，全面加强经济安全，切实加强产业链供应链安全保障，构建“大安全、大应急、大减灾”体系，健全社会治安防控体系，坚决防范和打击黑恶势力、新型网络犯罪和重大刑事犯罪，确保人民生命财产更安全。三要全面加强法治建设。构建职责明确、依法行政的政府治理体系，深化司法体制综合配套改革，完善公共法律服务体系，做好全面普法工作。

9. 构筑共同富裕的美好幸福家园。消除贫困、改善民生、逐步实现共同富裕，是社会主义的本质要求，也是全县人民的共同愿望。要兜住、兜牢、兜好民生底线，探索创新推进共同富裕的体制机制，让群众有更多获得感、幸福感。一要促进更加充分就业增收。健全工资合理增长机制，完善就业公共服务体系和重点群体就业支持体系，巩固拓展脱贫攻坚成果，加强低收入群体动态精准管理，精准帮扶困难群众拓宽增收渠道、提高增收能力。二要优化人的全生命周期服务供给。完善为民办实事长效机制，不断拓展为民办实事的领域，丰富承诺事项的内涵，高度关注并大力解决卫生健康、高中教育、城乡养老、住房保障等群众普遍关注的民生难题，真正做到解民忧、暖民心。三要提高社会保障水平。健全多层次、多支柱养老保险体系，完善社会救助和福利体系，加强扶老、助残、救孤、济困，大力发展慈善事业。

实现“十四五”规划和二〇三五年远景目标，关键在党、关键靠干，我们必须以永远在路上的坚忍执着把全面从严治党引向深入，凝聚发展共识，汇聚磅礴力量，筑牢必胜信念，为高水平建设浙西新明珠提供坚强保证。一要坚决做到“两个维护”。坚持政治引领、党建统领，以习近平新时代中国特色社会主义思想武装头脑，持续巩固深化“不忘初心、牢记使命”主题教育成果，建立健全保障“两个维护”的制度机制，深入开展“四史”学习教育。全县党员干部要不断提高政治判断力、政治领悟力、政治执行力，不断提高把握新发展阶段、贯彻新发展理念、构建新发展格局的政治能力、战略眼光和专业水平。二要坚持和加强党的全面领导。健全党“总揽全局，协调各方”的领导体系、工作机制和工作制度，支持人大、政府、政协、监委、法院、检察院和群团组织依法依章履行职能、开展工作。用好统一战线法宝，充分调动一切积极因素、团结一切可以团结的力量干事创业。织密建强上下贯通、执行有力的组织体系，把各领域基层党组织建设成为实现党的领导的坚强战斗堡垒。三要突出实绩实干用人导向。落实好干部标准，深化“两个担当”良性互动机制，推进“五强”领导班子建设，常态化开展擂台比武、赛场赛马等选拔年轻实干家，完善容错纠错机制，打造敢担当善作为的铁军队伍。进一步加强村干部队伍建设，推动“一肩挑”后村社高效运行。四要营造风清气正的政治生态。把纪律和规矩挺在前面，推动全面从严治党主体责任和监督责任贯通联动、一体落实，锲而不舍落实中央八项规定精神，持续纠治形式主义、官僚主义，紧扣“三个聚焦”开展政治巡察，突出整治群众身边腐败和作风问题，实现干部清正、政府清廉、政治清明。

同志们，2021 年是具有特殊重要意义的一年，是“十四五”规划开局之年，是建党 100 周年。党中央决定，在建党 100 周年正式宣布全面建成小康社会。我们要把小康作为新生活新奋斗的起点，落实落细 4 个重要抓手、9 项攻坚重点，在“稳”的基础上增强“进”的动能，以昂扬的姿态开好局、起好步。

1. 慎终如始打好疫情防控攻坚战。要深刻认识疫情防控的严峻形势，坚决克服麻痹松懈思想，从严落实各项规定措施，确保冷链物防闭环管控，确保不出现聚集性疫情，确保不发生院内感染，确保不发生疫情风险点失管漏管，切实巩固“零确诊”成果。各级党员干部要带头落实疫情防控各项要求，非必要不出省，减少集聚活动。同时，要关心关爱外地留龙过年人员，全力做好节日期间安全生产、交通安全、消防安全、食品安全和市场供应、物价稳定等各项工作，确保过一个平安祥和的新春佳节。

2. 高质量编制好“十四五”规划。围绕县委建议的大思路、大方向优细节、做深化、强对接，形成定位准确、边界清晰、功能互补、统一衔接的规划体系，争取更多“龙游元素”纳入省市甚至国家规划盘子。

3. 抓牢做实开局之年各项工作。五年开头年，开局最关键。经过研究，2021 年主要经济指标安排是：全县生产总值增长 8% 以上，固定资产投资与经济增长基本同步，一般公共预算收入增长 9%，社会消费品零售总额增长 7.5%，外贸进出口总额实现正增长，城镇和农村居民人均可支配收入分别增长 9% 和 9% 以上，城镇登记失业率控制在 3.5% 以内，节能减排降碳完成市下达目标任务。各线各领域要认真按照县委的部署要求，对照各项目标任务，早谋划、快行动、强推进，牢牢把握主动权、提高执行力。尤其要紧盯重大招商引资、重点项目推进、节后企业开工等环节，强化精准服务，保质保量、能高则高，努力夺取一季度“开门红”。

同志们，蓝图已经绘就，征程已经开启。让我们更加紧密地团结在以习近平同志为核心的党中央周围，牢记使命、勇于进取，当好龙头、力争上游，为高水平建设浙西新明珠而努力奋斗，以优异成绩向建党 100 周年献礼！

政府工作报告（摘要）

——在龙游县第十三届人民代表大会第五次会议上

龙游县人民政府县长　祝建东

2021 年 2 月 2 日

各位代表：

现在，我代表县人民政府向大会作政府工作报告，请予审议，并请县政协委员和其他列席人员提出意见。

一、“十三五”发展成就和 2020 年主要工作

“十三五”时期，面对大变局大变革大事件的深刻影响，在上级党委、政府和县委的坚强领导下，在县人大、县政协的监督支持下，县政府坚持以习近平新时代中国特色社会主义思想为指导，深入贯彻落实市委“1433”发展战略体系和县委“14456”工作布局，围绕“浙西新明珠”建设总目标，奏响实干快干干成的最强音，经济社会发展全面起势，较好地完成了“十三五”规划确定的目标任务，为“十四五”发展打下了坚实基础。

（一）高水平全面建成小康社会取得决定性成就。经济实力大幅提升。地区生产总值从 173.7 亿元增加到 247.6 亿元，年均增长 6.8%，三次产业结构从 2015 年的 7.4∶50.2∶42.4 优化为 6.1∶42.1∶51.8，实现“二三一”向“三二一”转变。实现财政总收入 31.7 亿元，其中一般公共预算收入 19.6 亿元，年均分别增长 11.2% 和 9.2%；固定资产投资、社会消费品零售总额、外贸进出口总额年均分别增长 8.6%、7.9% 和 12%；传统产业加快转型，新兴产业茁壮成长，全社会 R&D 经费支出占 GDP 比重达到 2% 以上，跻身全国科技创新百强县和全国中小城市投资潜力百强县。生态环境持续改善。全面落实中央、省环保督察反馈问题整改，治水治气治土一体推进，全力打赢污染防治攻坚战。出境水质稳定在Ⅱ类，三夺“大禹鼎”，兑现“一江清水出衢州”的承诺；推进污染地块修复，开展“无废城市”试点创建；PM2.5 均值逐年下降，空气质量优良率 98%，首次达到国家二级标准。节能减排成效明显，万元 GDP 用水量、能耗分别下降 32.8% 和 14.1%，获评全省第二批节水型社会建设达标县。民生导向不断强化。城镇和农村居民人均可支配收入分别达到 51024 元和 26721 元，年均分别增长 8.3% 和 9.3%，圆满完成脱贫攻坚任务。持续推进教育、卫生、文化和体育等民生事业改革发展，成功创建国家级卫生县城、省级示范文明县城、全省基本实现教育现代化县，高质量创成省公共文化服务体系示范区和文化产业重点县。持续推进基层治理体系和治理能力现代化，政府运行更加阳光高效，扫黑除恶专项斗争不断深化，安全事故起数、死亡人数持续下降，社会保持和谐稳定，实现省平安县创建“十四连冠”，群众获得感、幸福感、安全感持续增强。

（二）区域明珠型城市建设迈出坚实步伐。现代交通物流体系不断完善，衢宁铁路通车，杭衢高铁开工，320 国道改建、351 国道新建、315 省道畅通等项目有序推进，“一路一桥一港一枢纽”建成投用，衢江沿江公路成为全省最美绿道，获评省级“四好农村路”示范县。“小县大城”步伐坚定，新区开发、旧城提升双路并进，三江口核心圈层能级进一步提升，城东新区启动国家绿色生态城区创建，大南门历史文化街区开工建设；小城镇环境综合整治成效显著，溪口镇、詹家镇成为美丽城镇省级样板，沐尘乡创成省级森林城镇，获评美丽浙江、美丽城镇建设工作优秀县。“两江走廊”成为乡村振兴的主阵地、核心区、示范带，士元实验区跻身全省农村产业融合发展试点，姜席堰成功入选世界灌溉工程遗产，溪口乡村版未来社区纳入联合国可持续社区试点，小南海沿江 7 村联治实现蝶变。

（三）“四件大事”结出累累硕果。牢牢抓住工业提升、城市建设、旅游开发、乡村振兴不放松。工业加快提升。规上工业总产值年均增长 8.6%，规上工业企业新增 48 家，特种纸产业入围现代服务业与先进制

造业深度融合试点；以禾川科技、中孚精机、吉成新材为代表的龙游高端智造正在迅速崛起，中浙高铁入选国家重大专项，经济开发区获批省级高新技术产业园区创建、入选国家级绿色园区，维达纸业、伊利乳业、金励纸业等一批重大项目先后落地，“二期在龙游”成为靓丽风景线；我县成为加快传统制造业改造提升成效明显县和国防科技工业重点联系县。城市加快建设。城东新区“三横四纵”路网框架基本形成，景观云桥全面完工，中央生态廊道、金融中心、商业综合体等重点项目建设如火如荼；老城更新深入推进，打通莲湖路、翠竹路等断头路，治理危旧房646户，改造老旧小区14个、主干道路6条，邻里中心、市民驿站、南孔书屋、口袋公园等扮靓城市空间。旅游加快开发。红木小镇盛大开园，六春湖景区加快开发，龙山运动小镇、龙游花海、姑蔑城等沿线景点串珠成链，龙游石窟国际音乐盛典、亚太汽车拉力赛等重大活动持续推升龙游知名度，成功入选省首批文旅产业融合试验区创建名单，创成省级全域旅游示范县。乡村加快振兴。科学实施农民集聚转化“721”梯度安置导控体系，创新出台“金宅地”“金房券”等政策，系统开展“山水林田湖草路房”全要素治理，农房管控和风貌提升成效显著，新型农民集聚小区建设有序推进，成为部省共建乡村振兴示范省先行创建单位、全国率先基本实现农业农村现代化试点县。

（四）改革创新活力得到持续释放。深化机构改革，党政机构精简14.6%、事业机构精简20%。创新推出“8090新时代理论宣讲团”，得到习近平总书记重要批示。营商环境持续走在前列，在全国率先创建“无证明县”，获评全国营商环境百佳示范县，深化“最多跑一次”改革，政府数字化转型加速，政务服务事项网上办、掌上办实现率达100%。基层治理数字运用走在全省前列，“龙游通+全民网格”开创基层智慧治理新模式，被写入2020年省政府工作报告。推进国有企业整合重组和市场化改革，国资经营效益不断提升，国资公司资产总额达281.7亿元，营业收入约18亿元，利润总额突破2.6亿元，分别是2015年的2.3倍、2.2倍和1.2倍。

2020年是“十三五”收官之年，是疫情大考之年，是极不寻常的一年。一年来，我们按照“两手抓、两手硬，两战赢、两领先”要求，坚持危中求机抓转化、紧中求活抓复工、稳中求进抓发展，交出了“疫情防控”零确诊、“争先创优”走前列、“三年活动”当龙头的高分答卷，较好完成了县十三届人大四次会议确定的各项目标任务。全县地区生产总值增长4.4%，位居全市第一；财政总收入和一般公共预算收入增长7.2%和3.7%，分别位居全市第二、第一；实现固定资产投资115.9亿元、增长3.9%，绝对额位居全市第一、增幅位居全市第三；外贸进出口总额增长16.5%，其中出口总额增长17.5%，均位居全市第一；城镇和农村居民人均可支配收入增长5.8%和7.5%，分别位居全市第一、第五。

（一）众志成城抗击新冠疫情。面对突如其来的疫情，以坚决的态度、迅速的行动、果敢的措施打响阻击战保卫战总体战。强化体系作战、闭环管理。坚持一个体系、一个口子、一致行动，快速建立疫情防控体系，成立指挥部，实行集中办公，落实每日会商和“四张清单”机制，统筹调度县乡村三级防控力量，确保抗疫各项工作形成闭环。注重科学管控、精密智控。布置最严密的防控网络，切实管好省际通道卡口“大门”和村社、企业进出“小门”。落实最彻底的网格排查，用好“龙游通”“健康码”，加强大数据线上管控，持续滚动开展拉网清村、清楼等线下行动，累计排查管控涉疫情重点地区人员8600余人。落实最严格的管理措施，按照“政府+企业”“县级+区块”的思路选定和储备集中隔离点，“人防+物防+技防”不折不扣落实“集中硬隔离+居家隔离硬管控”。全力复工复产、争先创优。聚焦“六稳”“六保”，高效转化战时组织架构、指挥体系，落实组团联企、挂联服务机制，抽调261名“护企手”，组建战时服务团，打通为企服务“毛细血管”。深入实施“有效投资决战首季”“工业四抢”“服务业暖街”“农产品渠道革新”等四大行动，短时间内实现经济V形回升，有效投资、畅通指数、复工用电指数、产能恢复指数等走在全省前列，首季民间项目投资逆势增长37.3%、位居全市第一，上半年MEI指数全省第十、全市第一，建筑业高质量发展入选全省第四季度“最佳实践”案例。打好帮扶企业政策“组合拳”，出台建筑业、服务业、全域旅游、产业基金、担保资金等系列政策，形成管用实用的政策工具箱。大力实施“五减”、降本减负共克时艰行动，兑现“五减”政策7.6亿元，降本减负8.7亿元，其中税收减免规模位居全市第一；高效精准落实“两直”资金5.7亿元；发放抗“疫”贷款、复工复产贷款、支农支小贷款和扶贫再贷款13.7亿元，惠及企业、农户1370户，其中争取第一批次央行再贷款金额和支持企业家数位列全市第一；信保基金担保业务突破1亿元；特种纸企业贷款余额达到14.6亿元，同比增长40.1%。

（二）持之以恒扩大有效投资。牢抓项目建设“生命线”，千方百计扩投入、上项目、增后劲。“双招双引”精准有效。浓厚招商引资氛围，优化项目研判谈判、决策审批流程，全年新引进亿元以上项目25个，招商实到资金42.8亿元，云墨碳谷、绿色循环全竹产业园、威仕喜、鑫佳硕等一批新兴产业项目落户龙游。制定出台人才新政17条，成功引进海内外高层次创业创新人才16人，申报省“引才计划”7人，新建省级重点实验室、产业创新服务综合体、企业研究院、工程研究中心各1家，建成省级高新技术研发中心4家，成立省级博士后工作站2家、省级星创天地1家。项目推进攻坚有力。开展“365”攻坚行动，以“六比六看”推动项目加快落地，完成固定资产投资115.8亿元，4个省市县长工程落地率75%、12个省集中开工项目全部入库出数，有效投资年度考核位居全市前列。要素保障扎实有序。坚持资金、要素跟着项目走，做深做实资源、资产、资金“三资联动”。拓展资金筹措渠道，实现土地出让收入35.3亿元、指标调剂收入20.3亿元，新增地方政府债券限额16.5亿元，国资新增授信资金84.5亿元，全力保障政府投资项目落地。以国土空间规划和国土“三调”为契机，进一步盘活用地指标、强化用地保障，新增建设用地指标3268亩，创历史新高，完成垦造耕地3036亩、建设用地复垦1591亩，新增标准农田1830亩。制定国企改革三年行动实施方案，打造“1+6+3+X”国资体系，开展国有资产大归集，进一步做大做强做优国有资本和国有企业。

（三）全力以赴加快产业提升。突出产业为王、优势再造，持续提升产业竞争力。推动工业再提质。赋能注力“3+3+1”产业发展，深化“亩均论英雄”改革，加大低效出清力度。推进企业绿色化、数字化发展，成为全市唯一省级资源循环利用示范基地试点，禾川科技数字化工厂、伊利绿色生产及智能制造示范应用成为全市仅有的两个省重大产业项目。进一步推动技术创新，建成维达纸业、贝尔轨道等2家省级技术中心，轨道交通装备产业创新服务综合体列入省级创建名单，中浙高铁高速列车传动系统运行研究重点实验室获得省级认定，禾川科技、恒达新材等4家企业成功入围省重大科技专项项目，贝尔轨道、集美生物等企业3项产品被认定为省装备制造业重点领域首台套，29家企业认定为国家高新技术企业、40家企业认定为省科技型中小企业。出台推进企业股改挂牌上市三年行动方案和奖励政策，建立“5+5+N”拟挂牌上市培育企业库，落实“一企一策”精准服务，恒盛能源完成主板上市申报，金龙纸业等3家企业申报上市辅导，旭荣纸业签约启动新三板挂牌。推动文旅再出发。开展“潮起龙游、嗨翻十月”系列行动，打好“暖心地摊经济”“美食美购活动”“红木小镇撬动”“最美索道牵引”“溪口老街智慧商圈建设”整套组合拳，有效推动旅游回暖、消费回补。成功举办龙游石窟国际音乐盛典、绿色中国行、团石湾啤酒音乐节等重大活动。红木小镇成功通过省级特色小镇验收命名，获评全省工业旅游示范基地。六春湖项目列入省级山地休闲度假发展试点，索道、栈道建成投用。龙游石窟完成景观提升改造。荷花山列入省级考古遗址公园。溪口镇成为全省十二条夜经济精品线路之一。推动农业再增效。突出抓好粮食生猪稳产保供，加大规模种粮奖补力度，追加县级补助资金1460万元，粮食播种面积30.4万亩、产量2.5亿斤，早稻收储和生猪出栏量均居全省90个县(市、区)第一。深化农业领域“机器换人”，水稻耕种收和规模生猪养殖机械化率分别达到86.4%和93%以上。中国TOP直播电商产业园龙游基地投运。“龙游麻鸡”获全国农产品地理标志登记保护认证。创新“菜稻豆”连作、稻渔共生轮作等农作模式，有效保障粮油生产双稳双收。推动渔业提质增效，创成省级渔业健康养殖示范县。

（四）多措并举强化平台赋能。坚持基础先行，做实做优县域发展承载平台。有序推进经济开发区整合提升，三期道路主框架基本打通，18条道路全面改造提升，纸浆物流交易中心、中水回用、综合供能站等生产性服务业项目顺利开工，省级高新技术产业园区、超精密制造小镇、特种纸产业创新服务综合体有序推进，获省级山海协作产业园工业类绩效考核优秀，在省级考核中位列全省第三十、全市第一。龙游港区年吞吐量超240万吨，较2019年增长3倍。城东新区路网框架和绿地系统不断完善，滨江路、荣昌东路东延等工程进展顺利，城东滨水休闲带等项目有序推进。“两江走廊”建设成果初显，15个项目列入“衢州有礼”诗画风光带市级重点，获全市诗画风光带建设“一县一园”专项评比第一，姑蔑城二期、龙和渔业文化园等项目持续推进。大南门历史文化街区保护开发项目房屋征迁全面“清零”，挑水巷片区修缮工程主体完工。士元实验区房屋搬迁签约腾空、土地流转移交、安置房建设等有序推进，完成一期土地垦造1638亩。溪口乡村版未来社区在全市率先开园，成立全国首个乡村未来社区学院，共享食堂、共享礼堂、共享书屋、联创公社等正式投运。

（五）用心用情增进民生福祉。全县民生支出48.5亿元，占一般公共预算支出73.5%。“三服务”务实高效。落实专人专班有序推进，教育惠民补短强基、“污水零直排”建设、放心消费等十方面民生工程顺利完成；坚持“政府紧跟企业、企业紧跟市场”，园区企业服务中心、融资畅通工程等十方面惠企实事全面完成；深化基层减负、村级集体经济提升、社区治理与服务效能提升等十方面基层实事取得扎实成效。社会事业加快发展。开展“1630”教育改革，教共体改革获教育部部长点赞，职教改革产教融合稳步发展，西门小学改建、十里铺小学扩建等有序推进，中小学校舍提升改造全面完成；推进健康龙游建设，新成立7个专家工作站，健康产业中心、妇女儿童健康医院、塔石中心卫生院迁建等有序实施；县博物馆正式开馆，建成南孔书屋2个、文旅驿站13个，12个综合文化站达到省定一级以上标准。社会保障不断深化。完善创业就业扶持政策，全年新增城镇就业7260人、增长22.5%，实现再就业4078人、增长21.3%。完善社会救助体系，深化社保、医保精准扩面，城乡居民医保参保率全市第一，享受基本养老保险全额补贴困难群众达6700余人、医疗救助1万余人；高坪桥水库正式投运，龙北自来水厂并网供水，4个乡镇水厂实现县级统管，农村饮用水达标提标三年行动提前半年完成；脱贫攻坚卓有成效，实现“两不愁三保障”突出问题、年家庭人均收入8000元以下情况、集体经济薄弱村“三个清零”。对外协作奋楫前行。全面推进与镇海、萧山协作，乡镇结对实现全覆盖；加强与吉林公主岭、四川叙永对口协作，产业帮扶带动明显，劳务协作持续发力。社会大局平安稳定。深入推进“平安龙游”建设，完善应急管理体系，着力防范化解重大安全风险，生产安全事故起数、死亡人数下降26.3%和43.8%，未发生较大以上生产安全事故；深化“最多跑一地”改革，县乡村三级矛调中心基本建成，全年进京信访量下降63.6%。国防动员、统计、审计、红十字会、人防气象、妇女儿童、残疾人事业、民族宗教、台湾事务、外事侨务等工作取得新的进展。

（六）坚持不懈加强政府自身建设。聚焦整体智治、唯实惟先，全力打造现代新型政府。加快政府数字化转型，推进资源共建共享，归集全县各单位应用系统数据4.6亿条。“龙游通”App正式上线，入选2021年全省政法工作现代化创新引导项目，“龙游通+全民网格”基层智慧治理模式获评全省软件产业高质量发展重点项目，入选全省数字经济新治理优秀案例。推动“最多跑一次”延伸扩面，首创“网上互动办事大厅”，机关内部“最多跑一次”实现率达100%。加快“一件事”集成改革，“出生一件事”和“身后一件事”典型事例得到省里肯定，“互联网+监管”事项覆盖率位居全市前列。推进“县乡一体、条抓块统”试点，推动“大镇带小乡”区域协同治理，20个领域、689项行政执法事项实现“一支队伍管执法”。推进法治龙游、法治政府建设，府院联动创新行政争议调解有效机制，部门、乡镇（街道）法律顾问实现全覆盖，行政案件败诉率逐年下降，法治浙江建设社会综合满意度位居全省第六、全市第一。深化行政执法监督体制机制改革，成为行政执法监督规范化省级试点。打造阳光政府，大力推进政务公开标准化规范化试点。严守中央八项规定精神、“十条军规”等政治纪律和政治规矩，驰而不息整治“四风”。坚持政府过紧日子、企业百姓过好日子，强化财政绩效管理，加大政府减支力度，非刚性、非重点项目支出压减15%，工作性专项经费压减10%，日常公用经费支出和“三公”经费压减5%。

各位代表，成就来之不易，这归功于市委、市政府和县委的正确领导，得益于历届领导班子打下的良好基础，凝聚着全县人民的智慧和汗水。在此，我谨代表县人民政府，向在各个领域辛勤劳动的全县人民，向给予政府工作有力支持和监督的人大代表、政协委员，向各民主党派、工商联、人民团体、驻龙游部队、无党派人士和离退休老同志，向关心和支持龙游发展的社会各界朋友，表示衷心的感谢和崇高的敬意！

我们也清醒地看到，发展中还存在不少问题：一是县域经济规模较小，城镇化水平偏低，新旧动力转换不快，区域和产业竞争力亟待提升；二是能源、环境、用地等约束加剧，财政收支平衡承压，电力、排污、交通等基础设施还不足以支撑快速发展需求，教育、卫生等公共服务领域还存在不少短板；三是部分政府工作人员担当作为不够、工作作风不实、专业能力不足，一些领域还存在廉政风险，一些干部廉洁意识有待加强。我们一定高度重视这些问题，采取更加有力措施认真加以解决。

二、“十四五”时期的主要目标和任务

“十四五”时期，是我国开启现代化新征程的第一个五年。根据中共龙游县委《关于制定龙游县国民经济和社会发展第十四个五年规划和二〇三五年远景目标的建议》，县政府编制了《龙游县国民经济和社会发展第十四个五年规划和二〇三五年远景目标纲要（草案）》，提请大会审议。经本次大会批准后，县政府将认真组织实施。

“十四五”时期经济社会发展的总体要求是：坚持以习近平新时代中国特色社会主义思想为指导，全面贯彻党的基本理论、基本路线、基本方略，统筹推进“五位一体”总体布局，协调推进“四个全面”战略布局，坚持党的全面领导，坚持以人民为中心，坚持新发展理念，坚持改革开放，坚持系统观念，坚持稳中求进工作总基调，以推动高质量发展为主题，以深化供给侧结构性改革为主线，以改革创新为根本动力，以满足人民日益增长的美好生活需要为根本目的，当好龙头、力争上游，持续推动“14456”工作布局重重落地，统筹发展和安全，聚焦“两化引领”主战略、“双招双引”主旋律，扎实开展高端智造、美丽县城、交通物流、全域旅游、乡村振兴“五县”联创，系统打造最佳营商环境、最佳治理环境、最佳有礼环境和最佳政治生态，赋能发力科技龙游、数字龙游、森林龙游、文化龙游建设，全面提升人民群众获得感、幸福感、

安全感，在我省忠实践行“八八战略”、奋力打造“重要窗口”中谱写龙游新篇章，为高水平建设社会主义现代化开好局、起好步。

“十四五”时期经济社会发展的主要目标是：在浙西地区社会主义现代化新征程中率先崛起，加快建设制造业高质量发展先行县。力争到2025年，全县生产总值年均增长7.5%以上，人均生产总值力争达到10万元，全社会固定资产投资年均增长与经济增长基本同步，一般公共预算收入年均增长8%，城镇和农村居民人均可支配收入年均增长8%以上，实现全县生产总值、一般公共预算收入、城镇和农村居民人均可支配收入比“十二五”期末翻一番；规上工业总产值、规模工业企业亩均税收比“十三五”期末翻一番；数字经济核心产业增加值占GDP比重达到5%左右；常住人口城镇化率突破60%、力争达到65%；全社会R&D经费支出占GDP比重达到2.8%以上，力争达到全省平均水平。

实现上述目标，必须把握好以下四个方面：

坚持“当龙头、争上游”。牢固树立“前列意识”“窗口意识”“沿海意识”，在改革突破、服务提质、风险防控上争先，在高质量发展、高水平均衡、高品质生活、高效能治理上创优，扛起四省边际中心城市建设的门户担当，在浙西地区社会主义现代化新征程中率先崛起。

坚持强县富民。聚焦高质量、现代化、竞争力，以“强县”和“富民”为主脉络，实施做大产业扩大税源行动计划，优化营商环境，强化平台支撑，深化链式服务，持之以恒抓“双招双引”，锲而不舍抓核心企业培育，努力提升产业竞争力；实施提升居民收入富民计划，探索生态价值实现机制，发展富民经济，落实帮扶措施，推动农民集聚转化，努力打开“两山”转化通道、迈向共同富裕。

坚持实干快干干成。按照唯实惟先、心热行稳、善作善成的要求，一手抓大事要事、打桩基，一手抓关键小事、惠民生，下足基础功、提升基本功，以奋进的姿态、创造性张力，推动“五个重大”和为民为企为基层实事工程落地见效，确保定一件、干一件、成一件。

坚持系统集成、整体智治。转化落实统筹学、系统论、体系化和分析、综合、迭代的方法，坚持“发展+治理”“制度+技术”“布局+格局”，不断强化“整体的意识、系统的思维”“整合的意识、聚焦的思维”“算账的意识、产业的思维”“风险的意识、底线的思维”，持续推进政府数字化转型和模块化、标准化、项目化建设，实现整体优化、闭环控制、量化评价，以点上突破牵引面上跃升、以点状积累推进体系升级。

推进“十四五”发展、实现“十四五”目标，重点抓好以下六方面：

（一）强化战略引领。要深化构建“14456”工作布局的目标体系、工作体系、政策体系、评价体系，强化战略执行、战略协同、战略落地，制定五年规划、三年计划、当年任务，推动“五县四最四个龙游”体系化落实。要集中力量干好一批牵一发动全身的大事要事，聚焦5个具有龙游辨识度的标志性工程和9项具有牵动性、关键性、根本性的攻坚重点，在制造业高质量发展、构建开放开发格局、新时代文化发展繁荣、生态文明建设、县域治理现代化、创造美好生活上实现新突破、谋求新跨越。

（二）强化发展动力。持续推动质量变革、效率变革、动力变革。要增强改革源动力，按照营商环境最优、市场机制最活、改革探索领跑的要求，以数字化改革牵引全面深化改革，进一步提升政府整体智治水平，充分激发市场活力，实现政府有为、市场有效、社会有序的有机统一。要增强开放带动力，以融杭接沪的创新后端、联金通甬的贸易节点和衢丽大花园的战略前厅为目标，坚持衢龙一体、市县联动，向东入群、向西建群，打造山海协作升级版，加快成为浙西地区开放开发新高地。要增强创新驱动力，以科技龙游、数字龙游建设为载体，加强创新平台建设、创新主体培育、创新人才汇聚和创新生态构建，争创省级创新型城市，加快锻造以创新为内核的发展动能。要增强投资拉动力，坚定不移扩大有效投资，实施高端智造、传统产业、综合交通、城市建设、民生事业、乡村振兴、智慧商服、生态文旅等“八大百亿”工程，确保年均投资增长8%以上、五年累计投资800亿元以上。要突出抓好“十大牵引性改革”“十大战略性项目”“十大重大科技课题”的攻坚攻关，以重点突破带动整体提升。

（三）强化空间布局。坚持走以人为核心的新型城镇化道路，持续深化空间战略研究，抓好“十四五”专项规划和国土空间规划编制，推动“多规合一”改革，以国土空间治理的现代化来优化空间布局、统筹城乡发展。要完善城镇体系，全面提升县城首位度，适时推动行政区划布局调整，统筹推进小城市培育试点、中心镇、美丽城镇、特色小镇和未来社区建设，积极推动乡村组团化、片区化发展和农民集聚转化，加快构建定位清晰、层级分明、功能互补、统一衔接的县域空间格局。要聚焦“两江走廊”，进一步推动资源要素、功能设施、产业项目、改革试点向衢江、灵山江沿线集聚，加强环境整治、风貌管控、业态植入、功能提升，坚持整体谋划、核心带动、串珠成链、连线成片，统筹保护开发，使之成为乡村振兴的示范带、美丽经济发展的大平台。要打造核心圈层，着眼灵山江时代向衢江时代跨越，突出城东新区绿色生态城区、大南门历史文化街区、龙游石窟旅游度假区，以及“三湖四岛”谋划建设，着力打造“衢州有礼”诗画风光带最靓门户和钱塘江诗路文化带源头明珠。要完善设施配套，突出抓好交通、水利和公共服务设施的布局优化、功能提升。要抢抓义甬舟开放大通道西进的机遇，谋划推进一批重大交通基建和商贸物流项目，进一步发挥和转化交通区位优势；要加快“美丽河湖”向“幸福河湖”迭代升级，推进衢江、灵山江两大流域综合治理，打造塔石溪、模环溪、士元溪等美丽河流，推动高坪桥、社阳、洪畈“三库联调”，积极谋划龙北佛乡水库等项目；要推动公共服务和资源共享，持续推进教育、卫生、文化、体育等公共服务设施均衡布局和高标准建设，加快提升电力、燃气、水务等公用基础设施支撑水平，着力打造智能、普惠、快捷的社区生活服务圈。

（四）强化产业创新。坚持创新、绿色、融合发展，更加注重项目支撑、有效投入，更加注重数字赋能、创新驱动，全方位、全领域落实“产业为王”的要求。要坚定不移主攻工业，持续推动传统产业与新兴产业并行互补、双轮驱动，聚焦“3+3+1”产业，推进经济开发区、超精密制造小镇、小微园等集聚平台建设，加大核心企业培育和推动企业上市的力度，加快技术创新和数字化应用的步伐，进一步补链延链强链，加快建设制造业高质量发展先行县，加速工业提升迈上新台阶。要加快现代服务业发展，坚持跨界融合、模式创新，促进服务业扩大规模、拓展空间、优质高效发展。推动现代服务业与制造业深度融合，不断发展壮大港区经济，加快金融、物流、科技服务等生产性服务业和健康养老、家政服务等生活性服务业发展。推进“数字龙游”建设，加快打造新型智慧城市，加速健康、教育、交通、文化等公共服务数字化转型，构建智慧物流信息互联共享平台，培育跨境电商、冷链物流等新业态。全力推动文旅再出发，以国家全域旅游示范县和省级文旅产业融合试验区创建为载体，实施文化基因解码工程，打造文旅融合精品IP，推进红木小镇、六春湖等重点文旅项目建设，打造一批地域特色鲜明的文旅融合示范基地，努力使文旅产业成为强县富民的新增长极。要推进农业农村现代化，深化农业供给侧结构性改革，推动品种培优、品质提升、品牌打造和标准化生产，持续夯实“米袋子”“菜篮子”基础。健全现代农业生产经营服务体系，引进培育新型农业经营主体和“新农人”，深化农产品渠道革新，不断壮大特色产业。深化农村改革，优化乡村治理，推进“两进两回”，注重加强普惠性、兜底性、基础性等民生建设，巩固拓展脱贫攻坚成果，加快推动乡村振兴。

（五）强化民生保障。落实以人为中心的发展思想，补齐民生短板，促进公平正义，加快共同富裕，打造幸福美好家园。要着力健全多层次社会保障体系，实施更加积极的就业政策，稳步提高城乡居民最低生活保障标准，完善社会保险、救助和福利体系，应对生育政策变化和人口老龄化趋势，推动人口结构优化和素质提升。要不断提高教育医疗卫生水平，加大改革和投入力度，硬件、软件一起上，推进义务教育优质均衡发展县、学前教育普及普惠县创建，促进学前教育优质普惠、义务教育优质均衡、高中教育优质发展、职业教育产教融合特色竞争；推进健康龙游建设，实施人民医院、中医院、妇保院梯度迁建，完善基层医疗卫生、体育健身设施配套，不断健全公共卫生防控体系、医疗保障体系和全民健身体系。要实施文化惠民工程，推进“文化龙游”建设，深化“文化进万家”工程，建成公共文化中心，提升乡镇综合文化站、农村文化礼堂、市民驿站等整体功能，完善城乡一体、区域均衡、人群均等的现代公共文化服务体系。要加快生态文明建设，推进蓝天、碧水、净土、清废行动，加强水、矿山等生态系统保护与修复，加快推进“森林龙游”建设，到2025年，森林覆盖率提高到56%，单位GDP能耗降低率和主要污染物排放降低率达到国家下达指标，地表水达到或优于Ⅲ类水体比例达100%，城市PM2.5平均浓度小于30毫克/立方米。

（六）强化安全发展。深化平安龙游建设，防范和化解各种重大风险，全面提升本质安全水平。要防范化解经济金融风险，推动经济安全防控机制和能力建设，加强重要经济指标动态监测和研判，健全风险识别预警机制和应对预案，维护产业链供应链安全。织密织牢“天罗地网”风险监测网，做好防范和处置非法集资、打击逃废债等工作，实现政府债务安全可控，坚决守住不发生区域性系统性风险底线。要守牢安全生产底线，完善安全生产网格排查机制，深入开展道路交通、危化、消防、建筑施工、食品药品等重点领域专项整治，全面提升防灾救灾、应急救援能力，实现事故起数、死亡人数持续下降。要维护社会平安稳定，健全社会治安防控体系，加强重大活动、重点场所等整治管控，强化各类矛盾纠纷、风险隐患排查化解和社会综合治理，筑牢社会安全防线。

三、2021年政府工作安排

2021年是建党100周年，也是奋进“十四五”、逐梦新征程的开局之年，是关键特殊的一年，必须迈好第一步、展现新气象。建议2021年全县经济社会发展主要预期目标为：地区生产总值增长8%以上；固定资产投资增长8%，结构持续优化；城镇新增就业3500人以上，城镇登记失业率控制在3.5%以内；一般公共预算收入增长9%；城镇和农村居民人均可支配收入分别增长9%和9%

以上；全员劳动生产率稳步提高；节能减排降碳完成市定目标任务。

围绕以上要求和目标，抓好十方面重点工作：

（一）全面启动“四个龙游”建设

推进科技龙游建设。健全多渠道科技投入机制，鼓励支持企业加大创新投入、研发力度，实施科技项目50个以上，实现全社会R&D经费支出占GDP比重达到2.4%以上、高新技术产业增加值占规上工业增加值比重达到48%以上、高新技术产业投资增长10%。构建完善科技企业梯度培育机制，新增国家高新技术企业20家以上、省级科技型中小企业40家以上。深化政产学研用协同创新，提速建设省级高新技术产业园区、省级产业创新服务综合体，创建省级科技企业孵化器和国家级重点实验室，新增省、市级企业研发机构5家以上，建立大院名校转移转化中心5个以上。加强科技市场建设，培育科技中介服务机构，形成覆盖创新创业全链条的科技服务体系。

推进数字龙游建设。加快“两化融合”“企业上云”扩面提升，推进数字化小微企业园建设，启动规上企业数字化改造30家，实现数字经济核心产业制造业增加值增长15%以上。密切关注大数据、云计算、人工智能等数字经济发展动向，培育引进一批数字产业化项目。开展“村播+企播+文播”三进行动，做强直播电商产业园龙游基地，吸引各类企业入驻基地直播100家以上。推动数字技术与农业生产深度融合，新增省级数字农业工厂试点2个。大力发展数字商贸、数字出行，推进数字生活新服务特色镇创建。深入推进政府数字化转型，打造衢州“城市数据大脑”龙游节点，持续推进“龙游通”赋能升级，不断提升智慧治理水平。

推进森林龙游建设。开展全域造林、生态护林、产业兴林、改革强林行动，启动国家级森林城市创建，完成新增造林6000亩，创建省级森林城镇4个、生态文化基地2个、“一村万树”示范村4个。加快推进绿色循环全竹产业园和国家级现代竹产业示范园建设。探索“两山银行”改革试点和竹林碳汇交易，争取纳入全国碳排放权交易市场。

推进文化龙游建设。注重以文化人，全面提升文化软实力。做深做实8090新时代理论宣讲，实施主流思想舆论引导行动，抓好衢州有礼“八个一”的落实，持续推进新时代公民道德建设。发掘历史文化、龙商文化、红色文化资源，开展文化基因解码，谋划荷花山遗址公园建设、河西街保护开发，启动编制余绍宋全集，打造“华岗故居”等革命文物保护利用基地。实施文化产业倍增计划，推动戏曲保护振兴、传统手工业复兴，加强非物质文化遗产保护传承，打造一批传统文化特色村和民间艺术之乡，培育一批骨干文化企业和成长型文创企业。加快城乡文旅驿站、乡镇文化站改造提升，推动农村文化礼堂和社区文化家园全覆盖。

（二）打好高质量“双招双引”攻坚战

提高招商引资实效。全链条推进重大产业项目招商，前端抓“产业研究、主体研究”，中端抓“信息收集、信息研判”，后端抓“商务谈判、落地服务”。综合运用产业招商、商会招商、以商招商等方式，更好发挥产业基金导向作用，深化投融资体制改革，引导社会资金投向具有乘数效应的先进制造、民生建设、基础设施短板等领域。突出上海、深圳、杭州、江苏等重点区域，完善客商资源库、项目信息库，绘制产业布局图、跟踪服务图，全方位多渠道捕捉重大投资信息，力争全年引进亿元以上项目18个，实际到位资金33亿元以上。

加大招才引智力度。深入实施人才新政，启动全国引才计划，推动创新人才梯度化引进和培育，力争引进海外高层次人才20名、“引才计划”人才5名、领军型创业创新团队1个。深化校企合作、产教融合，加快发展现代职业教育，完善应用型、创新型人才培养体系，培育一批高素质、复合型人才。

（三）牢抓项目建设不放松

加强项目储备转化。按照大胆设想、科学论证、谨慎落地的原则，围绕趋势所向、战略导向、政策取向，抓好“十四五”各专项规划编制，加大项目谋划包装争取力度，做细做实项目前期，突出立项、设计、开发模式等重点环节，梯次推进项目谋划储备，力争全年谋划亿元以上项目50个以上，新增省重点项目、省重大产业项目各2个以上。

加快重点项目推进。坚持“五全”工作法，建立健全项目策划、设计、招标、建管全流程一体化操作规程，持续开展互比互看、集中攻坚等行动，推进专班实体运作，强化重大项目清单化精细管理，健全闭环管理、“红黄绿”预警和晾晒督查机制，确保省市县长工程落地率达50%以上，省市集中开工项目实现开工、入库“两个百分百”。

全力夯实要素保障。坚持资金、要素跟着项目走，持续深化国资体系改革和“三资联动”机制创新。高质量编制国土空间规划，深化国土“三调”成果应用、“十类地”整治和矿地综合利用，完成垦造耕地6000亩、旱改水2000亩、耕地质量提升1000亩、建设用地复垦1500亩。进一步加强集中财力办大事体系构建，建立健全以绩效为核心的财政政策体系和资金管理机制，积极争取中央预算资金、省级补助、政府债券等上级支持；深入推进国资体制改革，继续加大国有资产盘活和归集力度，科学把握直接融资和间接融资的额度与匹配性，最大限度拓展融资、降低融资成本；深入实施融资畅通工程，提升金融综合平台服务能力，深化绿色金融改革，健全政策性融资担保和增信体系，强化对千项目、稳企业的金融支持。深化“亩均论英雄”改革，加大低效出清力度，推进节能减排，引导资源要素向优势产业、优势企业集中。

（四）加快工业向高端智造跃迁

做强“龙游制造”。聚焦“3+3”主导产业，围绕稳链补链强链，做优做实链式服务，积极引进平台型企业、领军型团队、补链式项目，不断深挖“二期在龙游”潜力，大力支持企业技改扩建，鼓励加大装备首台套研发、引进力度，推动技术装备创新。抓好品牌培育，新增“浙江制造”标准4个、品牌企业培育2家以上、品牌认证2个以上。巩固拓展减税降费成效，降低企业用电、用气、物流等成本，推动企业降本减负。

培育企业主体。实施“凤凰行动”升级版，加大企业上市和并购重组力度，加快4家报会报辅导企业上市进程，力争完成新三板挂牌1家、A股上市2家以上。加强重点企业培育，新增亿元企业6家、5亿元和10亿元企业各2家，加快培育单项冠军企业、专精特新“小巨人”和“隐形冠军”。

夯实产业平台。深化经济开发区体制机制改革，推动“四区一镇”联创。加快220千伏白马变、110千伏士元变、中水回用等项目建设，推进金星大道、北斗大道、528国道等基础性工程，启动二期综合市场建设，谋划实施城南、港区等一批综合供能站项目。推进城北机器人产业园、城南贝尔智能科创园、湖镇建州智谷等小微园建设，做优超精密制造小镇等省级特色小镇平台。

（五）推动美丽县城颜值品质双提升

加快城市建设步伐。进一步加快城东新区建设，推进公共服务中心、商务中心、健康产业中心、凤翔洲湿地公园等重点项目建设，建成端礼路、子鸣路、城东大草坪休闲公园、城东滨水休闲带一期等项目，完善路网框架、绿地系统、公共配套，高标准打造国家级绿色生态城区。进一步加快老城有机更新，坚持以大南门历史文化街区保护开发撬动历史文化名城创建，谋划启动灵山江文化休闲核心区建设，加快高铁站前区配套工程进度，推进兴龙南路、巨龙路改造提升和新华、幸福、新力等老旧小区改造。

提升城市宜居环境。大力开展城市绿化，持续改善空气质量。加强环境卫生整治，推进城区污水零直排区项目建设，完善垃圾全程分类收运体系。继续实施土壤污染防治行动，争创“无废城市”。

厚植城市文明底色。巩固省示范文明县城创建成果，不断完善常态化管理机制，持续开展治乱、治堵等行动，争创国家级生态文明示范县、省级文明县。加强小区物业管理，提升物业服务质量。深化“一支队伍管执法”改革，拓展智慧城管平台应用，提高城市管理水平。发展壮大志愿服务组织，打响龙游大妈、龙游老兵等特色文明实践品牌。

（六）构筑现代综合交通物流体系

完善现代交通路网框架。扎实推进杭衢铁路、320国道、北入城口改造提升等重点项目建设，谋划衢丽铁路二期、315省道南移、城区至北站公路等工程。提升城市路网功能，推进数字出行和智慧交通建设，统筹布局5G基站等新型交通基础设施，实现公交支付“一码通”全县域通行。高标准建设“四好农村路”，加快实施乡村联网公路、危桥改造等工程，提高公路畅通度和安全保障水平。

提升内陆水运服务能级。构建龙游港区“集疏运”体系，完善基础设施配套，加快杭金衢高速龙游港互通建设，提升港口装卸、堆存能力。做大做强港口主业，推进龙游港区“散改集”，拓展全产业链增值服务，确保吞吐量280万吨以上。持续加强与嘉兴、镇海、江阴等港区合作互动。

健全现代物流网络体系。加快十里铺物流产业园区、纸浆交易中心、申通产业园二期等项目进度。完善农村电商物流体系，打造多层次物流配送网络，建设农村物流服务点40个。

（七）全力推进文旅再出发

龙头项目引领。谋划石窟原声音乐小镇建设，充实红木小镇功能业态，推进六春湖旅游度假区、白鸽湖商埠文化园、龙和渔业文化园、姑蔑城、龙山运动小镇二期等项目建设，加快姜席堰保护开发，深挖衢江、灵山江沿线旅游资源。

设施配套跟进。围绕“吃住行游购娱”等要素，拉长旅游周期和消费链条。谋划推进毛连里、长生桥等民宿建设，构建龙南精品民宿群。加快龙南旅游集散中心建设，完善景区旅游厕所、停车场、信息网络等基础配套设施，持续优化旅游服务功能，提升景区配套力和吸引力。

市场营销撬动。继续办好龙游石窟国际音乐盛典、全国钓鱼锦标赛、六春湖登山赛等品牌赛事活动，谋划推进汽车运动主题公园、汽车露营基地等项目，构建完善“赛事+全域旅游”链式营销新模式。强化宣传营销顶层设计，积极对接品牌线路、知名团队和大型旅行社，线上线下齐发力，扩大营销综合效应。

（八）深入实施乡村振兴战略

坚持“业兴”导向。全力做好粮油生猪稳产保供，开展粮食生产功能区“非粮化”整治，实现粮食播种面积30.2万亩；加强非洲猪瘟疫情防控，推广腾弱换强模式，实现生猪存栏32.5万头。增加优质绿色农产品供给，推动“一鸡一渔一茶一药一盒故乡”等农特产品精深加工，加快“一县一园”产业融合发展，实现全环节升级、全链条增值。深入推进“互联网+特色农业”，布局“1+3+N”直播平台，实现农特产品网络零售额4亿元以上。

坚持“景美”导向。推进“两江走廊”沿线风貌提升和业态植入，打造“一环五线”美丽乡村风景线。深入推进“五水共治”，深化“美丽河湖”保护建设。突出乡村“小环境、微改造”，推广垃圾分类贺田模式3.0版，推动农村“厕所革命”提质升级，完成农村生活污水设施提标改造63个。落实“五美”要求，创建省市级美丽城镇样板镇7个。加强农房整治和拆后利用，持续开展“乡韵庭院”“一米菜园”创建。

坚持“民富”导向。实施提升居民收入富民计划，巩固拓展脱贫攻坚成果，推广“龙游飞鸡”扶贫模式，健全防止返贫动态监测和结对帮扶长效机制。开展新时代美丽乡村综合集成改革试点，深入推进“两进两回”，畅通资本、人才、服务下乡通道。推进农民异地搬迁集聚安居工程，促进农业转移人口市民化。深化“消薄”攻坚，坚持“一村一策”，采取村村联合、村企联合、异地置业、入股经营等方式，促进村集体增收。

（九）推动改革开放新突破

纵深推进“最多跑一次”改革。持续推进营商环境“10+N”便利化行动，打造一批改革示范标杆。以企业全生命周期政务服务集成改革为抓手，迭代升级“政企通”平台服务功能，深化政务服务2.0应用，纵深推进涉企服务、车辆年检等“一件事”改革。巩固提升“无证明县”成果，推行证明事项告知承诺制。深化“县乡一体、条抓块统”试点，推进“一个政府”理念向乡镇延伸，不断优化事项运行程序，简化办事环节，促进改革红利延伸扩面。

加强信用体系建设。创新“信用+”场景应用，推进基础数据归集、评价体系建立、信用应用产品创新，推广“信用+礼治积分”和信用码商家联盟。健全信用评价、监管和惩戒体系，强化守信联合激励和失信联合惩戒，构建“互联网+监管”全链条业务闭环，营造“守信有价”发展氛围。

全方位扩大对外开放。强化沿海意识，抢抓长三角一体化发展战略机遇，加快融杭接沪步伐，主动接轨义甬舟开放大通道，积极承接杭州、宁波优质产业转移项目落户龙游，推动山海协作再升级。坚持衢龙一体、市县联动，主动融入四省边际中心城市建设。深化龙游—叙永东西部协作，探索“造血”扶贫新模式。主动参与“一带一路”建设，大力发展外贸新业态。

（十）持之不懈保障和改善民生

加快社会事业发展。突出重点人群就业帮扶，实现城镇新增就业3500人以上、城镇失业人员再就业1500人以上。加快劳动仲裁调解标准化建设，稳妥处置劳资纠纷。提高社会保障水平，开展养老保险省级统筹，深化医保精准扩面，推动乡镇级居家养老中心全覆盖。坚持“房住不炒”，促进房地产业健康有序发展。优化城区教育布局，推进龙游中学、年年红综合学校、柳园小学等项目建设，实现公办幼儿园覆盖面50%以上。完善全民健身公共服务体系，做实做强“医共体”“医联体”，加快妇女儿童健康医院建设和塔石中心卫生院迁建。推进“新时代枫桥式退役军人服务站”规范化建设，创建省级双拥模范县。统筹做好国防、民族、宗教、侨台、外事、统计、档案、史志、妇女、未成年人、老年人、残疾人、红十字会等工作。

守牢民生安全底线。抓好常态化疫情防控，坚持人防、物防、技防并重，强化重点场所日常监管，提升突发公共卫生事件应急能力。深入实施第二轮安全生产综合治理三年行动，持续抓好企业生产、道路交通、食品药品、消防等领域风险防范，确保事故起数、死亡人数下降20%。健全防灾减灾体系，建成规范化避灾安置中心30个。狠抓信访源头防控和积案化解，推进扫黑除恶专项斗争常态化。高标准抓好第二轮中央环保督察反馈意见整改和突出环境问题整改，守牢生态保护底线。加强政府债务管控，筑牢财政安全底线。

做深做实“三服务”。打造“三服务”2.0版，把“三服务”精准高效落到企业、群众、基层急需处。深化为民办实事长效机制，按照群众提、大家定、政府办的理念，梳理了努力为群众提供优质饮用水、为群众提供免费健康体检、为青少年儿童提供更好的学习环境、解决养老难、让群众吃得更放心、让群众出行更安全更便捷、改善城乡群众居住环境、让群众生活更丰富、解决群众停车难、为群众提供防疫保障、为群众改造老旧小区、增强基础应急救援能力等12个民生实事候选项目，提请本次大会票决。坚持为企、为基层办实事制度，全力办好本土人才素质提升、跨境电商公共服务提升、产业创新服务综合体项目提升等工程，做到“企有所呼、我有所应”；认真办好基层阵地建设整合提升、社区治理与服务效能提升、“龙游通”便民惠民服务等基层实事项目，提高基层服务质量，推动基层治理现代化。

各位代表，五年蓝图已经绘就，今年任务已经明晰。“打铁还需自身硬”。我们将牢固树立利民为本、法治为基、整体智治、高效协同的理念，持续加强政府自身建设，推动政府职能优化、方式转变、作风提升。坚持政治引领。学懂、弄通、做实习近平新时代中国特色社会主义思想，增强“四个意识”、坚定“四个自信”、做到“两个维护”。坚决贯彻省、市党委政府和县委决策部署，在大局下思考、大局下行动。坚持依法行政。深化行政复议体制改革，推进行政复议规范化建设，高标准建设法治政府。持续深化府院联动，促进行政争议预防化解。自觉接受人大、政协监督，主动接受监察监督、司法监督、舆论监督、社会监督，认真听取人民群众意见建议。坚持整体智治。牢树系统观念，按照统筹整合联动、跨界打通融合、扁平一体高效的理念，深化部门间协作、政银企社联动，致力于打造整体政府。着眼智慧政府建设，强化数字赋能、改革破题、创新制胜，做到综合集成、迭代升级、久久为功，推动决策更科学、治理更精准、服务更高效。坚持廉洁阳光。认真履行全面从严治党主体责任，严格落实中央八项规定精神，大力整治形式主义、官僚主义等问题，全力营造风清气正、干事创业、担当作为的政治生态。坚持过紧日子，严格控制和压减一般性支出，非刚性、非重点项目支出压减不低于15%，工作性专项经费压减10%，“三公”经费预算压减5%。

各位代表，奋斗新时代，奋进新征程。让我们在上级党委、政府和县委的正确领导下，紧紧依靠全县人民，心热行稳、接续奋斗，奋力开启浙西新明珠建设的时代篇章！

附：名词解释

1. **一路一桥一港一枢纽**：“一路”指湖镇至童家公路工程；“一桥”指跨衢江大桥应急工程；“一港”指龙游港区桥头江作业区工程；“一枢纽”指游埠枢纽护岸护堤工程。

2. **农民集聚转化“721”梯度安置导控体系**：指引导农村地区迁出人口70%进入中心城区和城镇、20%进入集镇区、10%进入中心村。

3. **MEI 指数**：指全省争先创优行动经济运行月度评价指数。

4. **五减**：指减税、减费、减租、减息、减支。

5. **六比六看**：指项目推进中比谋划看储备、比招引看供地、比落地看开工、比征迁看交地、比服务看入库、比投资看进度。

6. **“1+6+3+X”国资体系**：指由“1家国有资本运营公司、6家核心市场化公司、3家区域性公司、X家部门代管公司”组成的国资体系。

7. **“5+5+N”拟挂牌上市培育企业库**：指由“5家重点挂牌冲刺企业、5家拟挂牌上市企业、N家挂牌上市培育企业”组成的拟挂牌上市培育企业库。

8. **一县一园**：指每个县（市、区）各打造一个现代农业产业园。

9. **五个重大**：指重大改革、重大项目、重大平台、重大政策、重大规划。

10. **5个具有龙游辨识度的标志性工程**：指县委十一届九次全会提出的“赋能发力‘8090新时代理论宣讲’，打造学习、宣传、实践习近平新时代中国特色社会主义思想的示范样板；赋能发力‘科技引领、产业创新’，打造内陆地区制造业高质量发展的示范样板；赋能发力‘两江走廊、乡村振兴’，打造拓宽‘两山’转化通道的示范样板；赋能发力‘小县大城、农民集聚’，打造城乡统筹融合发展的示范样板；赋能发力‘龙游通+全民网格’，打造县域治理体系和治理能力现代化的示范样板”等5个具有龙游辨识度的标志性工程。

11. **9项具有牵动性、关键性、根本性的攻坚重点**：指县委十一届十次全会提出的“打造内陆地区制造业高质量发展的示范标杆、加快建设现代化美丽县城、构建区域性综合交通物流枢纽、扮靓‘两江走廊’全域旅游核心区、推进农业农村现代化建设、营造充满活力的一流营商环境、努力打造美丽中国的县域样本、推进更高水平的县域治理现代化、构筑共同富裕的美好幸福家园”等9项攻坚重点。

12. **三湖四岛**：“三湖”暂指盈川湖、凤凰湖、白鸽湖；“四岛”暂指翁家岛、船厂岛、凤翔岛、丁新岛。

13. **“五全”工作法**：指“紧盯全年、发动全员、覆盖全域、贯穿全链、管控全程”的项目工作法。

14. **“1+3+N”直播平台**：指由“红木小镇”“龙游馆、东日龙游网红市场、龙商智慧城”“若干个企业、乡镇”组成的直播平台。

15. **“一环五线”美丽乡村风景线**：“一环”指“古县新城廊道环”，由320国道、315省道和46省道构成的县城环线；“五线”指由环线延伸出的衢江风光休闲线、十里荷花观光线、历史文化古村线、灵山江休闲运动线和竹海风情生态线五条精品线及其支线。

16. **营商环境“10+N”便利化行动**：指省委改革办以“最多跑一次”改革理念，围绕“优化营商环境”主题推出的系列改革举措，内容涵盖企业开办、企业注销、不动产登记“一件事”、跨境贸易、纳税、提升执行合同质效、用水用气报装、用电报装、获得信贷、办理破产便利化等十项主要政策，以及“N”项配套措施。

2020年龙游县疫情防控工作总结

龙游县疫情防控指挥部办公室

2020年5月

2020年这次突如其来的新型冠状病毒肺炎疫情，给龙游县带来了一场严峻考验。在以习近平同志为核心的党中央坚强领导下，在省委省政府、市委市政府有力指挥下，县级领导包干督战、全县干部一线集结、全体党员红色响应、社会各界纷纷支援，用最短时间建起一座“铜墙铁壁”。我们第一时间紧急动员，1月22日县委常委会就决定取消县内所有聚集活动，倡议遭受疫情突袭的湖北武汉涉及龙游人员留在当地。我们第一时间下达“44620”战时指令，建起县乡村三级布防卡口749个，出台禁赌令，发出红色征集令，整合全县力量清小区、清单位、清网格、清村社，迅速摸清底数、赢得主动。龙游县第一时间调整策略，率先把视线从“盯湖北”拓展到“盯全国、盯全省”的有风险地区，率先推出“龙游通”扫码通行，果断将周边疫情挡在县外，及时对境外返龙游人员点对点有效管控。我们第一时间研究复工复产方案，提前制定“小班组、小分队”管理标准，组建工业、服务业“战时服务团”和261名“护企手”，开展四大领域专项行动，有效解决企业复工复产难题1700余个。至2020年年底，全县186家规模以上工业企业、117家服务业企业、7个省重点项目和84个5000万元以上项目全部复工，有效投资、畅通指数、复工用电指数、产能恢复指数等都及时回升恢复。我们的“福”字隔离法得到省委书记的肯定，废弃口罩专业处置模式登上央视新闻，集中隔离点“3342”机制全市推广，疫情防控和复工复厂得到省、市领导的高度评价。

在这场人民战争、总体战、阻击战中，全县上下一个声音、一个步调、一个节奏，打出声势、打出气势，涌现出一幕幕感人事迹和动人场景。党员干部们连续奋战、不辞辛苦、舍小家为大家。一批老党员、老支书、老干部主动请战、重回火线。广大医护工作者夜以继日、坚守岗位、忘我牺牲。许多企业主体、社会组织、民间人士和志愿团队积极参与、慷慨解囊、无私奉献。各行各业的企业家迎难而上，积极组织复工复产。广大基层群众顾全大局、思想认同、行动自觉，克服了重重困难。在大家的共同努力下，我们取得疫情防控的阶段性胜利，龙游是2020年全省11个“零确认”县之一，也是“五色疫情图”里位于十字交通干线上硕果仅存的“纯白线”。

一、基本情况

2020年初疫情突如其来，龙游县始终把人民群众生命安全和身体健康放在第一位，打好“外防输入、内防反弹”持久战，全面落实科学防控、精密智控、闭环管理；动态完善疫情跨境输入防控举措，坚决堵住多点输入带来的风险敞口；高度重视无症状感染者的监测、追踪、隔离和治疗，全力消除聚集性疫情风险隐患；精心组织复工复产复学，牢牢守住学生和学校安全底线。截至2020年年底，龙游未发现确诊病例，全县疫情防控工作取得阶段性成效。

回顾前一阶段的工作，主要有以下几个方面：

（一）建立最顶格的指挥体系。 建立了“四个一”的指挥架构：一是“一个体系”。由县委书记张晓峰任总指挥，县长祝建东任指挥长，县委副书记毛献明任常务指挥，副县长钟爱红任副指挥、办公室主任，县四套班子领导齐上阵，人人冲在第一线，并将疫情防控专班升格为防控指挥部，下设1办12个工作组，人员最多时集中办公达110人，时刻保持战时状态，对全县防控工作实行统一指挥作战。二是“一个口子”。所有指令由县指挥部统一下达，所有防控工作数据全部由指挥部各工作组统一归集汇总上报。同时，坚持每日会商，及时掌握情况、沟通信息、解决问题。截至2020年年底，指挥部已经下达9个令、16个通告，下发140个（指挥部文件81个+办公室文件59个）实操性、规范性、指导性文件。三是“一致行动”。县、乡镇（街道）、村（社区）三级在县指挥部调度下一致行动，举全县之力开展大劝返、大排查、大隔离、大管控等疫情防控工作。四是“一线督查”。坚持问题导向，全面查找疫情防控的死角和盲区，认真查漏补缺，压缩疫情“风险敞口”，对违反防控纪律规定的，作为反面典型予以通报，并启动严肃问纪问责程序，强化失责违纪处理震慑力。

（二）布置最严密的防控网络。 严格落实交通卡点“受控进入”机制，在1个高铁站、3个高速口和国省道、县乡村道卡口设置疫情检查站，实行“五班四运转”（“五班”指共有五个班组轮番替代工作；“四倒”指一天分为4个时间段），对重点区域和通道全天候全覆盖设卡检查。对有风险地区，以及市外在龙游无固定工作或固定居所的一律劝返，劝返无效一律集中隔离；对市外在龙游有固定工作或固定居所的，一律执行“两报到两隔离”（向村社报到、向用人主体和商会报到，发热有呼吸道症状送医院救治隔离，正常则居家医学观察）；对企业高管、紧缺人才等特殊岗位实行闭环管理，坚决守牢衢州“东大门”。截至2020年年底，全县共投入各种警力和工作人员4万余人次，检查车辆5万余辆，累计劝返1200辆，其中涉杭、温、台车辆456辆、985人，劝返158辆、358人；累计发现涉鄂人员367人，送集中点隔离观察20人，劝返329人，居家隔离观察18人。

（三）开展最彻底的网格排查。 对照省市下发的协查名单，运用大数据分析，通过“线上+线下”“网络+网格”，认真做好比对分析、建立“一人一表”，实行清单管理。同时，实行县级领导“大包干”负责制，发布红色征集令在短时间内增派党员志愿者4000余人充实社区等基层一线。进行全县总动员，所有非防控一线单位，除保运转人员外，要求全部下沉一线，由街道和社区统筹安排，编入社区防控战队，做到“不在岗位一线，就在防控一线”，没有旁观者、没有局外人。

（四）落实最严格的管理措施。 严格落实“集中隔离+居家隔离”机制，对集中观察点实行“1+1+10”模式（即1名包干县领导，1名县管干部带队，2名医务人员、2名保安和6名公安人员），启用县委党校、速8宾馆、国会大酒店、君御酒店、湖镇国友宾馆等5个隔离点，美途酒店、开发区宜尚酒店等集中隔离点以及新、老骨伤科等医院观察点已准备到位。强化居家观察管理，实行“四个一”管理小组制度［1名乡镇（街道）干部、1名村（社）干部、1名网格员、1名医务人员］，对居家观察人员实行“多对一”管控。至2020年年底，定点医院留院观察3人；集中隔离1人（为无症状感染者）。累计集中隔离567人（其中涉外60人），累计解除566人；居家（厂）累计隔离3549人（涉外80人），均已解除。同时，相继暂停县际、城市及城乡道路客运营运，暂停辖区范围内所有的集聚活动，全面关停景区、网吧、洗浴中心、足疗、口腔诊所、酒店、酒吧、教育培训机构等公共营业场所，尽可能减少人员集聚流动，防止聚集性疫情发生。

（五）发动最广泛的社会力量。 一是宣传引导有深度。通过“大喇叭”“龙游话”等土办法，“龙游通”“微龙游”等新媒体，铺天盖地刊播一系列有关疫情的权威信息、防疫科普知识和一线先进典型，营造众志成城防控疫情的舆论氛围。推出“暖心十条”。做实“龙游通”实名登记，确保宣传到边到角、一户不漏。从严管控网络舆情，落地查人29人，核处谣言信息36条，打造清朗的网络生态。二是物资供应有力度。加强疫情防控应急物资采购和统筹调配，N95口罩、防护服、测温仪等防护装备优先保障防控重点部位和重点人员。对全县进出龙游采购运输“菜篮子”产品和生活必需品的50多辆车实行持证管理、开辟绿色通道，至2020年年底龙游县生活物资供应和储备充足，未发生哄抬物价、群众哄抢等现象。三是全民参战有温度。这个特殊的时期、特殊的假期，党员干部群众，各个层面都在行动。广大医护人员长时间工作不下火线，公安、交通、执法等部门的许多同志夜以继日守卡口、战严寒（县人武部主动请缨，退休老民警余宏庆请战一线），指挥部分设11个组，全体人员连续作战、不怕辛苦，成千上万的乡镇、村社干部舍小家、为大家。不仅是党员干部冲锋陷阵，龙游乡贤、商会、各界也纷纷慷慨解囊，捐资捐物3882万余元（其中捐资2473万余元，CT、口罩、手套、消毒药水等各类捐物折合1409万余元）。这就是全民战争、全民抗疫的最有力的支持和最强大的动力。

（六）打赢最困难的复工复学。复工方面：1. 分类分层审批。落实“两方案、两承诺、一审批”的要求，着力提高开工计划性、审批可控性和监管有效性。2. 加强人员管控。按照“来前有准备、途中有秩序、来后有制度”的要求，全面排查全县工业、建筑业、农业、服务业等领域的企业用工、特别是外来员工情况，共排查各类主体2万多家、用工3.8万多人，县外约1.6万人。同时，落实好管控措施，有136家工业企业、796名管理人员和技术骨干提交返龙申请，已返龙的253人均落实医学观察措施。3. 畅通物流人流。严格落实省防指2号令，出台“六个严禁”，严厉打击阻碍道路畅通、物流车辆运输、人员正常出行等行为。“龙游通”上线“人工智能+线上招聘”平台，推出“春季人才资源交流会”活动，369家入驻企业提供岗位1.1万个，共有1196人在线应聘，724人进入面试环节。4. 加强力量统筹。将力量逐步从组团联村转向组团联企，成立“战时服务团”，由“一名县领导+一名乡镇长（或书记）+一名部门副职+若干团员”组成，为企业提供专向精准服务，直至公共卫生突发事件一级响应结束。到2月25日，龙游县218家规上企业已全部复工；截至2020年年底全县工业企业（包括规下企业）复工达992家，以电力指数计算，复工率超100%。复学方面：1. 织好联防联控“一”张网。由龙游县教育领导小组牵头建立学校网格化联防联控工作机制，明确分工、提供专业帮扶，密切协作配合。2. 搭好防疫智控“二”平台。为实现教育系统防疫数据信息的精准采集和动态管理，对防疫物资储备分配情况进行“云管控”，县教育局借助钉钉系统对教职工和学生出行健康动态、到校学生健康状况搭好防疫智控“二”平台。3. 做到防疫保障“三”到位。实行校园全封闭管理，建立教职工和学校“一人一档”；分批上下学、就餐、入寝，分场地、分距开展课间户外活动避免集聚；重点场所、区域进行定时的清洁消毒，规范操作程序，不留死角。4. 落实防疫督查“四”结合。坚持问题导向、目标导向，采用“线上+线下”“定期+随机”“专项+全程”“互评+互学”等方式，持续开展校园防疫工作督查。5. 做到防疫教育“五”举措。结合龙游县学校实际情况，根据不同年龄层次的认知特点，印发《龙游县中小学（幼儿园）新冠肺炎防控返岗返学防护手册》3000余册；录制龙游县中小学（幼儿园）新冠肺炎防控返学防护微课堂，龙游县中小学返岗返学防护和学校消毒工作视频指南；利用龙游教育微信公众号推出返校流程指南幼儿版和中小学版；确保防护安全知识入脑入心。至2020年年底龙游县55所中小学（小学38所、初中11所、高中4所、职高2所）所有学段全部开学，应到人数38376名，实到人数38168名，未报到人数208名，报到率99.5%，高于全省的97%。截至5月10日，县教育局、卫健局、市监局等部门联合评估组已完成118所幼儿园第一轮复学评估工作，县疫情防控指挥部定于5月11日晚召开幼儿园返园复学工作研判分析会议。

图1　龙游县捐赠首批援鄂抗疫物资

（县疫情防控指挥部办公室／提供）

二、今后一段时期的着力点

前不久，习近平总书记专程到浙江考察指导，围绕统筹推进疫情防控和经济社会发展提出了7个方面重要意见，为龙游当前及今后一个时期的工作指明正确方向、提供重要遵循。下一步，我们将着重做好以下三个方面：

（一）下好三招“先手棋”。按照外防输入、内防扩散的总体防控策略，健全及时发现、快速处置、精准管控的常态化防控机制，确保早发现、早隔离、早处置。一是毫不放松堵住源头。每个乡镇（街道）将成立4人以上的疫情常态化防控工作小组，负责有风险地区人员的滚动排查、核查管控、每日报告等工作，实行24小时轮流值班、随时待命。二是毫不放松拉好警戒。所有社区（村）、公共场所、营业场所、机关单位等“小门”出入一律严格落实“测温+亮码”制度，逢车必检、逢人必查，进一步扩大“健康码”在群众中的使用范围和频率。三是毫不放松压实责任。乡镇（街道）、部门主要负责人将对疫情常态化防控工作负总责，亲自研究、亲自部署、亲自推动，分管领导负主要责任，组团联村（社）干部对联系村（社区）负具体责任，压实责任链条、严肃责任追究。

（二）织好三张“防控网”。通过“网络＋网格”、“技术＋制度”，用党建红线串起全县619个基层网格，织起疫情防控的“天罗地网”。一是群防群控网。100个部门乡镇、1800名网格员、7000名“红色物业联盟”党员志愿者、2.5万名农村党员联户“户事长”将常态化投身大排查、大防控、大服务一线，做好走访联系、排查核查、日常管控、宣传引导等工作。二是精密智控网。依托“龙游通”背靠大数据、覆盖全县域的优势，优化权威发布、宣传发动、一键举报、在线处置等疫情防控板块，完善“健康码＋服务”，拓展消费、住宿、复工、就医、复学等七大功能，为群众日常生活开辟快速绿色通道。三是暖心隔离网。对隔离人员推行免费服务“暖心十条”，通过代跑帮办、住宿服务、医护支持、困难救助、心理辅导、网上教学、文娱服务等，解决好隔离带来的不便和困难，最大程度消除后顾之忧，做到“硬核隔离、温情管控”。

图2 2020年2月9日，第二批浙江省救援队3位龙游的队员紧急再出发，中共龙游县委书记张晓峰（前排左五）一行到场为援鄂抗疫者送行

（县疫情防控指挥部办公室／提供）

（三）打好三套“组合拳”。把推进疫情防控和经济社会发展与深化“三服务”紧密结合起来，充分发挥战时服务团作用，为企业和群众排忧解难。一是工业“四抢”行动再深化。围绕“抢员工、抢开工、抢产能、抢市场”，全面梳理解决工业企业“问题清单”“需求清单”，一企一策做好精准帮扶。二是商业“暖街”行动再升温。推出免费发放防疫物资、减免租金、减免水电费、免费开放景区等十大暖街举措，通过“线上＋线下”“实体＋电商”，加快商品进平台、进超市、进社区，打造云上数字生活。三是决战首季行动再提速。紧盯重大产业、重大民生、重大基础设施和重点领域补短板项目，加大力量投入，加强工期管控，优化施工组织，确保抢时间、抢进度。

2020年龙游县扶贫工作开展情况

2020年以来，龙游县农业农村局在县委、县政府的正确领导下，全面贯彻落实习近平总书记关于脱贫攻坚的重要论述，认真践行中央和省市重要决策部署，根据县域内实际情况，牢牢把握“精准”要义，坚持“扶贫”与“扶志”并重、“输血”与“造血”并举，通过健全扶贫开发组织体系，创新扶贫开发工作机制，强化精准扶贫意识，广泛深入开展扶贫政策宣传活动，积极主动回应低收入农户发展诉求，响鼓重锤，迎头奋进，把扶贫开发各项任务落到实处，取得显著成绩。

一、主要工作开展情况

（一）紧盯目标，全力推动低收入农户增收

通过深入基层一线，摸排出“8000元以下”农户135户225人。按照“属地管理，发现一户，消除一户”的要求，对相关人员统一造册、建档立卡、实行精细化管理。通过产业帮扶、金融服务、培训就业、异地搬迁、低保兜底、医疗救助、即时救助、督孝自消等措施，及时完成“清零”工作。建立健全动态扶贫监测机制，严密监测农户家庭生产生活情况，确保实现“不落一户、不漏一人”工作目标。及时实施小

图 3　旅游扶贫：2020 年 5 月 1 日，有“浙江第一高索”之称的龙游六春湖索道投入试运营
（县农业农村局／提供）

额贴息、雨露计划、扶贫健康保险等保障性政策，确保多项惠民政策落地有声。2020 年低收入农户人均可支配收入达 14656 元，居 26 县第三名。

（二）聚焦关键，强化扶贫项目资金规范化管理

将产业发展作为脱贫的治本之策，培育“一鸡一鱼一茶一药”特色优质高效产业。采用“现代农业 + 特色扶贫”模式，应用扶贫数字化管理系统和“浙农码”扶贫版，通过实地勘测、可行性谋划、入库流程简化等措施高质高效地完成产业项目。在省财政厅组织年度财政专项扶贫资金绩效评价工作中，龙游县获得优秀等次，居全省第二名。

（三）精准摸排，实现“两不愁三保障”突出问题清零

紧盯目标、科学研判、统筹兼顾，全面实施“低收入农户高水平全面小康”计划，做实政策兜底保障，推进扶贫开发与乡村振兴有效衔接。农村低保标准不断提高，标准为每人每月 850 元，低保率提高到 2.7%，基层医疗服务网络逐步完善，新型农村合作医疗人均筹资水平进一步提高。教育救助、大病救助、残疾人救助、危房改造、饮用水达标救助等力度不断加大，圆满完成“两不愁三保障”突出问题清零任务。2021 年 1 月县扶贫办被省委、省政府评为全省扶贫开发工作成绩突出集体。

（四）凝聚合力，全面构建扶贫结对帮扶工作格局

全面开展“结对千家万户，奔赴小康之路”专项扶贫行动，创新推出“人大代表结对”“乡贤结对”“户企结对”等多种新形式的结对方式，及时安排干部走访，重点关注低收入农户家庭生产生活、社会补助政策享受情况，开创低收入农户明白卡“三签字”工作法，因户施策、量体裁衣，制定切实可行的帮扶举措，汇总形成全面的“一户一档一策”帮扶数据库。截至 2020 年年底，全县低收入农户实现结对率 100%、走访率 100%。

（县农业农村局）

图 4　共同富裕：2020 年 9 月 18 日，《衢州乡村未来社区指标体系与建设指南》发布会暨溪口乡村未来社区开园仪式在龙游县溪口镇举行
（县农业农村局／提供）

大事记

1月

2日，龙游经济开发区城南片区综合体项目举行开工仪式。项目位于龙游经济开发区城南片区5号地块，规划占地约2.91公顷，项目总投资约5亿元，计划两年内完成施工。

7日，中共龙游县委举行十一届八次全体（扩大）会议。县委书记张晓峰代表县委常委会向全会作题为《决战全年、决胜小康，谱写好建设浙西新明珠的时代篇章》的报告；会议审议通过《中共龙游县委关于认真学习贯彻党的十九届四中全会精神，努力实现县域治理现代化走在前列的决定》。

10日，龙游县委、县政府召开“不忘初心、牢记使命”主题教育总结大会。县委书记张晓峰、市委主题教育第三巡回指导组组长王永信讲话。会议强调：结合龙游实际，把主题教育的成果运用好、巩固好、发展好，把新期待、新要求转化为推动浙西新明珠高质量发展的新气象、新作为。

14日，“龙游—镇海”山海协作健康扶贫基金捐赠仪式在县中医院举行。来自镇海慈善总会的50万元援助资金倾情注入县中医院“胃癌早期筛查”项目，为帮助低保、特困等弱势群体胃癌早发现现、早诊断、早治疗，助力龙游精准医疗扶贫再添新动力。

15日，龙游县正风肃纪检查组对城区部分商场、超市等进行专项监督检查。通过与商家交谈，查阅商家的销售记录、税务发票、财务账目等方式，详细了解近期卡券发售、购买者情况，检查是否存在违规公款购买、收送礼品卡券等问题。

16日，高坪桥水库216户移民，喜迁位于湖镇镇坪湖村的高坪桥水库安置小区——铭阳家园。高坪桥水库需搬迁安置移民560户1400多人，其中安置在铭阳家园532户。

18日，龙游县举行博物馆落成典礼。龙游县博物馆坐落于城区灵山江东边、南临铁路公园、东临宝塔路，用地面积2.5万余平方米，建筑面积1.7万余平方米，其中地面部分1.2万余平方米、地下部分5242平方米，高度20.5米。设有自然厅、历史厅、民俗非遗厅、余绍宋专题厅、包辰初美术馆和临展厅6个区块，同时还有拓展性教育空间、藏品库房及行政办公区域等。

同日，龙游县职校黄乙盛等3名学生获得首届中等职业教育国家奖学金。

23日，龙游县卫生健康局、疾病预防控制中心联合发出《龙游县疾病预防控制中心告居民书》，对新型冠状病毒肺炎疫情防控提出10条要求。

24日，龙游县委书记张晓峰率队前往龙洲街道、小南海镇、模环乡、横山镇、石佛乡和塔石镇等乡镇（街道），实地督查新型冠状肺炎疫情防控工作，要求各乡镇（街道）、部门要以对党和人民高度负责的态度，全力以赴抓好疫情防控工作，群防群治、联防联控，切实保障人民群众的生命安全和身体健康，并向始终坚守在防控一线的干部职工表示慰问和新春祝福。此后，县四套班子领导相继分赴全县各地督查疫情防控工作。一场关乎每个人生命健康的防疫战役全面打响。

25日，龙游县新型冠状病毒感染的肺炎疫情防控应急指挥部发出《给全县人民的10条建议》。

26日，龙游县新型冠状病毒感染的肺炎疫情防控应急指挥部发出《关于龙游县新型冠状病毒感染的肺炎疫情防控工作期间“六个严禁”的通知》，切断新型冠状病毒传播途径，遏制疫情蔓延扩散，确保全县人民生命健康和安全。

31日，龙游县企业联合会举行抗击疫情捐赠仪式。光明铁道、金龙纸业等多家企业联合向县新型冠状病毒感染的肺炎疫情防控应急指挥部捐赠150万元资金。

2月

3日，中共龙游县委政法委员会、人民法院、人民检察院、公安局、司法局联合发布《关于依法严厉打击疫情防控期间违法犯罪行为的通告》。至2月10日，全县已严肃查处散布谣言、聚众赌博、强行冲卡、谎报实情等9起涉及疫情违法犯罪行为。

4日，龙游县市场监督管理局组织人员对全县药店、诊所、商业超市及农贸市场开展价格行为检查，保障防疫期间市场价格平稳，依法查处恶意涨价、哄抬物价等价格违法行为。并开展长期巡查执勤。

9日，在龙游县委党校集中医学隔离观察点隔离的33名集中观察对象（大多是从湖北回龙游的），经过14天的连续医学观察，身体各项指标正常，正式解除隔离，平安回家。

11日，中国建设银行龙游支行为抗击新型冠状病毒肺炎疫情，积极落实总行的要求精神，通过建行子公司建信人寿为防疫一线的医护人员，在疫情期间免费提供6个月的保险，总计4800万元保单助力抗疫。

12日，龙游县充分发挥红色物业联盟党组织党建统领社区治理的优势，将10个社区划分成45个网格，组建“机关部门干部+社区骨干力量+网格党小组长+医护人员”的战“疫”梯队，实行机关党组织、党员“双报到”制，召集全县99个单位7000余名党员干部进社区，对3.4万户社区居民实现组团、结对、包联全覆盖，用党员干部的“辛苦指数”换取人民群众的“安全指数”。他们在小区进出口及主要路段，全面开展网格化排查，对流动人口和住户逐一登记造册，并做好追踪随访，积极有效做好疫情防控。

同日，龙游县召开“战时服务团”组建会议，凝聚全县力量组建24支网格服务队，为企业解决复工难题。在当前防疫情、保平安的基础上实现稳增长、保民生、保稳定。

16日，龙游县县、乡公路防疫监测点全部被撤销。17日，全县高速路口、市际卡口全部撤卡，12个市际检疫站开始有序撤离，所有道路交通恢复正常通行。至18日18时，全县高速卡口、国省道市际卡口检疫点开展执勤达7530余人次，检查车辆近9万辆、人员14万余人次。

17日，龙游人民法院采用远程视频方式公开开庭审理并当庭宣判一起妨害疫情防控工作的案件，以寻衅滋事罪判处被告人王某某有期徒刑一年，王某某当庭表示认罪悔罪。

18日，一辆由龙游县发往湖南怀化、乘载着道明光学有限公司32名怀化籍员工的跨省“返岗专车”，经过20多个小时、2000多千米的长途跋涉，返回龙游。

同日，巴西中国和平统一促进会将海外华人捐赠款17万元人民币，打进龙游县红十字会的对公账号，向沐尘畲族乡疫情防控伸出援助之手。

25日，龙游县城乡生产生活逐步恢复常态，但疫情防控工作继续严抓不懈。各地按照分级分区块精准防控的要求，全面推广运用“衢州健康码”的精密智控机制。

29日，龙游农商银行向浙江长龙管业有限公司成功发放首笔“复工贷”300万元，支持企业复工复产。

3月

2日，浙江远帆无纺布有限公司向县公安局、县住建局、县市监局等单位及新奥燃气、“美团”外卖、部分社区捐赠20万只口罩。

3日，龙游县首批50家餐厅立下“军令状”，承诺做到：100%提供公筷公勺，有条件的餐厅为客人提供分餐分食制，并倡导大家向身边的亲朋好友宣传使用公筷公勺。

8日，龙游县人力社保局向首批符合受新冠肺炎疫情影响条件的2016家企业返还社会保险费，共计4500多万元。

9日，疫情防控期间，为保障教育教学工作不停歇，全县教师完成新录制课程33节，通过“龙游云校”、数字电视等平台推出录制课程28课时。全县中小学校（含中职）有888位教师开设直播课程，共计35987名学生和2207名教师在线收看。课后，1110个班级的任课教师开展线上作业批改、讲评，375个班级开展线上德育活动。学前教育段由横山镇中心幼儿园教师团队通过“空中课堂”形式推送一日活动方案。

同日，龙游县新型冠状病毒肺炎疫情防控领导小组（指挥部）办公室向县内有资质的生产企业集中议价采购口罩，并通过县奔康公司“平价口罩线上预约采购平台”，以每只2元的价格，开始面向全县各生产企业以及个体工商户正式预约发售，全力支持各行业的复工复产。

10日，2020年全省文化和旅游重大项目集中开工仪式（衢州分会场）在龙游县双江口主题酒店公园项目现场举行。仪式以视频形式召开，省里设主会场，各设县（区、市）设分会场。龙游县参加本次集中开工的项目有双江口主题酒店公园、六春湖景区、大南门历史文化街区、公共文化服务中心4个项目，共计投资64.57亿元。

11日，由张晓龙（吉林辽源人）出资购买的1.6万公斤龙游橘与模环乡干部捐款购买的5000公斤龙游橘，已运送到武汉市武昌区，将分别送往武汉大学中南医院、武昌医院的医护人员手中。这既缓解了龙游橘农卖橘难，又为驰援武汉献了一份爱心。

15日，龙游县共有375家餐饮店恢复堂食，但进门吃饭有“规矩”：测量体温、出示“健康码”、登记个人信息、隔座用餐、使用公筷公勺等。

19日，龙游县委、县政府召开全县干部大会暨“双招双引”动员会。

会议表彰、通报了2019年度先进单位和个人、县人民政府给予单位记集体三等功的决定、2019年度“最美龙游人”和2019年度突出贡献企业和企业家，等等。浙建投城东浙西总部经济大楼项目、庙下乡竹材加工集聚区建设项目、威仕喜（浙江）流体技术有限公司年产500万件流体控制产品研发生产项目、浙江喜迈环保科技有限公司废气排烟通风设备生产线项目、士元实验区正大集团投资项目等五个项目进行现场签约。

同日，为减轻疫情期间企业负担，支持企业复工复产，国家和省、市相继出台阶段性减免企业社会保险费相关政策。龙游县预计将减免企业社保费超过13524万元，惠及3010家企业。

24日，由江西省德兴市驶出的省际班车到达龙游客运北站，这是标志着龙游县省际班线恢复运营。

同日，龙游县人民法院为宏泰食品有限公司恢复企业信用征信案入选最高人民法院发布的首批10个全国法院服务保障疫情防控期间复工复产民商事典型案例。

27日，杭衢铁路二标段正式动工。项目建成后，龙游到杭州仅需36分钟，龙游融杭接沪的时代即将到来。

28日，龙游县经营性服务场所、公共场所、养老服务机构等有序恢复、开工营业。

4月

1日，龙游县委书记张晓峰深入罗家乡荷村村，调研扶贫开发和乡村振兴工作。他强调，要深入贯彻落实时任浙江省委书记习近平同志2007年走访调研荷村村时提出的“充分发挥山区靠山吃山优势，因地制宜发展特色产业”的重要指示精神，依托村庄自然禀赋和比较优势，全力打造“扶贫开发样板村”，加快乡村振兴步伐。

3日，1月28日出发的龙游县首批3名援鄂医护人员，奋战66天，圆满完成各项工作任务后平安返回龙游。

8日，龙游县召开士元实验区房屋腾空交接推进会，对房屋腾空交接工作进行再动员、再部署、再推进。

10日，龙游火车站暂停客运业务，进行重建。重建后的面积将达1.6万多平方米，设施更为齐全、服务更为完善。

12日，2月9日出发的龙游县第二批三名援鄂医护人员，在圆满完成各项工作任务后平安返回龙游。

同日，龙游六春湖运动休闲区索道项目，正式通过国家客运架空索道安全监督检验中心专家组验收。六春湖索道下站位于毛连里村东北侧，上站为海拔1302米的颜峰尖，索道水平距离2879.66米，线路高差874米，线路斜长3009.37米，无论从长度还是高差，都堪称“浙江第一索”，乘索道上山仅需8.5分钟。

14日，龙游县创建办联合综合行政执法局、公安局对主次干道、商业大街车辆乱停乱放现象开展专项整治。

15日，龙游县举行百益农副产品批发市场项目签字仪式。项目总占地12公顷，总投资5.5亿元，分二期完成建设，其中一期7.3公顷，并计划2021年营业。

16日，龙游县退役军人职业技能实训基地在县职教中心揭牌成立。该基地将为退役军人提供丰富的技能培训课程、就业实践和创业指导等服务，满足退役军人的就业、创业和技能实训需求。

20—22日，中国人民政治协商会议第十届龙游县委员会第四次会议在县城举行。会议审议通过洪一舟主席代表政协第十届龙游县委员会常务委员会所作的工作报告和陈政副主席代表政协第十届龙游县委员会常务委员会所作的提案工作情况报告，补选了政协第十届龙游县委员会副主席2名，常务委员5名，委员们列席了龙游县第十三届人民代表大会第四次会议。

21—22日，龙游县第十三届人民代表大会第四次会议召开。会议听取和审查了县人大常委会主任周中民所作的《龙游县人民代表大会常务委员会工作报告》、祝建东县长代表县人民政府作的《政府工作报告》和《县检察院工作报告》《县人民法院工作报告》等。同意将第五代表团刘共刚等10名代表提出的《关于加快溪口镇南荣自来水厂扩容提标的议案》立为大会议案。

23日，由龙游县委、县政府主办，县委宣传部、县文明办、县创建办承办的“衢州有礼、全民习礼”“有礼指数”发布暨“文明洗城”大会战启动仪式在荣昌广场举行。活动以“有礼”为导向，动员社会各界自觉践行全市“八个一”“有礼指数”，齐心协力共创“有礼之城”。

27日，龙游县委召开十一届县委第十轮巡察动员部署会，全面落实中央和省、市委工作要求，对县委第十轮巡察工作进行动员部署。

29日，龙游县市场监督管理局开展食品安全大检查，对超市、农贸市场、民宿、景区农家乐等节日期间人流量大的经营场所进行重点检查，严格落实索证索票和食品原材料采购登记台账等，进一步强化食品流通中的事前、事中、事后安全监管。

同日，龙游县发放新版建设用地规划许可证。浙江龙游茗皇黄茶开发有限公司在县行政服务中心窗口办理了龙游县第一本新版建设用拥地规划许可证，标志着“一书一证”合并工作取得圆满成功。

5月

8日，龙游县召开县十三届人大四次会议议案、建议和政协十届四次会议提案交办会。两会期间，代表、委员围绕推进高质量发展、乡村振兴、环境保护、保障民生等重点工作提出议案、建议和提案318件，其中代表议案、建议143件，委员提案175件。

14日，龙游县市场监督管理局以粮油食品、日常生活用品、家用电器、化妆品、药品等商品为重点对象，开展打击侵犯知识产权和制售假冒伪劣商品的专项执法检查。

15日，龙游县召开杭衢铁路龙游段房屋征收动员暨业务培训会，就杭衢铁路征迁工作进行部署。

18日，《光明日报》以《浙江龙游“8090”理论宣讲团：青春力量让创新理论飞入寻常百姓家》为题，报道了龙游县新时期党建理论宣讲工作的创新与实践，相关特色亮点工作。

22日，龙游县委副书记、县长祝建东调研全县电商产业发展情况并召开座谈会，强调要加强政府与企业的对话，加强电商人才培育，做好公共服务，积极引导企业借力电商，从“线下”走到“线上”，通过线上平台发掘新客户、开辟新业务、拓展新市场，有力推动经济社会持续健康发展。

同日，龙游县人民医院举办首台数字减影血管造影机（英文简称DSA）开机仪式暨学术交流活动。

24日，龙游县法律援助中心供稿的《浙江省衢州市龙游县法律援助中心对陈某某涉嫌掩饰隐瞒犯罪所得罪提供法律援助案》案例，成功入选司法部法律援助典型案例库。该案是龙游县自司法部2018年通过“12348中国法网”正式向社会发布首批司法行政案例库以来，法律援助业务领域的首个入选案例。

26日，龙游县委书记张晓峰带队督查指导“创省文明示范县城”和“有礼指数”工作。张晓峰先后来到城北汽车站、祥生翰林府建筑工地、龙洲公园、御龙湾小区、河西街菜市场等6个点位开展暗访，检查了各点位环境卫生、管理机制、交通秩序、基础设施、公益广告宣传等情况。针对建筑垃圾堆积、占道经营、车辆乱停放、管理不到位等突出问题进行现场督办。

27日，《今日龙游》报道：近日，龙游县警方破获跨省开设网络赌博场大案。现场抓获犯罪嫌疑人26名，其中采取强制措施12人，当场扣押涉案电脑32台、手机200余部、账册20余本、银行卡300余张、银行U盾近100个。涉及全国多个省市、1万余条用户信息、10余万条银行交易记录及逾1000万元的案值。

28日，浙江省在台州临海召开全省新时代文明实践中心暨农村文化礼堂建设推进会。会上，省委常委、宣传部部长朱国贤点名表扬了龙游县“8090理论宣讲团”的做法；龙游县委书记张晓峰代表龙游县作题为《创新引领、共建共享，扎实推进新时代文明实践中心建设》的典型发言。

6月

2日，龙游县各部门、单位结合“全民志愿服务日”活动，开展“烟头不落地，不随地吐痰”专项整治行动。

3日，龙游县召开决胜污染防治四大战役暨环保督察整改工作推进会，以更大的决心、更实的举措，全力以赴打赢污染防治攻坚战，夯实龙游生态底本。

同日，为保障平稳度汛，高平桥水库首次开闸预泄洪，以不大于每秒20立方米的速度，平缓持续预泄水流，将库水位保持在180米之间，来应对接下来持续的雨水天气。

4日，龙游县瑞丰牧场负责人严瑞林利用从龙游农商银行获得了一笔200万元的生物活体资产银保套餐贷款。此笔贷款的抵押物是他猪栏里的活猪，破了银行的陈规。

同日，龙游县为四川省泸州市叙永县捐赠医疗设备仪式在该县中医院举行。此次捐赠的等离子宫腔镜等医疗设备价值18.9万元，将在叙永县中医院投用，并增派相关医疗技术人员赴叙永现场指导。数年来，龙游县已支援1000多万元用于叙永县基层卫生服务水平的提升，选派了13位医疗专家驻叙永县挂职。

5日，龙游警方在省公安厅统一指挥协调、各地警方的支持配合下，组织多部门、多警种密切协作，历经数月的缜密侦查和艰苦追踪，成功破获一起省厅目标禁毒案件。

6日，浙江省司法厅调研组到龙游，调研学法守法示范户、法律明白人、法治农家院、农村法治阵地的建设指导标准制定工作。

9日，龙游县恒川新材、华邦古楼、浙香食品、贝尔轨道装备等7家企业通过浙江省2019年度清洁生产审核验收。

11日，龙游县国有资产经营有限公司2020年非公开发行公司债券（第一期）成功簿记发行。本期债券发行金额10亿元、期限3年、票面利率4.18%，创2010年以来浙江省同类型私募债历史最低利率，这是龙游县自2019年发行14.4亿元企业债以来，第一次在资本市场以发行公司债的方式进行直接融资。

12日，龙游县人大常委会主任舒畅带队督查“关于加快溪口镇南荣自来水厂扩容提标的议案”实施情况。

15日，龙游县委副书记、县长祝建东带队督查危化品道路运输安全和环保督察整改工作。

16日，衢州市暨龙游县2020年山洪灾害防御实战演练在溪口镇石角村举行。

18日，龙游县人大“局长进站、难事好办”主题活动，首站在龙游经济开发区人大代表联络站举行。来自经济开发区的6位县人大代表和县人劳社保局、交通局、公安局、教育局、经济开发区、水务集团负责人进行面对面交流询问，推动开发区基础设施、教育人才等问题的有效解决。

24日，由龙游县委宣传部主办，县文明办、县妇联、县红十字会、团县委承办的龙游县“百千万·公筷公勺”爱心捐赠活动仪式在龙洲塔下举行。

同日，龙游县举行以“健康人生、无毒家园”为主题的“云上”禁毒暨“乡村振兴无毒人生”大讲堂活动。浙江省禁毒宣传形象大使李兰娟院士等，分别通过视频形式呼吁全社会抵制毒品，倡导“绿色无毒、健康人生”的理念。

28日，衢州市委书记徐文光带队到龙游县调研“8090”新时代宣讲工作，先后到湖镇镇地圩村、金龙纸业、龙洲街道翠光社区，坐在群众中间，听取龙游“8090”新时代宣讲团成员的宣讲。

29日，320国道龙游会泽里至下章段改建工程举行开工仪式。该工程是省重点工程，项目总投资（含龙游北入城口项目）约12.8亿元。主线双向四车道，起于龙游与建德交界处至龙游经济开发区金星大道，共15.28千米。龙游北入城口段（金星大道至龙游大桥北侧）长3.27千米，双向六车道，兼顾城市道路的部分功能。项目沿线涉及经济开发区及沿横山、模环、塔石、小南海等4个乡镇15个村。

同日，浙江省重点工程龙游县高坪桥水库水电站顺利完成并网发电，并成功通过72小时试运行。

同日，龙游县医疗保障局、卫生健康局和县财政局联合发布《关于龙游县65周岁及以上高血压、Ⅱ型糖尿病患者门诊免费用药的公告》，自2020年7月1日起实施。

30日，衢州市“8090”新时代理论宣讲工作现场推进会在龙游县举行，衢州市委书记徐文光发表讲话，龙游县委书记张晓峰作《龙游县推进“8090”新时代理论宣讲工作》汇报。

7月

1日，浙江省委常委、宣传部部长朱国贤带队到龙游县调研“8090”新时代理论宣讲工作。他们先后前往龙游县职业技术学校、浙江禾川科技股份有限公司、小南海镇团石村，观摩龙游“8090新时代理论宣讲团”成员的现场宣讲。

同日，龙游县“电视问政”栏目第六期《问政时刻——请龙游人民阅卷》，在龙游电视台新闻综合频道播出。节目聚焦“省示范文明县城创建”主题，对全县“创文”过程中露出来的市场环境问题、停车问题以及小区管理问题进行曝光。

2日，龙游县市场监督管理局执法人员在县城人民南路某餐厅检查时发现，该餐厅未配备“公筷公勺”，违反了相关条例。对此，当场开具龙游县首份“公筷公勺”行政处罚决定书。

同日，由龙游顺创公交公司购置的龙游县首台大型客车全自动洗车机正式投入使用，可为全县200多辆城乡公交车提供清洗服务。

3日，2020年“创客中国”浙江好项目——中小微企业创新创业大赛衢州赛区龙游海选赛在龙游县中小企业公共服务平台举行。

10日，第十一届“浙江省青年党史工作者学术沙龙”在龙游举行。全省11个地市的30多名青年党史工作者汇聚龙游，听取龙游县“8090新时代理论宣讲团”工作情况介绍，考察红木小镇、革命烈士事迹陈列馆等地。

21日，浙江省新时代青年理论宣讲工作现场会在龙游召开，全面实施党的创新理论走心工程，研究部署全省青年理论宣讲工作。省委书记车俊作出批示；省委常委、宣传部部长朱国贤出席议并讲话。衢州市委书记徐文光、龙游县委书记张晓峰和龙游县“8090新时代理论宣讲团”代表在会上作交流发言。

21—24日，龙游县第七次人口普查综合试点工作在东华街道张王村展开。

23日，海关总署总工程师韩森率督查组到龙游县，督查2020年生猪稳产保供工作和相关政策落实情况。

27日，龙游县开展“创省示范文明县城　做文明有礼龙游人”万名志愿者集中行动。各机关部门、社会团体的志愿者们或走上街头，或深入小区，开展机动车、非机动车有序停放的劝导，不占道经营宣传和小区“十乱”现象整治等各项工作。

28日，衢州交通运输局向龙游年年红水上旅游资源开发有限公司颁发“中华人民共和国港口经营许可证”，这意味着年年红码头可正式靠泊客船，成为龙游县首座客运码头。

29日，高坪桥水库顺利通过合同工程完工验收，正式投入运营，这是浙江省首个采用PPP模式投资兴建的水利项目。

8月

7日，龙游县举行重大项目推进“六比六看”活动暨龙北自来水厂通水仪式。龙北自来水厂正式通水，表明龙游县农村饮用水达标提标工程顺利完成。2018年，龙游县启动农村饮用水达标提标三年行动，全县投入20.14亿元，完成高坪桥水库、龙北水厂、城市管网延伸及联村、单村水站进村入户、社阳水库清淤改造等项目建设，全面改善113个行政村、16.17万名农村群众的饮水条件，完成率达114.68%，实现城乡同质饮水。

14日，龙游县交通部门广泛开展交通工程质监行政执法“飓风行动”，规范项目施工，第一时间预防或消除质量安全隐患，保障全县交通基础设施建设的顺利进行，杜绝各类违法违规行为发生。

17日，龙游县召开环保重点问

题整改督查推进会，专题研究中央和省级生态环保督察问题整改落实情况，部署第二轮中央生态环保督察迎检准备有关事宜。

18日，从全国爱国卫生运动委员发布的《全国爱卫会关于2019年国家卫生城市（区）和国家卫生乡镇（县城）复审结果的通报》获悉，龙游县成功通过国家卫生县城复审。

同日，龙游经济开发区核心区04地块（4.11公顷）由浙江茂新房地产开发有限公司以1.12亿元成交额成功竞得。这不仅推进经济开发区闲置资产盘活重，而且该核心区又将增添一个功能性综合场所。

20日，浙江省在溪口镇石角村召开法治乡村知行讲堂建设现场会。会议期间，衢州市、龙游县、临安区等司法局作经验介绍；与会人员听取龙游县“8090新时代理论宣讲团”的宣讲，参观石角村的法治主题公园、法治宣传教育基地及村党建中心。

21日，龙游县召开迎接第二轮中央生态环境保护督察工作部署会暨全县总河长工作会议，对环保督察迎检和“五水共治”等工作进行部署；与会人员观看上半年督查交办、整改落实及突出污染隐患问题的通报视频。

24日，中共龙游县委举行十一届九次全体（扩大）会议。县委书记张晓峰代表县委常委会作题为《勇担“窗口”新使命、奏响实干最强音，奋力绘就浙西新明珠的时代画卷》的报告；会议审议通过《中共龙游县委关于持之以恒深化“8090”新时代理论宣讲工作凝聚青年力量助推浙西新明珠建设的决定》。

同日，龙游县召开“十四五”规划编制座谈会，征求相关单位对规划编制的意见、建议，并就进一步科学完善“十四五”规划编制工作进行了部署。

同日，龙游县第七期电视问政《问政时刻——请龙游人民阅卷》在龙游电视台新闻综合频道播出。本期节目继续围绕“省示范文明县城创建”主题，持续聚焦文明城市创建痛点难点，对城区不文明停车、联系街区包干制度落实不到位、人行道破损维护不及时等问题进行曝光。

26日，龙游县人大常委会组织部分人大代表视察全县低收入百姓增收攻坚战执行情况。

27日，龙游县市场监管局联合衢州市质量技术监督检测中心对定量包装生产企业开展计量监督检查，现场检查企业计量检测设备配备、净含量标准、计量保证能力落实情况等。

9月

1日，“龙游通”开辟医保救助新通道，医疗救助对象可在“龙游通”进行线上申请，再由乡镇（街道）、民政、医保完成后续服务，基本实现医疗救助一件事联办。

2日，龙游县十三届政府第七次全体（扩大）会议暨廉政工作会议召开。

3日，衢州市委书记徐文光带队，赴龙游县调研生态环保督察反馈问题整改工作。

同日，龙游县人大在社阳乡社阳村启动人大代表助推基层矛盾“清零”行动试点工作。“清零”行动以社阳乡为试点，由县人大牵头，在社阳乡人大代表走访、接访、约访“三访制”的履职成果基础上，联合县监委、人民法院、人民检察院、公安局、司法局、信访局等单位，开展人大代表助推基层矛盾“清零”行动，“清零”范围包括违纪、发案、诉讼、未成年人犯罪、上访、普法未进村等。

4日，龙游县政协举行“请你来协商，县长委员面对面”协商会。会议围绕“城东新区国家绿色生态城区创建”主题，县长祝建东与委员们面对面进行了协商讨论。

8日，龙游乡贤林乐清获得“全国抗击新冠肺炎疫情先进个人”“全国优秀共产党员”，并参加在北京人民大会堂举行的全国抗击新冠肺炎疫情表彰大会，接受表彰。

10日，龙游县公布县级第六批非物质文化遗产保护名录，龙游印泥制作技艺、龙游莲子酒酿造技艺、龙游志棠白莲古法加工技艺等10个项目入选。

15日，龙游县市场监督管理局积极组织执法力量开展“亮剑2020”食品安全百日执法行动。

同日，龙游县创建办联合县公安局、县综合行政执法局，约谈部分张贴、涂写“牛皮癣”的广告主，并出具责令改正通知书，责令广告主限期清理整改。

16日，衢州市人大在龙游举行市人大常委会“主任接待代表月”活动。围绕《关于加大加快龙游县超级版美丽乡村大花园土元实验区建设的建议》等6件议案建议，议案建议承办部门负责人与领衔代表面对面交流办理进展情况、商讨办理对策。

18日，《人民日报》头版头条刊发文章《保产业链供应链稳定——让中国制造更给力》，其中讲述了龙游县企业提升产业链供应链稳定性、竞争力和现代化水平，为高质量发展注入新动能。

20日，龙游县在荣昌广场隆重举行，首个“9·20”诚信日活动暨全国第18个公民道德宣传日活动。

21日—10月9日，龙游县纪委监委组织开展节日期间“廉节清风”常项检查，重点围绕违规公款吃喝、违规发放津贴、公车私用、违规操办婚丧喜庆事宜等内容开展常项督查。

27日，衢（州）宁（德）铁路开通运营，龙游南站同步投入使用。

28日，龙游县在县公安局举行打击治理电信网络新型违法犯罪新闻发布会。2020年1至9月，龙游县共受理电信网络新型违法犯罪案件524起，同比上升38.62%，其中刑事案件立案368起，经济损失

2554.22万元。发布会宣布设立防范诈骗热线电话：0570—7225000。

29日，龙游县统计局、龙游县人民政府第四次经济普查领导小组办公室，开始在《今日龙游》第3版刊发《龙游县第四次经济普查主要数据公报》，向群众公布（2013年—2018年）龙游县经济变化情况。

同日，浙江省在龙游县举行美丽城镇建设工作现场会。与会人员先后来到龙游红木小镇，詹家镇姑蔑城生态园、泉井垄凤凰部落，以及溪口镇未社区、溪口老街等地，详细了解龙游县美丽城镇建设情况，给予充分肯定。

同日，“匠心筑梦　潮起龙游”长三角经济一体化龙游文旅再出发暨龙游红木小镇开园仪式在红木小镇举行。活动现场，浙江省人社厅二级巡视员郑益群为大学生创业园授牌；龙游县与长三角地区旅行社签署战略合作协议等。

30日，龙游县在烈士陵园举行“烈士纪念日公祭”活动，弘扬烈士精神，缅怀烈士功绩，凝聚和激发奋进的力量。

10月

9日，2019年度浙江省特色小镇创建和培育对象建设工作和成效考核公布，龙游红木小镇再次获评优秀。至此，龙游红木小镇2015年至2019年连续5年获评省级优秀特色小镇。

12日，衢州市政协副主席琚建军到龙游县，约谈市政协龙游小组委员，了解委员履职情况，就大政方针、社情民意等内容与委员们进行沟通交流，并对政协提案、政协委员队伍建设等工作提出具体要求。

13日，龙游县开展2020年新冠肺炎疫情防控综合演练。

14日，龙游石窟国际音乐盛典在龙游石窟2号洞窟拉开帷幕。此次盛典由浙江省文化和旅游厅、衢州市人民政府、龙游县人民政府共同主办，衢州市文化广电旅游局、龙游县文化和广电旅游体育局承办，浙江广播电视集团音乐调频执行。

15日，龙游县总工会开展“万名职工安康行”活动。这次活动以“加强电动自行车管理”为主题，增强广大职工的文明交通意识，最低限度地减少职工交通事故的发生。

同日，龙游县人大常委会组织部分人大代表视察政府重大投资项目（礼贤安置小区、大南门历史文化街区挑水巷片区房屋修缮工程及高铁站进站路网工程）建设推进情况。

16日，浙江省在龙游县召开全省农家书屋专项检查培训会。参会人员先后前往塔石镇塔石村、小南海镇东塘山村农家书屋开展现场考察，详细了解龙游县在农家书屋建设工作中的经验做法。

18日，“衢乌一家亲”新疆乌什县文工团龙游专场演出在龙游国际电影城精彩上演。

19日，龙游县在湖镇镇地圩村举行“龙游通＋掌上法院”启动仪式。该项目是打通法院参与基层治理“最后一公里”的一次具体实践，将以湖镇镇作为试点乡镇，在地圩村、张家埠村、溪底杜村、竺溪桥村设立微法庭，聘请网员作为“微助理”，服务周边行政村。

20日，亿坤·中域国际汽车城项目在龙游县城东区块物流园内举行开工奠基仪式。该项目是由中域控股集团联合亿坤集团共同打造的一站式汽车城市综合体，规划用地9.87公顷，建筑面积约13万平方米，总投资14亿元（含二期工程），包括汽车文化中心广场、汽车文化主题公园、汽车文化体验区、汽车贸易经销区、电子商务区等区块。

21日，龙游县召开全县打击治理电信网络新型违法犯罪工作现场会，动员相关单位集中力量、集聚优势，坚决打赢电信网络新型违法犯罪打击治理战。

22日，龙游县公安局、综合行政执法局、卫生和健康局、市场监督管理局、文化和广电旅游体育局联合发布《关于开展不文明行为联合执法行动的通告》，对闯红灯、逆向行驶、随地抽烟、吐痰、乱贴广告、乱搭乱建、不配备公勺公筷等不文明行为进行查处并责令纠正违法行为；对失礼行为人由县文明办进行实名曝光，并抄报其所在单位再度进行曝光。

26日，龙游县委召开县委第十一轮巡察工作动员部署会，传达十四届省委第十轮巡视工作动员部署会和七届市委第九轮巡察工作动员部署会精神，全面部署县委第十一轮巡察工作及任务分工。

27日，第二届浙江省绿道健走大赛暨绿道健身月活动龙游衢江站在小南海镇团石村鸣枪启动。

27—28日，浙江省信访局副局长邵根宝率省村（社）级组织换届工作督导组到龙游县调研，指导龙游县村（社）级组织换届选举工作。

29日，参加“绿色中国行——走进美丽龙游活动”的20多位中央和省、市级记者开展“绿水青山看中国”采风活动——探秘龙游石窟。

31日，HIBP山地车耐力赛在沐尘畲族乡双戴村开赛，百余名国内外顶尖的HIBP山地车选手在龙南竹海间展开一场速度和激情的角逐。

11月

4日，龙游“8090”新时代理论宣讲“百团大战”在县委党校正式启动。来自县“8090新时代理论宣讲团”各分团的代表以及各级团组织团员、青年200多人参加。

4—5日，衢州市自然资源和规划局委托浙江省森林资源监测中心就龙游县2020年国土绿化造林情况开展抽查工作。

8日，经过笔试、实际操作均合格的54名维达纸业（浙江）有限公司的造纸工，取得了龙游县首批由企业核发的职业技能等级证书。

9日，为确保民生实事项目更合民意、更贴民心，龙游县人民政府向全县人民发布《关于公开征集2021年县政府民生实事项目的通告》。

10日，龙游县人大常委会主任舒畅到溪口镇人大代表联络站开展“主任接待代表月”活动。

11日，龙游县启用大气污染高空瞭望智慧监管平台，确保龙游县空气质量达到国家二级标准的年度考核目标。

13日，浙江省以视频形式，在杭州召开抗击新冠肺炎疫情总结表彰大会。龙游县詹家镇夏金村党支部书记、浙江红专粮油有限公司董事长董红专，浙江金龙再生资源科技股份有限公司董事长、浙江金怡热电有限公司总经理施彩莲，县疾病预防控制中心副主任、防疫指挥部疫情防控组副组长陈忠兵3人获得“浙江省抗击新冠肺炎疫情先进个人”荣誉称号。

16日，浙江省发改委经评审并报省政府同意，公布全省新一批大花园示范县建设单位，龙游县榜上有名。

17日，浙江德爵精酿啤酒有限公司年产20万吨的啤酒饮料项目在龙游经济开发区举行开工奠基仪式。

17—18日，《今日龙游》第三版刊登中央编译局秘书长、研究员，中央编译局马克思主义经典著作研究中心主任杨金海撰写的《华岗在中国马克思主义传播史上的卓越贡献——纪念华岗翻译的〈共产党宣言〉出版90周年》一文。

18日，龙游县新任村（社）党组织书记培训班开班。

20日，由山东大学、中共衢州市委宣传部、中共龙游县委和龙游县人民政府主办的纪念《共产党宣言》华岗中译本出版90周年暨马克思主义中国化研讨活动在龙游举行。

21日，龙游县教育局推出教师“暖心驿站”工程，着力解决城区无固定住房的外地籍单身教师住宿的困境。

23日，以“行遍天下，还是龙游”为主题的龙游县电子商务区域公用品牌暨龙游城市推介会，在“2020浙江省农博会”展厅举行。龙游县电子商务区域公用品牌“天下龙游”正式发布。

24日，“智慧龙游”建设工作领导小组办公室下文，决定试行政府首席信息官（CIO）制度。

26日，龙游县组织各定点医药机构相关负责人召开医保电子凭证推广激活推进会。医保电子凭证作为参保人员的医保身份识别电子介质，由国家医保信息平台统一生成，一人一码，是全国医保线上业务的唯一身份凭证。

27日，龙游县人民政府与中国农业银行衢州分行签订战略合作协议。根据协议约定，未来五年，该行将向龙游地区符合条件的经济主体提供总额不低于120亿元的意向性融资额度，助推龙游经济社会发展。

30日，《今日龙游》报道：龙游县詹家镇芝江村75岁老农陆金林经过10多年的摸索和实践，培育出“大红”“小红”两个柑橘新品种，经中国柑橘研究所检测认定，国内尚无这两个柑橘新品种的大面积种植记录，其中“小红” 的基因属首次发现。

12月

1日，衢州市全域土地综合整治与生态修复工作现场会在龙游召开，组织全域土地综合整治与生态恢复专家，验收龙游县2018年3个省级全域土地综合整治与生态修复工程。

同日，浙江省民政厅发布《浙江省民政厅关于公布第三批省级引领型农村社区名单的通知》，龙游县詹家镇山后村、溪口镇溪口村、湖镇镇溪底杜村榜上有名。

7日，龙游县召开红船豆枢纽及船闸工程竣工阶段移民安置自验会议。

8日，龙游县乡村物流共配中心发车仪式在龙商智慧城举行，这标志着县乡村物流共配中心正式投入运营。

8—12日，2020年全国年鉴研讨会暨中国地方志学会年鉴分会举行年度会议，龙游县代表浙江省参加并在大会上作了《龙游年鉴2020编撰和修改》的专题报告。这是龙游县建县以来史志工作第一次亮相全国大会。

9日，龙游县人民法院召开破产审判工作新闻发布会，通报该院正在审理的一起个人债务集中清理案（也称“个人破产案件”）相关情况及最新进展。该案是在企业破产案件外，是衢州市范围内审理的首例个人破产案件。

10日，龙游、遂昌两县人大在溪口镇举行合作监督治水倡议仪式。龙游、遂昌地域相连、山水相依，沐尘水库五分之四的集雨面积在遂昌，龙游县人大与遂昌县人大多次沟通联系，决定联合开展合作监督治水活动。

12日，2020年“同心·共铸中国心”温暖龙游行大型公益活动在龙游县举行。该活动由中央统战部、国务院侨办等部委指导，由中国西藏文化保护与发展协会、中国红十字会基金会、北京市红十字基金会联合主办，全国各地优秀的医务工作者、爱心人士、爱心企业共同参与。

13日，龙游县气象局人工影响天气作业队赴龙游1号作业点黄泥坑水库，成功发射火箭弹8枚，实施人工降雨。

16日，浙江省水利厅水资源处相关专业技术人员到龙游县，就取水用水核查工作开展专项监督检查。

17日，中国TOP直播电商产业园龙游基地启动仪式在龙游红木小镇举行。晚上，“直播时代 天下龙游”直播盛典开播。

22 日，龙游县委书记张晓峰前往联系村塔石镇泽随村，向塔石镇全体班子成员、泽随村“两委”全体成员及部分基层人大代表宣讲党的十九届五中全会精神。

26 日，龙游县湖镇镇新建村举办“庆祝新建村移民 60 周年”庆典活动。新建村是 1960 年建设新安江水力发电站，从淳安县安阳乡三台村迁来的居民兴建的。

27 日，龙游县人民医院举行建院八十周年暨医联体五周年庆典活动。

29 日，龙游县防汛抗旱指挥部启动低温雨雪冰冻灾害Ⅳ响应。全县各地各部门启动预案，积极行动，全力消除雨雪冰冻灾害带来的不利影响。

30 日，龙游县与杭州超探新材料科技有限公司举行云墨碳谷项目签约仪式。龙游·云墨碳谷项目前期包括新建 1 万吨高性能碳纤维生产线项目、2500 吨碳—碳复合材料及碳素产品生产线项目等 6 个子项目以及后期产业链延伸项目约 50 个，计划用地约 33.3 公顷，固定资产总投资额 32 亿元，全部投产后预计年总产值 100 亿元，利润及税收 18 亿元。

图 5　2020 年 3 月 19 日，全县干部大会暨“双招双引”动员会召开　（吴森邦／摄）

龙游概览

地理环境

【位置面积】 龙游县隶属浙江省衢州市。地处浙江省中西部，位于北纬28°44′—29°17′、东经119°02′—119°20′，东毗金华市婺城区，南邻丽水市遂昌县，西接衢州市衢江区，北交杭州市的建德市，东北与金华市的兰溪市接壤。东西最宽处29.37千米，南北最长处61.5千米，面积1143.33平方千米。县人民政府驻县城太平西路28号，西至衢州市区33千米，北距省会杭州直线距离167千米。

【地质面貌】 境内山脉、河流、平原、丘陵兼具，有相对优越的自然环境。县境南部为仙霞岭余脉，有海拔1000米以上的山峰24座，北部属千里岗余脉，有海拔700米以上山峰5座，中部金衢盆地（衢江河谷平原），地形南北高，中部低，呈马鞍形。最高点县西南庙下乡茅山坑，海拔1442米；最低点县东湖镇镇下童村，海拔35米。

【河流水系】 境内河流属钱塘江水系。干流衢江，自西向东横贯县境中部，境内流长28千米。南北各有一级支流4条，呈树枝状分布。南岸自西向东分别为：芝溪，境内流长17.75千米；灵山江，境内流长55.95千米；罗家溪，境内流长29.3千米；社阳港，境内流长31.95千米。北岸自西往东分别为：塔石溪，境内流长29.2千米；模环溪，境内流长25.8千米；士元溪，境内流长11.5千米；上畈溪，境内流长3.5千米。一级支流又有主要分支流17条，各分支流大多还有小支流，河流总长402.1千米。支流河床比降大，水位易涨易落，枯洪变化悬殊。

【气候】 属亚热带季风气候区，温暖湿润。2020年，平均温度18.7℃，比常年偏高1.3℃，位列建站第2；日极端最高气温38.8℃，出现在8月24日；日极端最低气温-5.4℃，出现在12月31日；全年共出现48天高温（最高气温≥35℃）天气，较常年（34.7）偏多13.3天，其中38.0℃以上的高温日数5天。年总降水量为1916.0毫米，比常年偏多2成；雨日166天，与常年同期持平；最大日降水量142.7毫米，出现在6月30日；5月29日入梅，7月18日出梅，出现典型的梅雨天气，入梅早、出梅迟，梅期长达50天，梅雨期全县出现8轮强降雨天气过程，强降水过程集中，降水强度强。全年总日照时数为1442.4小时，比常年偏少333.8小时。终霜日2月19日，初霜日12月14日，无霜期198天。

【水文】 2020年总降水量为1844.00毫米，水资源总量12.62亿立方米，用水总量为1.85亿立方米。

区划人口

【建置沿革】 春秋时期为姑蔑地，其中心聚落姑蔑城，就在现在的龙游县城一带。秦始皇二十六年（前221）设大末县，是浙江省境内最早设立的县级建制之一。自秦代以来，除3次短暂的撤销县制外，龙游一直作为县级建制存在。县名则历经大末、末治、太末、龙丘等变化。唐武德四年（621），还一度在龙游设穀州，成为州级建制。境内并出现两个县平行设置现象，如太末县和白石县、龙丘县和盈川县等。五代吴越宝正六年（931），吴越武肃王钱鏐改龙丘县为龙游县。北宋宣和三年（1121），改县名为盈川。至南宋绍兴元年（1131）复名龙游，自此一直沿用。

【行政区划】 2020年，设2个街道、6个镇、7个乡，下辖8个社区、263个行政村。

【人口】 2020年，户籍人口39.98万人，户籍人口城镇化率32.93%，常住人口36.05万人，常住人口城镇化率51.58%。有畲族人口约1.12

万余人，蒙古族、回族、苗族、壮族、满族、彝族、藏族等 31 个少数民族人口 2150 余人。

历史文化

【龙游商帮】 龙游商帮萌发于南宋，随着明代中叶以来江南经济的发展和商业的繁盛，兴旺于明清之际。龙游商帮是以龙游商人为中坚，包括整个浙西地区的商人资本集团，以经营珠宝和纸张、书籍等文化用品为特色，活动范围遍及全国乃至海外，俗有“遍地龙游”之谚（万历志语）。与各地商人相角逐而称雄一时，成为中国十大商帮中的一员。到清后期，龙游商帮终因种种原因而衰落，致使余绍宋在民国《龙游县志》卷二《地理考·风俗》的按语中发出“遍地龙游久不闻矣”的感叹。

【文化遗址】 有新石器时代的文化遗址 10 处，出土大量石箭镞、石刀、石锛和玉珠、玉玦以及各种陶器残片。其中，三酒坛遗址距今已 4000 多年；青碓遗址属于距今 9000 年的新石器时代早期；荷花山遗址将境内人类活动历史提早到 1 万年前，被考古界论定为是长江下游早期新石器时代考古学文化的重要突破，为解决上山文化和跨湖桥文化的关系以及与周边考古学文化的关系，提供全新的资料。遗址中发现的稻作遗存，证明龙游所在的钱塘江上游地区，是稻作农业文明的重要发祥地之一。

【文物】 县博物馆馆藏文物达 4258 件，最早的属新石器时代，夏、商、周直至明清均有，其中一级文物 5 件、二级文物 20 件、三级文物 91 件。馆藏文物以陶器、原始瓷器以及铜镜为多，陶、石器以战国到汉代为主，原始瓷器西周时期的不少，两汉时的更多，铜镜从西汉到唐朝均有。考古挖掘中先后有东汉至唐朝的古窑址发现，三酒坛、杨侯殿山、鸡鸣山、牛形山等新石器时代文化遗址中，陶器残片的出土量也相当大。说明历史上的龙游，从荷花山遗址始，烧制以粗泥陶为主，掺杂稻壳的夹炭陶器次之，标志着整个上山文化谱系在钱塘江流域农耕文明尤其是水稻文化的启明。原始瓷器的起步不迟于新石器时代晚期。在方坦唐朝窑址中，已有乳浊釉瓷器出现，成为婺州窑系中的代表。不少谷仓、猪圈、鸡笼等明器的出土，为龙游农业生产的早期历史提供佐证。

图 6　龙游县疆里图（原载清康熙十二年《龙游县志》卷首）

（县档案馆/提供）

【古建筑】 以明清两代民居、宗祠为代表的古建筑，装饰精美，种类齐全，是中国江南民居建筑的代表。保存完好的建于宋代的舍利塔和建于明代的鸡鸣塔、龙洲塔、浮杯塔、湖岩塔、沐尘塔、横山塔、刹下塔 8 座砖塔，和各种古建筑一起，点缀于山水之间，构成龙游特有的景观。龙游石窟和龙游民居苑，既是它们中的代表，也是重要的旅游景点。

【儒风甲于一郡】 南宋定都临安后，龙游的科举达到鼎盛阶段，全县先后 157 名进士中，宋代占 109 人，赢得“儒风甲于一郡”的美誉。吕防一家就有父子、兄弟、叔侄 5 名进士，传为佳话。一批著述及学术成果也随之问世，如汪应辰所著《文定集》、夏僎所著《尚书详解》等，均为《四库全书》收录；宋代以后，被《四库全书》收录或存目的著述有元赵友钦的《革象新书》、明童珮的《童子鸣集》、童珮编辑的唐代诗人杨炯《盈川集》、释传灯著的《天台山方外志》《幽溪别志》等，清徐金生绘辑的《滇南矿厂图略》则被《续修四库全书》收录。

【历史名人】《后汉书》载有龙丘苌，《三国志》有关于徐陵、徐平父子的记载，《南齐书》《南史》有《徐伯珍传》，新旧唐书均有《徐安贞传》。在《宋史》中立传的有 5 人：汪应辰、刘章、余端礼、马天骥、刘愚，未入正史的代表人物也不少。在朝为官者敢说敢为，政绩昭然，如状元汪应辰、刘章反对秦桧，“南渡名宰”余端礼敢冒风险力挽危局等。也有不少人发扬龙丘苌、徐伯珍不慕名利、专心向学精神，如刘愚的结庐城南著书自适，夏偰的辞职归乡致力讲学。宋代以后，各种学术性、艺术性的代表人物表现突出，如民间科学家赵友钦、“浙操之师”祝望、藏书家童珮、天台宗师释传灯等。现代的代表性人物，继承和发扬严正为人和认真治学的传统。如学者兼书画家余绍宋，“首先是战士，其次才是学者”的华岗，以及水利专家何之泰、财政专家童蒙正、土壤专家俞震豫、针灸专家邱茂良等，均以其治学成就和精神操守为世人所尊重。

2020年经济和社会发展

【经济总量】 2020 年，龙游县实现地区生产总值 247.61 亿元，同比增长 4.4%。其中，第一、二、三产业增加值分别为 15.23 亿元、104.17 亿元、128.21 亿元，分别增长 -5.4%、4.5%、5.6%。三次产业增加值结构比为 6.1 ∶ 42.1 ∶ 51.8。按户籍人口计算，人均生产总值 61765 元，同比增长 5.0%。

【财政收支】 2020 年，全县财政总收入 31.69 亿元，比上年同比增长 7.2%；一般公共预算收入 19.63 亿元，增长 3.7%，其中税收收入 17.30 亿元，增长 12.6%。全县一般公共预算支出 65.96 亿元，下降 3.3%。全年财政收支平衡。

【农业农村】 2020 年，全县实现农林牧渔业总产值 30.03 亿元，按可比价计算，比上年同比下降 5.0%。其中，完成农业产值 8.99 亿元，增长 7.7%；林业产值 1.79 亿元，增长 1.2%；牧业产值 16.61 亿元，下降 11.7%；渔业产值 2.23 亿元，增长 3.5%；农林牧渔服务业产值 0.40 亿元，增长 11.9%。全年粮食总产量 12.29 万吨，增长 1.2%。生猪年末存栏 32.33 万头，存出栏数均在全省 90 个县（市、区）位列第一。家禽年末存栏 475.77 万羽，下降 0.2%。水产品产量 2.18 万吨，下降 2.9%。紧紧围绕创建部省共建乡村振兴示范县这一目标，以“两江走廊”示范带建设为主平台、主抓手，全力推进产业转型升级、农业绿色发展、精准脱贫攻坚、新时代美丽乡村建设、农村改革等重点任务，不断推动农业全面升级、农村全面发展、农民全面增收，稳步提升农业农村现代化水平。

【工业】 2020 年，全县 227 家规模以上企业实现总产值 271.62 亿元，同比增长 5.9%，增幅列全市第二；实现规模以上工业增加值 61.33 亿元，同比增长 5.2%，增幅列全市第三。出清低效企业 149 家。全县工业总投资 35.38 亿元，同比增长 24.6%。龙游经济开发区累计实现规模以上产值 178.22 亿元，同比增长 6.32%，占全县比重 65.61%。

【固定资产投资、城市建设】 2020 年，固定资产投资 115.85 亿元，同比增长 3.9%。其中，第一产业投资同比下降 38.1%，第二产业投资同比增长 24.6%，第三产业投资同比下降 2.8%。房地产开发投资 24.25 亿元，同比下降 40.3%。县城建成区面积 15.39 平方千米，建成区绿地面积 621 公顷，绿地率 10.31%。年末实有城市道路面积 150 万平方米。成功创建省示范文明县城。龙游城东新区成为国家绿色生态城区，是首个获此殊荣的县级城市，也是全省首批“国家级绿色生态城区”。

【商贸服务业】 2020 年，完成服务业增加值 128.21 亿元，同比增长 5.6%。全年外贸进出口实现总额 49.89 亿元，同比增长 13.4%。其中出口额 39.13 亿元，同比增长 13.7%。实际利用外资 660 万美元，同比下降 55.6%。社会消费品零售总额 161.36 亿元，同比下降 1.8%。

【交通、邮电、供电】 2020 年，龙游县公路、铁路、水上交通运输、电力、通信、邮政行业在安全生产的同时，注重企业改革、业务开拓和多角度提升客户服务，全年全社会用电量 28.97 亿千瓦时，铁路运输年货运发送 6.2 万吨。城乡公交一体化全面启动，衢江航道龙游港区桥头江码头完成吞吐量 240.71 万吨、11752 标准箱，衢宁铁路龙游段于 9 月 27 日开通。年末实有公共汽车营运车辆 40 辆，公共汽车客运总量 356.40 万人次，年末实有出租汽车运营车数 78 辆，全社会公路客运量 357.60 万人，公路货运量 830 万吨，水运货运量 4.46 万吨，水运客运量 0.42 万人。年末邮政局（所）17 处，邮政业务收入 12022 万元，电信业务收入 28995 万元，固定电话年末用户数 5.24 万户，移动电话年末用户数 36.15 万户，互联网宽带接入用户数 15.44 万户。

【金融】 2020 年，龙游县金融业系统围绕防范金融风险、优化金融环境、畅通融资渠道支持实体经济发展三大主题，推进绿色金融改革创新试验区建设，推进企业上市、绿色金融改革创新建设，形成政府和银保企业良性互动格局，在金融产品创新、金融风险防范处置、企业上市挂牌、畅通融资渠道等方面都取得成效。至年底，全县金融机构本外币各项存款余额 413.86 亿元，同比增长 7.7%；全县本外币各项贷款余额 374.40 亿元，同比增长 16.0%。年保费收入 7.92 亿元，支付各类保险赔付额 2.65 亿元。

【教育、科技】 2020 年，教育事业呈现良好的发展态势。全县共有中小学、幼儿园 146 所（含民办中小学、幼儿园），其中普通高中 4 所、职业高中（中专）2 所，普通初中 10 所，小学 32 所，幼儿园 97 所，特殊教育学校 1 所；在校学生（幼儿）49215

人，其中普通高中5590人、职业高中（中专）5148人，普通初中9615人，小学18566人，幼儿园10205人，特殊教育91人。全县基本普及15年基础教育。全县中小学、幼儿园有教职工4997人，其中专任教师3886人，在编、在岗教职工3005人。2020年全县R&D经费投入5.34亿元，同比增长24.3%，占地区生产总值比重2.16%；实现高新技术产业增加值36.35亿元，占规上工业增加值比重60.14%；规上工业企业研究开发经费7.59亿元，占营业收入比重2.65%；完成高新技术产业投资9.1亿元，同比增长29.8%，占固定资产投资比重7.86%。

【文化、体育、旅游】 2020年，龙游县博物馆开馆。全年开展各类文化活动3000余场次，服务群众超过280万人次，完成省级公共文化服务体系示范区创建验收，成功创建“浙江省全域旅游示范县”。围绕打造区域明珠型城市的目标要求，启动全民运动健身模范县创建工作，着力完善全民健身公共服务体系、提高青少年竞技水平、加快发展体育产业，打响“运动龙游”品牌。2020年共接待游客1454.8万人次，旅游总收入93.27亿元，分别恢复到上年同期的84.8%和85.5%。

【卫生】 2020年，深入贯彻落实新形势下卫生健康工作方针，践行“大卫生、大健康、大服务、大共享”理念，坚持以居民健康为中心，以狠抓落实为主线，精准对接群众健康需求，勇于改革干事业，敢于担当促发展，全年各项工作有序有效推进。卫生系统下属县人民医院、中医医院、妇幼保健计划生育服务中心（妇保院）、疾病预防控制中心、卫生监督所、卫生健康服务中心、爱国卫生发展中心等8家县属医疗卫生单位，有乡镇（街道）卫生院15家（其中中心卫生院4家），村卫生室214家，城区社区卫生服务站4家，民营医院21家，民营门诊部4家，个体诊所78家，医务室、卫生所6家。全县共核定床位1733张，实际开放床位1912张，每千人拥有床位5.07张。全县医疗机构共有卫技人员2460人，占总在岗职工人数的76.6%，其中，执业（助理）医师1030名，乡村医生219名，每千人口医生2.73人（不含乡村医生）；执业护士1005名，每千人注册护士数2.67名。

【民生保障、慈善事业】 2020年，城镇常住居民人均可支配收入51024元，同比增长5.8%；农村常住居民人均可支配收入26721元，同比增长7.5%。城镇新增就业7260人，实现再就业4078人，分别同比增长22.45%、21.26%。基本养老保险参保率达99.84%，职工基本养老、失业以及工伤保险参保人数分别为128820人、53486人、70717人。至年底，全县城乡居民低保对象7840户9338人；低保边缘对象1450户2278人。全年累计临时救助2460人次，发放救助资金269.75万元。全年困难残疾人生活补贴惠及5776人，发放金额1438.42万元；重度残疾人护理补贴惠及7603人，发放金额1741.56万元。

【生态建设】 2020年，继续打好污染防治攻坚战，狠抓中央、省环保督察整改和突出环境问题排查整改。全年环境空气PM2.5浓度均值30微克/立方米，首次达到国家环境空气质量二级标准，比上年下降6微克/立方米；优良率98.0%，比上年提升10.7%，升幅排名全省第3；空气环境质量综合指数得到明显改善，比上年下降13.74%，降幅全省排名第10。衢江出境水水质和国控地表水断面达标率100%，均达到Ⅱ类水标准；集中式饮用水源地达标率为100%；乡镇交接断面水质优秀率达100%。

【社会安全】 2020年，龙游县紧紧围绕平安创建、基层治理、维稳安保等工作重点，有效营造平安稳定良好局面。全县共接警91563起，有效报警38062起；受理行政案件3635起，查处681起，处理违法人员1465人；报立刑事案件1521起，侦破249起，采取刑事强制措施679人，移送起诉569人，抓获网上逃犯163人；发生道路交通事故141起，死亡49人，受伤125人，直接经济损失29.4万元。连续14年获得省级“平安县”称号。

（县档案馆　劳乃强）

中国共产党龙游县委员会

概述

【概况】 2020年，中国共产党龙游县委员会（以下简称中共龙游县委）面对新冠肺炎疫情，认真贯彻落实中央和省、市委决策部署，早谋划、快行动，抓统筹、强落实，全面做好“六稳”“六保”（稳就业、稳金融、稳外贸、稳外资、稳投资、稳预期；保居民就业、保基本民生、保市场主体、保粮食能源安全、保产业链供应链稳定、保基层运转）各项任务，有力推进疫情防控和经济社会发展，取得了“两手抓、两手硬，两战赢、两领先”（一手抓疫情防控、一手抓经济社会发展）的阶段性成果，在大战大考之年交出一份高分报表。

【打造理论宣讲精品】 自2019年主题教育启动以来，县委创新组建“8090新时代理论宣讲团”，2020年6月得到习近平总书记的重要批示，受到中央和省、市领导的高度肯定。这项工作被赋予新的政治高度和实践高度，广大龙游青年积极投身其中，2000余人参与宣讲和海选，“1+4”规范化（以专家学者等理论骨干的集中宣讲为主，以领导干部，先进典型，基层群众，青年学生四个层面宣讲为补充）、制度化的理论宣讲体系逐步成型，一批精品讲师、精品课堂、精品场景脱颖而出，从田间地头到村（社）广场，从线下宣讲到“云直播”，一场场既有朝气又接地气的创新理论宣讲，使党的好声音“飞入寻常百姓家”。7月21日，成功承办浙江省新时代青年理论宣讲工作现场会，赋予龙游打造“重要窗口”标志性成果的期许和重托。

【疫情防控“零确诊”】 面对新冠肺炎疫情，中共龙游县委坚决贯彻中央和省、市决策部署，高度敏锐敏感、超前谋划考量、果断决策施策，相继推出网格排查“四个一户不漏”（网格排查、党员联户、全民宣教、“龙游通”实名注册一户不漏）、县级领导“五个一”包干负责（即一个社区由一名县领导包干、一个生活小区由一名县管干部负责、一个生活小区由一个机关部门联系、一个生活小区一个出入口、一个生活小区有一支志愿者队伍等）、企事业单位“四个到位”（部署到位、物资到位、防控措施到位、监督检查到位）、党员干部战时“六个严禁”（严禁发表歪曲上级部门决策部署的言论，制造、传播、散布谣言和小道消息等；严禁

图7　2020年7月1日，“8090新时代理论宣讲团”下基层宣讲

（县委办／提供）

对中央和省、市、县委及党委决策部署置若罔闻、有令不行、有禁不止，打折扣、搞变通；严禁不服从中心统一指挥和调度，违抗组织安排、擅离职守、临阵脱逃、推诿扯皮、消极应付，以及其他不担当、不作为、慢作为、假作为的行为；严禁不落实疫情防护措施，瞒报、谎报、迟报、漏报或阻碍他人报告疫情；严禁不按要求组织参与各类聚会、聚餐活动，违规操办婚丧喜庆，以及参与民间群体性活动；严禁利用职务之便或职务影响，违规干预防疫物资采购、发放、使用）、党员志愿者“红色征集令”、网格排查“清楼”行动等一系列硬核举措。全县2.5万余名党员干部挺身一线、连续奋战，医务工作者逆行出征，社会各界风雨同担，广大群众自律相助，全力打好疫情防控人民战争、总体战、阻击战，取得废弃口罩专业化处置模式登上央视新闻，集中隔离“3342”机制（即压实企业主体责任、属地管理责任、行业监管责任3个责任；做到一企一策、一企一档、一人一表“3个一”；严把企业的入口关、排查关、隔离关、防控关4个关口；梳理制定支持企业复工复产政策清单和指导企业防疫工作注意事项清单2个清单）在全市推广等，龙游成为浙江省11个“零确诊”县之一，也是全省“五色疫情图”中位于交通干线上硕果仅存的“纯白县”，精密智控指数得分持续位居全市前列。

【经济发展显成效】 面对疫情经济下行严峻形势，县委审时度势、稳中求进、化危为机，打出抓“六保”、促“六稳”组合拳，创新“小班组、小分队、可分割、可追溯”企业管理标准，组建19支工业、服务业“战时服务团”和261名“护企手”，实施工业“四抢行动”（抢防控落实、抢时间速度、抢员工回归、抢项目资金）、服务业“暖街行动”、农业“渠道革新行动”、项目“决战365行动”（全年365天抓项目）；深入实施“五减”“两直”（减税、减费、减租、减息、减支；直达市县基层、直接惠企利民）专项行动，全年累计实现减税降费13.26亿元，精准落实“两直”资金5.7亿元，争取抗疫特别国债资金3.87亿元，精准有序推动复工复产复市。至6月，龙游县MEI指数晋位全省第十、全市第一；全市“互看互比互学”两次蝉联桂冠。2020年，龙游县实现生产总值247.61亿元、固定资产投资115.85亿元、一般公共预算收入19.63亿元，同比分别增长4.4%、3.9%和3.7%；城镇居民人均可支配收入51024元、农村居民人均可支配收入26721元，同比分别增长5.8%、7.5%。

【注入发展新动能】 奏响“双招双引”主旋律，新引进招商引资项目31个，其中亿元以上项目14个、10亿元以上重大项目4个。禾川科技产业园、双江口主题酒店、国际汽车城、德爵啤酒等45个项目纷纷落地，带来超90亿元大手笔投资；5个项目入围省“百项万亿”重大制造业项目实施计划，新增企业上云98家；加快转型升级步伐，先后出清149家低效企业，淘汰20条落后生产线，整治45家“低散乱”企业，成为全市唯一入选全省加快传统制造业改造提升成效明显县。2020年全县规模工业总产值271.62亿元，同比增长5.9%。推出人才科技新政，构筑起机器人产业园、特种纸产业创新服务综合体、精密高端装备制造基地、高新技术产业园等多个平台，成功引进10名海内外高层次人才、2名省级博士后工作站进站博士和7名“蓄水池”急缺人才。

【开辟未来新空间】 打响国土整治大会战，完成建设用地复垦立项133.8公顷、垦造耕地竣工117.4公顷，4个矿地综合利用项目全面启动，志棠矿地综合整治项目成功挂牌出让。开展“三调”统一时点更新，对比2018年新增园地资源3066.67公顷、建设用地933.33公顷。盘活用地指标8公顷，完成供地149.53公顷，实现土地出让金收入和指标调剂收入18亿元。下好交通“先手棋”，一度刷新项目征迁“龙游速度”，杭衢高铁开工，320国道改建、351国道新建、315省道畅通、入城口改造、灵山江沿江公路、高铁站房改造等重点交通项目建设有序、有力推进；衢宁铁路通车，“一路一桥一港一枢纽”建成投用，衢江沿江公路成为全省最美绿道，获评省级“四好农村路”示范县。

【提升平台新能级】 经济开发区、城东新区、龙游港区三大主引擎持续赋能，开发区18条道路改造提升工程全面开工，省级综合考核全市第一；城东新区31个重点项目建设如火如荼，跻身全国首个县级“国家绿色生态城区”。龙游港区吞吐量超150万吨，是2019年全年2.5倍，黄金水道复兴态势初显。“两江走廊”建设亮点纷呈，15个市级重点项目完成投资11.5亿元，在全市“一县一园”专项评比中获得第一。红木小镇顺利通过省级特色小镇验收；六春湖项目被列入省级山地休闲旅游发展试点，“浙江第一索”于5月正式运营，入围省级文旅产业融合试验区培育名单。

【打造样板新经验】 持续深化“最多跑一次”“最多跑一地”改革，实现2691个事项网上办、403个事项一证办。“龙游通”App正式上线，写入省政府工作报告，入选浙江省优秀应用案例最高荣誉“观星台”。农村改革创新实践有了新突破，溪口乡村版未来社区建设领跑全市，全国首个乡村未来社区学院正式落地。新时代文明实践中心建设成效显著，在全省推进会上作典型经验交流。

图 8　2020 年 5 月 13 日，龙游县博物馆建成开馆　（县委办 / 提供）

【增进民生新福祉】 扎实开展“全面小康决胜年”活动，全面消除家庭年人均收入 8000 元以下现象，14 个领域 58 项补短提升工作稳步推进。民生事业不断发展，大南门历史文化街区保护工程开建，县博物馆开馆，乡镇综合文化站全面提升，教育医疗体制改革持续深化。扫黑除恶专项斗争走向深入，蝉联省平安县创建“十四连冠”。

【加强干部队伍建设】在工作中，县委充分发挥统揽全局、协调各方的领导核心作用，以党建统领活的灵魂，一根红线贯穿到底。坚持实干为先，成立 16 个“一线实绩观察团”，排摸储备 300 名优秀年轻干部，提拔重用一线干部 32 名。坚持超前谋划，高质高效推进村社组织换届工作，择优筛选“一肩挑”人选 288 名。坚持从严治党、从严执纪，部署开展“政治监督强化年”、村级组织换届环境“百日清障”行动，严肃认真做好省委巡视整改情况回访检查反馈意见整改落实。完成 117 个行政村巡察全覆盖，处置问题线索 888 件、立案 231 件、给予党纪政务处分 223 人次。

重要会议

【十一届县委全体（扩大）会议】 2020 年，中共龙游县十一届县委全体（扩大）会议共召开 2 次。会议具体情况如下：

2020 年 1 月 7 日，中共龙游县委召开十一届八次全体（扩大）会议。全会以习近平新时代中国特色社会主义思想为指导，深入学习贯彻党的十九届四中全会、中央经济工作会议和省委、市委全会精神，审议通过《中共龙游县委关于认真学习贯彻党的十九届四中全会精神，努力实现县域治理现代化走在前列的决定》。县委书记张晓峰代表县委常委会向全会作《决战全年、决胜小康，谱写好建设浙西新明珠的时代篇章》的报告。全会提出 2020 年要紧扣高水平全面建成小康社会目标任务，坚持稳中求进、在“稳”字上更扎实、在“进”字上求突破的工作总基调，坚持“双招双引”工作主旋律，稳企业、增动能、补短板、保平安，持续推进市委“1433”发展战略体系和县委“14456”工作布局落地。动员全县上下决战全年，确保与全省同步高水平全面建成小康社会和“十三五”规划圆满收官，开启县域治理现代化新征程，奋力谱写好建设浙西新明珠的时代篇章。

8 月 24 日，中共龙游县委召开十一届九次全体（扩大）会议。全会进一步学习贯彻习近平总书记考察浙江重要讲话精神，认真落实省委十四届七次全会和市委七届八次全会精神，第一次在全会上安排 3 场“8090 新时代理论宣讲团”的汇报宣讲；第一次在全会上表彰先进；第一次在全会上对“五县联创”工

图 9　2020 年 1 月 7 日，中共龙游县委十一届八次全体（扩大）会议召开　（县委办 / 提供）

作进展情况进行通报；第一次在全会上印发“八大平台”的攻坚任务书。县委书记张晓峰代表县委常委会向全会作《勇担“窗口”新使命，奏响实干最强音，奋力绘就浙西新明珠的时代画卷》的报告，回顾上半年，县委、县政府认真贯彻落实中央和省委、市委决策部署，全面做好“六稳”“六保”各项任务，有力推进疫情防控和经济社会发展，取得了多个“两手抓、两手硬”的阶段性成果。全会强调，2020年是实现第一个百年奋斗目标的冲刺之年，也是浙江省建设“重要窗口”的开局之年，全县党员干部要对标对表、勇担使命，当好“重要窗口”的建设者、维护者、展示者；赋能发力、争创优势，加快形成具有龙游鲜明辨识度的5项标志性成果；化危为机、稳中求进，坚决实现“两手抓、两手硬，两战赢、两领先”，奋力夺取疫情防控和经济社会发展“双胜利”，确保高水平全面建成小康社会。全会审议通过《关于持之以恒深化8090新时代理论宣讲工作凝聚青年力量助推浙西新明珠建设的决定》《关于形成具有龙游鲜明辨识度的5项标志性成果的实施意见（送审稿）》。

【县委常委会会议】 2020年，中共龙游县委常委会会议共召开18次，会议具体情况如下：

2020年1月6日，县委常委会召开会议，传达学习省委常委、纪委书记许罗德在全省深入落实中央八项规定精神持续发力纠治“四风”工作视频会议上的讲话精神；中央纪委常委、国家监委委员、中央巡视办主任王鸿津在第一期全国县级巡察办主任提级培训班上的讲话精神和在开化调研座谈时讲话精神，及省委第八轮巡视工作动员部署会主要精神。会议强调，要持续重视、持续加力、持续深化巡察工作，准确把握巡察重点；要按照既定部署，高质量推进巡察全覆盖；要注重巡察质量，深化政治“体检”，突出抓好巡察“后半篇文章”，压实整改责任，强化标本兼治；要加强巡察工作的保障，多举措加强巡察队伍建设，打造巡察铁军。

1月17日，县委常委会召开会议，传达学习省十三届人大三次会议、省政协十二届三次会议精神，及省委常委、宣传部部长朱国贤在龙游“深化‘三服务’，助推‘开门红’座谈会”上的讲话精神和《中国共产党浙江省委员会领导网络安全和信息化工作规定》文件精神。会议强调，全县上下要认真学习省两会精神，县四套班子领导要以上率下，带头吃透会议精神，领悟会议传递的新信号、新亮点和新招实招，围绕省政府工作报告作出的各项决策部署，结合龙游县工作实际加以贯彻落实，推动龙游高质量发展。要高度重视宣传思想文化工作和意识形态工作，找准短板和优势，按照清单化、责任制要求，扬长补短，推动工作落实。

1月22日，县委常委会召开会议，传达学习十九届中央纪委四次全会、省纪委十四届五次全会、市纪委七届四次全会精神，及全国、全省统战部部长会议和全省民族宗教会议精神。会议强调，要驰而不息地抓好全面从严治党和党风廉政建设，把中央、省、市精神落到实处。要牢牢抓住龙游县全面从严治党和反腐败斗争的痛点、难点和焦点，层层压实责任，抓好重点领域的反腐斗争，营造良好的政治生态，激励广大干部担当作为。要切实抓好龙游县统战、民族宗教工作，防范宗教风险，打造畲乡特色，助力乡村振兴工作。

3月16日，县委常委会召开会议，传达学习习近平总书记在湖北考察新冠肺炎疫情防控工作、决战决胜脱贫攻坚座谈会上的重要讲话精神和中央政治局常委会会议，省、市常委会会议精神。会议强调，要清醒认识当前疫情防控形势的复杂性，重点严防境外疫情输入，全面摸清底数，严把在龙游涉外人员管控，超前落实近期计划回龙游人员相关措施，守牢“能切割、可追溯”底线，充分做好打持久战准备。复工复产方面，要盯牢薄弱环节，深化工业“四抢行动”，摸清建筑业底数和情况，进一步为服务业“松绑”，抓好春季农业生产工作，确保上级各项支持政策精准落地，尽快使复工企业达产满产。要对照高水平全面建成小康社会各项目标任务，分解落实部门、单位的责任，抓好农村住房安全保障、叙永对口帮扶等工作。要加大金融支持实体经济发展力度，推动银企合作，共同抓住“滚石上山”、难中求进的关键“窗口期”。会议强调，要对照高水平全面建成小康社会各项目标任务，以打造“千万工程”升级版为抓手，以创建美丽乡村示范县、部省共建乡村振兴示范省先行创建县为载体，全面深化落实各项工作举措；要补齐短板强弱项，补上农业农村基础设施建设、公共服务等“三农”领域短板；要围绕“两江走廊”打造特色出亮点，做好灵山江沿岸道路建设、生态修复工程和衢江沿岸产业培育、文化植入等提升文章。巩固拓展主题教育的成果，推进忠诚、干净、担当的高素质干部队伍建设，重点做好县管领导班子配备、村级组织换届、年轻干部培养等工作，为决胜全面建成小康社会、决战脱贫攻坚提供坚强的组织保证。要充分认识党校在管党治党中的重要作用，自觉把党校工作纳入党委整体工作部署，把《中国共产党党校（行政学院）工作条例》落到实处；要充分发挥党校教育培训职能，强化教师人才培养，优化课程设置，加强理论与实践的结合，在教学“实效”上做足文章。

3月24日下午，县委常委会召开扩大会议，传达学习中央政治局常委会会议、省委常委扩大会议和全市疫情防控应急指挥部会商会等会议精神，通报当前龙游县疫情防控情况，研究部署新形势下龙游县疫情防控和经济社会发展重点工作。会议强调，关于防控境外疫情输入，要全面摸清涉外人员底数，严格落实集中隔离、特殊对象观察等管控措施，加强点对点管理。教育部门要严格按规定落实县外老师、学生提前返回龙游，防疫物资储备等相关措施，全面做好复课开学相关准备工作。要由战时管理转变为常态化管理，部门固定联系，党员网格联户，重点防范“陌生人”“新面孔”，做到疫情动态即时掌握。要帮助企业抓住机遇，抢占“黄金期”“窗口期”，抓好惠企政策的争取、落地和兑现，尽可能助力企业达产满产。

4月3日，县委常委会召开扩大会议，传达学习习近平总书记在中央政治局会议和在浙江考察时的重要讲话精神，以及省委、市委常委会扩大会议精神。会议强调，学习贯彻落实好习近平总书记讲话精神，重点要做到五个方面。关于疫情防控，要坚定不移外防输入，内防反弹。尤其要严把境外人员入龙关口，压实乡镇（街道）和企业主体责任，查漏补缺，摸清底数，全面掌握在龙境外人员动态情况；严格管控无症状感染人员，一经发现，立即实行“14天集中医学观察+14天集中隔离”；要强化“小门”和人员密集场所管控，围绕重点防范“陌生人”，识别“新面孔”，织牢精密智控网。教育部门要督促学校扎实做好各项开学复课准备工作，按规定落实县外师生提前返回龙游，防疫设施、防疫物资准备，学校应急预案制定等工作，并开展督导检查。要积极应对境外疫情快速上升的新形势，时刻保持警觉性，以“战时服务团”为抓手，为企业排忧解难，全力奋战二季度，实现今年经济社会发展目标任务。各条线、各部门要以高度的责任感、使命感、紧迫感，逐项逐条落实省委专项巡视反馈问题整改，用足用好政策，加快补齐短板，坚决打赢脱贫攻坚战。要全面提升基层党组织作用，提前谋划村级组织换届工作，持续深化“最多跑一次”改革和“龙游通”的实践应用，不断推进县域治理体系和治理能力现代化。要将全面贯彻落实习近平总书记重要讲话精神与编制“十四五”规划结合起来，努力编制出科学合理、鼓舞人心、落地可行的好规划。

4月9日，县委常委会召开会议，传达学习4月8日召开的中共中央政治局常务委员会的会议精神。会议强调，要落实常态化疫情防控举措，着力抓好境外和重点地区返回龙游人员的疫情防控工作，做到底子清、情况明、防控准；要从严从实从细组织开学复课相关准备工作，全面开展督导检查。要全面高质量推进复工复产工作，积极应对疫情形势变化下的新困难、新挑战，继续发挥“战时服务团”作用，深化落实“四抢”行动，尽可能帮助企业解决困难。要加强民生保障和安全生产工作，高度重视安全生产、防火防汛等防灾减灾工作，做好粮油等物资保障供应，确保全县社会秩序平安有序。要坚决贯彻落实中央、省、市相关部署，把精准扶贫工作做在专项监督前，对标对表，逐项落实脱贫攻坚主要目标任务，坚决打赢脱贫攻坚战。要高度重视清廉村居建设，立足龙游农村基层实际，发挥村级监委会等村级组织的监督作用，将清廉村居建设与县委巡察、村级组织换届、创建清廉龙游等工作有机结合，形成齐抓共管的合力，不断提升基层治理水平。要准确把握组织工作面临的新形势，提前筹备村（社）组织换届，全面实施“三联工程”考评、村级矛盾纠纷化解、县领导“包乡联村”等“三大行动”，着力打造一支忠诚干净担当的铁军队伍，为龙游发展提供坚强的组织保障。

5月15日，县委常委会召开会议，传达学习4月29日、5月6日、5月14日中共中央政治局常务会议和中央全面深化改革委员会第十三次会议精神等。会议要求，全县上下要认真学习领会上级有关文件会议精神，继续毫不松懈抓好疫情防控工作，巩固落实好“外防输入，内防反弹”的各项举措，在疫情防控的基础上加快复工复产复市，恢复正常的生产生活秩序。会议强调，拼经济、干项目是龙游县全年工作的主线，为确保实现“两战赢、两领先”，全县上下要在疫情防控同时，全力做好拼经济、拼项目等工作，确保高质量完成2020年各项工作目标。

6月5日，县委常委会召开会议，传达学习了5月29日习近平总书记在中央政治局第二十次集体学习时的讲话精神、在《求是》杂志上的署名文章《关于全面建成小康社会补短板问题》，以及6月1日省委书记车俊在省美丽浙江建设领导小组会议上的讲话精神。会议强调，要更好推动民法典实施，不断强化依法治县、依法行政意识，保护人民的人身权利和财产权利，构建健康的民事商事法律关系，提高全县法治化水平。要全面系统地把握习近平总书记提出的脱贫攻坚、解决环境污染突出问题、加快推进民生领域工作、健全社保兜底机制等四项任务，对标对表做好全面小康补短板工作，巩固现有成果。要高度重视美丽浙江建设，全面梳理排查，严控问题反弹，科学化依法化、高标准高质量打赢污染防治攻坚战。要以更大决心、更高标准抓好新时代文明实践中心和农村文化礼堂建设。要整体谋划，因地制宜规划中心村、集聚村及萎缩村文化礼堂建设，建成雅俗共赏的文化阵地，不断提升百姓的获得感。会议强调，要全面贯彻落实《衢州市文明行为促进条例》的精神，要齐抓共管、形成合力，分解细化任务，共同促进全社会的文明进步。

6月20日上午，县委召开常委会会议和常委扩大会议，传达学习省委十四届七次全体（扩大）会议精神和市委常委扩大会议精神。会议强调，县四套班子领导要发挥好表率作用，深入研析省委全会报告中的新观点、新论述、新要求和价值观、认识论、方法论，在全省大局中校准角色定位、找准工作结合点，带动全县干部真学深学、学以致用、以学促干。在高质量发展、高效基层治理、生态文明建设、人文建设等领域为“重要窗口”建设走出新路子，作出新贡献。要切实抓好当前各项工作，用实际工作成果检验学习贯彻成效。要紧盯新冠疫情抓防控，坚持疫情防控常态化，确保一旦发生突发情况能第一时间响应，第一时间防控，绝不容许出现任何过失；紧盯MEI体系争高分，奋力苦干实干巧干，实现目标化管理、机制化比拼、专班化推进，在真抓实干中谋发展、创高分；紧盯项目任务抓推进，高标准、严要求，浓氛围、快进度掀起项目攻坚“新高潮”，盯住政策处理、项目前期等关键环节，全力保障重点项目按计划落地推进；紧盯超级版美丽乡村大花园士元实验区建设强攻坚，全县上下要胸怀全局、形成合力，自下而上担起责任，高举高打、决战决胜，打好土地流转这场关键战役；紧盯脱贫攻坚补短板，对照省委巡视整改反馈意见，结合全面小康补短提升14个方面57项重点任务，精准聚焦、全力整改，确保脱贫工作“不落一村、不落一户、不落一人”；紧盯平安建设守底线，紧盯事故多发易发的重点地带、重点行业、重点企业，有针对性地强化隐患排查，不断筑牢平安防线；紧盯村级组织换届抓谋划，对照书记主任“一肩挑”要求，选好人、办好事，切实做到中心工作和选举换届“两不误”。

7月24日，县委常委会召开会议，传达学习中央全面深化改革委员会第十四次会议、中共中央政治局第二十一次集体学习会议、7月17日中央政治局常务委员会会议、7月20日省委常委会会议精神。会议强调，要在国有企业改革、新一代信息技术和制造业融合发展、农村宅基地制度改革、融媒体中心建设、教育卫生改革等各领域下功夫，加强统筹协调，高标准、高质量完成重大改革任务。县四套班子要以身作则、以上率下、做好表率，与党中央保持高度一致；部门、乡镇要重点抓好制度化、规范化管理，相关监管部门要创新载体，建立健全常态化检查和随机抽查机制，确保各项工作落地落实。要加强干部队伍建设，不断优化干部队伍结构，锻造一支敢担当、善作为的“龙游铁军”。要始终高度重视防汛救灾工作，进一步落实责任，严密防范，注重综合运用基层治理体系强化防灾救灾应急处置的能力。

8月13日，县委常委会召开会议，传达学习7月30日中共中央政治局会议、7月30日中共中央政治局第二十二次集体学习会精神。会议强调，要毫不松懈地抓好常态化疫情防控工作，根据国内外疫情形势的演变，不断强化调整疫情防控的措施和重点，慎重如始、绝不放松，全力维护龙游县“零确诊”的阶段性成果。要全力以赴加快推进复工复产，助力企业技改、转型。要全面梳理、挖掘龙游新乡贤资源，摸清底数、掌握情况，建立常态化联系服务机制，更好地发挥新乡贤在“双招双引”、乡村振兴、凝聚人心等方面的突出作用。要学思践悟、学深悟透市委七届八次全会精神，将城市规划建设管理运营、市区开发区（园区）整合提升等理念转化运用、付诸实践，更加积极主动地为市区、全市域建设四省边际中心城市的时代命题提供龙游素材，贡献龙游力量。

8月31日，县委常委会召开会议，传达学习习近平总书记对制止餐饮浪费行为的重要指示和在经济社会领域专家座谈会上的重要讲话精神。会议强调，要全面落实习近平总书记和省委、市委关于制止餐饮浪费行为的决策部署，进一步加强宣传教育，通过党内带动党外、体制内带动体制外，带头执行落实相关举措，推动全社会培养节约习惯，确保这项民心工程落实到位。要利用好龙游的基础优势和实践经验，推进高端智造示范县、超精密制造小镇、高新技术园区等建设，做深做实“科技引领、产业创新”的文章。要更加重视人大工作，积极支持人大全面履行职能，推动县人大在“重要窗口”建设中发挥重要作用。要不断深化青年理论宣讲工作的成果、实效；媒体融合发展既要紧紧围绕党委、政府中心工作开展宣传，又要关注百姓视角，不断创新传播方式、载体，用更加鲜活、更加接地气的宣传方式做好主流媒体建设；要充分挖掘龙游深厚的历史文化底蕴，解读出具有鲜明地域特点和历史标记的文化基因；在文旅深度融合发展上，要深入推进红木小镇、六春湖等大平台建设；在“有礼”品牌创建和省示范文明县城创建上要补好短板，为建设四省边际中心城市作出龙游贡献。

9月27日，县委常委会召开会议，传达学习了习近平总书记在全国抗击新冠肺炎疫情表彰大会、中央财经委第八次会议、中央深改委第十五次会议和在科学家座谈会、基层代表座谈会、教育文化卫生体育领域专家代表座谈会上的讲话精神。会议强调，要认真贯彻落实全国抗击新冠肺炎疫情表彰大会会议精神，解读、弘扬伟大抗疫精神，慎终如始抓好常态化疫情防控，奋力推动经济社会高质量发展。要全力落实畅通国民经济循环和现代流通体系建设的重要战略任务，大力发展现代交通物流业态，积极培育新型产业，打造“交通物流示范县”。要重点关注中央深改委第十五次会议上审议通过的系列意见，在工作中狠抓落实，在深化改革开放中构建新发展格局。要持续深化“科技是第一生产力,创新是第一动力”的理念，更加关注前沿科技，加大科技创新投入，以科技引领、产业创新助推“双招双引”工作。要坚定信心，在“十四五”规划编制中牢牢把握以人民为中心的发展思想，从基层汲取力量，持续强化县域治理体系和治理能力现代化建设，维护龙游好的发展势头。要以“8090”新时代理论宣讲工作为抓手，致力于培育时代新人；要持续深化“医联体”“医共体”改革和医疗健康产业中心等基础设施建设，要全力打造体育大县、运动休闲强县，推动龙游的教育、文化、卫生、体育工作全面发展。要充分认识当前全球新冠肺炎疫情大流行、中美关系发生重大变化、科技产业变革“三大之变”，在浙江勇当“六个开路先锋”中作出龙游新的更大贡献。要更加重视、支持政协工作，利用好“请你来协商”“政协会客厅”等平台载体，找准龙游政协工作的突破口和发力点，助力龙游县经济社会发展。

11月3日，县委常委会召开会议，传达学习习近平总书记在中央党校（国家行政学院）中青年干部培训班开班式上的讲话精神。会议强调，全县各级党员干部尤其是年轻干部要深入开展学习习近平总书记重要讲话精神，真刀真枪锤炼“七种能力”，以上率下，做好表率，想干事、能干事、干成事。同时要强化年轻干部培养，既要制定培养计划，提供锻炼平台，又要注重实战，让年轻干部在一线成长，提高年轻干部解决实际问题的能力。要深入对标研究国家“十四五”规划和2035年的远景目标，以更广阔的视野谋划好龙游县“十四五”规划，确保规划更具前瞻性、科学性和引领性。要根据《中国共产党中央委员会工作条例》进一步规范议事规则和工作制度。要高度重视科技创新发展，做大做强现有优势企业，拓展和延长产业链。要全面落实上级巡视巡察工作动员部署会精神，深刻认识巡视巡察工作的新形势、新任务、新要求，牢牢把握政治巡察定位，坚持问题导向，强化整改落实，高质量开展龙游县新一轮巡察工作，以扎实成效展现建设“重要窗口”的龙游形象、龙游担当。各级党组织要进一步强化政治引领，体现政治担当，落实全面从严治党主体责任，忠实践行“八八战略”、奋力打造“重要窗口”。要加快构建“县乡一体、条抓块统”高效协同治理格局，浓厚攻坚氛围，强化工作措施，加快推进速度，努力形成可复制可推广的先进经验。

11月17日，县委常委会召开会议，传达学习中央全面深化改革委员会第十六次会议和习近平总书记对平安中国建设作出的重要指示精神。会议强调，要深刻查摆当前平安建设工作中存在的问题，进一步压实主体责任，夯实基层基础，完善工作机制，加强业务培训，做实网格化管理，扎实开展平安龙游建设，全力维护社会大局和谐稳定。要把相关要求落实到做好县纪检监察工作的制度设计、思路谋划和具体行动上。要高度重视、全力以赴抓好中央巡视督办相关要求，第一时间响应、研判、落实，高质量办理中央巡视组督办件。要严格遵守中央八项规定精神和省市相关要求，打造清正廉洁的干部队伍，推进全面从严治党向基层延伸。会议还传达学习中共中央党外人士座谈会精神。

11月20日，县委常委会召开扩大会议，县委书记张晓峰传达学习省委十四届八次全会、市委常委扩大会议精神，并就龙游县学习贯彻工作提出要求。会议指出，省委十四届八次全会对“十四五”时期全省经济社会发展、2035年远景目标进行系统谋划和展望，充分彰显省委忠实践行“八八战略”、奋力打造“重要窗口”的使命担当。全县上下要深学细悟、真信真懂，紧密结合党的十九届五中全会精神和习近平总书记系列重要讲话精神，把思想和行动统一到上级各项决策部署上来，在争创社会主义现代化先行省的新征程中贡献龙游力量。会议强调，全县上下要迅速行动起来，集智集力、高质高效，科学绘就龙游高水平现代化建设的崭新蓝图。要对照省、市监测评估体系和龙游县补短板工作清单，各司其职，各尽其力，努力拉长长板与补齐短板，与全省同步高水平全面建成小康社会。全力以赴、冲刺收官，努力交出全年经济高质量发展的高分答卷。确保“十三五”完美收官、“十四五”顺利开局。

12月21日，县委常委会召开会议，传达学习中央全面依法治国工作会议和12月3日中央政治局常务委员会会议精神。会议强调，要深入贯彻落实习近平法治思想，按照全面依法治国、全面依法治省有关要求，高位谋划、统筹推进依法治县工作。要建立健全政府法律顾问制度，提高政府依法行政水平。要强化司法为民的理念，系统研究解决法治领域人民群众最关注、最直接、最迫切的突出问题。习近平总书记的重要讲话为做好巩固脱贫攻坚成果工作指明方向，提供遵循。要把准把牢中央关于脱贫攻坚工作的总基调，保持帮扶政策总体稳定，严格落实“四个不摘”要求，保持现有帮扶政策资金支持、帮扶力量总体稳定。要持续巩固脱贫成果，利用“龙游通”等平台，采取申报制和直报制“双回路”闭环工作机制，加强动态监测，防止返贫反弹。要大力推进产业扶贫，积极开发就业岗位，充分发挥村集体经济合作社等作用，不断增强造血功能。要切实做好易地搬迁扶贫，完善相关配套，强化后续帮扶。要大力弘扬劳模精神、劳动精神、工匠精神，关心关爱各级劳模、先进工作者，为龙游发展打造高素质劳动者队伍。要严厉打击、及时制止假冒侵权行为，强化企业知识产权保护意识，引导企业自主创新发展，推进质量立县、质量立企。要着眼长远，坚定不移地实施“小县大城”战略，用好“金房券”“金宅地”政策，不断优化城乡空间布局结构。要聚力聚焦“两江走廊”建设，依托沿江美丽公路和绿道，打造龙游美丽乡村示范带。要牢牢把握高质量绿色发展的总体要求，加快推动创新转型绿色发展，大力发展低能耗、低排放、高附加值的产业。要贯彻落实“共抓大保护，不搞大开发”的战略导向，坚持保护优先，推进“森林龙游”建设，为长远实现“碳中和”打下扎实基础。

【县委理论学习中心组专题学习会】

2020 年，中共龙游县委理论学习中心组专题学习会共召开 6 次，会议具体情况如下：

2020 年 5 月 6 日，县委理论学习中心组举行专题学习会，学习习近平总书记在浙江考察时的重要讲话精神。县委书记张晓峰主持会议并讲话。县四套班子主要领导和县委、县政府领导班子成员围绕近期对习近平总书记考察浙江重要讲话精神的所学所思、所感所悟，结合自身分管联系工作作交流发言。会议强调，要围绕习近平总书记的重要讲话，牢牢把握八个关键词：一是“重要窗口”，牢记习近平总书记对浙江提出的“重要窗口”的新目标新定位，开拓进取、争先创优；二是疫情防控，必须坚定不移“外防输入、内防反弹”，持续巩固和拓展来之不易的大好局面；三是化危为机，要学深悟透习近平总书记“危和机”的重要论述，危中寻机、创造机遇，赢得发展主动权；四是改革开放，要坚定改革精神，发挥优势、积极探索，打开新局面；五是现代治理，要总结经验、吸取教训，在疫情之后迈出县域治理体系和治理能力现代化更坚实的步伐；六是协调发展，聚焦聚力全面小康决胜年，对标对表、补短提升，确保从根本上破解发展不平衡不充分问题；七是生态文明，始终坚持习近平总书记“两山”理论，不断推进生态文明建设；八是从严治党，要坚持党的领导，充分发挥各级党组织和广大党员干部作用。

8 月 27 日下午，县委理论学习中心组深入学习贯彻习近平总书记在中央政治局第二十次集体学习时的重要讲话精神，举行专题会议学习《中华人民共和国民法典》（以下简称《民法典》）。会上，浙江财经大学法学院教授张旭勇对《民法典》作深入解读，县人民法院、县人民检察院主要负责人作交流发言。会议强调，要抓好《民法典》的学习领会、贯彻落实，准确把握精神要义。要深刻认识到《民法典》是新中国第一部以“法典”命名的立法，是新时代党的创新理论在社会主义法治建设领域结出的伟大硕果；要深刻认识到《民法典》充分体现了我党以人为本和执政为民的根本宗旨，集中体现了中国特色社会主义法律制度成果和制度自信，为我国建设现代化经济体系、推动经济高质量发展提供了法治遵循；要深刻认识《民法典》在全省“重要窗口”建设中的重要地位，在法治政府、司法实践、营商环境等领域找准结合点、发力点，护航助力县域高质量发展；要切实扛起主体责任，将《民法典》作为“十四五”时期普法宣传的重点，按照“三个讲清楚”“三个阐释好”的要求，充分运用乡村振兴讲堂、“龙游通”“8090 新时代理论宣讲团”等平台载体，全面推动《民法典》家喻户晓、深入人心。

9 月 2 日，县委理论学习中心组召开专题学习会，学习《习近平谈治国理政》第三卷。会议强调，全县广大党员干部要认真贯彻落实中央和省委、市委的部署要求，深入学习、深刻认识这一新著作重要的政治意义、理论意义和实践意义，不断增强学习贯彻的政治自觉，以高度的使命感责任感，学好用好《习近平谈治国理政》第三卷，加快推动习近平新时代中国特色社会主义思想入脑入心，为龙游高质量发展提供深厚的理论支撑。要深刻感悟蕴含其中的创新发展理念，抢抓内循环下的结构性新机遇，继续唱响“双招双引”主旋律，努力把龙游打造成为内陆地区制造业高质量发展的示范样板；要深刻感悟蕴含其中的改革战略思想，持续赋能发力“8090”新时代理论宣讲、制造业高质量发展、“两山”理论转化、城乡统筹融合发展、县域治理体系和治理能力现代化等五大领域，真正打造具有龙游鲜明辨识度的标志性成果；要深刻感悟蕴含其中的真挚为民情怀，紧盯民生，努力让龙游事业发展成果更多更公平地惠及全县人民；要深刻感悟蕴含其中的风险底线意识，坚决打好防范化解重大风险、精准脱贫、污染防治三大攻坚战，守牢廉政纪律底线，营造风清气正的政治生态。

9 月 27 日，县委理论学习中心组举行学习会，专题学习省委书记袁家军在省委党校 2020 年秋季学期开学典礼上的讲话精神，动员全县上下进一步凝聚思想、凝聚智慧、凝聚力量，忠实践行“八八战略”，争当奋力打造“重要窗口”的排头兵、示范生。会议强调，要创新思维、振奋精神，探索打造“重要窗口”建设的龙游样板，对标对表新阶段省委对我们提出的 10 大新课题，找准龙游定位，彰显龙游新作为。要善作善为、实干实绩，牢牢把握袁家军书记提出的“创新 5 种思维”，对标对表“10 张高分报表”，下非常之功、举非常之力，奋力当好“重要窗口”的建设者、维护者、展示者。

11 月 6 日下午，县委理论学习

中心组举行专题学习会，学习党风廉政建设工作和意识形态工作。会议邀请市纪委副书记、市监委副主任张永亮作党风廉政建设专题辅导。县委常委、纪委书记、监委主任俞忠胜传达《关于德清县6名干部接受可能影响公正执行公务的宴请和娱乐活动安排的通报》。县委常委、宣传部部长叶琴仙传达《浙江省意识形态领域形势的通报》。会议强调，省纪委省监委通报的典型案例警示我们，要做到公正用权、干净用权，严格执法，严于律己，用好手中权力，为明珠城市建设贡献自己的力量。面对十分复杂的意识形态领域风险挑战和愈加严峻的斗争形势，要认清形势，绷紧思想之弦，夯实安全之基，坚决贯彻落实中央和省委、市委关于意识形态工作的决策部署；要守正创新，主动作为，争当学懂弄通做实习近平新时代中国特色社会主义思想的排头兵，大力建设昂扬向上的主流价值、主流舆论、主流意识形态。

11月29日，县委理论学习中心组召开专题学习会，学习贯彻党的十九届五中全会和省委十四届八次全会精神，研究部署贯彻落实意见，组织讨论县委《关于制定龙游县国民经济和社会发展第十四个五年规划和二零三五年远景目标的建议》。县委书记张晓峰主持会议，祝建东、舒畅、洪一舟、徐洪水等县领导参加会议，并作交流发言。会议强调，要更加精准地设计抓手，系统研判未来发展趋势，紧抓“五县四最”“五项标志性成果”“八个平台”等载体，推动“森林龙游”“科技龙游”“数字龙游”“文化龙游”的“四个龙游”建设，着力补齐全面小康社会关键性短板。要更加务实地落实举措，将学习贯彻党的十九届五中全会精神、省委十四届八次全会精神与抓好当前各项工作紧密结合起来，主动作为、全力冲刺，确保“十三五”完美收官、“十四五”顺利开局。

综合党务工作

【概况】 2020年，中共龙游县委办公室（以下简称县委办）在县委的正确领导下，团结带领全体干部，按照县委“14456”工作布局，结合本办“参谋、综合、督促、协调、服务”的工作特质，高质量服务和推进县委各项工作的开展，为龙游经济社会发展作出了应有的贡献。

【发挥参谋助手作用】 坚持立足长远，树立大局观，把领导的“关注点”作为思考问题的“着力点”，主动“换位思考”，达到参谋思维与领导思维的“同频共振”，充分掌握全县各项工作的实时发展动态，有针对性地提出实事求是的参谋意见。如结合全面小康攻坚年的目标，在县委十一届八次全会期间提出“决战全年　决胜小康　谱写好建设浙西新明珠的时代篇章”的思路；为深入贯彻落实习近平总书记调研浙江期间重要讲话精神，在县委十一届九次全会期间提出“勇担‘窗口’新使命　奏响实干最强音　奋力绘就浙西新明珠的时代画卷”的思路，提出落实“重要窗口”建设的打造五项标志性成果——“8090新时代理论宣讲”“科技引领、产业创新”“两江走廊、乡村振兴”“小县大城、农民集聚”“龙游通+全民网格”等，被全会采纳，为龙游县下一步发展指明方向。

【提升“以文辅政”水平】 倡导“短、实、新”的优良文风，以文风促政风、改作风。围绕县委十一届八次、九次全会精神，始终站在全局的角度，整合全县政研力量，把牵动全局的大事以及领导和群众普遍关心的重点、热点、难点问题纳入工作视野；为深入贯彻落实党的十九届五中全会精神和省市委全会精神，聚焦县委提出的统筹疫情防控和经济社会发展、产业发展及新时代理论宣讲等课题，深入企业、深入基层，探实情、找原因、出对策，博采众长、大胆创新，形成《基层政府防范疫情执行力的测评与提升策略》《依托“红木小镇”着力打响“沉浸式、体验式、多样式”现代旅游品牌》等一批具有专业性和建设性较强的重要文稿，及时向领导提供有重要参考价值的决策建议。2020年以来，立足于龙游县实际，起草180多篇质量水平较高的综合性文稿。不断完善信息工作网络，时刻保持对国内外重大新闻事件、政治时事、政策热点的关注度和灵敏度，紧盯全县面上各项重点工作的进展情况，深入分析，透过现象看本质，发现事件背后存在的风险隐患，及时编写信息提供县委参考，及时采编全面客观反映全县经济社会发展成效和各个方面的最新动态，向县委提出建议意见，充分发挥党委的信息主渠道作用。2020年以来，共上报信息810余篇，被省、市委采用70余篇，编办《每日要情》238期，工作动态34期，其中《龙游县建立县乡双向考评体系破解条块协同难题》获省委陈金彪秘书长批示。

【创新沟通协调机制】 加强同县四套班子及常委所在部门办公室的联席协调，对县委重大决策部署和全县重要事项，及时汇报、互通情况，全力凝聚共识和合力，做到县委、县政府重大决策部署和重要会议活动事先充分沟通，事中有效跟进，事后及时总结。落实一件事一个“群”的工作机制，加强信息的快速流转和具体事务的统筹协调，实现信息第一时间流通、任务第一时间执行、结果第一时间反馈。加强与各部门之间的协调，编制下发每月工作要点，及时有效地传达县委各项决策、部署和要求。年初，依托“龙游通”平台开发上线防控信息发布、疫情举报、扫码通行、智慧招聘等，有力促进龙游县疫情防控工作。启动

“龙游通爱龙游”融合升级项目，深耕龙游本地治理和服务，把“龙游通”建设成为整体智治的数字化基础设施平台，推进龙游县治理体系和治理能力现代化。推进“浙政钉”掌上办公应用，提前完成“浙政钉”2.0用户激活以及“浙政钉”1.0版向2.0版迁移等工作。助推机关内部“最多跑一次”改革，公务员、事业编制录用后，续经办业务“一件事”推进顺利，线上办理率达98%以上。完成“城市数据大脑2.0”龙游专区建设，并通过验收，归集全县各部门应用系统数据，至2020年年底，已归集9个部门18个信息系统数据，并在省公共数据工作平台共录入信息系统277个，编制个性化数据目录417条，累计归集数据4.6亿余条。推广“龙游通”被写入浙江省政府工作报告；“龙游通+全民网格”基层智慧治理模式入选全省优秀应用案例最高荣誉“观星台”；“龙游通+双拥在线”应用案例获王文序副省长批示肯定；“龙游通+全民网格”基层智慧治理模式入选2020年浙江省软件产业高质量发展重点项目；县大数据局获得市集体三等功。

【提高督查督办水平】 围绕落实县委常委会会议定事项、领导批示、重点信访件以及“五县联创”、基层治理、营商环境、乡村振兴、双招双引、疫情防控等工作重点，常态化开展督查检查，助推工作落实见效。协调人大、政协、退二线领导等力量，组建5个督查组，减少和避免重复督查、多头督查；深化督查事项整合，实行清单式管理，大幅压缩督查检查考核事项；注重督查结果整合，完善督考合一机制，把督查结果作为综合考核结果的重要依据，突出过程督查结果的权重。完善考评细则，做到任务清单、责任清单、问责清单“三单合一”，高效率开展考核评价。2020年共办理县委主要领导批示共计294个，印发专报46期，通报40期，简报10期，督查反馈11期，下发交办单7件，督办单2件，提醒单14件。

【提高后勤保障能力】 坚决执行中央、省、市关于整治形式主义、官僚主义，切实减轻基层负担的各项决策部署，全年共下发规范性文件68份，同比下降20.7%，其他各类工作性文件也呈逐年下降趋势。倡导“短、实、新”和清单式文件，不发不切实际、内容空洞的文件，坚决杜绝照搬照抄、“穿靴戴帽”的情况，严格控制政策性文件篇幅不超过10页。严格执行规范性文件报备工作，向市委备案率实现100%。开展乡镇（街道）、部门规范性文件审查，严格规范各级发文。从严执行各类会议的审批备案，严格控制会议活动规模，压缩会议时间，精减参会人员，切实提高会议质量和实效。成功举办全省青年新时代理论宣讲现场会、绿色中国行、石窟音乐节、红木小镇开园仪式等大型会议活动10余场，各类小型调研活动120余次。获得县委、县政府领导的高度认可，有力地配合县委中心工作的开展。2020年以来，共接待中央、省部级领导约20余人次，接待工作获得上级领导的充分肯定。机要保密坚持党管密码不动摇，确保中央和省、市、县委指令政策安全畅通，全年“零差错”，完成各类明、密电报办理2280份；做好党委系统信息化，电子政务内网，党政机关电子公文系统的管理与维护工作；加强涉密高清视频会议保障和应急密码通信随行服务，顺利完成视频会议保障70次。完成浙江省“十三五”规划时期保密事业发展规划验收，做好新冠肺炎防疫时期的保密工作。县台办按照上级工作部署，深挖对台工作资源，加强对台联络交流。深入台企开展“三服务”活动，帮助台企解决复工复产遇到的各类问题；新春期间走访慰问台胞台属13人，慰问困难台胞8人，发放生活补助1.92万元，在台胞交流平台发布相关资讯200余条，深受台胞台企好评；走访9名龙游籍在台学生，及时掌握陆生情况并做好政策宣传。加强新冠疫情档案收集，累计征集接受疫情防控相关档案资料500余件。联合7部门在全县范围开展档案执法检查，并对5家存在的问题单位，提出整改意见，要求限时整改。

（县委办　赖建伟）

组织工作

【概况】 2020年，中共龙游县委组织部在县委的坚强领导下，深入贯彻落实新时代党的组织路线，紧紧围绕县委中心大局，全力攻坚克难，锐意改革创新，狠抓工作落实，进一步建强干部队伍，夯实基层基础，激发人才活力，为全县经济社会高质量发展提供了坚强组织保障。获全国组织系统信息报送先进单位；浙江省消除集体经济薄弱村工作成绩突出集体；年度大党建考核名列全市第二。至2020年年底，全县共有党员25398名，其中农村党员12701名、女性党员5803名、少数民族党员587名；35岁及以下3876名、60岁及以上8692名；研究生学历238名、本科学历5369名、专科学历3476名、中专学历1433名、高中（中技）学历4207名、初中及以下学历10675名。

【疫情防控和复工复产】 调动全县2.5万名党员干部，成立25个临时党支部，组建142支党员突击队，形成强大合力，坚守在疫情防控的最前线。1.4万名农村党员干部争当“户事长”，下沉村（社）、网格、党小组，实现农村10.3万户联系包干服务全覆盖。全县99个单位7000余名党员干部、1800名网格员、4000名党员志愿者，进驻10个社区、171个卡点、1976栋楼宇，开展“清楼”行动，共排查“清楼”36984户，排查率100%，严守疫情“外防输入、内防反弹”，为龙游县实现新冠肺炎“零确诊”作出重大贡献。从职能部门、属地乡镇、金融机构选派261名“护企手”，按照“一名县领导+一名部门正职+一名乡镇党委副书记+若干团员”组建50个“战时服务团”，打好企业复工“保卫战”，累计为企业解决各类问题600余个。开通人才返岗直通车，组织“云贵湘”专列4趟、“返岗大巴”21车次，累计接返来自云南、河南、辽宁等10个省份的1893名员工，惠及企业245家，返回龙游的管理人才及技术骨干720人。疫情期间，设立“线上招聘”专栏，创设“职播间”零接触面试，招聘到来自15个省的3500名员工。开展“红色互动”，建立“政银企党建联盟”，统筹安排5亿元信贷资金，2亿元抗疫专项再贷款，有效缓解企业融资压力。2020年，龙游县规模工业总产值实现271.62亿元，同比增长5.9%。

【“县乡一体、条抓块统”改革】 对照省、市清单确定69项“属地管理”事项，组织17个牵头部门逐一开展流程再造，构建全周期、闭环式、标准化操作流程图。将69个事项按职责划入15个乡镇（街道）模块，根据各自特点开展分类试点，进一步优化完善流程。实行线上线下同步运行，线下“乡镇吹哨，部门报到”协同运作；线上开发“县乡协同”事项处置平台，形成快速联动响应机制和评价机制。打造“大镇带小乡”区域协同治理模式，将15个乡镇（街道）组建成5个协同治理片区，梳理22个领域、525项行政执法事项为“一支队伍”联合执法。健全矛盾纠纷调处化解的“舒心治理”体系，配强“三官一师”（村官、警官、法官、律师）专家调解团，统筹乡镇部门、群团组织、志愿者队伍多元力量。三级舒心场所全年共接待来访群众3825人次，受理群众诉求1963件，化解率达98.6%，测评满意率100%。抓实派驻人员“双锁定”，严格派驻人员管理，全县6个派驻部门共下达派驻人员控制指标数212名，其中编内136名，占64.15%，较2019年增长18.3%，健全县乡镇双向考评体系。坚持事权、财权相匹配，将可以按因素法分配的财政资金统一切块给乡镇（街道）直接实施。同时，加强部门对项目资金使用管理指导，已对24个上级转移支付或县级预算安排的财政专项资金项目开展清理甄别，拟定可下放乡镇（街道）直接实施的财政专项资金项目18个。

图10　党员志愿者进社区开展“清楼”行动，助推防疫工作

（县委组织部／提供）

【干部队伍建设】 坚持事业为上，以事择人、人岗相适，全年共完成干部人事调整5批次，共计299人次，其中从基层一线选拔实绩突出干部35名。加强干部梯队建设，新提拔女干部25名、党外干部7名、少数民族干部2名、专业干部19名。出台《关于全面推进8090年轻干部教育培养历练的实施意见》，常态长效抓好年轻干部队伍建设。通盘梳理优秀年轻干部库，储备优秀年轻干部339名，全年提拔“80后”干部57人、“90后”干部8人。持续推进“青蓝接力”行动，为优秀年轻干部配备（县管领导干部）导师37名。牢牢把握学习贯彻习近平新时代中国特色社会主义思想主线，组织2期专题进修班，106名县管领导干部参加培训；举办党的十九届四中全会网上培训班、党的十九届五中全会精神轮训班，覆盖全县所有县管干部。结合全县“双招双引”中心工作，组织187名单位分管领导及产业服务团成员参训；邀请工作经验丰富的干部，在中心工作一线开展现场教学40余次。建立防疫期间识别评价干部工作机制，排摸一线优秀干部68名，提拔重用8人；开展战“疫”先锋战队和先锋战士评选，表彰3批61个集体和135名个人，申报并获评浙江省抗击新冠肺炎疫情先进个人3名。建立组织部门、纪检监察机关大联动、大监督、大服务工作机制，出台《进一步落实从严干部管理监督十二条意见》，切实解决当前干部管理监督存在的突出问题。面向全县各单位“一把手”推出“组工云课堂”专栏，推送应知应会、注意事项、温馨提醒20余条。

【公务员管理工作】 2020年共招录选调生7名、公务员85名，其中经济学、工程项目类等紧缺专业人才31名。出台平时考核办法，建立平时考核、专项考核、量化考核“三位一体”全维度考核体系，把平时考核结果作为个人职级晋升和单位年度考核优秀比例的重要参考。创新实施公务员职级晋升量化积分办法，综合考虑政治表现、能力实绩和岗位资历，强化实干导向和基层倾斜，共实施职级晋升334人次，其中晋升三级调研员30人、四级调研员47人、一级主任科员61人、二级主任科员90人、三级主任科员54人、四级主任科员52人。

【关爱干部干事】 疫情期间为防控一线干部和工作人员购买“防疫险”保额达61.2亿元；开通依法享受工伤保险“绿色通道”；对超过8小时班次下发《强制休息通知书》。建立受到不实信访举报的干部48小时内澄清制，为干部撑腰鼓劲。依托干部心理关爱中心为干部提供专业心理疏导。建立干部荣誉退休制度，切实增强退休干部退休仪式感、政治荣誉感。

【抓实村社组织换届】 实行县级领导“包乡联村”制度，31名县领导分片联系，每月平均蹲点指导4次以上，走访党员群众2000余人次，解决热点、难点问题350余个。乡镇党委书记领衔、班子带头、全员压上，广泛深入一线开展谈心谈话，部署开展党员联户“三比三看”（比作风、比贡献、比效果；看谁的能力强、看谁做得好、看谁表现好）竞赛，将党员先锋指数和联系农户参选率进行捆绑考评。组织民政、农业农村局等部门科室负责人进行业务培训，下发《村（居）委会换届工作注意事项》、换届业务知识口袋书2400余册，覆盖到每一名乡镇换届工作人员，为确保村（居）民委员会换届平稳顺利打下坚实基础。积极动员、鼓励符合条件的526名农村致富带头人、大学毕业生、退伍军人参选，发现、培养74名优秀青年，全县共选出村（社）“两委”干部1750人，其中村党组织书记、主任“一肩挑”260人，大专及以上学历103名，平均年龄47.42岁。建立健全离任村干部荣誉退职机制，鼓励身体条件允许、积极性较高的离任村干部继续参与村级事务。通过“党委规定+乡村自选”项目，确定286件近期实事列入“上任攻坚清单”，推动形成“上马即奔跑、上任就实干”的干事氛围。

【农村发展党员排查整顿】 开展深化排查、整顿农村发展党员违规违纪全省试点，将发展党员工作列入乡镇（街道）和机关部门党（工）委书记抓基层党建工作述职评议考核和县委巡视、巡察工作重要内容，形成一级抓一级、层层抓落实的责任体系。查处党的十八大以来违规违纪发展入党的对象56人，其中党内除名17人，取消预备党员资格3人，重新履行入党手续6人，延长预备期3人，列为不合格党员进行整转教育22人，批评教育5人。结合排查、整顿中发现的突出问题、共性问题，全面梳理原有的发展党员工作体系，完善《入党申请人谈话纪实表》《入党积极分子备案表》《发展党员工作全程纪实材料归档表》等十五类纪实表，方便基层党组织实现发展党员工作全程纪实。

【提升乡村振兴讲堂】 通过“两堂”（讲堂、礼堂）融合、政企合作，对全县265个讲堂、40个实训基地进行建设提升；156个讲堂与文化礼堂实现融合共建、资源共享，10个讲堂、8个实训基地成功被评为市级3A讲堂、市级实训基地。对各条线师资力量进行整合，形成讲堂师资库459人。开展各类培训教育活动7875场次，累计培训党员群众14万余人次。打造“乡村振兴讲堂•村情通”平台，上线156个精品课件、74项涉农政策、30项高频事项。开展县、乡两级讲堂管理员业务培训35次，推动管理员“四员”（管理员、警员、监督员和信息员）职责落地落实，提高为民服务能力。全年线上收集群众日常需求1.4万余条，村级（讲堂）办件量4028件。突出讲堂产业带动功能，建成溪口老街、湖镇文林、大街新槽、詹家米老大等4个乡村振兴综合体及“龙游飞鸡”“龙和渔业”等一批特色产业讲堂。成功承办全市乡村振兴讲堂2020年首场现场推进会，“乡村振兴讲堂•村情通”和“两堂”融合共建工作作为样板在全市进行推广。

【夯实乡村振兴根基】 落实领导干部联系帮扶责任制，2020年，县级领导累计到村调研指导537人次，1347名乡镇部门领导干部代办事项1.45万件。发展壮大村级集体经济，打破村域藩篱，采取“抱团+资金”“抱团+土地指标”“抱团+优质资源”“抱团+特色产业”“抱团+乡贤助力”等模式确立发展项目，15个乡镇（街道）已分别谋划至少1个“抱团发展”项目，263个行政村均具备发展村集体经济自主性项目，全县“抱团”项目产生的收益占所有经营性收入一半以上。建立“资金分配与村集体经济收入增收额挂钩、与村‘两委’班子个人奖励挂钩”的激励奖补机制，对自身发展增收不足、依赖县级消薄项目的村，按照县级消薄项目收益分配资金的10%从所在村主职干部绩效奖金中扣除。

【增强人才支撑力】 及时调整、充实县委人才工作领导小组，进一步理顺人才工作领导体制，通过人才新政4.0和27个配套办法，累计兑现人才专项经费1700余万元。制定《人才集聚攻坚战任务清单》，大力推进人才创新平台建设，新建省级平台8家、市级平台6家、县级专家工作站6家。在5家重点企业成立县职校实训基地，联合高校开办特种纸、

图 11　2020 年 8 月 23 日，龙游县召开人才工作会议

（县委组织部／提供）

高端装备制造产业学历提升班，成功举办“院士专家龙游行暨特种纸产业创新与发展论坛”。依托平台加大人才引育力度，引进海内外高层次创业、创新人才 10 余人。拓宽招才引智渠道，在上海成立第 4 家人才工作站和大学生联谊会，通过人才工作站牵线搭桥，成功引进鑫佳硕、威仕喜等高新科技产业项目及创业创新人才（团队）。成立龙游县大学生联盟，启动“千名校友回归计划”，共吸引 8 名高层次人才校友创业创新项目落户龙游，1000 多名青年学子回龙就业创业。以乡村振兴“五千工程”（千名干部驻乡村、千名人才帮乡村、千名乡贤回乡村、千个项目富乡村、千亿资金到乡村）为载体，共引进乡贤 143 人，集聚人才 156 人，落地项目 30 余个，投资 7.09 亿元，推荐申报市乡村振兴专家工作站 2 家、特色人才工作室 7 家。制定出台人才新政龙游升级版《关于打造更优人才生态、加快龙游建设新时代浙西新明珠的意见》，创新推出 17 条政策“干货”，制定 27 个可操作性强的配套办法，兑现人才新政首批奖励补助资金 195.35 万元。在“3+3+1”产业服务团基础上，选派 25 名专业干部组建人才服务专员队伍，定向服务 25 家重点企业及人才。精准服务人才住房保障、子女入学、医疗服务等“关键小事”，投入使用人才公寓 72 套，31 名人才顺利入住；帮助 11 名高层次人才解决子女入学问题；在 3 家县级医院开通高层次人才就医服务绿色通道。加强对人才思想政治教育和典型宣传，组织优秀人才研修班 1 次、高层次人才联谊会活动 3 次。

（县委组织部　琚羊珺）

宣传工作

【概况】 2020 年，中共龙游县委宣传部高举习近平新时代中国特色社会主义思想伟大旗帜，全面贯彻党的十九大和十九届二中、三中、四中、五中全会精神，深入贯彻落实全国宣传部部长会议、省市宣传工作会议精神，按照县委关于宣传思想工作的各项决策部署，围绕中心、服务大局、务实担当，唱响主旋律，打好主动仗，凝聚正能量，为确保与全省同步高水平全面建成小康社会、迎接中国共产党成立 100 周年提供坚强的思想保证和强大精神动力。“8090”新时代理论宣讲、省级文明示范县城创建、新时代文明实践等多项工作实现历史性突破。

【理论宣讲教育】 严格落实党委（党组）理论学习中心组学习实施细则，交流研讨和集中学习相结合，全年县委理论学习中心组共组织学习 16 场次，其中集体研讨 5 次。建立学习重点月报机制，组建全县理论中心组秘书群，共发布学习重点 9 期；编发学习活页等学习资料 15 册。围绕党的十九届五中全会和省委、市委全会精神，组建县委宣讲团、“8090 新时代理论宣讲团”。建强“两团一器”（导师团、命题顾问团和精品课程孵化器）后台，实行队伍准入、星级指数和动态管理机制，导师驻组辅导、“一对一”点评等机制，落实课程迭代升级机制，2020 年全县共有宣讲员 2000 多名，配备导师 145 名，设精品课程 100 多堂，深入基层开展宣讲 300 余场次。开展骨干宣讲团每月 PK 赛，举办全县宣讲分团“百团大战”，“龙游通”上线“8090”宣讲专题，常态化开展各类宣讲 5000 余场，受众 15 万余人次。“8090 新时代理论宣讲团”工作得到习近平总书记的批示，王沪宁、黄坤明等中央领导和省、市主要领导先后作出批示指示，全省青年理论宣讲工作现场会在龙游县召开，省委常委、宣传部部长朱国贤称龙游“8090 新时代理论宣讲团”是浙江省委全会后宣传思想战线打造的一个具有浙江辨识度的标志性成果。承办浙报集团县级融媒体中心共享联盟建设推进会暨浙江县域融媒发展论坛，成立浙报集团县级融媒体中心共享联盟龙游工作站。龙游传媒集团获全省融媒中心 20 强、浙报年度最佳传播力奖。打造集新闻宣传、基层治理、智慧党建、公共服务等为一体的“龙游通·爱龙游”App，积极探索“新闻+政务+服务”运营模式。

【主题导向宣传】 精心组织党的十九届五中全会、全面建成小康社会等重大主题的宣传报道。集中版面、时段，大力宣传各项中心工作的推进情况，努力营造全县上下抓落实、敢担当的浓厚氛围。组织策划“辉煌‘十三五’龙游新跨越”“8090新时代理论宣讲”“决战全年、决胜小康”“奏响双招双引主旋律”“创建省示范文明县城”“打造‘八个一’城市”“众志成城打赢疫情防控之战”“村社组织换届”等20余个专题专栏，聚焦全面建成小康社会的实践，聚焦身边发生的变化，形成强大舆论声势。坚持疫情防控“两防两强”主基调，运用报台网端微全媒体平台，开设专题专栏，及时刊发有关通告、指令，解读中央和省、市、县对疫情管控的最新要求，大力挖掘疫情防控、复工复产等各类信息动态、先进做法、典型事迹，全方位、立体化开展疫情防控宣传报道工作。通过广播、电视、新媒体等各平台发布报道3500余篇（条），利用2400余个大小喇叭进行广泛宣传。聚焦省示范文明县城创建，录制4期《电视问政》节目，凝聚全社会共建共享合力，助推工作落实见效。组织开展“我最喜爱的习总书记的一句话”微宣讲暨全县微党课大赛，李陈荣获全省“我最喜爱习总书记一句话”青年宣讲大赛一等奖，并在全国基层理论宣讲工作培训班上作典型发言。

【媒体宣传】 在全省“谱写‘两山’新篇章、建设‘美丽大花园’”集中采访、“纪念‘两山理念’15周年，打卡‘两山’路”新媒体采风、“市域融媒体，巡礼大花园”“长三角地区主流媒体采风”等活动中，全年在中央、省、市主流媒体刊稿1500余篇，其中《人民日报》、央视、《光明日报》、新华社客户端等中央级媒体发稿200余篇。红木小镇开园、石窟国际音乐盛典、绿色中国行等系列活动引起外界强烈反响。深入开展习近平新时代中国特色社会主义思想网上宣传，开设“学习路上”和“每日金句”专栏；组织参与“8090宣讲在衢州”微话题讨论，总阅读量超500万次。精心组织开展“新视界·新龙游”短视频大赛，30篇优质作品在各新媒体平台展播。“微龙游”抖音号全年完成浏览量“100万+次”作品5件、“10万+次”作品75件，共获赞85.5万次，音乐无界“洞”听龙游《琴韵朗音》专场在线观看超88万人次。按照市县一体、全市一盘棋的定位和要求，完善龙游城市品牌标识，将城市品牌全方位融入机关、乡村、景区、企业、社区等；开展龙游城市吉祥物“龙游龙”的公开选投和有礼示范点创建活动，打造城市有礼地标。并在市、县中心工作中融入城市品牌元素。

【文化宣传教育】 组织全县文艺工作者开展线上线下创作，全年累计创作作品1000余件，近30件作品获全国、省、市、县级奖。开展各类群众文化活动3000余场，累计惠及群众达5万余人次，“新时代龙游文艺轻骑兵”获评全国学雷锋文艺志愿服务“最美文艺志愿服务组织”。谋划举办“匠心筑梦　潮起龙游”、红木小镇开园、2020龙游石窟国际音乐盛典、绿色中国行——走进美丽龙游等系列重大主题活动，央视、浙广直播、今日头条等视频直播超20次，图文信息收看阅读超1500万人次。聚焦“两江化一龙”，加快推进六春湖景区、姜席堰景区、红木小镇、龙山运动休闲康养度假区等重大文旅项目建设，成功创建省级全域旅游示范县和省级文旅产业融合试验区。“城市会客厅”博物馆新馆正式开馆，新建南孔书屋2家、城乡文旅驿站13家、农村文化礼堂32家，完成全市首个书香文化礼堂建设，8个图书分馆、15个文化分馆挂牌运营，12个综合文化站达到省定一级站及以上标准，顺利通过省级公共文化服务体系示范区考核验收，总投资近14亿元。4家镇级农家书屋与县图书馆资源整合，实现通借通还。

【精神文明创建】 以有礼指数为抓手，深入开展“最有礼县”打造，下发《衢州市“有礼指数”（CI）测评体系（2020年龙游县区块版）（试行）》等文件，实施“日报、周晒、月督查、季测评”工作模式，全域部署落实，全员宣传发动，全民参与养成。

图12　2020年10月28日，绿色中国行系列活动“衢州有礼　天下龙游”在龙游举行
（县委宣传部／提供）

创新开展“有礼指数”测评工作争先排名“擂台赛”活动，推动机关内部比学赶超、争先进位，以严密的考核闭环，全力推进“最有礼县”打造工作落到实处。强化特色品牌引领，在全市率先开展有礼指数发布启动仪式、率先提出并完成“百村修约”工程、设立首个“诚信日”、举办“百千万”公筷公勺进家庭活动，创新引导家庭践行“公筷公勺”专报得到省委宣传部常务副部长来颖杰、副部长卢春中的批示肯定。大力开展文明好习惯养成工程，创新推出“21天公筷使用打卡”“暑期来吧”“烟头兑换公筷”“烟头不落地、不随地吐痰”专项整治等系列活动，全面提升市民文明素质。扎实开展群众性精神文明创建，县供电公司、詹家镇浦山村入选全国文明单位、全国文明村，4家单位、1个乡镇、4个村入选省级文明单位、省级文明村镇。严格公益广告发布审核，加大公益广告投放密度，运用“线上+线下”手段，高频次刊播公益广告，在主次干道、学校、社区、商场超市等重要节点，因地制宜投放一批内涵形式丰富的精美景观小品，营造创文氛围。出台《道德模范关爱帮扶资金管理使用办法》等文件，对生活困难的道德模范进行结对帮扶，弘扬“好人有好报”价值导向。完善志愿服务体系，扶持壮大新兴志愿服务力量，组织动员志愿力量参与新冠肺炎疫情防控和精准脱贫、乡村振兴战略等各类志愿服务活动，承办全市首届新时代文明生活志愿服务项目大赛，爱在人间协会获评2020年度全省最佳志愿服务组织，“小星星”一线志愿者服务保障项目获得首届浙江志愿服务项目大赛优胜奖，志愿服务联合会会长入选全省志愿服务专家人才库。制定发布《龙游县新时代文明实践中心省级试点县建设工作方案》《新时代文明实践中心建设标准》等指导性文件，全县域统筹推进新时代文明实践省级试点县建设，相关经验、做法在全省新时代文明实践现场会上作交流发言。开展三轮新时代文明实践所（站）建设和两批次考核验收，累计建成1个文明实践中心、15个实践所、208个实践站、562个实践点，构建覆盖县、乡、村三级新时代文明实践体系。整合盘活现有基层公共服务资源，高品质培育打造翠光社区“市民驿站”、检察院“有礼长廊”等一批特色站点，串联形成多条“文明实践特色景观带”，相关经验做法得到省委宣传部副部长卢春中的点赞肯定。创新品牌引领，创设优秀青年为主体的“8090新时代理论宣讲团”和“龙游通”数字赋能云平台品牌，相关经验做法编入中央文明办《建设新时代文明实践中心指导手册》。

【意识形态工作】 印发《2020年意识形态工作组织领导与责任分工》《中共龙游县委2020年意识形态工作要点》，建立各级党委（党组）落实意识形态主体责任制任务清单，深化意识形态工作责任制落实情况年度检查和巡视巡察专项检查。做好意识形态领域预警监测、分析研判和风险防控工作，加强和改进新时代舆情信息工作。构建风险查找、风险研判、风险预警、风险防范、风险处置、风险责任“六大”工作机制，全面推进龙游县网络治理体系和治理能力现代化。开展网络安全宣传周活动，牵头实施“网络诈骗”专项整治行动，切实提高广大群众防诈反诈意识和能力。常态化推进网络综合治理，针对重要时间节点、敏感事件开展网络宣传和舆情管控引导，至年底共处置各类舆情168起。加强互联网行业政治指导，成立衢州市首个县域互联网行业党委，推进互联网主体信用体系建设，与属地自媒体8家主体签订信用承诺书。深入推进网络生态“瞭望哨”工程建设，形成全县网络生态“瞭望哨”一张网。深入开展“扫黄打非”工作，加大监测、巡查力度，全力清缴查处各类非法出版物及信息，全年共办理“扫黄打非”类行政处罚案件6起，没收各类非法出版物800余份，办结利用网络传播淫秽物品刑事案件2起，公开审理1起。

（县委宣传部　黄温秀）

统一战线

【概况】 2020年，中共龙游县委统一战线工作部（以下简称县委统战部）紧扣省、市统战工作要求，坚持党建引领，全面谋划实施好统一战线“合”字工作举措，不断扩大统战覆盖面，用“柔”的工作举措做好“人”的文章，聚焦聚力双招双引、基层治理、疫情防控等县委、县政府中心工作，最大限度地发挥民主党派、民族宗教、非公有制经济、龙商乡贤等各领域统战优势，为全县经济社会发展作出统战贡献。特别是在新冠肺炎疫情防控、双招双引工作中充分展示统战作为，开创近一个时期以来统战工作最好局面。2020年承办省级现场会议1次、市级现场会3次，全年统战创新工作被副部级以上领导批示4次、被市统战部部长傅根友批示3次，典型成果被省委统战部发文推广2篇、被省工商联发文推广3篇，在全省会议上作现场发言3次，截至2020年年底已获得全国先进称号4个、全省先进称号4个。

【助力疫情防控】 充分发挥统一战线助力新冠肺炎疫情防控的独特功能和重要作用。一方面全面落实宗教领域和涉外疫情防控要求，45家宗教场所全部实行“双暂停”，未发生一起宗教场所集聚事件；建立入境入龙人员“首席服务员”制度，开通24小时涉侨咨询服务热线，服务华人华侨、港澳同胞、海外侨胞、留学生2000余名，寄送口罩2.4万多个，帮助5名外籍专家、140名域外留学生做好入境事宜。另一方面依托“龙游通”“龙游统战”微信公众号以及龙商、乡贤、党派等各类党外人士微信群，全方位发出联防联控建议；各民主党派成员、非公有制经济人士、乡贤（龙商）、港澳侨海外人士、民族宗教人士等广大统战对象积极响应，400余名民主党派成员参与到抗疫一线；全县17个国内外协会（商会）（其中国外5个）和15个镇级乡贤会，千余名统战对象累计捐资捐物超过3558万元，充分彰显了团结的力量，彰显统一战线的优良传统。2020年，涌现出龙游温州商会、年年红集团和吴树良、高成龙等一批抗疫先进企业和个人，李兰娟、林乐清两名乡贤双双获得“全国抗击新冠肺炎疫情先进个人”和“全国优秀共产党员”双项奖，县统战部被评为全县包区清楼先进单位。

【新时代理论宣讲】 以“党内+党外”“体制内+体制外”为范畴，经“统战试讲、全县海选、择优选聘”，吸收选拔40余名优秀党外青年，组成一支涵盖新生代企业家、新的社会阶层人士、民主党派人士、海外留学生、宗教界人士的特色统战宣讲队伍，共有10余名“8090”党外青年干部被吸收到县级总团中，其中新生代企业家张佩思、青年乡贤胡秀秀、民革党员李义在全省新时代青年理论宣讲工作现场会作现场宣讲，为助推“8090”新时代理论宣讲工作贡献统战合力。同时，按照“一领域一主题一品牌”的原则，组织开展党派领域“同舟”系列宣讲，党外知识分子、新的社会阶层领域“爱国奋斗”宣讲，非公有制经济领域“青蓝接力”宣讲，宗教领域“正言正行”宣讲，民族领域“团结进步”宣讲，港澳侨海外领域“爱国爱港”宣讲等六大行动，先后走进统战之家、示范基地、寺庙、异地商会、本地乡贤会等统战阵地，形成《大国重器》《遨游农村做一条奋斗的锦鲤》《幸福是奋斗出来的》等统战主题宣讲稿10余篇。由县委牵头举办县委理论学习中心组纪念多党合作和政治协商制度确定70周年主题报告会和宗教工作专题学习会，与县政协联合举办“不忘合作初心，继续携手前进”纪念多党合作和政治协商制度确立70周年晚会。各民主党派、知联会、新联会以及侨联、台联等统战团体，还积极筹备参与省、市、县各级70周年晚会节目，开展70周年快闪、歌咏、演讲、书法比赛等活动，全县1000余名统战干部、政协委员、党外人士参加。

【强化阵地建设】 建成龙游统战之家，内设统战历史、统战风采、文化展示、各民主党派之家、同舟大讲坛、乡贤议事厅等模块，占地1000平方米。自10月建成至年底，已开展党外干部演讲比赛、党的十九届五中全会专题学习会等活动10余次，200余人次参与其中，成为统战集红色记忆、党派活动、乡贤交流、会议学习、市民参与等功能于一体的创新平台。向上申报全市统一战线工作实践创新基地及专项示范基地，累计推选龙游统战之家等共9个示范点。

【聚力“双招双引”】 根据县委出台的《异地商会招商引资奖励办法》，设立驻外异地商会基础奖、驻外异地商会重点产业（服务团）招商服务工作经费奖和项目引进特别奖。县委书记亲自先后赴深圳、江苏、上海、杭州等地召开异地商会“双招双引”座谈会。龙游县委统战部出台《关于发挥统战优势聚力“双招双引”攻坚活动年的实施意见》，搭建党内党外联系平台、线上线下宣传平台、乡贤（龙商）聚力平台、乡贤（龙商）回归平台、县内县外共商平台，聚力“双招双引”活动。坚持“一月一地域一商会一走访”，通过“一对一”登门招商、“点对点”项目对接，上报招商引资信息10余个，促成鑫佳硕科技等龙商回归项目6个，形成“二期回龙游”“二期在龙游”的反哺之风。县委统战部被县委、县政府认定为“双招双引”主力军。

【夯实民主党派工作】 首次召集法院、检察院向民主党派、工商联、无党派代表人士通报工作情况座谈会，进一步扩展党外人士参政议政覆盖领域，提升民主监督水准。在县两会期间，广大统战对象积极“建言献策”，累计提交大会发言材料28篇，提案123件，报送社情民意信息235篇，分别占总数的90.3%、70.3%和71.2%。建立县委组织部、县委统战部联席会议制度，健全党外干部工作沟通联络机制，采用民主党派“班子讨论+民主推荐”、县委统战部考察的模式，向县委组织部推选33名党外优秀青年干部，为县委选拔党外干部提供参考依据。2020年4月，5名党外干部被提拔重用，其中2名担任县直单位正科级领导职务。首次探索民主党派基层组织述职评议工作，开展谈心、谈话54人次，共收集意见、建议36条，共查找问题21项，落实问题清单和整改方案21个，发放评议表270余份，由县委统战部汇总测评结果并反馈给市委会机关和党派主委。开展网络代表人士排查和民主党派市级层面代表人士人选推荐工作，收集上报网络代表人士34名，向上推荐党外代表人士10名。举办民主党派培训班，通过课堂授课、现场教学、专题演讲等多种形式，不断提升骨干成员知情明政水平。

【非公有制经济领域统战】 联合金融办成立民营企业金融服务中心，开展“商会商创通”自助贷款金融合作和“万家民企评银行”、民营企业融资需求调查，纾解企业融资难题，积极争取金融机构“专项再贷款”政策，疫情期间31家民营企业累计获专项再贷款6.31亿元。联合县司法局成立民营企业法律服务中心，与12位行业协会（商会）会长、企业开展“一对一”法律服务4期，发放法律服务卡120余份，法律咨询函21份，成功调处矛盾纠纷25起，成功率达100%。升级龙商“亲清服务日”工作机制，联合县发改局、环保局、检察院举办“亲清直通车 政企恳谈会”3期，收集问题建议29条，全部解决或给予说明解答，有效推动各项惠企政策举措落地。联合县经信局制订《2020年龙游县非公经济人士培训工作计划》，依托龙商大讲堂，先后举办“德胜门大讲堂之统筹推进疫情防控和企业复工复产”“全国两会后的经济与投资形势”等培训2期，培训人次200余人。依托“微龙游”“龙游统战”“龙商行”分别开通“双招双引”访谈专栏和小程序，举办“龙商直播龙游”活动2场，与龙游传媒集团合作开辟“新龙商典型”“天南地北龙游人”等宣传专栏，报道典型人物事迹近20期，唱响龙商好声音。其中，两会期间推出的“龙商行”封面人物“金龙股份董事长施彩莲”，得到500位政协委员和人大代表的认可。同时，充分调动社会力量，整合各方资源，激发更多爱心人士深度参与公益助善行动，龙游永康商会、龙游温州商会、龙游装饰行业协会、新时代企业家联谊会等近百名龙商，参与低收入农户结对帮扶，累计捐赠帮扶资金100余万元，帮助1000余户低收入农户缓解困难。

图13 2020年11月6日，龙游县召开第八次归侨侨眷暨第四次留学人员和家属代表大会（县委统战部／提供）

【海外统战工作】 召开第八次归侨侨眷暨第四次留学人员和家属代表大会，县四套班子主要领导出席，会议选出主席1名、副主席7名；万爱珠等8名侨眷、归国留学生及2个集体荣获“十佳侨界贡献奖”。积极推进侨联文化基地建设，建成县级“侨家小院”，龙天红木小镇、龙游民居苑，均成功获评第一批省级华侨国际文化交流基地，沐尘畲族乡社里村被评为第二批衢州市华侨国际文化交流基地、浙江龙游锄禾农业科技有限公司被评为第二批衢州市侨界助力乡村振兴示范基地、向上控股集团被评为第三批衢州市归国留学人员创业创新合作联盟实践基地，浙江省首家龙舟文化基地、市归侨侨眷及归国留学人员实践创新示范基地在龙游挂牌。借力涉外疫情防控，完成新一轮侨情数据排摸和补录工作，已掌握海外侨胞、港澳同胞、留学人员2106人，新增入库数据841条。

【新乡贤统战工作】 在春节前后积极开展新乡贤工作“五个一”（一封新春贺信、一批走访慰问、一场交流座谈、一次招商推介、一轮上门服务）行动，累计走访慰问新乡贤近180人。积极开展安徽省、海南省、绍兴市等地重点企业家及知名乡贤大排查，充实完善新乡贤人才数据库，累计新增乡贤167名。持续深化县、乡、村三级乡贤基地建设，村级乡贤会增加到52家，建成县级乡贤中心1家，乡村两级乡贤馆5家（沐尘畲族乡、塔石镇、塔石镇豆腐王村、塔石镇莲塘村、小南海镇鸿陆夏村），在建7家（溪口镇、溪口镇石角村、湖镇镇文林村、塔石镇泽随村、庙下乡、大街乡、罗家乡），其中县乡贤中心、小南海镇鸿陆夏村乡贤馆被评为市级乡贤馆。大力实施“双招双引”“千名乡贤回乡村”“百名乡贤联百村”等行动，各地乡贤以资本还村、资金富村、智力援村等各种方式回乡助力乡村振兴人员达143名，一批涉及旅游、康养、农产品加工、村容村貌提升等乡村振兴项目在推进中，如横山镇河宗村纽莱福医养中心、庙下乡陈村食叶草种植加工项目、小南海镇团石村乡贤义诊馆等，累计项目资金16.56亿元。在新一轮村“两委”组织换届中，已吸引新乡贤人士返乡担任村“两委”干部54人。

（县委统战部 吴新月）

机构编制

【概况】 2020年，中共龙游县委机构编制委员会办公室（以下简称县委编办）以习近平新时代中国特色社会主义思想为指导，自觉把党的建设置于首位，推动“不忘初心、牢记使命”教育常态化、制度化、长效化，认真学习领悟党的十九届四中、五中全会精神，坚决贯彻落实党对机构编制的集中统一领导，紧紧围绕县委、县政府决策部署，坚持“优化协同高效”原则，推进机构编制工作科学化、规范化、法定化，为加快推进浙西新明珠建设提供强有力的体制机制保障。

【完成事业单位改革】 按照“宜早不宜迟、宜快不宜慢、宜先不宜后”的要求，克难攻坚、只争朝夕、扎实工作，在一手抓疫情防控，一手抓改革推进的艰苦环境下，牢牢抓住实名制管理这个“牛鼻子”，按照“严控总量、盘活存量、优化结构、增减平衡”原则，实现事业单位机构精简比例达到20%，在省委编办要求的基础上翻一番。同时，日夜奋战60天，完成全县132家事业单位“三定”规定的制订，比省委规定的时限要求提前2个月，跑出改革新速度。

【规范事业单位法人登记管理】 根据事业单位改革方案及框架等文件，对照系统中现有事业单位法人登记情况逐一进行梳理比对，根据框架文件中整合、调整、撤销等情形，确定下步需设立、变更、注销等事业单位法人清单，确保底数清、情况明；印发《关于涉改事业单位办理法人登记相关事项的通知》，明确涉改事业单位办理法人登记及年度报告的注意事项和时间要求。编制操作指南，以图文并茂形式将工作流程进行图解，使经办人员更加直观了解工作流程，提高工作效率。截至2020年12月底，已完成设立登记10家、变更登记226家、注销登记33家，其中变更登记单位数比2019年79家增长186%，变更事项数336项，比2019年129项增长160.47%。

【推进“五大领域”综合执法改革】

认真贯彻落实中央、省深化综合行政执法改革的决策部署，将市场监管、生态环境保护、文化市场、交通运输、农业五大领域综合行政执法改革作为党政机构改革的一项重要工作。严格按照“减少多头执法、减少多层执法、减少执法事项，规范执法行为、规范执法队伍”的要求，做好部门所属执法队伍和执法职责整合，实施一个部门原则上设置一支执法队伍。在协同相关部门深入开展座谈调研基础上，全面梳理汇总县本级及辖区涉及五大领域综合行政执法改革相关机构编制“底数”，统筹谋划制定市场监管、文化市场、交通运输、农业等4支执法队伍机构编制框架，对涉及从事执法职责的9家单位125名人员进行锁定划转。至2020年年底，已完成五大领域执法队伍组建、“三定”框架制定、挂牌运行等工作，基本构建起权责明晰、上下贯通、运行高效、保障有力的综合执法体系，并已正常开展行政执法工作。

【构建简约高效的乡镇（街道）管理机制】 通过聚焦“条块共抓一件事”，健全“属地管理”事项联动联处、协同高效，形成从事项发起到反馈、评价、考核全链条指挥协调机制和应急响应机制；聚焦“一支队伍管执法”，推进“大镇带小乡”区域协同执法模式，重点打造东部和南部两个示范点；聚焦创新体系，打通服务群众“最后一公里”，组建县矛盾调处中心，强化机制建设；聚焦干部活力，实行全员“四维考评”（岗位赋分＋模块评分＋组团积分＋专项计分）；聚焦力量下沉，实行派驻人员编制双锁定，实现机关“瘦身”、基层“强身”；聚焦基层话语权，实行县、乡双向考评，出台《关于深化基层干部四维考评的实施意见》，形成抓人促事常态长效，为基层赋能，为改革提效，切实减轻基层负担，进一步提升基层话语权。至2020年年底，17个牵头部门会同29个配合部门围绕69项“属地管理”事项开展业务能力培训19场511人次，落地执行标准化操作规范；乡镇范围内22个领域、525项行政执法事项，变原来多部门多头执法为一支队伍联合执法；全县15个乡镇（街道）1084名基层干部全部列为考评对象，激发起基层干部干事创业的热情。

【深化机关内部“最多跑一次”改革】

牵头各部门按照以转职能、转方式、转作风来提高效率效能的要求，做好事项动态调整工作。经重新梳理调整，全县42个部门确定机关内跑事项378项；强化业务流程整合，进一步减少决策层级和环节，大力

图14 2020年3月10日，龙游县召开“县乡一体、条抓块统”工作推进会
（县委编办／提供）

推进无纸化办公，经优化，378 个事项里面流程再简化一个环节以上的27 项，申请材料再精简 39 个；以问答的形式将当前机关内跑等方面存在的问题背景、工作进展、平台介绍及工作要求等编印成册，共发放1500 余本《机关内跑宣传手册》给全县所有乡镇（街道）、机关部门，提升宣传黏度。9月11日，“机关内跑”协同平台正式上线运行，推动部门间办事“最多跑一次”向“一次不用跑”和“办得快”“办得好”转变。

【权责清单梳理调整】 按照“谁行使、谁梳理”“不重复、不遗漏”和“精简优化、统一效能”的原则，完成1612 条新增未认领事项的确认及新增入库工作，全力保障“最多跑一次”改革落到实处；配合省、市部门做好乡镇（街道）法定权力事项梳理工作，按照“法无授权不可为，法定授权必须为”的要求，共梳理法定行政权力事项 173 项，提出修改调整意见 58 条，赋权事项 12 项；省委编办制定的 140 项乡镇（街道）法定权力事项清单下发后，及时组织 18 个相关县级业务指导部门先行开展本业务条线事项指南信息编制及事项库配置工作，同时牵头 15 个乡镇（街道）完成事项认领及差异性信息补充工作。至 2020 年年底，全县各乡镇（街道）法定事项均已通过“浙江政务服务网”向社会公布。

【科学配置机构编制资源】 根据相关单位实际工作需求，充分考虑各系统编制余缺、岗位设置、自然减员、工作需要等情况，同时考虑机构改革对承担行政职能事业单位、执法类事业单位的相关要求，合理分配编制使用计划。下达 2020 年度机关（参公单位）招考用编 77 名，综合性事业单位招考用编计划 86 名，教育事业单位招考（聘）用编计划 114 名，卫生事业单位招考（聘）用编计划 113 名；按照“普通辅助只减不增、执法辅助按需补员、窗口服务及时保障”原则，科学编制编外用工招录计划，下达 2020 年度编外用工招录计划 101 名。

【健全机构编制实名制管理】 事业单位改革后按照新“三定”规定在实名制系统中，对涉及改革的 165 家事业单位规范机构设置，完善基础台账；对因事业单位改革涉及 12 个部门 39 家事业单位的转隶人员 287 人，完成人员信息核对；对不符合信息录入完整性要求的 15 家单位，已督促相关责任人对 180 余条信息进行更新完善，确保入库数据信息完整性和准确性；将“最多跑一次”的理念融入龙游县机关事业单位人员职业生涯全周期管理“一件事”中，针对公务员“一件事”的 9 个经办业务，事业单位人员“一件事”的 7 个经办业务，重新梳理优化办事流程，整理办事流程操作手册，在人员信息推送至“最多跑一次”后台后，着重核对用人单位及人员基础信息，数据转送至实名制管理系统后，配合实名制管理系统短信平台提醒 + 钉钉的“叮盯钉”督办，督促用人部门及时做好人员入库数据的规范，全年累计办理业务 2800 余件，平均办理时长不超过 8 小时。

【压实党风廉政建设责任】 全面压实从严治党主体责任，研究制定《县委编办 2020 年度领导班子和班子成员党风廉政建设主体责任清单》和科室责任清单，形成一级抓一级、层层抓落实的齐抓共管格局；根据县纪委《关于构建“1234”联动模式推动警示教育制度化常态化的实施方案》，研究制定开展各类警示教育活动方案，及时传达学习省市县相关通报文件，着力提高全办干部政治站位；狠抓制度建设，强化责任担当，高质量完成整治巡察整改工作，完成率达 100%，并建立完善制度 22 个，确保每项工作都有据可依、有章可循；开展日常谈话 29 次，梳理廉政风险点 28 个，并建立有针对性的廉政风险防控管理措施 32 条，切实做到“以制度管人、以制度管事”；把考核评价与干部任用、奖惩、问责有机结合，充分发挥监督和考核的作用，多角度、多层次狠抓作风建设，确保廉洁自律、勤勉高效、务实担当的过硬作风培养到位，全力打造“清廉编办”。

（县委编办　翁单芸）

县直机关党建

【概况】 2020 年，中共龙游县委直属机关工作委员会（以下简称县委机关工委）在县委的正确领导下，以习近平新时代中国特色社会主义思想为指导，认真贯彻落实中央和省、市机关党建工作会议精神，以建设清廉机关、创建模范机关为总牵引，以打造机关党建示范点、“银网格”党建品牌和“红色物业联盟”2.0 升级版——机关部门三联工程为主抓手，“围绕中心、建设队伍、服务群众”，把全面从严治党要求贯穿于机关党建工作和老干部工作的方方面面，高质量推进新时代机关党建工作，扎实推进市委“1433”发展战略体系和县委“14456”工作布局重重落地汇聚力量。其中“双建”工作在省、市机关党建会议作书面交流和典型发言，获得省直机关工委领导批示肯定。

【加强机关党的政治建设】 坚持政治机关姓“党”，确立抓好机关党建是最大政绩的鲜明导向，认真开展“群众路线”“三严三实”“两学一做”“不忘初心、牢记使命”主题教育，积极开展政治生态最佳县创建工作，严抓机关基层党组织“主题党日”和党工委内部“周一学习日”制度的落实，系统学习领会习近平新时代中国特色社会主义思想，第一时间传达贯彻上级重要会议、重大决策精神。落实每季度党员思想动态分析研判和谈心、谈话制度，2020年共谈心谈话120余人，开展2次廉政党课、2次警示教育，筑牢理想信念高地。出台《关于加强机关党支部标准化建设的意见》，夯实机关党支部“五个基本”建设，督促完成12个机关党委（含1个临时党委），9个机关党总支，152个机关支部（含3个临时支部）筹建和换届，推动单位一把手任机关党支部书记，落实机关专职党务干部享受同级行政人员待遇和党员每人每年800元标准开展党建活动，推进机关支部标准化和社区离（退）休支部标准化建设。2020年在全省“双建”工作交流会上作书面交流，在全市“双建”工作交流会上作典型发言。

【积极开展“8090”宣讲】 积极开展“8090”新时代理论宣讲，注重加强“8090”新时代理论宣讲的导师队伍、创作队伍、宣讲队伍建设，设立“8090新时代理论宣讲团”临时党支部，为优秀导师配备“8090”宣讲百宝箱，推动“8090”新时代理论宣讲常态化进机关、进企业、进学校、进村（居）。并注重在疫情防控、理论宣讲等一线发展党员，加大“8090”优秀年轻干部以及高知群体的发展比例，全年共发展党员37名。

【服务县委、县政府中心工作】 主动发挥全县疫情防控指挥部“信息中心”作用，收集全县疫情防控数据30余万条，联合县委组织部组织全县99个单位7000余名党员干部和老干部进社区，对3.4万户社区居民实现组团结对包联全覆盖；打造“红色物业联盟2.0”版本，建立“周二先锋日”制度，实施机关部门“三联工程”，合理安排66个机关部门38个企事业单位包联10个社区148个生活小区网格，通过组建“1+1+1+N+N”（即一个干部联系一个服务队队长，一个服务队有多个志愿者，多个志愿者联系区域网格内家庭户）模式的“红色服务梯队”，实施机关部门联社定时服务、机关部门联网定点服务和机关党员联户定向服务。2020年联户党员干部累计走访4万余户居民（含商户），收集意见、建议500余条，化解矛盾纠纷700余件；先后组织全县机关党员干部参与网格文明劝导、“洗城”等工作2万余人次。坚持党建带群建，举办机关工会、团委、妇委会培训班，汇聚服务合力。2020年10月《坚持党建引领 创新基层治理——打造县城城市治理的龙游“善治”样板》调研文章获评全省机关党建优秀调研成果奖。

图15 2020年5月27日，龙游县机关部门“三联工程”——“周二先锋日”活动拉开帷幕 （县委机关工委/提供）

【开展线下线上学习培训】 线下依托县委党校、红色基地读书班等，组织机关党组织书记、专兼职党务干部集中轮训，邀请省委、市委机关知名专家作专题学习辅导报告，2020年先后组织3批270多人次领导干部培训。线上依托“智慧党建”“学习强国”和“钉钉群”等媒体定时推送基层党务知识等学习内容，帮助全县机关基层党组织205名党务干部系统化学习最新党务知识。

（县委机关工委 翁锦涛）

老干部工作

【概况】 2020年，中共龙游县委直属机关工作委员会（县委老干部局）［以下简称县委机关工委（老干部局）］始终聚焦中央和省、市、县委部署，在大局下谋划、在大势中推进、在大事上作为。坚持一手抓“红线”（党建工作）、一手抓“银丝”（老干部工作），切实做到“两手抓”“两手硬”，党建工作和老干部工作进一步得到优化和强化。围绕“党建统领+银耀品牌”目标定位，积极搭建“个十百”工作构架，谋划落实“红线”和“银丝”的融合文章。至2020年年底，全县共有离休干部50人，受县委委托代为管理服务的县处级退休干部30人，比2019年增加4人。

【落实老干部政治待遇】 完善和落实老干部听取报告、阅读文件、通报情况、参观学习、参加重要会议以及重大决策征求意见等政治待遇制度，保证老干部及时了解党中央及省、市、县层面大政方针和决策部署，及时了解国内外形势和本地区、本部门主要工作。县委书记、县长分别组织召开全县老干部座谈会，就编制龙游县“十四五”规划和2035年远景目标、政府工作报告，专门认真听取离（退）休干部的意见和建议。2020 年龙游县领导调研老干部工作达 30 多人次，向老干部通报龙游县各类形势 4 场次；上报浙江省志愿服务专家人才库推荐人选 2 名，分别是“龙游大妈”志愿服务队队长方海姣、原县广电总台退休干部吴雪文。

【落实老干部生活待遇】 建立健全与离（退）休干部经常性沟通交流机制，坚持做到“五必访”（即重大节日必访、夏季高温必访、生病住院必访、有特殊困难必访、老干部去世必访）。疫情期间，开展“3·5”走访慰问老干部抗疫志愿者活动；走访慰问原县政协副主席张绳伟等 18 人；3 月中旬，为离休和副处级以上退休老同志采购抗疫防护用品，并统一送上门；面向老干部群体发放公筷、公勺；老年书画研究会、老年摄影协会、老年文艺爱好者协会，在疫情趋于稳定后，均能正常开展活动。新建一所老年大学，总投资 800 余万元，2020 年度投入使用，进一步丰富老干部的晚年生活。在守好纪律底线的同时，保障活动形式多样化，精心组织一年一度体检、疗休养；多形式开展“走、看、促”（走基层、看变化、促发展）与文体娱活动，2020 年组织老干部开展“走、看、促”活动 3 次；切实解决离休干部“看病求医”问题，通过与县人民医院、县中医院对接协调，保障离（退）休干部住院享有优先入住政策，如发生一般性病情，县委机关工委（老干部局）积极联系家庭医生，开展上门服务。据不完全统计，2020 年通过各种形式共走访、慰问离（退）休老干部 200 多人次，其中，对生病住院离（退）休老干部看望 40 多人次，离（退）休老干部去世慰问 5 次，看望异地安置离（退）休老干部 10 人次，接待来访老干部及其家属 48 人次。

【加强老干部理论学习】 依托老年大学和老干部党支部学习教育主阵地，持续抓好习近平新时代中国特色社会主义思想和党的十九大，十九届四中、五中全会精神的学习宣传。如 4 月，以读习近平总书记在浙江考察重要讲话，谈学习体会、谈永葆初心、谈作用发挥为主题，开展龙游县离（退）休党员干部网上“一读三谈”主题党日活动。通过钉钉群、微信群转发正能量消息，及时帮助老干部更新观念、扩宽视野；紧贴老干部的需求和特点，找准结合点、共鸣点，征订《离退休党建》等报纸杂志进行发送，组织收看 3 场全国离（退）休干部网上专题报告会，“线上＋线下”帮助老干部学习新理论，更新观念，与时俱进，适应形势发展要求，使其言行始终与党中央、地方党委的大政方针和决策部署保持一致。2020 年分别选优选先申报 10 名“最美助力之星”、3 个“银尚达人”、3 家“银尚之家”、2 个最美助力微故事，激活老干部的学习动力。

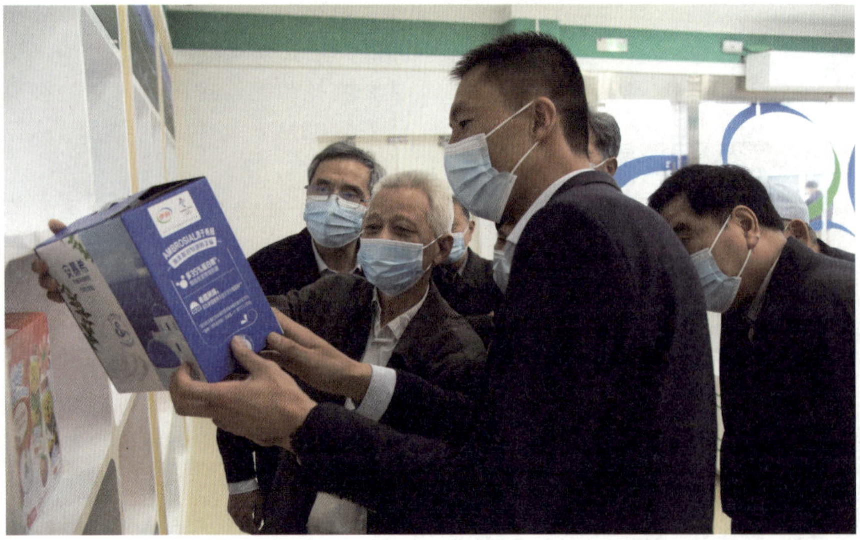

图 16　2020 年 4 月 27 日，组织全县部分副处及以上老干部开展“走、看、促”活动　（县委机关工委／提供）

【发挥老干部的作用】 面对疫情冲击带来的严峻挑战，在做好宣传指导，充分保证离（退）休干部身体健康的前提下，按照上级统一部署，充分挖掘交通老兵战疫突击队、溪口老兵志愿服务队等抗疫团队作用；邀请原龙游县农业局推广研究员、水稻杂交制种专家虞天仁，围绕再生稻高产栽培技术，在县乡村振兴讲堂“空中课堂”进行线上讲课培训；组织老干部开展抗疫志愿捐款。持续开展“‘五老’结对关爱农村未成年人”活动，配合民政部门开展 2020 年“福彩助力·点亮梦想”和 2020 年“福彩暖万家”系列公益活动，分别资助全县 100 名困境儿童 2000 元／人，有 41 名大学新生享受资助（25 人获得 8000 元／人、16 人获得 5000 元／人）；同时，牵头开展 2020 年“豪情圆梦·爱心助学”活动，受益中学生 30 名，每名学生资助 2000 元，以上三项合计共帮困助学 171 人次，总金额 54 万元。开展龙游“银发大使”推动“公筷公勺、衢州有礼”行动。充分发挥“五老”（老党员、老专家、老教师、老战士、老模范）作用，整理编写好家风故事，探索通过“爷爷奶奶一堂课”“入学启蒙礼”，龙游大妈志愿服务队等载体言传身教，在青少年中广泛宣传传统文化等。通过开展关爱帮扶、志愿服务、寻访年味、文明劝导、劳动实践、家风家训、文艺演出、书画赠送等“八个一”活动，努力唤起青少年对传统礼仪和现代文明的认知与了解，引导广大青少年知行合一，弘扬中华优秀传统文化，助力“衢州有礼”“八个一”品牌落地和省级示范文明县城创建。

【推进老干部党建工作】 联合县委组织部开展全县（含乡镇、街道）离（退）休干部摸底排查，全县124个乡镇街道、机关部门、企事业单位总计有离（退）休老干部总计3832人，其中住在龙游城区的为2320人，处级退休干部28名，年龄在61到97岁，平均年龄73岁；离休干部54名，年龄在86到98岁间，平均年龄在91岁，及其在10个社区分布其情况。下发《关于龙游县“银网格”标准化建设工作方案》，搭建“个十百”[“个”是县委机关工委（老干部局）离（退）休老干部工作委员会；“十”是组建10个社区离（退）休党建片区，邀请身体好、党性强、公道正派、组织能力强的老干部担任片区负责人；“百”是在全县红色物业联盟148个网格中灵活设置“银堡垒”，把小区内党员和老干部队伍有机结合，实现城区全覆盖]三层新型离（退）休党建组织体系，社区党总支把离（退）休干部党建工作纳入社区党建总体目标同谋划、同部署、同推进，把履行城市社区离（退）休干部党建工作责任情况，纳入街道（社区）、部门党（工）委书记年度抓基层党建工作述职评议考核内容，纳入领导班子年度考核、评优评先的指标体系。以条件相对成熟的阳光社区光华厂小区作为全县首个离（退）休干部党建试点，创建离（退）休干部服务活动站，解决离（退）休职工党员由于居住分散、年高体弱、行动不便，到原单位参加组织生活路途较远等实际困难；抓好“离（退）休示范党支部”创建，提高离（退）休干部党支部组织力；通过“邻里家宴”活动，“彩虹桥志愿服务队”等活动载体，发挥离（退）休党建优势，组织老同志融入基层治理工作中及时为市民群众排忧解难。由试点再全面推开，形成一道组织完善、制度齐全、活动丰富的具有龙游特色的离（退）休党建风景线。

（县委机关工委　翁锦涛）

党校教育

【概况】 2020年，中共龙游县委党校（龙游行政学校）坚持以习近平新时代中国特色社会主义思想为指导，全面贯彻党的十九届四中、五中全会和省、市、县委全会精神，认真落实《中国共产党党校（行政学院）工作条例》（以下简称《条例》），坚持“党校姓党、质量立校、改革强校、从严治校”，以培养造就忠诚、干净、担当的高素质专业化干部队伍为主目标，以省办学质量创优评估反馈意见整改落实为主抓手，积极发挥干部培训、思想引领、理论建设、决策咨询作用，加快推进县级一流党校建设，为龙游县建设重要窗口、打造浙西新明珠提供有力的干部人才保障和智力支撑。2020年，县委党校被推荐为全省党校（行政学院）系统成绩突出集体。

【服务县委中心工作】 先后举办龙游县“8090新时代理论宣讲团”集体备课会、百团大战培训班，成立“8090新时代理论宣讲团”党校分团等工作。本校有2名教研人员被聘为县宣讲团导师，并获个人三等功；有2名“8090”教师成为县理论宣讲团骨干宣讲员，深入村、社区及企业宣讲10余场，并在全市党校系统理论宣讲微党课比赛中荣获一等奖2次。把“8090理论宣讲团”成员纳入党校师资库，让他们担任乡镇党校常驻讲师，推出一批“8090”精品课程，为宣讲团成员提供锻炼机会和实践平台。全市党校系统“8090”新时代理论宣讲工作观摩推进会在龙游县举行，龙游县委党校作经验交流，并获得全省承办新时代青年理论宣讲工作现场会表现突出先进集体。按照“疫情防控命令”要求，第一时间启动党校集中观察点后勤保障工作。自2020年启动集中观察点以来共有106名集中观察者入住，均住得安心、舒心、暖心。通过微信公众号、微信群、钉钉群和《龙游党校疫情防控工作简报》等及时发布疫情防控相关信息42条，其

图17　2020年8月31日，2020年度龙游县县管干部学习习近平新时代中国特色社会主义思想进修班（第1期）在浙江省委党校开班

（县委党校／提供）

中1篇信息被《浙江党校通讯》采用。引导安排教职工积极投身于士元实验区搬迁、基层治理、文明创建、脱贫攻坚等领域的重点中心工作。与联系小区鸡鸣小区积极对接，常态化开展“周二先锋日”活动和志愿服务工作，在省示范文明城市创建、结对扶贫、“三联工程”中奉献党校力量。

【教育培训】 办好县管干部进修班、青年干部培训班等各类主体班次的教育培训，突出党的理论教育和党性教育的主业主课地位，比重不低于总课时的70%，其中党性教育课程不低于总课时的20%。争取省委党校干部教育学院对本校培训工作的支持，举办习近平新时代中国特色社会主义思想专题进修班2期，培训县管领导干部99人次，在省委党校培训期间邀请6位教授、专家讲授习近平新时代中国特色社会主义思想专题课。2020年，共举办主体班次11期，培训1200余人次。2020年以来，围绕“经济建设”“乡村振兴”“基层治理”“8090新时代理论宣讲”等重难点工作共举办计划外班次33期，参加培训2100余人次；部门选调班次15期，参加培训1000余人次；承接省委党校中青一班、市委党校上海烟草局培训班、衢江区第十七期中青班周末课堂培训班、遂昌县委党校中青班、常山县管干部培训班等外培班次9期，共计450余人次。在全市率先制定下发《开展乡镇示范党校建设试点方案》，确定湖镇镇、溪口镇、詹家镇3个试点，对乡镇党校的组织机构、课程设置、教学管理、培训服务等方面加强业务指导，推进乡镇党校实体化、规范化运行。建立校委班子成员定点联系乡镇基层教学点工作制度，校委班子成员及联络员定期到联系点进行调研指导，努力打通党员培训“最后一公里”。坚持送教下乡，校委班子带头到各乡镇党校上课，适时送一批专题课和党员教育培训资料到乡镇党校，丰富培训内容。2020年，三个试点乡镇党校开展培训72场次，共培训村干部1086人次，普通党员5049人次。在全市乡镇党校规范化建设现场推进会上，龙游县委党校作经验交流。

图18　2020年11月18日，龙游县被山东大学马克思主义学院授予“山东大学党建实践基地”　　（县委党校／提供）

【科研咨政】 紧扣龙游经济社会发展的热点、难点问题，组建“基层治理、党史党建、双招双引、土地整治、疫情防控”等5个课题小组，精选调研课题，认真组织调查研究，其中2篇咨政报告获得县委主要领导肯定批示，1篇调研文章发表于《衢州论坛》。2020年，县委党校共有省、市级课题立项11项、结题7项，县级及以上刊物发表论文20篇，论文获省、市级一等奖1项、三等奖3项；精品课比赛获全市党校系统一等奖。向县委提交关于举办纪念《共产党宣言》华岗中译本出版90周年暨马克思主义中国化的咨政报告，获县委主要领导批示肯定。11月20日，由党校牵头发起，由山东大学、中共衢州市委宣传部、中共龙游县委和龙游县人民政府主办、党校等单位承办的纪念《共产党宣言》华岗中译本出版90周年暨马克思主义中国化研讨活动在龙游成功举办，山东大学常务副校长王琪珑，全国政协常委、山东大学儒学高等研究院执行院长、《文史哲》杂志主编王学典，中央编译局原秘书长、马克思主义经典著作研究中心主任、清华大学特聘教授杨金海等嘉宾领导与专家学者共70余人出席研讨会。会上龙游县与山东大学签订战略合作协议，举行“山东大学党建实践基地”授牌仪式，山东大学在龙游县设立党建实践基地。健全科研激励机制，制定《2020年县委党校教科研工作计划》，多次对接协调，积极争取出台《科研成果奖励办法》和《科研项目经费使用管理办法》，激发教职工科研工作积极性。加强教师科研素养培训，大力实施“青蓝工程”，充分发挥教研经验丰富的优秀教师“传帮带”作用。

【党建工作】 持续推进“党建＋文化”创建，做好党建示范点创建，组织开展“三会一课”和每月主题党日活动。深入鸡鸣小区开展“红色物业联盟——机关部门三联工程”党员联户调查和“周二先锋日”志愿服务活动。认真做好党员发展工作，吸收2名教师为入党积极分子。制定党风廉政建设主体责任清单，落实出纳与会计分设制度，做好查漏补缺、风险防控，把全面从严治党、党风廉政建设和反腐败工作纳入党校总体工作，同谋划、同部署、同落实，促进“清廉党校”建设和党校事业健康发展。加强“党建+”品牌项目建设，推进党建工作与教学培训、科研创新、管理服务、党风廉政各项工作深度融合。

【评估整改工作】 根据浙江省委党校反馈的党校创优评估工作情况的意见，进行逐条对照，提出整改措施和清单，制定《关于2019年我省市县党校行政学院（校）办学质量创优评估工作情况反馈意见的整改方案》，各科室按照整改方案细化工作措施，做好整改落实工作。2020年，教育培训、科研咨政、队伍建设、服务保障四个方面的6项反馈意见已整改到位。

（县委党校　张年宽）

关心下一代工作

【概况】 2020年，龙游县关心下一代工作委员会（以下简称县关工委）通过线上+线下、网络+实践等形式，把习近平总书记关于关心下一代工作的重要指示精神与具体推进关心下一代工作创新发展结合起来，与红色主题教育活动结合起来，与青少年法治教育、家风家训教育等工作结合起来。着力发挥“五老”（老党员、老专家、老教师、老战士、老模范）队伍在青少年思想道德建设中的优势和作用；着力推进党建带关建，增强基层关工委组织的战斗力、号召力、创造力，动员凝聚更多有识之士参与关心下一代工作；着力发挥制度、政策优势，加大精准关爱帮扶力度，积极办实事、好事，让广大青少年发自内心地感受到社会主义制度的优势，引导青少年深刻理解中国共产党为什么“能”、中国特色社会主义制度为什么“行”、中国治理体系为什么“好”，增强青少年的情感认同、思想认同和信仰认同，使青少年健康成长，为中国关工委成立30周年献上龙游一份厚礼。

【突出爱国主义教育】 充分发挥“五老”宣讲团作用，选好配强主题教育报告团宣讲员，开展“颂抗疫斗争、赞伟大祖国”“全面小康、奋斗有我”等主题教育活动，组织“五老”宣讲团（龙游大妈、龙游老兵等）精心编撰宣讲资料，创新宣讲形式，开展菜单式、对话式巡讲。至2020年年底，报告团、宣讲团共宣讲30余次，受教育人数约3.5万人次。组织小记者走进纪念馆、走进社区（村）、走进企业，寻访家乡巨变、寻访小康故事、寻访时代楷模的“三走进三寻访”活动，引导青少年在寻访体验中砥砺强国之志、提升爱国情怀；开展“六一”儿童节慰问、关怀特殊少儿；培养“明礼”少年，参加省十里坪监狱爱心驿站启动仪式与“春风暖警”行动表彰仪式，县关工委向监狱民警子女赠送书籍，以实际行动关心关爱疫情防控背景下监狱民警子女成长。

【抓实“有礼”教育】 组织学校、社区通过特色课堂和公益课堂开设，设计贴近青少年、贴近日常生活的教育载体，增强行动自觉；鼓励学生走出校园，走向工厂和田间地头，以“五老”模范和青少年典型引领道德风尚，以好家风好家教等中华优秀传统文化道德品德，引导青少年在劳动教育中获得切身体验，养成好思想、好品行、好习惯。全年开展此类主题教育活动10余次，受教育青少年人数达5万余人次。开展龙游“银发大使”推动“公筷公勺、衢州有礼”行动；“银耀有礼、明礼致用——身边的故事”作品征集；通过“有礼公益”联盟平台，发动“五老”积极开展“银耀乡村”志愿服务活动，集聚和引领银发乡贤集中“火力”、协同发力，引导未成年人从小学礼仪、知礼仪、行礼仪。在学校，通过融入课程教学、校园文化等形式，帮助学生提升文明礼仪素养；在家庭，自觉实践用公筷公勺、不随地吐痰等文明行为；在社会，整合阵地资源，搭建实践平台，引导广大青少年知行合一，大手牵小手让青少年们成为“文明的先行者”，为龙游省级示范文明县城的创建添油加力。

图19　2020年9月13日，龙游县关工委“五老”宣讲团在溪口小学开展宣讲活动（县关工委／提供）

【开展青少年法治教育】 根据普法工作要求，组织“五老”、志愿者、社会爱心人士等在青少年中广泛开展法治宣讲、模拟法庭、知识竞赛、参观学习等多形式、多途径的法治教育活动，打造“普法宣传—结对帮教—归正帮扶”的青少年法治关爱体系。依托“8090新时代理论宣讲团”开展“食品安全与健康成长”等法治宣传教育活动；全县各中小学均已配备法治副校长，并依托“五老”关爱团，开展专题法治宣传教育44次，受教育人数约5万人次。

【拓展教育新领域】 主动协调机关、学校、企业、社区（村）等，做强做大、做优做精本地资源，共享基地品牌，共同搭台唱戏，同时顺应新时代，大力拓展网上道德教育和主题教育活动。如探索利用微视频、微课堂等新媒体形式，在基地开通“网上教育”，2020年度全县建有（包括县革命烈士陵园在内）关心下一代基地10家，发挥教育基地在青少年教育中的示范、引导和警示作用，以点带面，形成整体提升的工作格局；运用微博微信、社交媒体、视频网站、手机客户端等传播平台，及时推送体现爱党爱国主义内容、适合网络传播的短视频、网络文章等，让爱党、爱国的内容充盈网络空间。

【护航青少年成长】 持续开展“五老结对关爱农村未成年人”活动，采取“一帮一”或“多帮一”等形式，精准对接、精准发力，提高帮教帮扶青少年成效。协调民政、教育、团委等部门，打造“爱心资助乡村行”活动品牌，让农村贫困青少年感受到党和政府的温暖。配合县民政部门开展2020年“福彩助力·点亮梦想”“福彩暖万家”及牵头开展2020年“豪情圆梦·爱心助学”等系列捐资助学、扶贫济困公益活动，资助全县171名有困难的（小、中、大）学生，让他（她）们继续学习，更好成长，总金额54万元。

【弘扬民族传统文化】 充分发挥“五老”作用，整理编写好家风故事，探索通过“爷爷、奶奶一堂课”“入学启蒙礼”等载体，在青少年中广泛宣传民族传统文化。通过开展关爱帮扶、志愿服务、寻访年味、文明劝导、劳动实践、家风家训、文艺演出、书画赠送等“八个一”活动，唤起青少年对民族传统文化的认知和了解，弘扬中华优秀传统文化，如作揖礼等，助力“衢州有礼”“八个一”品牌落地和省级示范文明县城创建，并涌现出“龙游老兵志愿服务队”等优秀“五老”团队。

【加强假日学校建设】 坚持“服务青少年、服务群众、服务发展”的办学宗旨和公益性、便利性、安全性的办学原则，推动村（社区）、企业、学校等多方联动，创建“假日学校”“四点钟学校”，以“五老”为主力，联合社区干部、学校教师、大学生志愿者等一起开展形式多样的教育活动，给予留守儿童等更多的关爱和帮助。2020年，全县共有“假日学校”“四点钟学校”36家，受教育青少年2.1万余人次。

【夯实队伍基础建设】 成立由县委机关工委牵头指导，机关部门（有离退休干部单位）参与，街道党工委为主体的社区离退休干部党建工作领导小组，由县委常委、组织部部长、机关工委书记任组长。构建“1+4+N+N”（即1个社区党组织由1名在职县领导、1名街道领导、1名处级退休老干部及1名青年干部联系，同时结对若干个机关部门，并联系若干个“银网格”）区域“红银党建联盟”。以“红银综合体”为主阵地，建立“党员共育、资源共享、活动共办、服务共担”机制，吸纳社会各界参与基层党建。至2020年年底，全县成立10个区域“红银党建联盟”，均由处级退休老干部任组长；148个“银网格”设置“银堡垒”，由在职退二线领导干部任党组织书记。“银网格”广泛组织老同志线上走进“抖音”等新媒体，线下组织开展“组团式”“点单式”“结对式”服务，主动参与“公筷公勺”“邻礼新风”等活动。发挥老干部党员在管理方面的智慧和经验，筛选出百名以上具有专业精、能力强、敢担当、讲奉献的老干部党员，组成“百老汇”，参与社区事务自治、管理共治、文明德治、秩序法治的“四治一体”的社区管理。2020年，离退休干部参与文明创建、基层治理等工作7000余人次，组织党史主题宣讲40余场、300余人次，百年大庆文艺活动30余场、1200余人次。同时，联合县党史学习教育办专门聘请钱富生、吕炳元、蒋金世等7位50年以上党龄的老党员与“8090”干部党员组成“初心服务团”，开展党史宣讲活动。2020年，“初心服务团”赴各学校开展宣讲活动60余场，受教育青少年达6万余人次。

（县关工委　翁锦涛）

龙游县人民代表大会

概述

【概况】 2020年，龙游县第十三届人民代表大会常务委员会（以下简称县人大常委会）在中共龙游县委的坚强领导下，坚持以习近平新时代中国特色社会主义思想为指导，深入学习贯彻习近平总书记关于坚持和完善人民代表大会制度的重要思想，围绕县委“14456”工作布局和重大决策部署，认真依法履职，务实担当作为，圆满完成县十三届人大四次会议确定的各项任务，为全县经济社会发展作出积极贡献。全年共召开全县人大代表会议1次、县人大常委会会议9次，听取和审议工作报告24项，作出决议决定、审议意见23项；召开主任会议13次，组织人大代表专题视察4次，执法检查4次，专题调研10次，处理议案和代表建议138件；依法任免国家机关工作人员60人次，举行宪法宣誓24人次，补选市人大代表2名、县人大代表11名，较好地完成县十三届人大四次会议确定的各项任务。

【履职行权中坚持党的领导】 坚持把党的领导贯穿于人大工作全过程各方面，自觉维护县委权威，做到“县委有号召有部署，人大有执行有落实”，确保人大工作与县委同频共振、同向发力。加强常委会党组班子建设，切实履行领导责任和全面从严治党主体责任，积极发挥党组把方向、管大局、保落实的重要作用。狠抓理论武装，把学习贯彻习近平总书记重要思想、重要讲话、重要指示，中央、省、市、县委重要会议精神，作为人大常委会党组会必要内容，坚持“每篇必学、学有纪要”，努力在学懂弄通做实上下功夫，切实增强“四个意识”，坚定“四个自信”，做到“两个维护”。

【助推中心工作】 县人大常委会班子成员“站在一线、靠前履职”，积极参与县委中心工作，分别牵头抓好矿山整治、“两江走廊”小南海片区、士元实验区、红木小镇建设及“3+3+1”（即高端装备产业、新材料产业、智能制造产业；特种纸产业、绿色食品产业、高档家具产业和竹产业）产业服务团等重点工作，全力协调推动所联系的重点项目、重点企业和重点工作，扎实助推“双招双引”（招商引资、招才引智）、国土整治、村社换届、创文创卫等中心工作，在参与中监督、在监督中支持，聚力助力各项重点工作落实。依法行使重大事项决定权，把9月20日设立为龙游县“诚信日”，深化“信用龙游”建设。紧扣“两战两赢”（两战即疫情防控和经济社会发展），第一时间发布《依法全力做好我县当前新冠肺炎疫情防控工作的意见》，并向全县各级人大代表发出公开信，联动县乡人大和937名四级人大代表，助力共守疫情防控“零确诊”战果。董红专、施彩莲两名代表获得浙江省抗击新冠肺炎疫情先进个人荣誉称号。全面推进常态化疫情防控形势下人大各项履职，开展野生动物保护专项调查，组织动物防疫“一法一条例”（即《中华人民共和国动物防疫法》《浙江省动物防疫条例》）执法检查。聚力复工复产复市复学，做好12个“战时服务团”服务网格指导工作，助力“六稳”“六保”工作。专题听取“双招双引”工作情况报告，开展人大代表“投身双招双引、助力经济发展”主题活动。开展企业股改上市专题调研，推动上市领导体系、政策机制形成，有力促进县域企业股改上市工作。专题审议并提出全面加快科技创新推动高质量发展的建议，助力政府深入实施创新驱动发展战略。紧扣长远发展，专题审议“十三五”规划执行情况及“十四五”规划编制情况报告，助推政府衔接重大政策、重大取向，聚焦重大目标、重大项目，深谋重大平台、重大举措，确保龙游县“十四五”规划科学合理、切实务实。

【人大代表构成】 龙游县第十三届人大代表共有211人。其中党政干部代表65人，占30.81%；工人、农民代表101人，占47.87%；专业技术人员代表40人，占18.96%；其他5人，占2.37%；中共党员代表150人，占71.09%；妇女代表64人，占30.33%；少数民族代表8人，占3.8%。

重要会议

【县十三届人大四次会议】 2020年4月21—22日在龙游国际电影城举行。会议听取和审查龙游县县长祝建东所作的《龙游县人民政府工作报告》、县人大常委会主任周中民所作的《龙游县人民代表大会常务委员会工作报告》、县人民法院院长祝志昌所作的《龙游县人民法院工作报告》、县人民检察院检察长刘建华所作的《龙游县人民检察院工作报告》，审查《龙游县2019年国民经济和社会发展计划执行情况及2020年国民经济和社会发展计划草案的报告》《龙游县2019年预算执行情况及2020年预算草案的报告》，并通过相应决议。通过龙游县十三届人大专门委员会有关组成人员人选名单。选举产生龙游县第十三届人民代表大会常务委员会主任1名、副主任3名、委员4名。全体人大代表投票票决产生10件龙游县2020年民生实事项目。会议期间共收到代表议案、建议、批评、建议143件，其中有10人以上代表联名提出的议案53件，经议案审查委员会审查、大会主席团审议、大会通过，确定《关于加快溪口镇南荣自来水厂扩容提标的议案》为大会议案，其余142件作为建议、批评、意见交由"一府一委两院"办理，办理结果报告县人大常委会。

【县十三届人大常委会会议】 2020年，龙游县第十三届人民代表大会常务委员会共召开9次会议，具体情况如下：

1月14日，县人大召开常委会会议。会议审议通过《龙游县政府关于2019年民生实事项目完成情况及2020年民生实事项目安排情况的报告》《龙游县政府关于2019年国民经济和社会发展计划执行情况及2020年国民经济和社会发展计划草案的报告》《龙游县政府关于2019年预算执行情况及2020年预算草案的报告》《龙游县政府关于2020年上会部门、街道预算编制情况的报告》；审议《龙游县人大常委会工作报告》《龙游县人大常委会关于召开龙游县第十三届人民代表大会第四次会议的决定》；审议决定《龙游县十三届人大四次会议列席人员名单》《龙游县十三届人大四次会议代表团召集人名单》；审议提出《龙游县十三届人大四次会议议程草案》《龙游县十三届人大四次会议主席团和秘书长名单草案》《关于处理议案和代表建议、批评、意见的办法草案》；审议有关人事议案。

2月6日，县人大召开常委会会议。会议审议通过《关于推迟召开县第十三届人民代表大会第四次会议的决定（草案）》。

3月31日，县人大召开常委会会议。会议听取和审议《龙游县政府关于提请审议2020年政府重大投资项目的议案》，票决2020年政府重大投资项目；对常委会的审议意见《关于我县〈浙江省学前教育条例〉贯彻落实情况的审议意见》落实情况开展督查和满意度测评；审议通过《龙游县人大常委会关于加强监督和支持检察机关法律监督工作的决定》；审议有关人事议案。

4月17日，县人大召开常委会会议。会议审议通过《龙游县十三届人大常委会代表资格审查委员会关于补选的县十三届人大代表的资格审查报告》；审议决定《龙游县十三届人大四次会议列席人员名单》《龙游县十三届人大四次会议邀请人员名单》；审议有关人事议案。

5月29日，县人大召开常委会会议。会议听取和审议《龙游县政府关于我县一般工业固废处置情况的报告》《龙游县政府关于我县环境状况和环境保护目标完成情况的报告》《龙游县政府关于2019年度审计意见整改落实情况的报告》《龙游县人大常委会龙洲街道工委关于2019年度工作情况和2020年度工作计划的报告》《龙游县人大常委会东华街道

图20 2020年4月21—22日，龙游县第十三届人民代表大会第四次会议召开 （县人大/提供）

工委关于2019年度工作情况和2020年度工作计划的报告》；审议通过《龙游县人大常委会关于人大街道工委工作报告的决议》《龙游县县十三届人大常委会代表资格审查委员会关于补选的县十三届人大代表的资格审查报告》；审议有关人事议案。

8月3日，县人大召开常委会会议。会议听取和审议《龙游县政府关于2020年上半年我县经济社会发展情况和下半年政府工作的报告》《龙游县政府关于龙游县2019年财政决算和2020年上半年财政预算执行情况的报告》；审议《县人大常委会关于批准龙游县2019年财政决算的决议（草案）》；听取和审议《县政府关于2019年度龙游县财政预算执行及其他财政收支情况的审计工作报告》《县政府关于提请审议设立龙游县“诚信日”的议案》；审议《龙游县人大常委会关于设立龙游县“诚信日”的决定（草案）》《县政府关于龙游县2020年上半年国民经济和社会发展计划执行情况的报告》；审议通过《龙游县人民代表大会常务委员会街道工作委员会工作规则（试行）（草案）》《龙游县人民代表大会常务委员会关于街道预算审查监督办法（试行）（草案）》《龙游县人民代表大会常务委员会听取和审议人大街道工委工作报告的办法（试行）（草案）》《龙游县人民代表大会常务委员会街道工作委员会委员提名和任免办法（试行）（草案）》；审议有关人事任免议案。

9月28日，县人大召开常委会会议。会议听取和审议《龙游县政府关于依法行政工作情况的报告》《龙游县政府关于我县基本养老保险工作情况的报告》《龙游县政府关于我县医共体建设情况的报告》；审议有关人事任免议案。

11月25日，县人大召开常委会会议。会议听取衢州市第七届人大代表述职报告；听取和审议《龙游县政府关于县十三届人大四次会议议案和代表建议、意见办理情况的报告》，并对议案和重点建议办理情况开展满意度测评；听取和审议《龙游县政府关于我县农村饮用水达标提标专项行动计划（2018—2020）执行情况的报告》《龙游县政府关于龙游县2019年度企业国有资产管理情况的专项报告》；审议《龙游县政府关于龙游县2019年度国有资产管理情况的综合报告》；听取和审议《龙游县政府关于政府债务管理情况的报告》《龙游县政府关于提请审议龙游县2020年新增地方政府债务限额、抗疫特别国债和新增债务预算调整方案（草案）的议案》《龙游县政府关于龙游县2020年财政预算调整方案的报告》；审议有关人事任免议案。

12月31日，县人大召开常委会会议。会议听取和审议《龙游县政府关于龙游县2020年财政预算调整方案的报告》，审议《关于批准2020年财政预算调整方案的决议（草案）》；审议《龙游县人民代表大会常务委员会关于召开龙游县第十三届人民代表大会第五次会议的决定（草案）》《龙游县人民代表大会常务委员会任免国家机关工作人员办法（修订草案）》《关于调整龙游县第十三届人民代表大会常务委员会代表资格审查委员会组成人员的决定（草案）》；审议《龙游县人大常委会关于补选龙游县第十三届人民代表大会代表的决定（草案）》；审议有关人事任免事项。

【主任专题会议】 2020年，龙游县第十三届人大共召开主任专题会议7次，具体情况如下：

2月27日，县人大召开主任专题会议。会议听取《龙游县人民政府、县人民法院、县人民检察院贯彻落实省、市人大常委会关于依法全力做好当前新冠肺炎疫情防控工作决定情况的汇报》。

5月21日，县人大召开主任专题会议。会议听取《龙游县人民政府关于县十三届人大四次会议议案建议交办情况和议案工程实施方案的汇报》。

7月10日，县人大召开主任专题会议。会议听取《龙游县关于绿色生态殡葬改革工作情况的汇报》。

8月21日，县人大召开主任专题会议。会议听取《龙游县人民政府关于矛盾纠纷调处化解“最多跑一地”工作情况的报告》《龙游县人民政府关于我县“七五”普法实施情况的报告》《龙游县人民政府关于我县全面加快科技创新推动高质量发展情况的报告》。

9月14日，县人大召开主任专题会议。会议听取《龙游县人民政府关于我县“双招双引”工作推进情况的报告》。

10月22日，县人大召开主任专题会议。会议听取《龙游县人民政府关于“十三五”规划纲要执行情况及“十四五”规划编制情况的报告》。

11月5日，县人大召开主任专题会议。会议听取《龙游公检法司机关关于扫黑除恶专项斗争工作情况的报告》。

人大重点工作

【视察和监督】 坚持依法履职，开展精准有效监督。密切监测经济运行，研判疫情带来的影响，助力政府把控好疫情、财政、金融、粮食安全和安全生产风险，牢牢把握经济社会发展主动权。听取和审议财政预算执行、预算调整、决算和政府性债务情况的报告，对龙游县林业水利局、应急管理局等11个部门和2个街道的预算开展重点监督。专题听取和审议审计发现问题整改情况的报告，推动落实整改措施97项。听取和审议企业国有资产管理情况的专项报告，促进政府管好用好、做强做优国有资本。审议政府年度投资建设计划，票决通过5个投资2000万元以上新建单体项目，组织代表专题视察，助力政府加快项目进度，提高财政资金绩效。坚持人民至上，助推民生福祉改善。围绕人民代表大会票决十大民生实事项目，成立10个监督小组，形成相关各方参与、问题清单整改和线上线下并行的闭环监督模式，督促项目建设进度质量。十大民生实事项目45个子项目全部建成投入使用。持续6年跟踪监督小区物业管理，组织代表视察小区物业巩固扩面工作。围绕实现“喝好水”全覆盖目标，连续9年跟踪监督农民饮用水达标提标工作，开展水资源专题调研，视察督办助推龙北自来水厂按期完工投入使用。启动龙游—遂昌两地人大代表跨区域联合监督治水主题活动，形成合作监督治水倡议书，共建联动监督、联合执法治水新机制。跟踪督查“学前教育条例贯彻的审议意见”落实情况。审议医共体建设情况报告。组织代表视察扶贫消薄项目，助推打赢低收入百姓增收攻坚战。开展一般工业固废处置情况专项跟踪监督，推动“无废城市”创建。专题监督基本养老保险工作。听取绿色生态殡葬改革工作情况报告，助推移风易俗。

【人事任免】 坚持党管干部和人大依法任免有机统一，修订县人大常委会任免国家机关工作人员办法，认真落实各项任免程序，确保党组织推荐的人选通过法定程序成为地方国家机关工作人员。依法任免国家机关工作人员60人次，举行宪法宣誓24人次，补选市人大代表2名、县人大代表11名。

【述职评议】 加强任后监督，全面实施常委会任命人员履职情况年度报告制度，听取人大任命6名政府组成部门主要负责人述职报告，其他任命人员以书面形式提交履职报告，对任后履职情况提出个性化评价和意见，并开展满意度测评。

【代表工作】 着力打造具有龙游辨识度的代表工作品牌，开展“为人民代言、给农民带货”履职活动，举行人大代表直播带货活动100多人次，人大代表直播带货工作被《浙江日报》、新华网、“学习强国”平台等多家媒体宣传报道。先后在开发区和阳光社区代表联络站开展“局长进站、难事好办”主题活动，代表们提出的11条意见建议全部办结。开展人大代表助推基层社会矛盾纠纷“清零”行动社阳试点，助力构建“县乡一体、条抓块统”基层治理机制，形成“选民吹哨、代表报到”“乡村（代表）吹哨、部门报到”工作机制。深入开展人大系统8090新时代理论宣讲“六走进”（新时代理论宣讲走进人大代表联络站、企业、社区、农村、学校、机关）活动，共举行人大系统宣讲510人次。以规范化、网格化、主题化、智慧化和升级指数为抓手，推动联络站点进园区、进村庄、进社区、进企业，打造线上线下人大代表联络站升级版，有效发挥代表联络站联民心、听民情、解民忧的平台作用。创新“双联系”（委员联系代表、代表联系群众）方式。先后邀请101名县人大代表列席常委会会议，组织代表参加视察调研活动145人次。建立常委会领导与列席常委会会议代表座谈机制，在全市首推“代表议政直通车”活动。开展“主任接待代表月”活动，常委会领导听取牵头督办的代表议案建议和民生实事项目办理情况的报告，有力推动相关议案建议和民生实事项目落地见效。常态化开展县级领导干部人大代表赴代表联络站联系人民群众主题活动，促进群众关切问题的解决。认真开展群众和人大代表来信来访工作。

【议案办理】 坚持县人大常委会领导督办和县政府领导领办议案和重点建议制度，创新线上线下监督并行模式，推动一大批民生问题解决。县十三届人大四次会议确定的关于加快溪口镇南荣自来水厂扩容提标的议案完成办理，受益人口扩面到2.4万余人。142件建议已解决或基本解决的59件，占41.55%；正在解决或列入计划逐步解决的78件，占54.93%；因受客观条件限制暂时难以解决的5件，占3.52%。

【在法治龙游建设中持续发力】 围绕政府权力运行和促进县域治理现代化，对矛盾纠纷调处化解“最多跑

图21 2020年6月18日，“局长进站、难事好办”主题活动首站在龙游经济开发区人大代表联络站举行 （县人大／提供）

一地”工作开展监督。听取和审议县政府依法行政工作、“七五”普法规划实施情况报告。深化法律监督。审议通过《关于监督和支持县人民检察院法律监督工作的决定》。持续监督扫黑除恶专项斗争工作，推动扫黑除恶常态化。配合省市人大开展土壤污染防治法、网格化服务管理条例执法检查。做好规范性文件备案审查工作。

【自身建设】 县人大常委会党组持续加强政治建设，把握人大工作正确政治方向。落实全面从严治党责任，扎实推进意识形态工作。坚持常委会学法制度，开展“大学习大调研大抓信息”等活动。制定常委会会议事规则等13项制度规定，改进议事规则和工作程序。充实社会建设委员会力量，加强社会治理监督。加强基层人大建设，建设“一乡（镇）一特色一品牌”乡镇人大工作特色版。修订和完善人大街道工委工作规则及制度，建设街道人大工作提高版。在龙游经济开发区设立6个人大代表联络站点，举行代表问政主题活动，建设开发区人大工作创新版。加强智慧人大建设，迭代升级“龙游通”人大平台，新增代表在线述职、履职评价管理和“随手拍”“议政直通车”等模块，实现议案建议和民生实事项目督办全流程网上管理。常态化开展代表线上治水监督活动，共监督巡查5654人次。

（县人大　徐鹏臻）

附：县人大优秀议案

关于加快溪口镇南荣自来水厂扩容提标的议案

一、案由

农村饮用水达标提标工程是一项政治工程，更是一项民心工程，加快农村自来水全覆盖落成使用是广大农民翘首企盼的民生实事。为早日改善农村生活饮用水条件，提高供水质量，让农村群众喝上干净水，省政府于2018年制定了《浙江省人民政府办公厅关于印发浙江省农村饮用水达标提标行动计划（2018—2020年）的通知》（浙政办发〔2018〕114号），计划用3年时间在全省实施农村饮用水达标提标工程建设。

龙游县紧紧抓住省委、省政府实施“农村饮用水工程达标提标”的重要机遇，计划在2020年年底实现农村饮用水全覆盖。溪口镇南荣自来水厂虽能基本覆盖溪口镇、庙下乡（部分）、沐尘乡（部分）三乡镇，近年来，随着溪口镇集镇人口的不断集聚，用水人数及水量逐年攀升，水厂用水量和水质标准与相关标准还存在一定差距，亟需开展扩容提标。主要存在以下几个问题：一是溪口镇南荣自来水厂因设备工艺、取水口等问题造成近期自来水水质不清、存在异味现象，群众反映强烈；二是溪口镇南荣自来水厂存在超负荷运营现象，高峰用水期不能保证用水安全，群众意见较多，有强烈扩容需求，且存在很多安全隐患；三是水源地沐尘水库虽有竖立饮用水水源保护区宣传牌，如一级保护区。但未按《浙江省饮用水水源保护条例》具体实施：详细划位、公告、巡查、保护与修复等工作，且存在污染现象。群众对用水问题反映强烈，要求尽快解决健康饮用水问题。

二、水厂基本情况

溪口镇南荣自来水厂一期工程于2014年7月竣工并开始正式运行，为溪口镇、沐尘乡、庙下乡和园区各企业等提供生产生活用水。近年来，随着溪口镇集镇人口的不断集聚，用水人数及水量逐年攀升。沐尘水库作为溪口镇南荣自来水厂取水水源。自来水厂2018年供水量241.1万吨，日最高供水量9586吨，日最低供水量4884吨；提供给溪口镇、庙下乡（部分）、沐尘乡（部分）三乡镇计15村8564户人饮用，作为龙南溪口镇集镇、扁石、枫林及原灵山乡多村的饮用水源。

我县农村饮用水达标提标行动2020年计划内任务共涉及全县33个行政村项目，受益总人口45905人。按城市管网延伸工程、乡镇水厂改扩建及管网延伸工程、单村供水工程3种模式实施。其中涉及溪口镇将实施乡镇水厂改扩建及管网延伸工程模式：溪口水厂二期扩建涉及溪口镇扁石、灵上、寺下、下徐、灵下、溪口、枫林、大沃口、红罗、冷水、双港口村，庙下乡庙下村及沐尘乡沐尘村共14个行政村（共23843人）；罗家乡罗家、姜家、荷村、缪家、席家、马府墩村（共6171人）。

三、建议

1. 建议抓紧实施自来水厂二期项目。原自来水厂高峰期用水设计标准为1万吨，根据乡镇水厂改扩建及管网延伸工程模式，供应范围将进一步扩大到庙下、沐尘和罗家乡，已远远超出现有负荷。建议采用新工艺，尽早实施二期扩容提标项目，扩建1万吨处理池和1500吨沉淀水池。

2. 建议加快推进备用水源工程建设。随着天气气温的不断上升，灵山江流域将进入枯水期水量骤减，同时受高温干旱天气影响，沐尘水库水质质量将受到严重影响。为妥善应对今后饮用水源水量和水质安全问题，建议在灵山江梧村支流处建立备用水源并启动应急水源引水工程，以备及时解决群众突发用水问题。

3. 建议将水库取水口列入改造计划。自来水厂取水口与水电站同为接水涵洞至水库底取水。现水库容量下降，水体富营养化污染加重、水底淤泥增厚，会直接流入取水涵洞。目前水质存在混沌、异味等情况；建议上移取水口，直接铺设管道至水库，在水库面垂直以下一定位置（如3米）取水。

4. 建议加强水源地上游跨区域监管。沐尘水库上游是遂昌地界，上游水源的好坏直接影响自来水厂的原水品质，特别是公路部门、水库边苗木经营户农药使用，如草甘膦、富南丹使用较多，存在危害。建议加强与上游兄弟县市的交流，建立跨市县环境监管合作机制，加强跨区域流域监管。

（提案人　刘洪刚等）

2020年度龙游县人大代表优秀议案、建议一览表

表1

获奖类别	名　称	提案人
优秀议案	关于加快溪口镇南荣自来水厂扩容提标的议案	刘洪刚等
优秀建议	关于整合乡村幼儿园提高教育质量的建议	胡安琪等
	关于深化黄茶产业供给侧结构性改革的建议	琚建伟等
	关于尽快出台农村萎缩村安置办法的建议	徐跃成等
	关于政府主导居家养老服务改造再提升政策的建议	刘超杰等
	关于对非物管小区规范管理的建议	潘燕等
	关于要求解决横山镇山门寺水库饮用水源供给有关问题的建议	李海银等
	关于加大城市社区居民健身苑点建设的建议	王连标等
	关于尽快实施胡源线东山湾到高坪桥路段道路拓宽立项的建议	郑卸青等
	关于进一步保护和开发华岗故居的建议	蓝正伟等
	关于高坪桥水库库区河道两岸景观风貌提升的建议	宋有根等
	关于加大工业企业“三废”整治力度的建议	姜荣清等

2020年度龙游县人大代表议案建议承办先进单位一览表

表2

代表议案建议承办先进单位	县交通运输局、县林业水利局、县农业农村局、县住房和城乡建设局、县财政局、县教育局、县经济和信息化局、县自然资源和规划局、县司法局、县文化和广电旅游体育局、县民政局、县卫生健康局、县发展和改革局

2020年度龙游县人大先进代表小组和履职先进个人一览表

表3

获奖类别	获奖名单
先进代表小组	龙洲街道代表小组、溪口镇代表小组、湖镇镇代表小组、社阳乡代表小组、小南海镇代表小组、詹家镇代表小组、塔石镇代表小组、庙下乡代表小组
代表履职先进个人	王项彬、毛文红、卢益平、吕良波、刘洪刚、李海银、李雪仑、杨水明、吴有泉、吴海荣、何敏红、张林松、郑卸青、施彩莲、徐永军、龚立基、琚建伟、董群燕、储建峰、詹红菊

龙游县人民政府

概　述

【概况】 2020 年是“十三五”规划收官之年，也是新冠疫情大考之年。龙游县人民政府按照“两手抓、两手硬，两战赢、两领先”要求，坚持危中求机抓转化、紧中求活抓复工、稳中求进抓发展，交出“疫情防控”零确诊、“争先创优”走前列、“三年活动”当龙头的答卷，较好完成县十三届人大四次会议确定的各项目标任务。全县地区生产总值 247.6 亿元，实现财政总收入 31.7 亿元，其中一般公共预算收入 19.6 亿元，实现固定资产投资 115.9 亿元，外贸进出口总额 48.89 亿元，其中出口总额 39.13 亿元，城镇和农村居民人均可支配收入分别达到 51024 元和 26721 元。

【抗击新冠疫情】 2020 年，龙游县人民政府打响抗击疫情阻击战保卫战总体战，强化体系作战，闭环管理，坚持一个体系、一个口子、一致行动，快速建立疫情防控体系，成立指挥部，实行集中办公，落实每日会商和问题清单、督查清单、责任清单、整改清单“四张清单”机制，统筹调度县乡村三级防控力量，确保抗疫各项工作形成闭环。加强科学管控，精密智控，布置全县防控网络，切实管好省际通道卡口“大门”和村（社）、企业进出“小门”。开展网格排查，用好“龙游通”“健康码”，加强大数据线上管控，持续滚动开展拉网清村、清楼等线下行动，累计排查管控涉疫情重点地区人员 8600 余人。落实管控措施，按照“政府 + 企业”“县级 + 区块”的思路选定和储备集中隔离点，“人防 + 物防 + 技防”落实“集中硬隔离 + 居家隔离硬管控”。转化战时组织架构、指挥体系，落实组团联企、挂联服务机制，抽调 261 名“护企手”，组建战时服务团，打通为企服务“毛细血管”。实施“有效投资决战首季”“工业四抢”（抢员工、抢开工、抢产能、抢市场），“服务业暖街”“农产品渠道革新”四大行动，短时间内实现经济“V”形回升，首季民间项目投资逆势增长 37.3%，上半年 MEI 指数（全省争先创优行动经济运行月度评价指数）全省第十、全市第一，建筑业高质量发展入选全省第四季度“最佳实践”案例。打好帮扶企业政策“组合拳”，出台建筑业、服务业、全域旅游、产业基金、担保资金等系列政策，形成管用实用的政策工具箱。实施“五减”（减税、减费、减租、减息、减支）、降本减负共克时艰行动，兑现“五减”政策 7.6 亿元，降本减负 8.7 亿元。高效精准落实“两直”资金 5.7 亿元。发放抗“疫”贷款、复工复产贷款、支农支小贷款和扶贫再贷款 13.7 亿元，惠及企业、农户 1370 户。信保基金担保业务突破 1 亿元；特种纸企业贷款余额达到 14.6 亿元，同比增长 40.1%。

【推动工业提质】 赋能注力“3+3+1”产业发展（第一个“3”为特种纸、食品饮料、高档家具三个传统产业，第二个“3”为高端装备制造、战略新材料、数字智能三个新兴产业，“1”为竹产业），深化“亩均论英雄”改革，加大低效出清力度。推进企业绿色化、数字化发展，成为省级资源循环利用示范基地试点，禾川科技数字化工厂、伊利绿色生产及智能制造示范应用成为两个省重大产业项目。推动技术创新，建成维达纸业、贝尔轨道等 2 家省级技术中心，轨道交通装备产业创新服务综合体列入省级创建名单，中浙高铁高速列车传动系统运行研究重点实验室获得省级认定，禾川科技、恒达新材等 4 家企业入围省重大科技专项项目，贝尔轨道、集美生物等企业 3 项产品被认定为省装备制造业重点领域首台套，29 家企业认定为国家高新技术企业、40 家企业认定为省科技型中小企业。出台推进企业股改挂牌上市三年行动方案和奖励政策，建立“5+5+N”拟挂牌上市培育企业库（即由“5 家重点挂牌冲刺企业、5家拟挂牌上市企业、N家挂牌上市培育企业”组成的拟挂牌上市培育企业库），落实“一企一策”精准服务，恒盛能源完成主板上市申报，金龙纸业等3家企业申报上市辅导，旭荣纸业签约启动新三板挂牌。强化平台赋能，有序推进经济开发区整合提升，三期道路主框架基本打通，18条道路全面改造提升，纸浆物流交易中心、中水回用、综合供能站等生产性服务业项目顺利开工，省级高新技术产业园区、超精密制造小镇、特种纸产业创新服务综合体有序推进，获省级山海协作产业园工业类绩效考核优秀，在省级考核中位列全省第三十、全市第一。龙游港区年吞吐量超240万吨，较2019年增长3倍。

【发展文旅产业】 开展“潮起龙游、嗨翻十月”系列行动，打好“暖心地摊经济”“美食美购活动”“红木小镇撬动”“最美索道牵引”“溪口老街智慧商圈建设”整套组合拳，有效推动旅游回暖、消费回补。举办龙游石窟国际音乐盛典、绿色中国行、团石湾啤酒音乐节等重大活动。红木小镇通过省级特色小镇验收命名，获评全省工业旅游示范基地。六春湖项目列入省级山地休闲度假发展试点，索道、栈道建成投用。龙游石窟完成景观提升改造，荷花山列入省级考古遗址公园，溪口镇成为全省十二条夜经济精品线路之一。

【扩大有效投资】 全年新引进亿元以上项目25个，招商实到资金42.8亿元，云墨碳谷、绿色循环全竹产业园、威仕喜、鑫佳硕等一批新兴产业项目落户龙游。制定出台人才新政17条，引进海内外高层次创业创新人才16人，申报省“引才计划”7人，新建省级重点实验室、产业创新服务综合体、企业研究院、工程研究中心各1家，建成省级高新技术研发中心4家，成立省级博士后工作站2家、省级星创天地1家。开展“365”（即全年365天抓项目）攻坚行动，以“六比六看”（比谋划看储备、比招引看供地、比落地看开工、比征迁看交地、比服务看入库、比投资看进度）推动项目加快落地，完成固定资产投资115.8亿元，4个省市县长工程落地率75%、12个省集中开工项目全部入库出数。坚持资金、要素跟着项目走，做深做实资源、资产、资金“三资联动”。拓展资金筹措渠道，实现土地出让收入35.3亿元、指标调剂收入20.3亿元，新增地方政府债券限额16.5亿元，国资新增授信资金84.5亿元，保障政府投资项目落地。新增建设用地指标217.87公顷，完成垦造耕地202.4公顷、建设用地复垦106.1公顷，新增标准农田122公顷。制定国企改革三年行动实施方案，打造“1+6+3+X”国资体系（即由“1家国有资本运营公司、6家核心市场化公司、3家区域性公司、X家部门代管公司”组成的国资体系），开展国有资产大归集，做大做强做优国有资本和国有企业。

【推进城市建设】 新城加快开发，城东新区“三横四纵”路网框架基本形成、绿化品质不断提高，子鸣路、端礼路、文靖路、凤梧路相继建成，滨江路、荣昌东路东延等工程取得进展，城东滨水休闲带、公共文化服务中心、便民服务中心、城东商务中心等项目有序推进，城东新区跻身全国首个县级“国家绿色生态城区”。老城加快更新，大南门历史文化街区保护开发项目房屋征迁全面“清零”，挑水巷片区修缮工程主体完工。竹海路改造全线贯通，龙翔西路、兴龙南路改造提升等项目有序推进，北门、越园、翠光一区等老旧小区改造工程基本完工，新增公共停车位600余个。美丽城镇建设取得进展，举办全省美丽城镇现场会，获评2020年新时代美丽城镇建设优秀县，溪口镇、詹家镇成为省级美丽城镇样板镇。

图22　2020年11月7日，浙江德爵精酿啤酒有限公司年产20万吨啤酒饮料项目落户龙游经济开发区（县政府办/提供）

【推进乡村振兴】 推动农业增效，抓好粮食、生猪稳产保供，加大规模种粮奖补力度，追加县级补助资金1460万元，粮食播种面积20266.7公顷、产量1.25亿公斤。深化农业领域“机器换人”，水稻耕种收和规模生猪养殖机械化率分别达到86.4%和93%以上。中国TOP直播电商产业园龙游基地投运。“龙游麻鸡”获全国农产品地理标志登记保护认证。创新“菜稻豆”连作、稻渔共生轮

图 23　2020 年 9 月 18 日，《衢州乡村未来社区指标体系和建设指南》发布会暨溪口乡村未来社区开园仪式在龙游县溪口镇举行（县政府办／提供）

作等农作模式，有效保障粮油生产“双稳双收”。推动渔业提质增效，创成省级渔业健康养殖示范县。衢江、灵山江“两江走廊”建设成果初显，15 个项目列入“衢州有礼”诗画风光带市级重点，获全市诗画风光带建设“一县一园”［每个县（市、区）各打造一个现代农业产业园］专项评比第一，姑蔑城二期、龙和渔业文化园等项目持续推进。士元实验区房屋搬迁签约腾空、土地流转移交、安置房建设等有序推进，完成一期土地垦造 109.2 公顷。溪口乡村版未来社区开园，成立乡村未来社区学院，共享食堂、共享礼堂、共享书屋、联创公社等正式投运。

【加强民生保障】 全县民生支出 48.5 亿元，占一般公共预算支出 73.5%。落实专人专班有序推进，教育惠民补短强基、“污水零直排”建设、放心消费等十方面民生工程顺利完成；坚持“政府紧跟企业、企业紧跟市场”，园区企业服务中心、融资畅通工程等十方面惠企实事全面完成；深化基层减负、村级集体经济提升、社区治理与服务效能提升等十方面基层实事取得扎实成效。开展“1630”教育改革（“1”指教育一号工程；“6”指学前教育补短提升、基础教育优质均衡、职教产教融合发展、明珠教师队伍建设、中小学智慧校园建设、县域教育布局优化六大行动；“30”指内部改革激活力十项改革、外部支撑凝合力十条措施、教师自律增动力十个严禁），教共体改革获教育部部长点赞，职教改革、产教融合稳步发展，西门小学改建、十里铺小学扩建等有序推进，中小学校舍提升改造全面完成。推进健康龙游建设，新成立 7 个专家工作站，健康产业中心、妇女儿童健康医院、塔石中心卫生院迁建等有序实施。县博物馆正式开馆，建成南孔书屋 2 个、文旅驿站 13 个，12 个综合文化站达到省定一级以上标准。完善创业就业扶持政策，全年新增城镇就业 7260 人、增长 22.5%，实现再就业 4078 人、增长 21.3%。完善社会救助体系，深化社保、医保精准扩面，城乡居民医保参保率全市第一，享受基本养老保险全额补贴困难群众达 6700 余人、医疗救助 1 万余人。高坪桥水库正式投运，龙北自来水厂并网供水，4 个乡镇水厂实现县级统管，农村饮用水达标提标三年行动提前半年完成。脱贫攻坚卓有成效，实现“两不愁三保障”突出问题、年家庭人均收入 8000 元以下情况、集体经济薄弱村“三个清零”。全面推进与镇海、萧山协作，乡镇结对实现全覆盖，加强与吉林公主岭、四川叙永对口协作，产业帮扶带动明显，劳务协作持续发力。深入推进“平安龙游”建设，完善应急管理体系，着力防范化解重大安全风险，生产安全事故起数、死亡人数下降 26.3% 和 43.8%，未发生较大以上生产安全事故。县乡村三级矛调中心基本建成，全年进京信访量下降 63.6%。国防动员、统计、审计、红十字会、人防气象、妇女儿童、残疾人事业、民族宗教、台湾事务、外事侨务等工作取得新的进展。

【加强政府自身建设】 聚焦整体智治、唯实惟先，全力打造现代新型政府。加快政府数字化转型，推进资源共建共享，归集全县各单位应用系统数据 4.6 亿条。“龙游通”App 正式上线，入选 2021 年全省政法工作现代化创新引导项目，“龙游通 + 全民网格”基层智慧治理模式获评全省软件产业高质量发展重点项目，入选全省数字经济新治理优秀案例。推动“最多跑一次”延伸扩面，首创“网上互动办事大厅”，机关内部“最多跑一次”实现率达 100%。加快“一件事”集成改革，“出生一件事”和“身后一件事”典型事例得到省里肯定，“互联网 + 监管”事项覆盖率位居全市前列。推进“县乡一体、条抓块统”试点，推动“大镇带小乡”区域协同治理，20 个领域、689 项行政执法事项实现“一支队伍管执法”。推进法治龙游、法治政府建设，府院联动创新行政争议调解有效机制，部门、乡镇（街道）法律顾问实现全覆盖，行政案件败诉率逐年下降，法治浙江建设社会综合满意度位居全省第六、全市第一。深化行政执法监督体制机制改革，成为行政执法监督规范化省级试点。打造阳光政府，大力推进政务公开标准化规范化试点。严守中央八项规定精神、“十条军规”等政治纪律和政治规矩，驰而不息整治“四风”。坚持政府过紧日子、企业百姓过好日子，强化财政绩效管理，加大政府减支力度，非刚性、非重点项目支出压减15%，工作性专项经费压减10%，日常公用经费支出和“三公”经费压减5%。

重要会议

【概况】 2020年，龙游县政府共召开全体（扩大）会议1次、县政府常务会22次、县长办公会15次，各类部署、协调、推进等专题会议166次。

【县政府全体（扩大）会议】 2020年龙游县政府共召开全体（扩大）会议1次。会议具体如下：

十三届政府第七次全体（扩大）会议 9月2日召开。会议进一步贯彻落实衢州市委、市政府和龙游县委十一届九次全会精神，对标“重要窗口”建设，唯实惟先，奋勇争先，实干快干干成，聚焦争先创优，拼经济、干项目、守底线，奋力争取全年“两手抓、两战赢”的高分报表。

【县政府常务会议】 2020年龙游县政府共召开常务会议22次。会议具体如下：

十三届政府第九十九次常务会议 1月5日召开。会议听取2020年政府投资项目及421重点项目计划、2020年国民经济和社会发展计划指标建议、2020年能耗盘子计划、2020年财政收支计划、2020年国资盘子计划等情况汇报，原则通过《龙游县禁限燃放烟花爆竹的通告》《维达四期项目投资补充协议书（送审稿）》。

十三届政府第一百次常务会议 1月13日召开。会议听取关于《2020年民生实事候选项目（送审稿）》汇报，原则通过《六春湖旅游度假区（景区）开发项目战略合作协议书》《2019年度龙游县政府质量奖评审情况》，总结县政府党组主题教育成果，传达贯彻县委十一届八次全会精神。

十三届政府第一百零一次常务会议 1月21日召开。会议传达贯彻市新型冠状病毒感染的肺炎防控疫情工作落实情况汇报视频会精神，原则通过《龙游县人民政府关于春节元宵期间森林禁火的通告》、2020年为企办实事候选项目（送审稿）、《关于省委经济责任（自然资源）审计有关情况的汇报》以及2019年度记功、表彰单位和“民生工作”“经济发展”“平安龙游”突出贡献集体和个人通报表扬，审议《2020年政府工作报告（送审稿）》、关于龙游县2019年国民经济和社会发展计划执行情况与2020年国民经济和社会发展计划草案的报告、龙游县2019年财政预算执行情况和2020年财政预算（草案）的报告。

十三届政府第一百零二次常务会议 3月9日召开。会议听取关于《龙游县城市区域声环境功能区划分方案》《龙游县人民政府公布新确定15处历史建筑名录的通知》汇报，原则通过《龙游县消防安全红牌挂牌督办集中整改攻坚行动方案》《省安委会安全生产和消防工作巡查反馈隐患问题整改方案》，研究相关人事任免事项。

十三届政府第一百零三次常务会议 3月23日召开。会议听取浙江省公路管理局将持有的龙游县龙环过境公路东段建设有限公司股权无偿划转有关事项、《龙游县人民政府关于发布陆生野生动物禁猎区、禁猎期和禁猎工具、方法的通告》情况汇报。学习《保障农民工工资支付条例》。

十三届政府第一百零四次常务会议 4月8日召开。会议听取近期全县道路交通安全工作的汇报。原则同意《龙游县农村道路交通安全管理办法（送审稿）》《龙游县Ⅰ区域村庄搬迁改造实施办法（试行）（送审稿）》《龙游县Ⅱ区域集体土地房屋征收补偿安置办法（试行）（送审稿）》《龙游县Ⅲ区域集体土地房屋征收补偿安置办法（试行）（送审稿）》《龙游县老货场区块国有土地上房屋征收决定（送审稿）》和老货场区块旧城改造征收与补偿风险评估报告、《龙游火车站改造期间旅客接驳运输实施方案（送审稿）》、《龙游县人民政府重大事项决策程序规定（送审稿）》。

十三届政府第一百零五次常务会议 4月29日召开。会议原则通过《龙游县人民政府关于进一步加快建筑业发展的若干意见（送审稿）》《关于要求调整龙游县土地整治项目经费的请示（送审稿）》。

十三届政府第一百零六次常务会议 5月13日召开。会议原则通过《龙游县生态保护红线评估调整方案（送审稿）》《关于落实专职社区工作者三岗十八级薪酬制度的意见》。

十三届政府第一百零七次常务会议 5月18日召开。会议听取关于设立“诚信日”相关工作汇报，学习《浙江省民营企业发展促进条例》。

十三届政府第一百零八次常务会议 6月1日召开。会议原则通过《龙游县人民政府与阿里巴巴（中国）软件有限公司战略合作协议（送审稿）》《衢州六春湖景区总体规划》，传达贯彻全国两会和省、市领导干部会议精神，研究部署下一步工作。

十三届政府第一百零九次常务会议 6月22日召开。会议原则通过《关于进一步推进湖镇镇小城市培育试点工作的若干政策意见》，通过《龙游县人民政府质量奖管理办法》，审议《龙游电商城后续运营方案的建议》，研究高考、中考期间噪声污染监督管理工作。

十三届政府第一百一十次常务会议 6月30日召开。会议听取关于横山镇志棠村废弃矿山生态治理及矿地综合利用项目建筑石料用灰岩矿采矿权出让方案情况的汇报，原则通过《关于县委宣传部和余鹏等七名同志申报集体及个人三等功奖励的情况汇报》。

十三届政府第一百一十一次常务会议 7月15日召开。会议专题学习《中华人民共和国民法典》，原则通过《关于加快推进服务业转型升级的若干意见（试行）》《龙游县人民政府 衢州学院共建“浙江（龙游）乡村未来社区学院”协议（送审稿）》。

十三届政府第一百一十二次常务会议 7月26日召开。会议听取大南门历史文化街区保护开发项目第二阶段工作、《关于龙游县城东新区端礼小区安置房相关价格问题的汇报》《湖镇白鸽湖商埠文化园项目开发投资协议书》等情况汇报，专题研究统计有关工作，原则通过《龙游县第二轮安全生产综合治理三年行动计划》《龙游县第二轮安全生产综合治理三年行动计划》。

十三届政府第一百一十三次常务会议 8月31日召开。会议听取《关于2020龙游石窟国际音乐盛典的汇报》《关于国网浙江龙游县供电有限公司由子公司改制为分公司的汇报》《关于汪俊芳等6名援鄂医护人员申报个人三等功奖励的情况汇报》《维达四期项目投资补充协议书》等事项，通过《关于印发稳外贸促出口若干意见的通知》《关于打造更优人才生态加快龙游建设新时代浙西新明珠的意见》，传达学习市委七届八次全体（扩大）会议、市七届政府第五次全体（扩大）会议暨廉政工作会议、县委十一届九次全体（扩大）会议精神，审议县十三届政府第七次全体（扩大）会议工作报告。

十三届政府第一百一十四次常务会议 9月17日召开。会议原则通过《关于与市交通投资集团有限公司重新签订铁路代持股协议的建议》《昊诚公司民营股份收购方案（送审稿）》《中国TOP直播电商产业园（龙游基地）建设方案（送审稿）》《龙游县人民政府 衢州学院共建“浙江（龙游）乡村未来社区学院”协议》。

十三届政府第一百一十五次常务会议 9月28日召开。会议听取秋冬季新冠肺炎疫情防控工作专题汇报、龙游县“潮起龙游 嗨玩小镇”活动方案汇报，原则通过《龙游县推进全域旅游发展奖励办法》《龙游妇女儿童健康医院项目重大行政决策》。

十三届政府第一百一十六次常务会议 11月23日召开。会议专题学习《中华人民共和国土地管理法》，听取关于2020年度“五水共治”工作推进情况汇报、龙游县2020年行政复议及应诉工作情况报告，原则通过《关于划转龙游县综合行政执法事项的通告》，审议《关于进一步加快推进企业对接多层次资本市场的实施意见》《龙游县第五批县级文物保护单位名单》《原财政下属三公司划转方案》《县汇龙公司与市金控集团业务合作方案》《龙游县出资入股市大花园建设投资发展有限公司方案》等事项。

十三届政府第一百一十七次常务会议 12月7日召开。会议专题学习《优化营商环境条例》，原则通过《龙游县人民政府关于龙游县“三线一单”生态环境分区管控的方案》《湖镇镇小城市培育试点三年（2020—2022年）行动计划》，研究部署进一步严肃财经纪律加强财务管理工作、2020年度省市考核工作，听取县政府及县政府办公室行政规范性文件清理结果和政务公开专项督查汇报，审议《龙游县人民政府关于划定高排放非道路移动机械禁止使用区的通告》等事项。

十三届政府第一百一十八次常务会议 12月11日召开。会议原则通过《龙游县人民政府关于能源“双控”“减煤”攻坚行动的实施方案》，审议了《龙游县城南片区044001号出让地块房屋定价回购协议》等事项。

十三届政府第一百一十九次常务会议 12月16日召开。会议听取全县开展低收入农户高水平全面小康攻坚成果核查和巩固工作的情况报告。

十三届政府第一百二十次常务会议 12月28日召开。会议听取关于龙游县安全生产和应急管理工作情况汇报、全县消防安全工作情况汇报，解读《龙游县防范处置火灾事故应急预案》，研究国土整治工作，原则通过《龙游县人民政府办公室关于龙游县国企改革三年行动实施方案（2021—2023）》《关于加快创新驱动推进工业经济高质量发展的实施意见及相关实施细则》，审议《龙游县人民政府办公室关于进一步规范龙游县家禽养殖行为的通知》《龙游县人民政府办公室关于龙游县城镇人口密集区危险化学品生产企业搬迁改造补偿方案》，以及《龙游县关于加快“科技龙游”建设的实施意见》《龙游县关于加快“森林龙游”建设的实施意见》《龙游县关于加快“数字龙游”建设的实施意见》《龙游县关于加快“文化龙游”建设的实施意见》等事项。

综合政务工作

【概况】 2020年，龙游县人民政府办公室树立“系统的思维、整体的意识，聚焦的思维、整合的意识，产业的思维、算账的意识，底线的思维、风险的意识”，发挥“综合协调、督查落实、参谋决策、服务保障”的职能作用，按照模块化、标准化、项目化的工作方法，转变工作作风和思路，保障县政府各项工作高效运转和决策部署的贯彻落实，完成全年各项工作任务。

【办文办会制度规范】 执行《国家行政机关公文处理办法》，履行收文登记、传阅、交办及发文审核、签发、印刷等公文处理程序。抓好“依据关、内容关、格式关”，帮助部门校核把关公文，保证公文质量，提高办文效率。严格发文把关，全年以龙政发、龙政办发发文共215件，较2019年同期221件，同比下降9%。按照中央、省、市提出的基层减负要求，杜绝“文山会海”现象，控制会议规模、数量，压缩会议时间、减少参会人员。抓好会前准备，超前谋划、提早介入，做到会前充分准备、会中积极服务、会后及时督办，确保每一次会议都圆满完成。

【政务服务效能提升】 探索推进无纸化协同办公系统建设，实现信息整合共享，协同办公一体化、平台化、智能化、移动化，进一步提升机关工作效能，加快政府运转效率。深化机关内部“最多跑一次”改革，参照省、市政府机关内部“一件事”全流程“最多跑一次”的先进经验，以收发文、用章审批、提交常务会议题等常见事项为着力点，进一步梳理完善“一件事”的办事对象、受理机构、办理程序等信息，实现办事程序规范化，提升机关效能、推动基层减负。注重办公室干部业务能力提升，依托“8090”新时代理论宣讲团、“青年干部论坛”等载体，提升全体干部的政治格局、专业知识、业务素养，完善知识结构，做各条线上的行家里手，做到人人都是“干事员”“研究员”，更好地服务机关部门、推进政府工作。

【政务公开建设】 出台《龙游县开展基层政务公开标准化规范化试点工作实施方案》，明确标准化试点工作任务要求和责任分工，将标准化试点工作作为年度绩效考核重要内容。统一规范设置政府门户网站政府信息公开专栏，集中发布政府信息。工作中实行“一周一交流、半月一钉督、一月一汇报”等机制，做到进度及时掌握、情况及时沟通、问题及时解决。多次邀请市政务公开办领导指导试点工作。全县26个试点领域部门的行政权力和公共服务事项共计梳理一级事项目录116项、二级事项目录337项。将政务公开工作和新媒体深度融合，搭建基层“三务”公开平台“龙游通”，将群众关心的信息电子化、“掌上化”，并持续完善应急互动、网上议事、指尖办事等功能，深化政民互动交流，有效保障群众的知情权、参与权和监督权，打通农村“三务”公开“最后一公里”。政务公开向基层延伸工作得到省政府政务公开处领导的肯定。

【督察督办工作】 坚持以“1345”政务督查体系（“1”即建强一支督查铁军；“3”即聚焦“重大项目工程、重点专项工作、重大改革事项”等三大主题；“4”即推行“常规＋专项”“线上＋线下”“面上＋点上”“督查＋协调”四加工作方法；“5”即建立信息沟通、项目化推进、回路闭环、通报专报、约谈问责等五大工作机制）为工作指引；强化政务督查“双回路双闭环”（“双回路”为“各条线线上督查＋县政府督查室专项督查”相结合，按照“分工负责、归口办理”原则抓好落实；“双闭环”为被督查单位按督查反馈的规定时限和要求，向交办单位报送整改情况书面报告，由牵头单位向交办领导当面汇报，相关材料同时报送县政府督查室备案，直至任务彻底销号“清零”），确保督查实效。围绕省市县三级民生实事项目、城东项目推进、“亮牌”问题销号、水库隐患排查等开展独立督查70余次。围绕疫情防控、“六比六看”活动进展、能源“双控”和减煤攻坚、政府性投资项目工程质量等开展联合督查20余次。全年共计形成督查专报9份、督查通报42份，县长议定事项及政务督查交办单16份，提出督查建议近百条。在“浙里督”省级政创空间平台推广龙游县经验特色做法14篇，传统制造业改造提升工作获得2019年省政府督查激励。各条线牵头努力当好钉钉群“群主”，发挥好“叮盯钉”作用，在领导决策参考、中心工作开展、重点项目推进等方面发挥作用。

【法治政府建设】 制定出台《龙游县人民政府重大事项决策程序规定》，修改完善《龙游县人民政府办公室工作管理制度汇编》。坚持落实常务会前学法制度，自上而下提升法治意识，全面推进法治政府建设。坚持依宪施政、依法行政，民主决策、科学决策，进一步规范重大行政决策、重大项目安排和资金使用事项决策程序，强化干部职工规矩意识和制度意识，有效防止工作漏洞、风险滋生。开展对规范性文件的审查和清理，做好政府规范性文件的审核备案工作，从规范性文件的合法性、合理性、必要性和可操作性等角度进行审查，组织政府规范性文件清理工作“回头看”，对新出台的规范性文件严格审核把关。接受人大和政协监督，重视人大议案和建议办理工作，牵头办理人大建议143件、政协提案175件，解决群众关心的问题。

【强化以文辅政】 总结提炼全县特色亮点工作，加强政务宣传工作。加大《龙游政务信息》和《决策参阅》的刊发力度和信息上报力度，共刊发政务信息303条、参阅3篇。全市政务信息考核排名第二，省、市采用信息44条，获省、市领导批示11条。《龙游县深化“诗画风光带”建设，打造农文旅融合消费新样板》《优存量　求增量　保质量　龙游县全力抓好重要农产品稳产保供》等稿件被成岳冲、彭佳学等副省长批示肯定。《龙游县升级打造“龙游通”整体智治平台，助推基层治理现代化》专报被纳入省“整体智治，唯实惟先”现代政府建设争先创优汇编。2020年全办干部深化调研，共撰写调研材料20余篇，为领导决策提供参考。

【深化组团联村】 组建驻村联户团队，探索服务群众新模式，选派科室骨干担任农村工作指导员及“组团联村（社）”服务团成员，挂联村（社）4个，坚持每周二全天到村（社）开展服务工作。做好结对帮扶，明确办公室每位干部至少结对一户低收入农户的要求，共结对农户40户，完善建档立卡工作，逐户摸清底子，分析致贫原因，制定帮扶计划，落实帮扶措施，全年捐助下拨村（社）帮扶资金近10万元。

【参与克难攻坚】 面对2020年复杂多变的经济社会形势，做到“当龙头争上游”，彰显府办铁军形象。疫情期间，全办干部深入一线参与疫情防控，连续攻坚奋战40余日，龙游县成为全省11个“零确诊”县之一。聚焦复工复产、项目推进、稳定经济运行，牵头实施投资“决战首季”、工业“四抢”、服务业“暖街”、农产品销售“渠道革新”四大行动，加快复工复产复市，为全年MEI指数走前列打下基础。在节能减排、中央环保督察等重要任务面前，办公室干部冲在前、做在先。牵头“城东新区（核心区）成为全国首个县级‘国家绿色生态城区（标识）’”“有力保障杭衢铁路重点工作按期落实”等事项获衢州市委、市政府“十条军规”通报表扬。全年先后完成或协助完成全省新时代青年理论宣讲工作现场会、长三角经济一体化龙游文旅再出发暨龙游红木小镇开园、全省美丽城镇建设工作现场会、第二届石窟音乐节等大型活动的服务保障工作，得到上级领导的肯定。8月，办公室被县委表彰为“承办全省新时代青年理论宣讲工作现场会表现突出先进集体”。

（县政府办　叶凌豪）

机关事务管理

【概况】 2020年，龙游县机关事务保障中心围绕衢州市委“1433”战略体系和龙游县委“14456”工作布局，秉持“活力后勤，精准服务”工作宗旨，在各项工作中唯实惟先，实干快干，推动机关事务领域保障再深化，精准助力龙游县“重要窗口”建设。获县级执行“十条军规”典型事项通报表扬2次。

【疫情防控保障】 面对新冠肺炎疫情，以县机关事务保障中心团队为主体组建的疫情防控后勤保障组，将习近平总书记“打疫情防控阻击战，实际上也是打后勤保障战”重要论断作为关键指引，前期以“快”克难，后期常态坚守，高质高效提供后勤防疫保障。全面推行错峰盒饭供餐制。自2020年正月初一起，承担县疫情防控指挥部、各集中住宿点、高速高铁检疫点、县行政中心大院等12个保障点供餐保障工作。以“10分钟保温送达”为标准，共计提供配餐服务65383人次。高效推进防疫场所改造工程。先后完成72间防疫办公点、36间医疗备用点的改造、消杀、布置工作，同时承担防疫期间指挥部办公场所的全区域消杀及环境卫生工作。全方位提供后勤物资保障。为全县700多名防疫工作与集中留观人员提供24小时不间断物资供应服务，涵盖电脑设施、办公用品、生活用品、医疗用品、食品饮品、家用电器等6大类70多种物资配备，同时提供电子设备维修、通信维修等后勤服务。全时段确保防疫车辆保障。根据防疫工作要求，统筹公务用车集中保障中心及社会化租车资源，确保专人专线、即用即消，以日均85车次的服务量，做好各保障点人员运输保障。严格把关做好防疫经费专项支付。承担县级防疫专项经费支付工作，按照“多级核定、票据完备、从俭使用、据实结算”为支付标准，细致规范做到全环节严格把关。至2020年12月13日，已完成第一阶段防疫经费支付共计634.7498万元。

【重点项目落实】 重点推进拆墙透绿专项改造项目，完成县行政中心大

图24　2020年2月，龙游县机关事务保障中心疫情防控后勤保障组在卡点执勤

（县机关事务保障中心／提供）

院范围内增绿补绿、安防设施提升、文化墙改造等各项改造工程，对全县党政机关事业单位拆墙透绿工作进行整体把控、监督指导。立足公务接待、食堂运营及社会宣传带动三大职能业务，融合“衢十条”，全面落实“简餐减量”行动，通过源头精细管理、环节动态督导、结果全民监督等方式，切实营造浪费可耻、节约为荣的节俭氛围。克难攻坚助力专项工作，完成士元集聚区攻坚、双招双引、山海协作与东西部扶贫等工作。完成重点工作、重大活动后勤保障，包括县两会、全省新时代青年理论宣讲工作现场会、美丽城镇现场会、红木小镇开园、2020年龙游石窟国际音乐盛典、绿色中国行——走进美丽龙游系列文旅活动、纪念《共产党宣言》华岗中译本出版90周年暨马克思主义中国化研讨活动等后勤工作10余次。

【附属平台精准服务】 2020年，县公务用车集中保障管理中心、机关食堂、物业、安保等四大一线后勤保障窗口，坚持以精准服务为工作宗旨，不断完善自身管理机制，以专业性的技术服务为县行政中心大院各部门提供优质服务。改革运行机制促规范化管理，通过建立更为细致的量化考核制度、组织开展各类技能培训，不断强化职工服务意识、责任意识与安全意识，由此提升整体服务质量。搭建对外交流协作平台，积极开展对外学习交流活动，与各优秀兄弟单位建立合作关系，充分借鉴先进后勤保障管理及运行模式经验，强化保障服务纵向提升。团队建设带动服务专业化，注重服务团队凝聚力提升，鼓励团队员工参加疫情防控、省文明城市创建、“八个一”有礼指数创建等重点中心工作，切实将优质的对内服务推动至社会，延伸到群众。至12月底，县机关事务保障中心编外及外包服务团队共承担县级各部门派车服务1.54万次，职工就餐服务11.3万人次，包厢接待服务236次，会务服务440次，物业维修412次，并提供全年24小时全时段日常保洁及安保服务。

【公务接待创新】 落实打造“最有礼县”号召，配合做好城市品牌标识推广工作，坚持以公务接待为展示窗口，将公务接待工作与有礼推广创新性融合，以“有礼全覆盖”主抓特色品牌。礼在文化，选取龙游特色食材，辅以地道烹饪技巧，节俭不失精致，淳朴不失真诚，将龙游饮食文化以好客之礼进行风味传承。礼在文明，融合“衢州有礼、天下龙游”视觉设计元素，将有礼文化贯穿于会场布置、用品包装、活动指引等公务接待各环节。礼在涵养，注重服务内涵提升，组织一线服务人员开展龙游特色文化培训，将龙游竹韵、荷姿、茶品、书香的礼义沉淀，显于涵养，融于服务。礼在进取，建立公务接待反馈机制，及时针对服务保障过程中的不足与疏漏进行调整优化，使有礼文化得以通过接待窗口得到传扬。

（县机关事务保障中心　郑丽云）

大数据发展管理

【概况】 2020年4月，新组建龙游县大数据中心（正科级），由县大数据发展管理局代管，主要职责包括：承担电子政务网络、政务云、公共数据平台、县政府门户网站规划、建设、管理和安全保障的辅助性工作。参与拟制公共数据和政府系统电子政务有关技术政策、标准规范。协助落实政府数字化转型等相关重大项目建设任务，参与政府数字化转型发展规划编制、政务服务事项梳理和相关课题研究。承担“龙游通”基层智慧治理平台、“12345”政务服务热线、统一政务咨询投诉举报平台的建设、管理和运维的辅助性工作。完成县委、县政府和县委办公室（县大数据发展管理局）交办的其他任务等。根据上述职责，县大数据中心内设综合协调科、应用推进科、信息技术科、发展规划科、基础保障科5个职能科室。2020年，龙游县大数据发展管理局围绕深化“最多跑一次”改革工作要求，助推县政府数字化转型。围绕“互联网+政务服务”“互联网+监管”“互联网+治理”，依托省市数据共享平台和基层治理四平台，持续深化“龙游通”赋能应用，推进数据共享、业务协同，全面推进掌上办事、掌上办公两项建设。提升“12345”政府热线服务水平。促推县域数字经济发展，努力打造营商环境最佳县、基层治理最佳县和整体智治样本县。

【“龙游通”赋能应用】 7月10日上线“龙游通”1.0版本，12月18日上线“龙游通”2.3版本，全年累计开发上线“村（邻）里聊”“补助补贴”“燃气瓶”“物业缴纳”“县乡联办”“我的支付”“龙游码”“智慧医保”等90余个功能模块。抓实“龙游通”推广应用工作，多形式开展群众性活动，结合“匠心筑梦、潮起龙游”红木小镇开园系列活动，组织开展“潮起龙游、玩嗨十月”消费券抢券活动和“红木小镇音乐节”门票线上销售活动。开展龙游县“8090”新时代理论宣讲“百团大战”视频网络投票、2020年度优秀“龙游通”管理员评选等活动，累计新增用户5万余人。组织开展网络直播活动，全年累计组织开展绿色中国行、“一米菜园”创建、“五水共治”（河长制）文艺会演、中国TOP直播电商产业园龙游基地启动仪式等7项活动的直播活动，累计有20余万人通过“龙游通”在线观看各类活动。征集宣传“龙游通+全民网格”典型案例，全年累计征集“龙游通+全民网格”应用典型案例12期共180余个案例。进一步扩大“龙游通”品牌效应。1

图 25　2020 年 2 月 24 日，浙江省人大常委会副主任赵光君到龙游县调研“龙游通 + 全民网格”工作，充分肯定“龙游通”在疫情防控中发挥的重要作用　　（县大数据局 / 提供）

月 12 日，推广“龙游通”被写入浙江省政府工作报告。5 月 14 日“龙游通 + 全民网格”基层智慧治理模式入选全省优秀应用案例最高荣誉“观星台”。8 月 7 日，“龙游通 + 双拥在线”应用案例获王文序副省长批示肯定。10 月 9 日，“龙游通 + 全民网格”基层智慧治理模式入选 2020 年浙江省软件产业高质量发展重点项目。10 月 16 日，《村情通：新时代乡村治理新模式》一书入选由中央宣传部、农业农村部组织评选的 2020 年全国“农民喜爱的百种图书”。10 月 28 日，“龙游通”平台升级建设项目获得 2021 年浙江省政法工作现代化创新引导项目等。12 月 3 日，浙江省委书记袁家军在 2020 年中央党校秋季学期中青年干部培训班上，以“龙游通”为例介绍浙江推广基层治理数字运用方面的经验做法。

【新冠疫情精密智控】 2020 年，依托“龙游通”平台，开发上线新冠疫情防控信息发布、疫情举报、扫码通行（与健康码查询二码合一）、智慧招聘、每日上报等 10 余个功能应用，打通“12345”政府热线疫情举报渠道，累计收到各类疫情举报信息 5000 余条，有效助力龙游县疫情防控工作。2020 年 2 月 18 日，浙江省委改革办《竞跑者》刊发“龙游通”助力疫情防控的经验做法。龙游县上报的《“健康码 + 每日上报”织密织牢群防群控“防疫网”》和《“健康码 + 有礼金融”普惠金融助疫》等 2 个应用案例被省里录用，列入全省“健康码”创新实践地方特色案例，为衢州市智控畅通指数争取到 1 分。

【数字化基础设施建设】 2020 年，持续完善“城市数据大脑 2.0”龙游专区建设，加强与省、市公共数据平台的互联互通，完善公共数据资源目录体系，编制各行政职能部门公共数据资源目录，加快归集医疗、教育、交通、水气等全县公共数据基础信息。至 12 月底，提交数据目录 442 条，归集已实施的数据目录 377 条，其中开放目录数据集 309 条，累计归集数据 2 亿余条。根据龙游红木小镇申报 2020 年第四批省级特色小镇验收命名工作要求，针对重点入口人脸识别监控、WiFi 覆盖无线设备、道闸机及摄像头、5G 基站等软硬件设施建设，牵头推进龙游红木小镇智慧化建设。6 月 4 日，省验收专家组到龙游对红木小镇进行验收命名，得到专家组肯定，通过验收命名。完成省政府门户网站统一信息资源库建设、政府门户网站域名阿里云备案等工作，强化政府门户网站第三方检测技术，由开普云公司按照国办指标进行全部检测，提高日常检查频次，至 12 月底，县大数据发展管理局通过每日检查通报发现并整改问题 300 余个。

【信息化项目决策咨询服务】 承担智慧龙游建设工作领导小组办公室（县智慧办）的日常工作。根据《龙游县信息化项目决策咨询服务办法》相关要求，组织专家对全县信息化项目进行决策咨询和评审验收服务。2020 年，共组织信息化项目决策咨询 31 次，涉及 26 个部门共 33 个信息化项目，总预算 7622.94 万元，其中 24 个项目已完成招标正在实施或推广应用阶段，项目总预算 6360.51 万元，中标价 4717.02 万元，节约财政资金 1643.49 万元。

【政府数字化转型工作推进】 承担龙游县政府数字化转型工作领导小组办公室（县数转办）的日常工作。2020 年，持续深化“互联网 + 政务服务”，完成浙江政务服务网、“浙里办”移动端优化迭代，“浙里办”二期建设项目通过验收。至 12 月底，政务服务总收件量 71.7 万余件，其中政务服务 2.0 收件量 23.3 万余件，网上办、掌上办实现率均为 100%，“跑零次”实现率达到 94.57%。持续推进“互联网 + 监管”，在年终市对县考核中，掌上执法开通率、掌上执法激活率、行政检查事项覆盖率等指标均达到 100%，各项数据均排名全市前三，其中，龙游县“有动力污染治理设施智慧监督”入选浙江省“互联网 + 监管”地方监管优秀案例，成为各县（市、区）唯一被省级采用的智慧监管典型案例。推进“浙政钉”掌上办公应用，提前完成“浙政钉”2.0用户激活以及“浙政钉”1.0版向2.0版迁移等工作，龙游县机关内部“最多跑一次”、“龙游通”、智慧城管等应用均已上架。推进机关内部“最多跑一次”改革，至12月底，全县共有“内跑”事项383项，线上办理比例平均值为71.02%，17个部门平台上线事项实现100%在线办理，完成省定90%非涉密事项“掌上办、网上办”目标。

【推进数字经济发展】 承担龙游县数字经济发展领导小组办公室（县数经办）的日常工作，统筹县经信局、发改局、统计局、经济开发区、经济协作中心等单位，推进龙游县数字经济发展，并积极做好与市大数据局工作对接。2020年，抓好重点项目推进，12月底，禾川科技产业园1号厂房建成投入使用。做好两化融合贯标和企业上云，开展两化融合贯标体系认证，至12月底，全县共有10家企业开展两化融合贯标业务，贝尔轨道、一树纸业、通衢建材、运申制版、茗皇食品5家企业通过国家两化融合贯标验收。开展智能化改造，对全县规上工业企业开展智能化问诊活动，至12月底，累计对49家企业进行诊断，全年新增“企业上云”85家，新增工业机器人131台。大力发展数字农业，推进农业“机器换人”和“设施增地”，在龙和数字渔场基础上，新增昌农种猪数字牧场、神坞数字植物2个省级数字农业工厂试点，新增5个市级示范性益农信息社。

【强化信息研判】 2020年，县大数据发展管理局依托“龙游通”村民信箱、“12345”政府服务热线等渠道全方位汇集民意，收集群众反映诉求，针对苗头性、普遍性、倾向性、突发性问题，进行信息研判分析，查找问题、总结经验、提出建议，供县领导决策参考。至12月底，共刊发32期《信息专报》，县委书记张晓峰给予批示4次。

【助力中心工作】 谋划推进溪口乡村版未来社区建设，牵头召集项目建设商讨会，制定完善溪口乡村版未来社区建设方案，项目一期于11月中旬建设。根据“8090”新时代理论宣讲工作需要，基于“龙游通”开发上线“8090”功能版块，包含精品课程点播、金牌讲师招募、理论信息宣传等功能。助力村（社）组织换届工作，依托干群互动、信息公开等相关模块，开发上线村（社）换届“精密智选”功能应用，创新推出“八大指数”，以“三色预警地图”的形式直观地呈现全县选情、群众反馈等情况，为全县村（社）换届工作提供技术支撑。开发上线“县乡联办”功能模块，强化部门联动、条块协同、事项联办，形成“乡镇呼叫、部门报到、结果反馈、满意评价”的县乡联办工作闭环，全县已集成餐饮业开办、医疗救助等“一件事”办理事项10件。县大数据发展管理局对照衢州市创建市域社会治理现代化试点地区任务分解表，强化智治支撑，根据龙游实际，研究制定龙游县智慧支撑组的具体工作方案，细化分工、倒排时间、加快推进。谋划制定龙游通“一网智治”工作方案和数字龙游实施意见，为工作推进提供顶层设计。

【提升“12345”政府服务热线办理质量】 2020年，“12345”政府服务热线抓牢“最多跑一次”改革契机，秉承以人民为中心的服务理念，严抓办理质量、狠抓队伍建设，切实打造群众心中“不打烊的服务窗口”。把好办理关、回访关、核实关、沟通关，有效防止受理事项“终而不结”。规范抽查每周一汇总、每月一通报、每季一排名，通报情况列入年终综合考核。定期开展业务培训，不断提升话务员业务技能。至12月底，共受理问题34234件（含市级转办631件），现场答复30981件，工单交办3253件，按期受理率、按期答复率均为100%，回访核实率100%，责任单位满意率（不含理解件）99.7%。开展部门“一把手”接听“12345”政府服务热线活动，由局长担任“12345”热线话务员，接受市民的咨询、投诉，听取市民的意见和建议。至12月底，共邀请教育局、综合行政执法局、公安局、住建局、

图26 2020年5月22日，龙游县教育局“一把手”现场接听“12345”政府热线 （县大数据局/提供）

人力资源和社会保障局、交通运输局、生态环境龙游分局7家单位“一把手”走进热线办，与群众零距离接触，直接对话，并根据群众反映的热点、难点问题，即时受理、即时解决，活动期间，共计接听电话158个，办结率100%。

（县大数据局　叶欣驿）

信　访

【概况】 2020年，龙游县信访局坚持以习近平总书记关于加强和改进人民信访工作的重要思想为引领，创新机制、狠抓载体、坚持和发展新时代“枫桥经验”，以“最多跑一地”改革为牵引，进一步提升信访工作实效。2020年，全县信访部门共受理信访事项4920件（人）次，同比下降10%，其中来信270件，同比下降7.2%，来访1110批1840人次，同比批次、人次分别下降21.8%、26.7%；县级走访占比86.2%，网上信访占比70.9%，同比均有所上升；全年无进京扰序、无赴省进京集体访、无恶性滋事事件，成功创成“无信访积案县”和国家级信访“三无”县（指无进京越级上访、无大规模集体上访、无因信访问题引发的极端恶性事件），实现来信来访总量降、进京访量降，县级走访占比升、网上信访占比升，重大活动安的“两降两升一安”态势。年度信访工作目标管理考核龙游县位列全市第一。信访代办经验材料得到市领导高度肯定并批示，县信访局在全省视频会议上作典型发言。

【责任落实】 县委常委会每月听取信访形势汇报，县委主要领导、分管领导关注信访动态，定期阅批群众来信，亲自带头接访下访，重点解决疑难复杂、涉及面广、政策性强以及苗头性、群体性信访问题。明确事权单位和乡镇（街道）主要负责人为“第一责任人”，实行各乡镇（街道）、部门季季清考核扣分排名通报，把信访工作纳入经济社会发展综合争先和“平安龙游”争先考核。

【基层治理】 开展信访事项办理质量提升年活动，做到初次信访事项办理化解过程网上流转、结果评价回访、问题核查督办、失责追究责任，推动及时、就地解决信访问题。全县初次信访事项按期答复率100%，回访核实率99.68%。按照“县乡一体，条抓块统”思路，强化县矛调中心“五加机制”［定点受理接待+组团下沉服务、无差别一窗受理+群众满意测评、“三官一师”（警官、法官、检察官、律师）进格+专业调处化解、线上流转闭环+线下赋能落地、群团靠前联心+党员干部联户］、“两难”钉钉群联动攻坚破难机制，进一步发挥基层治理体系“王”字形运行功能，及时就地化解各类信访矛盾。2020年，全县排查化解矛盾纠纷5362件，调解成功5282件，化解率98.51%。

【积案攻坚】 对国家、省、市、县交办各类信访积案，以“两办”文件形式进行重点任务清单式交办，按照“三年行动”积案化解部署会精神，落实“领导包案、部门负责、属地协助、社会参与、信访监督、平台建档”的积案化解机制，推动问题清仓见底。2020年，市级以上信访积案化解率65%，历史积案化解率96%，新增积案率0.73%，同比下降73%，省级以上信访积案化解率100%。省市级交办的农村建房信访事项实现“清零”。

【信访改革】 优化县矛调中心建设。以“让百姓舒心，是我们的初心”为目标，充分发挥县矛调中心整合资源的“聚合效应”，通过做优一窗受理、推进业务协同、形成工作闭环、强化上下对接等举措为群众提供全覆盖、全领域、全过程的优质服务，实现群众信访和矛盾化解“只进一扇门”“最多跑一地”。2020年，县矛调中心共接待群众4016人次，受理群众诉求2245件，化解率98.7%，群众访后满意度测评满意率100%。舒心馆（矛调中心）上半年被评定为全市两个五星级矛调中心之一。推动信访代办工作。在全县开展“信访代办深化年”活动，举办全县15个乡镇（街道）、重点信访部门信访代办业务培训。按照局班子成员挂联乡镇（街道）工作机制，分片召开乡镇换届信访矛盾排查调处专项行动暨信访代办互学互比现场会，推进“一站式受理、全程代办、限时办结、评价反馈”，让群众“有事找代办、最多跑一次”，全县信访代办2117件。

【法治信访】 加强各职能部门的优势互补、整体联动，对突出信访问题实行专案经营、综合施策，对久访不息的信访人，积极开展复查和公开听证工作，稳妥实施信访事项复查7件和公开听证3件，其中信访依法终结2件。通过“信访超市”固定阵地和“集镇墟市”流动战场积极开展依法信访宣传，促使“有事靠法、遇事找法”成为群众寻求解决问题的新常态。

（县信访局　张奇）

档案管理

【概况】 2020年，龙游县档案馆高举习近平新时代中国特色社会主义思想伟大旗帜，认真贯彻落实市委“1433”发展战略体系和县委“14456”工作布局，全面参与建设“活力绽放，精彩纷呈”的浙西新明珠，努力在全市档案工作中“当好龙头、力争上游”，以实际行动谱写龙游档案工作的新篇章。

【疫情防控】 成立单位疫情防控工作领导小组，落实县疫情防控工作任务，执行疫情防控纪律规定，利用横幅、微信群、钉钉群等进行疫情防控动员、防护知识宣传普及。严格落实人员测体温、戴口罩、消杀毒和人员健康情况“日报告”“零报告”制度，发布暂停档案查阅利用窗口对外服务公告，暂停外来人员来访接待，开展电话查档、网上查档服务。参与城角坊社区、阳光社区305户清楼、5个卡点的值守任务，清楼任务责任到人到户，帮助小区老年人员、居家隔离家庭代购生活必需品、“无接触”取送邮包、指导做好垃圾分类等，全面服务全方位保障防控。推进复工复产，抽调3位领导到东华街道服务业、塔石镇企业和经济开发区服务业及工业企业第八网格“战时服务团”，逐家上门指导企业完善复工复产防控措施，建立应急预案，做好复工复产准备和开工。抓好疫情防控档案资料收集、归档工作，发布《关于做好新冠肺炎疫情防控档案工作的通知》，制定《新型冠状病毒感染肺炎疫情防控工作文件材料归档范围和保管期限表》。2月，面向公众发布《县档案馆关于向社会各界征集新冠肺炎疫情防控工作档案资料的公告》，开展疫情防控档案资料征集。10月，召开龙游县援鄂医护人员抗疫档案捐赠仪式暨疫情档案接收工作培训会，建立龙游县“最美逆行者”专题档案。县档案馆征集疫情防控档案资料500余件、照片600余张，下载网页档案340余份，其中征集到6名援鄂医务人员实物档案26件，文字材料19份，电子材料11件，纸质照片3张，数码照片近百张及视频材料，内容包括援鄂照片、视频，请战书、抗疫日记、家书、感谢信、贺卡、题词、纪念品、登机牌及队服、防护服、护目镜等。发布《关于开展疫情防控档案移交接收工作的通知》，进行疫情防控档案接收，10月牵头组织第一期疫情防控档案移交接收工作，接收30家部门单位纸质材料2500余件、数码照片3200余张、音视频50余个、实物9件、电子材料1000余份。

【双招双引】 捕获上报招商引资信息16个，提交研判和决策咨询5个，全部通过县项目决策咨询，其中3个项目签约落地。完成1个“个转企”和5个“大个体”“小升规”资料填报。与衢州学院马克思主义学院达成合作意向，建立博士工作研究站，与衢州学院签订《龙游县华岗研究合作项目协议书》，合作成立华岗文化研究学会，邀请国内专家学者开展对华岗哲学思想的研究，挖掘华岗对马克思主义中国化的理论贡献和理论地位。

【档案查阅利用】 全年共接待档案查阅利用1298人次，调阅档案2702卷，取证6771页，开展网上查档和司法无证明工作，其中网上查档94人次，司法无证明查档74人次，撰写档案利用案例20篇。开展档案查阅服务向乡镇延伸，为所有乡镇街道开通档案服务网账号，分别到龙洲街道、模环乡、横山镇、石佛乡开展试点、培训工作。

【档案文化宣传】 开展“6•9”国际档案日宣传活动，收集扶贫工作照片，制作23块展板，举办“档案见证小康路、聚焦扶贫决胜期”主题巡回展览，活动期间向市民赠阅《龙游史志》两江走廊专刊、廉政专刊及龙游档案七十年专刊、家庭档案、掌上查档等宣传资料。

【档案资源建设】 接收县府办移交的全县机构改革废止印章28枚，原龙游县体育局、县旅委文书档案650卷4531件，原乌引工程管理处文书档案68卷751件、工程档案310卷、土地资料87卷，接收婚姻登记处2016年婚姻登记档案5324件，原浙江龙游林业汽修厂档案1119卷。整理归档馆藏印章528枚，书籍重新整理、编目2279册，奖牌（奖杯）拍照51幅，整理征集总工会档案19卷。修改完善《国有企业退休人员人事档案移交三方协议》，制订《龙游县档案馆企业退休人员人事档案整理和数字化规范（试行）》，开展国有企业退休人员人事档案接收，与17个国企签订协议47份，需接收档案

图27 2020年11月17日，龙游县档案馆在石佛乡召开档案服务农村基层治理试点工作汇报会
（县档案馆／提供）

436卷，2020年接收档案69卷。

【档案基础业务】 开展档案执法检查，联合县档案局、县纪委、检察院、组织部、人力社保局、司法局等单位对县林业水利局、溪口镇、交投集团、卫生监督所、教师进修学校进行检查，出具检查反馈函和通报文件，责成相关单位进行整改，对相关人员进行问责处理。指导重点建设项目档案安全、规范管理，配合市、县档案局开展重点建设项目双随机档案安全执法检查，指导服务好高坪桥水库、双江公司水库加固工程、交通局红船豆枢纽移民安置工程等项目档案整理归档及数字化扫描、录入。发布“关于做好村（社区）组织换届档案管理工作的通知”，抓好日常业务指导、咨询。配合档案局申报省级试点，2020年龙游县被省档案局、省民政厅、省农业农村厅确定为“全省档案工作服务农村基层社会治理个别试点地区”21个县之一。

【档案信息化建设】 制定“龙游县数字档案馆续建项目”项目方案，通过县智慧办决策咨询，完成防火墙、摄像头等“数字档案馆续建设备采购”，“民国档案数字化第二期”完成项目招标、目录著录和扫描。数字化加工零散档案35卷5424页，《童氏宗谱》6本。做好政务信息系统和数据资源大排查，加强目录数据的归集。完善“最多跑一次”事项电子化归档通报统计，档案馆无差别受理事项清单梳理，政务服务网办事指南检查。

【档案安全建设】 组织全体干部职工参加消防安全培训，指定专人定期检查消防设备，更换灭火器、消防栓水带、安装应急灯、疏散灯等设施。定期对库房开展全面检查，及时开展汛期档案安全检查和巡查，排除安全隐患，对档案库房及楼顶进行全面清扫，确保档案库房整洁和实体安全。开展档案信息化和数字化加工保密检查工作，保证各项规章制度落到实处，确保档案信息安全。加强对档案中介机构安全监管，掌握档案中介机构活动中档案安全，对接机关部门档案整理、信息化扫描外包单位，不定期抽查，确保档案实体和档案信息绝对安全。

（县档案馆　阮红霞）

侨　务

【概况】 2020年，龙游县侨界在县委统战部和上级侨务部门的正确领导下，围绕“凝聚侨心、汇聚侨智、发挥侨力、维护侨益”中心任务，在服务经济发展、维护稳定、促进社会和谐等方面取得一定的成效。

【新冠疫情防控】 2020年累计摸排涉外数据4025条，有效入库3065条。建立入境入龙人员“首席服务员”制度，为每位入境人员指定1名工作人员“一对一”对口联络，在落地后、隔离期、隔离结束等环节，通过电话、微信等方式时时联系、事事反馈，专人跟进，做好最新防疫政策解读和信息沟通，在口岸地结束隔离后第一时间引导其前往检测点分类检测，累计解除隔离人数539人。做好护侨安侨稳侨工作，向各个海外联络群发出抗击疫情捐款捐物倡议，筹得的第一笔资金6.75万元捐至省侨缘会账户，累计向省市县捐款捐物价值18.18万元及口罩2.4万多个。疫情在全球蔓延时，县侨联派出2名干部加入县疫情防控专班涉外组，服务涉外涉侨人员入境，建立各乡镇（街道）海外联络群16个，覆盖侨胞及留学生2000多名，开通24小时涉侨咨询服务热线，接听咨询电话20多个，购买防疫口罩1.3万多个寄往加拿大、日本、西班牙等国家，和省市侨联对接为意大利龙游侨胞送去防疫物资，向龙游籍侨胞和留学生发布一封“家书”，鼓励引导海外侨胞向当地社会讲好中国防控疫情故事，形成正面积极的舆论氛围。开展“助企抗疫情、联企复生产”服务侨企专项行动，宣传上级政策和精神，帮助企业了解各项要求，通过电话、微信等方式，协调解决侨企面临的实际困难和问题。以“暖心十条”为准绳，做好外籍专家入境事宜，华邦古楼新材料有限公司的2名德国专家、华邦特诺西新材料有限公司的2名德国专家、侨企浙江尖上科技有限公司1名乌克兰籍专家入境。

【“大侨务”组织建设】 2020年完成县侨联机构设置与人员编制设定，完善“县+乡+村+N侨界人士”大侨务网络架构建设。打造“国际文化交流基地”“龙舟赛基地”“侨家小院”，2020年龙游龙天红木小镇和龙游民居苑列入第一批省级华侨国际文化交流基地名单，多次赴省市侨联对接龙舟基地建设事宜，会同县文旅局制定龙舟赛方案等。5月，中国侨联顾问、中国龙舟协会副会长王成云一行赴龙游龙天红木小镇调研考察省龙舟协会基地选址工作。11月23日，浙江省第一家龙舟文化交流基地揭牌仪式在龙游龙天红木小镇举行。在“统战之家”打造县“侨家小院”，完成文字和图片排版。

【完成侨情数据摸排和补录】 开展2020年侨情数据摸排和补录工作，进一步摸清全县侨情和留学人员底子，准确掌握龙游县海外侨情新特点和新变化，掌握龙游县海外侨胞中政治上有地位、经济上有实力、学术上有造诣、社会上有影响的“四有人士”。至2020年12月，龙游县共有海外侨胞、留学人员1993人，其中华人华侨1592人，留学人员357人，主要分布在加拿大、美国、英国、法国等欧美国家；归国留学人员44人。做好生活困难归侨侨眷情况摸排统

图 28　2020 年 11 月 23 日，浙江省首家“龙舟文化基地”在龙游红木小镇挂牌
（县委统战部／提供）

计工作，开展 2020 重阳敬老关爱新春元旦暖侨行动，慰问困难侨眷和重点侨眷 7 名共计 0.7 万元。

【完成侨联、留联换届】 2020 年 11 月 6 日，召开第八次归侨侨眷暨第四次留学人员和家属代表大会，会议听取和审议龙游县侨联第七届委员会和留联第三届理事会工作报告，选举侨联第八届委员会委员和留联第四届理事会理事 27 名。召开县侨联八届一次全委会和县留联四届一次理事会，选举贾仲银为侨联第八届委员会和留联第四届理事会主席（会长）、选举产生副主席（副会长）7 名、秘书长 1 名和常务委员（理事）14 名。

【开展侨法宣传】 开展以《中华人民共和国归侨侨眷权益保护法》《浙江省华侨权利保护条例》及相关涉侨法律法规政策为主要内容的宣传教育活动，通过发放侨法宣传资料、现场咨询讲解、宣传板报展示等形式，普及侨法知识，活动吸引社区居民 1000 余人参与，取得良好的效果。

（县委统战部　吕凯悦）

对台工作

【概况】 2020 年，龙游县人民政府台湾事务办公室（以下简称县台办）在浙江省台办、衢州市台办的指导下，围绕龙游县委、县政府中心工作，夯实工作基础，扎实开展对台交流服务，完成省、市布置的各项工作任务，工作成效明显。

【夯实工作基础】 发挥县委对台工作领导小组作用，理顺体制机制，建立并加强与部门、乡镇（街道）工作联系对接，按照上级部署先后完成涉台婚姻、台胞台属、台资企业情况调查等工作，更新完善相关涉台数据。开展龙游籍赴台学生走访 21 次，与学生及其家长保持密切联系，协调办理学生返台就学等工作。围绕“东引台资”，发挥好经济“压舱石”作用，11 月底与衢州市台办组团赴广州台商集聚区开展招商推介活动。

【服务台胞台企】 为在龙游的台胞生活工作学习提供便利，维护台胞合法权益。2020 年接受并答复台胞关于疫情防控、驾驶证申请、台生就学、居住证办理等政策咨询 58 人次。陪同浙江省台办、衢州市台办开展台资企业调研和困难台胞、台属慰问及日常联系走访 130 余人次，及时拨付困难台胞生活补助经费。组织台胞参加衢州市台联会组织的两岸中秋联谊晚会。依法依规处置台资企业股权纠纷案件，与省、市台办和政法部门密切配合，切实维护台胞合法权益。疫情防控期间，与涉龙台胞保持密切联系，掌握行程信息做好接送服务。协助台资企业做好台方管理人员年后返龙相关

图 29　2020 年 7 月 29—30 日，“两岸同根·衢台一家”衢台两岸婚姻家庭牵手活动在龙游举行
（县台办／提供）

手续报批，上门开展“三服务”活动、赠送防疫物资等，助力企业顺利复工复产。

【涉台政策宣传】 利用“龙台情深”微信群，持续开展《关于促进两岸经济文化交流合作的若干措施》（简称“31 条措施”）、《关于进一步促进两岸经济文化交流合作的若干措施》（简称“26 条措施”）、《浙江省贯彻〈关于促进两岸经济文化交流合作的若干措施〉的实施意见》、台湾居民居住证办理等惠台政策的宣传，发布各类时政、优惠政策、防疫措施、龙游发展等信息 220 余条，积极宣传中央对台政策和龙游经济社会发展。全面落实惠台政策措施，开展面向台资企业、台胞台属、赴台学生等上门入户走访宣传 78 次。

（县台办　田王健）

营商环境建设

【概况】 2020 年，龙游县营商环境建设办公室（以下简称县营商办）坚决贯彻衢州市委“1433”发展战略和龙游县委“14456”工作布局，坚守“便民利企”初心，不断创新政务服务理念，深化简政放权，扎实推进改革创新，加快推动改革任务有效落地，奋力打造全县营商环境建设的“重要窗口”，龙游县获得“2020 中国最具发展潜力百佳县市”“2020 中国青年乐业百佳县市”荣誉。

【政务服务水平提升】 疫情防控期间，县营商办暂停窗口服务，全面推行政务服务“网上办、掌上办”。专门制作办事操作指南和视频教程，发布 50 余期微信推文全面对外公布。联合移动、电信、联通三大运营商，发布 44 万余条手机短信提醒。设置“12345”转 8 号键政务服务专线，向社会公布窗口业务咨询电话，建立专线接听晚值班制度。专门组建“龙游网办群”，群众扫一扫二维码即可进行业务咨询、预审、预约和网办指导。在县行政服务中心一楼大厅设立咨询引导区，对现场群众按照“检测体温、问询业务、窗口预审、引导办理”四步骤开展政务服务。推进“最多跑一次”改革进乡村振兴讲堂，梳理出乡镇事项 368 项，村级代跑事项 258 项，零跑事项 30 项。选取溪口镇石角村打造“试点村”“样板村”，推进队伍、事项、设施、文化、技术、信用“六进”讲堂。在村情通平台开发上线“我要办事”模块和“一呼而来”的语音功能，创新实现“龙游通 + 移动办事”的赋能应用，方便群众线上办事“一点就通”。推进公安业务“一窗通办”，中心镇包括两个街道派出所公安业务 193 项事项全部平移至乡镇（街道）便民服务中心，乡级公安业务 85 项进驻政务中心一窗受理。以中心乡镇为重点，推进民生领域常见事项银行网点就近办，实现 70% 民生事项在乡镇（街道）就近可办。推进政务服务 2.0 应用，打造“网上互动办事大厅”，搭载“12345”政府热线，依托线下行政（便民）服务中心，为办事群众提供咨询、预审、受理、办结网上“一条龙”服务，打通服务群众“最初一公里”。建设并启用“24 小时”自助服务大厅，配备 6 台自助服务终端，公安交管业务、出入境往来港澳通行证签注，社保个人及单位参保信息查询，市监设立登记事项，公积金查询等业务均可在自助服务大厅办理，30 余项业务可以“随到随办”，确保审批服务“全天候”“不打烊”。采购 42 台多媒体信息机放置中心村和集聚村便民服务点，村民通过验证码就能进入“浙里办”App 办事，实现从网上“可办”到“好办、易办”。2020 年，全县共计 2467 个线上办理事项，总计完成办件数 850954 件，事项线上办理整体比例为 91.65%。

【“最多跑一次”改革深化】 开发上线机关内部“最多跑一次”改革业务协同平台，动态更新事项清单，优化配置办事事项和办事流程，推动 90% 以上部门间非涉密事项实现“网上办、掌上办”，上线事项实现 100% 线上办理。2020 年，全县共计 381 个线上办理事项，总计完成办件数 394 件，事项线上办理整体比例为 91.2%，完成省定 90% 非涉密事项“掌上办、网上办”目标。在 2019 年“十

图 30　2020 年 9 月 11 日，龙游县召开机关内部“最多跑一次”改革工作推进会，机关内部“最多跑一次”业务协同平台上线

（县营商环境办公室／提供）

站四心”改造提升的基础上，2020年重点跟踪高铁站、县博物馆等场所改革提升进度。开展“最多跑一次”改革向乡镇延伸查短板补弱项行动，推进队伍、事项、设施、文化、技术、信用融入“乡村振兴大讲堂”。以“进一扇门、找一个人、用一张网”的理念做强服务模块，深化“龙游通”应用，推动民生事项全部下放。加快政务中台系统在乡镇运用，提升乡镇（街道）、村（社区）行政便民服务规范化标准化水平。

【“一件事”“无证明县”建设】推进41个“一件事”改革落到实处，持续进行“一件事”改革情况督查，41项清单中，除2项权限在省、市级以外，其他均已实现“一件事”联办。持续深化“无证明县”建设，巩固提升已有做法，探索推进“互联网+”。推广司法服务“无证明办事”线上运行模式，将保留证明全部移植到“无证明县”专项模块上运行。动态更新证明清单，在2019年7月对外公布的第三轮228项证明事项清单基础上，完成第四轮证明事项梳理，共清理证明225个，其中取消87项、共享66项、替代61项、保留11项。通过部门协作、内部核查、网络核验等方式，升级证明的获取方式，提高数据共享与应用水平。

【营商环境优化】坚持“便民利企”改革核心，换位企业视角，以“问题导向”对后疫情时期的企业经营状况进行精准服务，构造“154”体系进行“收集、交办、跟踪、督查、反馈”闭环办理，分别是“1套机制”运作、“5条渠道”收集、“4个途径”化解，及时受理企业反映问题，助力企业在经济下行形势下“爬坡过坎”。全年共收集梳理分析问题近500个，34个疑难问题由县营商办进行直接交办办理，群众满意度100%。聚焦大科创、大文旅、大商贸、大金融、大三农等产业惠企政策兑现落地，推进“政企通”平台推广应用工作，利用平台集成支撑作用，将申报流程从“线下”转为“线上”，并按照“政策上架不漏1条，资金兑现不留1分”目标落实政策颗粒化梳理，共实现135条政策在“政企通”平台上线运行，让企业全流程、一平台线上即可申领资金。截至12月31日，上线政策148条，政策可申报率达100%，政策可兑现率达100%，惠及企业2727家，接受企业申请3529次，累计兑现资金1.52亿元。积极参与营商环境线上系统评价试点，服务企业集成化改革试点。龙游县在2020年全省营商环境评价中排名前列。

【信用体系完善】出台《龙游县2020年社会信用体系建设工作实施方案》，形成条块分明的信用创建工作架构体系。各部门按要求做好信用承诺归集工作，并在“信用龙游”网站公开。运用数据共享、内部核验、个人承诺等共享替代举措，实现“减证便民”，助推“无证明县”创建，提升优化县域营商环境。落实“双公示”制度和信用承诺制度，按照“应公开、尽公开”、公示规范、主动全量的要求，对全县各部门行政许可和行政处罚信息进行公开。以溪口镇为试点，推进“信用+商圈治理”，解决基层治理问题322件，解决率100%，入选全省七大典型案例，在4月21—22日宁波市召开的全省市县信用应用场景观摩会上作演示交流和现场展示。做好杭衢信用码互认应用工作，至12月底，共有42家企业加入信用码商家联盟。在“龙游通·爱龙游”App平台上开发有礼积分模块，打通市信用分数据系统，归集县级部门设立的12项正向加分信息和7项反向减分信息，做到数据实时更新，公民“信用+有礼”画像更加精准。出台龙游县“信用+礼治积分”管理办法，在医疗服务、公交出行等12个领域对有礼积分高的公民进行激励。以小南海镇团石村、社阳乡社阳村和东华街道张王村为试点，开展健全评分机制工作。通过展示园区及市场基本情况、企业法人信用信息和客户评价等内容，使客户更直接、全面地了解企业信用信息。通过信用融资、信用补贴等，帮助企业解决融资难、融资成本高的问题，促进企业发展。将每年的9月20日设立为县诚信日，成为继浙江温州、义乌和河南洛阳之后，全国第四个设立“诚信日”的城市。在县行政服务中心一楼设立“企业信用修复”专窗，受理企业信用修复，接受企业信用修复咨询。截至12月，专窗共受理20余家企业的信用修复工作，使企业明确信用修复渠道，增强失信企业自我纠错和主动自新的自觉性，保障企业正常经营和后续健康发展。

【“互联网+监管”】依托“互联网+监管”执法平台，实现“线上平台+线下执行”。龙游县域内有执法权、事项清单的单位部门按照实施细则将抽查计划、抽查任务、抽查结果及时录入、审核，公示至浙江政务服务网平台，确保从年度联合抽查计划的制定，到计划的实施，完成全流程公开、透明，结果可追溯，确保“阳光监管”。稳步推进联合监管，涉及联合双随机牵头单位12家，检查事项20余项。依照省市场监管局下发的联合抽查事项清单严格制定本部门牵头实施的部门年度联合抽查计划，明确抽查重点和参与部门，并严格对照实施，县营商办对抽查事项覆盖情况进行全流程监管、督促。牵头部门结合检查对象的信用水平进行初步筛选，在此基础上进行平台的随机抽取，信用水平高低与可能被抽取次数在一定程度上成反比。结合信用，形成激励企业合法合规营商的闭环体系，分层分级、有重点、有倾向，精准监管。按照“进一次门、查多项事”的要求，合理整合同一对象涉及的抽查任务，根据实际情况随机匹配执法检查人员，依法采取书面检查、实地核查、网络监测等方式开展检查，全年信用双随机检查覆盖率为81.6%，超过省定50%的标准。2020年，衢州市生态环境局龙游分局的风险预警监测案例被省级采用为智慧监管典型案例。在4月底省对市考核中，龙游县监管事项总覆盖771项、覆盖率91.13%，全省各县排名位列前三，在省政府深化“最多跑一次”改革推进政府数字化转型第十一次专题会议上，受到时任浙江省省长袁家军点名表扬。

（县营商环境办公室　汪科伟）

应急管理

【概况】 2020年，龙游县应急管理局树立安全发展理念，坚持补短板、强弱项、堵漏洞、强基础，围绕主责主业，夯实应急管理基层基础，强化安全生产监管，构建系统完备、科学规范、运行有效的制度体系，防范化解重大安全风险，全县安全生产和应急管理形势持续保持稳定向好的态势。全年共发生各类生产安全事故14起、死亡9人，同比下降26.32%、43.75%，其中工矿商贸企业事故2起、死亡1人，同比分别持平、下降50%，未发生生产安全较大事故。防汛与森林防灭火领域，未发生人员伤亡事故。全年各类事故指标均控制在省、市下达的范围之内。获2020年“安全生产月”活动省级优秀单位。

【疫情防控】 成立局疫情防控领导小组，派出一名干部参与县疫情防控指挥专班工作，全员参与县防控指挥部分派的疫情防控应急处置、龙游高速卡点、小区防控卡点防疫工作，运行“线上+线下”企业复产复工模式，组建“化工服务团”，开展复工复产企业“家家到”安全检查，深入排查重大风险隐患。线上开设“开工第一课”，联合龙游行之职业技能培训学校开设网上“龙游县复工安全培训班”，全面参与疫情联防联控和企业复工复产工作。统筹组织龙游县民安公益救援中心、红十字救援队两支民间社会救援队伍，参与疫情防控消杀工作。

【安全责任体系完善】 根据“管行业必须管安全、管业务必须管安全、管生产经营必须管安全”和“党政同责、一岗双责”的原则及机构改革和人员调整情况，建立“1+12”安全责任体系，将原先的11个专业安委会调整至12个，核减矿山危化专业安委会，增设电力专业安委会、特种设备专业安委会，工业企业专业安委会牵头部门由县经信局调整为县应急管理局，进一步明确县安委会（办）和各专业安委会（办）工作职责。15个乡镇（街道）和经济开发区调整完善本级“1+X”安全责任体系。调整防汛抗旱、森林防灭火指挥部成员单位，明确各成员单位职责分工和工作制度，签订防汛防台抗旱工作和气象防灾减灾责任书，全面建立基层防汛、森林防灭火组织责任网格，压实责任。

【安全隐患整治】 推进第二轮安全生产综合治理三年行动，制定龙游县“1+3+10”方案体系（1指龙游县第二轮安全生产综合治理三年行动计划；3指学习宣传贯彻习近平总书记关于安全生产重要论述专题实施方案、安全生产风险防控和应急救援数字化建设专题实施方案、落实企业安全生产主体责任专题实施方案；10指危险化学品专项整治方案、加工制造类小微企业和矿山专项整治方案、消防专项整治方案、道路交通专项整治方案、交通运输专项整治方案、旅游专项整治方案、城市建设专项整治方案、工业园区等功能区专项整治方案、危险废物专项整治方案、特种设备专项整治方案），组建工作专班，强化专班运作。开展各类安全生产和消防安全综合治理及专项整治活动、第二轮安全生产巡查，推动重点时段安全隐患排查，组织开展文旅、建筑施工、消防、道路交通、危险化学品等重点行业领域的安全隐患排查治理，取得良好成效。完成76项省安全生产巡查考核反馈问题和36项市、县平安暗访反馈问题的督促整改工作。完成省复工复产攻坚行动暗访检查发现的17项问题隐患（含重大问题隐患4个）整改，其中立案处罚3家企业，查处安全生产违法违规行为17起，行政处罚人民币38万元。抓好重大隐患挂牌整治，报省级挂牌督办整治1家、市级挂牌督办整治3家，涉及各类问题隐患17项。

【工矿安全水平提升】 围绕非煤矿山、尾矿库、高温融熔金属作业、自备储油加油设施等重点领域，开展安全专项整治工作。全部完成涉及金属融熔重点企业检查11家，自备储油加油设施9家，非煤矿山、尾矿库4家，共发现问题隐患85项，发布《责令限期整改指令》14份，暂时停产停业1家，立案查处3家。8月完成尾矿库在线监测系统省级联网工作。扎实推进小微制造业示范性场所创建、企业安全风险管控体系建设，工贸企业危化品使用安全评价和新改扩建企业“三同时”（指项目安全设施，必须与主体工程同时设计、同时施工、同时投入生产和使用），完成小微制造业企业15处典型示范场所创建，辐射带动300家企业完成风险体系创建。116家工贸行业使用危化品企业，有100家完成委托，16家企业完成危险化学品安全评价。

【危化领域安全监管】 组织开展危化品道路运输“铁拳整治”、危化品全生命周期、硝酸铵等爆炸性化学品安全和非法违法“小化工”、瓶装燃气等专项整治，严处重罚危化领域违法违规行为。完成园区省级认定，开展危化领域检查118家，发现安全隐患180项，均完成整改，其中1家企业为市级挂牌隐患整改督办，立案查处违法行为7家，罚款24.5万元，督促整改涉及硝化棉储存2家，检查危化品充装、装载运输单位39家，重点核查“小化工”企业42家，查处1家。

【自然灾害综合防控】 全面建立基层防汛、森林防、灭火组织责任网格，压实重点领域、重点区域、重点行业防汛防台、森林防、灭火责任。组织编制自然灾害类应急专项预案，推进避灾场所规范化建设和可视化，完成避灾安置场所规范化建设18个、避灾安置场所可视化建设56个。推进应急救援指挥平台建设，配备可视化调度平台、无人机、VPN3虚拟专网等设备，总投入约400万元。整合力量，组建县级综合森林消防专业救援队，组织各类应急抢险救援、森林防灭火演练50余次，开展业务培训30余场次，培训3900余人。构建防灾减灾长效机制，实行部门值班联合、工作联动、信息联通“三联”机制，周会商和视频连线机制，全面升级山洪灾害预警平台，推广应用“浙江安全码”，有力应对各类强降雨和台风的影响，共转移人口430人，实现人员“零伤亡”。

图31 2020年11月9日，龙游县应急管理局组织联合检查组赴中石化龙游油库进行安全检查 （县应急管理局／提供）

【安全生产执法】 运用“掌上执法”、行政处罚公开等互联网系统，不断更新执法检查信息，实现监管数据实时更新，推动平台数据与安全生产“闭环”治理的无缝衔接。运行“互联网+监管”执法模式，利用双随机、部门联合检查等方式，开展安全生产执法检查，严厉打击非法违法生产经营行为，有效防范各类事故发生。2020年共查处各类安全生产违法案件28起，其中1起生产安全事故，共收缴罚款24.2万元，27起非事故类行政处罚案件（对5家危化品生产经营单位立案查处），共收缴罚款42万元。

【应急管理宣传教育】 围绕“5·12”全国防灾减灾日、“安全生产月”、“全省百万员工大培训”等活动，构建内外双循环宣教模式，通过企业+政府、理论+实操、线下+线上、集中+自主相结合方式，宣传防灾减灾、防汛抗旱、安全生产等应急知识，超额完成省、市下达的“百万员工大培训”工作任务，完成培训人数线上、线下均达2万人以上。整合现有科普设施、宣传场所等资源，建成全民安全体验馆4个，在全县人口较为集中的社区建设微驿站5个，切实提升全民安全素养。

（县应急管理局　叶彩仙）

中国人民政治协商会议龙游县委员会

概　述

【概况】 2020年，政协龙游县委员会及其常委会高举习近平新时代中国特色社会主义思想伟大旗帜，学习贯彻中共十九届五中全会精神，贯彻落实中央和省、市、县委政协工作会议精神，坚持发扬民主和增进团结相互贯通、建言资政和凝聚共识双向发力，聚焦聚力龙游县委“14456”工作布局和党政中心工作履职尽责，发挥专门协商机构作用，完成县政协十届四次会议确定的目标任务，为建设“活力绽放，精彩纷呈”的浙西新明珠作出贡献。县政协全年召开常委会会议5次、主席会议14次，开展2个重大课题的调查研究，形成调研报告2篇，组织委员视察4次，组织“请你来协商”活动34场，提出对策建议200多条。县政协十届四次会议共收到提案194件，审查立案185件，并案处理后为175件，全部按时办复，征集委员大会发言材料16篇。

【政协委员构成】 2020年，政协第十届龙游县委员会共有政协委员203人，政协常委会组成人员41人。政协委员中，中共委员83人、占40.9%，非中共委员120人、占59.1%，女性委员63人，占31%。

【强化党建引领】 健全10个党员委员活动小组运行机制，实行“1名专委（室）主任+1名小组召集人”的“双组长”制度，牵头开展委员小组的党建工作和履职活动。继续开展“党员委员示范岗”创建，坚持党员委员“五带头”“四必谈”工作法，“五带头”指带头在政治引领、发扬民主、凝聚共识、合作共事、廉洁奉公等发面发挥模范作用，“四必谈”指对大政方针理解偏差时有引导，履职取得成绩时有鼓励，能力素质需要提升时有指导，生活工作遇到困难时有帮助。实现党的组织对党员委员和党的工作对政协委员两个“全覆盖”。加强政协机关党的建设和机关党员干部队伍建设，打造政治强、能力强、服务强、作风强的模范机关，连续3年获评县直机关先进基层党组织。组建县政协系统“8090”新时代理论宣讲团和导师团，评出精品课程10个，10名青年委员成为全县“8090”新时代理论宣讲团核心成员。围绕人民政协作为专门协商机构在区域治理体系中发挥作用的机理等主题，组织指导有关委员和各界人士开展理论研讨，全年共征集论文10篇，获省、市政协奖项8篇，获市政协奖项论文数量位居全市首位，整体质量进一步提升。

【深化团结联谊】 坚持和完善县政协领导班子联系各民主党派、工商联、知联会、新联会制度，支持和保障各民主党派、工商联、无党派人士开展履职活动，优先安排视察调研、大会发言、专题协商、提案办理协商等，最大限度地发挥党派团体在建言资政和凝聚共识中的骨干作用。2020年，各党派团体和无党派人士提交大会发言材料28篇、提案123件，报送社情民意信息235篇，分别占总数的90.3%、70.3%、71.2%。民建龙游基层委荣获民建全国先进集体。引导龙游中小企业政协委员会客厅聚焦常态化疫情防控背景下的中小企业高质量发展，定期举办主题活动，邀请省新生代企业家联谊会政协委员会客厅等4家委员会客厅齐聚杭州开展跨“厅”交流。继续邀请龙游籍大学新生走进委员会客厅，激发青年人才回乡就业创业的热情。相关做法得到省政协分管领导的批示肯定，被省政协纳入委员会客厅工作典型案例汇编。支持龙游“三治融合”政协委员会客厅围绕基层治理热点、难点问题，举办依法助推“项目攻坚年”建设、为村级组织换届提供法律服务等主题活动。

【优化委员管理】 常委会定期听取全县经济社会发展情况通报，听取县纪委监委、县委政法委、法院、检察院等部门工作情况通报，为委员知情明政、履职尽责创造条件。举办新增补委员和“8090”青年委员履职能力提升培训班。继续推行青年委员“导师制”，安排19位履职经验丰富的资深委员担任导师，以“一对一、一对多”形式加强对50名青年委员的教育指导。完善委员履职工作规则，继续实施委员年度履职述职和常委提交履职报告等制度，以制度化、科学化、规范化推进委员履职。实行“线上＋线下”相结合的委员履职参与方式，对旁听法院庭审、学校招生监督等42次活动，采取“微信群抢单”报名，全年参与微信报名活动委员达207人次。“优化履职服务管理　发挥委员主体作用”做法在全省政协主席暑期读书会暨市、县（市、区）政协工作经验交流会上交流发言。

重要会议

【概况】 2020年龙游县政协共召开全会1次，常委会会议5次，主席会议14次，书记委员面对面协商会1次，县长委员面对面协商会1次，县政协党组理论中心组学习会8次、党组会议16次，常委读书会1次、委员活动小组专题学习2次。

【县政协十届四次会议】 4月20日至22日举行。会议听取张晓峰书记代表中共龙游县委在开幕会上所作的重要讲话。会议审议通过洪一舟主席代表政协第十届龙游县委员会常务委员会所作的工作报告和陈政副主席代表政协第十届龙游县委员会常务委员会所作的提案工作情况报告。会议期间，共收到提案194件，审查立案185件，并案处理后为175件。委员们列席龙游县第十三届人民代表大会第四次会议，听取并讨论祝建东县长所作的《政府工作报告》和其他报告。会议听取并审议通过提案委员会关于十届四次会议提案审查情况的报告和县政协十届四次会议决议。

【县政协常委会会议】 2020年龙游县政协共召开常委会会议5次，具体如下：

县政协十届十九次常委会会议暨书记委员面对面协商会　4月2日召开。围绕全域土地综合整治工作，县委书记张晓峰与政协委员们面对面交流，零距离听取建议。会议听取县政府关于全域土地综合整治工作情况的通报和县政协调研组关于推进全域土地综合整治专题调研的汇报，并就上述议题进行协商讨论。会议还审议通过《政协龙游县委员会委员履职工作规则》和相关人事事项。

县政协十届二十次常委会会议暨政协党组理论中心组学习会　4月17日召开。会议审议通过政协第十届龙游县委员会第四次会议日程安排、大会秘书长和副秘书长名单、各次大会执行主席和主持人名单、提案委员会成员名单、提案截止时间等有关事项，审议通过相关人事事项。随后召开政协党组理论中心组学习会，传达习近平总书记在浙江调研期间的重要讲话精神和中共中央政治局常务委员会会议精神。

县政协十届二十一次常委会会议、县政协常委读书会暨党组理论中心组学习会　9月4日召开。会议传达学习全市政协主席读书会等相关会议精神。随后，举行“请你来协商·县长委员面对面”协商会。围绕“城东新区国家绿色生态城区创建”主题，县委副书记、县长祝建东与委员们面对面协商交流，零距离听取意见建议。会议听取县政府关于龙游县城东新区绿色生态城区创建工作情况的通报和县政协调研组关于“加快国家绿色生态城区创建　建设美丽城东新区”的专题调研汇报，并就上述议题进行协商讨论。祝建东还通报了龙游2020年上半年经济社会发展情况。

县政协十届二十二次常委会会议暨政协党组理论中心组学习会　10月16日召开。听取县法院、县人民检察院工作情况通报，洪一舟传达全省政协主席暑期读书会暨市、县（市、区）政协工作经验交流会精神，专题开展重点提案办理民主评议活动。

县政协十届二十三次常委会会议　12月23日召开。会议听取县政府关于2020年度全县经济社会发展

图32　2020年4月2日，龙游县政协组织召开书记委员面对面协商会，畅谈全域土地整治工作　（县政协／提供）

情况的通报，听取县政府关于县政协十届四次会议重点提案领办情况的通报，听取县纪委监委关于全县党风廉政建设和反腐败工作情况的通报，听取县委政法委关于全县平安综治维稳工作情况的通报。会议讨论审议并原则通过《县十届政协常委会工作报告》（征求意见稿）和《提案工作报告》（征求意见稿），审议通过相关人事事项。部分政协常委代表进行述职。

图 33　2020 年 8 月 18 日，龙游县政协在詹家镇浦山村举行“凤凰部落”亲子游乐村项目“请你来协商”第三场活动　（县政协／提供）

政协重点工作

【概况】 2020 年，县政协聚焦“稳企业、增动能、补短板、保平安”总目标，围绕县委县政府中心工作，谋划实施 16 项重点履职活动，举行议政性常委会、主席会议专题协商活动 8 次，开展调研、视察、监督等活动 81 次，用好政协话语权，助力增强决策科学性和施政有效性。

【开展调研协商】 围绕寓外乡贤服务“双招双引”、六春湖旅游度假区项目建设、“两江走廊”建设、消防安全等议题开展视察调研。围绕“3+3”主导产业培育发展，开展专题调研协商。围绕“全域土地综合整治”“城东新区国家绿色生态城区创建”等重点课题开展调研和专题协商，报送的调研报告为县委、县政府全面启动全县国土整治大会战和助力创建全国首个县级“国家绿色生态城区”提供重要决策参考，县委、县政府主要领导分别与委员面对面协商，协商成果直接进入县委、县政府决策视野。开展县政协系统“我为‘十四五’规划献一策”活动，围绕“十大引领性项目”“十大突破性改革”提出建议 102 条，并就“十四五”规划编制开展专题协商。

【助推基层治理】 就社会治理领域“最多跑一地”改革议题开展专题协商，助力“基层治理最佳县”创建。开展“最多跑一地”专项集体民主监督，提出的“矛调中心实体化运行全覆盖”等建议意见，得到政府部门的重视和采纳。推动政协协商和基层协商相衔接，与基层治理相结合，开展“请你来协商”进乡村、进社区活动。按照“不建机构建机制”原则，在 15 个乡镇（街道）设立政协乡镇（街道）民情联络站，把政协制度优势转化为基层治理效能。全年共开展红豆树下话村事、农房管控拆后利用、古村落保护与开发等 20 场乡村版“请你来协商”活动。其中，在詹家镇浦山村“凤凰部落”先后举行 3 场“请你来协商”活动，推动项目实施。

【专项集体民主监督】 联动开展高水平全面建成小康社会补短板工作专项集体民主监督，梳理医疗卫生、学前教育、养老、城乡居民增收等民生领域短板，提出具体建议 24 条。持续跟进全域土地综合整治专项集体民主监督，聚焦完善异地搬迁安置政策和考核督查机制、建设用地复垦项目谋划和前期审批等提出监督意见 25 条，助推职能部门完善政策、改进工作、加快项目进度。聚焦省示范文明县城创建，通过委员微信群以图片或短视频方式开展委员“随手拍”监督活动，收集反映问题 59 个，反馈县创建办交办。

【提案机制创新】 围绕党政中心工作和县域治理重点问题加强提案征集，完善提案“双评议”和提案办理“回头看”再提升工作机制，推动提案质量和提案办理质量的“双提升、双促进”。创新“1 号提案办理八步法”，确定《发挥重点产业引领作用　推动产业集群化发展》等 10 件重点提案，县委、县政府主要领导分别领办 1 号和 2 号提案，有效推动提案工作。《打造香喷喷的龙游发糕城市 IP》提案促成“龙游发糕 IP”形象上线，被省政协《联谊报》和“同心苑”微信公众号跟踪报道。

【助力疫情防控】 部署开展政协助力疫情防控和企业复工复产“两手抓、两手硬，两战赢、两领先”活动，组织引导广大委员多渠道、多形式为抗击疫情贡献智慧和力量。机关干部下沉社区一线加强疫情防控宣传和卡点值守，广大委员以社情民意信息等形式提出建议 60 多条，为党委政府科学防控提供参考。围绕完善重大疫情防控体制机制专题，举办“委员

图 34　2020 年 4 月 30 日，龙游县政协举办完善重大疫情防控机制“委员议政行”专题电视议政活动　（县政协／提供）

议政行”电视议政，现场交办的 11 个方面问题得到有效落实。

【服务民生福祉】　发挥 6 个委员工作室自身专长和所在界别优势，开展法律服务、文化传播、项目管理咨询、关爱留守儿童、慰问抗战老兵、平安龙游建设等社会公益活动。组织机关干部和广大委员积极开展“三服务”和送医疗、文化、科技等下乡活动，帮助基层群众解决实际困难。

【反映社情民意】　发挥省政协社情民意信息直报点优势，组织引导政协委员和信息员紧扣疫情防控和企业复工复产等民生热点问题，赴基层调查研究，编报社情民意信息，架起党委、政府密切联系群众的“连心桥”。《探索“龙游通＋基层协商”新模式　提升协商民主制度化规范化程序化智慧化水平》等 5 篇信息被全国政协采用，11 篇信息被省政协采用，《龙游县政协系统党建工作显成效　党员委员争当“疫情防控”先锋战士》等 3 篇信息获省部级领导批示。县政协在全省信息直报点排名中继续走在前列，连续 4 年排名全市政协第一。

【加强文史宣传】　做好省政协《全面小康路上的政协人》《浙江传统经典美食文化故事》征稿工作，完成《龙游徽戏》史料编撰，发挥文史资料“存史、资政、团结、育人”的功能作用。拓宽与省政协宣传部门的沟通渠道，总结龙游县“请你来协商”活动等特色亮点做法。2020 年，被省政协《联谊报》采用 12 篇，“同心苑”微信公众号采用 11 期。《2020，龙游政协这样拼！》等 5 期公众号信息阅读量破万次，连续两年获省政协宣传工作先进单位。

（县政协　郭晓玲）

附：县政协十届四次会议优秀提案

发挥重点产业引领作用
推动产业集群化发展

近年来，在县委县政府的全面布局之下，龙游的支柱产业实现了迭代发展，全县产业格局由“一枝独秀”变为“多点支撑”，2019 年，全县“3+3”产业实现产值 155.86 亿元，同比增长 7.0%，占全部规模工业比重的 63.94%，成为县域经济发展的中流砥柱。但我们也看到，与周边经济发达的县市区相比，我县的产业发展相对滞后，全产业链的规模化集群化效应尚未形成。随着供给侧结构性改革的不断深化，如何尽快在区域范围内打通产业链上下游、实现全链条发展，已成为我县未来经济发展的关键节点，也是实现工业高质量发展亟待解决的重要问题。

一、我县产业链发展存在的困难和问题

1. 重点产业“缺链口”明显。虽然我县一直有意识地引导“3+3”等重点产业的上下游企业集聚发展，但从目前情况来看，重点产业链条存在较大“缺链口”，制约了产业进一步联动发展。以特种纸产业为例，大多数造纸企业集中在产业链中端，产业链前端和末端企业较少，这就导致企业在应对市场变化时比较被动。特别是今年在新冠肺炎疫情的影响下，产业链“断点”造成我县企业复工达产滞后的情况更加明显。疫情的影响放大了区域经济产业链“缺环”的弊端，也让龙游本地产业链的补链需求更加迫切。

2. 生产要素“卡脖子”严重。由于我县 GDP 能耗基数低、能耗总量小，县域内部调整余地小，工业能耗压力是我县产业发展面临必须考量的第一要素。以 2020 年为例，按单位 GDP 能耗下降率 2% 测算，今年全县规上企业的工业用能总量要低于或持平于 2019 年，才能完成“十三五”节能目标。这在客观上让我县新项目落地投产的“门槛”变高，也在较大程度上影响了工业投资和做大经济总量的速度。同时，由于杭州、义乌等周边发达城市的经济“虹吸”效应，加上生活成本偏高、发展平台过窄等因素影响，用工贵、引才难也成为企业发展面临的共同难题。

3. 工业企业“创新力”不够。从全县各产业发展情况来看，除了少数企业研发投入力度大、产品附

加值较高外，大多数企业的产品技术含量不高、缺少创新；有的产业出现各企业产品同质化竞争现象，导致产业抢占新市场后继乏力。究其原因，一方面是我县提供技术、信息服务的中介组织数量较少，致使企业自主创新成本相对较高；另一方面是研发人员的缺乏，特别是高层次创新人才奇缺，已成为制约我县企业自主创新的重要因素。

二、几点建议

1. 着力补链强链，提升产业链发展韧性。以完善“3+3”产业链为着力点，加大双招双引工作力度，通过招商、土地和项目等方面的政策倾斜，有规划地引进一批产业链上下游企业，培育空间上高度集聚、上下游紧密协同、供应链高效运作的特色产业集群，打造产业“升级版”。以产业智能化改造为突破口，发挥省级两化深度融合综合性示范区专项资金的引领作用，鼓励更多的企业特别是产业龙头企业实施生产线智能化改造，推动数字经济与产业发展的融合创新，构建更具市场竞争力的全产业链条。

2. 盘活现有资源，激发高质量转型动力。面对能耗压力，建议通过政府积极盘活现有资源，帮助企业实施转型升级，补足工业用能空间严重不足的这块“短板”。一方面是节流，通过“亩均论英雄”改革的持续深化，倒逼低效企业出清，加快小微企业园建设，进一步推动产业空间集聚、资源整合。另一方面是开源，通过营商环境的持续优化，发挥产业服务团、亲清服务、组团联企等服务举措的积极作用，在落实涉企惠企政策、提供要素保障和解决企业实际困难等方面提供更加精准的服务，为实现经济高质量发展注入强劲动力。

3. 推动创新发展，加快产学研深度融合。围绕产品技术创新的实际需求，积极争取国家、省对产业发展和项目投资等方面的政策支持，实施一批民营企业重大科技攻关项目，推进一批重大技术改造和技术创新项目，有力撬动创新“加速键”。围绕区域经济发展的重大需求，全面借智借力求创新。政府部门牵线搭桥，帮助企业主动对接省级国家级高等院校，不断加强校企合作，搭建产学研平台，在人才培养、学科建设、项目对接、成果转化和智力支持等方面正式建立长期紧密的合作关系，有针对性地开展项目、实习、培训、咨询和科研等方面合作与探索，做到高校与企业“无缝对接”、专业与产业“同频共振”，为龙游实体经济高质量发展提供更强大的智力支撑。

（提案人：王玲）

龙游县政协十届四次会议提案办理先进单位及提案办理情况表

表4

单位名称	提案办理数（件）	重点提案数（件）	单位名称	提案办理数（件）	重点提案数（件）
县经信局	13	1	县委编办	1	1
县农业农村局	14	2	县交通运输局	3	1
县资源规划局	11	2	县住建局	19	0
县卫健局	9	1	县文广旅体局	14	0
县司法局	3	1	县教育局	9	0
经济开发区	5	1	县公安局	7	0

龙游县政协十届四次会议优秀提案一览表

表5

提案编号	提案名称	提案人
1	发挥重点产业引领作用　推动产业集群化发展	王玲
2	以“溪口老家”为契机，超前布局　推动我县乡村版未来社区建设	民盟龙游县总支部（王青霞）
171	关于加快全域土地综合整治、全面推进龙游“721”人口集聚的建议	民建龙游县基层委员会
20	关于加快城东新区引水入城专项规划研究的建议	姜真
161	关于突发公共卫生事件防控措施的建议	叶寨芳　李国泉
82	深入推进依法行政　高标准建设法治政府	民革龙游县总支（袁方舟）
159	关于高质量发展龙游经济开发区生产性服务业的几点建议	民革龙游县总支（李华琴）

续表 5

提案编号	提案名称	提案人
61	关于推进我县中药材产业发展建议	蓝芝苇
99	关于推进县域“智慧大脑”建设深化机关“最多跑一次”改革的建议	陈毅超
40	关于加快构建龙游城际交通网，打造区域枢纽中心的建议	县知联会
54	关于高品质建设城东新城的建议	洪霞琴
78	落实“三个重要指示”精神　高质量发展龙游竹产业	方燕
32	紧紧抓住六春湖开发机遇，发展我县森林康养的对策建议	祝立宏
160	挖掘废弃矿山资源，加快推进矿山资源综合开发利用	余小明
71	关于高水平建成全面小康龙游的意见建议	民盟龙游县总支部（吴幼平）
91	关于打造龙游城市品牌“龙游发糕 IP”的建议	县工商联　民进龙游县总支部
127	优化招才引智环境　助推“3+3”产业发展	吴安春
59	关于推动发展夜间经济，打造美丽“夜龙游”的建议	九三学社龙游县基层委员会（兰吴涛）
37	关于打造富有年代印记的河西步行街	饶峰
130	进一步营造良好的营商环境　促进民营经济高质量发展	周巧萍

龙游县政协十届四次会议优秀大会发言情况一览表

表 6

序号	题　目	报　送　单　位	发言人
1	关于高质量发展龙游经济开发区生产性服务业的几点建议	民革龙游县总支 县政协经济委	李华琴
2	关于推动发展夜间经济打造美丽“夜龙游”的建议	九三学社龙游县基层委员会	兰吴涛
3	优化招才引智环境　助推“3+3”产业发展	县工商联	吴安春
4	关于高品质建设城东新城的建议	农工党龙游县总支	叶寨芳
5	加快全域土地综合整治　全面推进龙游“721”人口集聚	县政协人资环委 民建龙游县基层委员会	胡晶媛
6	紧紧抓住六春湖开发机遇发展我县森林康养的对策建议	县政协农业和农村委	祝立宏
7	落实“三个重要指示”精神　高质量发展龙游竹产业	县知联会	姜朝霞
8	深入推进依法行政　高标准建设法治政府	民革龙游县总支	袁方舟
9	加速“三化”融合发展　推进社区治理能力现代化	民进龙游总支部	吴红峰
10	以“溪口老家”为契机超前布局　推动我县乡村版未来社区建设	民盟龙游县总支部	吴宇芳
11	打造基层治理最佳县谱写平安建设新篇章	县政协社法委	袁旭辉
12	优化城乡教育布局　打响“学在龙游”品牌	民进龙游县总支部	吴益良

2020 年度龙游县十届政协履职成绩突出委员一览表

表 7

姓　名	所在单位	姓　名	所在单位
饶　峰	龙游龙商行文化投资管理有限公司	胡旭东	龙洲街道清廉社区
李华琴	龙游博恩贸易商行	袁方舟	县府办
陈毅超	东华街道办事处	王振超	县委宣传部
吴益良	横山镇人民政府	祝立宏	县林业水利局
颜运珍	浙江省龙游中学	吴幼平	县司法局

续表 7

姓　名	所在单位	姓　名	所在单位
祝丽燕	县人民法院	曾焕总	浙江九合建筑设计有限公司龙游分公司
王　玲	县经信局	雷　珍	县民政局
贾仲银	县委统战部	胡晶媛	浙江鑫媛贸易有限公司
施　涛	县委组织部	夏　雁	县青少年宫
王青霞	县疾病预防控制中心	吴红峰	县医保局
叶　俊	石佛乡人民政府		

2020 年度龙游县十届政协社情民意信息工作突出信息员一览表

表 8

姓　名	单　位	姓　名	单　位
王　玲	县经信局	欧阳锡龙	县传媒集团
王青霞	县疾病预防控制中心	修　敏	县财政局
曾焕总	浙江九合建筑设计有限公司龙游分公司	谷笑笑	县委组织部
严　芝	县综合行政执法局	胡悦泓	县委办

中国共产党龙游县纪律检查委员会
龙游县监察委员会

概　述

【概况】 2020年，中国共产党龙游县纪律检查委员会、龙游县监察委员会（以下简称中共龙游县纪委县监委）、中共龙游县委巡察领导小组办公室（以下简称县委巡察办），坚持以习近平新时代中国特色社会主义思想为指导，在县委和市纪委市监委的正确领导下，协同全县各级纪检监察组织全面贯彻中央和省、市纪委全会精神，凝聚起决胜之年、收官之年、大考之年的精气神，紧紧围绕抗疫情、稳经济、保民生等中心大局，全面推行“365监督在线”（“3”是指3个导向：目标导向、问题导向、效果导向；“6”是指6条工作路径：大平台实时化监督、大数据智慧化监督、大项目动态化监督、大联通闭环化监督、大联动协同化监督、大融合绩效化监督；“5”是指5项监督法：专项监督、立项监督、常项监督、并项监督、外项监督）工作机制，不断提升治理效能，持续优化政治生态，为经济社会高速稳定发展提供坚强纪法保障。

【监督执纪从严治党】 认真贯彻执行《党委（党组）落实全面从严治党主体责任规定》《中国共产党党内监督条例》等一系列党内法规，积极协助县委推进全面从严治党主体责任落实，坚持以“三不”（不敢腐、不能腐、不想腐）一体理念深化腐败治理，深入推进纪律监督、监察监督、巡视监督、派驻监督“四个监督”贯通协同。坚持以系统性思维解决系统性问题，找准突出问题的突破口，集中资源力量实施精准打击，变“等米下锅”为“主动出击”，在抽丝剥茧中不断取得突破，推动全面从严治党、党风廉政建设和反腐败斗争走向纵深，至年底，全县共立案233件，党纪政务处分244人，其中县管干部15人，留置6人，移送司法机关11人。

【构建自我监督体系】 围绕“把队伍建强、让干部过硬”要求，抓细抓实纪检监察干部日常监督管理，全年共开展内部督查15次，发现问题42个，受理问题线索、信访件5件，诫勉1人，立案处理1人。将“鞭打慢牛”常态化，对自办案件进度较慢的3个乡镇（街道）纪（工）委的负责人、办理巡视巡察问题线索较慢的2个派驻机构的负责人进行约谈督办，激发起你追我赶的工作热情和干劲，率先实现乡镇（街道）自办案件的全覆盖。

重要会议

【县第十一届纪律检查委员会第五次全体（扩大）会议】 2020年3月25日召开。县委书记张晓峰出席全会并作重要讲话。县委常委和有关县领导出席会议。县委常委、纪委书记、监委主任俞忠胜代表县纪委常委会向全会作报告。全会的主要任务是深入贯彻落实党的十九大和十九届二中、三中、四中全会精神，按照十九届中央纪委四次全会、省纪委十四届五次全会、市纪委七届四次全会和县委十一届七次、八次全会的部署，回顾总结2019年纪检监察工作，部署2020年工作任务。全会指出，一年来，全县各级纪检监察组织坚持稳中求进工作总基调，在不间断对标看齐中牢牢把握前行方向，忠实履行党章和宪法赋予的神圣职责，以党的政治建设为统领，将管党治党思想、意识和工作始终贯穿于龙游经济社会各项事业发展之中，始终贯穿于龙游干部队伍建设之中，谱写了新时代纪检监察工作高质量发展的龙游篇章。全会强调，2020年全县各级纪检监察组织要紧扣“发力更加精准、绩效更加明显”要求，全面提升正风肃纪反腐的精准性和有效性，持续深化清廉龙游建设，致力创建政治生态最

图 35　2020 年 3 月 25 日，中共龙游县第十一届纪律检查委员会第五次全体（扩大）会议召开　（县纪委县监委／提供）

佳县，重点抓好八个方面工作：深入开展“政治监督强化年”专项行动；扎实推进“护航新明珠”专项行动；切实抓好“刹歪风、树新风”专项行动；大力实施“一体推进‘三不’建设”专项行动；全面启动“基层监督提质增效”专项行动；持续深化“锻钢铸魂大练兵”专项行动。

【县纪委常委会会议】 2020 年，中国共产党龙游县纪律检查委员会召开常委会会议的具体情况如下：

1 月 3 日，县纪委召开常委会会议。县纪委书记、县监委主任俞忠胜主持会议。会议传达学习《市纪委市监委 2019 年度落实党风廉政建设主体责任检查情况反馈意见》；讨论研究《2019 年全县各单位党委（党组）落实全面从严治党主体责任考核情况》。

2 月 20 日，县纪委召开常委会会议，传达学习中央纪委《关于进一步规范对涉嫌违法犯罪党员作出纪律处分工作（意见）》和 1 月 20 日省纪检监察机关审查调查工作高质量发展专题研讨会议精神，强调要更加深刻地理解和把握我省审查调查工作所面临的形势，找准审查调查工作高质量发展的努力方向，高质量谋篇布局 2020 年审查调查工作。

5 月 21 日，县纪委召开常委会会议，讨论研究《龙游县“人事交织”信访举报件规范化办理实施办法（试行）》和县纪委十一届五次全会任务分解情况，强调各科室要统筹把握常规工作与全年重点工作，加强协同作战。

8 月 14 日，县纪委召开常委会会议，审议通过《2020 年度落实党风廉政建设主体责任检查考核办法》；传达学习 7 月 30 日中共中央政治局第二十二次集体学习会、市委七届八次全会精神。

12 月 14 日，县纪委召开常委会会议，审议县纪委县监委机关 2020 年党风廉政建设主体责任情况，强调要针对存在的问题，尽快落实整改，并制订 2021 年工作计划；传达学习省委书记袁家军在浙江省管领导干部学习贯彻党的十九届五中全会精神集中轮训开班仪式上的讲话精神，强调要深刻领悟系统方法和系统观念，抓好“三不”（不敢腐、不能腐、不想腐）机制和“三个效果”（政治效果、纪法效果、社会效果）的结合。

纪检监察工作

【概况】 2020 年，中共龙游县纪委县监委在龙游县委和中共衢州市纪委市监委的正确领导下，全面贯彻中央、省、市纪委全会精神，坚持抓实疫情防控与保障中心大局统筹推进，扎实有效开展政治监督；坚持面上治标与源头治本同向发力，持之以恒正风肃纪反腐；坚持营造清廉氛围与健全完善基层监督机制协同联动，有效提升基层治理效能；坚持“严”的主基调与激励干部担当有机结合，全力保障村社组织换届；坚持提升队伍素质与推动工作规范化一体谋划，自觉践行忠诚干净担当。

【政治监督精准坚定】 部署推进“政治监督强化年”专项行动，深入运用“365 监督在线”工作机制，组织开展保障安全生产、制止餐饮浪费、深化减税降费等专项执纪监督 376 次，督促整改问题 657 个，查处问责 201 人。主动融入县委大督查体系，聚焦疫情防控、复工复产、“六稳”“六保”等持续跟进监督，安排 8 名干部驻点县疫情防控应急指挥部、5 名干部驻点县集中隔离医学观察点，向各个督查督导组派出纪检监察干部参与一线监督检查。查处涉疫违规违纪违法问题 52 起，处理 80 人，其中党纪政务处分 26 人。深入开展县内外扶贫“两抓两察两清”（抓县内“扶贫开发”和县外“扶贫协作”；重点“进驻观察”和常态“驻守观察”；存量“问题清零”和增量“随查随清”）及“千名干部访万户”等专项行动，全覆盖走访低收入农户 10832 人，实地检查扶贫、移民、消薄重点项目 38 个，问责处理 41 人。主动组建士元实验区、大南门历史文化街区效能监督专班，开展“全程＋嵌入”监督，监督情况实行“一周一通报、一季一调整”，共下发通报 28 期，督促整改问题 120 余个；助力征迁安置、土地清表、工程建设等 60 余项重点任务，跑出攻坚“加速度”。

【政治生态向上向好】 紧扣打造“政治生态最佳县”目标任务，积极探索新时代县域政治生态治理新路径。协助县委制定《创建政治生态最佳县 2020 年行动方案》，细化七大方面 21 项建设重点和推进措施，建立县乡村“三位一体”协同治理模式，得到省纪委副书记胡志权批示肯定。坚持全覆盖开展政治生态精准“画像”，健全政治生态建设档案 88 份、领导干部廉政档案 570 余份。进一步优化党风廉政建设主体责任检查考核办法，助推构建管党治党政治责任共同体，推动“四责协同”（党委主体责任、纪委监督责任、党委书记第一责任、班子成员“一岗双责”）有效运转。向县领导呈送廉情信息 23 份，严格落实“一案双查”（在追究案件当事人责任的同时追究相关领导责任），处理领导干部 9 人。严格按照“三个区分开来”（即把干部在推进改革中因缺乏经验、先行先试出现的失误和错误，同明知故犯的违纪违法行为区分开来；把上级尚无明确限制的探索性试验中的失误和错误，同上级明令禁止后依然我行我素的违纪违法行为区分开来；把为推动发展的无意过失，同为谋取私利的违纪违法行为区分开来）要求，为 48 名党员干部澄清正名，旗帜鲜明支持干部担当作为，促进政治生态向上向好发展。

【基层治理有力有效】 积极配合中央巡视工作，对交办的 23 件信访举报第一时间研究、处置、反馈。以省纪委“三清三提升”（以思想观念“清障”促工作能力提升、以初次举报“清零”促办信质量提升、以重复举报“清淤”促处置实效提升）行动和市纪委“制度规范落实年”活动为抓手，不断深化“最多访一次”工作，全年共受理检举控告件 218 件，同比下降 23.5%；制定“人事交织”信访举报件规范化办理实施办法，压实职能部门首办责任，“人事交织”件按期办结率提升 30%，平均办结周期缩短 44%；开设“矛调中心”纪检监察信访窗口，深化“全员接访”，入驻以来共接待来访群众 129 批 189 人次，陪同对接信访问题 170 余个，群众满意率同比上升 14.1%。部署村（社）换届“百日清障”行动，全面起底涉纪信访举报及问题线索，开展资格审查 26 批 4193 人次，对 90 余人提出暂缓、否决意见。坚持重心下沉、关口前移，查处群众身边腐败和作风问题 34 起，党纪政务处分 36 人。深入开展村干部违规承揽或插手本村工程项目专项整治，组织摸排近三年来村级工程项目 2288 个，处理 13 人。

图 36　2020 年 2 月 12 日，中共龙游县委常委、县纪委书记、县监委主任俞忠胜（中）在道明光学督查企业防疫工作　（县纪委县监委／提供）

【改革效能不断提升】 树立“系统化、一体化”理念，深入推行“季度派单”、巡监协作等模式，有效推动“四项监督”统筹衔接、贯通协同。派驻（出）机构共立案 50 件，其中自办案件 39 件，同比分别增长 22% 和 39.3%，巡察移交问题线索成案率提升 30%。积极打造问题线索实时闭环式管理链条，健全问题线索月季联报、定期通报、协审把关、绩效评定等机制，全年共处置问题线索 932 条，实现办理质量和办理效率“双提升”。持续巩固深化乡镇（街道）纪检监察机构规范化建设，制定乡镇（街道）纪检监察机构履职清单，完善工作汇报、审批报告、考核考评等 18 项制度，充分发挥“老百姓家门口的纪委监委”作用。全县 15 个乡镇（街道）纪（工）委共办理案件 165 件，同比上升 17%，其中自办案件 66 件，同比上升 22.2%。把推动监督下沉作为深化改革的落脚点，在全县 273 个行政村（社）设立监察工作联络站，打通基层监察监督“最后一公里”。建立村务监督委员会和村级监察工作联络站“问题直报”机制，村级监督前哨作用得到进一步加强。

【作风建设扎实深入】 高标准推动落实中央八项规定及其实施细则精神和省、市、县有关规定，抓住重要时间节点，紧盯易发多发老问题和隐形变异新动向，常态化开展正风肃纪，严肃查处顶风违纪行为。全年共开展“廉节清风”行动116批次，检查单位292家，查处违反中央八项规定精神问题28起，处理43人，党纪政务处分29人，同比分别增长47.4%、72%和61.6%，点名道姓通报曝光典型案例11起24人；其中，查处形式主义、官僚主义问题9起，处理18人，党纪政务处分9人。开展领导干部违规借贷问题、民生领域不正之风和侵害群众利益问题专项治理，查处领导干部违规借贷问题8起，处理9人；查处在职教师有偿家教问题9起，处理9人。坚持日常教育与日常监督相结合，紧盯领导干部这一“关键少数”，推送廉政短信49期3万余条，编印分发《四类违规问题解读及案例分析》590余册，督促时刻绷紧纪律弦。拍摄“正风肃纪在行动”专题片，在“微龙游”公众号、龙游新闻频道等平台进行播放，形成持续震慑。

图37　2020年1月10日，中共龙游县纪委县监委召开“不忘初心、牢记使命”主题教育总结大会
（县纪委县监委/提供）

【“三不”机制稳步推进】　牢牢把握“严”的主基调，全县共运用“四种形态”处理947人次，其中第一、第二、第三、第四种形态分别占74%、20.5%、2.1%、3.4%；立案233件，涉及县管干部15人；党纪政务处分244人次；留置6人，移送司法机关11人，挽回经济损失1800余万元。深入剖析审查调查中发现的突出问题，发出纪律检查建议书5份、监察建议书28份，督促案发单位整改问题78个，建立完善制度57项。针对财务人员违纪违法问题，督促县财政局制定《关于进一步严肃财经纪律加强财务管理的通知》，分层开展单位一把手、财务分管领导及财务人员培训教育，强化风险防控。构建“1234”（突出“一个核心”、推进“两项动作”、推行“三张清单”、建立“四大机制”）联动模式，通过拍摄警示教育片、开设“庭审云课堂”、推行“两会两课”（学习会、谈心会；廉政党课、纪法微课），积极推动警示教育制度化、常态化。在纪法威慑和政策感召下，有5名公职人员主动投案。牢牢把握清廉建设的基础性地位，制定《清廉示范点标准化建设要点》，督促职能部门担起责任，以点带面推进清廉示范点建设，全年共建成清廉示范点23个，全市清廉村居建设现场推进会在龙游召开。

【队伍建设从严从实】　县纪委常委会把政治建设摆在首位，带头开展学“习言习语”、读“好书好文”、写“所思所悟”、讲“心得心声”系列活动，把习近平总书记重要讲话、重要指示批示精神和上级新精神、新要求列入第一议题，不断增强践行“两个维护”的思想自觉和政治自觉。深化“五张清单一张网”（纪委书记、监委主任责任清单；班子成员责任清单；部门负责人责任清单；机关纪委责任清单和干部廉洁自律承诺书，形成一张严密的责任网）建设，持续拧紧责任链条。以打造高素质专业化干部队伍为目标，开设“清廉讲坛”特色培训课堂，针对履职尽责多元化和干部需求个性化的实际，创新理论教育、业务培训、实践锻炼等形式，举办模拟办信、知识竞赛等活动10期，43名干部登台比武，高效实现以赛促学、以学促思，全委充电、全员提能的氛围浓厚。积极开展12项创新创优课题研究，主要负责人选题破难点、分管领导领题抓重点、纪委机关各部门切题创亮点，形成创先争优、比学赶超的良好氛围。围绕“把队伍建强、让干部过硬”要求，抓细抓实纪检监察干部日常监督管理，扎实开展纪检监察警示教育活动，加强和规范反映纪检监察组织和干部的检举控告、问题线索处理工作。坚决防治“灯下黑”，共处理问责纪检监察干部6人。

（县纪委县监委　张晨昊）

巡察督查

【概况】　2020年，中共龙游县委巡察工作领导小组办公室始终坚持贯彻习近平总书记关于新时代巡视巡察重要指示批示精神，全面落实中央和省、市委关于巡视、巡察的重要部署，突出政治巡察定位，紧扣“三个聚焦”（聚焦基层贯彻落实党的路线方针政策和党中央决策部署情况；

图 38　2020 年 10 月 26 日，龙游县召开十一届县委第十一轮巡察动员部署会，中共龙游县委书记张晓峰作动员讲话　（县委巡察办／提供）

聚焦群众身边腐败问题和不正之风；聚焦基层党组织软弱涣散、组织力欠缺问题），坚持问题导向，立足巡察整改，力促全面从严治党向纵深发展、向基层延伸。通过常规巡察、“推磨式”巡察及“回头看”等方式，对全县 3 个乡镇（街道）、13 个部门单位，128 个行政村开展巡察，共发现问题 2318 个，移交问题线索 81 条，推动为群众办实事，解决群众反映强烈、亟待解决的问题 32 个，把政治巡察的监督优势转化为治理效能。

【巡察动员部署会】 2020 年 4 月 27 日，龙游县委第十轮巡察工作动员部署会召开，旨在深入贯彻落实中央和省、市委有关巡视巡察工作部署要求，紧扣“两个维护”的根本任务，督促落实“两个责任”。会议对县委第十轮巡察工作进行动员部署。会议要求，要抓实整改，在做好“后半篇文章”上下功夫。被巡察党组织要从政治高度看待巡察整改，做到即知即改、立行立改、真改实改、全面整改。监督问责要有力有效，要加强巡察整改情况的日常监督，对整改不落实、整改不力的情况要严肃追责问责。10 月 26 日，龙游县委第十一轮巡察工作动员部署会召开。会议全面部署县委第十一轮巡察工作及任务分工，强调在新一轮巡察中，精准聚焦、绵绵用力，紧盯职责使命、“两个责任”、党组织建设抓好政治巡察，持续巩固政治上的绿水青山，维护好“政治生态最佳县”的创建成果。要牢牢把握问题导向这一根本，巡察组要结合被巡察单位特点，做足巡前准备，突出巡察重点，精准反馈结果，把被巡察单位最重的“穴位”点准，真正巡出实情、察出关键、开出良方。要牢牢把握整改落实这一关键，做深做实巡察“后半篇文章”。

【村（社）巡察全覆盖】 根据村级组织换届时间节点安排，科学谋划村（社）巡察进度，针对各村（社）不同特点，突出重点、分类推进村级巡察，上半年对 128 个行政村开展巡察，助力村级组织换届工作。其中对 16 个重点村开展“专项巡”，对 11 个已巡的后进村党组织开展巡察“回头看”，其余 101 个行政村开展“推磨式”巡察，共发现问题 1684 个、移交问题线索 54 条，立案 17 人，留置 2 人。全年实现 273 个村（社）巡察全覆盖，并通过梳理巡察发现的普遍性问题，形成《关于乡镇招投标监管和乡镇对国有资产管理两方面问题的专题报告》向县委报告，推动全县面上问题的解决。

【创新工作机制】 围绕党和群众普遍关心的问题，创新巡察方式方法，不断深化政治巡察，提升巡察质效。探索村（社）巡察“五访”工作法（综合运用网上接访、驻点迎访、入户走访、重点探访、跟踪追访）巡察发现问题，做到“四必到”（弱势群体必到、卡外户边缘户必到、离任干部必到、老党员必到）、“四必谈”（纪律规定必谈、存在问题必谈、整改措施必谈、责任追究必谈）、“四必问”（政策兑现情况必问、困难解决情况必问、干部作风情况必问、服务改进建议必问），起底村情民意，为村级组织换届选情分析研判提供参考。2020 年两轮巡察共接到群众来电、来信、来访 173 人次，走访谈话 1168 人次，挖掘有效问题线索 7 条。探索巡中“为民解忧”机制，建立巡中问题交办督办制度，形成问题交办单和巡察整改建议书，将群众最关心、最急切、最期盼的问题和反映最强烈的问题，第一时间交行政村及其所属乡镇（街道）落实整改，巡察组跟踪督办巡中问题办理情况，确保问题整改到位，以整改显效取信于民。巡察期间，巡察组共交办立巡立改问题 32 个，全部整改到位，提升群众对巡察整改的满意率。探索“巡纪衔接”机制，建立巡察情况月报告制度，每月跟踪督查一次巡察及立巡立改情况。巡察组撤点后，组织县纪委案管室、党风室、纪检监察室等相关科室对巡察发现的问题线索进行研究评估，集中力量对部分可查性强的问题线索“优先研判、优先办理”，对严重违纪违法问题“提前介入、提前跟进”，迅速查处一批违规违纪的干部，在短时间内取得工作成效，形成震慑。

图 39　2020 年 11 月 11 日，第十轮巡察县委第一巡察组对詹家镇党委巡察情况进行反馈　（县委巡察办／提供）

【落实巡察整改】　建立完善相关制度机制，压实巡察整改主体责任和监督责任，督促相关职能部门和被巡察单位齐抓共管、同心协力，共同做好巡察"后半篇文章"。制定出台《龙游县委巡察整改实地评估验收暂行办法》，明确验收程序和结果运用，提升整改评估验收质效。修订完善《巡察整改日常监督暂行办法》，明确县纪委县监委、县委组织部、巡察机构在巡察整改日常监督职责分工，明确日常监督内容、日常监督方式和日常监督成果运用，落实日常监督相关职能部门派员参加被巡察党组织的巡察动员会、巡察反馈会和专题民主生活会，持续跟踪问效。建立"台账式管理"和"销号制落实"制度，加强巡察整改和问题线索办理的全程督导，督促被巡察单位认真研究制定切实可行的整改方案，逐项逐条地列出问题清单、任务清单和责任清单"三张清单"，盯紧抓实，对账销号，4 家单位因整改进度偏慢被通报，11 个党组织负责人因巡察整改评估验收未通过被约谈。

【协助省委巡视回访检查整改】　3 月 31 日至 4 月 3 日，省委巡视第五回访检查组对龙游县巡视整改情况进行回访检查。县委巡察办对照巡视问题清单，牵头梳理汇总巡视整改情况，逐条逐项开展自查，完善巡视整改台账资料。在回访检查反馈后，建立巡视回访检查整改台账，定期收集更新整改落实情况，回访检查发现的 8 个问题全部整改到位，实现"清零"销号。8 月底，按期向省委巡视办、省委巡视回访检查组报送《龙游县委关于省委巡视整改情况回访检查反馈意见的整改落实情况报告》，推动省委巡视回访检查整改落地见效。

【巡察队伍建设】　及时更新完善巡察人才库，实现巡察人才库动态管理，商同县纪委县监委、县委组织部，调出因调动、健康等原因需调整人员，择优推选一批工程、财务、审计、纪检监察、组织等专业型、复合型干部共 75 人。重新制定《龙游县委巡察组绩效考核办法》，将巡察干部的政治表现、组织纪律及工作实绩纳入巡察组考核，加强对问题线索成案率指标的考核评估，提高问线索质量。同时，对每一轮参加巡察的干部至少开展一次业务培训，邀请巡察组组长、党风室主任、监管办副主任等有经验的领导干部将政策文件、经验做法、规章制度等作为培训重要内容，进一步提升巡察干部业务水平。

（县委巡察办　张超）

民主党派

概 述

【概况】 2020年，龙游县各民主党派坚持“长期共存、互相监督、肝胆相照、荣辱与共”的方针，坚持多党合作和政治协商制度，不断加强自身建设，紧紧围绕中共龙游县委、县人民政府的中心工作，深入开展思想政治学习，认真履行参政议政、民主监督职能，发挥自身优势，深入调查研究，撰写提案、议案，反映社情民意，为县委、县政府及有关部门决策当好参谋。根据自身特点，加强基层组织建设。继续做好“民革党员之家”“民建之家”“农工之家”等的建设，成立“龙游三治融合委员会客厅”、衢州市首家“省政协委员会客厅”“龙游开明艺术团”等，设立“民盟同心·名医服务工作站”，举办“九三讲坛”等，积极开展“科技助企”、九三科普、送法送医送科技下基层、同心基地建设、健康服务、公益教学、捐赠活动、演讲比赛、送春联、送文化下乡、送温暖、支教活动、结对帮扶、东西部扶贫协作、走访慰问抗战老兵等活动，服务社会，服务民生。深化“不忘合作初心，继续携手前行”主题教育活动。组织学习中共十九大及习近平总书记系列重要讲话精神，牢固树立“四个意识”，坚定“四个自信”，坚决做到“两个维护”。根据中共中央总书记习近平对民主党派提出的“四新”“三好”要求，更加自觉和坚定地做到与中国共产党在思想上同心同德、目标上同心同向、行动上同心同行，增强自觉履行参政党职能的使命感和责任感，为推进新型工业化、新型城镇化，为文化旅游和美丽龙游建设而努力，为龙游经济社会发展作出贡献。

【积极参加各项活动】 2020年，龙游县各民主党派面对严峻的新冠疫情形势，开展并落实疫情防控工作，认真履行参政议政、民主监督职能，积极建言献策，一年来在自身建设、参政议政、社会服务等方面实现新提升、展现新作为。立足岗位，积极参加全县抗疫行动，指导企业复工复产。积极捐款及捐献防疫物资助力抗疫，并在小区门口、高速路口、主要路段做好测量体温、排查登记等工作，获得多项荣誉。民建龙游县基层委员会被授予民建全国先进集体和全省抗击新冠肺炎先进集体；民建会员陈德轮、雷绘君获全省抗击新冠肺炎先进个人。民革党员徐伟杰、方辰、况粲、林素芳、胡秀秀获“浙江民革防控抗疫先进个人”。民进会员方津所属企业列为“浙江省疫情防控重点保障企业”名单，成为浙江省首批复工复产企业，获得全市统一战线领域同心抗疫先进集体。民盟盟员周卫锦获民盟浙江省委会颁发的“抗击新冠肺炎疫情先进个人”，被省委统战部评为“最美逆行者”。民盟龙游县总支部、民进龙游县总支部被市委统战部评为“同心抗疫、大爱驰援”先进集体。此外，积极参加县“8090”新时代理论宣讲、“红领巾宣讲团”等活动，民盟盟员叶翠、李姗获全省新时代青年理论宣讲工作现场会表现突出先进个人，为龙游县经济社会发展贡献力量。农工党龙游县总支获2020年度农工党中央宣传思想工作先进基层组织，农工党浙江省委会2020年度先进基层组织。

中国国民党革命委员会龙游县总支委员会

【概况】 中国国民党革命委员会龙游县总支委员会（以下简称民革龙游县总支）在民革衢州市委会和中共龙游县委的正确领导下，全体党员凝心聚力、奋力拼搏，面对严峻的新冠疫情形势，开展并落实疫情防控工作，认真履行参政议政、民主监督职能，积极建言献策，一年来在自身建设、参政议政、社会服务等方面实现新提升、展现新作为。2020年度，民革龙游县总支被民革衢州市委会评为“优秀基层组织”；

中共龙游县委统战部授予总支“争先创优一等奖”荣誉称号。总支党员胡秀秀被全国妇联评为“全国巾帼建功标兵”，并获2020年浙江省青春助力乡村振兴带头人“青牛奖”。2020年发展新党员2人，共有党员22人，其中市政协委员1人，县政协常委1人、县政协委员6人。

【思想和组织建设】 总支积极贯彻落实“2020年民革中央组织建设年”有关精神，聚焦党员综合素质能力提升，不断夯实总支思想和组织建设。继续落实学习例会机制，组织党员参加市县组织的培训班，召开专题学习会议深化学习内容，共享学习成果，同时做好龙游县“民主党派之家”之“民革党员之家”的建设工作。3月23日，浙江省政协副主席、民革省委会主委吴晶为龙游“民革党员之家”新址揭牌。4月13日，全国政协副主席、民革中央常务副主席郑建邦率民革中央调研组到龙游“民革党员之家”考察，指出民革龙游县总支的“民革党员之家”切实发挥精神之家、履职之家和平台之家的作用。6月9日，省委统战部常务副部长王晓峰一行到龙游“民革党员之家”调研指导工作。总支党员积极参加“8090”新时代理论宣讲工作。民革龙游县总支的“80后”“90后”以自己的亲身经历、身边故事发出新时代理论宣讲的民革好声音，充分展示龙游民革的青春力量。

【参政议政】 县两会期间，民革龙游县总支在充分调研的基础上，围绕县委、县政府中心工作，积极开展提案撰写及建言献策，共提交提案7篇，内容涉及经济开发区平台提升、法治政府建设、企业发展、医疗卫生等各个方面。主委李华琴撰写的《关于高质量发展龙游经济开发区生产性服务业的几点建议》、总支委员袁方舟撰写的《深入推进依法行政　高标准建设法治政府》被评为政协龙游县十届四次会议优秀大会发言。《深入推进依法行政　高标准建设法治政府》《关于高质量发展龙游经济开发区生产性服务业的几点建议》以及委员饶峰提交的《关于打造富有年代印记的河西步行街》被评为政协龙游县十届四次会议优秀提案。饶峰提交的《关于创建新龙商和高层次人才精神家园的建议》入选书面发言。一支部委员颜运珍撰写的《“建设特色城市　彰显魅力龙游”的几点建议》被评为重点提案。李华琴、袁方舟、饶峰、颜运珍获2020年度履职成绩突出委员。民革政协委员积极参加电视问政、调研，参加县法院执行监督活动，积极提交社情民意。

【服务社会】 民革龙游县总支充分发挥党员专业和资源优势，切实履行各项社会服务职能。组织党员赴共建村湖镇镇地圩村，开展送医、送法、送春联、送温暖活动，为当地群众上门医疗服务，走访慰问困难家庭户，送去慰问金和米、油等生活用品。疫情期间，总支党员发挥好企业家协会等平台作用，组织党员赴县内企业开展服务工作，帮助解决企业复工复产，为企业发展扩建提供助力。由民革龙游县总支牵头，联合县工商联、县新的社会阶层人士联谊会、县龙商企业家协会发起慰问抗战老兵活动，慰问抗战老兵和抗美援朝老兵总计37人。各位党员在自己的工作领域无私奉献，勇于担当，做出突出的贡献。党员况粲被评为“2019年龙游县民主党派争先创优先进个人”和衢州市民革2020年度优秀党员；党员徐伟杰被评为县2020年度“经济发展突出贡献个人”，并获龙游县“交通系统工作先进个人”荣誉称号。总支党员积极参加“8090”新时代理论宣讲工作，袁方舟、况粲、张梦清参与全县理论宣讲，到龙游县乡村开展宣讲活动；在龙游县溪口镇未来社区举行的浙江省新时代青年理论宣讲会上，作为民革代表的龙游民革总支党员李义、胡秀秀进行宣讲。总支“共享发展　共同富裕”实践基地成立，党员胡秀秀所在的宗泰农业发展有限公司分两次为新疆阿克苏地区乌什县免费输送共1万只“龙游飞鸡”鸡苗，并负责“互联网＋企业＋农户”数字化发展模式的输出和技术指导，助推当地脱

图40　民革党员胡秀秀所在的浙江宗泰农业发展有限公司为新疆阿克苏地区乌什县免费输送“龙游飞鸡”鸡苗　　（民革龙游县总支／提供）

贫攻坚和乡村振兴。一支部主委林素芳一直奋斗在办案一线，顺利审结一批省、市扫黑办督办的有重大社会影响的涉黑恶案件，取得较好的法律效果、社会效果，被浙江省高级人民法院记二等功表彰。

【疫情防控】 民革龙游县总支积极响应县委县政府号召，在思想上、政治上、行动上、与党委政府保持高度一致，积极参与疫情防控工作。疫情形势严峻期间，总支取消疫情期间各项会议和活动，全体党员在各自岗位、领域发挥作用，为龙游县疫情零确诊贡献民革力量。组织全体党员捐款，赴结对村湖镇镇地圩村，送去口罩、牛奶、耳温枪等防疫物资，安排党员参与村庄疫情防控。总支委员饶峰发挥自媒体和企业家协会作用，利用媒体平台推送疫情防控宣传和重要信息，助力企业疫情防控和复工复产；党员李志江主动在医务人员请战书上签字，自愿报名加入医院各项防控工作；党员方辰参与县疫情防控指挥部宣传舆论组；副主委练土良、林素芳，委员袁方舟及其他党员都在各自的岗位上尽心尽力，参与社区、小区、村庄的卡口执勤和各项保障工作；党员胡秀秀为衢州市红十字会捐赠“龙游飞鸡”汤，捐赠鸡蛋给县里“小星星”夜宵服务队等等。总支全体党员的努力得到省市县的肯定，党员饶峰获“战役群英”优秀个人奖，党员徐伟杰、方辰、况粲、林素芳、胡秀秀获“浙江民革防控抗疫先进个人”。党员徐伟杰获龙游县战“疫”先锋战士（第二批）称号。

（民革龙游县总支　颜运珍）

中国民主同盟龙游县总支部委员会

【概况】 中国民主同盟龙游县总支部委员会（以下简称民盟龙游县总支部）始终坚持“长期共存、互相监督、肝胆相照、荣辱与共”的方针，坚持多党合作和政治协商制度，不断加强自身建设，紧紧围绕龙游县政府中心工作，积极参与经济建设、文教建设和其他方面重大问题的协商和讨论，自觉履行参政议政、民主监督的职责。2020 年年底，民盟龙游县总支部下设支部 4 个，盟员 55 人，其中具有中高级以上专业技术职称 44 人，占盟员总数的 80%；研究生 1 人；女性盟员 26 人，占总数的 47.27%；退休盟员 21 人，占总数的 38.18%；盟员组成有教育界 14 人、医卫界 18 人和行政界 23 人。盟员中有市人大代表 1 人、市政协委员 2 人，县人大代表 1 人、县政协委员 12 人，常委 2 人。

【思想建设】 深刻领会中共十八大以来以习近平同志为核心的党中央对人民政协和党派工作的一系列新要求，深刻把握多党合作和政治协商理论政策，大力加强思想政治引领。盟员们主动参与“8090”新时代理论宣讲工作，浓厚宣讲氛围，讲好统战故事，推动青年理论宣讲工作走深走实。以讲促干，盟员们立足自身，挖掘身边故事，累计开展基层理论宣讲 40 余场，2 名盟员在全省理论宣讲工作现场会上现场宣讲，盟员陈敏获龙游县人民政府个人三等功，盟员叶翠、李姗获龙游县委承办的全省新时代青年理论宣讲工作现场会表现突出先进个人。在民盟省委、民盟衢州市委和龙游县委的正确领导下，民盟龙游县总支部紧紧围绕团结和民主两大主题，主动服务市县中心工作，在发展社会主义协商民主，打造活力新衢州、美丽大花园进程中贡献民盟力量。

【参政议政】 民盟龙游县总支部充分发挥参政党职能，聚焦聚力市县中心工作和重大民生事项，积极建言，为市县各项事业发展提供民盟智慧。在龙游县政协十届四次会议上，14 名盟员委员共提交提案 26 件，其中盟员王玲提交的《发挥重点产业引领作用　推动产业集群化发展》提案，被县委书记领办，列为县政协 2020 年的“一号提案”，由县政协主席督办；盟员王青霞提交的《以“溪口老家”为契机，超前布局　推动我县乡村版未来社会建设》提案，被县长领办，列为县政协 002 号重点提案；主委吴幼平的《关于高水平建成全面小康龙游的意见建议》被评为重要提案。同一党派的提案分别被县委书记、县长领办，这在龙游县政协的历史上还是第一次，充分体现民盟龙游县总支部的履职能力。其中《以“溪口老家”为契机，超前布局　推动我县乡村版未来社区建设》在会上进行口头发言。2020 年，社情民意信息工作也取得新突破。盟员叶翠撰写的《设立中国防疫日》被全国政协采用，盟员严芝撰写的《农产品网络“悲情营销”泛滥　亟待治理整顿》被省政协采用，盟员王青霞撰写的《建议建立疫情防控再贷款政策分类柔性退出机制》被省政协采用。同时，盟员们积极参加政协视察、“委员议政行电视议政”等“请你来协商”活动和“最多跑一地”“城乡生活垃圾分类处理”等专项集体民主监督，积极撰写政协理论研究文章，3 篇被市政协录用，报送录用数量在县政协各参加单位中位居首位。

【服务社会】 龙游“民盟同心·名医服务站”在全省各级盟组织的指导下成长，已成为民盟组织服务社会的一张“金名片”。民盟龙游总支部联合县卫健局利用民盟专家下沉服务的契机，在每年常规服务的基础上，争取专家个人结对卫生院，开设常态帮扶的名医个人工作室和名医讲坛，建立名医专家微信群，重点扶持特色门诊，开启微型“互联网＋医疗”服务，推动卫生院服务能力全方位提升。“民盟同心·名

图 41　2020 年 5 月 16 日，主任医师陆远强等盟员在“民盟同心·名医服务站”开展义诊活动　（民盟龙游县总支部 / 提供）

医服务站”的建立，快速打通名医资源下沉渠道，改变供给入口，提供高质医疗服务产品，每月实现 1 次免费优质医疗服务，并对特殊病例坚持上门服务，对重点病例坚持随访服务。2020 年以来受疫情影响，服务站共开展活动 6 次，参与专家 14 人次，开设医学知识专题讲座 4 场，培训医护人员 120 余人次，接诊患者 500 余人次，让山区百姓在家门口享受省城医疗资源，让群众感受到“民盟温暖”，提高群众对民主党派的知晓度。同时，也为盟员展示其政治品格、技术水平和合作共事能力搭建一个平台，促进和当地政府的联系，得到政府对基层党派组织自身建设的支持。新冠肺炎疫情防控中，盟员们立足岗位，战斗在抗“疫”一线，医院、社区、村庄，用实际行动彰显着民盟力量，以责任和担当筑起防控堤坝。民盟龙游县总支部获衢州市统一战线同心抗疫、大爱驰援荣誉集体，副主委周卫锦获评省委统战部最美逆行人。总支部发起捐款活动，全体盟员大力支持，在职盟员积极参与，退休盟员也不甘落后，纷纷响应，累计捐款 3.09 万元。以主委吴幼平为牵头委员的龙游三治融合委员会客厅于 2020 年 8 月 25 日正式揭牌，会客厅聚焦“学习交流新载体、联系群众新纽带、协商民主新路径、团结联谊新平台”的功能定位，围绕加快推进国家治理体系和治理能力现代化的大背景，结合龙游县中心工作实际，在前期大量的调研基础上制定委员会客厅 2020 年活动安排，先后开展活动 4 次。

（民盟龙游县总支部　王磊）

中国民主建国会龙游县基层委员会

【概况】 2020 年，中国民主建国会龙游县基层委员会（以下简称民建龙游县基层委员会），下设 6 个支部，至 2020 年年底，共有会员 95 人，其中经济界会员 67 人，占会员总数的 70.5%；非公有制经济人士 30 人，占会员总数的 31.57%；女会员 42 人，占会员总数的 44.21%。会员中有衢州市人大代表 1 人、市政协委员 3 人，龙游县政协委员 19 人（其中县政协副主席 1 人、常委 1 人）。民建龙游县第九届基层委员会设委员 10 人，主委蓝芝苇兼任民建浙江省委会委员、民建衢州市委会副主委，副主委吕菊岚兼任民建衢州市委会委员。

【思想建设】 民建龙游县基层委员会始终把思想政治工作放在主导地位，组织会员认真学习习近平新时代中国特色社会主义思想和民建会章会史，加强思想引领、广泛凝聚共识，引导会员不断加深对新型政党制度的认识，不断增强“四个意识”，坚定“四个自信”、坚决做到“两个维护”。完善基层委理论中心组学习制度，坚持每两个月一次集中学习。着重围绕重要会议精神、认知民建、参政议政、重点工作等，开展有针对性、成效性的学习，引导会员守初心、担使命，提升会员自身思想、主动服务水平、参政履职能力。深化“不忘合作初心，继续携手前进”主题教育活动。组建“8090 新时代理论宣讲团”龙游民建分团，宣讲团成员深入企业、社区开展宣讲，让党的创新理论飞入寻常百姓家。会员张佩思、胡晶媛等被评为金牌宣讲员，并参加全省 8090 新时代理论宣讲龙游现场会宣讲。会员胡晶媛在市民建“8090”新时代理论宣讲比赛中获一等奖，会员蓝蕙、周菲获二等奖，会员徐洁、粟谊珍、翁伟燕获三等奖。赴宁波包达三生平陈列馆瞻仰学习、追忆先贤，继承弘扬民建优良传统，提高思想境界，进一步坚定理想信念。

【组织建设】 依托“民建之家”打造会员思想碰撞的“奇点沙龙”，切实成为加强思想政治建设的阵地、宣传展示民建参政党面貌的窗口、切实履行参政党职能的平台和会员组织生活的温馨家园，助力地方经济社会发展。贯彻落实民建上级对组织发展的要求，严格把握会员发展标准，严把政治关，规范工作程序，处理好发展数量、质量和结构平衡。

注重代表性，重点抓好优秀企业家、专家学者和政府部门代表性人士的发展，2020年新入会6名。选送会员参加县委统战部、民建上级举办的各类专题培训班，着力提升会员理论水平和综合素质。基层委一、二、三支部获市委会考核先进基层组织，曾焕总、周菲、周庆红、张秀峰、陈德轮、蓝蕙获市级优秀会员，周菲获市委会优秀通信员荣誉。加强与省内民建组织交流学习，考察学习衢江“民建之家”；与金东民建、富阳民建等开展交流联谊活动，民建一支部与新昌民建支部共建友好支部；赴镇海考察学习，进一步深化龙游与镇海的山海协作；赴杭州开展双招双引活动。利用微信公众号和政协、统战等平台，宣传龙游民建，一年来民建微信公众号共推送42期。

【参政议政】 坚持围绕中心、服务大局，围绕党委、政府的中心工作，结合社会热点难点问题，认真履职积极建言。在2020年县两会上提交24件提案，大会发言4篇，会员胡晶媛《加快全域土地综合整治　全面推进龙游721人口集聚》获县政协十届四次会议优秀大会发言；会员蓝芝苇《关于推进我县中药材产业发展的建议》、会员胡晶媛《加快全域土地综合整治　全面推进龙游721人口集聚》获县政协十届四次会议优秀提案，会员曾焕总、胡晶媛获得县政协履职突出委员，会员曾焕总、修敏被评为县政协社情民意工作突出信息员。积极参与政治协商，充分利用“请你来协商”“书记县长委员面对面”等平台，发出民建好声音。会员蓝芝苇撰写的《关于推进我省中药材产业高质量发展的建议》获民建浙江省委会参政议政优秀成果二等奖。会员曾焕总撰写的《建议讲好春笋开学第一课，将两爱教育植入青少年心间》《加强政治引领，让新生代民营企业家成为可依赖的力量》获民建衢州市委会优秀调研成果二等奖。会员曾焕总撰写的《关于在全国范围内建立地级市传染病专科医院的建议》《关于加强防洪堤建设的建议》，会员修敏撰写的《关于工会疗休养的几点建议》《关于恢复赶集促进消费的建议》《建议在党派成员人数较多的基层委配备专职人员》获民建衢州市委会优秀调研成果三等奖。

图42　2020年8月11日，民建龙游县基层委员会与富阳市基层委员会签署友好协议，缔结为友好基层组织　（民建龙游县基层委员会/提供）

【服务社会】 民建会员积极发挥自身优势，以多种形式踊跃参与各种社会服务活动，力所能及提供组织的关爱，增强广大会员的组织归属感。春节、重阳节慰问年老、困难会员及老支部委员，“三八”妇女节为女会员送上鲜花和节日问候。加强与民建浙江省委会、民建杭州市委会的联系，致力打造山海协作升级版。积极捐款5.13万元和口罩、消毒液等物资助力抗疫。会员们在一线坚守，开展志愿服务。助企指导员对民建企业复工复产实行“一对一”帮扶，精准服务会员企业复工复产。在做好疫情防控的同时，继续服务好会员企业，发挥民建密切联系经济界的优势，助力“双招双引”等中心工作。会员陈德轮千里采购，火速复工生产防治新冠感染的中药饮捐赠给一线人员。“八一”建军节慰问参战老兵，为他们送去慰问品。“九九”重阳节组织老会员赴龙游天池药谷，考察民建乡村振兴实践基地，民建衢州市委员会主委马梅芝为老会员上一堂健康讲座，送上组织的温暖和关爱。一支部积极开展为贫困学子送温暖活动，四支部参与暑期雏鹰公益活动，用爱给留守儿童筑起一个家。会员企业充分发挥自身能量，积极投身社会服务工作。民建龙游县基层委员会被授予民建全国先进集体和全省抗击新冠肺炎先进集体。会员陈德轮、雷绘君获全省抗击新冠肺炎先进个人。

（民建龙游县基层委员会　蓝蕙）

中国民主促进会龙游县总支部委员会

【概况】 2020年，中国民主促进会龙游县总支部委员会（以下简称民进龙游县总支部）在中共龙游县委、民进衢州市委会的领导下，在县委统战部的指导下，民进龙游县总支部团结带领全体会员，围绕中共衢州市委“1433”发展战略体系和龙游县委“14456”工作布局，发扬民进的优良传统，认真履行参政党职能，在思想建设、组织建设、参政议政、社会服务各项工作中取得新进展。

【思想建设】 民进龙游县总支部把政治学习列为第一议程，组织学习中共十九届五中全会精神，继续加强“四个意识”“四个自信”和“两个维护”思想教育，始终从讲政治的高度要求每一位会员的一言一行。学习习近平总书记在浙江考察和党外人士座谈会上重要讲话精神，组织广大会员学习《中国民主促进会章程》，凝聚广大会员共识。结合自身特色进行“争做合格民进人”系列活动。组织开展“学会章知会史明使命”活动，学习优良传统，增强责任意识；通过政治学习，促使广大会员进一步夯实共同思想基础，增强接受中国共产党领导的自觉性。

【组织建设】 按照习近平总书记提出的“四新”“三好”要求，民进龙游县总支部以基层建设为抓手，从制度构建、理论研究、会员培养、外树形象等方面发力，组织建设获得新进展。组建“8090新时代理论宣讲团”民进分团，以导师+学员的形式，进行宣讲专题培训，团员们分赴农村、社区、企业开展宣讲。主委周巧萍担任县“8090导师”，开设县级讲座3次，辅导人员20余人。副主委吴益良参加县政协的“8090”新时代理论宣讲比赛，被评为金牌宣讲员。委员李洋程参加县人力社保局和组织部共办“8090”宣讲团，赴华飞轻纺等企业开展人才就业政策宣讲。委员蓝忠胜积极组织开展文艺界“8090理论宣讲团”活动，引导青年文艺工作者走进农村、走进社区开展新时代理论宣讲。委员蒋文渊老师作为“8090”理论宣讲团文艺界的代表，积极宣传文艺精神和体现文艺力量。总支部开展“我向民进献祝福”主题活动，拍摄视频短片，增强会员们的向心力、凝聚力。总支部组织会员赴金华市磐安县考察、学习当地依托自然资源打造影视基地、中草药基地，助力发展乡村旅游、全域旅游等成功经验，为龙游乡村振兴建言献策。积极鼓励各支部开展丰富多彩的活动。民进龙游县一支部到沐尘乡双戴村参观考察芦坑村黄泥房村落，详细了解黄泥房村落保护、利用、开发和管理等情况，与村“两委”共商发展良计。二支部组织会员考察“龙游文化新地标”龙游县博物馆、“龙游人文新景”民居苑以及铁路桥遗址公园，开展“回顾过去　展望未来”文化旅游产业座谈会。三支部组织会员考察“两江走廊”乡村振兴核心区小南海片区建设项目，调研农户增产增收及乡村文旅产业发展状况。四支部组织会员考察县博物馆、县民居苑，开展旅游新业态的调研，组织会员赴庆元县考察乡村休闲旅游，结合庆元的特色为龙游的乡村休闲旅游献计献策。总支部组织重阳节慰问老会员活动，积极关爱老会员。另外，总支部加强与其他县市的兄弟支部学习交流，总支部与婺城区总支部、柯城区总支部结对共建，同时4个支部分别与市内4个直属兄弟支部、婺城区总支部下属两个支部结对，组织会员赴婺城、衢州、江山等支部开展互看互学互助互联活动，通过结对共建，促进共赢共提升。

【参政议政】 围绕县委、县政府的中心工作，发挥人才优势，全方位推进参政议政工作，不断加强参政议政人才队伍建设。2020年共提交市、县提案22篇，主委周巧萍《关于打造龙游城市品牌“龙游发糕IP”的建议》获县政协2020年度优秀提案，并在《联谊报》上发表。副主委吴红峰撰写的《推进三化融合发展　推进社区治理能力现代化》被县政协录用为大会口头发言材料。方圆撰写的《做精做细小十字区块加强老城区和城东新区的链接》被录用为县政协书面大会发言。副主委吴益良参与撰写的《关于农房管控的调查和建议》获市政协优秀大会发言。全员共撰写社情民意25篇，被市政协采用1篇、市委统战部采用3篇、市委会采用25篇。3名会员获县统战部先进个人，吴红峰等3位会员获县优秀政协委员称号。组织会员参加民进市委会组织的社情民意撰写学习培训、全省民进履职能力建设培训班、市委统战部的党外年轻干部素质提升班、县民主党派工作培训班、市委会2020年新会员培训班，为会员的成长打好基础。

【服务社会】 凝聚全体会员之力，大力倡导“微公益”理念，鼓励会员热心参与和开展公益事业，继续做好社会服务工作，打造社会服务品牌。总支部发挥会内文艺人才荟萃的优势，成立“龙游开明艺术团”，艺术团采取“1+5+1”的模式，5个基地共开设器乐、书画、歌舞等公益教学一百多课时，坚持每年“八一”建军节送书画到部队，坚持每年春节前组织多批次的义务书写春联活动，2020年共组织送春联6场次，送出近2000幅（对）春联。

【疫情防控】 总支部组织广大会员投身疫情防控，同心协力，共战疫情。会员王笑雄发动书法家捐款、义卖，并经多方联系，用善款1万元买到5000个医用口罩送到龙游县人民医院，第二次又给县中医院捐献口罩。会员吴晓红出资购买425份汤团，捐赠给县中医院，向奋战在防疫一线的医卫人员送上节日的温暖。会员吴琴芬向清廉社区、县红十字会捐赠KN95口罩900个。副主委吴益良投身农村基层防疫，捐赠横山镇政府

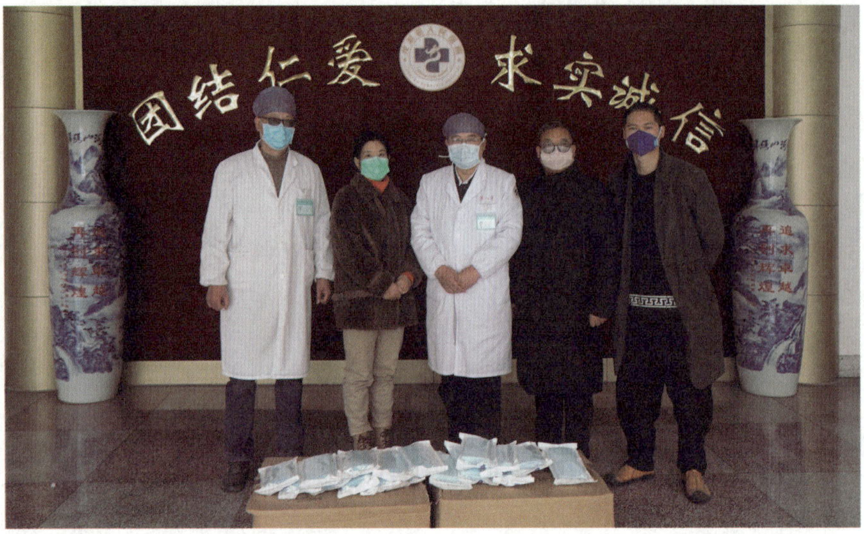

图 43　2020 年 2 月 7 日，民进会员王笑雄（右一）用善款购买医用口罩 5000 个，支持龙游县人民医院抗击疫情　　（民进龙游县总支部 / 提供）

500 个 KN95 口罩 500 个，被县委统战部表彰为战疫卫士，被民进市委会表彰为同心抗疫会员。会员徐美霞为詹家镇山后村的卡点送去口罩、一次性手套、湿纸巾、VC 含片和食品，旗下经营的速 8 酒店提供为医疗集中隔离点，为省疫情防控志愿者，被县委统战部表彰为战疫卫士，被民进衢州市委会表彰为同心抗疫会员。会员陆晓俊作为医院防疫物资采购员，积极响应医院抗疫号召，想尽一切办法保障防控物资。疫情期间，陆晓俊积极参与各类志愿活动，被中共衢州市委统战部、民进衢州市委会表彰为同心抗疫会员，被龙游县精神文明建设委员会表彰为抗疫卫士。副主委方圆参加疫情期间的战时服务团，为龙游县复工复产出力，获得浙江省新冠疫情防控志愿者服务证书。会员方津率领的浙江贝尔轨道公司、贝尔小微园携同龙游企业家协会（龙商协会）为即将开工的小微企业和社会各界捐赠 2 万只口罩，携手富阳龙游商会捐赠学校体温计。所属企业列为“浙江省疫情防控重点保障企业”名单，成为浙江省首批复工复产企业，获得全市统一战线领域同心抗疫先进集体。会员吴绵勇作为县救治领导小组成员，每天都加班加点制定医院制度、流程，培训、监督、会诊、协调等。副主委吴红峰会同市场监管、经信、公安等部门一起对大型超市和酒店的公共场所进行现场检查。其他会员们积极参与 50 省道防疫驻点、高速路口、小区门口的疫区车辆排查、健康码核实等防疫抗疫工作。会员祝华龙对企业复工复产建议分类指导，让符合条件的企业能及时恢复生产，以更快地满足群众对口罩的需求。会员李洋程参加抗疫志愿工作，被县精神文明办及群团联合中心授予“抗疫卫士”。总支部发起会员“同心协力战疫情”活动，开展书画宣传、义卖义捐、志愿服务等，共创作抗疫书画作品 60 多幅，捐款 2 万多元，捐献口罩 2.64 万个，积极参与“致力抗疫　服务发展”同心献策专项行动，组建复工复产帮扶服务团，走访调研会员企业，整理、反映代表性困难问题建议 5 条，21 名会员获得省市县各项抗疫表彰，总支部被市委统战部评为“同心抗疫、大爱驰援”先进集体。

【会员风采】　会员金向民《眼中最美的风景》获衢州市教学优秀课例评比一等奖，《重心平稳》赛课获衢州市中小学书法课堂一等奖；课题《小学“水墨生活”拓展课程的实践与研究》市重点课题成果二等奖。会员吴琴芬领衔设计、全程打造志堂书香文化礼堂，充分发挥自身专业特长，大力开展智力服务，瓷米文化作为龙游唯一一家入选省文化设计服务联盟成员单位。会员邱悦获得衢州市巾帼文明标兵。会员琚树清老师获得获《衢州市首届花鸟画作品展》梦白奖。会员徐美霞获得浙江省偃王文化研究院的文化工作先进个人。会员方津的贝尔轨道获“隐形冠军企业”称号，贝尔轨道成为第 27 批省级企业技术中心，贝尔小微园列入县重点项目。会员蓝忠胜投身士元实验区腾空搬迁和土地流转攻坚、组团联村、农村生态指导员等方面工作，普及推广传统书法艺术，培养和提升书法爱好者书写、创作水平，为龙游营造良好的书法氛围。会员江林春老师参与市精品课程《劳动花开》的设计，获市书法论文二等奖，县微课设计一等奖。会员蒋文渊老师作品参加衢州市第六届美术作品和民进衢州开明画院创作书画作品“同心抗疫”展览。

（民进龙游县总支部　吴红峰）

中国农工民主党龙游县总支委员会

【概况】　2020 年，中国农工民主党龙游县总支委员会（以下简称农工党龙游县总支）在农工党衢州市委会以及中共龙游县委、县委统战部的领导和支持下，在全体党员的共同努力下，进一步加强思想、组织、制度特别是领导班子建设，提高总支部党员政治把握能力、参政议政能力、组织领导能力、合作共事能力、解决自身问题能力，发挥自身优势，求真务实，同心同力，顺利召开第四次党员大会，选举产生第四届委员会，圆满完成换届工作，顺利实现政治交接。总支共有38名党员，其中省人大代表1人、省政协委员1人，市政协常委1人、市人大代表1人、市政协委员2人，县人大常委1人、县人大代表1人、县政协常委3人、县政协委员10人。

【思想建设】 总支注重党员的思想政治业务学习，提高党员自身修养。重点学习中共十九届五中全会会议精神以及中共中央、浙江省委关于党外人士的重要讲话，将中央的精神内化于心、外践于行。为切实加强党员对县委“14456”发展战略的认知，助力“活力绽放　精彩纷呈”的浙西新明珠建设，通过“线上＋线下”结合的工作方式，组织党员进行学习。积极组织各支部党员参加农工党衢州市委会工作会议，完成市委会各项工作安排。按照市委会及县委、县政府“8090新时代理论宣讲团”工作部署，开展线上线下理论学习宣讲教育10余场，受教育群众3000余人，党员方颖为龙游县“8090理论宣讲团”骨干宣讲员，在全县“8090”理论宣讲PK赛中获得第二名，在县委统战部组织的“聚力新明珠　同心奔小康”经典故事讲述比赛中获得一等奖。党员夏雁组织的接续“8090”声音“红领巾宣讲团”，推进县青少年“真善美”种子工程建设工作，引导广大少年儿童“求真”“向善”“尚美”。党员吴树良牵头成立衢州市首家省政协委员会客厅，该龙游中小企业政协委员会客厅通过系列活动，传达贯彻好各级党委政府的方针和政策，统一思想、凝聚共识，为中小企业的高质量发展搭建一个新平台、好载体。

【组织建设】 在全体党员的共同努力下，总支顺利召开第四次党员大会，选举产生第四届委员会，圆满完成换届工作。通过换届，将4名政治素质好、热心党务、有较强参政议政能力和组织能力的骨干选进领导班子。新班子呈现出新面貌、新气象，基层组织建设得到强化，为各基层组织履行职能、积极发挥参政党作用打下坚实的基础。总支始终把加强组织建设作为一项基础性工作来抓，按照“抓党建、带队伍、促发展”的思路，加强思想政治工作、发展党员、培养入党积极分子，把政治素质好、业务能力强的社会知名人士发展进支部。2020年共吸收2名新党员，其中一位是在全县抗击疫情表现突出的县疾病预防控制中心传染病防制科副科长、副主任医师王莉燕。2020年，在主委钟爱红的主持推进下，完成县委统战部农工之家以及龙山运动酒店农工党员之家的设计建设工作。

图44　2020年12月30日，农工民主党龙游县总支召开第四次党员大会
（农工党龙游县总支／提供）

【参政议政】 总支着重围绕服务业提升、疫情常态化防控、县域医共体建设三件大事等县委县政府中心工作开展调研，建真言、出实招、献良策。2020年县两会期间，共提交省人大建议、议案3篇，市政协提案2篇，市政协大会发言1篇，县政协提案18篇，县政协大会发言1篇，集体提案1篇，1人获评县政协履职突出委员。省两会期间，省人大代表蓝雪敏《关于加大扶持普惠性幼儿园发展的建议》列为省人大重点建议，由副省长成岳冲领办，省政协委员吴树良提交《医养结合型养老机构走得更稳更远》的建议获得省两会与会领导一致好评。副主委洪霞琴关于《推进我市服务业跨越式发展的对策建议》被评为市政协重点提案，由常务副市长陈锦标领办。洪霞琴《关于高品质建设城东新城的建议》被评为县政协优秀大会发言和优秀提案，获县委书记张晓峰批示。总支在理论课题研究工作也卓有成效，其中党员夏雁的《村医专业素养提升存在的问题及对策》、党员方颖的《围绕“两山理论”大力发展森林康养的对策建议》理论研究课题在农工党省委会立项。党员夏雁撰写的《蜂群异地转场受阻或影响蜂产业和春季农作物授粉，急需开通绿色通道》《建议“停课不停学”多增加课外内容》《关于推进青少年宫系统复工复课的建议》社情民意信息被农工党省委会采用。

【服务社会】 总支围绕大局，积极开展疫情防控，助力复工复产。第一时间响应农工党衢州市委会号召，一小时募集捐款26240元。主委钟爱红作为龙游县新型疫情防控领导小组副指挥长，坚持平战结合、慎终如始、全力守护龙游“零确诊县”防疫成果，获衢州市抗击新冠肺炎疫情先进个人。各党员坚守岗位，充分发挥自身优势，助力全县防疫、复工等各项工作。1月30日，党员吴树良紧急捐赠总价值395万元的高端螺旋CT设备驰援武汉，为疫情治疗排查工作提供技术支持。党员颜汉威作为青年“护企手”参加县复工复产“战时服务团”并获得战疫先锋战士称号。党员王莉燕获衢州市疫情防控第一季度最美家庭。党员胡卫华为县人民医院以及复工企业积极联系急需的防疫物资。党员陈星名创作钟南山、李兰娟以及龙游“最美逆行者”肖像印。党员倪利忠主动参与“小星星”志愿者服务队，捐赠1200多份点心，温暖坚守在抗疫一线工作人员的心。更多的农工党员们不做局外人，默默无闻地在清楼、卡点轮值等防疫工作中奉献着自己的力量。

【党员风采】 总支获2020年度农工党中央宣传思想工作先进基层组织，农工党浙江省委会“2020年度先进基层组织”。党员吴树良、夏雁、方颖被评为农工党浙江省委会“2020年度参政议政工作先进个人”荣誉称号，党员吴树良被评为“农工党浙江省社会服务工作先进个人”。党员李美撰写的《基于“1+X”证书下中职学前教育专业课证融通的实践研究》被列为2020年度浙江省成人教育与职业教育立项课题。

（农工党龙游县总支　方颖）

九三学社龙游县基层委员会

【概况】 2020年，九三学社龙游县基层委员会在社市委、县委领导下，在县委统战部悉心指导下，深入学习贯彻习近平新时代中国特色社会主义思想、中共十九届五中全会、省委十四届八次全会精神和关于多党合作重要论述，围绕县委县政府“14456”工作布局，以“思想上坚定，履职上坚实，组织上坚强”的目标要求为引领，思想上凝心、组织上聚力，有效提升组织向心力和战斗力，为加快区域明珠型城市建设贡献出九三力量，被社省委评为2020年度社会服务工作先进集体。县基层委员会下设支社3个，有社员32人，其中30人具有中高级职称，占社员总数的93.75%。有市政协委员1人，县人大常委会副主任1人、县政协常委1人、县政协委员6人。2020年发展新社员2人。

【思想建设】 围绕习近平总书记对民主党派“四新”“三好”要求，坚守中心组理论学习和“九三讲坛”两大思想阵地，将“8090”新时代理论宣讲、庆祝九三学社创建75周年，深入学习贯彻习近平新时代中国特色社会主义思想和多党合作的重要论述贯穿始终。组织全体社员赴江山市大陈村，参观党建馆、中国工农红军抗日先遣队大陈纪念馆，重温红军抗日先遣队和挺进师的光辉历史。现场开展“不忘合作初心，继续携手前进”主题宣讲活动，激励社员继承和弘扬红军优良传统，立足本职岗位为社会经济发展大局继续贡献力量。成立县“8090”新时代理论宣讲团九三学社分团，组织6名“80后”宣讲骨干社员，积极参与九三学社创建75周年，县政协、县委统战部举办的各类主题宣讲活动，深入社区、广场、联系村、企业开展理论宣讲25场次，激发青年社员思政学习动力，夯实理论基础。社员祝丽燕、马骏到塔石镇杜山徐村，围绕民间借贷、换届选举等方面进行宣讲；社员吴琼参加县政协系统“8090”新时代理论宣讲比赛获第二名，获评“金牌宣讲员”，社员祝丽燕获评“优秀宣讲员”；社员马骏参加县委统战部举办的龙游县统一战线“聚力新明珠　同心奔小康”经典故事讲述活动获第二名。利用“九三讲坛”平台，组织开展“学社章、知社史、明初心、担使命”专题讨论会，凝聚全体社员和基层委思想共识。

【组织建设】 坚持“有信仰、有情怀、有能力、有担当、有作为”“五有”标准培养发展新社员，成功吸纳2名优秀人才入社，为党派发展注入新鲜血液。选派13人次参加九三学社中央办公厅、社省委、社市委举办的骨干社员履职能力培训提升班。完善支社工作职责、组织发展办法、社员履职规范等制度，对社员开展综合考评，以制度促规范，以考核促履职，以评先促激情，着力提升基层委规范化管理水平。精心打造“九三之家”，为社员参政议政、学习交流、拓展才艺提供平台。成立科技、医疗教育、艺术3个服务团，依托各行业社员专业优势，为企业、群众提供优质服务，着力提升社员艺术涵养，切实增强基层组织活力和向心力。

【参政议政】 聚焦社区治理提升、两江走廊打造、公共卫生安全改善等领域，开展“推进社区治理现代化”“两江走廊开发利用”“加强公共卫生安全防范”等专题调研，形成《关于加快推进我县社区治理现代化的思考》《推进“两江走廊”小南海示范片区建设，全力打造浙江大花园核心“金名片”》《关于加强我县中小学应对突发公共安全防线的几点建议》等多篇高质量调研文章。2020年县两会上，九三学社社员从产业振兴、城市发展、温情民生等方面扎实开展调研工作。《关于推动发展夜间经济打造美丽“夜龙游”的建议》被列入县政协大会口头发言，《着力构建“产业大脑”精准高效“双招双引”》《凝心聚力　精准补短　努力构建人民满意的学前教育公共服务体系》《深度推进诉源治理，助力治理体系能力现代化》等被列为大会书面发言。高度重视社情民意信息，并将其作为参政议政的基础性工作常抓不懈。全年上报各类信息、社情民意40篇，其中社情民意18篇、信息22篇。其中，

图45　2020年5月29日，九三学社衢州市委、龙游县基层委联合开展科技下乡活动　（九三学社龙游县基层委员会／提供）

社员吴惠芳《建议农村在防控新冠疫情时应科学、理性、全面》《防疫当前，建议加强医用酒精包装、运输、使用的安全指导》等8篇社情民意被社省委采用，社员马骏《关于衢州市加快建立长期护理保险制度的意见建议》被市委办采用。

【服务社会】　发挥科技服务团、医疗教育服务团、艺术服务团作用，依托"科技助企"、九三科普、九三送法送医送科技下基层等三条"直通车专列"，着力打造龙游九三社会服务样板，九三科技创新研究院科技服务工作做法得到九三学社省委秘书长过维雅充分肯定。依托九三科技创新研究院和科技服务中心两大平台，为企业提供"妈妈式"服务。服务11家企业通过国家高新技术企业认定，培育11家省科技型中小企业。服务1家企业获得省级企业技术中心、4家企业获得市级研发中心、4家企业获得市级技术中心，46项省级新产品（新技术）通过省级鉴定。联合九三学社衢州市委员会，带领3个服务团成员，赴小南海镇团石湾开展送科技、送医疗下乡活动。现场为村民宣传讲解农作物种植、农技开发等技术知识，接待村民农技咨询110人次，免费发放蔬菜种子、农技书籍等200多份，为近百位村民提供问诊咨询、免费现场体检。医教服务团团长何其俊率领县中医院骨科专家团队赴四川叙永县开展结对帮扶送医疗义诊服务，为叙永县百姓现场提供免费医疗咨询和诊疗，深受当地百姓欢迎。依托智慧居家养老体验中心幸福堂，联合九三学社省委会，成功邀请8位九三学社社内省级医学专家为中老年人开展"科普大讲堂"健康养生讲座8次，聆听人数达1200余人次，有效提升百姓科学素养。

【参与疫情防控】　社员何其俊动员科室内所有人员签订防疫《请战书》，组建防护梯队，开展防护救治各项工作。社员张梅参加重庆市江津支坪商会爱心助力疫情防控活动。社员范瑜红在抗击新冠肺炎疫情期间每天坚持门诊，工作表现突出，获得2020年龙游县卫生系统"抗疫卫士"称号。社员们立足岗位，积极加入全县抗疫行动，在小区门口、高速路口、主要路段做好测量体温、排查登记等工作，社员朱建红被中共龙游县委统战部授予"战疫卫士"称号。社员萧亚兵、肖翰在防疫期间，为40多家企业线上免费代办政府性事务及有关企业创新工作。社员吴琼主动加入战时服务团，通过"一对一、一对多"服务，指导帮助服务业企业主体有序复工。社员祝丽燕加班加点编写《新冠肺炎疫情防控背景下企业复工复产法律风险提示》一书，并免费发放给全县企业，为企业复工复产提供强有力的法律支撑。

【社员风采】　一年来，社员立足岗位职责，以实际行动投入到双招双引、杭衢高铁征迁等工作中，收获颇丰：主委赖云亲率基层委班子部分成员专程赴杭州与浙江省中草药研究所、浙江中医药大学药学院对接县中草药产业发展项目，助力中草药产业健康发展；社员马骏助力杭衢高铁农房征收，顺利完成杜山徐村24户搬迁户签约工作和腾空拆除任务；社员包美珍绘画作品《缤纷都市》入展首届时代中国全国美术作品展，并获入会资格奖；社员刘勇飞帮助翠光社区创建音乐特色村，并开展二胡、古筝、笛子、葫芦丝等公益教学；社员姚水成撰写的《以礼治理念指导司法实践将扭曲法治精神》《定义不清和错误是用工法律关系错乱的根本原因》等论文获评衢州市律师协会优秀奖；社员毛智军以第二作者参与的《浙江省水稻生产气象关键技术与业务应用》项目获2020年度浙江省气象科技研究开发与成果转化奖三等奖。

（九三学社龙游县基层委员会　马骏）

群众团体

概　述

【概况】 2019年，龙游县各群众团体认真学习贯彻中共十九大精神和习近平总书记系列重要讲话精神，紧紧围绕县委、县政府的中心工作，创新发展模式，强化自身建设，服务社会、服务民生，积极参与新冠肺炎疫情防控，为龙游县的经济建设和社会发展做出贡献，各项工作取得良好的效果。工会工作以推动经济社会发展为中心任务，以维护职工合法权益为基本职责，以构建和谐劳动关系为工作主线，着力规范基层工会组织建设和转变工会干部队伍作风建设，深入开展建功立业活动。共青团工作切实强化青少年思想引领，夯实基层团组织基础，助力中心工作，打造青春建功品牌，构筑青年创业就业服务体系，推动青年创业创新。妇联组织深化“贺田模式”2.0版、推进“龙游通”推广应用，开展“一米菜园”创建、“最美家庭”“绿色家庭”“巾帼文明岗”评选等形式多样、内容丰富的社会活动，推动妇女创业创新，发挥广大妇女在经济社会建设和家庭建设中的重要作用。县科学技术协会充分开发和利用社会科普资源，推进科普信息化建设，组织开展形式多样的科普教育活动，推进公民科学素质提升。县工商联搭建龙商汇聚平台，宣传龙商品牌，助推民营企业发展，弘扬光彩事业，促进龙游经济发展。县文联坚持以人民为中心的创作导向，开展丰富多彩的文艺活动，服务中心工作，助力主题教育，不断促进龙游文艺事业的繁荣与发展。县残联把好残疾人“两项补贴”（困难残疾人生活补贴和重度残疾人护理补贴）的发放关，做到精准发放，完成重点服务场所无障碍环境建设改造。县红十字会着重做好应急救援、人道救助、应急救护、无偿献血、造血干细胞捐献、人体器官捐献等核心工作，推进红十字会各项事业发展。

【深化群团改革】 紧紧围绕市委“1433”战略体系、县委“14456”工作布局，构建“大群团”工作，增强工会作用发挥。推进产业工人队伍建设改革试点县工作，贯彻落实好中央和省委关于推进产业工人队伍建设改革的一系列决策部署，加强企业党组织建设，大力弘扬劳模精神、劳动精神、工匠精神；建好全县产业工人队伍基础数据库，并融入全省全市工会一张网建设；修改通过县委办《新时代龙游产业工人队伍建设改革实施方案》；继续深化人才梯队培养，努力造就一支与经济高质量发展相适应的产业工人队伍，推动新时代产业工人队伍建设改革工作迈上新的台阶。龙游作为衢州市唯一一个省级试点县，得到省总工会党组书记、常务副主席张才方充分肯定。深化群团职工文体活动，充分发挥群团联合中心作用，积极组织安排一系列丰富多彩的文化体育活动。龙游县总工会与县妇联、团县委等部门联合举办“匠心传承　巾帼有礼”女子趣味运动会、“匠心传古韵　有礼焕青春”青年职工运动会；与县文联联合举办龙游县职工会员书法摄影作品展。规范做好全县职工疗休养工作，根据市总工会《关于组织开展职工疗休养促进扩大消费的通知》，结合龙游县实际，制定实施细则，并组织指导好全县职工疗休养工作。全力打造职工疗休养基地，召开本地承接职工疗休养相关单位推荐会，将本地知名酒店、民宿（农家乐）、餐饮、休闲娱乐等推广到衢州市域6个县市区范围内，吸引兄弟市县区职工到龙游本地疗休养。龙游红木小镇与龙游沐尘畲族乡社里村被评为首批省级职工疗休养基地，并推荐12家单位参评市级职工疗休养基地，其中有11家单位入选。9月镇海区总工会组织100名战疫先锋、医务工作者以及优秀一线职工到龙游疗休养；11月组织省直机关100多名工会主席到龙游考察县职工疗休养基地建设情况，在省级层面上逐步打响龙游疗休养品牌。组织一线职工疗休养，5月组织4名受市委、市政府表彰的疫情防控期间表现突出的先进职工，参加市总工会组织的赴开化为期3天的疗休养活动；6月、11月组织全县近100名抗疫一线职工分别到宁波镇海、绍兴等地开展为期3天的疗休养活动。完成县红十字会群团改革，县委办印发《龙游县红十字会改革方案》；以社区红十字服务站建设为重点，打造“群众身边的红十字会”。

龙游县总工会

【概况】 2020年，龙游县总工会在县委、县政府的正确领导下，在市总工会的指导下，紧紧围绕2020年全县工会工作要点，聚焦聚力服务中心工作、产业工人队伍建设改革、践行工会组织职能使命，不断开拓新形式、挖掘新动能、彰显新成效，切实承担起新时代工会组织的政治责任、社会责任、发展责任和改革责任，团结动员全县广大职工在建设“活力新衢州、美丽大花园”中发挥主力军作用，取得较好成绩。至2020年年底，全县共有乡镇（街道）、经济开发区总工会16个，基层工会工作委员会7个，产业工会2个，共建工会组织3825家，会员89524人。

【思想建设】 深入学习宣传习近平新时代中国特色社会主义思想和习近平总书记关于工人阶级和工会工作的重要论述、关于产业工人队伍建设改革的重要指示精神。建立完善党组理论学习中心组、机关专题学习等制度，提高工会干部用科学理论武装头脑、指导实践、推动工作的能力。落实主体责任，牢固树立看齐意识，确保一切活动都坚持党性原则、遵循党的政治路线，严守政治纪律和政治规矩，在思想上、行动上与党中央持续高度一致。把意识形态工作作为首要任务，纳入党建工作计划，将理论学习作为首要学习资料统一安排，认真学习贯彻中央和省、市委关于意识形态工作的决策部署及指示精神，牢牢把握正确的政治方向。每年至少召开4次专题会议，研究布置党建工作和理论教育工作。全年党组中心组集中学习不少于12次，学习时间不少于12个工作日。深入学习宣传贯彻习近平新时代中国特色社会主义思想，以“8090”新时代理论宣讲在企业里的实践为载体，利用工会紧密联系职工的特点，在党建统领下，组建青年职工宣讲队伍，以劳模、优秀职工为代表，发挥工会政治思想引领作用，开展学习宣讲活动，积极组织8090优秀职工和工会干部进企业、进车间、进班组，以身边事，身边人、身边情宣讲新时代理论，为产业工人队伍建设服务，为企业发展服务，切实践行听党话、跟党走，密切联系广大职工群众，以多形式、多载体、多层级实现在职工群众中的全覆盖。

【组织建设】 2020年新建工会组织17家，发展会员1762人。至2020年年底，全县共建独立基层工会组织1187家，会员89524人。2020年，县总工会全面贯彻省、市总工会的相关会议精神，在会员工作上加大力度，加强工会会员实名制管理工作，对全县工会会员进行一次会员实名制信息采集行动。已完成实名信息采集的会员人数达到62722人，录入基层工会组织546家，全面掌握全县基层工会会员的基本情况，增强广大职工对工会组织的认同感，进一步规范龙游县工会会员实名制管理和服务工作，为“互联网+会员服务工作”打下坚实基础。

【开展文体活动】 充分发挥工会文体活动影响力、吸引力、凝聚力的作用，积极组织安排一系列丰富多彩的文化体育活动。以服务职工、服务企业为宗旨，为每位劳模免费订阅报纸。开展百场电影进企业进基层活动，2020年共放映电影150场，利用播放电影小憩时间播放教育宣传片，教育职工提高安全防范意识，提高全民文化素养。注重职工文化建设，重点抓好“农民工文化家园”建设，努力打造标准化职工书屋，购置图书近两万元，免费赠予规模以上企业和企业职工书屋。职工书屋自创建以来，县总工会拥有全国职工书屋4家、省级职工书屋39家，场地总面积2115平方米，各类藏书86958册，电脑46台，确保阅读者的各种需求。搞好职工体育活动，乡镇（街道）工会80%以上已经以多种形式组织开展乒乓球、跳绳、踢毽子、拔河、篮球赛等职工文体活动。

【疫情防控宣传引导】 从1月24日开始，持续发布“龙游通”微信文章82条，阅读量高达366万次以上。其中《亲爱的工友们，今年春节，咱就不聚会了！》倡议书，阅读量突破14万次。通过“龙游通”、《龙游工运》、《浙江工人日报》等平台，大力宣传防疫抗病相关知识，并转发官方发布信息，及时引导职工科学应对新冠肺炎疫情，不信谣、不传谣、不造谣，减少人员流动和聚集，科学预防。1月30日，通过“龙游通”在网上向工友们发布春季人力资源交流会招工信息。2月2日，联合县卫健局等相关部门，组建一支心理健康咨询志愿者服务队，面向广大市民开展心理疏导、心理减压、心理干预等公益心理服务。2月5日，在疫情防控期间，对一系列工人关心的问题，通过收集相关政策法规进行分析解读，在“龙游通”上发布，为工友们解惑。2月8日，宣传省、市、县级劳模在抗疫中的作用和形象。分期在“龙游通”上宣传企业如何做好疫情防控工作等报道。疫情期间，县总工会做好对疫情一线医护人员和生产防疫用品企业一线职工、卫生、公安交警、交通、环卫一线职工的慰问工作，发放慰问资金共计30万元，慰问人数约1100余人；慰问部分乡镇抗疫值勤的一线人员、红十字会志愿救护队的志愿者们及城角坊社区的一线社工，将方便面、牛奶等慰问物资送给基层一线抗疫值勤的人员与志愿者们。工青妇组成帮帮团承接全县一线双医护人员家庭帮扶，对35户医护人员家庭进行走访慰问，提供6000余元慰问物资；组织基层工会建立志愿服务队伍，承接帮帮团9项服务中的“防护物资保障、权益维护保障、家电维修”三项服务，联合县普农家电、四通家电、国际建材城组成一线医护人员帮扶水电维修志愿者服务队，为一线医护人员提供上门服务，其中四通家电推出“致敬抗疫一线战士，四通家电捐送60万家电维修费”活动。慰问省级劳模46人、全国劳模4人、困难劳模8人及在档的26名全国、省级、市级困难职工家庭，发放疫情期间生活补贴资金4万余元。慰问40名因受疫情影响致低收入职工，发放送温暖资金2万元。

【助力复工复产】 坚持疫情防控和企业复工复产“两手抓”。县政协党组副书记、副主席、县总工会主席陆民带队到联系乡镇企业战时服务团，了解企业复工复产情况，帮助企业解决实际问题。县总工会联系县红十字会应急救援队，为开发区维达纸业、伊利乳业、华邦古楼、凯丰新材和冠诚科技等已复工企业，提供食堂、办公区域等免费消毒志愿服务。号召全县各级工会组织一手抓疫情防控，持续送物资，慰问一线人员，增强抗“疫”信心；一手抓复工复产，下派工作人员入企蹲点，协助解决企业复工难题，协助企业落实防疫和安全生产措施，筑牢企业“防疫墙、安全墙”。为企业对接卫生部门，为符合条件的职工上门办理健康证明。深入乡镇企业，对上班员工进行测体温，对车辆、公共区域进行消毒。协助开发区进行数据统计汇总，企业复工数据汇总，企业验收台账，张贴疫情宣传资料，督查并助力企业平稳复工复产。通过龙游县人力资源和社会保障局、龙游县总工会、龙游县企业联合会（龙商协会）、龙游县工商业联合会三方四家联合倡议、工资集体协商等形式，确保疫情期间企业工人工资正常发放，有些与抗疫相关产业工人工资不减反增。

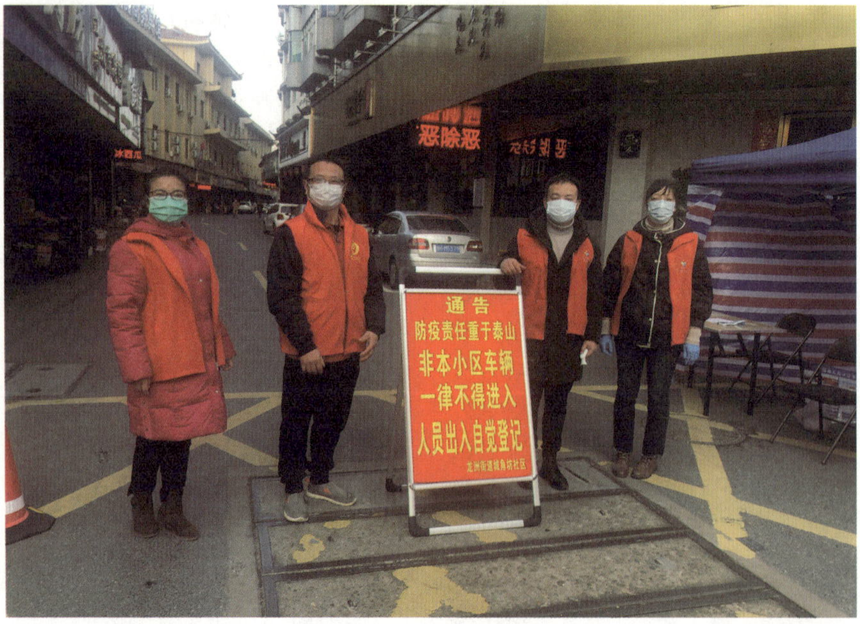

图46　2020年2月4日，龙游县总工会党员志愿者在西门菜市场招商路口蹲点值勤（县总工会／提供）

【参与重点工作】 开展重点工程重点项目建功立业、劳动竞赛。深化群众性安全生产和职业病防治，联合县应急管理局开展危险化学品企业安全生产隐患排查技能比赛和安全生产监督检查等工作，进一步强化安全生产宣传实效，提高全民安全素质。联合县应急管理局，推动安全文化建设，增强全民安全意识，开展“安全生产月”安全宣传咨询日活动。组织企业安全隐患排查随手拍有奖征集活动，同时还积极组织企业在内部开展安康杯活动和比赛。联合县人力社保局举办龙游县第九届职业技能竞赛，268名选手参加车工、电工、钳工、数控车工、保安员、育婴员等9个工种的比赛，发放奖金3万元；组织16名选手参加衢州市首届职工技能运动会，2名选手分别获得电工二等奖、车工三等奖。组织完成50对“师带徒”签订工作。在基层工会大力推广“龙游通”的应用，及时与龙游县大数据局对接梳理好“龙游通”赋能应用模块的内部流程，完善相关机制，方便职工办事。开展“三服务”活动，对接招商项目，做好政策宣传创造良好营商环境。结合“周二无会日”，每周二总工会机关党员干部由班子成员带队前往联系村和联系企业开展活动，并为联系结对的12户低收入农户送上大米和食用油。围绕县委、县政府中心工作，做好“最多跑一次”、创建“无欠薪”县等各项工作。做好东西部扶贫协作各项工作，5月为援建叙永县总工会职工书屋资助5万元，慰问援叙工作的8位教师、医生等工作人员并发放慰问金8000元；7月，组织全体干部职工“当一周工人、体工会初心”活动，与工人同工同吃，深入了解工人工作与生活情况，真正体验到劳动的快乐与艰辛；11月，与县农业农村局联合举办“东西部协作·龙游飞鸡消费扶贫体验馆”开馆暨龙游县机关事业国企单位工会会员福利消费点、精准扶贫助农增收示范基地揭牌仪式。

图47　2020年11月13日，龙游县总工会联合龙游县文明办举办“创文和权益保障”知识竞赛　（县总工会／提供）

【开展职工普惠服务】　县总工会积极关注员工切身利益，坚定不移地秉持“省什么钱都不能省员工的钱”的理念，扎实做好员工关爱工作。发挥党建引领政治核心作用，在“红色引擎”的助力下，砥砺前行，凝聚每位职工的力量，把各项任务落到实处。创建“劳动者港湾”，为帮助户外劳动者解决喝水难、热饭难、歇脚难、如厕难等实际困难，营造全社会关心关爱户外劳动者的良好氛围，打响“衢州有礼　龙游天下”城市品牌，打造“一座最有礼的城市”。2020年新增6家服务网点，设计并制作样式统一的“有礼手帕巾”，依托志愿服务站和劳动者港湾等志愿服务实体阵地，进行免费发放。开展困难职工帮扶行动，深入贯彻落实中央、省委、全国总工会、省总工会和市总工会扶贫脱困攻坚工作的重要部署，切实按照“精准扶贫、精准脱贫”的工作要求，2020年，县总工会继续唱好“四季歌”。开展“冬”送温暖活动：元旦、春节期间慰问困难职工29人，其中包括全国级13人、省级11人、市级2人、县级3人，共发放慰问金16万余元。开展“春”送技能活动：因疫情影响，2020年开展网络就业服务月招聘活动，通过“龙游通”发布“春季人力资源交流会”信息，实现“不见面”入职。“龙游通”网上招聘单位121家，其中规上企业76家，达成意向141人。免费为困难职工、农民工开设转岗技能培训班，主动对接用工企业，提供就业岗位，解决就业问题。全年参加7场次招聘会，专门在人力资源交流会现场设立服务职工咨询点，为广大求职人员提供法律法规宣传咨询服务，发放工会宣传资料2000多册，通过法律宣传活动不断加强和提升职工的法律意识。并适时在“龙游工会工作群”“龙游通”发布招工信息。开展“夏”送清凉活动：深入一线，贴近职工，广泛开展防暑降温慰问活动，为一线职工特别是农民工以及环卫工等户外职工送清凉。2020年慰问39家工业企业和重点工程等1700多名生产一线和高温岗位职工，给他们送上毛巾、风油精、洗发液、香皂等价值8万余元清凉物品，既体现对职工的关爱，又推动企业对高温一线职工的劳动保护。开展职工医疗互助，2020年全县642家单位共计25372名职工参加职工医疗互助。参保职工中共5131名职工享受报销政策，报销金额达81万余元。关心关爱女职工，县工会女职委围绕“创建安全健康平等的工作环境，依法维护女职工合法权益和特殊利益”这一主题，开展3月维权月系列活动。强化普法宣传，通过微信、钉钉、电子显示屏、悬挂宣传条幅等多种形式，大力宣传《中华人民共和国劳动法》《中华人民共和国劳动合同法》《中华人民共和国反家庭暴力法》《女职工劳动保护特别规定》等法律法规。举办1期维权、防疫知识有奖竞答活动，获奖者可获得充值话费奖励。结合防疫，突出典型宣传，通过“龙游通”转发省总工会女职委致全省各级工会女职工组织和广大女职工的倡议书，号召全县女职工用责任和担当撑起战“疫”半边天。发布女职工“疫”线故事10篇，积极宣传在疫情防控斗争中的巾帼风采。“三八”妇女节期间联合县插花协会为抗疫一线的女医护人员和卡点执勤的女同胞送上鲜花和慰问，积极做好抗疫一线女职工，特别是女医护人员的关爱帮扶工作，帮助她们排忧解难，为她们解除后顾之忧。“六一”期间，开展困难职工子女慰问，走访模环小学、横山小学和兰塘小学30名儿童，送去价值6000余元的慰问品和9000元慰问金，让困难职工家庭切实感受到工会组织的温暖。会同龙城妇产医院走进近10家大型企业，宣传妇女生理健康知识，免费“两癌”筛查1000多人次。新建妈咪暖心小屋5家，维护已建34家小屋，对已建小屋的设施建设、使用情况实地走访检查。中国工商银行龙游县支行营业部小屋获得省级示范点，县阳光小学小屋、横山中心卫生院小屋获得市级示范点称号。与县文明办联合举办“创文和权益保障知识”竞赛，共有10支参赛队，40名选手参加，积极推动女职工权益保障相关法律法规知识的学习和普及。倡议企业职工参与“有礼”创建，与县妇联在浙江特美新材料股份有限公司举行公筷公勺进企业启动仪式，向全县职工家庭发出“关爱健康，使用公筷”倡议，职工代表们在倡议书墙上签字。随后深入企业发放1000余份公筷公勺礼包和职工维权宣传资料。与县安委会联合开展“坚守安全初心，打造有礼龙游”摄影比赛，发放奖金2万元。县总工会出资2.47万余元，组织36名各级退休劳模免费体检及23名各级劳模参加县总工会组织的劳模疗休养活动；为46名省级劳模发放4.6万元春节慰问金，申请全国、省级劳模生活困难补助金计8.9万元。引导广大职工学习劳模先进，弘扬劳模精神、劳动精神、工匠精神。

【推动工会自身建设】 组建“工会系统8090宣讲小分队”，全县工会系统选树出71名“8090企业骨干宣讲员”，以每周二固定进企业轮流宣讲和网络平台点单式宣讲相结合的形式，设立以工会普惠政策宣传、工资集体协商程序、职工劳动争议调解和困难职工救助等为主题的多层次全方位的宣讲。宣讲内容根据职工需求实时调整，宣传课件分享到工会微信工作群，大力宣传工会“娘家人”的嘱托与关怀，让职工真正了解工会、熟悉工会、爱上工会，切实增强工会的凝聚力和向心力。依法收好、用好、管好工会经费，用好工会云财务平台，减征工会费650万元以上，其中工会经费缓缴500万元，小微企业返还150万元，完成率100%以上；组织经审人员参与工会财务管理活动的全过程，使工会经费用在发展工运事业、维护职工群众切身利益和为职工群众排忧解难、扶贫济困上。加强工会干部培训，4月组织全县各机关企事业单位工会主席培训，围绕《关于组织开展职工疗休养促进扩大消费的通知》等新政策进行详细解读。4月举办2020年度工会云财务平台操作系统培训。加强调研和信息报道工作，编印《龙游工运》12期，发布“龙游通”公众号文章122篇，较好地畅通信息渠道。尤其是在疫情期间，尽力发出工会声音，利用钉钉、微信群发布学习疫情权威信息及工作要求累计10条，发布在龙游通信息共62篇，阅读量累计达到347万次。

（县总工会　王志娟）

中国共产主义青年团龙游县委员会

【概况】 2020年，中国共产主义青年团龙游县委员会（以下简称团县委）在县委、县政府的正确领导下，在团市委的关心指导下，坚持以习近平新时代中国特色社会主义思想为指导，全面贯彻党的十九大精神和团的十八大精神，认真贯彻落实习近平总书记系列重要讲话精神，积极发挥共青团凝聚青年、组织青年、引导青年、服务青年的职能作用，紧紧围绕突出思想引领、加强自身建设、服务中心大局三条主线，严把工作主线，明确根本任务，聚焦主责主业，不断团结引领广大团员青年主动扛起争当“重要窗口”和“浙西新明珠”建设者的重任，各项工作取得长足进步，较好地完成年初确定的目标。截至2020年12月，全县常住人口中14岁至35周岁青年共有91438人。团组织1174个，其中团（工）委52个、团总支2个、团支部745个，团员16902人。

【青少年思想引领】 继续坚持把青少年思想政治引领作为首要任务，聚焦学习宣传贯彻习近平新时代中国特色社会主义思想和党的十九大精神这一主线，充分发挥辐射带动和引领作用，依托主题团日、新媒体等线上线下阵地平台，广泛开展中国特色社会主义和中国梦宣传教育。拓展方式载体，广泛开展青年大学习、“8090”新时代理论宣讲、党团知识竞赛等活动，通过互观互学、互比互学提升团干部、团员及青年理论武装和学习能力水平。持续挖掘、选树和宣传青年典型，做好团属微博、微信等新媒体阵地建设，积极向社会传递正能量。高效落实中长期青年发展规划试点工作，自承接《浙江省中长期青年发展规划》省级试点单位以来，团县委多次召开班子会议专题研究试点工作，对工作清单进行细化，明确相关责任人及时间节点。10月，制定《省级试点工作实施方案》并委托衢州学院进行本地区发展规划编制；11月，与县发改局对接，将龙游县青年发展规划纳入县“十四五”规划；召开龙游县青年发展十四五规划编制任务部署会暨第二次青年工作联席会议，就发展规划编制任务进行分工；12月初，成立龙游县中长期青年发展规划省级试点工作领导小组。深入开展系列主题活动，2020年以来，累计开展红色研学、最美战疫、网上祭英烈、禁毒宣传、青年职工运动会等一系列节点主题活动10余场，吸引2万余名团员青年参与。深入推进“8090”新时代理论宣讲工作，发动团队干部深入基层一线开展宣讲200余场，覆盖群众5000余人次。牵头举办“接续8090声音·播植真善美种子”龙游县少先队员宣讲比赛暨“红领巾宣讲团”成员选拔活动、“龙游县8090新时代理论宣讲百团大战”等主题活动，累计1100余名团员青年、1200余名少先队员参与。履行“全团带队”职责，于11月召开少先队龙游县第四次代表大会，市县领导及正式、特邀、列席代表共210余人参加。组织引导广大青年深入学习宣传贯彻习近平新时代中国特色社会主义思想持续引向深入，对“青年大学习”网上主题团课进行重点部署，发动全县70余个基层团组织积极参与，将其作为“青年大学习”行动深入基层、激活团员、影响青年的总牵动。截至12月，全县“青年大学习”网上主题团课学习总人次达40.2万次，累计33期单期学习人次超过万人次，11期入围全市“青年大学习”网上主题团课优秀县（市、区）。

【推动青年发展】 以承接青年发展规划省级试点工作为契机，不断完善凝聚青年、引导青年、服务青年的青年发展政策体系和工作机制，在建设“浙西新明珠”和“重要窗口”目标的过程中贡献青春力量，实现青年与龙游共成长。着力强化重点青少年帮扶工程，依托“舒心体系”建设，探索“闭环管理”机制，全面助力社会基层治理工作。组织协调县民政、检察院、群团等部门及笛语、青志协等社会团体针对重点青少年群体开展联合排摸帮扶行动，探索建立龙游县重点青少年社会关爱长效机制，形成工作合力，累计走访慰问困境留守儿童220余名。于“六一”节期间开展“点亮微心愿·照亮大梦想”公益圆梦活动，以“线上现场直播+线下展示认领”方式完成认领实现“微心愿”115个。聚力打造龙游籍大学生凝聚工程，3月，组织20余名龙游籍大学生参加“龙游籍双一流高校青年人才交流会”共话发展；暑假期间，为缓解就业压力，牵头举办“直播带岗‘职’等你来”“家燕归巢·2020年大学生见习、暑期社会实践活动”线上线下招聘活动，提供招聘岗位700余个，招募大学生70余人，收到简历200余份，在线观看人数累计20万余人次。8月，正式成立龙游县大学生联盟，依托“高校联络站+联络员+龙游籍学子”的组织架构，共设有联络站11个，联络员39名，同时在“龙游共青团”微信公众号内设置“大学生”板块，累计吸引300余名龙游籍高校学子加入。持续深化团青服务品牌塑造工程，疫情期间，发动爱心企业捐助口罩、一次性手套、防护服等物资2000余件，价值2万余元，并通过“亲青筹”等平台发动广大群众捐资4.6万余元。积极对接省青基会及团叙永县委，摸排收集叙永县贫困、留守儿童现状，发起200个“希望工程·彩虹活力包”捐赠子项目，累计募集捐款2.56万元。推举朱彬、胡秀秀等一批优秀青年创业者参与“青牛奖”“鸿鹄奖”“新锐浙商”评选。指导、推荐开泰湖羊养殖场申报省级示范性青创农场并于11月成功评定。累计推荐20余名创业青年参加省市举办的农村致富带头人及“青村星”主播等培训班。举办线上青年交友会、青年联谊等活动4次，吸引200余名单身青年参与。建立完善“青年之家”挂牌摘牌制度，有力推进“青年之家”阵地建设，全县29个“青年之家”阵地全年累计开展活动143场，参与青年达3100余人次，成效排在全市前列。

图48　2020年8月28日，龙游县大学生联盟成立　（团县委/提供）

【打造青春建功品牌】 持续深化“五位一体·志在龙游”党群志愿服务行动，加强志愿者队伍建设，围绕县委、县政府确定的重点工作，定期策划组织开展专题志愿者服务项目和相关活动。不断深化龙游县大学生联盟建设，推动青年就业创业见习基地创建。不断深化青创协、青联、青企协对创业青年的聚合培育作用，打造青年创业特色亮点。持续推进共青团与“龙游飞鸡”项目合作，切实提升“龙游飞鸡”宣传推介效应。积极助力疫情防控，第一时间组织30余名青年志愿者在火车站等疫情一线场所开展体温测量、秩序维护等防疫志愿服务20余场，累计服务时长150余小时。组建“龙游县青年防疫志愿服务队”共计800余人，面向社会群众尤其是青少年、一线医务人员及家属，累计提供心理疏导、帮教助学、送餐理发等全方位服务1.5万余人次。由县美食行业协会会员单位和社会各界爱心人士组成的“小星星”志愿服务队伍，连续60余天为夜晚值守卡点的防疫工作人员免费送上爱心美食、水果，总价值7万余元。大力营造全民志愿氛围，以“周二无会日”“三服务”等活动为载体，形成“疫情防控、政策宣讲、有礼服务、舒心解惑、爱心助困、文明创建”等一系列标志性志愿服务项目。2020年以来，累计组织470余名志愿者在全省新时代青年理论宣讲工作现场会、龙游石窟国际音乐盛典、红木小镇开园活动、全省美丽城镇建设工作现场会等重大会议活动中提供周到热情的志愿服务，受到上级领导广泛好评。“志愿汇”累计注册志愿5.2万余人，志愿服务队伍870余支。2020年以来，累计组织开展政策宣讲、文明劝导、社会治理、生态环境保护等各类志愿服务活动4.3万余场，参与志愿者10万余人次，服务时长达19.3万小时。疫情期间，制作并面向部分餐饮企业定制发放“龙游风味”主题版公筷公勺2500余套。成功举办首届“诗画浙江美丽小镇·百县千碗龙游风味”龙游红木小镇美食城展销会活动，组织动员全县33家当地知名美食企业商家助阵参展，累计营业额14万余元，吸引游客2.3万余人次；联合多部门举办“县长来了——缘来红木·礼遇龙游”淘宝直播活动，吸引31.47万人观看，点赞数达133.4万余次。“双节”期间，在红木小镇举办“潮起龙游风味金秋”五味集市及直播活动，直播在线观看总人数达149万余人，营业总额达83万余元，共吸引食客9万余人。

【提升基层团建工作水平】 始终坚持党建带团建，加大“青年之家”建设力度，着力加强对青年社会组织、非公有制经济组织的联系、服务、引导，不断扩大团的覆盖面。加强对先进的培养教育和评选表彰，做好推优入团、推优入党工作。深化青联、青创协、青志协等团属团体建设，切实加强中学、中职等学校共青团工作规范化建设。选好配强各级团组织负责人，健全和完善团干部科学评价体系，推动团干部双向有序流动。推进作风建设，积极推进学习型、服务型、创新型团组织建设，使团干团员在实践中强化“三服务”能力，促进基层团组织整体工作水平。不断夯实基层团组织规范化建设。聚焦组织力提升，坚持“党建带团建”，积极开展团建联建共建活动。深入推进“两新组织”团建攻坚行动，不断加大行业协会、非公有制企业等领域建团力度，2020年累计新增非公领域团组织88个，吸纳团员300余名。联合县委组织部、机关党工委重组设置机关团工委；召开共青团龙游县十五届六次全委（扩大）会议，2020年度基层团组织团建领航项目推进会，乡镇（街道）、经济开发区共青团半年度述职会等团内重大会议，通过展示交流特色工作、方式方法，做到互通有无，互促互进。2020年以来，在机关团工委等20余个基层团组织换届时，主动过问，积极向党组织提出建议，严把团干质量关。同时，积极与组织部对接，为机关部门团组织书记争取到相应待遇。持续加强团员先进性建设，严格入团标准，调控团员规模，严格团的组织生活，加强团员意识教育，推动团员主动亮出身份，动员各领域团员青年立足岗位争先创优。严格落实业余团校、智慧团建学社衔接、新发展团员入团流程等工作，不断提升团员青年归属感。至2020年年底，智慧团建系统团员学社衔接率达97.2%，共计600名2020年度新发展团员已全部完成电子档案上传录入工作。

（团县委　翁乃洁）

龙游县妇女联合会

【概况】 2020年，龙游县妇女联合会（以下简称县妇联）全年围绕深化“一米菜园”创建、垃圾分类、妇儿维权、妇儿服务等工作重点，把联系和服务妇女群众作为妇联工作的生命线，努力为龙游县建设区域明珠型城市贡献巾帼力量。全县有乡镇（街道）妇联组织15个、机关单位妇委会43个、村（社区）妇联273个、“两新”组织（新经济组织、新社会组织）妇工委63个。

【“一米菜园”创建】 坚持“党建统领、群众主体、因地制宜、注重创新”原则，以助推“衢州有礼”诗画风光带、特色产业发展为重点，积极探索新模式，持续推进“一米菜园”创建。2020年，全县207个村6598户参与创建，建成“一米菜园”6639个，面积达18.3公顷，其中拆后利用面积13.33公顷。全国妇联书记处书记章冬梅、省妇联副主席李志慧等领导，南京、苏州、萧山、柯城、常山等地区，央视农业农村频道、浙江卫视、浙报传媒、《光明日报》等15家省级以上主流媒体先后到龙游调研考察、参观学习及采风报道。全省美丽城镇创建现场会、市县政协“一米菜园”“请你来协商”活动在詹家镇浦山村召开，推广龙游县“一米菜园”创建经验。

【深化“贺田模式”2.0版】 制定“贺田模式”2.0垃圾分类考核办法，常态化开展农户分类检查、日常督查考核、评比通报排名和反馈整改等工作。将垃圾分类纳入乡村振兴讲堂，“龙游通”推广应用竞赛、“村情通+全民网格”标杆村创建、“龙游通”专项考核等工作，在“龙游通”上开展垃圾分类有奖知识竞赛活动，浏览人数超过16.6万人，接受调查人数4000余人。确定大街乡新槽村为“生活垃圾零废弃村”试点，建设垃圾分类循环超市投入运营，在湖镇镇地圩村建设垃圾分类宣教馆，同时在大街乡新槽村、詹家镇浦山村试点定点定时集中投放模式。

【“龙游通”推广应用】 将“龙游通”与垃圾分类工作相结合，抓好“龙游通”乡村振兴板块中垃圾分类模块、“循环超市”线上应用工作。配合做好“龙游通+扫码通行”等工作，督查乡镇村重视“龙游通”活跃度提升工作。运用龙游通助力中心工作开展，举办龙游县“一米菜园”创建“8090”理论宣讲进讲堂暨“你建我评”网络直播活动，吸引1200人在线观看，首次实现龙游通“直

图 49　2020 年 11 月 12 日，龙游县“一米菜园”创建“8090”理论宣讲进讲堂暨“你建我评”网络直播活动在詹家镇山后村举行　（县妇联 / 提供）

播 + 投票 + 抽奖”“画中画”直播。

【先进典型评选】　立足女性工作岗位及家庭，开展巾帼文明岗、巾帼建功标兵、三八红旗手和文明家庭创建工作。2020 年浙江龙游农村商业银行股份有限公司詹家支行、龙游县妇幼保健院护理团队、龙游县人民法院民事审判庭 3 个岗位被评为市级巾帼文明岗。何双双、余娜、夏亚莉 3 名驰援武汉护士获得市级三八红旗手荣誉，龙游县人民医院感染性疾病科被评为市级三八红旗集体；邱悦、张英、刘艳、邱亚青、胡红竹、刘仙、吴国红 7 名来自抗疫一线的优秀工作者被评为市级巾帼建功标兵。官磊、周建芳 2 户家庭获得省级最美家庭、方志成家庭获得省级绿色家庭、方秋莲等 15 户获得市级最美家庭、郑素梅等 7 户家庭获得市级绿色家庭荣誉。

【助力创业创新】　调整《来料加工管理办法》，增加对直接从事来料加工的低收入农户作为补助对象，调整对带动低收入农户经纪人的补助政策，2020 年共发放 8.5 万元补助资金，全县各类来料加工经纪人 385 人，固定从业人员 19620 人，发放来料加工费 25910 万元。成立木兰创业联盟，通过导师帮带，设立食品、农业、工业 3 个基地，结对帮扶 12 个创业项目，其中米百旺食品及龙南山区笋干加工销售基地项目成效显著。组织参加市巾帼创业创新大赛活动，“王阿盖手工小吃”入选推荐项目，“溪口未来版乡村社区”项目入选路演项目并获三等奖。

【强化妇女、儿童服务】　强化妇女、儿童阵地建设，建设各类“妇女微家”50 余个，6 个省级“儿童之家”，10 个市级“儿童之家”，为妇女儿童活动提供场所。县妇联依托公共法律服务中心、站、点设立 262 个婚姻家庭矛盾纠纷化解工站，在浙江游龙律师事务所设立“妇女儿童维权帮扶中心”，在湖镇舒心驿站设立“女法官工作站”，为周边群众提供法律咨询、纠纷调解等服务。在县舒心馆专设婚姻家庭纠纷接待窗口，全年接待妇女来访 40 人次，化解纠纷案件 10 件，结案率达 100%。通过巾帼微网格，联户排查发现各类婚姻家庭纠纷 1026 件，成功化解 1016 件。疫情期间开展免费电子书刊阅读、儿童书画比赛、线上朗读、线上家庭教育课程等线上活动，活动参与人数达到 500 余人次，收集各类作品 78 个。以“三八”妇女节为契机，在《今日龙游》、“龙游通”推出巾帼抗疫事迹专刊，在“龙游通”开设“三八”妇儿维权宣传知识竞赛，参与人数达 2300 余人次。举办“匠心传承　巾帼有礼”户外女子趣味运动会，助力龙游红木小镇验收，全县近 100 家企事业单位 1000 余人参加活动，该项工作获得

图 50　群众在“口罩驿站”捐赠口罩，助力企业复工复产（县妇联 / 提供）

县委书记张晓峰批示。

【深化家庭建设】 联合印发《新冠肺炎疫情期间关爱留守儿童、困境儿童专项行动方案》，对农村留守、困境儿童、留守妇女开展排查摸底，建立家庭档案。结合“8090”开展家风家教巡回宣讲，全年共组织家风家教类宣讲56场次，覆盖人群1600余人次。结合文明家庭创建，成立最美家庭联盟，结对社区认领创文服务项目，发放有礼优惠护照，鼓励群众争先晋优。

【助力中心工作】 牵头设立“有礼口罩驿站”。通过社会捐赠及县疫情防控指挥部保障口罩，为企业提供口罩借用服务。口罩驿站设立以来共为20余家企业提供2.5万余只应急口罩，助力企业复工复产。以家庭为切入点，开展“筷乐家庭”“筷乐家庭我来秀”“筷乐家庭、有礼少年”评选活动，评选出“筷乐家庭”100户、“有礼少年”395人，征集150余个视频。每月开展公勺公筷使用情况走访，全年共发放公勺公筷1万余副。该项工作得到省委宣传部副部长来颖杰、卢春中的批示肯定。广泛开展巾帼抗疫志愿服务，疫情期间，发动各级妇联组建山后村巾帼骑行宣传队、石佛乡锣鼓土味宣传队、姐妹代购团、姐妹帮帮团、关爱一线女狱警志愿服务等巾帼志愿团队，走村入户宣讲防疫知识，为一线抗疫医护人员、狱警家庭提供家政、代购、子女课业辅导等志愿服务。

（县妇联　徐静燕）

龙游县科学技术协会

【概况】 2020年，龙游县科学技术协会（以下简称县科协）在县委、县政府的坚强领导和上级科协的指导下，深入贯彻中央和省、市、县委群团工作部署，按照“统筹推进疫情防控和经济社会发展工作”的总体要求，认真谋划，积极探索，团结带领全县广大科技工作者，紧抓科学防疫不松懈，紧扣科技创新谋特色，紧贴科学普及创亮点，全力服务经济社会发展，各项工作取得良好成效，为建设区域明珠型城市提供科技支撑，贡献科协力量。被浙江省、衢州市科协评为科协工作先进单位。

【举办“院士专家龙游行”活动】 10月中旬，围绕全县“双招双引”工作主旋律，牵头举办“院士专家龙游行暨特种纸产业创新与发展论坛”活动。邀请陈克复、吴丰昌、吴慰祖3位院士及中国造纸学会、浙江省造纸学会、陕西科技大学、华南理工大学、南京林业大学、广西大学、浙江科技学院、浙江理工大学等10多位国内特种纸新材料领域顶尖人才齐聚龙游，共同探讨交流特种纸产业创新与发展。活动期间，陕西科技大学与龙游经济开发区签订人才引进协议，筹备建立陕西科技大学龙游特种纸研究院，实现产教融合，优势互补。县人民政府成立龙游特种纸产业院士专家委员会，聘请8名特种纸领域专家担任首批专家委员会成员，并组织专家参与龙游特种纸产业“十四五”规划论证。

【成立农民专家协会和农技协联合会】 10月15日举行龙游县农村专业技术协会联合会、龙游县农民专家协会成立大会，会议通过协会和联合会章程及相关财务管理、会费收取的制度，选举产生理事、会长、副会长、秘书长等人选。县农民专家协会和农技协联合会吸纳农民专家、农业大户、农技站长等个人会员70余名，农技协、农业企业等单位会员20余个，搭建一个相互交流、学习借鉴、共享资源、共同发展的平台，形成大联合、大发展格局，增强抗击市场风险能力，提升服务“三农”、服务乡村振兴的水平。2020年，农民专家韩建华获得全市科普惠农先进个人荣誉称号，农民专家张双其所在的浙江龙和水产养殖开发有限公司、农民专家徐晓强所在的龙游县中草药协会、农民专家徐国红所在的龙游欣铭果蔬专业合作社获评全市基层科普惠农先进单位，充分展现农民专家推动产业发展助力乡村振兴的引领作用。

图51　2020年10月22日，中国造纸协会秘书长曹春昱在“院士专家龙游行暨特种纸产业创新与发展论坛”上作《特种纸产业发展机遇与挑战》报告

（县科协／提供）

【构建社会化科普大格局】 切实履行全民科学素质工作领导小组办公室职责，科学制定《2020年龙游县全民科学素质行动工作要点》，强化统筹协调，搞好联络服务，争取上级部门科普资源，整合成员单位科普资源，引入社会机构科普资源，精心组织举办科技工作者日、全国科普日、科技活动周等系列专题科普活动。承办省科协“加油科学+”科普情景剧进阳光社区活动、博士生科技服务团走进龙游社阳活动，向社区群众宣传科学知识，为山区人民带去技术培训和水源地保护知识。联合市科协、市县九三学社等单位在小南海镇团石村举办以“科技为民、奋斗有我”为主题的2020年全国科技工作者日暨衢州市文化、科技、卫生“三下乡”活动，累计赠送优质蔬菜苗200余株，接待义诊人数300余人次，赠送科普书籍150余册。牵头组织全民科学素质成员单位开展以“决胜全面小康，践行科技为民”为主题的全国科普日各类科普活动17场次，服务群众2万人次，被衢州市科协评为全国科普日活动优秀组织单位。

图52 2020年12月23日，科普大篷车进校园，助推龙游县实验小学科技周活动（县科协/提供）

【强化学（协）会规范化建设】 加强对全县学（协）会的指导，出台修订《学（协）会年度报告制度》《“星级学会”创评管理办法》等制度文件，进一步规范学（协）会建设。注重把提升学术活动的质量与活动的实效性相结合，围绕政府、社会、群众关注的重点、热点问题，组织开展各类学术交流活动。龙游县造纸行业协会成功主办“绿色环保特种纸新材料产生技术高端论坛”，入选2020年度衢州市科协重点学术活动项目。联合县科技局、县人力社保局开展龙游县自然科学优秀学术论文评选活动，得到全县科技工作者的积极响应，共收到论文39篇。经论文评审委员会认真评审，择优推选15篇参加衢州市第二十二届优秀自然科学论文评选，其中《再生造纸废水处理系统的优化》《借题发挥提高教学实践性》等4篇论文获奖。

【推进科普信息化建设】 根据中科协关于科普e站转型升级的意见精神，专门组织开展科普大屏业务培训，进一步提高管理员实际操作能力。在原有科普宣传的基础上增加党建、党风廉政、信息公开、便民服务等各种可选内容，实现“一机多用”、多部门共建共享，推进全县科普e站转型升级。创新载体，结合科普电视点播、科普微电影下乡等传播形式，实现镇、乡、村信息全覆盖；不断优化《科普之窗》《科普之声》《科普专栏》等传统媒体科学普及栏目，围绕全县中心工作、群众关注事件开展科普宣传；加强科普宣传栏日常维护管理，按需每季度及时更新展板内容。全年刊登科普专栏信息近40期，播出科普之窗30多个小时，科普之声60多个小时，科普微电影下乡150余次。4月15日至5月14日，组织发动全县群众参加衢州市文明素养科普知识网络竞赛活动，普及科学知识，弘扬科学精神，全县进行网络答题达7万多人次，参与人次位居全市首位。

【培养青少年科学精神】 密切与县教育局、团县委等部门合作，组织开展形式多样的校园科普宣教活动，把科学知识、科学方法传播给青少年，激发广大青少年学科学、用科学的浓厚兴趣，培育科学思维和创新意识。组织全县中小学在世界水日和中国水周、“119”全国消防日、质量月、安全生产月、世界气象日、世界环境日和世界地球日、防灾减灾日等时间节点普及相关知识；组织中小学生参加2020年全市青少年科技系列活动暨第17届衢州市青少年科技创新大赛、校园科技节等科普赛事活动；组织开展流动科技馆进校园、科普大篷车进校园、中科院老科学家讲演进校园等专题科普活动。

【加强企业科协组织建设】 积极推动企业科协组织建设，促进企业科技进步和人才成长，推进企业创新发展，畅通为企业人才服务和举荐渠道，取得显著成效。2020年新建恒达新材、禾川科技、道明光学等6家企业科协；年年红企业科协代表衢州市参加全省企业科协负责人培训会议，并在会上进行典型经验交流分享；浙江金昌特种纸股份有限公司科学技术协会被省科协评为“百佳企业科协”，浙江龙游公任电子有限公司企业科协秘书长李丹被省科协评为“百佳企业科技工作者”。

【参与新冠疫情防控】 成立县科协新型冠状病毒感染的肺炎疫情防控工作领导小组，组织全体干部职工到责任小区开展卡点执勤工作，实行全面管控，严防疫情输入。发出《科学防控致广大科技工作者的倡议书》，号召全县科协组织及科技工作者投身新冠疫情防控工作得到积极响应，浙江恒达新材料股份有限公司获得衢州市科协系统防疫工作先进集体荣誉称号，县中医院余小明、社阳乡卫生院汪志勇获得衢州市科协系统防疫工作先进个人荣誉称号。开展应急科普宣传，发放科普防疫宣传资料5万余份，安排科普大篷车在主要街道、社区开展疫情防控知识广播宣传。发挥电视《科普之窗》、广播《科普之声》、科普e站、微信群等线上平台作用，高强度普及疫情科学防控知识，提高公众自我保护防治的意识与能力。

（县科协　张碧晖）

龙游县工商业联合会（龙游县总商会）

【概况】 2020年，龙游县工商业联合会（以下简称县工商联）以做“新时代奔跑的工商联”为抓手，“搭平台、建机制、创品牌、强服务”，努力交出工商联服务“两个健康”（即非公有制经济健康发展和非公有制经济人士健康成长）高分答卷。全年共获得全国、全省工商联通报表彰9次，实现省工商联先进单位表彰七连冠。2020年获全国工商联民营企业调查点示范单位先进基层工商联、全省工商联抗击新冠肺炎疫情以来民营企业调查点工作先进单位、全省工商联2020年度民营企业劳动关系监测调查工作表现突出的单位、2020年度全省工商联系统先进单位、2019—2020年度浙江省“五优”县级工商联、县级工商联服务“两个健康”工作年度最佳案例。

【思想和组织建设】 2020年，县工商联（总商会）以习近平新时代中国特色社会主义思想为指导，全面贯彻党的十九大，十九届三中、四中、五中全会精神，习近平总书记对民营经济的一系列重要指示精神以及在浙江考察重要讲话精神，牢牢把握“两个健康”工作主题，助力疫情防控和复工复产攻坚战，深入开展“三服务”活动，围绕中心、服务大局，改革创新、勇于担当，争创工商联工作特色和品牌，努力为加快建设“活力绽放、精彩纷呈”的浙西新明珠汇聚起工商联组织和民营企业的磅礴力量。4月上报优秀案例《引领乡贤回归•助力“飞鸡”领跑新农创》，7月上报优秀案例《一多措并举优化营商环境》，12月上报优秀案例《探索同心“众联”模式　开拓民营企业助力脱贫攻坚新路径》均被评为县级工商联服务“两个健康”工作优秀案例，《多措并举优化营商环境》被评为县级工商联服务“两个健康”工作年度最佳案例；3个优秀案例获县委书记张晓峰批示3次、县长祝建东批示2次、市工商联主席余震批示1次，成为为数不多连续获3个优秀案例和年度最佳案例的县市区工商联之一。

【防疫助企】 2020年年初新冠肺炎疫情防控以来，县工商联认真贯彻执行中央和省、市、县委的决策部署，坚持把疫情防控作为头等大事来抓，在全力做好包干小区“新冠”疫情防控工作基础上，加强组织领导、思想引领和服务保障，连续发布《致全县民营企业家的一封倡议书》《关于打赢新型冠状病毒感染的肺炎防控战役捐赠倡议书》，县委统战部、县工商联联合开展“同心抗疫情、联企复生产”专项行动，部署开展工商联系统助力疫情防控和企业复工复产“两手抓、两手硬，两战赢、两领先”活动，积极为疫情防控和复工复产建言献策，积极帮助协调企业复工复产问题和困难。组织特美股份、汇金钢瓶、光明铁道、禾川科技、茗皇股份、恒达新材等10多家企业负责人，与县委书记张晓峰面对面开展亲清“口罩茶叙”，明确企业面临的员工管理、外地员工返回、物流货车进出境等一系列有关事项，为重点企业吃下复工“定心丸”。同时，依托“微龙游”、《龙商行》即时做好政策宣传，通过商会协会群、龙商群以及企业内部职工群即时转发，复工信息阅读量达10万多次。制定《“同心抗疫情、联企复生产”专项行动方案》，建立以县委常委、统战部部长为组长的“同心抗疫情、联企复生产”工作专班，下设4个小组，分片联系县内16家行业协会（商会）51家省、市、县工商联执委企业。针对调研发现和“战时服务团”提交的问题，通过工商联直通车，形成《从县工商联执委企业复工情况分析我县企业复工存在问题及对策建议》直接呈阅县委书记和县政协主席，当日分管工业县委常委就召集部分协会（商会）会长召开座谈会，企业员工“白名单”制等多项建议予以落实。同时建立“各行业协会（商会）和会员企业反映问题—县营商办交办—县领导督办—逐级消化—办理反馈—销号管理”的问题解决回路闭环，加快推进复工复产和稳定经济运行。上半年归集商协会、企业反映问题66个，解决65个，协调上级部门解决1个。充分发挥寓外龙商资源丰富优势，打通内外信息获取对接渠道，通过县内各行业协（商）会统筹会员企业需求，由县工商联对接医疗物资生产厂家一并团购，最大范围发挥龙商资源解决企业防护物资采购难的紧迫问题。通过相关协会、企业，共计采购消毒水10吨，一次性口罩10万余只。此外，县企业家联合会、电子信息产业协会累计采购3万只口罩，捐赠会员企业；贝尔轨道装备有限公司采购1万只口罩捐赠本地中小微企业，累计已有42家中小微企业领取“爱心口罩”。积极组织协调加强与当地经济部门、金融监管部门的对接，密切关注受疫情影响面临生产经营困难、资金断流的企业，积极争取人行龙游县支行为支持金融机构，向疫情防控重点企业提供优惠利率贷款而特别推出的“专项再贷款”政策，列入国家、省重点保障企业分别达到20家、71家，31家民营企业累计获专项再贷款6.31亿元，其中向财政申报贴息的专项再贷款4.56亿元。

【法律服务】 深化民营企业公共法律服务体系建设，精准护航非公有制经济。县工商联联合县司法局成立全市首个企业法律服务中心，组建专门的企业法律服务团，积极主动上门为全县企业解决经营中碰到的实际法务问题。1月19日下午，县企业法律服务中心年终座谈会在龙游县舒心馆召开，县司法局、县工商联、服务团代表、企业家代表共22人参会。2月，联合龙游县司法局制作疫情防控法律服务手册，分发给各行业协会。3月24日，省企业法律服务团到禾川科技股份公司开展法律咨询和服务。5月22日，县工商联召开第七届执行委员会第四次会议上，县法律服务中心解读《浙江省民营企业发展促进条例》。7月底企业法律服务团走进县装饰设计行业商会，举行装饰设计行业法律问题现场解答和《中华人民共和国民法典》宣讲。县工商联、县司法局联合成立新冠肺炎疫情公益法律服务团，对企业劳动用工、合同文本等方面进行合法性审查，并充分发挥14家企业调解委员会作用，采用ODR、微信、视联网、钉钉等载体实现在线调解，积极为企业、商会组织及其员工提供相关法律服务，将事后化解变为事前预防，最大限度将企业潜在风险消除。发放法律服务卡120余份，法律咨询函21份，企业调委会共调处矛盾纠纷25起，成功化解25起，调解成功率达100%。

【金融服务】 5月22日，县工商联七届四次执委（扩大）会议上举行民营企业金融服务中心成立揭牌仪式，成立中小企业金融服务团，发挥县域金融机构专业服务作用，为企业提供金融知识培训、金融政策服务，打通企业对各类融资政策和融资产品认知的“最后一公里”。经常性组织金融系统列席秘书长会议，走进商会（协会）开展专场金融服务。通过多次政银企交流沟通，建立政府、金融机构、企业共谋发展的合作平台，如龙游农商银行青年创业者协会、装饰商会“商创通”、龙游永康商会、电子信息协会“商会通”等自助贷款金融合作。同时建立在外龙游人银商合作新平台，与龙游总商会江苏分会、义乌分会、重庆分会、深圳分会成功签署金融战略合作协议。指导企业规范公司治理结构，建立健全内控制度、体系和风险控制，保障企业持续稳定发展，更好地促进政企沟通，为企业创造良好的营商环境和平台。2020年累计300余家非公有制企业通过“商会通”“商创通”获得贷款业务，有效解决非公有制企业担保难、融资难的问题。

【亲清直通车·政企恳谈会】 按照全省工商联统一部署，省市县三级联动，每季度召开政企恳谈会，倾听企业心声，破解企业难题。每期聚焦一个恳谈主题，并在会前深入一线查实情、听呼声、提建议，努力做到把企业家的呼声作为重要信号、把企业家的满意度作为工作的重要标准。5月19日，龙游县工商联结合龙商“亲清服务日”工作机制，在龙游县中小企业服务平台举行以“强信心、保增长”为主题的首场“亲清直通车”政企恳谈会，来自制造业、服务业、外贸型企业、科技型企业等15位中小企业家代表和政府部门工作人员双方敞开心扉，面对面“零距离”倾听企业心声。会上，县工商联详细介绍龙游县“亲清直通车·政企恳谈会”基本情况以及《浙江省企业家参与涉企政策制定暂行办法》，各企业家围绕疫情期间企业现状以及下步发展方向畅所欲言，并现场提出相关意见和建议。8月31日，衢州市生态环境局龙游分局与县工商联邀请部分政府部门与企业家代表，按省生态环境厅、省工商联统一部署，以“践行‘两山’理念，助力绿色发展”为主题举行恳谈会，这也是疫情后龙游县第二场“亲清直通车·政企恳谈会”。会上，来自制造业、服务业、科技型企业和环保企业共10名企业家代表，分别介绍各自企业发展及环保情况，并就生产经营中所遇到的环保问题、难点等与县领导和部门负责人交换意见，提出建议。恳谈会后及时汇总整理恳谈会有关情况，形成会议记录、问题及建议清单上报，并建立工作成果报送机制、建议办理和反馈机制、跟踪评价机制，形成工作闭环，切实解决企业难题。通过强化政企沟通，开展企业家满意度评价，推动政策落地落实落细。两期恳谈会上报的近40个问题已经解决到位。

【双招双引】 2020年3月，龙游县印发《异地商会招商引资奖励办法》，深入贯彻落实中共中央《关于加强新时代民营经济统战工作的意见》精神，充分激发商会、龙商参与“双招双引”主动性、积极性和实效性，《异地商会招商引资奖励办法》共分九条，涵盖奖励对象、奖励项目范围、奖励内容及标准、奖励认定、申报期限等。为抓好考核办法落实，4月3日，

图 53　2020 年 6 月 1 日，龙游上海人才工作站成立（县工商联／提供）

龙游县异地商会“双招双引”座谈会召开，20 位异地龙游商会代表及人才工作站站长和相关部门负责人参加座谈会。座谈会上，县委人才办、县工商联就龙游县招才引智政策、异地商会招商引资奖励办法进行详细解读。县经济协作中心向在座商会代表推荐重点招商项目，并对《招商引资工作制度体系》作解读。2020 年龙游县全面推行“双招双引”，着力打造“智力引擎”，发挥人才对产业发展的引领和支撑作用，构建“人才促发展、发展兴人才”的局面，县工商联积极引导广大乡贤、龙商、大学生们共建“人才”平台，当好“双招双引”的宣传者；共谋“产业”大戏，当好“双招双引”的参谋者；共享“营商”环境，当好“双招双引”的践行者。2020 年，成立上海、江苏两个异地商会人才工作站，下辖青年工作站和大学生联谊站，已招募青年人才 3 批，共计 76 人。通过“以人才识人才”“以人才聚人才”的方式，收集国内龙游优秀青年人才信息，做好人才引荐工作，吸引优秀人才回龙游工作，为龙游发展提供智力支持。

【弘扬光彩事业】　疫情期间，县工商联广泛凝聚广大民营企业家智慧和力量，县内外乡贤龙商积极响应，以各种形式开展送温暖、献爱心、捐资捐物等活动，累计 17 个协商会（其中 12 个国内商会、1 个南非商会、1 个巴西和平统一促进会、1 个美国龙游联络站、1 个加拿大龙游联络站）、16 个乡贤会（各乡镇乡贤均有捐赠，外加 1 个香港龙游同乡会），400 余名县内外龙商乡贤捐赠 3558 余万元。县内各地乡贤会和县外江苏、宁波、深圳商会为乡镇村捐赠口罩、消毒水，龙游永康商会捐赠 8 万余元资金，龙商捐赠资金 100 多万元，龙游温州商会捐赠 30 万元采购 20 套、龙游富阳商会（筹）捐赠 6 万元采购 4 套红外线测温仪，赠送 24 所中小学校，有效解决中小学校开学前疫情物资配备问题。县外哔哩哔哩、杉杉股份、睿远基金、博时基金、海邦投资、广和集团、红杉中国等乡贤企业捐赠武汉防疫物资达 3000 万元。5 月 27 日，龙游县永康商会成立爱心基金会，并向龙游县红十字会捐赠 20 万元。6 月 25 日，永康商会会长王福强和商会党支部方武军书记携商会部分副会长，分别来到大街乡新槽居家养老院、大街村、贺田村慰问困难党员和老年人，并送上慰问金。6 月 30 日，龙游县温州商会党支部组织党员志愿者赴沐尘乡（畲族）社里村开展扶贫慰问活动。由商会会长郑永飞、党支部书记黄小光带队，走访慰问社里村 8 户贫困低保、低边户，送上米和油，助力“脱贫攻坚”。40 多家民营企业参与“改善微环境·共筑幸福家”扶贫帮困捐赠活动，捐赠资金 26 万元。龙游县永康商会发动 9 家会员企业参与结对 22 家单位 149 户低收入农户，累计捐赠 31 万余元。

（县工商联　王宝珠）

龙游县文学艺术界联合会

【概况】　龙游县文学艺术界联合会（以下简称县文联）筹建成立于 1986 年，历今已 6 届。2020 年，所属 8 个协会、2 个乡镇街道文联、1 个画院以及 8 个二级协会，总共拥有会员 1000 余人，其中国家级会员 25 人，省级会员 104 人，市级会员 224 人。2020 年，县文联始终坚持围绕中心，服务大局，重基层，打基础，做好龙游县文学艺术的各项工作，取得较好的效果。出版《龙吟》杂志 4 期，推送《文艺龙游》微信公众号 99 期。“文艺之家”举办主题性展览 16 场、各艺术门类网络展 12 场。县文联被授予衢州市“文艺抗疫”先进集体，“抗疫组歌”入选 2020 年衢州市文艺精品工程。获评 2020 年度全省文联系统成绩突出集体。新时代龙游文艺轻骑兵被推荐参选全国学雷锋文艺志愿服务“最美文艺志愿服务组织”。罗家村、社里村、浦山村、高仙塘村、下宅村、溪底杜村等获衢州市第二批市级特色文艺村（社）命名挂牌。

【文艺抗疫】　2020 年新冠肺炎疫情暴发后，县文联积极引导和推动文艺界人士投身疫情防控，及时开展科普病理常识、防护知识、抗疫典型事迹宣传、文艺作品创作、抗疫志愿行动服务。据统计，抗疫期间共创作诗歌、散文、歌词以及艺评文章63篇（件），《文艺龙游》推送文艺助推抗疫公众号28期、诗歌朗诵录音4篇、歌曲创作录制10个、编排舞蹈1个、曲艺小视频17个、书画篆刻剪纸作品225幅、美术直播微课4节，作品在“学习强国”“浙江新闻客户端”“掌上衢州”“浙派教师”平台上推送，获得较大的反响。同时，义卖义拍捐资捐物善款12万余元、献血1.01万毫升，龙游文艺抗疫得到市文联肯定，县文联被授予衢州市“文艺抗疫”先进集体，县青年书协主席王笑雄和女书协主席饶慧卿被授予市文艺系统疫情防控先进个人称号。

【文艺轻骑兵】 县文联以“5·23”文艺志愿服务日、“双百千村”［指到2021年在全市打造100个特色文艺村（社区），组建100支文艺小分队，每年服务基层村社1000次以上］文艺工程等为契机，广泛开展“文艺进万家　健康你我他——到人民中去文艺志愿服务”“双百千村　文艺赋能”“放歌新时代　文化进万家”等主题文艺（文化）志愿服务活动，全年组织发动各协会和22支文艺轻骑兵小分队，深入全县各乡镇（街道）、村（社）、学校和企事业单位，广泛开展书法公益辅导培训、微视频和影视创作、摄影和作家采风、美术和朗诵辅导、戏曲演出、送春联、拍摄全家福、沙龙等活动60余场（次），受众达3万余人。特别是“5·23”文艺志愿服务活动得到省文联党组成员、书记处书记吕伟刚和赵晓刚点赞，“浙江文艺”微众公众号推出龙游文联做法，新时代龙游文艺轻骑兵被推荐参选全国学雷锋文艺志愿服务“最美文艺志愿服务组织”。

【打造文艺阵地】 县文联结合文艺资源禀赋、特色亮点、文艺氛围、活动开展等方面要素，将县文联文艺之家聚贤堂、省级书法村塔石镇泽随村、首批市级特色文艺社区翠光社区、摄影家创作基地湖镇镇溪底杜村、民俗古村大街乡方旦村祝家古村落等作为重点关注和培育对象，通过活动开展、宣传推荐、品牌创建等形式不断提升影响力。特别是翠光社区自2019年以来，逐渐成为文艺展示和交流的“网红点”，省委常委宣传部部长朱国贤、省委宣传部常务副部长来颖杰、市委书记徐文光相继参观社区古筝古琴弹奏基地、书法创作工作室等，对龙游文联立足本地实际，积极开展文艺创作、人才培养、特色活动表示肯定。

图54　2020年5月13日，龙游影视协会文艺小分队开展“双百千村”送文化进基层活动（县文联／提供）

【“8090”宣讲】 龙游“8090”新时代理论宣讲活动得到中央高度重视并批示肯定后，新时代龙游文艺轻骑兵抓住机遇、乘势而上，紧密结合“文化进万家　健康你我他”“双百千村　文艺赋能”等载体，组织26名骨干宣讲员、近百名大众宣讲员，扛起“8090新时代理论宣讲团”文联分团旗帜，根据群众爱听的形式和内容，在宣讲中融入歌曲、朗诵、书法、快板、小品等文艺形式，开展“大樟树下话初心”“习礼亭里谈清廉”“田坎会上说变迁”“敬老院里说乐事”“省级书法村里话文艺”等主题宣讲60余场（次），受众近7000人。宣讲活动受到省文联党组成员、书记处书记吕伟刚及市文联吴利平主席肯定，《中国文艺报》“浙江文艺”和“衢州文艺”等微信公众号报道龙游做法。

【文艺活动】 5月30日，县音乐舞蹈家协会文艺小分队在县音舞协会主席刘勇飞的带领下走进祝家古村，感受古村风采，挖掘农村古村落歌曲文化元素，积累歌曲创作素材。文艺小分队深入村民的老宅，体验村民的生活，感受村民日常生活的点点滴滴，详细了解古村的风俗习惯，为民间音乐元素采集和日后创作打下基础。县音舞协文艺小分队通过实地采风了解民俗后在方旦村会议室举行村歌创作研讨活动。研讨活动上介绍龙游县村歌近几年的发展情况，并就歌曲演唱表演等方面进行交流。6月1日至7日，由龙游县总工会和龙游县文联主办，龙游县摄影家协会、书法家协会承办，在龙游红木小镇联合举办龙游县职工会员书法摄影作品展。书法展设置在红木小镇木都区5号馆，近1000平方米面积的“越园遗风”主题馆，

图 55　2020 年 9 月 8 日，“余绍宋奖”衢州市第二届书法大展在龙游县博物馆隆重开幕（县文联 / 提供）

展出各地书法名人大咖、省市知名书法家和县内书法人士等创作的 148 幅作品，许多书法爱好者得知展览消息专程从嘉兴、衢州、杭州等地到龙游参加展览。其中在红木小镇摄影馆推出“人人是园丁、处处是花园”——龙游大花园摄影展，集中展示龙游县摄影家协会会员、摄影爱好者近年来创作的近百幅优秀作品，从不同角度反映龙游的旅游风光、民俗风情和经济社会发展成就。8 月 26 日，龙游县摄影家协会会员优秀作品展在民居苑聚贤堂顺利开展。经过 3 个月的筹备，县摄影家协会选取近年来会员获全国、省、市奖的精品优秀作品，每幅展览作品风格迥异，创意碰撞。祭窑神是陶瓷业历史上形成并世代传承的传统祭祀习俗，它反映着烧窑业工匠们的一种祈愿和对未来的美好祝愿。龙游县民间文艺家协会为进一步弘扬传承这种民间习俗文化，于 2020 年 10 月 11 日上午在咐仕庄园举行“万年龙游”开窑祭窑活动，县文广旅体局、县文联、东华街道等单位相关领导，以及龙游县民间文艺家协会部分会员、衢江区民间文艺家协会部分会员和到此旅游休闲的部分游客 60 余人参加。

【“余绍宋奖”全市书法大展】　由中共衢州市委宣传部、衢州市文联、龙游县人民政府主办，衢州市书法家协会、中共龙游县委宣传部、龙游县文联、龙游县文广旅体局承办，龙游县博物馆、龙游县书法家协会协办，举办“余绍宋奖”衢州市第二届书法大展活动。9 月 8 日上午，“余绍宋奖”衢州市第二届书法大展在龙游县博物馆隆重开幕。开幕式上，衢州市文联党组书记、主席吴利平宣读优秀作品奖名单和优秀作品提名奖名单并颁奖。开幕式结束后，由浙江省文联副主席、书记处书记、浙江省书法家协会主席赵雁君主讲的书法讲座在县博物馆一楼报告厅举行。本届大展共征集书法篆刻作品 354 件，经评委会评审，优秀作品奖 10 件，提名奖作品 11 件，入展作品 100 件，大展作品艺术内涵丰富。组委会将特邀作品、获奖作品、提名奖作品总计 52 件捐赠给龙游县博物馆珍藏。

【新书发布】　9 月 25 日，龙游县作家协会赵春媚《红尘烟火》新书发布会在詹家教共体多功能厅举行。龙游作协和柯城作协部分会员参加。赵春媚老师和大家分享她的创作故事和感悟。县政协副主席、文联主席周巧萍对赵春媚老师的新书《红尘烟火》予以充分肯定，并对所有文学爱好者提出要求：文章要合时而著，要为人民服务，书写时代之歌。10 月 20 日，龙游县作家协会杨红萍《轻唱流年》新书发布会在浙江千叶环境工程有限公司会议室举行。

【全国著名艺术家走进泽随】　11 月 23 日上午，2020 龙游县首届全国著名艺术家走进泽随——“艺术赋能乡村振兴”系列活动启动仪式在塔石镇泽随古村举行。活动由衢州市文化和广电旅游局、衢州市文联指导，中共龙游县委宣传部、龙游县文化和广电旅游体育局、龙游县文联主办，塔石镇人民政府承办，浙江龙游梵歌文化发展有限公司、泽随村村委会协办。东方山水书画院、中国美术市场报、《艺境》杂志友情支持。来自全国 15 个省份 30 余位艺术家和龙游本地书画家来到泽随切磋交流学习，感受泽随的人文景观，描绘青山绿水，丰富艺术生活。衢州市文联党组成员、副主席兰小芳和县政协副主席、文联主席周巧萍在现场为泽随“书法一条街”门楣揭牌。衢州市文联党组成员、副主席兰小芳，县人大常委会党组副书记、副主任应敏，县政协副主席、文联主席周巧萍，塔石镇党委书记方晓斌，梵歌文化发展有限公司邱少敏和艺术家代表为画卷盖章，启动 2020 龙游县首届全国著名艺术家走进泽随——“艺术赋能乡村振兴”系列活动。

【“山海艺缘”走亲交流】　12 月 4 日，宁波市镇海区文联副主席徐崇禧组织镇海区文艺骨干一行 18 人到龙游县开展学习考察和文艺交流采风活动。座谈会上详细介绍各自文联开展工作和文艺队伍建设情况，并对文艺阵地建设、文艺人才培养、文联改革工作等方面进行认真的交流。座谈会后，一行人到龙游商帮文化集聚地龙游民居苑，参观聚贤堂摄影作品展。12月5日上午，采风团成员们到龙游县博物馆，参观余绍宋馆、包辰初美术馆等多个展厅，近距离感受龙游历史文化，了解龙游县历史艺术名人。随后，采风团到省级美丽乡村后田铺村，先后参观文化礼堂、后田铺村书画创作基地等地。2019年，衢州龙游和宁波镇海两地签订“山海合作”协议，旨在通过合作实现双城在文化文艺、旅游、体育等领域的区域优势共享和联动发展。此次宁波市镇海区文联赴龙游县文化交流考察活动，进一步加强两地文艺交流和相互了解，加深两地文艺界的友谊。

【《浙戏千年》到龙拍摄】 12月19日，大型纪录片《浙戏千年》摄制组到龙洲街道后田铺村，以世界灌溉工程遗产——秀美灵山江姜席堰为背景，再现二十世纪三四十年代后田铺村人周春生组建的周春聚戏班乘坐竹筏，走水路闯江湖的情景。后田铺村有着悠久的婺剧文化历史，被誉为“浙西第一班”的“周春聚班”就诞生于此。从周春聚班走出的周氏三姐妹（周越先、周越桂、周越芗）更是后来不少婺剧团掌门人的老师。当地村民多年来一直传承发展婺剧文化，打造婺剧文化阵地，现有婺剧公园、婺剧文化精神家园学习交流中心等，是名副其实的婺剧源头村和浙江省首批“传统戏剧特色村”。《浙戏千年》是全国首部系统介绍一个省的戏曲从诞生到发展以及省内诸多剧种演变历程的大型纪录片，是浙江省文化和旅游厅重点扶持的影视项目。该片以浙江戏曲千年发展历史为脉络，以不同时期戏剧发展的艺术成就为节点。重点展示中华人民共和国成立以来，浙江戏曲在院团建设、剧目创作、人才培养、非遗保护、群众性戏曲活动，以及在全国乃至海内外影响力等方面取得的重大成就。

【村歌专辑发布会】 12月23日上午，由县委宣传部、县文联、县教育局及县文广旅体局共同举办的《唱响龙游幸福乡音》村歌专辑发布会在龙游县文化馆小剧场举行。发布会上充分肯定这张专辑对于龙游文化文艺事业的意义，肯定龙游本土原创音乐人的努力，并希望文艺工作者们能继续根植于人民，服务于时代。《竹马新歌》《杨村故事》《龙丰呈祥》《共饮山水情》《恋上枫林》等村歌也在发布会上唱响，这些村歌饱含着音乐人对家乡的深情，展现龙游新农村建设发展的广阔前景，给人以无限的鼓舞和启发。村歌专辑的发布和村歌的传唱，极大地提升龙游对外的知名度和美誉度，也将更好地推动文艺工作者创作出更有温度、更有深度、更有力度的文艺精品。

【龙游县首家影视分会成立】 11月25日，龙游县影视协会溪口分会成立揭牌仪式在溪口文化站举行。县文联和县影视协会为溪口分会揭牌。龙游县影视协会溪口分会是龙游县各艺术家协会在乡镇街道成立的首家协会分会，它的成立具有“里程碑”的意义，是推动龙游县影视工作发展的又一突破，是影视文化向基层乡镇延深、更好助力美丽乡镇外宣工作的重要举措。

（县文联　蓝忠胜）

2020年度龙游县文艺家协会基本情况一览表

表9　　　单位：个

名　称	人数	现任负责人	成立时间	国家级协会会员	省级协会会员
作家协会	78	田志宏	1986.04	3	13
书法家协会	92	郑苏勇	1986.04	3	19
美术家协会	64	余久一	1986.04	—	11
摄影家协会	121	周秋生	1986.07	14	31
音乐舞蹈家协会	91	刘勇飞	1986.04	1	6
戏剧曲艺家协会	90	李　昂	1971.04	1	14
民间文艺家协会	70	郑苏华	1986.04	2	26
影视艺术家协会	78	余　钢	1986.04	—	2
合　计	684			24	122

2020年度龙游县文艺家协会会员获奖及作品创作情况一览表

表10

协会	作者	发表、获奖、入展、演出等
龙游县美术家协会	琚树清	2020年9月获衢州市首届花鸟画作品展梦白奖
		2020年12月入展浙江省第九届花鸟画展
	王文军、邱祖光、邵雪芳	2020年9月入展衢州市首届花鸟画作品展
	蓝　峰、吕高峰、张永峰、诸葛琳、邱红波	2020年12月入展“钱塘诗路大美衢州”衢州市第五届水彩粉画作品展
龙游县民间文艺家协会	邓根林	2020年7月《龙游发糕》民间故事获中国民俗文化诗文大奖赛三等奖并入选中国文化出版社出版的《中国民俗文化》一书
龙游县摄影家协会	周秋生	2020年7月入展“开化味道”全国摄影大展
	林昌海	2020年11月《绿水引来八方客》入展2020年“缙云仙都杯”瓯江行丽水摄影展览
		2020年7月《阳坑村的国庆节》入展“开化味道”全国摄影大展
		2020年12月《乡村的孩子》入展“书香中国　美丽人生”全国全民阅读摄影展览
		2020年10月《美丽的双桥》获衢州市“彩韵双桥　湖畔花海”摄影比赛特等奖
	林乐影	2020年4月《水润花开》入展“浙”里风景独好——聚焦醉美金华旅游摄影展
		2020年6月《观赏石博览园》获“决胜全面小康　强发展求突破”主题全省摄影大赛收藏奖
	陈明雄	2020年1月《田间地头》入展第八届“沣标杯”国际听障摄影展暨“大爱无疆”主题摄影展
	陈水和	2020年12月《归途》入展第十三届中国摄影艺术节
	刘惠东	2020年8月入展浙江武义“建设美丽家园　精准脱贫攻坚”全国摄影大展
		2020年7月入展浙江省扶贫成就摄影作品展
		2020年6月获常山县“决胜全面小康·强发展求突破”主题全省摄影大赛收藏奖
		2020年12月入展“先锋印记·难忘瞬间”全省摄影大赛扶贫攻坚类
	郑金修	2020年10月《龙游港的晨曦》获衢州有礼诗画风光带摄影大赛优秀奖
	陈建初	2020年10月《满院飘香》入展“多彩非遗新浦江”全国摄影大展
		2020年10月《天空之湖》获“同饮一江水·共话澜湄情”摄影大赛优秀奖
		2020年10月《大樟树下》获“美丽浙江　好看衢州”摄影比赛优秀奖
	郑　斌	2020年7月《村宴》入展“开化味道”全国摄影大展
龙游县书法家协会	饶慧卿、冯　静	2020年9月获第二届余绍宋奖优秀奖
	徐荣伟、翁耀辉、叶建刚、刘红斌、陈星名、陈　晟、邱祖光、章卫英、蓝　耀、邱红波、李建兵、陈伟宏、何　浩、廖建平、姜敏容、郑　敏、秦秘昕、钟美红、吴　军、余之航、雷慧菁、蓝忠胜、张　文	2020年9月入展第二届余绍宋奖
	钱泽民、饶慧卿、张　文	2020年8月入展浙里小康基础会员书法篆刻大展
	叶建刚	2020年12月获衢州市新人展优秀奖
	李淑萍、林　雷、王　萍、郑秀萍、梁　敏、蓝树忠、汪雪林、陈文韬	2020年12月入展衢州市新人展

续表 10

协会	作者	发表、获奖、入展、演出等
龙游县书法家协会	陈星名、江林春、张永峰、吴　涛、王　萍、钱泽民、钟　敏、鲁小华、华献芳	2020 年 12 月入展衢州有礼小康印象篆刻展
龙游县作家协会	张建民（麦田）	2020 年 1 月获“微美文・赞衢州”征文大赛优胜奖
		2020 年 9 月获“走向我们的小康生活”主题征文优秀奖
	李　红	2020 年 6 月获浙江省 2020 年“歌颂新时代”歌词大赛金奖
	陈佳奇	2020 年 10 月《法网恢恢》获第七届相约北京全国文学艺术大赛二等奖
	邓根林	2020 年 6 月《龙游发糕的传说》获中国民俗文化诗文大奖赛三等奖
	赵春媚	2020 年 6 月获浙江省 2020 年“歌颂新时代”歌词大赛铜奖
		2020 年 4 月《等你凯旋》入选全省抗疫歌曲十佳作品音乐类
		2020 年 12 月《等你凯旋》抗疫组歌入选衢州市文艺精品扶持工程第八批项目音乐类

2020 年度龙游县各项文艺赛事获奖（入展）情况一览表

表 11

赛事名称	获奖者（入展者）
“文艺进万家”——三八妇女节书法展入展名单	钟美红、钟美芳、饶慧卿、雷慧菁、杨　岭、郑　敏、姜敏容、秦秘昕、冯　静、陈伟君、邓翠菲、范梦莹、陈　岚、王　萍、李淑萍、徐淑颖、王　沁、孙小雯、孙　兵、章卫英、王云和、郑智慧、余生锦、毛燕丽、蓝菊芳、张琛睿、林秀贞、徐丽娟、黄瑜军
“书楚辞，品端午，浓墨飘香书法情——青书协、女书协联合书法小品书法展入展名单”	特　邀：郑苏勇、蓝忠胜、郑志良、吴　军 入　展：王笑雄、钟美红、钟美芳、饶慧卿、雷慧菁、何　浩、钟　敏、李炎坤、杨　岭、郑　敏、姜敏容、池晓军、邵晓平、刘红斌、秦秘昕、冯　静、陈伟君、邓翠菲、范梦莹、陈　岚、胡　亮、王　萍、廖建平、李淑萍、徐淑颖、王　沁、孙晓雯、孙　兵、章卫英、王云和、郑智慧、余生锦、毛燕丽、蓝菊芳、张琛睿、钱泽民、邱红波、林秀贞、徐丽娟、黄瑜军、蓝树忠
“庆祝人民医院建院 80 周年”摄影书法文学作品获奖名单	书法 一等奖：钟美红 二等奖：雷慧菁、王　萍 三等奖：冯　静、钟　敏、陈　芬 优胜奖：周　冰、陈　岚、徐舒颖、史红蕾、章卫英、廖建平、邵小平、琚艺桐、胡　亮、池晓军
	摄影 一等奖：陈建初（DSA 室） 二等奖：叶月红（重症监护）、周思源（时间就是生命） 三等奖：林海昌（出诊）、吴森邦（战役同心）、郑金修（人医仁心　暖意满庭） 优胜奖：陈建初（亲情）、王世安（学习操作新技能）、王秀仙（宝贝）、吴晓峰（护理查房）、叶萍（与时间赛跑）、叶月红（赞医德）、郑佳（打针）、郑金修（初生宝宝）、郑金修（入院）、郑苏华（党小组会）
	征文 一等奖：李慧《心头的朱砂痣　床前的白月光》 二等奖：王伟宏《医者仁心》、吴欢《扬清廉之风　守白衣圣洁》 三等奖：徐宝凤《平凡的荣耀》、郑昊《初心始不换，使命必践行》、杨荟《不忘初心　一路廉洁》 优胜奖：林瑛《贺龙游县人民医院八十周年》、邱立萍《不忘初心　不负韶华　翘首未来　笃行致远》、雷建珠《妙手仁心医者志》、池景蓉《这一年》、陶庆柠《你》、雷咪娜《忆初心，谈感悟，话心得》、李田芳《我收到的第一面锦旗》、储佳佳《人心所向，民为根本》、余萱《清风抚大地，廉政驻我心》、周懿《感恩有您，医路相伴》

龙游县残疾人联合会

【概况】 根据第二次全国抽样调查统计，龙游县有各类残疾人2.5万人，占全县总人口的6.36%。至2020年年底，全县持证残疾人17073人。2020年，龙游县残疾人联合会（以下简称县残联）紧紧围绕残疾人事业高质量发展时代要求和实现残疾人共享“两个高水平”（确保到2020年高水平全面建成小康社会，并在此基础上高水平推进社会主义现代化建设）发展成果的目标，以精准助残、脱贫攻坚为首要任务，坚决贯彻一手抓疫情防控、一手抓经济社会发展，确保“两手”都要硬、“两战”都要赢总要求，推进各项工作的落实，进一步改善残疾人的生活环境和生活质量，不断提升残疾人的获得感、满意感和幸福感。

【组织建设】 把加强乡镇（街道）残疾人工作者专职委员队伍力量纳入县残联改革内容，明确每个乡镇（街道）至少配备1名专职委员，残疾人在1000人以上的乡镇（街道）配备2名，残疾人在2000人以上的配备3名，残疾人在2000人以上的优先配备2名，其他逐步到位。乡镇（街道）残疾人工作者专职委员的薪酬待遇按照专职社区工作者的标准执行。推行干部职工全员实事量化考核，加强对乡镇（街道）专职委员、机关工作人员等层面的实绩管理。加强村（社区）残疾人协会建设，与组织、政法等部门进行对接，把残疾人服务工作纳入村网格员工作考评内容，把服务触角延伸到每个残疾人家庭。加强残疾人协会建设，为聋人协会、盲人协会、肢体协会、精残和智残亲友协会等专门协会解决落实议事活动场地和工作经费，推动协会积极参与管理和服务，充分发挥协会作用。推进“清廉残联”建设，开展“警示教育月”活动，观看廉政教育片，及时通报典型案例，开展“走转改”“学听跟”专项行动，深入群众、企业、基层开展“三服务”活动。深化改革，提升服务能力。

【提升康复服务率】 为让每一个有康复需求的0至6周岁残疾儿童得到有效康复服务，自2020年1月起，各乡镇（街道）残联就中华人民共和国第二代残疾人证系统中的所有0至6周岁残疾儿童进行康复需求调查，做好残疾儿童康复服务项目申报工作。下发《关于做好2020年度龙游县残疾人康复项目申报工作的通知》，为助听器、假肢、轮椅类、护理床类和盲人智能眼镜5类实物配发类大额辅助器具，为个人移动类、个人生活处理及防护类、矫形器类、沟通和信息生活类和生活辅助类5大类货币补贴类小额辅助器具，以及白内障复明手术、盲人定向行走训练和髋或膝关节置换手术3项康复项目的申报对象和补贴标准进行明确，做好辅助器具适配需求调查和申报工作。全面实施残疾儿童基本康复项目，全年对46名0至6周岁残疾儿童实施基本康复服务，其中，聋儿语训7名、脑瘫儿童康复训练6名、智残儿童康复训练10名、人工耳蜗手术1名，自费人工耳蜗补助1人，孤独症儿童康复训练16名，肢体矫治手术1人，困难家庭康复训练生活补贴4人。认真做好辅助器具申请和发放工作，全年完成辅助器具配发364件，分别为实物配发类342件，其中下肢缺失残疾人安装假肢15条，听障残疾人验配助听器87台，重度残疾人配备轮椅类器具172件，护理床类器具57件，配发盲人智能眼镜11副；小额辅具货币补贴类22件，其中矫形器11个，腋拐、手杖、助行器等11个。膝或髋关节置换手术补贴16人。根据残疾人个人特点和家庭现状以及机构设施情况，按照“一户一策”的要求为204户残疾人家庭进行无障碍改造和康复辅助器具配发，进机构项目6家，整个项目结算金额为149.37万元。继续开展“家庭病床”医疗康复行动，在全县范围内为500名就业年龄段、康复意愿强烈、康复效果明显的重度肢体残疾人建立家庭病床，全年共上门服务8979人次。开展残疾人精准康复服务行动，全县康复需求人数7867人，服务人数7867人，康复服务率100%；辅助器具需求人数503人，服务人数503人，辅助器具适配率100%。

【民生事业保障】 按照“高标准、创特色、树标杆”要求，对已建的13家残疾人之家进行星级提升和高标准新建6家残疾人之家，实现三星级以上残疾人之家占比在50%以上。4家省级残疾人之家根据提升方案，改善硬件设施和提升管理服务品质，全部完成从二星级提升到三星级的任务。继续做好两项补贴按月发放工作，严格按照两项补贴的程序要求，实行动态管理并及时将信息全部录入“两补”（困难残疾人生活补贴和重度残疾人护理补贴）系统。截至12月底，累计有5776人享受困难残疾人生活生活补贴，发放资金1438.421万元；7603人享受重度残疾人护理补贴，发放资金1741.56万元。落实残疾人各项保险补贴，其中残疾人参加城乡居民基本养老保险个人缴费政府补贴4857人，灵活就业残疾人社保补贴165人，为16955名残疾人购买意外（健康）保险，3475名残疾人参加城乡居民合作医疗得到补助。将危房改造工作纳入乡镇（街道）残联考核内容，要求各乡镇（街道）残联工作人员对所辖区域的残疾人住房情况进行排摸并申报，全面掌握残疾人危房底数，并及时联系中介公司对危房户进行上门鉴定。第五批、第六批共申报慈善危房改造29户。扎实推进助学工作，按照残疾人大学生本人考入本科及以上院校的一次性补助3000元，专科院校的一次性补助2000元，低保低边家庭子女一次性补助2000元的标准为6名残疾人大学生和2名残疾人家庭子女落实补助政策，为21名残疾人大学生申报学费、住宿费省级补助22.973万元。对有服药需求的所有精神残疾人实施救助，全县共有851人享受免费服药政策，总费用为40.9万多元。

【实现增收脱贫】 在做好疫情防控的同时积极开展残疾人生活技能和职业技能培训，邀请县职校老师到“残疾人之家”开展插花和茶艺培训。积极联系金龙纸业、沪工锻三、固特气动、青龙山建材等多家福利企业拿出岗位参与线上招聘，共有40余名残疾人与用人单位达成就业意向。把推荐残疾人就业纳入乡镇（街道）残联专职委员年度绩效考核。重点是帮助就业困难的残疾人和新毕业残疾人大学生就业，2020年12名应届残疾人大学生除2名升学外，其余全部到岗就业。经与县编办、人力社保局等单位对接，将党政机关、事业单位和国有企业招录（聘）残疾人就业纳入全县年度工作人员招聘用编计划进行统一安排，2020年在龙洲街道办事处招录1名事业编制残疾人大学生就业。县残联依法促进按比例安置残疾人就业，对用人单位安置残疾人情况进行年检年审并在媒体予以公示，配合税务部门开展残疾人就业保障金的征收。落实创业扶持政策，为15户残疾人创业户发放创业补贴4.5万元，为22名残疾人创业贷款贴息13.96万元。在疫情防控期间安排联络员与企业联系，分类指导企业有序复工，企业内创办的残疾人之家也有序运行。出台《做好受疫情影响的残疾人基本生活保障和扶持残疾人服务机构、残疾人就业创业纾困措施》，安排50万元对受疫情影响的残疾人托养机构、残疾人经营户、残疾人之家等进行补助。

图56　2020年7月9日，龙游县残联开展爱心助残活动　（吴森邦　摄）

【优化助残环境】 围绕“助残脱贫，决胜小康”主题，开展第三十次“全国助残日”系列活动，对困难残疾人进行慰问，推出预约办证和上门办证服务，开展无障碍改造需求摸底筛查等活动。7月与普农家电龙游分公司携手举行第七届“爱心助残助困”义捐活动，捐赠100台电风扇，为困难残疾人“夏日送清凉”，同时携手长虹空调、美菱冰箱、小天鹅洗衣机、千禧厨具开展“爱心助残助困”惠卖活动。8月30号县残联组织20名志愿者帮助20名坐轮椅的残疾人来到小南海镇团石湾开展以“康复健身　奋斗有我”为主题的轮椅健身操展示和畅游“诗画风光带”活动。在县残联系统成立“8090新时代理论宣讲团”，到联系乡镇、村开展政策宣讲，把党和政府的惠残政策送到千家万户。全县15个乡镇（街道）通过组织残疾人参加游园活动、观看各类文艺演出、组织书法和舞蹈培训、发放报纸等各类形式开展“文化助残”无障碍项目专项行动，残疾人参与数为460人。在龙洲街道翠光社区开展第三批省级无障碍社区创建工作。借助省示范文明县城创建平台，进行全方位的无障碍环境改造。在石佛乡峰塘山村和小南海镇红船头村创建2个残疾人体育健身示范点，共投入10万元资金配备乒乓球、登山机、椭圆机、举重床、哑铃、划船器和握力器等各类体育健身器材，极大满足广大残疾人文体活动需求。全年投入近14万元资金开展康复体育进家庭活动，为350户残疾人家庭配置肩颈按摩器、液压踏步机和柔力球等各类体育健身器材869件，让残疾人享受到个性化、精细化的居家体育康复服务。选送20人参加市级残疾人体育健身指导员培训，3人参加全省残疾人书画摄影人才提升培训班，5人参加全市残疾人艺术人才培训班。选送21幅作品参加市残疾人书画摄影比赛，获一等奖1个、二等奖1个、三等奖1个、优秀奖5个；8人参加省第三届残疾人书画摄影比赛，获一等奖1个、二等奖2个。

【服务中心工作】 积极参与疫情防控攻坚战。从在村（社区）实行封闭式管理措施以来，县残联就根据县疫情防控指挥部的安排，及时召回全体工作人员，在做好自身防护的前提下积极出人出力参与联系社区的防控工作。配合社区工作人员上门了解居户情况和宣讲注意事项，安排人员三班制在小区出入口处进行值守。继续安排人员参与超级版美丽大花园士元实验区搬迁工作和组团联村、组团联企、责任社区卫生清扫等活动。多次召开省文明城市复审迎检和双招双引工作推进会。要求全体人员思想上要高度重视，行动上要积极参与，要以主人翁的姿态主动作为，为龙游的发展和建设作出贡献。

（县残联　林淑恒）

龙游县红十字会

【概况】 2020年，龙游县红十字会以“打造身边的红十字”为抓手，致力于“发挥政府人道领域的助手作用”，以疫情防控为契机，推进县红十字会各项事业发展。

【组织建设】 2020年完成县红十字会群团改革，县委办印发《龙游县红十字会改革方案》；以社区红十字服务站建设为重点，打造“群众身边的红十字会”。在方门街社区、清廉社区、东华街社区等社区设立红十字服务站，开展救护知识普及培训、应急逃生避险演练、红十字文化传播、扶贫帮困等活动；积极探索红十字工作进小区，在方门街社区红树林小区、竹海云天小区的“市民驿站”中，设立红十字之窗，宣传红十字知识，普及救护知识；在东华街社区亚伦小区实施完善博爱家园项目，新增博爱文化长廊、文化娱乐室、图书阅览室、救护培训室、博爱超市、救护站等设施，提高服务居民的能力。

【应急救护培训】 扎实做好“健康龙游”工作，按照县疫情防控要求，稳妥地开展救护培训工作，先后在机关、事业、企业单位举办应急救护培训班30期，全年共培训救护员648人，普及培训8250人；公众集聚场所配备AED（自动体外除颤仪）列入县政府2020年为民办实事项目，在县汽车北站、博物馆、舒心馆、湖镇镇便民服务中心各配备1台，9月完成安装和工作人员急救技能培训。

【救灾救助】 依托“情暖龙游·红十字公益项目”平台，实施一批公益项目：2020年与县公安局合作，动员爱心企业捐资43万元成立“龙游卫士基金”；龙游县永康商会捐资20万元设立“龙游县永康商会红十字爱心基金”；与县委宣传部、县文明办联合开展“百千万”公筷公勺爱心捐赠活动，动员百家文明单位、千家爱心商家共同开展捐赠公筷公勺进万家，助力形成文明用餐新“食”尚；发动社会力量助力脱贫攻坚，与县民政局、县扶贫办联合开展“改善微环境·共筑幸福家”专项募捐活动，募集善款25.6万元，专项用于改善低收入农户生活居住环境；全年人道筹资202.36万元，受助人数800多人。积极开展“博爱送万家”活动，市红会安排龙游县32户贫困户每户1000元慰问金；县红十字会自筹资金21.9万元，慰问52户贫困户。通过“博爱送万家”活动的开展，提升县红十字会的社会知名度。5月18日，衢州市政府举办“杭衢钱塘江诗路之旅首航”活动，圆满完成年年红码头至红船豆船闸段安全保障工作，出色完成保障任务；开展失联人员搜救行动35次，出动282人次。2020年超额完成东西部扶贫协作工作任务，向叙永县“栋梁基金”捐赠5万元，向黄坭镇银方小学捐赠价值5.2万元的助学物资，受助学生340余人。

【疫情防控】 全力参与疫情防控，龙游县红十字应急救援队作用凸显。县红十字应急救援队有正式队员22人，志愿者50人。改造完善救援队队部和救援器材仓库，配备专业服装、冲锋舟等救援装备，开展救援技能培训和演练，提高救援能力。组织参与疫情防控，从1月28日开始，每天派出队员、志愿者20余人，分南片、北片、城中3个小组，自带喷雾器等消毒工具，到全县乡镇

图57　2020年7月14日，龙游县红十字应急救援队为“杭衢丝路之旅”首航提供安全保障

（县红十字会／提供）

村办公场所、高速路口、卡点、超市、菜市场、公共自行车网点等公众场所进行消毒，为伊利乳业、维达纸业等10多家企业复工前进行全面环境消毒；1月28日至2月19日，历时23天，足迹踏及全县15个乡镇(街道)、公安局、派出所、开发区等公众场所；4月6日至20日，为全县68所中小学、幼儿园防疫消杀，助力学校复学。龙游县红十字应急救援队被县委宣传部评为“2019年度暨2020年抗疫期间志愿服务先进典型”。新冠肺炎疫情防控捐赠款物接收使用规范，接受新冠肺炎疫情防控捐赠款物价值4292198.90元，其中捐赠资金2085075.50元，捐赠物资2207123.40元，捐赠款物均已按照疫情防控需要和捐赠人意愿安排使用，零库存；定期公开捐赠资金、物资接收使用情况，共发布公告11期；捐赠款物接收使用情况已通过县审计局专项审计和第三方专项审计。

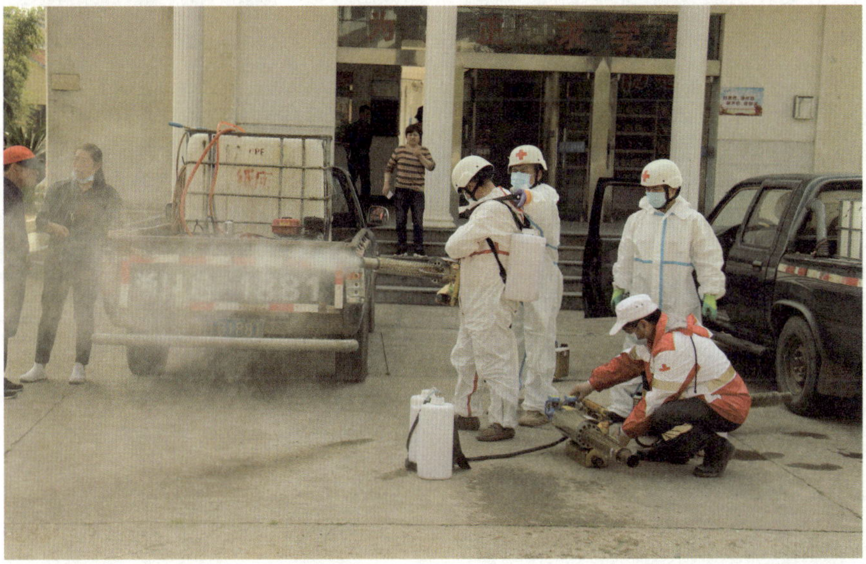

图58　2020年4月10日，龙游县红十字应急救援队到小南海小学开展防疫消毒，助力学校复学　（县红十字会／提供）

【纪念活动】　开展一系列纪念世界红十字日活动：5月8日，赴石佛乡三和村慰问因受疫情影响陷入困境的村民，向村民发放红十字宣传册；5月11日下午，与县应急管理局、小南海镇政府联合在新山水村开展防汛救灾应急演练，县红十字应急救援队参加受灾群众紧急转移演练，现场宣传防灾知识，发放红十字宣传资料300余份；5月12日上午，在县城荣昌广场举办防灾减灾大型宣传活动，利用展板、宣传册宣传应急救护等红十字知识，发放红十字宣传资料500余份。

【生命关爱工作】　2020年，造血干细胞捐献工作有序推进，全年造血干细胞捐献志愿者入库35例，初筛11例、再动员3个；器官、遗体、组织捐献工作扎实有效，全年器官捐献1例，遗体捐献2例，眼组织捐献1例，器官捐献志愿者登记2例，遗体捐献志愿者登记3例。

（县红十字会　张剑平）

军事

县人武部

【概况】 2020年，龙游县人民武装部（以下简称县人武部）深入学习习近平新时代中国特色社会主义思想，聚焦“传承红色基因、担当强军重任”主题，认真贯彻军委国防动员部、省军区、军分区党委和龙游县委的决策部署，紧紧围绕强军目标，牢记使命、聚力为战，振奋精神、负重前行，全面整改、狠抓落实，深化“不忘初心、牢记使命”主题教育成果，圆满完成各项任务。按照“平时服务、急时应急、战时应战”的要求，抓实民兵应急分队训练，开展民兵专业分队基地化轮训，全年完成各项专业民兵军事训练，打造一支“素质精、行动快、起作用”的应急力量。

【思想政治建设】 2020年，县人武部始终把思想政治建设摆在首位，分层建立党的建设问题“总台账”，拟订人武部加强党委班子自身建设20个方面共26条具体措施。持续开展学习习近平总书记关于党管武装的系列讲话精神，开展“军营网络安全宣传周”活动，常态化做好网络安全教育，持续开展“清网”行动，构建严密网络安全防线；会同龙游县有关部门开展“军民携手同心、共铸百年梦想”的宣传教育活动，增强全民的国防意识。深化党的纪律教育，做好廉洁征兵教育，开展“党纪法规学习年”活动，落实主要领导上党课制度，提高官兵的法纪意识。开展“传承红色基因、担当强军重任”主题教育，把思想政治建设摆在首位，贯穿始终，举旗铸魂，培塑忠诚品格。结合各级电视电话授课辅导、政策制度宣讲、讨论交流发言、个人问题查摆等形式，整治形式主义、官僚主义；收听收看《铁纪强军》《国家监察》《为了和平》等纪录片，强化党员干部爱党护党的纪律意识、爱岗敬业的奉献精神、爱军强军的责任担当。组织开展党管武装工作述职，细化完善县级机关和乡镇（街道）武装工作考核实施细则，强化各级党政领导管武装、建武装的意识和责任。牢固树立“大国防”意识，结合民兵应急连集训、专业分队基地化轮训等时机，县人武部政委唐永江以赓续光荣传统为主题开展专题动员授课，进一步增强广大民兵国防意识，培育国防文化、尚武精神。

【练兵备战】 组织民兵连长和专武干部、民兵应急连暨民兵骨干、专业分队民兵等集训，实行政治理论

图59 2020年5月21日，龙游县民兵应急连在庙下综合训练场进行实弹射击
（县人武部/提供）

知识与实弹射击相结合，打造一支“素质精、行动快、起作用”的应急队伍。坚持“月训3天，季考1次”要求，每月组织本级首长、机关现役干部和文职人员参加业务基础学习训练；采取定期完成函授作业、开展自训、网上专栏跟学、军事职业教育在线学习等方式，抓实基础训练，突出联合作战理论动员、指挥技能等训练重点；参加分区组织的首长机关训练6天，结合应急应战业务培训、防汛减灾救灾演练等活动，取得较好成效。

【优化民兵布局】 县人武部开展基干民兵调整改革，建成县属应急连和各乡镇（街道）应急排，形成编组相对独立、任务各有侧重、行动相互支援的联合体系。按照战时有需求、地方有优势、建设有条件的要求，按照民兵工作条例要求落实，由符合条件人员普遍编入改为按要求择优选编，提高质量。

【后备力量调整】 2020年，县人武部以《衢州市“十三五”后备力量调整改革实施方案》为依据，认真学习军委国防动员部《民兵组织整顿工作实施办法》，围绕支援保障作战有保证、应急维稳救灾有能力、服务经济社会发展有作为、建设发展可持续的目标要求，科学统筹部署，严密组织实施，按时间节点顺利推进，落实基本程序和集中点验制度，训练水平得到提高，装备器材配套完善，民兵队伍可靠管用。围绕力量布局优化的目标，突出做好应急分队、专业分队和新民兵分队建设。

【兵员征集】 从严把控兵役登记、体格检查、政治考核、走访调查、役前训练、审批定兵等关键环节，做到早准备，早行动，不打无准备之战。依托电视台、“村情通”等平台，采取“传统+网络”“集中+个体”“线上+线下”等方式，进村入户开展宣传发动，18周岁兵役登记率达到100%。统筹做好疫情防控和征兵体检工作，召开征兵体检专题协调会，传达上级关于征兵工作相关文件精神，在突发新冠肺炎疫情的形势下，全面做好防范工作，顺利完成征兵工作。

【军事职业教育】 县人武部按照聚焦打仗、联系实际、紧贴岗位、瞄准未来的建用思路，坚持融合建设、集约高效、实用节俭，逐步建立个性化学习、智能化服务、精细化管理的军事职业教育运行模式，有效促进部队练兵备战和官兵成长成才。按照“融合筹建、多措并举、厉行节约、便于管理”的思路，立足现有条件，采取改建方式进行硬件建设，升级改造网络学习室，配备新的电脑学习终端和配套设施；建设新型图书室，融合传统纸质和新型电子图书两类资源；更新充实图书改善学习环境。现役和文职人员采取计划与自主、线上与线下相结合的方式，参加学习并完成年度学习计划。

【双拥工作】 2020年，县人武部利用国防教育阵地功能，开展国防教育活动；积极组织干部职工民兵预备役人员参加地方抢险救灾及环境整治活动；开展挂“光荣之家”牌匾、送立功受奖喜报上门及“八一”建军节、“十一”国庆节、“9•30”烈士公祭日、春节走访慰问军烈属活动；加大退役军人创业帮扶力度，召开退役军人返乡欢迎仪式暨全员适应性培训会；推出“幸福拥军贷”，向退役军人发放贷款，为退役军人创业提供资金保障；在推出退役军人返乡“一码办”的基础上，创新开展退役军人全生命周期服务管理工作，在“龙游通”开发“双拥在线”模块，打造退役军人及其家属专属服务平台，完善退役军人就业平台，增强军人职业的荣誉感，营造崇尚军人、军属的良好社会氛围。

【疫情防控】 面对突如其来的新冠肺炎疫情，县人武部及时成立疫情防控领导小组，制定完善疫情防控工作方案及各项防护措施。配合当地政府做好疫情期间龙游西入城口、龙游高速入口共5个卡点的执勤以及协助村社区排查流动人员、卡点管理、消毒灭菌等工作，组织县属应急连和应急基干民兵冒严寒开展全天候值班值守，排查人员7000余人次、车辆4000余辆次，劝返车辆966辆、人员803人，协助村、社区、街道发放宣传手册1000余册、口罩

图60 2020年1月16日，龙游县召开征兵工作会议 （县人武部／提供）

8000多只。在征兵工作开展期间，制订完善疫情防控方案，严格落实“15天行踪轨迹”排查、健康码查验、测体温、“一米线”及佩戴口罩等要求，确保征兵工作顺利完成，为全县疫情防控实现“零”感染作出贡献。

（县人武部　孙晓莹）

武警龙游中队

【概况】 中国人民武装警察部队衢州支队执勤二大队龙游中队（以下简称武警龙游中队），主要担负龙游县看守所外围武装警戒任务。2020年，武警龙游中队紧紧围绕支队“小而精，小而强”的总体要求，以新的《军队基层建设纲要》为依据，落实总队、支队党委扩大会议精神，坚持抓班子带队伍、抓思想固根基、抓中心提战力、抓管理促稳定、抓保障攻难关，实现各项经常性工作稳妥推进，部队基础不断巩固。2020年，武警龙游中队持续抓好安全工作，连续第29年执勤安全无事故。

【组织建设】 2020年，武警龙游中队深入学习《军队党的建设条例》《中华人民共和国武装警察法》《习近平谈治国理政》等条例文献内容，以干部领读、集中辅导、理论摘抄、讨论交流、橱窗板报等形式强化理论认同、凝聚思想共识，官兵政治理论水平有进一步提升。中队支部成员能够经常交心通气、沟通思想，工作上相互支持，大事开会研究，小事碰头商量，团结心齐、思想统一，不等不靠，沟通协调，各项工作推进顺利；坚信“风清气正才能促进团结提振官兵凝聚力”，干部严格遵守条令条例和规章制度，主官之间真诚相待，工作搭配合力合拍，班子成员和谐融洽，党员身先士卒，给官兵树立好榜样。做好“队务”公开，畅通民主渠道，在入党入团、集训培训、转改士官、骨干配备、评功评奖、慰问物资分配等涉及官兵切身利益的敏感问题上，坚持做到公平、公开、公正，2020年，武警龙游中队转改士官7人，入党2人，技术学兵2人。

【思想政治建设】 武警龙游中队扎实开展“传承红色基因、担当强军重任”主题教育，在支队大课辅导的基础上，搞好小课串讲、集中教育与分组讨论，开展丰富的配套活动，夯实官兵永做党和人民忠诚卫士的红色思想根基，用军民抗疫舍生忘死的动人故事鼓舞感染官兵，找到干事创业的动力源泉。广泛开展谈心活动，全面掌握官兵思想动态，及时化解官兵思想矛盾，针对中队官兵心理健康情况，扎实开展心理测查和心理健康教育、心理行为训练，引导官兵建立积极健康的心态，摒弃消极思想观念。成立球类、棋牌类、读书演讲、音乐K歌、乐器等兴趣小组，每周六组织开展活动，不断丰富官兵业余生活。举办唱红歌主题歌咏比赛，缓解官兵身心压力；充分利用黑板报，传播正能量，提高官兵文化素养。邀请驻地老师给官兵讲龙游红色党史故事，邀请舞蹈老师到中队教跳舞等，丰富官兵精神文化生活内容，陶冶情操，营造拴心留人的环境。

【军事训练】 结合中队军事训练统筹图和大队月训练计划表，提前谋划部署，区分警官、士官、义务兵3个不同层级和应急班、后勤专业训练，细化阶段任务和时间，明确选训课题和内容。后装专业兵在总队比武中获团体第一，曹毫取得司务长专业第一名。严格落实“3+1”（“3”，指武警部队一总队一支队三级，按照规模适当、力量合成、建制使用的原则，分层级建立战备值班部队或分队，始终保持良好战备状态；“1”，主要指执勤分队应急班常态保持应急战备水平）战备力量应急班编配，不定时组织拉动演练，常态化保持应急战备水平，结合补选退等人员流动时机，及时修订完善各类战备工作方案、预案，利用沙盘、挂图，归纳总结情况处置方案，提升官兵执勤备战能力；组织每日勤务交接班，结合交接班查看执勤录像，定期观看执勤事例通报，增强官兵忧患意识。始终把预防训练事故作为重点工作来抓，严格按照训练场纪律组织训练，严格操作规程，依法练兵、科学施训，严格遵守武器装备操作规程，凡是涉枪、涉弹训练都由干部亲自组织，有效杜绝各类训练事故的发生。2020年，武

图61　2020年7月31日，龙游县举办“八一”军民联欢晚会

（武警龙游中队／提供）

警龙游中队排查消除训练场安全隐患6处，未发生1起人员伤亡事故。

【队伍管理】 2020年，武警龙游中队落实新《正规化管理规定》，狠抓“重点问题”治理，重经常抓养成，建机制抓弱项，查隐患抓预防，下大力做好中队安全管理工作。结合百日安全竞赛、群众性创安活动、执勤安全教育整顿和条令年活动，采取学习文件、授课辅导、观看音视频、讨论辨析、饭前解读条令法规等方式落实安全教育，定期组织安全常识宣讲，安全理论测试，不断提升官兵安全防范意识。坚持每日点名，每晚就寝后干部查铺，在全中队上下真正形成“我的安全我负责、他人安全我有责、单位安全我尽责”的良好氛围。同时加大管控力度，依托手机管控平台，较好地减少违规行为发生。对在外人员的管理上，武警龙游中队定期电话安全提醒，有效杜绝违规饮酒、酒后驾车等问题的发生。

【后勤保障】 疫情期间，按照“外防输入、内防松懈”的要求，严格落实上级各项防疫规定，严控人员和车辆进出。枪弹管理严格落实“日检查周保养”“双十条禁令”等制度，确保武器装备绝对安全。在推进营房工程建设上，中队主官不等不靠，积极主动跟县政府、县公安局、县文旅局等部门协调沟通，项目推进顺利。坚持依法理财的思维，严格落实伙食保障，科学调剂伙食，经常变换菜式口味，确保官兵吃饱吃好。

（武警龙游中队　陶海云）

人民防空

【概况】 2020年，龙游县人民防空办公室（县民防局）坚持以习近平新时代中国特色社会主义思想为指导，坚持备战牵引，聚焦主责主业，注重融合发展，突出创新驱动，全面建设取得了新成效。

【组织系统建设】 加强重要经济目标防护建设，重点单位分别开展按纲施训、会议室改造、消除空袭后果演练等。编实建强人防专业队伍，对抢险抢修、医疗救护、交通运输、防化防疫、通信保障、治安、消防7支人防专业队进行整组。在“4·4”全国哀悼活动、“5·12”防灾减灾日和“九一八事变”纪念日开展3次警报试鸣，龙游城区、重点镇数字电声警报器全部正常鸣响，发放短信30万条。新增龙游广和雷迪森怿曼龙山运动酒店人防疏散基地，与人防指挥中心实现互联互通。结合警报试鸣，指导人防重点镇（溪口镇、湖镇镇）、红星社区、清廉社区、龙游中学等分别开展防空袭疏散掩蔽演练。加强湖镇镇、溪口镇人防规范化建设。

【综合防护体系建设】 加快人防指挥工程建设，一项工程已完成施工及监理招投标，一项工程已开工建设。推动人防规划落地，在土地出让前将人防修建比例、战时功能、所有权归属、易地建设、互联互通等指标纳入地块建设管理要求。推动产权制度改革落地，为人防工程办理不动产权证，权利人登记龙游县人防办，2个新建项目签订协议委托县国资办进行规范化维护管理。

【人防基础工作】 加强人防法治建设，全面实行行政执法人防持证上岗制度，按照“双随机、一公开”随机检查任务。印制《人民防空政策法规宣传手册》，通过进广场、进社区、进企业等广泛开展人防普法工作。办理应建防空地下室的民用建筑项目报建审批项目和审批易地建设项目，减收人防工程建设费。推进全民人防宣传教育，在国际民防日、防灾减灾日、“九一八事变”纪念日等重要时间节点开展宣传教育活动，组织开展庆祝人民防空创立70周年活动，在龙洲街道7个社区开展社区人防规范化建设工作，设置社区人防体验点，方门街社区建设有人防科普馆，闲置的人防工程被改造为人防宣传教育基地并开展宣传教育活动。

（县住建局　杨晨明）

图62　2020年5月12日，龙游县人防办在荣昌广场开展“防灾减灾日”人防宣传教育活动　（县住建局／提供）

法治

概述

【概况】 2020年，龙游县围绕县委“14456”工作布局，以争创平安龙游“十五连冠”“鼎上加星”为目标，以高质量推进市域社会治理现代化试点工作为载体，成功应对新冠肺炎疫情带来的风险挑战，全县政法综治、平安建设、交通安全等各项工作井然有序开展并取得显著成绩。结合全国两会、党的十九届五中全会等敏感时期安保工作，牵头做好龙游石窟音乐节、绿色中国行、龙游红木小镇开园、浙江省美丽城镇建设工作现场会等重大活动安保工作。浙江省十里坪监狱连续22年4个月无罪犯脱逃、连续21年7个月无重大生产安全事故发生，获2020年浙江省监狱修心教育工作先进集体，被省普法办授予“浙江省法治宣传教育基地”称号。

【创新建立“舒心体系”】 建立各类矛盾纠纷一窗式受理的“1+1+1+N”舒心系列运作架构（舒心馆+舒心驿站+舒心之家+特色治理品牌），2020年共接待来访群众6769人次，受理群众诉求3582件，化解率达98.5%，群众满意率达100%。在2020年第一、二、四季度全市矛盾纠纷调处化解中心评比中，龙游县“舒心馆”获评五星级等次。12月23日，龙游县“舒心馆”作为先进典型，在全省数字赋能县域社会治理现代化推进会暨县级社会矛盾纠纷调处化解中心建设互学互比大会上作交流发言。

图63　舒心驿站　（县委政法委/提供）

【平安创建“鼎上加星”】 建立健全平安创建“1+24+15+N”平安架构体系（1个平安办牵头、24个重点单位、15个乡镇、N个相关部门），建立信息收集、暗访督查、问题通报、督办交办、整改反馈、责任追究六大工作机制，形成平安创建“一盘棋”的良好格局。县委常委会、政府常务会每月听取平安信访、防范和化解重大风险等工作汇报，全面抓好隐患排查、积案化解、风险防范工作。建立“每周一自查、半月一上报、每月一督查”的工作机制，压实反恐怖等九大领域的监管责任，交办整改隐患300处，整改率96%。建立循环销号整改制度，针对省市暗访发现问题，每月循环开展督察，确保问题不反弹、不回潮。围绕平安建设领域的重点、难点、薄弱点，发起集中整治行动，每月刊发政法简报向县四套班子主要领导、分管领导推送整治进度，针对涉及疫情风险隐患防范化解工作，发放督办单40份；针对行业隐患，排查点位1210处，发现整改隐患312处；针对龙游增设两条铁路线安全防范压力上升形势，完善铁路沿线乡镇及村社职责，开展铁路护路联防工作培训、路地联合平安宣传；组织开展交通违法集中整治专项行动，加大查处整治力度。2020年龙游县发生死亡事故48起、死亡48人，分别下降21.3%、21.3%；针对瓶装燃气市场安全专项整治严峻形势，组织专项检查50余次，下发责令整改通知书15份。

政法委及综治

【概况】 2020年，龙游县委政法委严格按照中央、省、市工作部署要求，紧紧围绕县委“14456”工作布局，以争创平安龙游“十五连冠”“鼎上加星”为目标，以高质量推进市域社会治理现代化试点工作为载体，扛起“重要窗口”的责任担当，成功应对新冠肺炎疫情及各类风险挑战。2020年，全县共接警89790起，同比下降5.3%；受理群众来信来访4595件（人）次，同比下降6.5%；排查调处各类矛盾纠纷5933件，调处成功5852起，调处成功率98.6%，未发生重大安全事故和群体性事件，龙游县连续14年获得省级“平安县”称号。

图64 2020年，龙游县连续14年获浙江省“平安县”称号，被授予一星“平安金鼎”

（县委政法委/提供）

【维护社会大局持续稳定】 结合全国两会、党的十九届五中全会等敏感时期安保工作，开展“春风”“两清两覆盖”等系列行动，牵头做好龙游石窟音乐节、绿色中国行、龙游红木小镇开园、浙江省美丽城镇建设工作现场会等重大活动安保工作，制订周密安保方案，确保各类活动圆满举办。将社会风险评估作为重大项目决策的必经程序，重点抓好高铁站站前区配套工程、征地区片综合价补偿方案调整等项目风险评估工作，完成风险评估备案33个，保障项目平稳推进。

【扫黑除恶专项斗争】 落实“一案一档”，全面实行县扫黑办全程跟进督办、领导小组会商研判、县委书记逐条审阅背书的“一案三把关”（由业务骨干组成的审判监督小组与员额检察官、检察官辅助人员）制度，推进“线索清仓”。做强提前介入、同步阅卷、疑难会商、联查联办等工作制度，强化政法部门协作配合，形成各司其职、齐抓共管的强大合力，2020年，破获恶势力犯罪集团2起、恶势力犯罪团伙12起，查扣涉案资产总价值3412万元。围绕“黑恶势力干扰渗透、把持基层组织、侵蚀基层政权”等突出问题，开展“清风护航”专项整治，营造风清气正的村和社区基层组织换届选举环境。

【网格规范化建设】 在全县15个乡镇（街道）273个村（社区）调整划分619个网格，配备“一长三员”（网格长和网格员、巡查员、监督员）共3100余人。推动网格规范化管理，统一定制网格装备，提升网格员归属感、认同感，提升网格工作知晓率。制定下发《关于进一步规范网格工作事项准入的通知》，严把网格事项准入门槛，22个政府部门规范入格，40项网格服务事项清单有效落地。每周五固定组织县乡级网格员开展“常规+专题”培训，配套救援急救、统一标准地址库等专题轮训课程，累计参训超7.2万人次。以月排名、季考核的方式压实网格责任，激活网格活力，共拨付网格考核经费1731.7万元。全年网格体系调解矛盾纠纷3673起，代办服务事项1.6万余件，助推工作项目580余个，群众满意度96%。

【“四个平台”建设】 横向整合县级59个部门，竖向贯穿15个乡镇（街道），接入龙游通、“12345”政府热线、平安建设信息系统、基层治理“四个平台”（综治工作、市场监管、综合执法、便民服务）、社会矛盾纠纷调处化解系统等线上平台，整合大数据中心、社会治理指挥中心、“四个平台”成员单位、群团志愿队伍等资源力量，构建起能上能下、交叉互补、紧密衔接的防控指挥运作体系。全年“四个平台”共受理各类事件7万余件，按期办结率100%，92.22%事件在村级就地解决，防患于未然。

【“两难”问题解决机制】 从矛盾纠纷的难点、堵点、痛点着手，聚焦疑难杂症、急难险重问题，由县领导牵头，创新事项分层研判处置机制，全面建立“县、乡、村”三级钉钉群，按照“大群交办反馈、小群研讨推进”的模式，实行问题交办销号、每周汇总分析、每月督查通报制度，确保问题件件有人管、环环有落实。全县三级“两难”（疑难杂症问题、急难险重问题）问题钉钉群已经提交解决问题208个，完成重点问题

16个，有效解决涉及交通安全、环境污染、城镇建设等方面的“两难”问题。

（县委政法委　寿海威）

法治政府建设

【概况】2020年，龙游县落实中共中央、国务院《法治政府建设实施纲要（2015—2020年）》、省政府《“两强三提高”建设行动计划（2018—2022年）》的要求，认真推进《党政主要负责人履行推进法治建设第一责任人职责规定》，把法治政府建设作为贯穿政府工作的主线，运用法治思维和法治方式，积极探索，开拓创新，强化举措，为经济社会持续健康快速发展营造良好的法治环境。龙游县被中共浙江省委全面依法治省委员会评为2020年度法治浙江（法治政府）建设先进单位。

【法治建设制度落实】2020年，龙游县贯彻落实省、市政府关于法治政府建设任务要求，将法治建设工作纳入本地发展总体规划和年度工作计划，与经济社会发展同部署、同推进、同督促、同考核、同奖惩。推进严格执法、公正司法、全民守法，发挥法治引导、规范、保障和促进作用，提高县域治理法治化水平，形成“共建共治共享”的现代社会治理新格局。为强化考核指引作用，按照衢州市法治政府建设工作考评细则，结合龙游县法治政府建设的实际，充分发挥考核评价“指挥棒”作用，以考核倒逼法治建设各项工作落到实处。加强对领导干部任前学法守法用法情况的督查考评，把依法决策、依法管理、依法办事等作为综合考核评价的重要内容。不断完善领导干部及公职人员学法制度，通过县委理论中心组、政府常务会落实领导干部学法计划。举办专题培训班，对各单位党政正职、分管领导、业务负责人进行专题业务培训，为法治政府建设筑牢思想根基。推进政府内部监督常态化、长效化机制，建立行政机关向监察委员会移送问题线索机制，实行监察委列席政府常务会议制度，依法开展常规审计、专项审计、政策落实情况跟踪审计。认真落实行政合同“五统一”（统一范本、统一编号、统一审查、统一备案、统一清理）制度，对以县政府名义签订的12份行政合同全部进行合法性审查。

【规范性文件审核】2020年，龙游县下发《关于加强法治乡镇（街道）建设的实施意见的通知》，要求乡镇全面贯彻落实省委深化法治浙江建设的决策部署，紧紧围绕市委“1433”发展战略体系和龙游县“14456”工作布局的要求，将法治乡镇（街道）建设纳入全面依法治县总体布局，构建县乡村“三级联创”的法治建设工作体系。各乡镇按照省市要求统一调整并重新下文，明确法制审核人员名单，根据各乡镇、街道的不同情况，配备1至3名不等的法制审核员，全县15个乡镇新确定法制审核员22名，明确分管法制审查工作的机构和领导。2020年，对17件行政规范性文件进行严格审查，并向上级政府、同级人大进行备案。对规范性文件的制定主体进行清理并公布，精简发文数量。根据上级要求，开展两年一次的规范性文件大清理工作，重点对涉及“放管服”优化营商环境、涉及民法典行政规范性文件等进行清理。

【行政执法监督】2020年，龙游县推进政府内部监督常态化长效化机制，建立行政机关向监察委员会移送问题线索机制，实行监察委列席政府常务会议制度，依法开展常规审计、专项审计、政策落实情况跟踪审计。开展法治督察，积极探索党委巡察与法治督察的有机结合，扎紧依法行政的制度笼子。推进“互联网+监管”改革，事项梳理更完整。2020年，“互联网+监管”工作涉及全县36个单位（部门），共943个监管事项，其中运用“双随机、一公开”（即在监管过程中随机抽取检查对象、随机选派执法检查人员、抽查情况及查处结果及时向社会公开）抽查机制涵盖178个事项，涉及25个部门。建立县营商办统筹协调、督查考核，市监局归集数据、指导业务协同机制。监管事项总覆盖783项、覆盖率100%。监管事项认领率100%；执法人员开通率100%。机构改革完成后，对行政执法部门的执法主体资格进行重新梳理，明确依据，并向社会公布。开展行政执法人员综合法律知识考试工作，提升执法队伍的综合素质。开展行政执法专项监督检查，2020年共发放《行政执法监督通知书》6份。

【行政争议化解】2020年，龙游县行政诉讼案件数明显下降，县政府法律顾问共代理被诉案件12件，法院共受理部门、乡镇街道行政应诉案件36件，行政机关负责人全部出庭应诉，败诉5件，败诉率6.75%。推进行政争议调解中心建设，入驻龙游县矛盾调解中心（舒心馆），全年纠纷调解受理率100%，调处涉复议6件（全部撤回申请）、涉诉10件（成功化解7件），调解成功率43.8%。2020年，行政争议调解中心共收到行政争议案件35件，其中涉复议18件，涉诉17件，成功处理行政争议24件，调解成功率68.6%。利用府院联席会议等平台，推动信息互通、良性互动、形成共识，深化行政与司法的良性互动，提高行政争议协调调解率。积极探索邀请法治监督员、律师、专家学者、人大代表、政协委员等参与行政争议调解，充分发挥专业力量。

（县司法局　张梦清）

公　安

【概况】 2020年，龙游县公安局在县委、县政府的领导下，坚持以习近平新时代中国特色社会主义思想为指导，围绕“1244”战略体系和“14456”工作布局，以“531”发展规划为统领，坚持“党建统领+改革创新+融合共治+体系作战+警务精准”的发展路径，较好地完成各项工作任务。2020年共接警91563起，有效报警38062起；受理行政案件3635起，查处681起，处理违法人员1465人；报立刑事案件1521起，侦破249起，采取刑事强制措施679人，移送起诉569人，抓获网上逃犯163人；发生伤亡道路交通事故141起，死亡49人，受伤125人，直接经济损失29.4万元。

【疫情防控工作】 成立疫情防控工作专班，制订《防控新型冠状病毒肺炎疫情工作方案》《关于处置“新型冠状病毒肺炎疫情”警情处置规范》等7个方案。2020年，龙游县公安局累计向县疫情防控指挥部及乡镇各部门推送数据信息7000余条；督促关停各类娱乐场所64家、宗教场所20处；劝退群众集聚性活动400余场；关停大小棋牌室、农村小店300余家；查处赌博案件78起，行政处罚308人；在5个集中隔离医学观察点安排46名警力24小时值守，设立检疫卡点19个；出动警力7870人次，抽查车辆91428辆，检查人员151752人次，劝返车辆3888辆、人员6380人次，处置冲卡事件2起，批评教育2人。制订下发《防控检测点查控工作规范》《龙游县防控检测点查控工作指导意见》等文件，发现发布、散播虚假舆情敏感信息36条，教育训诫46人，行政处罚2人。查处涉疫情类行政案件5起，处罚个人4人、单位1家，从严查处全市首起涉疫寻衅滋事案件1起。

【派出所警务机制改革】 固化“一室两队”（综合指挥室；基础管控队、打击办案队）基本架构，通过警务区建设推动公安机关的“放管服”改革。立足城市和农村的治安特点，城市按照“两圈两点”（“135”快速反应圈、15分钟生活圈；反恐合作示范点、警务合作示范点）划分警务区；农村按照乡村治理网格配套建立警务区，与政府其他治理力量及乡村自治力量发挥“联动反应”；警务区内实行警长负责制，开展警察公共关系建设等各项工作，共划分警务区30个，其中城区警务区5个、集镇警务区10个、农村警务区15个。

图65　2020年8月4日，中共龙游县委副书记、县长祝建东一行到县人民医院执勤点慰问战斗在抗疫一线的公安民警　（县公安局/提供）

【打击经济犯罪】 2020年，龙游县公安局查处假烟案件3起，公开销毁卷烟71个品种5500余条，总案值150余万元。破获涉众型经济犯罪案件5起，采取刑事强制措施11人，扣押涉案款700万元。开展“蓝剑2020”“歼击20”“云剑”等专项行动，打击侵犯知识产权、涉税等违法犯罪活动，破获虚开增值税发票案件3起，破获企业职工盗窃侵占企业资产系列性案件1起，为企业挽回经济损失20余万元。开展“5·15”打击防范经济犯罪宣传日、“陪你纳凉　教你防范”等宣传活动。确定每月第二周周二为“企业服务日”，开展“组团式、预约式、点单式”精准服务，实现“服务送上门、企业不出门”。

【“一窗通办”改革】 融入县政府大服务模块，组建警务服务中心，打造县级服务中心、镇（街道）服务分中心、乡代办服务窗口、警务区代办服务点等四层服务架构，实现公安业务“一窗通办”。县级服务中心牵头各警种对外服务事项，统一进驻县政务服务中心，8个派出所窗口统一平移进驻所在镇（街道）政务服务中心，保留交警大队现有窗口。完善乡级代办点，在未设公安窗口的7个乡政府实行公安业务代办制度。融合警务区代办服务与乡镇网格代办服务，延伸警务服务至30个警务区。全面推行政务2.0，实现“线上”+“线下”“一窗通办”。

【强化基础管控】 2020年，龙游县公安局开展危险化学品从业单位安全隐患大排查，发放宣传资料2.41

万份，共检查涉危涉爆单位379家，发现安全隐患223起；审批爆破项目14个；收缴（销毁）气枪21支，气枪零配件1.4万余个，钢珠弹7000余粒，炸药167.6公斤，雷管6532枚，军用弹154发，导爆管2030米，各类炮弹7枚，管制刀具176把，残次伪劣烟花爆竹487件，查处涉危涉爆案件（含违反烟花爆竹燃放法规）44起、处罚44人。7月31日，助力顺利完成圩塘朱立交桥爆破拆除工作。开展"清龙一号"春季攻势严打整治专项行动、"清雷2020"集中清查行动和燃气专项整治。进行反恐怖工作检查36次，发放整改通知书5份。推进县域矛盾纠纷治理"13930"体系（即以县"舒心馆"为龙头，北乡"三联中心"、湖镇"有礼公社"、龙南联动治理中心为依托；9个派出所为平台；30个派出所警务站为集点的全县域覆盖的矛盾纠纷调处化解体系）建设，清理村级疑难矛盾纠纷、信访风险隐患232起，已化解216起，常态化跟踪16起。

【开展扫黑除恶专项斗争】 2020年，龙游县公安局成功侦办团伙性案件5起，对十类涉黑涉恶案件169人采取强制措施，移送起诉181人，判决204人。在专项行动中，共收到线索562条，核查558条。整治、打击矿产资源领域滥开滥采现象，发现线索2条，发放行业监督建议书9份，向纪委移交"保护伞"线索1条。组织开展"黄赌毒"领域专项整治，成功破获"850平台"网络赌博、省厅毒品目标"2020-45"、省督办"3•19"开设赌场等重大案件，检查各类休闲娱乐场所400余家次，关停存在问题的足浴店等场所12家。严厉打击食品药品环境领域违法犯罪，破获相关刑事案件8起，采取刑事强制措施11人。

【打击电信网络诈骗犯罪】 2020年，龙游县公安局破获电信网络诈骗新型犯罪案件255起，抓获犯罪嫌疑人129人，止付被骗资金1256万元，返还被骗金额464.2万元，追赃挽损率达到19.7%。建立反诈三级架构，形成"1+N+X"（"1"即1个反诈工作专班、"N"即各个职能部门、"X"即乡镇网格员）的县域反诈中心实体化运行机制。由县公安局、三大通信运营商、四大国有银行派员入驻反诈专班。组建专职宣传队伍，借助"龙游通""农技110""家校通"等载体，制作"反诈微课堂"57期。推出融入咨询保险服务的"7225000"服务热线。结合"断卡"行动，开展"金融系统反诈宣传月"活动。创新"一图一指数"[“一图”即各乡镇（街道）以电信网络诈骗发案同比上升率分别赋予"红""黄""绿"三色预警图；"一指数"即以机关单位反诈情况纳入指数管理，与通报、约谈和考核等挂钩，倒逼责任部门推进反诈工作]考核机制，对乡镇（街道）、经济开发区推行"三色"管理，每月编制并公布防诈指数，开展针对性评比考核，全年有45个单位参与跟班轮训。

【交通安全大会战】 开展"净化"系列交通秩序整治行动，约谈10家保险公司、6家电动自行车销售店以及住建、运管等部门，倡导全民遵守交通规则，推出市民"随手拍"举报违法有奖新举措，2020年共查纠各类违法行为27.85万起，查处酒后驾驶359起，醉酒驾驶111起，无证驾驶136起，斑马线未礼让行人3926起，处罚电动车违法行为59311起，查扣"四小车"（营业人力三轮车、有动力装置的残疾人专用车、摩托车及电瓶三轮车、燃油助动车）1079辆，处罚超限超载货车770辆。督促全县机关事业单位内部停车场周末及节假日免费对外开放，新增城区泊车位3300余个。开展"一盔一带"等宣传，推出"雯子说安全"、阳光小交警等宣传品牌。

【成立警务支援中心】 2020年4月24日，龙游县公安局举行警务支援中心揭牌仪式。整合现有情指、行侦（行动侦查大队）、网安、科通、视频中队全部职能，重组设立"情报指挥、社会治理、服务打击、科技支撑"四大模块，全天候实行"1+4+N"（1个带班指挥长、4个警种、N个民警）实战勤务模式。通过合成作战平台系统，整合现有科技支撑警种全部职能，形成指挥平台、派出所综合指挥室、最小作战单元扁平化调度指挥链条。

【成立县刑事犯罪治理中心】 2020年5月9日，龙游县公安局举行县刑事犯罪治理中心揭牌仪式。由龙游县委、县政府牵头，联合46个部门，整合扫黑办、禁毒办、打传办、反诈联席办等职能，依托部门联席会议制度，定期开展社会治安常态评估，全面梳理各类犯罪苗头隐患，推动各部门压实监管责任，堵塞行业管理漏洞，提升源头治理水平。集中刑侦、经侦、禁毒、技术等专业警种力量，建立一支13人的侦查员队伍，形成打击"传统+新型"犯罪双核心攻坚团队。

【打造社会治安立体防控】 构建PTU（警察机动部队）与巡特警、交警、派出所警力以及社区工作人员"点、线、面"协作的社会面动态管控"地网"，依靠警务支援中心警情信息分析研判，通过"移动执法终端"精准推送指令，扁平化实时指挥，最大限度降警情、控发案，提高巡防实战效能。推动城市巡防重点部位联勤联巡，充分调动内部单位、商业场所、物业小区等社会力量参与巡防工作，拓宽巡防辐射面，提高整体防控效能。稳步推进"雪亮工程"二期、"城市围栏"等项目建设，实现对"人、地、事、物"等治安要素的依法管控、精准管控，织密治安防控"天网"。

【创建“枫桥式公安派出所”】各派出所建成以“一室两队（综合指挥室、社区警务队、案件办理队）”为基本架构的派出所警务运行模式。深化“枫桥式公安派出所”创建活动，确定湖镇派出所示范点、溪口派出所培育点，全力做精湖镇“124”警务架构特色（“1”是一个综合指挥室；“2”是基础管控和打击办案两个中队；“4”是将辖区划分为四大警务区），做优溪口所“绿水青山”型公安派出所品牌，深化龙洲所“五个零”（触法未成年人“零漏管”、涉毒违法犯罪人员“零容忍”、精神病患者肇事肇祸案件“零发生”、信访重点人员赴京上访预警“零失控”、全区命案“零发生”）枫桥公安派出所、横山所“荷（合和）”式枫桥公安派出所等特色创建。融合检、法、司、市监、住建等基层治理部门及社会组织力量，构建“六进六联”（即由公安、检察院、法院、司法局、综合行政执法局、市场监督管理局等六部门进驻；开展“矛盾纠纷联调、社会治安联防、重点工作联动、突出问题联治、服务管理联抓、基层平安联创”六联动）机制，解决跨部门协调和联动处置难的问题。30个警务区警务室实现实体化运作。

【深化警务机制改革】制定警情案件全流程监管导图，构建“大警务、大法制、大监督”新格局，实现警情、案件、信访全流程精准智慧可溯源管控。法制室入驻综合指挥室，设立指挥调度、情报研判、视频巡查、执法管理、指挥监督五大岗位，每日对巡查发现的问题，实时录入全流程监督平台，以平台短信提示民警按流程执法。通过“值班领导首问责任制”“分管领导负责制”“一把手负责制”“局领导点评制”等分层次开展案件全流程“盯案”，立案审查效率从平均1.79天缩短至0.54天。根据问题整改情况，对警情案件实现“三色”预警，多部门联合开展执法过程责任追究。

【执法规范化建设】建立《龙游县公安局法制室建设方案》，形成法制部门牵头指导、法制室主任和法制员跟踪执法流程管控、警务指挥室和带班所领导负责警情管理和执法源头管控的一贯到底的执法管理体系。制订《龙游县公安局“执法质量提升年”活动实施方案》，修订《龙游县公安局案件移送规定》《龙游县公安局受立案规范》等执法制度，完成龙游县公安局执法管理中心及政法一体化中心建设。在网上开辟“双评双晒”专栏，对评审结果、司法监督、典型案例等内容进行晾晒。

【加强后勤保障】积极对接财政等部门，争取专项资金，采购警用指挥车9辆，配备监控、对讲等警务系统；投资466万元推进“雪亮工程”，加密视频监控，完成对原三期治安视频监控进行补盲和维护的公开招标；投资26万余元，采购虹膜、声纹采集设备、宽幅足迹灯、匀光勘查灯、搜索灯等，加强现场勘查设备配备。有序推进龙游县看守所（拘留所）迁建工程——附属工程、智能化安装工程及警犬基地、龙游县公安局小南海派出所迁建工程、龙游智慧交管中心等工程。

【侦破特大网络传销案】2020年4月2日，接群众举报：龙游城区世贸城内衢州普金公司内存在传销活动。龙游县公安局迅速采取行动，抓获廖某等嫌疑人。经查，廖某（男，42岁，龙游人），2018年成立龙游雁宏商务服务有限公司、衢州普金企业管理咨询有限公司等，通过推广的POS机进行恶意套现，严重扰乱金融市场正常经营秩序。他们在全国9个省市开设下属子公司，以“层级管理”“拉人头”“团队计酬”等方式，大肆发展传销成员，参与人员达4万余名，涉案金额1.6亿元。7月7日，龙游县公安局成功发起公安部云端集群战役，在全国范围内打击、取缔其子公司25家，对20余人采取强制措施，查扣涉案资金2000余万元。

【侦破“2020-45”省厅毒品目标案件】2019年11月，民警在工作中发现线索：浙江建德籍男子朱某向龙游县吸毒人员兜售冰毒。2019年12月，龙游县公安局成立专案组，2020年4月报批省目标案件“2020-45”，并全力开展案件侦破工作。经多方努力，5月13日，成功抓获以董某（男，36岁，黑龙江）为首的贩毒团伙成员9人，查获吸毒人员23人，强制隔离戒毒1人，斩断一条由杭州市至龙游县的贩毒通道。

（县公安局 叶恺）

检 察

【概况】2020年，龙游县人民检察院围绕县委“14456”工作布局，依法履职有作为、服务大局有担当、党建队建有成效，各项检察工作在务实中创新、在落实中深化。龙游县人民检察院受理各类案件3027件，2019年度、2020年度连续两年被县委组织部授予“先进基层党组织”荣誉称号。2020年，龙游县人民检察院还被省委、省政府命名为省级文明单位。

【维护社会稳定】2020年，龙游县人民检察院受理各类刑事案件1171件1499人，其中审查逮捕各类犯罪嫌疑人222人，提起公诉592人。坚决捍卫国家安全，保持严打态势，依法严惩网络政治谣言等有害信息类犯罪。保障人民群众的生命财产安全，严惩暴力犯罪，快捕快诉22人；依法惩治诈骗、盗窃等多发性侵财犯罪，起诉87人，其中办理的方某某诈骗案，为42名被害人追回损失1000万余元。加大惩治通信网络诈骗、网络赌博和非法获取公民信息等违法犯罪力度，起诉35人，涉案金额3900万余元，清洁网络空间。注重在反腐败斗争中发挥检察作用，完善“监检衔接”机制，对监委移送的案件，依法审查起诉7人，追赃挽损199.4万元，彰显反腐败的坚定决心。

【推进扫黑除恶专项斗争】 龙游县人民检察院坚持扫黑、除恶、断财、打伞、反腐“五位一体”，发扬啃硬骨头的精神，攻坚克难，全力冲刺，2020年批捕涉黑涉恶犯罪11人、起诉33人，严厉打击黑恶势力及其“保护伞”。依法及时办理中央督导组交办的樊某某寻衅滋事案、省挂牌督办的以郑某某为首的黑社会性质组织犯罪案、市挂牌督办的以官某为首的恶势力犯罪集团案等一批有影响的案件，形成高压震慑态势。高标准落实行业治理，对办案中发现的监管缺位等问题，及时制发检察建议，整治行业乱象，彻底铲除黑恶势力滋生土壤。唱响扫黑除恶“正气歌”，发布典型案件，讲述女检察官舍小家为大家的感人事迹等，被中央、省级媒体转发报道，获上万次点击量。

【助推社会治理现代化】 深化“最多跑一地”改革，创新基层矛盾化解方法，“四大检察”（刑事检察、民事检察、行政检察、公益诉讼检察）融入诉源治理，努力把信访隐患化解在检察环节。2020年，龙游县人民检察院收到来信来访来电167件，答复率、满意率均为100%，实现群众信访件件有回复。制发139件刚性检察建议，直接助力建章立制、堵塞漏洞。落实普法责任制，深化法律“六进”（进机关、进乡村、进社区、进学校、进企业、进单位）活动。疫情防控期间，龙游县人民检察院快速建立起未成年人保护机制，搭建隔离区的“爱心辅导课堂”；联合县民政局、团县委、教育局、妇联、总工会5家单位开展全县留守儿童、困境儿童摸排工作，探索长效援助机制，帮助因监护不当陷入困境的儿童，确定合适监护人，其经验做法在全省推广。

【疫情防控工作】 龙游县人民检察院坚持参与防疫与依法履职两手抓，主动投身疫情防控第一线，院领导带头设卡蹲点值守，24小时严防死守，配备无人机喊话助力，此做法获县委发文表扬，累计参与疫情防控800余人次，总时长4800余小时，龙游县人民检察院被评为2020年度“包区清楼行动”先进集体和“战时服务团”先锋战队。严惩涉疫刑事犯罪，从严办理涉疫案件4起，均在24小时内快捕快诉，震慑潜在违法行为。其中王某某寻衅滋事案为龙游县首起适用速裁程序的涉疫刑事案件，入选典型案例。牵头出台衢州市首个《关于疫情期间办理涉疫等刑事案件协作配合的意见》，公检法形成打击合力，维护疫情期间良好秩序。办理全省首例涉疫公益诉讼磋商案，推出商住楼强化监管、防控源头新举措，该做法入选浙江省检察机关疫情防控公益诉讼典型案例。

【服务“三大攻坚战”】 精准服务“三大攻坚战”（防范化解重大风险、精准脱贫、污染防治）。龙游县人民检察院起诉非法吸收公众存款、传销等涉众型经济犯罪案件6人，涉案金额8218.5万元，最大限度减少被害人损失。探索由县检察院牵头、协调多元主体的司法救助模式，化解社会矛盾。如姜某某、吴某某因案致贫司法救助案，龙游县人民检察院与衢州市人民检察院合力救助被害人11万元，并携手多家单位综合施救，实现息诉罢访，该案入选浙江省检察机关典型案例；关注农民工合法权益保护问题，为7名农民工追讨工资15万余元；龙游县人民检察院结对帮扶10个村70户村民，解决103个问题，助力打赢精准脱贫攻坚战。对污染环境、非法采矿等犯罪分子从严惩处，争当生态环境“护航员”。2020年，龙游县人民检察院起诉15人，涉案金额近200万元。深化专项监督，办理“团石堤坝开裂案”“衢江河道非法堆放8.3万立方米弃土案”等生态环境领

图66 2020年1月6日，龙游县检察院领导走访慰问结对扶贫村的困难群众
（县人民检察院／提供）

域公益诉讼案，合力推进衢江治理，为“两江走廊”建设护航，用“检察蓝”守护“美丽河湖”。

【保护市场主体合法权益】 龙游县人民检察院加大监督力度，依法履行批捕、起诉职能，起诉侵害民营企业和民营企业家人身、财产安全的犯罪案件1件14人，让企业家在每一个司法案件中真切感受到公平正义。当好服务、保障健康发展的“老娘舅”，真严管、真厚爱，更好地推动民营企业依法、守规经营。对涉及企业犯罪的案件，坚持少捕慎诉，犯罪情节较轻的，依法不起诉2件4人，最大限度保障企业正常生产经营。复工复产期间，龙游县人民检察院在衢州市率先成立驻企业家协会检察联络室，坚持办案与服务并重，为311家企业送上“量身定制”的法律服务。如在疫情期间，针对某企业涉法需求，市县两级检察院联动，依法监督相关主体，为企业顺利拿到37万余元“救命钱”，保障抗疫物资生产线的正常运行。

【履行刑事诉讼主导责任】 龙游县人民检察院当好犯罪的追诉者和法治进步的引领者，依法对刑事立案、侦查、审判活动实行监督，坚决纠正有案不立、有罪未究等问题，2020年监督侦查机关立案18件、撤案1件，追捕2人、追诉1人，针对违法取证、采用强制措施不当等行为制发纠正违法通知书5件，确保每一个案件经得起法律和历史的检验。加强刑事执行活动监督，开展超期羁押、财产执行、剥夺政治权利执行、监外执行等专项检察监督，对刑期计算错误、政治权利恢复不及时等问题，发出纠正违法通知书14份，依法规范刑事执行行为。

【维护民事行政司法公正】 强化民事检察工作，龙游县人民检察院全年办结民事检察监督案件108件。加大民事执行监督力度，就74件案件中反映出的程序不规范等问题，提出检察建议9件，法院均予以采纳。注重精准监督，就案件中发现的审执人员违法行为，及时提出检察建议3件，均被采纳，助推司法权的规范行使。大力整治虚假诉讼，提出再审检察建议22件，维护民事司法正常秩序。如初查吴某某诈骗案时，发现“套路贷”团伙为获取非法利益打民事“假官司”180余件，涉案金额100万余元，遂将线索移送侦查机关立案侦查，4人落入法网，切实保障当事人的合法权益，维护法律尊严。坚持监督中调解、调解中监督，在国土整治大会战中，协同有关部门办理违建拆除等行政争议实质性化解案件7件，实现案结事了人和。

【守护国家利益和社会公共利益】 2020年，龙游县人民检察院在履职中发现食品药品安全等领域案件线索60件，向相关职能部门发出诉前检察建议24件，整改率100%。聚焦国有财产保护，针对服刑人员、死亡人员的医保基金被违规领取报销等问题，督促追回医保基金6万余元，保障城乡居民社会养老保险基金安全。针对豆芽含违禁成分、油条铝含量超标、现制饮品不卫生等现象，发现问题商家20余家，督促相关职能部门整改并形成长效机制。针对全县高度关注“除猪肉外的禽类在屠宰过程及流通环节均未检疫”现象，以诉前检察建议推动建成家禽集中屠宰项目，规范全县禽类产品统一屠宰和检疫工作。推进食品安全民事公益诉讼惩罚性赔偿制度落地，如“颜某某生产、销售不符合安全标准的食品案”首次采用诉前磋商赔偿形式，让违法者“痛”到不敢再犯，认识到食药安全红线不容触碰，达到“办理一案、警示一片、教育全社会”的效果。

【提升法律监督质效】 落实少捕慎诉原则，秉持客观公正立场，对不构成犯罪、证据不足或情节较轻的行为人，决定不批捕65人，不起诉117人。化解社会矛盾，推行认罪认罚从宽制度，2020年适用认罪认罚案件359件529人，适用率92.7%，该项工作位列衢州市第一。量刑建议率93.10%，法院采纳率98.84%，有效节约司法资源，确保公平正义。

（县人民检察院 严晨）

2016—2020年度龙游县人民检察院主要检察业务情况一览表

表12

主要检察业务	2016年	2017年	2018年	2019年	2020年
受理审查批捕	186件247人	171件261人	209件311人	220件299人	172件222人
受理审查起诉	471件596人	484件668人	459件745人	477件715人	434件592人
提起公诉	414件511人	362件469人	353件572人	302件467人	280件464人
主要查办职务犯罪案件	6件	2件	4件	5件	0件
立案监督	13件14人	11件16人	23件46人	8件14人	9件11人

法院

【概况】2020年，龙游县人民法院坚持以习近平新时代中国特色社会主义思想为指导，深入学习习近平总书记在浙江考察的重要讲话精神，紧扣中央、省委、市委、县委和上级法院的部署要求，履行宪法和法律赋予的职责，一手抓疫情防控，一手抓执法办案，当好“重要窗口”的建设者、维护者和展示者，圆满完成各项工作任务。2020年新收各类案件8018件，同比下降18.43%，办结8334件，办案质量、工作指标继续位列全省前列。

【疫情防控办案】确保疫情防控与执法办案两不误。积极利用信息化手段，借助移动微法院等网上平台，在疫情带来的不利情况下，转变思路，探索线上办案新模式。迅速出台《关于充分发挥审判职能作用为疫情防控工作提供有力司法保障的意见》，提出疫情防控期间30项司法保障措施。参加县疫情防控企业战时服务团，定期走访企业，了解司法需求，及时提供到位的法律保障服务。疫情防控一级响应期间，通过线上方式共受理审判执行案件169件，开庭30次，调解35次，执行约谈71次，办结审判执行案件406件，确保疫情期间办案不停、效率不减、质量不降。

【刑事审判】2020年，龙游县人民法院新收刑事案件300件，审结314件，判处罪犯547人，其中87名罪犯被判处3年以上有期徒刑，有力维护国家安全、社会安定、人民安宁。扫黑除恶专项斗争开展3年来，县人民法院共受理黑恶案件21件127人，全部审结，占全市的30.4%。累计判处5年以上有期徒刑15人，其中2020年审结黑恶案件12件63人。坚决“打伞破网”“打财断血”，判处保护伞1件1人，黑恶财产执行到位率98.7%。继续深化民间借贷协同治理工作，及时更新职业放贷人名录并加大对虚假诉讼的违法制裁力度。深入推进以审判为中心的刑事诉讼制度改革，严格落实三项规程，坚持法庭审理实质化，加强人权司法保障。召开庭前会议8件，启动非法证据排除2件，“四类人员”（证人、鉴定人、侦查人员、有专门知识的人）出庭作证9人次。落实宽严相济刑事政策，对犯罪情节较轻、主观恶性不深、认罪悔罪的案犯，依法免予刑事处罚2人，宣告缓刑225人。贯彻教育、感化、挽救方针，依法对9名未成年案犯从轻、减轻处罚。推进刑事案件律师辩护全覆盖，确定县法律援助中心为235名被告人的指定辩护人。

【民商事审判】2020年，龙游县人民法院新收一审民商事案件3587件，审结3669件。注重依法平等保护各类市场主体权益，受理涉企纠纷382件，审结411件，结案标的3.28亿元。发挥破产审判促进市场主体优胜劣汰的作用，全年共受理企业破产案件42件，审结47件，盘活工业用地15.67公顷、工业厂房20.2公顷，清理债务8.6亿元，化解银行不良贷款6.6亿元，引进投资1.3亿元。发布《破产审判白皮书（2016—2020）》，联合县营商办等7个部门出台《关于建立促进当事人自动履行生效法律文书激励机制助力“信用龙游”建设的意见》。受理金融借款、民间借贷、信用卡、保险等案件1360件，审结1390件，结案标的4.23亿元。通过“律师调解、人民调解、金融行业协会调解＋司法确认”等金融纠纷预防快处机制，加速金融纠纷化解力度，一审金融借款合同纠纷案件数下降36.73%。审结涉农村土地承包等案件8件，为乡村振兴战略实施提供优质司法服务。成立环境资源旅游审判庭，以最严密法治保护生态环境，严惩破坏环境资源犯罪4起18人，审结环境资源民事纠纷14件。依法保护妇女、儿童、老年人合法权益，共审结家庭纠纷455件。促进劳动关系和谐稳定，合理平衡企业与劳动者利益关系，共审结劳动纠纷101件，妥善处理因疫情影响导致的劳动纠纷16件。

【执行工作】2020年，龙游县人民法院新收执行案件3384件，执结3591件，结案标的2.18亿元。进

图67　2020年10月19日，“龙游通＋掌上法院”启动仪式在龙游县湖镇镇地圩村举行（县人民法院／提供）

一步加大违法制裁力度，共作出拘留决定129人次，罚款468.3万元，依法判处拒执犯罪3件4人。积极推进智慧执行，完善执行联动机制，加大联合信用惩戒力度，依法公布失信被执行人2029人，采取限制消费等措施2479人次，通过网络查控财产1.3万余次，涉及金额5700万元。利用"龙游通＋掌上法院"平台，实现到行政村一级的精准曝光和全民执行举报。强化创新"区块攻坚"执行机制被《人民法院报》大篇幅报道。围绕"3+3+1"产业打造"区块攻坚2.0"版本。探索创新律师参与执行调查机制，提升财产处置效率。强化规范执行，开展执行案款清理，及时兑现当事人胜诉权益。推出从源头切实解决执行难问题的实施意见，形成"守信者一路绿灯、失信者处处受限"的社会氛围和制度环境，民商事案件自动履行率上升7.82%。

【司法体制综合配套改革】 2020年，龙游县人民法院全面推进全流程"无纸化"办案办公，持续推进智慧法院建设，全年网上立案5028件，网上办案3159件，电子送达45411次，让群众"一次不用跑"。推进政法一体化单轨制协同办案，完成诉讼服务中心与县舒心馆法院窗口的智能化改造，打造智能诉讼服务中心；完成庭审语音识别、数字化会议室、合议室、高清庭审录像直播系统、互联网法庭的建设，优化法官"无纸化"办案办公体验。按照"六专四室"（专用囚车、羁押通道、电梯、座椅、车库、卫生间；羁押室、枪弹室、装备室、监控室）的要求，改造升级警用装备室、监控室、羁押室。全面推进"司法无证明"平台升级，扎实做好"龙游通＋掌上法院"项目，将数字法院延伸至基层治理端。坚持优化诉讼服务，完成诉讼服务中心3.0升级改造。坚持将非诉讼纠纷解决机制挺在前面，强化诉源治理，推广运用"ODR"平台，化解纠纷1392件。成建制入驻县舒心馆，完善一站式多元解纷机制，2020年共引导人民调解1510件，受理司法确认案件496件，一审民商事案件在2019年同比下降0.90%的基础上再下降22.08%。加快人民法庭建设，稳步推进塔石法庭恢复工作。"一庭一品"特色纷呈，湖镇"有礼法庭"、小南海"园区法庭"、溪口"未来法庭"与辖区经济社会发展合拍共振。以"龙游通＋掌上法院"为基础，以村社"巡回智慧法庭"为触角，全面推进"网格＋法院"工作。

【阳光司法】 龙游县人民法院牢固树立宪法意识，自觉接受各方监督，向县人大常委会专题报告疫情防控、扫黑除恶专项斗争等方面工作；自觉接受县政协民主监督，加强与代表、委员沟通联络，定期向代表、委员发送工作简报等，向县政协、民主党派通报工作。邀请代表、委员旁听庭审、见证执行。依法接受检察机关监督，共同维护法律尊严，2020年共接受检察建议、纠违通知37份，均按时办结。自觉接受社会监督，召开新闻发布会2次、公众开放日8次。

（县人民法院 汪安琪）

图68 2020年9月1日，龙游县人民法院邀请县人大代表、县政协委员到法庭旁听审判工作

（县人民法院／提供）

2016—2020年度龙游县人民法院案件收结情况一览表

表13

年份	刑事案件				民事案件					
	收案		结案		收案（件）			结案（件）		
	件	人	件	人	婚姻家庭继承纠纷	合同纠纷	权属侵权纠纷	婚姻家庭继承纠纷	合同纠纷	权属侵权纠纷
2016	443	554	464	584	727	2941	797	698	2939	710
2017	385	481	391	505	521	3692	729	510	3636	704

续表 13

年份	刑事案件				民事案件					
	收案		结案		收案（件）			结案（件）		
	件	人	件	人	婚姻家庭继承纠纷	合同纠纷	权属侵权纠纷	婚姻家庭继承纠纷	合同纠纷	权属侵权纠纷
2018	363	593	371	618	478	3380	701	489	3436	737
2019	314	483	303	452	519	3861	360	518	3852	350
2020	300	530	314	547	460	2535	592	455	2620	594

司法行政

【概况】 2020年，龙游县司法局紧紧围绕县委“14456”工作布局，聚焦“执法司法规范化提升年”活动要求，紧扣中心工作、紧盯目标任务，着力推进重大项目法治保障、法治政府建设、基层依法治理、干部核心战斗力提升以及疫情防控等工作，司法行政各项工作扎实有效开展，为龙游社会经济发展提供坚强法治保障和精准法律服务。2020年，龙游县司法局推进市场主体法律顾问服务网格化全覆盖工作经验被《法治浙江简报》刊发推广，县公共法律服务中心被省司法厅评为司法行政部门进驻社会矛盾纠纷调处化解中心示范窗口单位，龙游县人民调解委员会获评浙江省司法厅公共法律服务体系建设成绩突出集体。

【提升执法司法规范化水平】 按照省委政法委、省司法厅的统一部署，深入开展司法行政系统执法司法规范化水平提升年活动。全面深化律师、公证、司法鉴定、司法所等领域改革，围绕社区矫正、法律服务行业管理、法治宣传教育等工作，逐一界定工作内容、明确工作标准、细化工作流程、规范工作行为。查摆共性问题2条，个性问题13条，做到问题有出处、解决有门路。主动接受县委政法委执法监督、检察机关法律监督和社会各界监督，完善内部监督管理机制，运用案件评查、质量考评、信访核查等方式，加强对司法行政干部执法的监督管理。

【打造公共法律服务“龙游样板”】 持续深化“龙游通—龙游司法”版块应用，提升公共法律服务智能化，2020年，龙游通司法行政版块年浏览量达20余万次，收到法律咨询400余条。实现网格、顾问、服务三项全覆盖，打造龙游市场主体法律顾问服务网格化全覆盖样板。依托全省首个企业法律服务中心平台，组织开展法律知识讲座、法治体检等活动，累计开展9场专场活动。深化法律服务领域“最多跑一次”改革，积极优化公证、法律援助等证明事项，全力服务县委、县政府“双招双引”一号工程和创建法治营商环境最佳县的目标。

【完成“七五”普法】 全面推进民主法治示范村（社区）创建工作，创建衢州市级民主法治示范村（社区）66个，省级民主法治示范村（社区）18个，湖镇镇地圩村被列入第八批“全国民主法治示范村（社区）”，实现龙游县国家级民主法治村“零的突破”。建成全省首个24小时自助式、综合性的“崇法苑”大普法基地，作为经验在全市推广，并入选浙江省“七五”普法成果展。率先推出法治乡村知行讲堂，促成全省法治乡村知行讲堂现场会在龙游县召开。在全市率先推出“礼”进村规民约，实现263个行政村（社区）全覆盖。坚持以“互联网+法治宣传”的理念，集线上咨询法律问题、查阅法律条文、公开以案释法等普法功能于一

图69 2020年11月12日，龙游县企业法律服务中心举办服务建筑行业专场活动 （县司法局／提供）

体，搭建“龙游通”本土普法平台，普法30多万人次。与龙游传媒集团携手打造《普法讲堂》栏目，有针对性地选材，采取以案说法、法官评案等群众喜闻乐见的形式开展普法宣传。

【全面构建“大调解”格局】 加大专职人民调解员配备力度，畅通政府购买人民调解服务政策，9个乡镇和2个部门购买调解服务，14名相关专业人士通过购买服务成为专职调解员。依托调解组织入驻矛调中心平台，打造舒心调解工作品牌，县调解委员会舒心调解工作室获评全市首批品牌调解工作室。发挥县人民调解员协会作用，确保人民调解、行政调解、律师调解、行政复议等矛盾纠纷解决方式与法院、信访、劳动仲裁等部门衔接顺畅，实现矛盾纠纷调处化解“最多跑一地”。2020年，全县各类调解组织共调处纠纷6106件，调处成功6025件，其中疑难复杂案件90件，成功率98.67%，调解协议涉及金额达9090.97万元。

【推进法律援助工作】 推行法律援助标准化建设，贯彻《保障农民工工资支付条例》，助力“浙江无欠薪”行动，开放受理农民工薪资争议案件，与县劳动监察大队、劳动人事争议仲裁委员会及工会、信访等部门共同处置化解。做好援调衔接工作，尽量采用调解、和解等非诉讼援助方式结案，降低维权成本，提高维权效率。2020年，龙游县法律援助中心共帮助50名农民工解决劳动纠纷，追回劳动工资70余万元。2020年4月1日，龙游县司法局加强与政法各部门的协同协作，推出政法办案一体化平台法律援助协同工作新举措，共通过政法一体化办案平台受理解决刑事法律援助案件192件。

【特殊人员教育改造工作】 全面贯彻落实《中华人民共和国社区矫正法》，开展多层次多形式的学习探索，做好社区矫正对象教育、监管、帮扶工作，全年未发生社区矫正重大监管安全事故发生，重新犯罪率控制在0.5%以内。建立完善社区矫正对象学习、报告、社区服务等新模式，强化疫情防控期间特殊管控，采用钉钉人脸识别定位核查、重点人员电子腕带核查、“浙里矫”App定位核查、定位手机电话抽查核查等多样化信息化核查，实行“互联网三合一”（即重点人员电子腕带核查、“浙里矫”App定位核查、定位手机电话抽查）监管帮教，取得较好成效。强化监地协作，发挥派驻民警的教育作用，全面提升社区矫正心理咨询服务工作。扎实推进安置帮教工作，在全省监地衔接会议上作经验交流，开启视频远程会见，与全省15家所监单位远程会见132批次，314名亲属（含办案机关人员）实现会见。严格落实刑释人员疫情防控措施，疫情期间，做好刑释人员“必接必送”工作，协助省十里坪监狱圆满完成临时安置点管控工作任务。

【司法所建设提档升级】 积极筹划创建“枫桥式”司法所，成功创建溪口、塔石2家市级“文明规范公正”枫桥式司法所，东华司法所列入2021年省政法工作现代化培优育新项目。发挥司法所在基层治理中发挥有效作用整合司法行政和乡镇（街道）资源要素，按照“枫桥式”司法所“机构独立、编制单列、职能强化、管理规范”的要求，在“文明规范公正”司法所建设的基础上，进一步推进司法所建设。

（县司法局　柳毅）

2020年龙游县人民调解案件情况统计表

表14　　　　单位：件

地区	调解案件总数	调解成功	疑难复杂案件	调解案件情况																	
				婚姻家庭纠纷	邻里纠纷	房屋宅基地纠纷	合同纠纷	生产经营纠纷	损害赔偿纠纷	山林土地纠纷	征地拆迁纠纷	环境污染纠纷	劳动争议纠纷	道路交通事故纠纷	医疗纠纷	物业纠纷	消费纠纷	旅游纠纷	知识产权纠纷	互联网纠纷	其他纠纷
合计	6120	6039	90	1050	808	311	204	66	928	552	288	7	598	213	35	15	63	1	2	1	941
龙洲司法所	207	207	1	46	16	4	2	0	12	1	4	0	0	4	0	0	7	0	0	0	94
东华司法所	743	742	10	83	54	13	10	0	370	33	78	1	4	4	0	0	4	0	0	0	78
湖镇司法所	365	351	12	70	59	10	3	3	65	14	1	0	1	4	1	0	4	0	0	0	110

续表 14

地区	调解案件总数	调解成功	疑难复杂案件	调解案件情况																	
				婚姻家庭纠纷	邻里纠纷	房屋宅基地纠纷	合同纠纷	生产经营纠纷	损害赔偿纠纷	山林土地纠纷	征地拆迁纠纷	环境污染纠纷	劳动争议纠纷	道路交通事故纠纷	医疗纠纷	物业纠纷	消费纠纷	旅游纠纷	知识产权纠纷	互联网纠纷	其他纠纷
小南海司法所	978	978	25	250	142	89	9	13	154	185	20	2	1	11	1	2	1	0	0	0	49
詹家司法所	585	585	3	136	106	34	16	0	51	57	12	0	3	23	3	0	28	0	0	0	87
塔石司法所	311	311	7	31	92	48	0	2	37	20	5	0	2	2	4	0	3	0	0	0	54
溪口司法所	369	369	2	35	61	57	10	17	49	40	12	0	2	13	1	1	4	1	0	0	38
横山司法所	265	265	5	25	88	8	4	1	45	10	3	4	1	3	15	0	0	0	0	0	55
模环司法所	619	612	4	53	54	38	5	30	81	160	146	0	0	10	4	0	0	0	0	1	33
石佛司法所	126	125	0	6	51	2	0	0	15	18	6	0	0	0	0	5	0	0	2	0	18
罗家司法所	140	140	0	49	49	0	0	0	0	0	0	0	0	0	0	0	0	0	0	0	42
大街司法所	0	0	0	0	0	0	0	0	0	0	0	0	0	0	0	0	0	0	0	0	0
社阳司法所	349	349	0	167	27	0	20	0	30	1	0	0	0	0	0	0	0	0	0	0	104
沐尘司法所	4	4	0	0	0	1	0	0	0	2	0	0	0	0	0	0	0	0	0	0	0
庙下司法所	42	42	0	7	3	7	0	0	3	11	0	0	0	0	0	0	0	0	0	0	11
经济开发区司法所	279	279	8	0	6	0	1	0	2	0	0	0	20	0	0	0	0	0	0	0	7
司法局区直属	152	151	5	7	0	0	14	0	10	0	1	0	38	17	0	0	0	0	0	0	7
行业调解委员会	586	529	8	83	0	0	110	0	4	0	0	0	83	122	6	7	11	0	0	0	3

交通安全管理

【概况】 2020 年，龙游县交通警察大队（以下简称县交警大队）以“高质量打造治安首善之地”为总目标，紧紧围绕县局“四年建设”工作重点，全力投入新冠肺炎疫情防控和道路交通安全大会战，推进全县道路交通安全综合治理工作。2020 年县交警大队共查纠各类违法行为 278498 起，其中现场处罚 76976 起、非现场处罚 201522 起，一般程序处罚 3741 起；查处饮酒后驾驶 359 起，醉酒后驾驶 111 起，无证驾驶 136 起，斑马线未礼让行人 3926 起，行人及非机动车违法行为 59315 起，货车超载 1257 起，累计卸货 6.52 万余吨，计分 4673 分；全县共接警 18367 起，同比上升 4.30%。其中一般程序事故 141 起，死亡 49 人，受伤 125 人，直接财产损失 29.40 万元，与上年同期比较，事故起数减少 6 起，下降 4.08%；死亡人数减少 12 人，下降 20.97%；受伤人数减少 2 人，下降 1.57%；直接财产损失减少 4.40 万元，下降 13.13%，为全县人民创造出行更安全、通行更顺畅的道路交通环境。

【提升民警执法理念】 注重提高干警素养，从民警执法行为语言、醉酒驾驶办理流程、常见阻挠执法问题情形与处置等入手，规范工作言行，明确工作流程，落实工作责任。利用“周一夜学”，组织民警、辅警学习相关法律以及规章制度，提升干警执法理念。通过实战训练，加强民警对执法程序的熟练程度，将严格、公正、文明、规范的执法理念植入干警心中，细化执法办案二级考核，引导执勤警力全力以赴，扎实做好各项工作。加大数字化警务建设力度，利用先进的交通技术监控设备抓拍动静态交通违法行为，方便对违法行为非现场证据采集、审核及录入，对执法场所、音视频和涉案财务保管等情况进行日常巡查，对执法异常数据和执法异议申请内容进行核查，及时反馈。

【疫情防控工作】 在新冠肺炎疫情防控期间，龙游县交通检疫工作专班以高度的责任心，扛起外防输入的工作重任，严防死守，全力保障全县人民生命安全和身体健康。专班实体化运作，细化内部分工，干警各司其职，工作推进有序、高效；工作专班实行每日会商，列出问题清单、责任清单、整改清单，逐条

图 70　2020 年 2 月 13 日，龙游县交警大队防疫专班工作小组成立
（县交警大队 / 提供）

明确责任人，遇到问题、难题逐一对照，落实“销号”，确保责任落实到人，不留死角，为全县疫情防控“零输入”“零确诊”“零疑似”起到重要作用。

【道路交通安全管理】　在 2019 年 10 月 1 日开始至 2020 年 6 月底结束的交通安全大会战中，县交警大队工作成绩名列衢州市前茅，并在全市会议上作经验交流。针对存在的道路隐患，聘请专业技术团队，开展道路交通安全隐患排查，借助专业力量指导隐患整治。对第一轮交通安全隐患排查出的全县国省道、经济开发区道路和县乡道交通安全隐患 170 处（其中包括 3 个省级隐患点、5 个市级隐患点）均已完成整改。第二轮交通安全隐患排查新增省级隐患点 1 处（315 省道建材市场路段）整改方案已在 2020 年 12 月设计完善，落实整改；整改市级隐患点 3 处，其中 G320 沪瑞线张严路口路段，已完成整改完成；G528 龙广线罗连岗路段、G320 沪瑞线詹家路口路段，已在整改中；强势推进危化品运输安全“铁拳整治”专项行动，至 12 月底，“两客一危”（从事旅游的包车、三类以上班线客车和运输危险化学品、烟花爆竹、民用爆炸物品的道路专用车辆）、重型货车、农村面包车检验率、报废率和违法处理率均已达到上级要求的标准，名列衢州市前茅。强化驾驶人源头管理，重点驾驶人换证率、审验率、满分学习率均达标并位列衢州市前茅。以“保安全、保畅通、防事故”为工作主线，加大事故多发路段、时段、拥堵易发节点的巡逻频次和密度，紧盯“两客一危一货”、农村面包车等重点车辆，开展专项集中行动，严查“三超一疲劳”（超速、超员、超载和疲劳驾驶）、无证驾驶、酒驾醉驾、货车违法载人等易肇事致祸的严重违法行为，确保交通安全形势持续平稳。采取多警种联合、多部门协作、多中队联勤等方式，在全县开展电动自行车集中整治行动，提升电动自行车驾驶人头盔佩戴率和守法率。县交警大队成立“治超”专班，采取“白加黑常态巡查”“针对性突击检查”等方式，从严查处整治货车超载超限违法行为。

【治理交通拥堵】　针对群众反映强烈的城市道路拥堵问题，县交警大队组建治堵工作专班，聘请专业交通组织设计团队对城区道路交通的堵点乱点进行实地调研，合理规划停车位，新增城区路面、停车场及小区泊车位 3300 余个；督促全县机关事业单位内部停车场，在周末及节假日免费对外开放；在城区范围内对货车临时进城实行严管严查；对城市学校周边拥堵路段，实行对症下药，综合治理，交通拥堵状况得到明显改善。

【推进数字化警务建设】　2020 年，县交警大队为提升管理水平，积极推进各中队数字化警务建设，安装交通技术监控设备，抓拍动静态交通违法行为，实现对非现场证据采集、审核及录入，对执法场所、音视频和涉案财务保管等情况进行日常巡查，对执法异常数据和执法异议申请内容进行核查反馈，对辖区执法现场给予实时信息保障支撑。

【交管业务审批】　2020 年，县交警大队一手抓业务规范、一手抓服务质量，工作积极主动，业务量不断增加。全年共受理新车注册 4344 辆，转移登记 3291 份，注销登记 1125 份，车辆转入 1832 份，补换号牌 844 份，补换合格标志 29 份，补换登记证书 344 份，补换行驶证 897 份，抵押登记 4068 份，变更登记 1575 份，申请临时号牌 460 份；受理申领驾驶证 6982 份，驾驶证换证 10103 本（含驾驶证转入），满分学习 929 人，驾驶员审验 2407 人，恢复驾驶资格 52 人，信息变更 258 人，校车驾驶资格申请 22 人，驾驶证转出 216 人，汽车科目一考试 10828 人，科目二考试 9117 人，科目三考试 7120 人，科目四安全文明考试 6280 人，摩托车驾驶证初领 91 人，增驾 500 人。

【“枫桥式交警中队”建设】　为全面贯彻省公安厅《关于创建“枫桥式交警中队”的指导意见》和省厅交

图 71　2020 年 1 月 21 日，“枫桥式交警中队”——城区中队乔迁新址
（县交警大队／提供）

管局《关于开展“枫桥式交警中队”重点培育工作的通知》，县交警大队将城区交警中队作为全市四个重点培育对象之一开展创建工作。大队成立专班，落实责任，从规范营区建设、创立党建工作品牌、创新工作机制、提升服务质效等方面着手，严格按照清单要求，推进“枫桥式”交警中队建设。至 2020 年年底，城区交警中队的营房改造已完工，党建品牌、工作机制、台账建设正在完善中。

【放管服便民改革】　县交警大队紧紧围绕“把办理次数减到最少、把办事时间缩到最短、把服务距离拉到最近”的目标，全面贯彻落实公安部“放管服”改革便民利民措施，实行驾驶证期满换证容缺办理、为医护人员和防疫工作办理业务开通绿色通道。疫情期间，依托网办平台，提供线上咨询、材料预审，提高线下办事效率。逐步打通互联网交通安全综合服务平台、浙里办、龙游通、微警务之间的壁垒，提高“零跑次”比例。至 2020 年 12 月底，7 个交警中队的窗口服务均进驻乡镇服务中心，方便群众办事。同时大力推进车改“一件事”改革，龙游县 3 家车辆检测站均按上级要求完成硬件改造及软件提升，实现“交钥匙”“一窗通办”服务模式，大大减少车主的办事流程和等待时间。

【打造安全宣传品牌】　县交警大队针对重点人群，紧紧围绕“一盔一带”安全守护行动、“七进”（进农村、学校、单位、企业、社区、驾校、两客一危单位）宣传等开展工作，创新开展道路交通安全宣传。依托“双通报、双挂联”（“双通报”是指将机动车驾驶人、电动车驾驶人实施的严重影响交通安全的违法行为在线上线下进行通报，线上通报通过微信、电视、报纸等媒介进行，线下通报以书面形式通报其所在单位、企业和村或居委会；“双挂联”是指将机动车驾驶人、电动车驾驶人实施严重影响交通安全的违法行为情况与其个人贷款发放相挂联，与其所在单位、企业的安全生产工作相挂联）机制和不文明曝光台等平台，加大对不文明交通行为的曝光力度。依托“乡村振兴讲堂”、文化下乡活动，播放交通安全宣传片；依托“8090新时代理论宣讲团”，宣讲交通安全知识；进乡村、企业、电动车销售点发放交通安全宣传册；利用“双微”和短视频、交警无人机，在人员密集时段和路段开展“一盔一带”等宣传，推出“雯子说安全”、阳光小交警等宣传品牌等，面对面宣传交通安全知识，取得显著效果。

（县交警大队　胡伟明）

2016—2020 年度龙游县道路交通事故发生统计表

表 15

年份	上报交通事故（起）	死亡人数	受伤人数	直接经济损失（万元）
2016	161	35	182	74.25
2017	194	26	168	86.62
2018	129	32	129	35.43
2019	144	60	124	33.69
2020	141	49	125	29.40

概　述

【概况】 2020年，龙游县经济管理与监督部门坚持危中求机抓转化，紧中求活抓复工，稳中求进抓发展，突出优势再造，持续提升产业竞争力；持之以恒扩大有效投资，深化“亩均论英雄”改革；推进企业绿色化、数字化发展，推动技术创新。落实组团联企、挂联服务机制，抽调“护企手”，“一企一策”精准服务，全力服务复工复产，实现经济“V”形回升，有效投资、畅通指数、复工用电指数、产能恢复指数等走在全省前列。深化“最多跑一次”改革，政府数字化转型加速，政务服务事项网上办、掌上办实现率达100%，为“十四五”发展打下坚实基础。

【营商环境营造】 运用投资在线审批监管3.0平台，实现项目从立项、规划许可、施工许可到竣工验收的全流程网上审批、全过程监管、多部门协同和多层级联动，用“数据跑”代替“企业跑”。推进一般企业投资项目“最多80天”和企业投资低风险小型项目审批“最多20个工作日”改革试点，实现一般企业投资项目从赋码到竣工验收审批“最多80天”。全年共完成项目赋码623个，其中审批类114个、备案类505个、核准类4个；总办件量1676件，总办结数1473件。成立服务业专班，以交办单形式明确部门任务数，形成“四个一批”即“挖潜一批（月度新增）、培育一批（年度升规）、引进一批（企业招引）、剥离一批（主辅分离）”企业名单，抓好服务业企业“小升规”。搭建龙游县生态资源运营管理平台——“两山银行”，基本具备生态价值评估、整合提升、治理辅导、融资服务、产业咨询、项目招商、资本对接、产品发布等功能，启动龙洲街道、小南海镇、溪口镇、庙下乡等重点乡镇（街道）试点工作。

【助力复工复产】 2020年，全县累计发放抗“疫”贷款、复工复产贷款、支农支小贷款和扶贫再贷款13.66亿元，惠及企业和农户1370户（运用3000亿元再贷款资金发放贷款6.44亿元，支持企业33家；运用5000亿元资金发放贷款1.88亿元，支持小微企业、农户262户；运用1万亿元资金发放贷款4.94亿元，支持普惠小微企业1020户；运用扶贫再贷款资金发放贷款0.40亿元，支持企业、农户55户）。首批专项再贷款企业家数及贷款金额均位列全市四县（市）第一。同时，县金融服务中心创新推出政府增信兜底的政银担合作“复工贷”产品。产品免收担保费、实行优惠利率（年化5%以下）。“复工贷”产品于2月26日正式上线龙游县金融综合服务平台，采取线上申请，线上审批模式，实现企业全程“零跑腿”，最快两个工作日即可获贷。运行期间共完成企业贷款授信24家，放款到位企业23家，合计授信金额3800万元，放款金额3500万元。为符合条件企业减免担保费用83.88万元，降低贷款利息119.529万元。2020年，全县金融机构办理展期企业153家，累计金额2.49亿元，办理续贷企业675家，累计金额13.69亿元；逾期未计罚息企业444户，减免罚息金额123.56万元；免除415户小微企业贷款利息222.06万元。民营企业贷款平均利率5.61%，小微企业贷款平均利率5.88%。

【国企效能增强】 重点控制成本费用，发挥“资金池”统筹协调功能，最大程度提升闲置资金利用效率。全年“资金池”日均存款约14.44亿元，内部拆借调剂资金16笔，调剂总额10.88亿元，有效降低各企业总体融资成本。以交叉检查方式开展国资公司资金管理风险防范检查，查找财务管理薄弱环节、漏洞和存在问题，督促公司完善财务制度、规范财务行为；对部分收入内控管理制度不完善、部分审批程序设置不完善、经办人与审核人未分离、往来款项挂账时间长等10个问题要求立即整改、化解风险。对全县68家单位恢复县建制以来购建的各类房产、土地、在建工程及水库等资产情况进行梳理，推动资产办证、评估、划转等工作。开展评估61次，办理资产权证70宗，完成国有资产拍卖55宗，成交额3571.6万元，超评估价12.66%。推进侵占国有"三资"（资金、资产、资源）整治工作，追回资金282.3万元、资产2.6万平方米、资源7.8万平方米。

发展和改革管理

【概况】 2020年，龙游县发展和改革局（以下简称县发改局）围绕"招商引资、人才集聚、科技引领、环境优化"四大攻坚战，推进"全面小康决胜年、招商引资攻坚年、重大项目推进年"活动，为全县经济社会发展作出贡献。2020年，龙游县成功列入全省大花园示范县建设单位，荣获省级资源循环化利用示范基地试点成功转型创建类。

【综合谋划】 研究编制《龙游县国民经济和社会发展第十四个五年规划纲要》，组织座谈会和意见征求会听取意见，形成"十四五"规划纲要基本思路初稿，提交县人代会审议。对全县各季度经济运行态势、新冠肺炎疫情专题和每个季度全县重点工业企业经济监测运行进行分析，形成报告。完成《龙游县2020年上半年国民经济和社会发展计划执行情况的报告》《关于龙游县2020年国民经济和社会发展计划执行情与2021年国民经济和社会发展计划草案的报告》。制定《2020年龙游县融入长三角一体化发展重点任务清单》。完成龙游县与叙永县东西部扶贫协作考核验收和挂牌督战村（四川省凉山州布拖县沙合洛村）帮扶任务。全年筹措社会帮扶资金600万元，落实消费扶贫金额2576万元，引导企业投资兴业项目10个，开展人才支援23人次，帮助贫困人员落实就业。

【城镇发展战略】 全面实施市场准入负面清单制度，破除一批市场隐性壁垒。共梳理建筑业企业备案制度、产科医院医疗机构设置、施工合同备案、机动车维修经营备案等壁垒事项10项，其中已解决7项。总结欠薪保证金缴纳、缴纳小额工程（400万元以下）年度投标保证金、不动产登记费和机动车维修经营备案等典型案例4例。牵头组织采集基础数据，科学拟定申报计划，做好省级"千年古城"复兴试点前期申报工作。牵头做好负面清单落实工作，梳理清单所列事项措施管理权限、审批流程、办理要件等，汇总许可事项110余项。梳理申报符合城镇发展战略条件项目6个，补齐在公共服务设施、环境卫生设施、市政公用设施、产业培育设施等方面的短板。其中，龙游县城北污水处理厂三期扩建、年年红木结构产业化创意园、龙游县十里铺物流园有限公司北辰货车服务中心等3个项目被省发改委列入国家信贷支持补短板项目。收集汇总经信、交通运输、国资、经济开发区等经济部门谋划实施的全县具有全局性、战略性的十大重点改革和十大示范引领性重大项目，形成"十四五"工作汇总征求意见（讨论）稿。

【项目谋划】 起草《龙游县2020年"项目推进365行动"方案》，策划实施"决战首季""奋战二季""冲刺三季""收官四季"等专项行动。完成《龙游县2020年重点建设项目推进"421"行动计划》《龙游县2020年政府性投资项目计划》，纳入项目228个，总投资944.19亿元；实施类134个，年度计划投资137.35亿元；前期类94个，计划投资20.37亿元；政府性投资项目计划中纳入项目222个，总投资502.69亿元；实施类132个，年度计划投资78.21亿元；前期类90个，年度计划投资10.19亿元。编制2020年县领导"分区挂帅"项目任务清单和作战图，安排项目69个，总投资480.8亿元。完成政府投资项目审批138件，企业核准批复2件，企业投资项目备案219件。新增320国道改建工程、维达四期、灵山江沿江公路、公共文化服务中心4个省重点项目。中浙高铁轨道交通实验室、湖镇白鸽湖商埠文化园（替换原健康产业园项目）、湖镇小微企业园、国际汽车城4个项目列入省市县长工程项目。临港物流园区、灵山港流域综合治理、中浙高铁轴承有限公司高端精密轴承产业化项目、龙游禾川科技产业园等21个项目纳入省"六个千亿"投资工程计划，总投资295.47亿元，年度计划33.43亿元。龙游禾川科技数字化工厂项目、龙游伊利绿色生产及智能制造示范应用项目列入2020年浙江省重大产业项目（第一批）名单。龙游城东商业综合体项目、龙游万明大厦、龙游红木小镇、龙游县百益农副产品批发市场等4个项目列入2020年省服务业重大项目计划。开展"智谋'十四五'"项目活动，通过申报、初审、对接、汇总等多轮工作，共谋划"十四五"重点项目项目258个，总投资1696.98亿元，其中亿元以上项目181个，10亿元以上项目59个。争列市"十四五"重大项目143个，总投资1169.59亿元。

【争先创优】 红木小镇通过"省特色小镇"验收命名，获奖用地指标6.67公顷。全年获省新增建设用地计划指标奖励65公顷，其中列入省重大产业项目奖励26.8公顷，特色小镇创建奖励38.19公顷，占全市特色小镇新增建设用地计划指标奖励39.1%；湖镇小城市培育试点再获考核优秀，获奖资金1000万元；2020年5月投资专班排名，列全省

图 72　2020 年 10 月 23 日，红木小镇被命名为“浙江省特色小镇”

（县发改局／提供）

“争先创优”第 19 位，全市第一位。半年度、三季度有效投资考核连续位居县市区第一，获全市重大项目推进年互学互比互看第一名。政策专班完成“五减”（减材料、减环节、减时间、减跑动、减成本）“降本减负”共计 16.3 亿元，其中“五减”兑现率 184.6%，“降本减负”兑现率 173.2%。向市报送已落地国家政策 24 项，争取金融专项资金 1.76 亿元。

【资金争取】　全年列入省级各类项目计划 16 个，争取上级补助资金 1.05 亿元。其中，中央预算内投资 6827 万元，发展改革专项资金 1233 万元，省山海协作产业园建设资金 700 万元，小城市专项培育资金 1000 万元，国防军工科技资金补助 599 万元。争取专项债 11.2 亿元，争列疫情防控重点企业 71 家，帮助企业争取优惠利率贷款 6.43 亿元。

【能源管理】　全年获批凯丰新材料、德爵啤酒等 7 个项目用能指标 18.88 万吨标煤，占市级批复能耗 2/3，列全市第一；应对能源“双控”、减煤攻坚，落实水泥行业错峰生产，实施有序供汽，制定管控方案。“双随机”节能监察重点用能企业 7 家，完成重点用能企业接入市级能耗在线监测平台 13 家。率先在全市完成 6 个综合供能站供地和建设。至 2020 年年底，新建成县经济开发区北斗大道站、金星大道站，续建完成山后站、溪口站。改建完成中石化第三站、横山站。牵头完成环城西、山后、团石、溪口 4 座综合供能服务站综合竣工验收。累计开展管道油、气管道“双随机”检查 7 次；完成姑蔑城第三方违法施工问题整改、经济开发区塔游线天然气管道改线施工。全县新增居民屋顶光伏 274 户，新增容量 5894 千瓦，新增企业屋顶光伏 13 户，新增容量 16255 千瓦。开展全县 3652 户居民光伏问题排查整治，完成整改销号 912 户，完成率 83.67%。协调光伏投诉案件 5 起。全年有效降低企业用电成本 2500 万元。

【循环经济】　龙游县一般工业固废焚烧处理工程、龙游县建设海绵城市配套新型建材产业园，列入 2020 年中央预算内投资计划备选项目，中央预算内资金补助 3250 万元。县经济开发区列入省级资源循环化利用示范基地（培育类转创建类），获 2021 年省循环经济专项资金 400 万元。龙游华水水业发展有限公司污水处理中心提标改造工程，列入 2020 年省循环经济发展“991”行动计划重点支持项目；中浙高铁轴承有限公司入围 2020 年省级工程研究中心单位。牵头做好 2019 年度新能源汽车推广应用和充电基础设施排摸工作。建成小南海生物质集中供热项目，拆除茗皇、光明铁道、和畅电力公司燃煤锅炉 5 台，核查全县燃煤热电机组和 2014 年以来新增的 14 台燃煤锅炉拆除情况。

【价格管理】　细化阶段性降低水电气价格工作目标，建立兑现进度月度统计制度，在用水、电、气三方面四项降价政策上，为企业减负 9019.61 万元，完成全年减负政策计划目标任务的 114.55%；落实省发改委支持两部制电价政策、除高能耗行业外降低大工业和一般工商业及其他用电电费、降低用水、用天然气价格等价格政策。出台《龙游县殡仪服务收费标准》《龙游县乡村公益性墓地价格管理办法》，全面清理殡仪服务，建立乡村公益性墓地价格管理机制。核定六春湖索道缆车试行价格。放开机动车检测检验收费。核定民办阳光小学、樾园小学收费标准；上报县政府核准放开求实职业中专学费收费。建立城镇非居民用水超定额累进加价机制。按照《浙江省重要商品和服务价格监测报告制度》，调整全县监测品种 80 个，配备价格监测定点单位（个人）32 家。其中国家定点单位 5 家、省定点单位 14 家、常规监测 13 家。疫情期间，做好重要商品价格和涉及防疫药品每日一次价格监测。完成阳光小学、樾园小学生均成本专项监审，求实中专生均教育成本定调价，管道天然气预埋成本监审，机动车检测检验收费成本调查。完成农产品生产成本中的农户种植意向、存售粮、农资购买等三个专项调查和油菜、早稻、晚稻种植成本及生猪常规调查。

【价格认证】 2020年，县价格认证中心协助纪检监察机关、公安和其他行政机关完成价格认定、认证业务案件118起。其中公安机关103件，县林业林水局3件，资规局11件，市场监管局1件，标的总额102万元。毁损案件35件，盗窃案件76件，其他类型案件7件。不予受理案件25件。

（县发改局 邱琳）

2020年龙游县主要消费品及服务价格一览表

表16

收费类别	收费项目	收费标准
教育	幼儿园保教费、代管费	保教费一级（日托）每生每月550元、二级每生每月450元、三级每生每月350元、代管费每生每学期100元（多退少不补）
	普通高中学费	普通高中学费1200元/生·学期。
	普通高中住宿费	龙游中学4人间800元/生·学期、龙游中学8人间400元/生·学期
		龙游县第二高级中学8人间400元/生·学期
		龙游县横山中学男生1号宿舍200元/生·学期、横山中学男生2号宿舍、女生3号楼宿舍200元/生·学期；女生1号、2号公寓260元/生·学期
公安	公民出入境证件费	
	1. 护照（含加注）	160元/本，丢失补发160元/本，护照加注20元/项次
	2. 出入境通行证费	一次有效15元/证，多次有效80元/证
	3. 往来（含前往）港澳通行证（含签证）	80元/本
	户籍管理证件工本费	
	1. 户口簿	居民户口簿工本费5元/本，集体户口簿工本费2元/本\户口簿，户口迁移证件免费，丢失、损坏不免
	2. 浙江省居住证	一、IC卡式“浙江省居住证”工本费标准为：损坏换领或丢失补领20元/证，首次申领或统一换发的不收费。 二、“浙江省居住证”工本费已包括填制表格、人像采集、制作成本等相关费用。执收单位应严格执行上述标准，认真做好收费公示，不得在工本费外收取其他费用。
	第二代居民身份证工本费	申领、换领、换发20元/证，丢失补领或损坏换领40元/证，临时第二代居民身份证10元/证
	机动车号牌工本费	
	1. 号牌（含临时）	汽车号牌：反光100元/副，不反光80元/副。挂车号牌：反光50元/面，不反光30元/面。三轮汽车、低速货车、拖拉机号牌：反光40元/副，不反光25元/副。摩托车号牌：反光70元/副，不反光50元/副。机动车临时号牌：5元/张。调换号牌、遗失补牌按同类号牌收费
	2. 号牌专用固封装置	单独补发号牌专用固封装置1元/个
	号牌架	铁质号牌架及同类产品5元/只，铝合金号牌架及同类产品10元/只
	机动车行驶证工本费	
	1. 机动车行驶证	10元/本。调换、遗失补领按同类证件收费
	2.“临时入境机动车号牌和行驶证”工本费	10元/证
	机动车登记证书工本费	10元/本
	驾驶证工本费	

续表 16

<table>
<tr><th>收费类别</th><th colspan="2">收费项目</th><th>收费标准</th></tr>
<tr><td rowspan="8">公安</td><td colspan="2">1．驾驶证工本费</td><td>驾驶证工本费 10 元 / 本。驾驶证 IC 卡 30 元 / 卡。调换、遗失补领以上证件按同类证件收费</td></tr>
<tr><td colspan="2">2．“临时机动车驾驶许可”工本费</td><td>10 元 / 证</td></tr>
<tr><td colspan="2">机动车安全技术检验费</td><td></td></tr>
<tr><td colspan="2">1．机动车安全技术检验</td><td>中型、小型、微型载客汽车和中型、轻型、微型载货汽车（具体车型分类按公安部最新规定执行，下同）机动车安全技术检验收费标准为 120 元 / 车·次，大型载客汽车、重型载货汽车和挂车机动车安全技术检验收费标准为 150 元 / 车·次</td></tr>
<tr><td colspan="2">驾驶许可考试费</td><td></td></tr>
<tr><td colspan="2">1．驾驶许可考试费</td><td>科目一（道路交通安全法律、法规和相关知识）考试费标准 80 元 / 人次，驾驶员科目二（场地驾驶技能）考试费标准 180 元 / 人次，驾驶员科目三（道路驾驶技能）考试费标准 100 元 / 人次。摩托车驾驶员考试费 230 元 / 人次。补考（包括法律、法规、规章规定需要重新进行的考试）80 元 / 类·次</td></tr>
<tr><td colspan="2">2．机动车驾驶员道路交通安全教育培训费</td><td>1．机动车驾驶人在一个周期内累计记分达到 12 分，并按规定参加安全教育培训的，每人每期 7 日，培训费标准为 180 元；
2．发生人身伤亡交通事故负有同等以上责任尚不构成犯罪的机动车驾驶人参加安全教育培训，每人每期 2 日，培训费标准为 60 元；
3．机动车驾驶人在一个周期内累计记分未达到 12 分，自愿申请参加安全教育培训的，每人每期 1 日，培训费标准为 30 元；
培训教材费 5 元 / 人，第二次参加同类培训的，已有教材的可不再购买</td></tr>
<tr><td rowspan="3">民政</td><td colspan="2">殡葬收费</td><td></td></tr>
<tr><td colspan="2">1．火化费</td><td>330 元 / 具（免费、由财政部门转移支付）</td></tr>
<tr><td colspan="2">2．接尸费</td><td>普通车辆起步价 180 元 / 次，超过 30 千米每千米加收 4 元，但最高不超过 300 元 / 次（免费、由财政部门转移支付）</td></tr>
<tr><td rowspan="2">人事社保</td><td colspan="2">医疗保险 IC 卡遗失补发工本费</td><td>20 元 / 卡</td></tr>
<tr><td colspan="2">职业技能鉴定费</td><td>理论考试：社会人员 35 元 / 人，在校学生 20 元 / 人。实际操作技能考试：省职业技能鉴定中心直接组织的社会人员 180 元 / 人，在校学生 100 元 / 人；省机关事业单位技工考核管理服务中心组织的省部属机关事业单位工人 100 元 / 人。各地组织的实际操作技能考试收费由各市县价格管理科、财政部门制定</td></tr>
<tr><td>国土资源</td><td colspan="2">不动产登记收费</td><td>住宅类不动产登记收费标准 80 元 / 件，非住宅类不动产登记收费标准 550 元 / 件</td></tr>
<tr><td rowspan="8">农业</td><td rowspan="8">国内植物检疫费</td><td>国内植物产地检疫费</td><td></td></tr>
<tr><td>粮谷类</td><td>按产值比率 0.25%（暂停收费）</td></tr>
<tr><td>经济作物类</td><td>按产值比率 0.30%（暂停收费）</td></tr>
<tr><td>水（瓜）果类</td><td>按产值比率 0.40%（暂停收费）</td></tr>
<tr><td>国内植物调运检疫费</td><td></td></tr>
<tr><td>粮谷类</td><td>按货值比率 0.40%（暂停收费）</td></tr>
<tr><td>经济作物类</td><td>按货值比率 0.45%（暂停收费）</td></tr>
<tr><td>水（瓜）果类</td><td>按货值比率 0.55%，其中茶叶、香菇、黑木耳、金针菇、黄花菜、中药材按 0.4%（暂停收费）</td></tr>
</table>

续表 16

<table>
<tr><th>收费类别</th><th colspan="3">收费项目</th><th>收费标准</th></tr>
<tr><td rowspan="5">工商</td><td colspan="3">个体工商户注册登记费</td><td></td></tr>
<tr><td colspan="3">1．开业登记费</td><td>免费</td></tr>
<tr><td colspan="3">2．重新登记、换发营业执照</td><td>免费</td></tr>
<tr><td colspan="3">3．变更登记费</td><td>免费</td></tr>
<tr><td colspan="3">4．补（换）发营业执照</td><td>免费</td></tr>
<tr><td rowspan="6">有线电视</td><td colspan="3">居民用户的有线电视入网费</td><td>300 元 / 户</td></tr>
<tr><td colspan="3">非居民用户的有线电视入网费</td><td>基准价 180 元 / 个接收终端，上浮不超过 10%，下浮不限．有线电视服务机构对建筑物有线电视管线实施预埋，已收取配套设施建设费或预埋工程费的，不得再向申请安装有线电视的用户收取有线电视入网费。农村有线电视独立小前端（小有线电视网）的入网费基准价为每户 150 元，可上浮不超过 20%，下浮不限</td></tr>
<tr><td colspan="3">有线数字电视基本收视维护费（主终端）</td><td>20 元 / 月</td></tr>
<tr><td colspan="3">有线数字电视基本收视维护费（副终端 1）</td><td>1 元 / 月</td></tr>
<tr><td colspan="3">有线数字电视基本收视维护费（副终端 2 及以上）</td><td>4 元 / 月</td></tr>
<tr style="display:none"><td></td></tr>
<tr><td rowspan="13">供电</td><td rowspan="13">居民生活用电</td><td rowspan="3">不满 1 千伏“一户一表”居民用户</td><td>年用电 2760 千瓦时及以下部分</td><td>0.538 元 / 千瓦时</td></tr>
<tr><td>年用电 2761—4800 千瓦时部分</td><td>0.588 元 / 千瓦时</td></tr>
<tr><td>年用电 4801 千瓦时及以上部分</td><td>0.838 元 / 千瓦时</td></tr>
<tr><td rowspan="8">峰谷电表电价</td><td rowspan="2">峰谷时段划分</td><td>高峰时段 8：00—22：00</td></tr>
<tr><td>低谷时段 22：00—8：00</td></tr>
<tr><td rowspan="2">年用电 2760 千瓦时及以下部分</td><td>高峰电价：0.568 元 / 千瓦时</td></tr>
<tr><td>低谷电价：0.288 元 / 千瓦时</td></tr>
<tr><td rowspan="2">年用电 2761—4800 千瓦时部分</td><td>高峰电价：0.618 元 / 千瓦时</td></tr>
<tr><td>低谷电价：0.338 元 / 千瓦时</td></tr>
<tr><td rowspan="2">年用电 4801 千瓦时及以上部分</td><td>低谷电价：0.588 元 / 千瓦时</td></tr>
<tr><td>高峰电价：0.868 元 / 千瓦时</td></tr>
<tr><td rowspan="2">合表用户</td><td>不满 1 千伏合表用户</td><td>0.558 元 / 千瓦时</td></tr>
<tr><td>1—10 千伏及以上合表用户</td><td>0.5388 元 / 千瓦时</td></tr>
<tr><td rowspan="8">医疗服务卫生</td><td colspan="3" rowspan="4">诊查费</td><td>门诊诊查费 14 元 / 次　医疗服务卫生收费由医保局报</td></tr>
<tr><td>急诊诊查费 20 元 / 次</td></tr>
<tr><td>门急诊留观诊查费 1.5 元 / 日</td></tr>
<tr><td>住院诊查费 15 元 / 日</td></tr>
<tr><td colspan="3">护理费</td><td>等级护理费 20/ 床・日</td></tr>
<tr><td colspan="3">注射费</td><td>肌肉注射 1.2 元 / 人次；静脉注射 2.3 元 / 人次</td></tr>
<tr><td colspan="3">院前急救费</td><td>入院前的 120 急救或现场急救 150 元 / 人次</td></tr>
<tr><td colspan="3">救护费</td><td>起步价 10 元（3 千米内），3 千米外部分 2 元 / 千米</td></tr>
</table>

续表 16

用户分类			供水价格	污水处理费	到户价格
居民生活用水	“一户一表、抄表到户”居民用户	1. 第一级水量（每户每年 240 立方米及以下的用水量）	1.55 元	0.85 元	2.4 元
		2. 第二级水量（每户每年 240—300 立方米的用水量）	2.33 元	0.85 元	3.18 元
		3. 第三级水量（每户每年 300 立方米及以上的用水量）	4.65 元	0.85 元	5.5 元
	非“一户一表、抄表到户”居民用户（合表居民用户和执行居民生活用水价格的非居民用户）		1.6 元	0.85 元	2.45 元
非居民生活用水	工业用水		1.7 元	1.2 元	2.9 元
	非工业用水		1.7 元	1.2 元	2.9 元
特种用水			2 元	1.2 元	3.2 元
天然气	工业用气		2019 年 11 月 1 日至 2020 年 2 月 21 日 2.76 元 / 立方米、2020 年 2 月 22 日至 2020 年 6 月 30 日 2.98 元 / 立方米、2020 年 7 月 1 日至 2020 年 10 月 31 日 2.73 元 / 立方米、2020 年 11 月 1 日至 2021 年 3 月 31 日 3.12 元 / 立方米		
	居民用气		300 立方米及以下部分 2.99 元 / 立方米、超过 300 立方米至 480 立方米及以下部分 3.59 元 / 立方米、超过 480 立方米的部分 4.49 元 / 立方米		

市场监督与管理

【概况】 2020 年，龙游县市场监督管理局（以下简称县市监局）围绕深化改革、疫情防控、复工复产、维护秩序、服务民生等工作重心，创新思路、强化措施，推动各项工作再上新台阶，取得新成绩。年内，被中共衢州市委、衢州市人民政府评为 2020 年度信访工作突出贡献集体；东华市场监督管理所、小南海市场监督管理所被浙江省市场监督管理局评为 2020 年四星级规范化市场监督管理所；东华市场监督管理所被浙江省市场监督管理局评为 2020 年度“放心消费在浙江”成绩突出集体；局综合行政执法队被浙江省药品监督管理局评为 2020 年全省药品稽查执法工作成绩突出集体。

【疫情防控举措】 疫情初期，全面开展酒店宾馆住宿人员信息登记，开发微信小程序，量身定制酒店版和住客版两个“版本”，实现人员信息快速上报，执法人员一手掌控。开展餐饮行业全面清除场所内“清凳行动”，推行“无接触”外卖配送和“打包”消费。落实全县市场无活禽野生动物交易、每日消毒、体温检测、公告宣传、责任状签订、人员复工排查等疫情防控措施。复工阶段推出“简易审批”程序，各市监所工作人员上门现场核验，符合条件即可当场出具审验结果通知书，核准恢复营业，无须店主跑腿。完成小微企业和个体工商户纾困工作，补助市场主体 5026 家（其中小微企业 1133 家、个体工商户 3893 家），兑付金额 4601.8 万元，纾困工作平稳高效，成为全市唯一未发生信访上访事件的县（市、区）。

【商事制度改革】 加强“企业开办全程网办”“企业注销一网服务”“商事登记证照联办”等平台宣传推广和应用指导，实现“一套材料、一次告知、一表申请、一窗受理、一网通办、一次办结”，将跨部门关联的多个事项办理压缩为“一件事”办理。持续推进企业开办“一件事”便利化改革，实施新设企业税控设备及首年技术服务费政府买单政策，大力推广税务免费 Ukey（U 盘）及电子发票并附赠“开办大礼包”。推行食品经营许可“全省通办”，打破申请人因经营场所属地审批限制而无法实现跨区域现场受理、取证等问题，减少办事者奔波，实现“就近办事”。全面推行“证照分离”改革，梳理确定全县“证照分离”改革事项清单 106 项，破解市场主体“办证难”“准入不准营”问题，降低企业创业创新门槛和成本。全年共新增个体工商户 4901 户，私营企业 1329 户，内资企业 59 户，农民专业合作社 19 户。截至年底，全县共有登记在册的各类型市场主体 38760 户。

【食品安全监管】 全面梳理食品经营许可数据，依职权注销食品销售经营者许可证 99 户，纠正完善社会信用代码、日常监管机构、业态备注、经营项目等错漏数据 600 余条。开展冷链食品“物防”、餐饮食品安全整治、食品生产销售单位积压食品、冷藏冷冻食品清查等行动，共完成近 7000 件产品约 147 吨进口

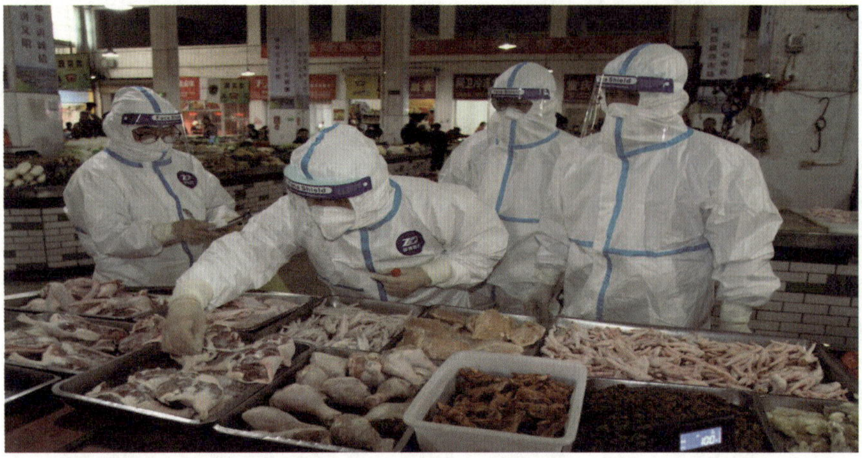

图73 2020年11月26日，执法人员在湖镇新湖菜市场开展冷冻食品“物防”应急演练（县市监局／提供）

冷链食品赋码工作。检查餐饮服务单位1267家次、各类食品生产经营主体4000余户次，责令改正22家，立案1起。开展食品安全专项抽检2400余批次，不合格产品110批次，主要集中在食用农产品、散装白酒、酱腌菜、小糕点等食品种类以及复用餐具抽检等。

【特种设备安全监管】 加强“四重”（重点时段、重点场所、重点单位、重点设备）特种设备执法检查力度。着重开展特种设备岁末年初百日安全检查、春节期间公共场所特种设备安全检查、“五一”期间客运滑索和大型游乐设施、危化品企业特种设备安全检查等，共出动执法人员106人次，检查企业53家，检查设备167台，排查并消除隐患31处。推动“物联网”技术在电梯领域的应用，全面推广应用电梯运行安全物联指挥系统，共发放电梯标识牌1307块，完成1193台电梯的定位标注，电梯应急救援能力显著提升。

【药品医疗器械化妆品监管】 开展防疫物资产品质量和市场秩序专项行动，对口罩、防护服、红外体温计、新冠病毒检测试剂等医疗器械进行全面整治，共检查防疫物资生产、销售企业111家次，立案7件，没收问题口罩11.7万只，罚没款17.5万元。开展打假治劣“药剑”行动，针对重点问题加大检查频次和力度，着力整治药械化安全领域突出问题，共开展药品批发、零售企业各类监督检查200余次，实现全县124家药品经营企业全覆盖监督检查，完成基本药物监督抽检100批次，评价抽检50批次。新建24小时“网订店送”药房7家，送药“上山进岛”便民服务点4家，美丽消费示范经营单位13家。

【市场秩序整治】 开展经营无合法来源证明进口货物专项整治、转供电价格整治、防疫物资专项治理等行动，严厉打击制售假劣商品、“三品一械”（食品、药品、化妆品、医疗器械）和无证经营等不法行为，查处一批扰乱市场秩序、危害人民群众生命财产安全的大案要案。全年共立案314件，办结298件，移送公安机关8件，罚没款金额达到211.99万元，其中大要案立案19件，办结19件。

【消费环境营造】 起草制定《龙游县市监局举报投诉处置工作方案》，进一步规范消费投诉和违法行为举报工作流程，实现统一受理、按责转办、限时办结，坚持统一督办、统一考核，形成覆盖全面、协调互动、便捷高效、保障有力的举报投诉体系，实现录入一体化、处理快速化、管理规范化。实行消费投诉每月公示制度，将消费投诉公示频率由每季度增加到每月，通过建立常态化消费投诉公示制度机制，充分发挥公众监督、信用约束和提示预警作用，倒逼经营者落实主体责任，不断完善企业信用监管体制，提高全县消费环境安全度、经营者诚信度和消费者满意度，累计发布消费投诉公示8期。推进民生实事项目“放心消费”建设，新培育“放心工厂”121家、无理由退换货单位363家、其他放心消费单位780家、放心消费街区1个。全年受理各类咨询投诉举报1473件，其中举报类784件，投诉类559件，咨询类130件，涉案金额121.15万元，为消费者挽回经济损失72.34万元。

【市场提升发展】 完成2家放心农贸市场创建，塔石菜市场、河西街农贸市场通过省级检查验收。西门农贸市场续创三星级文明规范市场。塔石菜市场和国际建材家居城通过“五化”市场改造验收。牵头出台《龙游县城乡农贸市场改造升级三年（2020—2022）行动实施方案》，修改完善《龙游县农贸市场改造升级资金管理办法》，落实市场长效管理机制，加强农贸市场定期考核，全面推进市场规范化建设，打造良好的市场消费环境，兑现农贸市场个人奖励5万元，市场奖补82.4万元。

【质量标准化工作】 大力开展“品字标”浙江制造品牌建设工作，推进“品字标”企业全面完成“四个百分百”，完成“品字标”认证企业1家，“品字标”自我声明企业2家，发布“浙江制造”标准4个，批准立项并启动制定“浙江制造”标准1个。构建品牌企业—县政府质量奖—市政府质量奖的梯度培育模式，组织开展县政府质量奖申报工作，收到政府质量奖申报材料3份，指导龙游伊利乳业申报2020年市政府质量奖。加快标准化试点项目建设，实地了解“龙游飞鸡”的管理、技术、养殖及标准需求情况，组织龙游宗泰农业发展股份有限公司上报《龙游飞鸡生态养殖标准化试点》项目。

【知识产权保护】 开展打击知识产权侵权假冒行为专项执法行动、“亮剑2020”保护知识产权综合执法暨铁拳行动等，重点检查药店、大型超市、家电店等经营主体的知识产权使用行为，共办理侵犯商标权案件15件，结案15件，罚没金额1.73万元。多次现场指导龙游国际建材家居市场开展知识产权保护规范化市场创建工作，协助组织知识产权培训会，帮助建立市场知识产权索证备案、纠纷处理、侵权信息公开、日常巡查、奖惩机制等制度，营造知识产权保护意识环境。龙游国际建材家居市场于2020年9月被认定为省级知识产权保护规范化培育市场。以“线上+线下”双重模式，加大知识产权政策科普力度，助力企业掌握知识产权政策法规及知识产权维权途径，提升知识产权竞争力。2020年度，全县专利申请量和授权量分别为1774件和1432件，其中发明专利申请量452件，发明专利授权量85件。国外专利申请数17件，位居全市第一。

（县市监局　陈子琪）

财　政

【概况】 2020年，龙游县实现地区生产总值247.61亿元，同比增长4.4%。其中第一、二、三产业增加值分别为15.23亿元、104.17亿元、128.21亿元，分别增长-5.4%、4.5%、5.6%。三次产业增加值结构比为6.1∶42.1∶51.8。按户籍人口计算，人均生产总值61765元，增长5.0%。城镇常住居民人均可支配收入51024元，增长5.8%；农村常住居民人均可支配收入26721元，增长7.5%。全县财政总收入31.69亿元，增长7.2%；一般公共预算收入19.63亿元，增长3.7%，其中税收收入17.30亿元，增长12.6%。全县一般公共预算支出65.96亿元，下降3.3%。全年财政收支平衡。

【财政收入】 落实收入管理要求，强化与税务部门协作，加强税收分析预测，财政总收入稳中有升。全县一般公共预算收入占财政总收入62.0%，占GDP7.9%；税收收入占一般公共预算收入88.1%。规范非税收入征缴，强化财政票据管理，推进非税收入电子化收缴，提高土地出让金管理绩效，做大做实非税收入资金盘。全年非税收入44.78亿元，下降6.4%，其中纳入一般公共预算收入管理的非税收入2.34亿元，下降34.5%。全年争取抗疫特别国债3.87亿元，地方政府债券16.50亿元，债券总量居全市第一，创历年新高。

【财政改革】 推进预算管理一体化，优化预算编审机制，提高预算编报和审核效率。深化“政采云”“资产云”平台，规范采购和资产登记、处置流程。全年入驻“政采云”平台采购单位262家，交易额8.47亿元，“资产云”平台登记资产127.66亿元。推进电子票据改革，“一卡通”服务平台建设。将竞争性存放款工作全程纳入县公共资源交易中心平台监控，全年开展竞争性存放款3次，总额19.10亿元，大额存单操作4.20亿元，资金规模增长86.4%。扩大财政授权支付范围，减少审核环节，提高财政支付效率。创新收购方式，完成民营企业股权收购，推进龙游县昊诚融资性担保有限公司、龙游县产业基金有限公司、龙游县财信非融资性担保有限公司改制。

【经济服务】 贯彻落实减税降费政策，全年落实“降本减负”和“五减”（小规模纳税人月销售额10万元以下增值税、小型微利企业所得税、研发费用加计扣除、高新技术企业所得税优惠、个体工商户个人所得税）税收减免8.08亿元和1.89亿元，落实“阶段性减免”“降率减免”社保费3.19亿元，兑现返还2060家企业社保费4632万元。协助拟定新一轮“政策工具包”，提高政策兑现效率，全年兑现涉企资金5.61亿元，助力工业经济动能转换、服务业企业转型升级。强化直达资金分配使

图74　2020年9月30日，龙游县财政局召开龙游县2021年度预算编制工作会
（县财政局/提供）

用，5.72亿元“两直”资金（直接到达市县基层、直接惠及企业和人民的财政资金）执行率100.0%，完成5026户小微企业和个体工商户“两直”补助兑付4602万元。创新政策兑现方式，简化资金审批流程，即时兑现符合条件项目，全年提速审核兑现县级涉企资金2.46亿元。优化“政企通”平台，梳理涉企政策，落实线上审批事项，加快预算执行进度，全年通过政企通平台兑现1.52亿元，惠及企业2727家。

【疫情防控】 统筹经费渠道，加强疫情防控经费保障，全年安排防控物资储备及采购、医疗救助等经费1.15亿元。出台《关于疫情防控专项再贷款财政贴息资金实行“先拨后结”的通知》，首创“企业一次申报、按月预拨贴息、政银有效协作”模式，实现“支持企业复工复产+防控财政资金风险”两手抓。制定防疫应急物资生产技改补助政策，提高补助标准，扩大补助范围，鼓励企业生产防疫应急物资。推出“复工贷”担保产品，开展担保业务23笔，担保总额3500万元。助力33家疫情防控重点保障企业获得县人民银行专项再贷款6.44亿元。出台龙游县支持企业应对疫情相关政策，减免、返还资金12.98亿元。

【民生保障】 落实各项普惠性、基础性、兜底性民生保障政策，全年民生支出48.47亿元，下降7.8%，占一般公共预算支出73.5%。全年安排社会保障与就业资金9.31亿元，卫生健康资金6.71亿元。推进基本公共卫生服务均等化，全县基本公共卫生服务人均财政补助标准提高至每人87元/年。安排教育经费8.26亿元，落实义务教育教师平均工资不低于当地公务员平均工资政策。整合交通、文化、农林水等资金3.61亿元，引导撬动金融资本39.80亿元、工商资本7.09亿元，形成2020年“千亿资金到农村”任务、政策、资金清单，健全乡村振兴多元投入保障制度。安排“一事一议”财政奖补项目35个，总投资4074万元。整合投入扶贫资金2.25亿元，加大脱贫攻坚。安排城东公共文化服务中心、休闲公园、景观云桥等项目建设资金6.06亿元，推进文明县城创建，提升居民文化生活水平。

【财政监管】 严控和压减一般性支出，非刚性、非重点项目支出压减幅度不低于10.0%，日常公用经费压减幅度不低于5.0%，全年完成减支3.24亿元。清理出借资金，加大清收力度，收回财政出借资金2.41亿元。收回单位部门预算结余以及结转两年以上资金7000余万元。举办全县行政事业单位内控建设与财务风险管理培训，开展行政事业单位内控制度执行和资金安全管理专项检查工作。严肃财经纪律，严把支付审核关，全年拒付不规范支出9204万元。加强政府性投资项目审核把关，全年完成“三算”（概算、预算、结算）投资项目880个，送审金额97.53亿元，净核减率6.1%。开展新增地方政府债券资金使用情况专项检查，实行政府债券“借、用、还”全过程监管，加快债券资金支出进度，提高资金绩效。严控隐性债务风险，遏制隐性债务增量。关注社保基金运行动态，防范基金风险发生。强化扶贫资金监督管理，提高扶贫绩效，开展全县基层财政资金和财政扶贫资金专项检查，涉及金额1.73亿元。

（县财政局　翁露萌）

附：

龙游县2020年财政预算执行情况报告（节选）

（2021年2月2日龙游县第十三届人民代表大会第五次会议通过）

（一）一般公共预算执行情况

1. 收入预算执行情况

2020年我县完成一般公共预算收入196327万元，完成年度预算的101.3%，增长3.7%。其中，税收收入172955万元，完成年度预算的100.8%，增长12.6%；非税收入23372万元，完成年度预算的104.9%，下降34.5%。主要收入项目的完成情况如下：

税收收入中，增值税（含改征增值税）77915万元，完成年度预算的104.7%，增长2.7%。

企业所得税22413万元，完成年度预算的100.1%，增长42%，主要是减税降费等因素带来的增长。

个人所得税5906万元，完成年度预算的101.5%，增长34.6%。

城市维护建设税8275万元，完成年度预算的100.6%，下降0.2%。

城镇土地使用税7752万元，完成年度预算的100.1%，增长17.8%。

契耕两税收入26020万元，完成年度预算的91.1%，增长7.6%。

非税收入中，专项收入8879万元，完成年度预算的86.3%，下降17.1%。

行政事业性收费收入1798万元，完成年度预算的40.3%，下降75.3%。

罚没收入4580万元，完成年度预算的100%，增长20.4%。

国有资源（资产）有偿使用收入7367万元，完成年度预算的345.9%，下降46.9%。

另外，2020年上划中央税收

120533万元，实现财政总收入316860万元，增长7.2%。

2.主要支出项目执行情况

2020年我县一般公共预算支出659601万元，完成年度预算的98.4%，下降3.3%。其主要支出分项情况如下：

一般公共服务支出77172万元，完成年度预算的100.1%，增长0.1%。

公共安全支出30215万元，完成年度预算的100.2%，增长3.9%。

教育支出82597万元，完成年度预算的100.1%，下降6.7%。

科学技术支出17197万元，完成年度预算的100%，增长1.2%。

文化旅游体育与传媒支出12487万元，完成年度预算的100%，增长8.6%。

社会保障和就业支出93082万元，完成年度预算的100.3%，增长9.6%。

卫生健康支出67138万元，完成年度预算的100.1%，增长27.4%，主要是疫情防控相关增支。

节能环保支出17295万元，完成年度预算的100%，下降72%，主要是2019年综合供能站项目建设一次性支出21800万元。

城乡社区事务支出80532万元，完成年度预算的95.7%，下降16.8%。

农林水事务支出74811万元，完成年度预算的91.6%，下降7%。

交通运输支出43071万元，完成年度预算的100%，增长71.6%，主要是新增一般债券资金16000万元。

资源勘探信息等事务支出12891万元，完成年度预算的100%，增长7.2%。

商业服务业等事务支出15152万元，完成年度预算的100%，增长47.3%。

自然资源海洋气象等事务支出3996万元，完成年度预算的102.9%，下降71%，主要是2019年省补资金一次性支出因素。

住房保障支出9296万元，完成年度预算的100%，增长228.8%，主要是抗疫特别国债资金用于南海家苑安居工程支出带来的增支。

债券付息及发行费支出14785万元，完成年度预算的91.9%，增长9.8%。

按照现行财政体制，2020年一般公共预算收入196327万元，省、市转移支付补助预计232047万元，抗疫特别国债资金16787万元，上年结转使用资金12542万元，地方政府一般债券收入62000万元（含再融资债券9000万元），调入资金208991万元，动用预算稳定调节基金28679万元，可用资金合计757373万元。一般公共预算支出659601万元，上解省支出47050万元，补充预算稳定调节基金29745万元，债务还本支出9000万元，转移性支出910万元，结转下年支出11067万元，各项支出合计757373万元，一般公共预算收支平衡。

（二）政府性基金预算执行情况

2020年政府性基金预算收入419460万元，完成年度预算的92.3%，下降4%。主要收入项目执行情况如下：国有土地使用权出让收入281956万元，完成年度预算的100.03%，增长43.1%；其他政府性基金收入116439万元，完成年度预算的74.4%，下降48.7%。

2020年政府性基金预算支出444801万元，完成年度预算的99.3%，增长22.5%。主要支出项目执行情况如下：城乡社区事务支出240729万元，完成年度预算的105.4%，增长1.5%；其他支出170450万元，完成年度预算的91.8%，增长44%。

2020年政府性基金预算收入419460万元，省、市转移支付补助预计5018万元，抗疫特别国债资金21865万元，上年结转使用资金3068万元，专项债券收入112000万元，调入资金26万元，可用资金合计561437万元。政府性基金预算支出444801万元，调出资金113902万元，收支相抵，滚存结余2734万元，结转下年使用。

（三）社会保险基金预算执行情况

2020年社会保险基金收入247057万元，完成年度预算的110.5%，增长5%。其中：企业职工基本养老保险基金收入108933万元，完成年度预算的113.9%，增长2.5%；机关事业单位基本养老保险基金收入34428万元，完成年度预算的105.7%，增长3.2%；职工基本医疗保险基金收入38580万元，完成年度预算的104.2%，增长2.3%；城乡居民基本医疗保险基金收入35499万元，完成年度预算的103.2%，增长2.6%。

2020年社会保险基金支出243345万元，完成年度预算的98%，增长7.8%。其中：企业职工基本养老保险基金支出119541万元，完成年度预算的97.9%，增长8.7%；机关事业单位基本养老保险基金支出35708万元，完成年度预算的104%，增长10.5%；职工基本医疗保险基金支出27558万元，完成年度预算的88.3%，增长2.3%；城乡居民基本医疗保险基金支出30751万元，完成年度预算的90.5%，增长2.1%。

2020年社会保险基金收入247057万元，上年结转使用资金163785万元，社会保险基金支出243345万元，收支相抵，滚存结余167497万元，结转下年使用。

（四）国有资本经营预算执行情况

2020年国有资本经营预算收入1654万元，完成年度预算的82.7%，下降22.2%。

2020年国有资本经营预算收入1654万元，省、市转移支付补助预计2万元，可用资金1656万元，结转下年支出2万元，调出资金1654万元，国有资本经营预算收支平衡。

（五）地方政府性债务情况

至2020年底，我县地方政府性债务余额801124万元。其中：地方政府负有偿还责任债务797577万元，含一般债务435577万元、专项债务362000万元，均在省财政厅核定我县的地方政府债务限额以内。2020年新增一般债务53000万元，纳入一般公共预算管理，用于交通、城乡社区等政府性投资项目支出；新增专项债务112000万元，纳入政府性基金预算管理，用于补充耕地提质增量、棚户区改造等项目支出。地方政府或有债务余额3547万元，当年减少奔康公司阳湖小区项目贷款6700万元。

（县财政局　翁露萌）

2016—2020年龙游县财政收入与支出比较情况一览表

表17

年　度	财政总收入（亿元）	同比增长（%）	一般公共预算收入（亿元）	同比增长（%）	财政总支出（亿元）	同比增长（%）
2016	20.08	7	14.35	10	42.13	18.3
2017	22.07	9.9	14.82	9.7	49.75	18.1
2018	27.5	24.6	17.63	19	59.02	18.6
2019	29.55	7.45	18.93	7.36	68.21	15.56
2020	31.69	7.24	19.63	3.70	65.96	-3.30

税　务

【概况】 2020年，龙游县税务局统筹疫情防控，助力企业复工复产，推进全县经济高质量发展。全年共组织各项税费收入43.65亿元，同比增长1.3%，税收规模居全市第二，增速高于全市平均2.16个百分点。其中：税收收入28.75亿元，同比增长6.03%；社会保险费收入13.85亿元，同比下降6.86%；非税收入1.05亿元，同比下降5.04%；办理出口退税2.22亿元，同比增长8.58%。组织地方级税收入库16.75亿元，同比增长6.82%，占全县一般公共预算收入85.33%。

【服务企业】 深化运用增值税发票等税收数据，对全县企业复工复产情况进行分析，为县委县政府提供有价值的分析报告。参与县“战时服务团”，利用税收大数据，精准服务对接，为企业打通供销产业链。相关典型事例被省税务局列入“打造营商环境最优省”系列报道之一。加强与银保监部门和银行业金融机构协作，梳理受疫情影响较大行业的小微企业名单，为纳税人申请“税易贷”提供服务。2020年，累计为全县1171家企业提供授信额度61.69亿元，为227户企业发放“税易贷”3.36亿元。2020年减税降费13.26亿元，其中降本减负税收减免8.08亿元，“五减”（小规模纳税人月销售额10万元以下增值税、小型微利企业所得税、研发费用加计扣除、高新技术企业所得税优惠、个体工商户个人所得税）税收减免1.9亿元，社保费减免3.2亿元，其他非税收入减免0.08亿元。降本减负规模以及“五减”规模、完成率均列全市第一，实现为企业持续发展减负、为经济持续发展蓄能、为社会持续发展助力的预期效应。

图75　2020年4月24日，龙游县税务局“青税播”团队依托征纳沟通平台的直播功能，开展“云端上的税收宣传”　（县税务局／提供）

【深化税制改革】 稳步推进个人所得税汇算清缴工作，组建专家团队，细化扣缴义务人网格化管理，设置3个“个人所得税年度汇算服务专区”，分类分批引导纳税人开展错峰汇算申报，全县申报率达126.3%。全力推广电子发票，采取靶向辅导、网格管理、试点优化等多重举措，加快推进增值税发票电子化进程，满足办税便利化和执法规范化的新要求。累计开具电子发票103万份，开具比例达65%。

【推进依法治税】 优化税务执法方式，编制执法主体权责清单，推进政务公开标准化规范化建设，积极探索柔性执法，开展税收执法督察。成立依法治税（依法行政）工作领导小组，落实执法资格管理制度，动态监控全局的执法资格情况，配备公职律师、税务师参与法制审核队伍。推行“三项制度”（行政执法公示制度、执法全过程记录制度、重大执法决定法制审核制度），梳理行政执法公示事项37项，配备执法记录仪6台，局行政执法公示平台顺利上线，促进税务执法公正、公开。

【创新纳税服务】 大力推广“非接触式”办税工作，创新谋划建设综合性智慧办税服务厅，构建以智慧分流、智慧办理、智慧门禁、智慧管理、智慧咨询、智慧外呼、智慧直播等“七个智慧”为核心，若干个“潮汐智慧模块”为辅助的管理模块，实现纳税人办事“云端化”、纳税服务“精准化”、数据运用“集成化”，网上综合办税率达97.85%，全市排名第一。以“最多跑一次”改革不断提高服务质效，动态更新14类199项“最多跑一次”事项清单和办税指南，保持税务事项“最多跑一次”“网上办”“掌上办”100%全覆盖。

（县税务局　范鑫）

2018—2020年龙游县税务局组织税费收入比较情况一览表

表18　　　　单位：亿元

年　度	税费收入合计	同比增长	其中：税收收入	同比增长	社保和非税收入	同比增长
2018	39.05	17.34%	25.58	26.88%	13.47	2.68%
2019	43.09	10.37%	27.11	5.99%	15.98	18.67%
2020	43.65	1.3%	28.75	6.03%	13.85	-6.86%

2020年度龙游县税收贡献100强企业一览表

表19　　　　单位：万元

序号	纳税人名称	2020年税收贡献	2019年税收贡献	增长额	增长率（%）
1	浙江祥隆废旧金属有限责任公司	11704	10636	1068	10.04
2	浙江广和房地产开发有限公司	11135	3602	7534	209.17
3	浙江龙游农村商业银行股份有限公司	9968	9991	-24	-0.24
4	维达纸业（浙江）有限公司	9094	6653	2440	36.68
5	龙游嘉恒环保科技有限公司	6521	8200	-1679	-20.48
6	浙江龙游道明光学有限公司	5542	4870	671	13.79
7	浙江有朋再生资源有限公司	5079	1853	3226	174.08
8	龙游祥生弘瑞房地产开发有限公司	5022	3196	1826	57.13
9	光明铁道控股有限公司	4469	2544	1925	75.65
10	龙游伊利乳业有限责任公司	3907	6220	-2313	-37.19
11	衢州市烟草公司龙游分公司	3473	3815	-342	-8.97
12	浙江青龙山建材有限公司	3257	2423	833	34.39
13	龙游华顺房地产有限公司	3119	6750	-3631	-53.79
14	浙江龙游李子园食品有限公司	2946	1012	1934	191.06
15	龙游县河道疏浚砂资源开发有限公司	2853	2502	352	14.06
16	恒盛能源股份有限公司	2808	2070	738	35.63
17	浙江恒达新材料股份有限公司	2614	1066	1548	145.14

续表 19

序号	纳税人名称	2020 年税收贡献	2019 年税收贡献	增长额	增长率（%）
18	浙江禾川科技股份有限公司	2403	1424	979	68.79
19	龙游县奔康投资有限公司	2238	2526	-288	-11.41
20	浙江凯丰新材料股份有限公司	1987	2045	-59	-2.87
21	浙江冠诚科技有限公司	1889	0	1889	0.00
22	国网浙江龙游县供电有限公司	1742	3788	-2047	-54.03
23	浙江龙游世贸城置业有限公司	1668	416	1252	300.95
24	浙江远帆无纺布有限公司	1577	24	1553	6542.46
25	浙江培华建设有限公司	1464	1278	185	14.49
26	浙江蓝天废旧家电回收处理有限公司	1456	1694	-238	-14.05
27	中国工商银行股份有限公司龙游支行	1442	1102	341	30.91
28	华电浙江龙游热电有限公司	1412	21	1391	6624.14
29	浙江龙游通衢建材有限公司	1340	1266	74	5.82
30	龙游县国有资产经营有限公司	1325	1523	-198	-12.99
31	龙游吉恒房地产开发有限公司	1325	2131	-806	-37.82
32	浙江东恒工贸有限责任公司	1301	2009	-708	-35.22
33	浙江交工金筑交通建设有限公司	1287	395	892	225.76
34	龙游嘉和环保科技有限公司	1258	523	735	140.35
35	龙游宏辰置业有限公司	1255	405	850	209.53
36	龙游塔恩纸业有限公司	1218	1409	-191	-13.54
37	龙游泽龙电力工程有限公司	1190	1078	112	10.40
38	浙江贝尔轨道装备有限公司	1161	1950	-789	-40.45
39	浙江泰宇建设有限公司	1143	1309	-166	-12.70
40	龙游天元房地产开发有限公司	1135	1	1134	226880.00
41	中国人民财产保险股份有限公司龙游支公司	1042	992	50	5.08
42	浙江茗皇天然食品开发股份有限公司	1039	359	680	189.08
43	龙游广和城东置业有限公司	1035	4097	-3062	-74.74
44	浙江文兴建材有限公司	1020	393	627	159.71
45	浙江创辉贸易有限公司	1005	751	254	33.87
46	龙游鑫业混凝土有限公司	1003	1600	-597	-37.33
47	浙江金昌特种纸股份有限公司	991	1104	-113	-10.27
48	浙江德洲五金有限公司	973	1520	-547	-36.01
49	浙江恒鑫电力有限公司	950	426	523	122.72
50	浙江新屹服装有限公司	904	28	877	3148.89
51	浙江超洁实业有限公司	896	488	408	83.60
52	浙江华邦特种纸业有限公司	874	1475	-601	-40.72
53	龙游亿莱达电器有限公司	863	387	476	122.90
54	衢州裕禾商贸有限公司	843	3232	-2389	-73.91
55	中国农业银行股份有限公司龙游县支行	842	714	128	17.97
56	浙江物产光华民爆器材有限公司	841	924	-83	-8.95
57	龙游新北综合能源开发利用有限公司	832	0	832	—
58	龙游浙农家居建材市场开发有限公司	777	996	-219	-21.97
59	浙江特美新材料股份有限公司	775	328	4[illegible]	[illegible]
60	浙江通衢水电建设有限公司	757	652	105	16.08

续表 19

序号	纳税人名称	2020 年税收贡献	2019 年税收贡献	增长额	增长率（%）
61	龙游县交投综合能源开发有限公司	728	0	728	—
62	龙游县金伦商贸有限公司	724	1774	-1050	-59.20
63	龙游县住房保障和房地产管理服务中心	709	0	709	—
64	龙游县正国房地产开发有限公司	707	530	177	33.33
65	浙江寰龙环境科技有限公司	697	300	398	132.77
66	龙游楚盛置业有限公司	692	850	-157	-18.52
67	龙游县交投中石化能源有限公司	681	428	253	59.06
68	浙江万明建设有限公司	669	456	213	46.80
69	浙江孝福家具有限公司	664	1366	-701	-51.36
70	浙江凯丰特种纸业有限公司	664	860	-196	-22.79
71	浙江龙天服饰有限公司	661	47	614	1293.70
72	浙江华飞轻纺有限公司	660	1386	-726	-52.35
73	浙江利好环保科技有限公司	649	2082	-1433	-68.83
74	浙江龙成耐火材料有限公司	646	393	253	64.22
75	浙江龙游沃鑫铁路器材有限公司	627	289	339	117.25
76	浙江龙游小溪滩水利枢纽开发有限公司	588	580	8	1.43
77	浙江贯洲电气有限公司	587	375	213	56.70
78	浙江龙游新西帝电子有限公司	581	105	476	451.01
79	龙游县通途交通建设工程有限公司	547	231	316	136.47
80	浙江东飞轻纺有限公司	543	1163	-620	-53.30
81	浙江恒川新材料有限公司	532	111	421	378.70
82	龙游恒正环保科技有限公司	531	1270	-739	-58.19
83	浙江元美铝业科技有限公司	524	47	477	1017.65
84	浙江安都建设有限公司龙游分公司	503	1106	-603	-54.51
85	中国建设银行股份有限公司龙游支行	500	503	-3	-0.56
86	龙游恒毅房地产有限公司	493	0	493	—
87	浙江璟瑞建设有限公司	465	3	462	18334.13
88	龙游外贸笋厂有限公司	451	187	264	141.15
89	浙江新亚伦纸业有限公司	451	158	293	185.70
90	浙江杜山集团有限公司	448	513	-66	-12.79
91	浙江车马象物联网络有限公司	447	2772	-2325	-83.89
92	浙江圣蓝新材科技有限公司	446	0	446	—
93	龙游县深博建筑劳务有限公司	439	552	-114	-20.62
94	国网浙江省电力有限公司龙游县供电公司	433	0	433	—
95	龙游中域市场开发有限公司	433	0	433	—
96	浙江安佑饲料科技有限公司	431	464	-33	-7.07
97	浙江道明新材料有限公司	430	522	-93	-17.74
98	浙江敬海建筑劳务有限公司	421	0	421	—
99	浙江恒祥棉纺织造有限公司	421	471	-50	-10.68
100	龙游天池山水泥制造有限公司	420	281	139	49.53

龙游县金融服务中心

【概况】 2020年，面对新冠疫情影响，龙游县金融服务中心落实“稳金融”各项工作任务，紧抓服务实体经济、防控金融风险、深化金融改革创新三条主线，以推进绿色金融改革创新试验区建设为总抓手，深入推进企业上市、绿色金融改革创新建设，全力保障全县企业复工复产和社会经济发展。

【绿色金融产品创新】 引导县域金融机构开展符合全县经济社会发展需要的金融产品创新，将金融产品创新纳入对金融机构的综合考核，推动绿色金融改革创新。2020年，除政策性银行外，辖区银行均开办“无还本续贷”业务，推出无还本续贷产品60款，分别较2019年增加35款，使用无缝续贷产品3624户，贷款余额64.48亿元，较年初增加22.77亿元。按民间借贷市场通行估算，为企业节约转贷成本5961.76万元。全年“有礼金融”专项贷款授信9.5万户136.92亿元，贷款2.8万户32.56亿元，节约利息约679万元；小微企业固贷累计发放贷款1笔，金额0.15亿元；商标权质押3笔，金额908万元；转贷通累计发放1032笔，累计发放金额67.19亿元。

【金融风险防范处置】 2020年1月20日，按照《中共省委办公厅 浙江省人民政府办公厅关于印发浙江省高水平全面建成小康社会补短板工作清单的通知》要求，提前5个月，完成“赶贷网”所有投资者本金兑付。2020年7月，注销“赶贷网”营业执照。出台《2020年龙游县开展涉非涉稳风险专项排查整治工作方案》，全年开展金融风险排查及重点企业现场检查6次，摸排重点企业300余家。配合县公安局、市场监督管理局对县内4家疑似非法集资企业开展现场检查取证。全年开展进社区等宣传活动7次，通过电视、广播、微信公众号等形式宣传近700次，发放宣传折页7000余份，受众群体上万人次。整合线上线下金融风险管理资源，尝试运用“互联网+网格化”实现信息双融交互，搭建集互联网大数据、基层网格化排查信息等金融风险监测、预警、处置与督查运行系统，实现金融风险全天候、全流程、全覆盖监控，提升平台金融风险预警监测能力。

【服务企业上市挂牌】 2020年，完成主板上市申报企业1家（恒盛能源）；申报上市辅导企业3家（金龙纸业、禾川科技、恒达新材）；进入新三板创新层企业1家（恒达新材），签约启动新三板挂牌企业1家（旭荣纸业）；中孚精机引进战略投资4000万元，威仕喜引进私募股权投资2000万元。出台《龙游县加快推进企业股改挂牌上市三年行动方案（2020—2022年）》。力争通过三年努力，实现A股上市企业4家以上，累计新三板挂牌企业12家以上，新增规范性股份制改造企业9家以上。出台《关于进一步加快推进企业对接多层次资本市场的实施意见》新政策。对申请境内A股上市企业，进行分阶段奖励，首次申报辅导奖励100万元；报会奖励150万元。上市成功给予首家企业奖励1000万元，第二家800万元，其余每家600万元。2020年兑现挂牌上市奖励资金446万元。

（县金融服务中心 任轶）

图76 2020年10月18日，龙游县金融服务中心组织召开“2020年企业上市挂牌座谈会” （县金融服务中心／提供）

银行业保险业监管

【概况】 2020年，中国银行保险监督管理委员会衢州监管分局龙游监管组（以下简称衢州银保监分局龙游监管组）认真履行监管职责，强化责任担当，严抓法人机构监管质效提升，保障疫情期间复工复产政策有效落地，实现守好底线、管好法人、优化服务、锤炼队伍的总体目标。

【银行机构监管质效提升】 通过下发年度监管意见书，开展审慎会谈、三方会谈及监管约谈，参加股东会、董事会，开展金融支持疫情期间复工复产检查等措施，畅通监管政策传导，引导龙游农商银行和龙游义商村镇银行立足市场定位，下沉服务重心，践行金融普惠、金融扶贫，推进绿色转型发展。至2020年年末，两家机构均完成小微企业贷款“两增两控”目标（“两增”即单户授信总额1000万元以下小微企业贷款同比增速不低于各项贷款同比增速，贷款户数不低于同期水平；“两控”即合理控制小微企业贷款资产质量水平和贷款综合成本）和普惠型涉农贷款增速目标等主要定位指标，超额完成小微企业首贷户拓新目标。围绕核心指标达标及优化制定全年风险处置方案，做好龙游义商村镇银行三年化险行动收官，促进业务可持续发展。通过对机构内审项目点题，加强审计过程监管指导，提升机构内部审计质效和合规经营水平。

【金融服务企业复工复产】 引导银行业对受疫情影响较大、暂时出现还款困难的小微企业，采取延期还本付息、直接减息等措施；引导保险业针对疫情风险，延长疫情期间续期缴费宽限期、保单可复效申请日，免除疫情期间保单复效利息，开辟保险线上理赔绿色通道，全力支持企业复工复产。协助上级机关赴浙江宗泰农业发展股份有限公司、龙游县旭荣纸业公司等20家企业开展挂联区块服务，对企业融资环节问题，帮助做好服务对接。引导机构深化还款方式创新，解决企业续贷难问题。截至2020年年末，辖区内银行机构共推出还款方式创新产品60款，惠及4999户贷款客户，贷款余额77.05亿元，为企业节约转贷成本7242.11万元。推进金融让利帮助企业降本减负，2020年年末辖区内民营企业平均贷款利率5.50%，较年初下降0.36个百分点，为民营企业节约利率成本4239万元。推动全省首个“活融通”生物活体资产抵押银保套餐落地，全年完成授信53户7310万元，累计投放贷款14户2440万元，帮助生猪养殖企业解决复产资金及担保不足困难，深化普惠金融服务。

【重点支持特种纸产业发展】 建立县内36家特种纸企业名录，制定工作方案，明确金融支持特种纸产业高质量发展阶段性目标任务；建立非现场监测机制，组织召开专题部署会、推进会、座谈会，结合调研走访和督导持续推进，通过引导降低授信准入门槛、破解抵押难题、加大信用贷款投放等方式，加大对特种纸产业的金融支持。至2020年年末，龙游县内特种纸企业贷款余额14.33亿元，较年初增幅37.66%，高于各项贷款平均增幅20.89个百分点，新增特种纸首贷户4户。引导银行机构调整利率定价、减费让利，运用应收款保兑和“资产池”服务，帮助企业以盘活自身流动资产方式解决流动性需求，降低资产闲置成本，共为特种纸企业节约综合融资成本2600余万元。建立特种纸产业金融服务同业协作机制，发挥主办行主办作用、专家团智库作用和抗疫政策纾困作用，监管密切跟进服务质效。2020年，各银行机构共走访对接特种纸企业113次，与上级行沟通汇报43次；为特种纸企业提供“一企一策”方案37个；对12家特种纸企业贷款金额2.15亿元延期还本付息；34家特种纸企业减免利息金额283.63万元。

【金融风险防控】 开展全县域信用风险排摸，实行大额风险清单管理，全年不良处置金额合计4.82亿元，同比多处置8719万元；不良率1.02%，较年初下降0.05个百分点。联合县金融服务中心、县公安局、中国人民银行龙游支行等相关部门对重点区域进行扫楼扫街式金融风险排查，部署金融机构防范电信网络新型犯罪工作，加强从业人员防诈教育。对辖区内二手房违法交易案件所涉贷款进行排查，约谈3家机构负责人，进行案件风险提示，做好责任追究和风险处置；组织开展4期职业放贷人专项风险排查，切断民间借贷风险向金融系统蔓延路径。完善金融投诉纠纷机制，压实机构主体责任，妥善处理投诉纠纷，将矛盾化解在基层。会同市银行业协会、保险业协会，与县人民法院建立金融纠纷多元化解机制。协调天安财险托管工作，驻场天安财险龙游营销服务部，督促太平洋财险做好天安财险托管工作。

（衢州银保监分局龙游监管组 董皓若）

图77 2020年4月13日，衢州银保监分局龙游监管组召开金融支持特种纸产业转型升级座谈会 （衢州银保监分局龙游监管组/提供）

中国人民银行龙游县支行

【概况】 2020年，中国人民银行龙游县支行（以下简称人行龙游县支行）围绕推进“普惠金融、有礼金融、绿色金融、智慧金融”发展重点，促进地方经济社会健康平稳发展。截至12月末，全县金融机构本外币各项存款余额413.86亿元，较年初新增29.47亿元，增幅7.67%；各项贷款余额374.40亿元，较年初新增51.77亿元，增幅16.05%，比2019年同期提高3.91个百分点。全县不良贷款率1.02%。

图78 2020年9月20日，中国人民银行龙游县支行协助龙游县人民政府举办“庆祝‘9·20’龙游县首个诚信日暨全国第18个公民道德宣传日”活动
（人行龙游县支行／提供）

【“普惠金融”工作】 面对新冠肺炎疫情，人行龙游县支行坚决贯彻落实货币信贷政策，加大逆周期调节，做好稳企业保就业。联合出台《关于加强金融保障服务 全力配合做好疫情防控复工复产工作的通知》《龙游县工业企业信用贷款风险补偿暂行办法》，推动县政府出台《央行再贷款低息资金落地龙游推进工作方案》，并出台配套1万亿元再贷款贴息政策。积极发挥窗口指导作用，有效运用央行延期还本政策工具和信用贷款支持计划（简称“两项直达工具”），引导金融机构积极为中小微企业提供“应延尽延”、发放信用贷款等措施，满足中小微企业资金需求。截至12月末，全县金融机构发放优惠贷款累计14.97亿元；为841家企业办理延期还本贷款8.90亿元，为519户小微企业新发放信用贷款2.09亿元。其中发放防疫专项再贷款6.443亿元，占衢州四县（市）发放总量的60%。24小时发放浙江恒达新材料股份有限公司2000万元贷款，保障重点医用防护物资企业的资金需求，企业因此得到国务院医疗物资保障组的感谢。开展“三张清单”（授权清单、授信清单、尽职免职清单）“首贷户”“百地千名行长助企业复工复产”、组团联企“三服务”等专项行动，建立“敢贷、愿贷、能贷”长效机制。构建资金保障体系，深入推进融资畅通工程，保持信贷总量合理适度增长，满足民营、小微、制造业、外贸、脱贫攻坚等主体资金需求。全年新增普惠小微首贷户368户，发放贷款9.65亿元。应收账款融资服务平台累计完成成交确认58笔，成交金额20.89亿元。加强金融产品创新，发放创业担保贷、商标权、排污权、林权等质押贷款余额1.96亿元，银税合作贷款余额1.66亿元，有效缓解民营小微企业贷款担保抵押难问题。全县民营经济贷款余额115.87亿元，增幅21.55%，高出全部贷款增速5.5个百分点；普惠小微企业贷款余额105.85亿元，增幅36.73%，高出全县贷款增速20.68个百分点；制造业中长期贷款余额25.72亿元，同比增长42.67%；企业信用贷款余额21.94亿元，同比增长33.34%。发挥政策性低息资金导向作用，推动贷款市场报价利率（LPR）改革，鼓励金融机构减息降费让利，降低企业融资成本。1月至12月，全县企业贷款利率5.26%，同比下降0.3个百分点；小微企业贷款利率5.43%，同比下降0.4个百分点。

【“有礼金融”推广】 推广复制“信用+治理”模式，实现基层治理与信用建设良性互动。完成全县263个行政村94930户“有礼金融”评定工作；龙游农村商业银行“有礼金融”专项贷款授信130.67亿元，已用信29127户，用信余额43.25亿元。持续推进信用乡、信用村、信用户创建和农户信用信息采集工作，年内新增省级信用村1个。成功设立推动并协办龙游县“9·20”首个诚信日活动，营造有礼诚信的良好社会氛围。

【发展“绿色金融”】 开展绿色金融创新案例劳动竞赛，引导金融机构加大绿色产业和绿色项目支持力度。鼓励金融机构重点支持特种纸行业的绿色项目改造，提升环保达标特种纸企业的信贷支持。截至12月末，全县绿色贷款144.73亿元，占全部贷款38.66%，较2019年同期上升3.77个百分点。全县32家规模以上造纸企业授信总额23.66亿元，贷款余额15.59亿元，同比增长42.03%。联合县金融办、农业农村局下发《2020年龙游县金融支持乡村振兴实施方案》，引导金融机构持续关注绿色循环农业，以支持生猪养殖为重点，向鸡鸭等禽类养殖扩展，推进畜禽养殖无害化处理和资源化利用全国试点工作。全县金融机构发放畜禽养殖户1287户，贷款余额6.52亿元，其中活体抵押贷款户16户，贷款余额3020万元。

【加强“基础金融”】 推进智慧健康统一支付平台建设，提高“医后付”在县人民医院、中医院、乡镇卫生院等场所覆盖率；深化银行卡助农服务点与村级电子商务服务点合作共建，推广农村地区移动支付。巩固和深化“总行级现金服务示范县”创建成果，扎实做好疫情期间现金服务，实施大额现金管理，开展拒收现金专项整治，省级现金服务示范区建设以优秀成绩通过复评验收。高效完成个人所得税退税、国库“抗疫”“两直”资金拨付，确保民生资金快速直达主体。深化“最多跑一次”改革，扩大企业通过“数字外管平台”办理外汇窗口业务覆盖面；推动辖区内外汇指定银行全面实现服务贸易对外付汇税务备案电子化应用，全面开通跨境金融区块链服务平台，深入推进“放管服”改革。核查资产质量真实性法人银行2家，完善金融风险常态化监测机制，做好所有银行网点启用存款保险标识工作。加强银行账户监测，打击治理“电诈”和跨境赌博，移交公安部门可疑交易线索11条；对出租、出借、出售、购买银行卡的单位和个人实施惩戒措施。利用龙游电视台、《今日龙游》、“龙游通”微信公众号、龙游金融服务平台，开展再贷款、存款保险、防范打击电信网络新型违法犯罪和“断卡”行动等金融政策宣讲。在县政府网站，公开政务信息797条，其中公示行政许可信息737条。

（人行龙游县支行　周奴群）

国有资产经营与管理

【概况】 2020年，龙游县人民政府国有资产监督管理办公室（以下简称县国资办）根据县委、县政府决策部署，全力以赴抓建设经营，创新思路抓融资增效，持续攻坚抓改革突破，国有资本运营呈现“稳中有进”态势。

疫情防控。疫情发生后，县国资办按照慎终如始、精准智控要求，最高标准抓防疫、最快速度稳发展、最大力度保稳定，实现防疫、复产两不误、两促进。发挥重点领域保障支撑作用，全员联动防疫合计减免各项费用4350万元。其中，开放公共停车场18个，免收停车费15万元；减免国有资产承租户租金1215万元，行政事业单位租金230.20万元，企业水费161万元，高速通行费2959万元。开展战时服务，利用政策红利，帮助企业融资，完成3200平方米方舱医院选址。

数智监管。以财务监督系统为核心，同步人事监管系统、资产监管系统，依托互联网、大数据、人工智能等新技术，将传统的数据“分散采集”模式转换成企业数据采集自动化、数据传输同步化、数据管理程序化以及数据监控可视化模式，构建国资监管效能的综合性平台。通过数智监管，大数据分析比对，实现资产出租合同在线管理、租金收益自动生成、资产调剂更加科学；通过全系统人员信息、进出数量、薪资组成与变动等方面的监测，为工资总额预算、定岗定员、招聘人数等工作提供决策依据。

【国有资产监督管理】 2020年，县国资办直接监管的国资公司资产总额289.48亿元，同比增长13.42%；所有者权益123.55亿元，同比增长4.1%；实现营业收入18亿元，同比增长7.6%；实现利润2.5亿元，同比增长13.12%。建立与乡镇街道、县档案局沟通机制，通过人员档案移交数字化、组织关系移交属地化、管理服务移交社会化措施，完成400余名国有企业退休人员社会化管理工作。

深化国企改革。围绕“放管服”改革理念，对现行100余项制度性文件进行规范，修订《龙游县国有企业人事管理办法》《龙游县国有企业工资总额管理办法》《龙游县国有企业财务管理办法》，新订《龙游县国有企业内部审计管理办法》《龙游县国有企业领导人员职务消费管理暂行办法》。按照现代企业制度要求，健全以公司章程为核心的企业制度体系，形成定位清晰、权责对等、运转协调、制衡有效的法人治理结构。完成县教育发展中心、粮食收储、广播电视服务等6家全民所有制公司改制，探索建立以《中华人民共和国公司法》为核心的现代企业管理制度。制定《龙游国企改革三年行动实施方案》，年末正式启动龙游国资国企改革2.0版，重新构建框架体系，重新整合股权结构—拆解原县商贸物流公司，新组建龙游县汇龙投资有限公司，形成“1+6+3+X”（即1家国有资本运营公司、6家核心市场化公司、3家区域性公司、X家部门代管公司）国资管理新架构，推动国有资本向重要行业和关键领域集中。

提升信用等级。聚焦“绿色水务”“幸福奔康”“多元交投”“美丽文旅”四大国有公司，通过充分挖掘产权价值、整合优质股权资产、重构产业布局，推动国有企业主体信用等级提升。对标长兴、德清及义乌等先进地区国有资产“资源转资产”“非转经”等运作案例，完成国资商务楼（财政大楼）、原国土局办公楼地块网上公开出让，由奔康公司以3亿元竞得；推动国有资本向关键领域集中，有效推进业务整合，完成富民农业、粮食批发市场等9

家公司股权划转以及城区停车位经营权注入奔康公司等工作。11月完成水务集团信用等级AA评定。

项目融资建设。2020年各国资公司建设投资项目97个（其中市场化项目26个，政府性投资项目71个），总投资198.6亿元，完成投资35亿元，推动城市发展和品质提升。至年底，金融中心西地块商务楼、城东端礼小区C-1、C-2地块等重点项目顺利完工，健康产业中心、城东商务中心、黄茶小镇二期、六春湖旅游度假区等重点项目相继开工。紧抓防疫经济政策利好机遇期，顺利发行非公开公司债10亿元，期限3年，票面利率4.18%，创2010年以来浙江省同类型私募债历史最低利率，较大幅度提升直接融资在总体融资规模中的比重。截至年底，各国资公司新增授信金额98.52亿元，新增到位资金29.78亿元，为重点项目建设提供资金保障。

强化资产监管。对全县68家单位1983年以来购建的各类房产、土地及在建工程等资产情况进行梳理，推动资产办证、评估、划转等工作。全年完成国有资产拍卖55宗，成交额3571.6万元，超评估价12.66%。此外，在推进侵占国有“三资”整治方面，追回资金282.3万元（含租金、水电费、欠款等）、资产2.6万平方米、资源7.8万平方米。推动无效低效资产出清，完成广告电视服务公司、粮食收储公司、粮食批发市场公司全民所有制改制，注销广告中心。

防范资本风险。围绕债券发行要求，适时调整内部股权结构。为提升投资人认可度，经与省金控、市监局、税务局、经济开发区等单位对接，完成望达公司、中北实业公司股权变更注册，分别将县国资经营公司持有的51.22%、100%股权划转给水务集团、县国资办。推进融资结构多元化。紧抓受防疫经济政策利好影响的降息机遇期，顺利发行非公开公司债10亿元，期限3年，票面利率4.18%，创2010年以来浙江省同类型私募债历史最低利率，较大幅度提升直接融资在总体融资规模中的比重。全年各国资公司新增授信金额84.52亿元（含公司债10亿元、集团授信35亿元），新增到位资金26.6亿元（含存量已审批授信新到位资金、公司债10亿元），为重点项目建设做足资金保障。发挥“资金池”统筹协调功能，最大程度提升闲置资金利用效率。全年“资金池”日均存款约14.44亿元，内部拆借调剂资金16笔，调剂总额10.88亿元，有效降低各企业总体融资成本。

（县国资办　陈翼凯）

【龙游县奔康投资有限公司】2020年，龙游县奔康投资有限公司（以下简称县奔康公司）聚焦新冠肺炎疫情带来的不利影响和市场化国资公司经营业绩考核指标，稳步推进公司经营管理。全年接待新闻体采访和县外来宾参观安置小区建设30余批次，制作安装清廉国企打造展示牌，完善宣传专题片和公众号。2020年营业收入2.47亿元，利润总额9300万元，被评为县“经济贡献五十强”企业、县先进基层党组织、县“平安龙游”突出贡献集体。

项目建设。2020年项目总投资9.1032亿元，代建项目履约率100%。完成西湖沿国土整治安置房修缮；县纪委监委辅房修缮；兰亭路、桥下、东方广场停车场新建与改造；士元集镇沿街街景改造；文成（一期）安置小区完成60%总工程量；南海家苑安置小区完成70%总工程量；黄茶小镇安置小区完成50%总工程量；士元实验区全域土地综合整治完成一期70%总工程量，二期20%总工程量，三期进入施工阶段。完成1085户腾空房屋拆除，拆除面积29万平方米，发放青苗补偿款、签约补助款、土地流转租金等款项6653万元。制定《奔康公司项目管理实操手册》，规范工程建设项目管理与合同履约。至年底，完成项目预算编制34个，公开招标52个，网上中介机构比选38个，项目采购11个。组织溪口新溪安置小区、文成（二期）安置小区、詹家辰西花苑安置小区前期谋划，同步做好项目建议书、可研文本编制、地质勘探、建筑方案设计与论证等工作。

资产盘活。起草全县国土整治异地搬迁安置方案，审核3039户报名户资料，安置搬迁住户146户，签订《购买期房意向合同》508户，回收房款5860万元。公开拍卖阳湖

图79　2020年8月12日，龙游县奔康投资有限公司与浙江华是科技股份有限公司签约成立合资公司——浙江奔康科技有限公司

（县奔康集团／提供）

小区、晨北小区、翠竹小区部分存量房产，交易额3052万元；出租房屋、店面收益570万元；销售市场化部分住宅、店面，销售额3012万元，国有资产保值增值率132%。

业务拓展。2020年8月6日，成立县奔通数智有限公司，参与“潮起龙游、海翻十月”消费券发放和“龙游通”推广活动。签约县内44家单位197台“信创”产品订单，开展“智慧公安”“智慧工地”“智慧停车场”建设业务；2020年8月12日，与浙江华是科技股份有限公司合资成立奔康科技有限公司，完成电子与智能化工程专业承包二级资质注册，中标县内29所学校教室照明标准化改造和智慧城管项目；2月1日起，承接全县行政事业单位干部职工餐补业务，将原“翼支付”更名为“小奔通”，注册产权，完善软件建设和用户信息维护，为193家企事业单位、128家经营商户、37家行政事业单位食堂提供服务。与全县124家单位建立保安业务，派驻重点部门和企业保安629人；同65家单位签订劳务派遣协议，劳务派遣848人；全年为县内公办学校学生配送牛奶88396箱；强化城区停车场和城区停车泊位管理，新建扩建停车场3个，新增泊位183个，实现营业收入7540万元。

市场管理。规范河西街、飞云路、溪口镇、横山镇农贸市场和物资配送中心管理，对各农贸市场违规经营、场内秩序进行整治，开展经营场所定期消杀，冷链食品闭环管理；为龙中、龙三中、县职校、新国际饭店等单位开展食品安全免费检测200余批次，保障学生和消费群体的食品安全。

检测业务。全年检测混凝土、砂浆3.96万余组，钢筋1.8万余组，砖块2000余组，水泥400余组，砂浆配合比设计300余组，普通混凝土用砂240余组，外勤检测850余次，营业额1120万元。开展标准化创建和车辆检测“一件事”改革，全年共检测汽车16467辆，摩托车2010辆，营业收入415万元。

（县奔康集团　郑云翔）

【龙游县城市发展投资有限公司】

2020年，龙游县城市发展投资有限公司（以下简称县城投公司）共承建重点项目53个（续建项目18个、新建项目24个、前期项目11个）；全年计划完成投资8.21亿元，实际完成投资约10亿元。本年度公司获奖项目：绿道二期钱江杯优质工程奖；县博物馆项目获省园林绿化标化工地、省园林绿化金奖、省优秀装饰工程奖；子鸣小区（二标）获钱江杯优质工程奖、衢江杯优质工程奖；凤翔洲景观云桥项目获中国钢结构协会科学技术奖二等奖等荣誉。

项目建设。城东片区端礼路、子鸣路、凤梧路、文靖路等路网工程各项配套基本完成并开放交通；市民生态休闲公园（一期）凤翔洲景观云桥项目于8月底全面竣工；城东安居工程礼贤小区项目完成主体工程建设。龙游县博物馆顺利完工并开馆运行；市民健身驿站按期移交并投入使用；竹海路提升改造工程顺利通车；江滨公园二期一标段、原消防大队地块、广进路地块、碧桂园南侧公园、环湖基础设施提升改造等项目完工并开放；全年完成3个老旧小区工程改造。

市场开发。确保资金盘子运营流畅，开展融资筹资，与县农发行、宁波银行等金融机构多轮对接洽谈，年度内共完成健康产业8.5亿元、商务中心2亿元贷款融资，其中健康产业8.5亿元贷款年利率3.55%（市场利率3.85%）。自营资产（美食城商铺、子鸣小区与灵江家苑商铺、停车场、小游园及零星资产、委托管理资产和渣土管理等）经营收入701.5万元，同比增长9.13%（未扣除疫情期间国有资产退还承租户3个月租金部分）；销售子鸣小区房产795.8万元；完成承包类国资资产租金收缴1600余万元，年承包利润418万元；落实疫情期间降负减费政策，565份承租合同减免租金662万元。

项目谋划。制订完成《城东健康养老综合体项目》《城东邻里中心项目》《城东旅游美食广场项目》《汽车充电桩项目》等“十四五”谋划方案7个，拟定《龙游县智慧城市

图80　2020年8月31日，凤翔洲景观云桥项目通过竣工验收

（县城投公司/提供）

服务投资项目商业计划书》《关于设立龙游县城市资源经营管理有限公司商业计划书》，进一步统筹优化城市资源、项目建设、投资管理；组建新移交公司（路灯公司）管理团队，谋划路灯项目数字化、智能化和市场化经营可行性，确保路灯公司移交衔接和运行管理正常有序。

（县城投公司　张宁）

【龙游县交通投资集团有限公司】

2020年，龙游县交通投资集团有限公司（以下简称县交投集团）下属全资子公司6家、控股公司1家、参股公司5家。全年完成投资总额4.76亿元，实现营业收入4.09亿元，利润总额6652万元。推进“党建+项目、服务、安全”模式，将党建工作与企业中心工作深度融合。打造“筑梦交投+清廉交投”两个阵地，在北入城口项目部成立临时党支部，让党旗飘在工地上、支部建在项目上、岗位设在一线上，设置“廉”字文化墙和“清廉书屋”，以“三项融合”推动“清廉国企”建设走深走实。县交投集团开展志愿服务践行社会责任，疫情防控期间投入3000余人次，守好境内高速公路和重要路段，化身“跑小二”，精细打造结对小区“联防联控网”，被评为县抗疫期间志愿服务先进集体和国资系统“先进基层党组织”。

项目建设。全年共实施工程项目16个。新开工建设320国道龙游会泽里至下章段改建、北入城口段道路改造及绿化景观提升、灵山江沿江公路、下大线X705石佛岭段改造等项目。完成方家仓至官潭公路、东环线与金星大道连接线、S315省道与兴业大道交叉改造、南海家苑安置小区配套道路、高坪桥水库库区公路、沿江公路小南海集镇段北移工程、社阳乡X724及X715县道局部路段、沐尘康源村矿山开发项目二期连接道路、杭新景高速路面大中修等工程。其中，方家仓至官潭公路工程连续3年被评为龙游县优秀施工标段和交通在建工程项目农民工工资支付优秀项目。

合资合作。深化与中石化、省海港集团、省交投集团、光明铁道、广和实业等大型央企、国企及优质民企合资合作，拓展与省能源集团综合供能站项目合作，夯实多元化发展基础。龙游港区一期工程9个500吨级泊位及模环乡后方村陆域设施通过竣工质量评定；与嘉兴、镇海、江阴、河南周口、山东济宁等省内外港口开通业务合作，全年完成吞吐量240.71万吨、装载集装箱11752个TEU（长20英尺集装箱），港区运营实现新突破；交投中石化公司全年实现营业收入1.4亿元，利润1740万元，创税695万元；龙游港区岸基柴油加油站项目实现新拓展；与浙江石油公司合作的环西、团石、山后、溪口4座综合供能服务站相继建成投入运营；创兴矿业完成石料加工60万吨，投入资金800万元，推动骨料生产线升级，配套矿山专用道路完工投入使用。

企业治理。以“项目攻坚年、管理提升年”为抓手，探索治理路径，健全各项管理制度，推进总额分配、薪酬体系、绩效考核等三位一体制度改革；完成退休人员社会化管理和人事档案数字化工作；开展流动资产清查，加强资金管控，健全安全生产工作机制，确保企业安全生产平稳有序。龙新高速公司推进收费所、服务区“软硬件”提档升级，助力取消省界收费站实现全国“一张网”，实现运营服务大提升。民爆公司下宅仓库点，细化安全生产实施方案，消除安全隐患。通途建设公司年度经营指标创新高，被评为衢州市公路水运工程市级示范“平安工地”、县“无欠薪”创建先进单位。

（县交投集团　吴旻）

图81　“四好农村路”——方家仓至官潭公路　（县交投集团／提供）

【龙游县商贸物流发展有限公司】

2020年，龙游县商贸物流发展有限公司（以下简称县商贸公司）以抓项目扩张规模、重经营实绩翻番为经营策略推进各项工作。全年实现营业收入11166.27万元，年度目标完成率279.16%；实现利润4839.05万元，年度目标完成率254.69%；成本费用率56.73%，年度目标完成率114.58%；总资产收益率11.95%，年度目标完成率398.33%；项目投资5431.47万元，完成率28.59%。疫情期间，发挥县属国有企业承担社会责任的带头示范作用，子公司县百益市场管理有限公司和县十里铺物流园有限公司共为702户中小企业和个人租户，减免优惠疫情期间相关房屋租金314.39万元。

县百益农副产品批发市场项目。2020年4月15日，县政府举行农产品批发市场项目招商签约仪式；5月30日，项目招商中心及城市展厅装修工作全面完工，并投入使用；6月13日，启动“全球招商启动、招商中心开放仪式暨放心消费农批市场快检中心签约仪式”，招商及销售意向蓄客1172组；11月26日，项目一期一标段竣工验收；12月12日，项目开盘销售，预计销售收入1.8亿元。

项目推进。为改善交通运行环境，解决龙游经济开发区内车辆乱停乱放问题，带动其他物流服务产业发展，3月十里铺物流园有限公司物流园承接“北辰货车服务中心”项目，投资855万元，6月底开工建设，预计2021年2月投入使用。布局调研花木市场项目、溪口笋竹山货市场、横山综合体项目、詹家镇安置小区项目、凤梧邻里中心、数字经济产业园等市场化项目。

贸易融资。调整经营思路，开展市场调研，抢抓市场先机，开展贸易业务，改变传统靠租金收入为主要营收的经营模式，配送中心大宗商品贸易实现从无到有突破。9月获取全县教育系统招投标配送资格，全年配送业务额300万元；钢材贸易业务与广和星悦湾、南海家苑一标、城北纸浆园、农批二期等工地、企业达成供货合作，全年供货量10269吨，营业额2400万余元。

山海协作项目。县商贸公司与龙游县同阜企业管理有限公司成立龙游县海隆科创有限公司，双方共同出资1.0008亿元投资宁波市镇海浦成建设投资有限公司，开展龙游—镇海山海协作“消薄飞地”小微企业科创产业园项目，第一期投资固定收益500.4万元。分配“消薄飞地”投资收益至县内113个行政村，分配金额331万元，增强全县集体经济薄弱村自我发展能力，完成消薄工作目标任务。

（县商贸物流公司　童晖）

【龙游县文化旅游发展有限公司】2020年，龙游县文化旅游发展有限公司（以下简称县文旅公司）立足企业抓特色，创新思路寻亮点，全年完成接待游客总量95.7万人次，实现营业收入约2200万元。其中石窟景区接待“免费游”游客32.83万人次，接待购票38.08万人次；民居苑景区接待游客12.88万人次，其中免费游约11.87万人次，免费接待龙游人约1万人次。六春湖旅游度假区项目获市重大项目推进年“互看互比互学”第一名；傅雯雯等3名讲解员获市第五届讲解员大赛“金牌导游”“明星导游”称号。

六春湖旅游项目。总投资约2亿元六春湖客运索道工程及室外配套工程顺利完工并交付使用，索道设备于4月12日经国家索检中心验收通过，正式投入运营。年内，完成六春湖景区游步道木栈道部分、沿线配套休息亭、卫生间装修，综合服务区结构主体施工中。六春湖景区10千瓦配电工程桃源尖配电房结顶，山上游客线路完成50%以上，电缆敷设、电缆井等施工中。六春湖滑雪运动公园山塘水库、临时道路由衢江区发包完成。六春湖桃源尖帐篷酒店项目已与运营方接洽，进行设计方案二次调整，达到初步设计深度。六春湖景区通景公路沿线景观提升项目方案设计深化中，完成六春湖山顶云岭度假酒店（六春湖悦椿悦柳酒店）项目初步方案设计，衢江区部分规划用地完成调整。六春湖旅游度假区详规编制中，完成地热物探勘查，组织评审后，开展探采井钻探施工。

六春湖景区联手开发。六春湖景区项目启动以来，龙游县、衢江区两地联动，围绕六春湖70平方千米优质自然资源，探索“优势互补、资源互通、整合联动”一盘棋开发模式，助推六春湖景区融入全市诗画风光带。通过建立两地联席会议机制，签署战略合作协议，统筹解决六春湖景区总体规划政策处理难题。与衢江区康投有限公司共同组建浙江六春湖文旅公司，发挥国有资本功能，建立跨区域利益分配机制，推进项目前期工作，实现“成本共担、项目共建、利益共享”。

加强文旅宣传。2020年5月1日，六春湖客运索道开始试运行，通过开展“星空帐篷露营”，举行“绿色中国行——走进美丽龙游暨中国绿色

图82　2020年10月28日，龙游县举办绿色中国行——走进美丽龙游暨中国绿色碳汇基金会成立10周年系列宣传活动　（县文旅公司／提供）

碳汇基金会成立10周年系列宣传活动启动仪式”等，提升六春湖知名度。10月14—17日，在龙游石窟景区举办为期4天的2020龙游石窟国际音乐盛典，持续提升龙游石窟知名度、影响力。“石窟国际音乐盛典”“六春湖帐篷露营”活动等成为拓展文旅市场新引擎。

基础配套设施建设。民居苑聚宝街灯光及景观提升项目总投资1800万元，范围涉及民居苑聚宝街、鸡鸣塔、铁路遗址公园等周边区块，内容包括灯光亮化、景观提升改造以及多媒体互动设备采购安装施工等。铁路遗址公园区块灯光亮化及景观提升改造工程完工，进入结算审价；多媒体互动设备安装于12月底基本完成，进行调试及初步验收。完成民居苑配套停车场小车停车场土建施工以及监控、道闸设备等配套设施安装，11月投入开放使用；大巴停车场完成基层处理，12月底基本施工完成。

文物保护修缮。按照省文物局评审批复进度，陆续完成鸡鸣塔、庙下店铺、徐氏民居、汪氏民居等文保建筑修缮工程施工；完成翊秀亭修缮工程和文保监测事项的发包，开展初步监测和施工准备工作。民居苑2020年度保养维护工程于9月完成发包并进场施工，共包括11处单体建筑，已完成方氏民居、廊桥、水榭、水阁楼等4幢建筑保养维护施工，2幢屋面施工。完成石窟景区景观提升改造工程、1号洞口检票厅装修改造工程和游客中心及马鸟鱼广场区块服务用房屋面石板清理施工；小南海石室抢险加固工程（1#、3#、4#、6#、24#洞室）方案于9月经省文物局批复同意，年内已完成施工图设计并报县文广旅体局审批，进行招投标文件及施工图预算编制，准备发包。12月2日，邀请中科院、山东建筑大学、西安科技大学等专家学者召开小南海石室抢险加固工程和二期项目（水文、地质和石窟结构稳定性前期勘察）方案讨论会，形成基本意见。

大南门历史文化街区保护开发。基本完成2019年年底启动投资额约3000万元的大南门挑水巷片区30幢古建筑修缮施工（代建项目）；完成投资额约70万元的西湖片区临时道路施工和场地平整废渣清运、应急消防通道工程施工。对大南门历史文化街区重新委托方案优化设计单位，并提交优化方案和初步设计评审通过，开展项目管理单位（监理）和EPC总承包招标发包相关事项，5月28日和12月7日分别完成大南门西湖片区（9200万元）和DNM-1土地摘牌（38500万元）。

（县文旅公司　金燕）

【龙游县水务集团有限公司】2020年，龙游县水务集团有限公司（以下简称县水务集团）通过优化整合国有资产，加速推进市场化转型方式，不断提升集团综合实力。2020年水务集团营业收入7.37亿元，利润1.84亿元；完成售水量1829万立方米，污水处理量1515万立方米；完成政府性项目投资2.63亿元，实现企业经营性项目投资2.4亿元。2020年11月，在全县国资系统首家获得AA主体信用等级，为水务集团做大做强做优产业发展奠定基础。

产业发展。推动集团产业布局优化和结构调整，形成水务资源整合、城乡水务运营、固废与污泥循环利用、海绵城市建设等四大产业板块发展新格局。2020年，水务集团积极应对新冠疫情对市场影响变化，利用高新技术企业优势，加大科研经费投入，在国内打响“浙江一颗砂”“中国一块板”“亚洲一池泥”的龙游水务技术品牌。积极向外复制、推广固废污泥利用“龙游模式”，公司“一体两翼”产业布局效能得到全面释放。

城乡供水。统筹谋划全县供水体系，着力推进城市供水管网延伸、乡镇水厂改扩建及管网延伸、联村供水、单村供水四项工程，总计划投资3.68亿元。年内完成涉及13个乡镇113个村（含黄茶小镇）的农村饮用水达标提标工程，惠及农村人口16.17万人。按照龙游县农村饮用水提标达标工作要求，做好县级水厂和乡镇水厂整合，6月注册成立龙游华水农村供水发展有限公司，承担横山水厂、湖镇水厂、溪口水厂、塔石水厂等运营工作，优化资产配置，建立农村饮用水集中运维管理体系，提高农村饮用水安全保障水平和资源专业使用效率。

河道疏浚。按照精品骨料生产要求，利用高新技术，深化疏浚组织和尾渣利用工艺研究，开展骨料加工和输送装备技改，延伸完善智慧工厂运行水平。全年精品砂石占比达15%以上，打响水务精品砂品牌，尾渣加工产品销售价格成为市场风向标，河道疏浚和尾渣利用方式被水利部称为“龙游模式”。

海绵城市。按照规划设计—研发—检测平台、新型材料生产平台、投资融资平台、海绵城市建设平台、推广服务平台建设要求，完善创新和服务内涵，打造国内先进海绵城市产业园区。年内，通过省商务厅“全省预拌混凝土行业清洁生产”第三批验收，入选2020年度浙江省“放水养鱼”行动计划培育企业，中国砖瓦工业协会海绵城市材料专业委员会秘书处坐落县水务集团；日400吨污泥处置项目被国家发改委纳入重点项目扶持名录；建立衢州市级企业技术中心、衢州市工程技术研究开发中心；完成省级高新技术企业研发中心现场审核申报工作；8月获得浙江省新型墙体材料产品认定证书和浙江省新型墙体材料生产企业检验室合格证；12月完成县级专家工作站申报工作。全年完成研发项目9项，取得实用新型专利12项。

美丽河湖。按照省美丽河湖标准，高起点，高标准，高要求，做

图 83　社阳水库清淤增容工程（北区）水上施工（县水务集团／提供）

好河道湖泊维修养护工作，县水务集团负责的白鸽湖、灵山港（沐尘水库—下徐村）被评为浙江省2020年美丽河湖。6月，县水务集团下属的双江水利公司与河海大学、县林业水利局合作科研课题《龙游县中小河流滩地时空演化机理及生态修复技术研究》荣获浙江省水利科技创新二等奖。

智慧水务。利用信息化、数字化、智能化技术，建成智慧水务基础平台。包括大数据管控中心、KPI水务指标分析、生产综合调度系统、漏损控制管理系统、客服热线系统、工单管理系统、计量管理系统、网上营业厅等系统。实现整体式、精细化、流程化、制度化管理，全面提升企业管理水平、服务水平。至年底，地下管网数字化档案623千米，数字化管理水表4.4万只，实现供水管网数字化、动态化、可视化及智能化管理模式，为供水管网规划设计、建设施工、事故抢修、漏损控制、生产调度、用户服务等提供信息化平台，实现供水管网智慧管理和科学运营，提高企业经济效益和社会效益。

（县水务集团　康利军）

统　计

【概况】 2020年，龙游县统计局围绕统计数据质量核心，坚决防范和惩治统计造假，精准有效提供统计服务；深化统计制度方法改革，强化统计基层基础建设，为统筹推进疫情防控和经济社会发展“两手硬、两战赢”、高水平全面建成小康社会和“十三五”圆满收官提供坚实统计保障。2020年，全地区生产总值247.61亿元，同比增长4.4%，全市排名第一；规模工业增加值61.33亿元，同比增长5.2%，全市排名第三；固定资产投资115.85亿元，同比增长3.9%，全市排名第三；一般公共预算收入19.63亿元，同比增长3.7%，全市排名第一。

【第七次人口普查】 2020年5月底，全县15个乡镇（街道）和11个社区、263个行政村完成组建人口普查机构。7月21—24日，组织人口普查业务骨干50余人，在东华街道张王村开展入户登记试点，通过手机采集全过程实战演练，掌握普查表登记流程和方法。8月13日，召开户口整顿工作推进会，对全县常住人口、流动人口、集体户、空挂户、应销未销户等进行全面梳理。8月18日，全县划分普查区277个，普查小区1956个，完成建筑物标绘101031个，审核通过率100%。通过指导员和普查员集中培训，对普查对象、登记原则、普查表填写和时间节点要求等进行重点讲解，通过习题讲解、案例分析和互动答疑方式帮助理解消化；配合PPT课件演示，现场指导每位指导员使用电子采集设备操作方法，达到运用自如。组建各普查区块工作小群，通过线上辅导、网课讲解等，巩固培训成果；组建业务联络小组及“讲师团”，担负日常业务指导和“传帮带”任务，在15个乡镇以及教育系统、经济开发区开设小班专场培训，确保人人应知应会。综合业务培训历时14天，培训指导员和普查员19批1499人，编辑和发放各类培训教程、手册1500余套。录制实用操作小视屏10余条。11月1日，启动人口普查登记工作。普查员采用电话预约、错时上门和参考行政资料，提高登记效率。对建筑工地、商铺、出租房等特殊区域人群的排摸，运用电力大数据识别空户，确保源头数据准确无漏。

【经济普查】 规范有序推进第四次经济普查资料开发工作，充分挖掘普查成果；在龙游县政府网、龙游新闻网和《今日龙游》及时发布“龙游县第四次经济普查主要数据公报”（第一、二、三号）。精心组织经济普查专题分析，完善基本单位名录库工作，为全县重大发展战略、新发展理念和高质量发展提供全面、翔实、可靠的统计数据信息支持，最大限度发挥经济普查的社会功效。

【统计执法工作】 2020年7月县政府办公室印发《关于进一步加强统计工作确保统计数据质量的通知》，建

图 84　2020 年 7 月 9 日，龙游县统计局、发改局、经信局专题讨论“防范和惩治统计造假”工作　（县统计局／提供）

立数据质量内控和外部监督长效机制，执行统计数据质量部门主要领导和分管副县长签字背书制度。县统计局健全内部管理制度，印发《龙游县统计局全面落实防范和惩治统计造假弄虚作假责任制实施办法》《龙游县统计局关于开展统计造假问题专项整治工作实施方案》等，组织乡镇（街道）及联网直报调查对象开展自查自纠。按照《关于加强统计领域数字造假问题监督执纪问责工作的实施方案》要求，协同县纪委监委派驻纪检组全程参与统计法治工作，共同开展现场数据质量核查、双随机统计执法检查。加大对各乡镇（街道）、经济开发区统计数据质量检查督导力度，“互联网＋监管”随机执法检查企业 22 家，对 1 家规模以上工业企业提供不真实统计数据进行立案，给予企业警告并处人民币贰仟元罚款。利用掌上执法，对 50 个项目开展投资统计台账专项进行治理；对 42 家统计调查单位开展涉外调查专项执法检查，其中现场实地核查单位 6 家。以第七次全国人口普查、“9•20”统计开放日为契机，广泛宣传统计法律法规，印发统计法宣传单 600 份，发放《以案释法统计普法宣传手册》1000 余份。

【常规统计调查】　围绕争先创优经济运行月度评价指数（MEI）评价方案，剖析指标体系中主要指标与匹配性指标的关系，配合参与工业、投资、消费等专班工作，密切跟踪主要指标变化，做好分析研判，提出对策建议，二季度 MEI 指数名列全省第十、全市第一。每月向党委政府及经济部门提供数据和材料，全年撰写统计信息 32 条，统计专刊分析 22 篇。被省统计内网采用信息 7 条，市统计内网采用信息 12 条。编印《统计月报》11 期，通过政府信息公开网发布统计信息 432 条，全方位、多角度反映全县经济社会发展情况。《龙游县一季度商贸业销售额分析预测》《精准施策切实提高低收入农户收入水平》《基于 1—10 月主要经济指标对全年 GDP 的分析建议》等专报得到县委县政府主要领导批示。积极服务高质量发展指标和 26 县发展实绩考核工作，强化与省、市及相关部门沟通，加强与全市对比、与相邻县（区）对比、与全省 26 个山区县对比，通过对比分析，找出特点优势，进行统筹谋划。

【数据质量提升】　严格执行企业升规入库条件，规范入库流程，凡新升规入库企业和投资项目，要求专业人员实地核实，坚决杜绝不达规模企业进库。全年新增“四上”（规模以上工业企业、资质等级建筑业企业、限额以上批零住餐企业、规模以上服务业企业）企业 53 家，其中工业 24 家，建筑业 13 家、批发零售业 12 家，房地产业 1 家，规模以上服务业 3 家，5000 万元以上投资项目 69 个。实行数据上报动态监控和数据异动查巡制度。依托“一套表”平台，开展重点领域统计数据自查自纠，对同比、环比波动较大的企业、投资项目逐一查询，利用历年数据分析对比，结合季节气候、政策、企业变动等因素，以及经信部门掌握的信息，进行匹配性审核与评估，排摸并消除高风险专业隐患。全年共完成核查规模以上工业企业 140 家，投资项目 87 个，规模以上服务业企业 29 家，贸易企业 109 家，建筑业与房地产专业企业 14 家，能源企业 22 家，劳动工资企业 20 家，15 个乡镇（街道）139 个行政村农业数据台账，低收入农户 70 户；加强纠错纠偏，提升统计数据质量。

【服务企业复产】　严格执行党委政府关于疫情防控工作各项要求，参加县防疫专班数据对接组和“战时服务团”，实时监测企业复工复产进度，协调帮扶企业，疏通复工复产难点。为客观准确研判疫情对经济运行的影响，统计人员及早着手，选取工业、建筑业、批发零售业、餐饮业、住宿服务业等代表性企业，采用网络问卷调查、电话询问等方式，了解重点企业和行业生产经营状况、复工复产情况、面临困难及应对疫情的措施及诉求，撰写《复工复产、投资情况分析》《生产性服务业新冠肺炎疫情下产能恢复情况分析》《疫情对我县企业影响的调研报告》等报告，针对疫情期间企业生产经营中存在的突出问题提出建议，研判全县经济短期、中长期走势，为领导决策起参谋作用。

（县统计局　夏水财）

调　查

【概况】 2020年，国家统计局龙游调查队（以下简称龙游国调队）坚持依法治统依法统计理念，不断夯实统计基层基础，坚持疫情防控和统计业务工作两手抓，顺利完成全年各项工作任务。2020年，龙游县全体居民人均可支配收入37330元，比上年同期增加2589元，增长7.5%。其中城镇常住居民人均可支配收入51024元，增加2782元，增长5.8%；农村常住居民人均可支配收入26721元，增加1866元，增长7.5%。

【居民收支调查】 全年确定住户样本点27个，记账户270户。有序推进住户样本轮换，通过开展辅助调查员培训、入户调研、农村点分村培训和城镇点“一对一”指导等方式，顺利完成新记账户开户。按省调查总队要求积极推广电子记账户，本轮新样本电子记账户比例达到84%。

【粮食抽样调查】 2020年，粮食产量监测调查样本村25个，开展4次种植面积调查（12月秋冬播面积调查，3月春播面积调查，4月早稻面积调查，8月夏播面积调查），2次意向调查（2月全年种植意向调查，11月秋冬播意向调查），2次预产调查（夏粮预产调查和秋粮预产调查），2次实产调查（夏粮实产调查和秋粮实产调查），3次实割实测（早稻、单季晚稻和双季晚稻实割实测）调查。

【工业生产者价格和采购经理调查】

年内新增1家采购经理调查样本企业，剔除11家无交易样本企业，数量由2019年45家减少为35家，保证样本代表性。开展小微企业及个体经营户跟踪调查，全县样本库企业15家，尚存7家。协助市调查队完成小微企业融资情况调研和小微企业失败案例调研。

【月度劳动力调查】 为反映城乡劳动力资源、就业和失业人口的数量、结构和分布，经济运行变动趋势，城乡居民就业质量和生活保障情况，帮助政府制定和调整就业政策，改善宏观调控，加强就业服务提供依据。全年开展月度劳动力调查点6个，具体为龙洲街道清廉社区、东华街道东华社区和十里铺村、湖镇镇东金村、大街乡方旦村、塔石镇傅仓村。考虑到社区常住人口多、入户相对困难的实际，城镇社区调查点多增设1名调查员，共选聘8名调查员，配备8台PDA。

【专项调查】 1月开展全省营商环境试评价调查，11月开展全省2020全面从严治党民意调查。配合衢州调查队于三季度开展衢州市“有礼指数”测评，10月上旬开展衢州市2020全面从严治党民意调查。自主开展两项专项调查，4月龙游县创建省示范文明县城满意度调查，10月龙游县公共文化服务群众满意度调查。同时完成其他专项调查工作。7月安排一名队员参加总队2020年全省文明城市测评工作。

【农村务工监测】 2020年，龙洲街道柳村村，湖镇镇下田畈村、周家村、溪底杜村、蒲塘村，塔石镇塔石村，小南海镇雅塘村，模环乡刘家村、大治村，石佛乡三和村，社阳乡凤溪村，罗家乡姜家村等12个村为农民务工样本村，调查对象120个。

【畜禽养殖监测】 依照主要畜禽监测调查要求，持续夯实基础名录，纳入调查队监测生猪规模养殖户445家，调查样本涵盖全县95%以上规模猪场，占全市比重56%；注重提升调查水平，全年累计召开业务培训11次，不断提升基层统计人员业务素质和能力；协同县统计局、农业

图85　2020年11月20日，龙游国调队召开2020年第四季度畜禽调查培训会

（龙游国调队／提供）

农村局，宣传畜禽调查的制度方法、指标口径，强化部门联动，促进法治宣传；编制“一键式”审核录入功能电子表式1套，创新审核方法。

【统计服务】 围绕产业发展、乡村振兴等重点项目，挖掘一手资料，服务地方民生发展，确保工作不断、数据不乱、服务不停，为推进复工复产、恢复正常经济社会秩序做好数据支撑和决策参考。全年共撰写各类信息共106篇，其中工作信息46篇、调查信息6篇、调查分析25篇、调查专报3篇、专题调研6篇、课题调研3篇、原创微信17篇，其中2篇调查分析在国家统计局内网采用。研究出台《农村经济观察员队伍管理办法》，在全县聘请19名农村社会经济观察员，定期电话专访、实地走访、座谈交流，助力调查数据趋势研判。

【统计法治建设】 全年召开专业培训会议22次，累计普法600余人次。开展统计数据质量检查28次（含上级检查13次），实现乡镇街道检查全覆盖。通过“双随机”对6家工业企业，开展价格执法检查2次，对其中2家企业给予警告处分。其中一次为自主执法检查，实现独立执法检查“零的突破”。

（龙游国调队　傅银川）

县海关事务服务中心

【概况】 龙游县海关事务服务中心主要职责是协助衢州海关做好龙游县进出口海关申报中的现场综合业务受理、处置，单证验核、流转，原产地证书审核、签发，取样送检等工作；协助开展进出境运输工具、货物检查、检验、检疫和监管，负责收集、分析和通报有关进出口信息及国外技术性贸易措施；协助衢州海关接受报关企业注册（变更、延续）登记许可申请及随附单证；提供相关海关政策和业务咨询等。2020年，全县外贸进出口总值49.90亿元，同比增长13.93%（全市进出口总值平均增长3.39%），占同期衢州市外贸进出口总值13.92%。其中出口39.12亿元，同比增长13.88%（全市出口值平均增长6.36%），占同期衢州市外贸出口总值15.43%；进口10.76亿元，同比增长14.13%（全市进口值平均下降3.15%），占同期衢州市外贸进口总值10.27%。

【助力企业复工复产】 派员参加龙游地方“战时服务团”集中办公，协助县经济开发区管委会审核企业复工复产申请，落实企业网格化管理，推进企业复工复产；对龙游辖区内148家进出口企业开展调查摸底，了解企业复工复产情况和存在困难，及时反馈上级或相关部门；协助地方出口专班开展“订单＋清单”帮扶活动，支持外贸企业稳订单、拓市场、保份额；落实海关总署相关查验要求，对进口设备提前关注物流情况，做到随到随验，确保设备早日安装调试投入使用；深入企业开展业务调研，了解企业需求，分析企业报关报检过程中的痛点、难点、堵点，提出相关建议，积极向上沟通联系，促进企业扩大出口产品。

【着力服务地方】 疫情期间，快速验放相关进口机械、设备。全年共查验进口旧机电设备6批，其中成套设备4批18个集装箱；查验进口新设备5批；查验医疗设备2批。落实产地证信用签证工作，助推产地证自助打印模块，做好窗口咨询和服务。全年共受理新注册企业28家，受理出境报检出证300多份；各类原产地证签证1600多份，签证金额5000多万美元。严格落实进口危险化学品及其包装“口岸查验、目的地检验”要求和出口危险化学品及其包装“产地检验、口岸查验”要求，出具出入境货物包装性能结果单2072份，出具危险化学品及其包装使用鉴定结果单381份；查验出境危险化学品12批，对发现问题及时提出整改意见，压实安全生产主体责任。对出境竹木制品实施抽样查验48批；出境宠物饲料安全风险监控抽样查验4批。助推龙游港区建设及造纸产业发展，与地方政府、部门共同研究设立保税仓库。

（县海关事务服务中心　郑雅分）

图86　2020年7月17日，龙游县海关事务服务中心工作人员到辖区内危化品企业开展现场查验
（县海关事务服务中心／提供）

审　计

【概况】 2020年，龙游县审计局完成审计项目13个，查出主要问题金额238160万元，其中违规金额37049万元，管理不规范金额201094万元，促进被审计单位上交财政资金3274万元。移送案件线索3件，涉案金额338万元，其中3人被问责处理。审计提出建议50条，被采纳20条；提交审计信息59篇，被上级领导批示或采用30篇。创市级优秀项目和表彰项目各1个。

【财政审计】 组织实施龙游县2019年度财政预算执行及决算草案审计。通过"数据分析＋现场核查"对全县65家一级预算单位实现大数据审计，对龙游县交通局等9家部门决算情况进行重点审计，促进被审计单位整改问题资金、上缴财政3274万元。

【经济责任审计】 全年共完成5个单位9名领导干部经济责任审计和自然资源资产离任（任中）审计。其中实施自然资源资产离任（任中）审计项目1个，促进领导干部贯彻"绿水青山就是金山银山"理念，助力打造绿色新明珠。受县委组织部委托，完成7名县管干部离任交接工作；配合完成全县村（社区）级干部换届候选人共2000余人的任职资格审查工作。

【民生审计】 组织实施基本养老保险、重大水利项目实施等审计项目5个。开展重大水利项目专项审计调查，揭露水利规划执行、管理体制、项目过程管理以及资金管理使用等方面问题25个，提出审计建议4条，推动全县水利行业进一步健全制度，完善管理；实施企业职工基本养老保险基金专项审计，对全县企业职工养老保险政策制定和执行情况及基金征缴、使用等情况进行全面梳理，掌握实情，摸清底数，揭示问题，提出建议，为省级统筹打好基础；开展非市场化改革国资公司运营情况专项审计，移送问题线索2起，移送处理金额338万元，促进建立健全内控制度、风险防控机制。

图87　2020年6月12日，龙游县审计局对龙游县重大水利项目实施情况进行专项审计　　（县审计局／提供）

【政策执行审计】 组织开展应对新冠肺炎疫情防控资金和捐赠款物专项审计。通过调查资金流向、物资管理、政策落实情况，促进有关单位加强内控管理，防范风险，规范使用疫情防控物资资金，助力全县疫情防控攻坚战。组织实施扶贫专项审计，重点聚焦农村饮用水达标提标、集体经济薄弱村消除、山海协作以及新冠肺炎疫情对脱贫攻坚造成的不利影响等情况，促进政策落实落地。通过审计监督，分析存在问题原因，提出合理化建议，巩固脱贫攻坚成果，持续推进全面脱贫与乡村振兴有效衔接。

（县审计局　余丽晓）

公共资源交易监督管理

【概况】 2020年，龙游县公共资源交易监督管理办公室（以下简称县监管办）坚持疫情防控和公共资源交易监管两手抓、两促进，全力推进招投标全流程电子化建设和营商环境建设，促进全县重大项目建设快速有序进行。全年累计办理各类项目847宗，交易总额69.2亿元，实现节约资金4.76亿元和资产增值7.09亿元。其中建设工程项目245个，成交金额29.456亿元，节减资金4亿元，节资率11.96%。政府采购项目477个，成交金额6.13亿元，节减资金0.76亿元，节资率11.03%。土地交易69宗，成交金额33.4亿元，增资7.02亿元，增资率26.59%。产权交易56宗，成交金额2070.46万元，增资759.76万元，增资率57.97%。

【助力复工复产】 疫情防控期间，凡能通过网上办理的交易服务事项一律通过网络在线办理。凡建设工程、政府采购项目一律通过县电子交易平台、钉钉、微信等形式线上报送审批。涉及保障城市运行必需、疫情防控必需等项目，建立"绿色通道”，优先安排。对乡镇平台小额工程，确需紧急招标项目，建议乡镇应用县交易电子平台交易系统进行。制定《项目进场交易疫情防控方案和应急处置预案》，按照应急预案要求，配备测温仪、口罩、消毒液、一次性手套等防疫物品，做好开评标室消毒和通风工作。严格控制进场人数，对进入开评标场地服务对象和评标专家进行身份核验、信息登记、体温检测、查验健康码，间隔就座，降低人员聚集造成交叉感染风险。安排“三服务”专员走访施工建筑企业，对全县 77 个 400 万元以上在建项目，做好“一项目一分析”，对项目经理到场情况进行分析研判，把握各项目复工复产情况并提出指导意见，助力企业有序复工复产。

【优化营商环境】 围绕“打造营商环境最优县”，4 月上线衢州市内首个小额工程“不见面开标”系统。实现小额工程全流程线上电子化操作，提升项目招投标效率（由原来平均每个项目 30 分钟投标时间缩短至 10 分钟以内），降低制度性交易成本，为企业节约行政成本 1000 多万元。乡镇农村小额工程全部纳入县“不见面开标”平台操作系统，减少村干部违规插手工程、消除开标现场混乱等现象。至年末，共上线运行项目 819 个。2020 年 11 月上线产权交易竞价系统，从报名到成交，竞拍人无须到场，足不出户就可参与竞拍，真正实现“零跑腿”。全面取消小额工程年度投标保证金，以签署诚信投标承诺书替代缴纳 20 万元投标保证金。全年为 90 余家企业办理年度保证金退付资金 1860 余万元；为 51 家新进招标企业节约资金成本。2020 年 7 月，全面启用投标保证金电子保函服务系统，推广以电子保函替代现金保证金，可释放社会资金近 6000 万元，有效减轻企业资金占用成本。

图 88　2020 年 12 月 2 日，龙游县监管办“三服务”专员走访、检查端礼三区（东）安居工程施工建筑企业　（县监管办／提供）

【强化综合监管】 牵头组织县住建局、交通运输局、林业水利局等行业主管部门，抽查 33 个政府投资 400 万元以上项目，共发放质量、安全整改通知书 50 份，为项目质量保驾护航。加大 400 万元以上投资项目现场影像考勤管理，加强日常现场检查频次。对严重违反考勤制度的 8 家企业扣除违约金，记录不良行为并公告 3 至 6 个月，限制其在县内参与招投标。加强招投标违法案件调查处理，摸排、查办招投标领域涉黑涉恶线索。全年共受理信访投诉件 3 件，查处涉嫌挂靠、转包、弄虚作假等招投标违法案件 35 起，移送公安、监察部门案件 8 起。

（县监管办　林光辉）

农业·林业·水利

概 述

【概况】 2020年，龙游县农业、林业、水利以重点特色产业为主导中心，贯彻新发展理念，继续探索链条式集成发展。结合政策引产，更新栽种模式，实现提产增质并举，全方位保障粮产基础，多育他类农作物，富余农产品种类。结合龙游县丰裕自然生态优势，开拓“两江走廊”平台局面，打造有礼诗画风光带。农村改革实地跟进，公厕管理体系接续完善，垃圾分类运行机制再度进阶升级。结对帮扶定点落实，结合领域政策，施行定位扶贫。以要点景区产业为基地，运用新时代网络驻流媒介，创建直播服务新兴产业平台。发展林下绿色生态经济，保障林业属地建设规范，做好林业生态文化宣传。构筑良好养殖环境，严防生猪疫病，助力生猪引种。技术兴渔，绿色发展，形成高效生态健康养殖模式。强化水旱灾害防御力度，完成干渠维护、水电站整改、河道整治，堤岸修建等重点施工项目，严控用水资源，确保饮用与灌溉用水供调有序。

【高质量发展产业】 2020年，龙游县粮食种植面积2.01万公顷，粮食产量12.3万吨。调动全县种粮生产积极性，强化政策激励“引粮”，在原有2014.36万元省补资金的基础上，配套县级补助资金1460万元；强化技术推广“增粮”，重点开展连作晚稻千亩示范等千亩示范片12个、鲜食秋大豆百亩示范等百亩示范方20个，累计推广0.12万公顷。深化农业“机器换人”，创建农业“机器换人”示范乡镇（溪口镇）1个，农业“机器换人”示范基地（龙游胜丰家庭农场）1个，省级农机专业合作社示范社（龙游顺金农机专业合作社）1个。年内新增种植农机设备886台（套），开展水稻机插秧测深施肥示范面积66.67公顷，全县水稻综合机械化率达86.5%，水稻机械化种植面积达到1万公顷以上，粮食批次烘干能力达3100吨。创新三熟制种植模式，在推广0.11万公顷“早稻—鲜食秋大豆”模式的基础上，高效利用农闲田，试验示范146.67公顷“油菜—早稻—毛豆”三熟制模式，将三熟制模式总生育期415天“缩短”至345—355天，实现亩均年产值5832元，相较传统双季稻模式、“早稻—鲜食秋大豆”模式分别增长129.07%、22.16%。油菜种植面积达6480公顷，机收面积1600公顷。

【生猪养殖】 2020年，龙游县生猪存栏32.33万头，累计出栏46.14万头，生猪饲养量在全省90个县（市、区）位列第一，龙游县被浙江省农业农村厅、浙江省财政厅、浙江省水利厅等7个部门评为生猪特色农产品优势区。聚焦存量挖潜扩容，通过建立种猪、仔猪资源共享平台，实现信息共享、资源互通，帮助养殖场缓解引种困难。积极引进大北农、正邦等集团公司，以收购、租赁、代管等形式参与县生猪养殖，推动16家养殖场与大型养殖集团公司深度合作，帮助86家养殖场引进种猪0.78万头、仔猪3.27万头，合作产能达2.1万头以上。6月，龙游昌农现代化仔猪繁育基地建成投产。12月底，县级生猪运输车辆洗消烘干中心投入试运行，日均洗消烘干车辆可达30辆以上。积极发挥引种补贴、贷款贴息等各类政策效能，激励养殖户引种补栏，截至2020年年底已拨付补助资金342.6万余元。

农 业

【概况】 2020年，龙游县农业农村局对标对表同步高水平全面建成小康社会目标任务，坚持抓重点、补短板、强弱项，全力推动“三农”（农业、农村、农民）高质量发展实现农业农村现代化。在县委、县政府的正确领导下，龙游县成功入围东部沿海地区率先基本实现农业农村现代化试点县，成功创建省级渔业健康养殖示范县、省级农业绿色发展先行县，获全省深化“千万工程”建设新时代美丽乡村工作考核优秀县、浙江省扶贫开发工作成绩突出集体。2020 年，龙游县农业生产总值 30.03 亿元。

【疫情防控】 严格按照县委、县政府统一部署，全员参与卡点值守、干部清楼、党员联户等各项工作。制定《关于确保“菜篮子”产品、农业生产资料、重要物资正常流通秩序的紧急通知》《关于应对疫情支持农产品稳产保供的八条意见》等一系列政策文件，通过专车接送、物资调配、代办跑腿，全程为企业提供服务，保障企业顺利复工复产。新冠疫情防控期间，龙游县累计办理“菜篮子”电子通行证 285 张，帮助农户调运饲料、化肥、农药等生产物资 5335 吨，肉蛋奶、果蔬等农产品 1283 吨，家禽 81 万羽，生猪 9200 头。12 月，总投资 2.18 亿元的“菜篮子”重点招商引资项目——杭州杭北悯农有礼蔬菜生态产业园项目正式签约入驻，项目建成后将有效延长蔬菜产业链条，全能保障农产品的生产与供应。

【“两江走廊”建设】 主动融入“钱塘江唐诗之路”和“衢州有礼”诗画风光带，高标准布局实施 15 个重点项目，总投资额超 155 亿元。2020 年 11 月，龙游至衢江段沿江公路绿道入选第四届 10 条“浙江最美绿道”之一。龙游红木小镇连续 6 年入选浙江特色小镇，于 2020 年 9 月底盛大开园，并顺利通过验收，白鸽湖商埠文化园后续成功落地。2020 年 7 月 8 日，承办全市“衢州有礼”诗画风光带“一县一园”现场会，以龙和渔业园为核心的现代农业产业综合园区获“一县一园”考评第 1 名。2020 年 12 月，龙和渔业园和大街神农谷中草药基地在第二次全市“一县一园”赛马评优中分别获得第二名和第三名。六春湖入选全省山地休闲旅游发展试点，打造云海、雪海、雾海、花海“四海”奇景，景区索道工程于“五一”期间顺利投运。溪口乡村未来社区以“溪口公社、快乐老家”为主题，创新构建“4+5”场景体系，包括四大特色场景（乡愁、乡里、共享、创业）、五大基础场景（乡貌、田园、健康、教育、交通），2020 年 9 月开园，核心区一期项目已投入运营。龙游“梦溪”美丽乡村夜经济精品线入围省级 12 条精品线名单。在“两江走廊”沿线组织策划团石湾啤酒音乐节、“潮起龙游嗨翻十月”等系列活动，共进驻各类商家 60 余家，引流超 15 万人次，拉动内需消费近 200 万元，打响团石湾乡村“夜经济”品牌，溪口镇被省农业农村厅评为全省十二条夜经济精品线路之一。曹垄村以“红润曹垄”为文化主题，融入红木小镇的红木文化，对标美丽乡村、文化乡村、休闲乡村、特色乡村、产业乡村等属性进行规划设计、提升改造。2020 年已完成周红坂村沿街外立面的改造及停车场的修建，村庄整体改造设计方案已完成，初步设计进一步完善中。

【特色产业发展】 2020 年县柑橘生产总量 10.8 万吨，同比增长 41.02%；9 月，“龙游麻鸡”通过部级评审，成功获得全国农产品地理标志登记；为加快现代农业产业发展，“龙游飞鸡”入选国务院扶贫办精准扶贫典型案例向全国推广；“一盒故乡”通过“乡愁经济 + 电商互联网”营销，2020 年销售额超过 1000 万元；龙游悯农生态产业园、花菇生态产业园、龙和生态农业冷链物流园等 3 个亿元以上农业招商项目顺利落地，计划总投资 4.5 亿元。

【农村改革】 规范农村土地承包管

图 89 溪口乡村未来社区 （县农业农村局 / 提供）

理，开展农村集体“三资”（资金、资产、资源）专项清理行动。健全县、乡、村三级土地流转服务体系，支持和指导村集体经济组织承担土地流转组织、协调、服务。2020年成功培育市级农村土地集中连片流转示范乡镇1个、示范村9个，新增土地集中连片流转点1个，完成承包地确权登记颁证“回头看”差错修改更正工作。持续推进农村金融改革，6月12日，召开龙游县农户小额普惠贷款推进会，全面开展全县农户小额普惠贷款评定、授信工作。截至12月底，授信103556户，授信金额130.87亿元，授信覆盖率100%，用信户数28084户。

【“美丽乡村”建设】 建立县域“五位一体”（以县政府为责任主体、乡镇政府为管理主体、村级组织为业主主体、农户和游客为受益主体、保洁员为服务主体）农村公厕管理服务体系，累计完成规范化公厕改造提升589座，新建AA级以上公厕24座，常住人口600人以上行政村规范化农村公厕覆盖率达100%，全县农村卫生厕所普及率达100%。在新槽村等地开展垃圾分类创新试点，建立零废弃站点，进行旧物二次回收利用，着力打造零废弃村庄。在溪口镇创新“龙游通+有礼积分”运行管理机制，将垃圾分类等纳入评分标准，积分可用于荣誉评选、优先享受社区服务、兑换奖品等。全县累计创建省高标准农村生活垃圾分类示范村7个，全县完成112座垃圾终端处理设施建设，建成垃圾兑换超市246余个，农村生活垃圾分类处理村237个，农村生活垃圾分类覆盖面达90.1%以上、回收利用率达47.8%以上、资源化利用率达92.8%以上、无害化处理率达100%。通过“基地+农户”形式，支持和鼓励农户利用庭院闲置土地建设养殖景观池，发展石斑鱼冷水养殖业。在团石村、红船头村开展无围墙“花园村”创建试点，构建“一户一处景、一线一风景、一村一幅画”新格局。落实村落活态保护，2020年第5批重点村溪口村项目经省综合评定为优秀，位列全省第二、衢州市第一，历史文化（村落）保护利用重点村项目（泽随村、石角村、溪口村）已连续3次被评价为优秀，位列全市前列。全年度完成7个市级、16个县级清廉村居示范点打造。累计创建省级美丽乡村示范乡镇7个、特色精品村19个、新时代美丽乡村134个，创建A级景区村庄159个、AAA级景区村庄23个。

【盘活农村集体经济】 以项目建设为依托，高效实施龙游—镇海山海协作“消薄飞地”项目、“抱团强村”消薄计划、光伏小康项目等系列工程，盘活农村集体经济，提高农村造血功能。利用土地指标换收益1.0008亿元，动员32个村自愿投资1300万元，共计出资1.1亿元在镇海澥浦镇经济开发区建设山海协作“消薄飞地”小微企业科创产业园项目，年总收益达到800万元。发展公共屋顶光伏和农光互补“光伏小康”项目，利用机关部门、村集体公共屋顶、农村闲散土地开发光伏项目，每年增加村集体收入864万元，共惠及151个村。截至2020年年底，全县263个村集体经济总收入20132.47万元，农民人均可支配收入26721元。其中经营性收入7758.01万元，240个村集体经济总收入达到20万元以上且经营性收入达到10万元以上；与2019年同期相比，村集体经济总收入增长率为12.92%。263个村级集体经济经营性收入全部达到10万元；经营性收入20万元以上的村93个，经营性收入50万元以上的村21个，经营性收入100万元以上的村9个。

【帮扶工作】 通过“大花园里话小康”等宣讲活动，对习近平总书记扶贫开发论述、扶贫惠民政策、增收典型案例等进行入户宣讲。实施定时定点服务，增设村级保洁、治安员等公益性岗位680个，实现有劳动能力的低收入农户家庭至少1人稳定就业。针对低收入农户因学致贫的现象，给予低收入农户本人或其家庭子女在校接受中等职业、高等职

图90 2020年7月19日，龙游县举行“大花园里话小康”“三农”故事大赛总决赛暨“8090新时代理论宣讲团”走进美丽乡村巡讲活动

（县农业农村局/提供）

业教育的每人每学年 3000 元助学补助。发放“雨露”计划助学资金 27 万元，资助困难学生 90 人。为全县低收入农户按每人每年 150 元标准投保商业补充医疗保险，2020 年度县低收入农户医疗补充政策性保险补助 11127 人，拨付省级财政专项扶贫资金 166.905 万元，防止低收入农户因病致贫、因病返贫。做好“小额信贷”使用跟踪指导，解决低收入农户的资金需求，助推自身生产发展和自主创业。全年累计投放贷款 135 万元，同比增幅达 39.18%。2020 年低收入农民人均可支配收入达 14656 元，同比增长 14.7%，全面完成年家庭人均收入“8000 元以下农户”消除任务。

【农业技术服务】 加强基层农技人员队伍建设，充分发挥乡村振兴讲堂作用，完成农村实用人才培训 3300 多人次，高素质培训农民 400 多人次，农创客培育 34 人。通过龙游通和钉钉平台组织 160 余次网络直播培训，参与人数超 4.5 万余人次。梳理 6 个乡镇（街道）属地管理事项，2 个部门间“一件事”事项，与联动部门、乡镇做好对接，分清职责，梳理工作程序，编制工作指南。依托互联网技术，通过“一次性告知”“容缺受理”、精简申请材料、优化办理流程、压缩办理时限、转变服务方式等措施，对行政许可、公共服务等 102 项服务事项进行简化流程，全面提升为群众办事效率和群众满意度。2020 年，100% 的事项实现“最多跑一次”，97.1% 的事项实现“零跑腿”，92.2% 的事项实现即办，5 个许可事项实行“告知承诺”制。

【农业安全生产】 开展《中华人民共和国民法典》《中华人民共和国渔业法》《中华人民共和国农产品质量安全法》等法律法规宣传，举办法律培训班 2 期，举行现场咨询活动 3 场次，接受群众咨询 150 余人次，发放宣传资料 1200 余份；结合绿剑执法、禁渔期制度实施等执法活动，发放“禁限用农药名单”，将普法工作融入日常监管环节。依法严格执行农资产品和生产经营许可的有关条件、程序和标准，强化日常监督检查，全年累计开展农产品质量安全监测 1031 批次，其中部级抽检 6 批次、省级抽检 324 批次、市级抽检 160 批次、县级抽检 541 批次，县主要农产品质量安全监测合格率 100%，指导乡镇和规模主体完成农产品快速检测 13162 批次，合格率达 99.7%。严厉查处生产经营假劣种子、套牌侵权、未审先推，违法添加高毒农药等未登记成分、有效成分不足假劣农药和无证生产、套用或冒用登记证及兽药、饲料和饲料添加剂、时令果蔬、畜禽产品等生产经营环节的相关违法行为。2020 年开展农业投入品监督抽检 100 批次，其中农药抽样 25 批次，肥料抽样 40 批次，兽药抽样 7 批次，饲料及饲料添加剂抽样 13 批次，种子抽样 15 批次；受理农业生产事故举报投诉 31 起，受理渔业非法捕捞投诉举报 100 余起，立案查处农业农村领域各类违法案件 24 起。严把道路农机安全关，2020 年 6 月底，全县变型拖拉机实现存量“清零”，提前报废淘汰变型拖拉机 646 台，补贴本地变型拖拉机 97 台，报废补偿资金 108.64 万元。指导乡镇、街道对全县 219 处凉亭、长廊、牌坊等农村公共设施开展隐患排查整治工作，发现并整改隐患 27 处。

【“美丽田园”建设】 打通水稻病虫害全闭环、智能化防治路径，技术指导方案通过“龙游通 App”精准推送到农户手机端，应急联动响应流程从以往的线下 5—7 天缩短至 24 小时内。严把动植物疫病防控关，完成绿色防控实施面积 1.65 万公顷。出台《龙游县 2020 年农药废弃包装物、农膜回收处置实施意见》。回收农药废弃包装物 54 吨，回收率 149.07%，使用农膜 15.2 吨，回收地膜 13.92 吨，回收率 91.6%；处置农药废弃包装物 96.235 吨，处置率 295.17%，处置地膜 20.425 吨。开展省级“肥药两制”（实名制和限额制购买）改革示范农资店创建，落实不合理施用化肥减量与农药减量，推进化肥实名制购买和化肥限额施用。全面规范农药经营许可，严格落实限制使用农药定点经营，推进农药实名制购买。通过侧深施肥，种植冬绿肥，推广配方肥、有机肥，新建水肥一体化、施用缓控释肥等技术措施持续推进化肥减量。落实绿色防控补贴政策，带动全县推广应用绿色防控技术面积 1.65 万公顷、统防统治面积 1.39 万公顷、商品有机肥 2 万吨、完成化肥减量 200 吨、农药减量 30.1 吨、创建省级“肥药两制”改革示范农资店 3 家。持续做好秸秆综合利用工作，2020 年秸秆综合利用率为 95.48%。在詹家镇完成水稻病虫害绿色防控核心示范区建设，示范区面积 33.33 公顷，通过应用太阳能杀虫灯、二化螟干式诱捕器、种花留草、科学用药等绿色防控技术，达到农药减量增效、稳产增收的效果。在塔石粮食生产功能区内新建农田氮磷生态拦截沟渠 1 条，沟渠长 1000 米，农田有效覆盖面积 53.33 公顷，氮磷有效减排量 0.09 吨。

【完成高标准农田建设】 完成高标准农田建设 0.09 万公顷，总投资 2248 万元。横山镇项家等 3 个村高标准农田建设项目 180 公顷（节水灌溉面积 13.33 公顷），总投资 436 万元。横山镇项家、脉元、下宅 3 个行政村，新建渠道 4.091 千米，硬化道路 2.571 千米，农田林网工程 1076 米；社阳乡源头等 5 村高标准农田建设项目 340 公顷，总投资 816 万元。涉及社阳乡源头、金龙、连上、大公、社阳 5 个行政村，新建渠道 4.359 千米，小型拦河坝 5 座，机耕

图 91　2020 年 6 月 18 日，举办“缘来红木·礼遇龙游”——龙游村播计划“县长来了”农产品展销活动　（县农业农村局／提供）

路 5.342 千米，硬化道路 3.599 千米，农田林网工程 1168 米，岸坡防护工程 1168.1 米；湖镇镇彭塘村等 5 村高标准农田建设项目 413.33 公顷（节水灌溉面积 13.33 公顷），总投资 996 万元。涉及湖镇镇彭塘村、希塘村、客路村、周家村、文林村 5 个行政村，新建渠道 3.398 千米；机耕路 8.706 千米，硬化道路 8.706 千米。

【直播带货】　以实施直播平台建设、直播人才引育、直播产业体系建设、直播生态提振等“四大工程”为抓手，推进“村播 + 企播 + 文播”三进工程，依托红木小镇的产业基础、景区功能和商务设施，与浙江广电集团联动打造中国 TOP 直播电商产业园龙游基地。6 月，成功举办“缘来红木·礼遇龙游”——龙游村播计划“县长来了”农产品展销活动，活动当日直播观看人数达到 31.47 万人，点赞 133.4 万次，获得淘宝 6.18 精品栏目第 1 名。12 月 17 日，该基地全面建成并开展启动仪式系列活动，线上直播参与人数超 30 万人次，先后共有百余家媒体宣传报道，总曝光量达 8500 万次。同时共创溪口、湖镇文林、米老大、大街新槽神农谷 4 个乡村振兴综合体，打造溪口镇、龙洲街道 2 个村播特色乡镇。

（县农业农村局　潜伟英）

林　业

【概况】　龙游县土地总面积 114361 公顷，林地面积 64169 公顷，占土地总面积的 56.11%。全县森林覆盖率 54.79%，活立木总蓄积量 161.15 万立方米，为省级森林城市，享有“中国竹子之乡”美誉。2020 年实现林业总产值 43.89 亿元，与 2019 年同比增长 3.4%。2020 年，龙游县林业水利局被评为森林浙江建设突出贡献集体。陈怀俊、林晓越获森林浙江建设突出贡献个人，陈怀俊获 2019 年中国北京世界园艺博览会浙江参展工作突出贡献个人，陈建龙获浙江省林业产业先进个人，吴柏林获浙江省东西部协作突出贡献奖，祝立宏、傅雄伟获浙江省森林生态保护突出贡献个人，钱文洁获第 13 届中国义乌国际森林产品博览会先进工作者。

【植树造林】　全年完成迹地更新面积 77.5 公顷，进度为年度计划的 137.15%。推进“森林龙游”“森林城镇”“生态文化基地”等系列建设，新增 1 个省级森林城镇（沐尘畲族乡），1 个生态文化基地（横山镇天池村）。新增国土绿化面积 309 公顷，完成“四旁”（路旁、沟旁、渠旁、宅旁）植树 31.2 万株。包括山地森林 0.6 公顷，坡地森林 37.47 公顷，城市森林 10.33 公顷，乡村森林 220.6 公顷，通道森林 40 公顷。以“绿村富民、花开百村”为主题，开展龙游县“一村万树”行动，建成省级“一村万树”示范村 6 个。新植珍贵树 18.3 万株，完成 2019 年珍贵树种发展 3 个“1000”（1000 片局长示范林、1000 个示范点、1000 个示范单位）示范点任务，建成珍贵树种局长示范林 2 片，建成珍贵树示范点 2 片，珍贵树种示范单位 2 个。

【林木种苗管理】　按照《中华人民共和国种子法》的规定审核发放 25 份生产经营许可证，完成 2020 年珍贵彩色树种省调控容器育苗任务。完成 3.1 万株浙江省林业局赠送的彩色珍贵树苗的调运和赠苗工作。配合省林产品质检站扎实开展笋类、土壤、办理、林下经济、野生动物等食品安全抽检工作，完成食用林产品自主抽检，合格率为 100%。全年完成龙游县林场国家彩叶树种良种基地面积 40.2 公顷，以枫香、槭树类、樱花为主要树种，辅以橡树、樟树、红豆树等彩叶树种。完成基地 26.67 公顷的抚育管理、基础设施建设、科技支撑等，针对不同树种实施相符合的抚育管理措施，配合科技支撑专家，完成资源库、试验林资源数据调查登记工作，精细化基地管理，共收集优质种质资源 131 份，包括枫香 35 份、橡树 34 份、樱花 52 份、槭树 10 份，累计收集保存优良种质资源 785 份（香樟 448 份、枫香 75 份、梅花 3 份、橡树 71 份、油茶 69 份、樱花 109 份、槭树 10 份）；共采油茶良种穗条 400 公斤（用于油茶嫁接育苗），采收樱花种子 24 公斤；培育容器苗木 98.9 万株，包括良种苗木 59.5 万余株、珍贵彩色树种容器苗39.4万株。

【林业产业发展】 完成面积137.93公顷竹林复合经营示范区，66.67公顷竹林大小年结构调整示范区，溪口林场13.33公顷竹木混交林示范区，10.87公顷庙下乡竹材加工集聚区的场地平整等工程项目。开展庙下乡竹木加工行业整治专项行动，淘汰整治区域内低小散、同质化、附加值低的竹加工企业（户）39户，推进优质竹材初加工企业向竹材集聚区集聚。积极对接安吉天鹏竹业有限公司、龙游昌升木业有限公司等企业单位，推进项目落地实施。积极推进绿葱湖省级湿地公园、浙江大竹海国家森林公园及森林古道的开发与修复。石角村、贺田村、三门源村、社里村、浙源里村、双戴村6个村为省级森林人家，龙游县浙源里村森林氧吧、龙游县石角村森林氧吧等入选2020年度浙江森林氧吧名单。开展落实2020年省级林业资金项目43.50公顷林下经济示范基地建设，通过“政府+高校科研机构+公司+基地+农户”的方式，完成竹林灵芝野外栽培示范基地15.87公顷，带动竹农52家。完成“一亩山万元钱”新建和巩固深化面积建设任务，2020年新建示范基地173.73公顷，辐射示范基地486.13公顷，巩固深化示范基地935.47公顷。开展2019年第二批省林业发展和资源保护专项工作任务（木本油料发展项目），完成山核桃（薄壳山核桃）新造林69.33公顷，并结合“一村万树”行动组织开展薄壳山核桃丰产栽培技术培训，大力发展薄壳山核桃产业。推进油茶产业转型升级工作，完成油茶良种造林、低产低效林改造、良种基地抚育等工作。至2020年年底，全县有规模以上涉林企业15家，各类竹业专业合作社36家，国家级示范性专业合作社2家（韩氏小竹笋、竹海鲜笋专业合作社），省级林业龙头企业4家（外贸笋厂等）。国家级森林公园1个，竹生态文化特色旅游乡村3个（大街乡贺田村、沐尘乡社里畲村、庙下乡晓溪村）。

【林业管理】 严格执行森林采伐限额制度，商品林和生态公益林的凭证采伐率为100%，各分项指标控制在采伐限额以内。全年共办理林木采伐许可证204份，总蓄积8268.25立方米，总材积4919.81立方米，采伐总面积2829.55公顷。加强古树名木保护管理，2020年共计完成14株古树名木、1个古树群的挂牌保护工作。至2020年年底，全县有国家级公益林1.18万公顷，省级公益林2.65万公顷，总面积3.83万公顷。共建成优质林分公益林面积1.64万公顷，占县公益林规模的42.83%。在涉及公益林的106个村级及林场重点路口增设公益林标识牌，重点林区、景点大型宣传牌，营造生态公益林建设宣传氛围。开展野生动物行政许可，办理野生动物经营利用行政许可4起，驯养繁殖行政许可0起；在全县范围内开展野生动物专项检查，完成养殖户、养殖动物的处置工作；实行野生动物损害补偿商业保险机制，完成统一招标购买野生动物肇事公众责任保险。

【林地管理】 全年共依法办理各类占用林地审核审批手续总计75起，面积64.3公顷，收缴森林植被恢复费877.69万元。全面实现使用林地审批“落地上图”，加快提升林地管理智能提升。全面实施2020年森林督查工作，对全县306个督查图斑开展自查、整改和成果上报。有效推进林区道路建设，全年开展新建林区道路57.18千米，林道修复21.9千米。启动浙江大竹海国家森林自然公园、绿葱湖省级湿地自然公园两个自然保护地的整合与优化，查清面积、边界、主要保护对象、交叉重叠、管理体制、机构编制等情况。以保持生态系统完整性、物种栖息地连通性、保护管理统一性为原则，对自然保护地进行调整，完成自然保护地整合优化调整方案编制和整合优化分述报告。初步整合后自然保护地面积3325.23公顷，浙江大竹海国家森林自然公园面积3205.01公顷，绿葱湖省级湿地自然公园面积120.22公顷。

图92 2020年8月27日，浙江省“一亩山万元钱”现场会在龙游召开

（县林业水利局/提供）

【林产品营销】 组织参加第13届中国义乌国际森林产品博览会，20家12类品种以林下经济“绿色富农，生态龙游”为主题，将竹林野生栽培灵芝、黄精、竹筒酒、笋干、林下养殖等特色林产品以整体形态进行生态展示。龙游鑫世康生物科技有限公司竹林灵芝孢子粉喜获金奖，龙游惠军山羊生态养殖专业合作社白切羊肉获优质产品奖。

【林业改革】 2020年度完成林地流转117.47公顷。按要求启动林业股份合作制改革试点工作，2020年新建4个省级示范性家庭林场（龙游县官旺家庭农场、龙游明轩家庭农场、龙游温建良家庭农场、龙游县厚德家庭农场）。推进“林业+金融”，与工商资本合作开展林业适度规模经营，探索林地经营管理新模式，发展绿色金融，拓宽企业、农村集体经济组织与林农融资渠道。

【森林案件查处】 全年开展扫黑除恶专项斗争、禁种铲毒联合行动、森林执法专项行动、依法打击破坏野生动物资源违法犯罪专项行动四个专项打击行动，共开展行政执法400次，出动执法人员760人次，办理案件32起。其中新立行政案件29起，办结29起。

【森林消防工作】 全面落实森林消防责任，强化宣传教育，提高群防意识，加强基础设施建设，健全火源管控长效机制，完善森林消防队伍体系，做到火情早期预防，提高森林防火的综合防控能力。全年未发生重、特大森林火灾，无森林火灾扑救人员伤亡事故。完成森林防火“百千万工程”建设项目，新安装森林防火蓄水桶1500只。截至2020年年底，全县森林防火蓄水桶累计达1832只，总蓄水量达5496吨，基本实现重点火险区域的全覆盖。

【林业监测预警】 全县设有1个国家级中心测报点，3个系统监测点，专兼职测报员30名，村级生态林管护员149名，松材线虫病防治协管员5名。推进社会化防治组织购买监测防治等服务，完成春秋两季松材线虫病疫情普查，一年4次的松毛虫调查，完成国家级监测对象竹螟、省级监测对象竹卵圆蝽、松褐天牛的固定监测点工作。全县松材线虫病监测覆盖率达100%。全面完成松材线虫病、松毛虫、松褐天牛、竹螟、竹卵圆蝽等国家级中心测报点主测对象和龙游县主要监测对象的监测任务，监测覆盖率达100%，发布森林病虫情报17期。完成春秋两季疫情调查，全年共调查抽取样本217个，鉴定217个，其中178个呈阳性。松材线虫病发生面积2735.47公顷，枯死松树56105株，新增染疫松林2326.67公顷。全县林业有害生物发生面积3718.27公顷，比2019年上升173.29%。

【林业检疫规范】 全年开展松材线虫病疫木专项执法行动3次，检疫执法行动10人次，关停5家涉松涉疫企业，转型2家企业全部采用进口松材加工；办理产地检疫许可27份，产地检疫率100%。签发植物检疫证书1402份，调运检疫木（竹）材6735立方米（竹材465立方米），检疫苗木128.21万株，复检苗木13832株。未发生跨县及以上区域疫木流失事件和检疫责任事故。发放《浙江省松材线虫病防治条例》《龙游县松材线虫病疫区管理告知书》、“龙游县松材线虫病疫木检疫执法专项行动”等宣传资料600份，企业防疫、自律意识普遍增加，依法经营，促进企业绿色转型和健康发展。制定“龙游县松材线虫病防治方案”“龙游县枯死松树清理工作方案”等为疫木定点安全利用提供政策保障。建立双签的“病疫木处理联系单”制度（要求枯死松木源头由各乡镇分管领导或林技员签字，进收购厂由企业验收签字、盖章确认），建立收购台账等为疫木定点安全利用提供制度保障。组织人员常赴疫木安全利用定点企业“浙江恒鑫电力有限公司”“浙江金龙纸业有限公司”（更名为浙江金龙再生资源科技股份有限公司）进行督查指导，企业建立疫木进厂验收制度，森防检疫站与疫木处理企业建立联系人制度，确保松疫木定点安全利用，杜绝松疫木外流事故发生。

【森林病虫害防控】 全县林业有害生物成灾率1.67‰，低于1.7‰的考核指标；无公害防治率99.08%，监测准确率为90.1%，产地检疫率100%，分别高于考核指标的88%、90%、99%考核指标。全年施放白僵菌2万只，药剂防治面积800公顷。在鸡鸣山公园、烈士陵园、红木小镇、横山天池村、溪口林场山坑林区等区域共注射3万支“松线净”免疫针剂，防治松树1万余株。悬挂诱捕器200盏，开展引诱剂诱杀松褐天牛工作。组织开展2020年度松褐天牛精细化监测预报技术试点县工作。完成枯死松树清理面积408.8公顷，共计12748.23吨，定点除害处理率100%。

【林业“最多跑一次”改革】 全面开展政务服务2.0工作，实现“事项标准化”，完成事项内容信息的梳理与确认。加快“互联网+政务服务”建设的步伐，全年“一窗受理云平台”收件2160件，掌上办收件1878件，录入电子证照、批文共124件，对电子档案进行归档、整合共1700份，通过数据共享查询获取材料584次。重点推进政务核心指标提升工作，整合146项政务服务事项，对每个事项50余项信息进行更新、更正和完善，并提供精确到时间的办理流程图。按照“最多跑一次”的最新要求，结合平时办事中群众反馈问题，进

图93　2020年4月24日，衢州市野生动物保护宣传月暨“爱鸟周”活动启动仪式现场会在龙游县举行　（县林业水利局／提供）

行流程再造，缩短办理时限90%以上，网上办事比率达100%，掌上办事率达到99.37%，跑0次率96.48%，即办率达到79.45%。

【森林生态文化宣传】　通过《浙江林业》《衢州日报》《今日龙游》等传统媒体，学习强国、省县网站、龙游通等新媒体，广泛开展林业宣传工作。扎实推进生态文化基地建设，新建省级生态文化基地1个（天池村）。积极组织开展生态日、湿地日、野生动植物保护宣传月、爱鸟周等宣传活动。4月24日，2020年衢州市野生动植物保护宣传月暨“爱鸟周”活动启动仪式现场会在龙游县举行。10月29日，“绿色中国行走进美丽龙游”系列活动在龙游县召开。开展2020年度村级网格护林员考核评优工作，评选出31名县级优秀护林员。深入开展“大力开展义务植树造林，加快美丽大花园建设”“乡村振兴　从我做起”等各类主题的义务植树活动，动员全社会参与植树造林。

（县林业水利局　应建平）

畜牧业

【概况】　2020年，龙游县聚焦生猪增产保供，以实现畜牧业绿色发展为中心，坚决走生猪产业“六化”高质量发展路子，全面开展养殖场标准化、绿色化、规模化、循环化、数字化、基地化建设。2020年全县畜牧业总产值16.61亿元，占农林牧渔产值的55.31%。刘小俊获浙江省生猪增产保供成绩突出个人。

【生猪增产保供】　紧盯生猪生产总目标，根据各生猪养殖场的设计产能，按乡镇（街道）分解任务目标。截至2020年年底，龙游县生猪存栏量32.33万头，出栏量46.14万头，存出栏数均在全省90个县（市、区）位列第一，为全省生猪市场增产稳供提供有力保障。成功引进大北农集团，通过“改旧建新”“农民参股”的模式，投资1.5亿元新建年出栏12.5万头现代化仔猪繁殖基地，该基地于6月19日顺利投产。为进一步保障生物安全，县农业部门帮助大北农集团成功租赁5家周边养殖场，作为基地引种的隔离及生猪育肥场地，可增加产能约2万头。充分整合各级财政专项资金，支持养殖场开展栏舍布局改造，新增防疫设施、智能化养殖设备，结合引种补贴、贷款贴息、新（扩建）规模生猪养殖场奖励等政策，激励养殖户引种补栏，拨付政策补助资金321.5276万元。落实2020年粪污资源化利用项目，建设主体17家，中央财政补助资金1700万元，单位自筹资金1667.5万元，15家单位基本完成项目建设内容。经乡镇推荐，实地考察、县涉农办审批，确定2020年农业农村高质量发展专项（防疫基础设施改造提升）建设项目（第一批）22家实施单位。创建美丽牧场2家，均通过县级验收，已按要求上报，申请市级考核验收。

【重大动物疫病防控】　通过生猪运输车辆“3+1”（定点消毒、分会消毒、养殖场入场消毒+流通消毒）全县域流通消毒模式，构建区域性防控体系，避免流通环节交叉感染，层层落实防控责任。6月新增车辆烘干房4个，于12月投入试运行。对生猪养殖场进行非洲猪瘟病毒的持续监测，全年共检测1346份样品。支持规模猪场建设非洲猪瘟自检实验室，通过监测养殖场的人流、物流、车流、猪流，精准防控非洲猪瘟病毒传入。组织实施春秋两季动物疫病防控排查，组织村兽医集中开展踏栏普查和登记造册，保证免疫质量和免疫效果，做到“应免尽免”。创新强制免疫疫苗财政补助机制，确定20家生猪养殖场作为试点场。2020年共检测禽流感抗体4320份、口蹄疫抗体1621份、猪瘟抗体991份、蓝耳病抗体755份、伪狂犬Ge（病毒抗体：疫苗缺失的糖蛋白基因主要为Ge基因）305份、小反刍兽疫抗体200份、新城疫抗体670份、血吸虫抗体200份、布鲁氏菌病266份。根据实验数据，每季度发布《重大动物疫病免疫抗体评估报告》，指

图 94　2020 年 4 月 26 日，农业农村部督查组到龙游县督查非洲猪瘟防控和生猪生产恢复工作　　（县农业农村局／提供）

导养殖户持续做好重大动物疫病的免疫工作，确保免疫抗体水平合格。全年共组织兽医、协检员开展动物检疫规程培训 4 次，突击检查基层畜牧兽医站 12 次，针对检查发现的问题及时提醒整改，确保检疫规范化要求真正落到实处。

【畜产品质量安全监管】　完善长效监管机制，保障畜产品质量安全。通过推进“饲料环保化、兽药减量化”（两化）行动，指导养殖户科学养殖，减少兽药使用。加强畜禽药物使用事项的宣传和监管，杜绝养殖户使用“瘦肉精”等违禁药物行为，严格执行“休药期”规定。在产地检疫和屠宰检疫环节严格按照规定进行“瘦肉精”检测，全年共检测尿样 10655 份，检测结果全部阴性，配合省级畜产品安全监管部门抽检畜产品 57 批次，市级畜产品安全监管部门共抽检畜产品 132 批次，检测结果全部合格。

（县农业农村局　汪明雨）

渔　业

【概况】　2020 年，龙游县渔业工作以创建省级渔业健康养殖示范县为抓手，以“渔业增效、渔民增收”为目标，转变渔业经济增长方式和渔业产业结构调整，注重水产养殖绿色发展，强化渔业生产环节监管，提高初级水产品质量安全，大力发展科技渔业、生态渔业、休闲渔业。2020 年龙游县水产品总产量 2.18 万吨，渔业经济总产出 11.9 亿元。

【健康养殖】　谋划产业布局，加强“三区”（禁养区、限养区、养殖区）管理。开展淡水渔业资源增殖放流工作，共计投资 58 万元，中央财政资金 58 万元，完成增殖放流 3013 万尾。11 月，龙游县成功通过浙江省首批渔业健康养殖示范县验收。截至 2020 年年底，共创建部省级渔业健康养殖示范场 16 家（部级 6 家、省级 10 家）。完成对 241 家规模养殖主体的养殖尾水情况对照养殖尾水排放标准进行监测，监测指标主要包括 ph、悬浮物、总氮（以 N 计）、总磷（以 P 计）、高锰酸盐指数 5 个指标。

【创新产业模式】　推广节约环保型稻渔综合种养模式，实现“百斤鱼、千斤粮、万元钱”的目标。2020 年成功创建省稻渔综合种养省级示范

图 95　2020 年 11 月 26 日，龙游县成功通过浙江省首批渔业健康养殖示范县验收　　（县农业农村局／提供）

基地（龙游力君家庭农场已通过验收）1家。加大科技支撑，与浙江省农业科学研究院、浙江师范大学合作协助提高溪流性鱼类（马口鱼）规模化繁育能力，推广绿色生态养殖、水产养殖尾水生态化处理等高效养殖模式。探索完善金融保险支持渔业转型发展的机制，继续开展水产养殖业政策性互助保险试点工作，年度保费任务为40万元，根据文件建议，争取县级配套补助，保费省补50%，县补20%，养殖户自筹30%，累计投保10家养殖主体，总保费20.1万元，投保面积43.33公顷，保额300万元。

【质量安全】 利用初级水产品质量安全追溯平台，做好产品质量安全监管工作，推出监管责任化、生产标准化、抽检严格化，抓好初级水产品质量安全养殖环节源头管理。组织全县各乡镇街道摸排核查2公顷以上规模水产养殖主体情况，完成241家规模主体的信息收集。加强水产品监督抽检，完成省部级初级水产品质量抽检计划，共抽检205个样品，省级监督抽检及专项抽检41个，省级例行风险监测44个，市级抽检23个，县级抽检97个。重点对9个省级病害测报点、8个市级监测品种（光唇鱼、草鱼、鲤鱼、中华鳖、鲫鱼、台湾泥鳅、锦鲤、光唇鱼）开展病害测报工作。

（县农业农村局　汪明雨）

水利建设

【概况】 2020年，龙游县获评农村饮用水达标提标行动全省成绩突出县、省级节水型社会建设达标县。龙游县白鹄湖、灵山江（沐尘水库下徐村）被评为省级2020年美丽河湖。徐洪涛获2020年度省级水利行业强监管工作成绩突出个人。

【水旱灾害防御】 严格落实24小时领导带班和专业人员值班值守制度，发送监测预警信息2万多条，发布水雨情简报28期；汛期向红船豆枢纽、小溪滩枢纽、沐尘水库下达泄洪调度指令10个，充分发挥枢纽工程和水库的拦洪、削峰和错峰作用；下达防汛应急抢险资金2091万元，对74个水毁工程项目进行修复建设。修编完成衢江（龙游段）防御洪水（含超标准洪水）预案。安排财政资金248万元，开展山洪灾害防御能力提升项目建设，确定全县山洪防治区范围内重要村落375个，划定350个村落664处危险区（极高危险区128处、高危险区253处、危险区283处），列出防御对象清单共3631户10868人。落实防汛补短板项目建设资金615万元，省补资金530万元，县财政配套85万元，完成项目第一阶段建设，双保障站点建设12个，交接断面在线测流站1个，超标准洪水应急能力建设站8个，新增小型水库自动雨量水位站15个，河道自动雨量水位站2个和墒情站（用于土壤温湿度采集、存储、传输和管理于一体的自动监测系统）1个。

【重点项目建设】 完成全社会水利投资3.6亿元。省重点工程衢江治理二期及高坪桥水库完工验收。完成中小河流灵山港综合治理工程建设10千米，完成社阳乡石塘垄水库、东华街道南山塘水库两座小型水库除险加固工程，完成30座小型水库安全鉴定及13个小型水库竣工验收任务。

【农村饮用水达标提标工程】 累计实施完成全县13个乡镇113个行政村共16.17万人的农村饮用水达标提标任务，省考指标14.1万人，完成率114.68%，完成投资3.68亿元。通过新建供水工程、从现有工程接管入户、安装家用净化设备等措施，解决全县建档立卡实际追踪调查低收入农户11145人饮水安全问题，完成率100%。确定县水务集团子公司华水农村供水发展有限公司为县级统管机构，因地制宜创建“三头一长+六化管理”模式（即源头保障放心水、龙头供应健康水、心头感受幸福水，提升百姓满意度、幸福指数，为全面县级统管配备一名管护长及多名协管员、监督员，打造长效运维标准化、精品路线景区化、监督渠道畅通化、水费收缴常

图96　2020年6月16日，衢州市暨龙游县2020年山洪灾害防御演练在龙游县溪口镇举行
（县林业水利局／提供）

态化、水源保护联合化、水质检测规范化的“六化管理”），成立单村、联村供水站专项维修基金，经费来源为县财政专项补助，实现工程可持续良性运行。

【小水电清理整改】 2019年7月开始启动小水电清理整改专项工作。全县共有30座水电站，其中在建1座（高坪桥电站），本次列入清理整改范围的共29座（高坪桥电站建设期未列入），截至2020年6月，共完成退出类3座（黄泥圩、晓连、际上电站）、整改类25座、保留类1座（姜席堰电站）水电清理整改工作，并于8月通过省水利厅小水电清理整改核查，100%完成县小水电清理整改销号工作。

【河道整治】 2020年完成灵山江（沐尘至溪口段）、衢江支流白鸽湖，总长17.5千米的创建任务，通过利用河湖资源统筹规划，因地制宜，高质量推进山水林田湖草系统治理，堤防护岸生态修复、水系整治、堰坝改造、滩地保护、文化挖掘、产业融合等综合治理措施并举，实现打造安全、健康、生态、文明于一体的全域美丽河湖体系。发挥衢江、灵山港新时期防洪、排涝、生态、景观、休闲、旅游等综合功能，完成全县1543.39千米的河道划界。提升河湖信息化监测能力，衢江（龙游段）已实现点位视频监控32处，灵山江段点位视频监控34处。全年共办理涉河涉堤（含临时占用）行政审批件11个，审批范围涉及交通、高铁、航运、住建等项目。联合县林业水利行政执法队全面推进河湖“清四乱”（乱占、乱采、乱堆、乱建）回头看专项行动，深入推进河道疏浚，完善长效管理机制。自2015年创新开展河道疏浚工作，前期乱租乱包、乱挖乱淘、乱制乱洗等违法涉砂行为基本得以遏制，污（浊）水直排等突出问题也实时解决。龙游县治砂经验，先后获省水利厅厅长马林云、水利部副部长魏山忠等领导的批示。

【水政执法】 开展水利领域扫黑除恶专项斗争、“无违建河道”创建联合等专项行动，严厉打击非法采砂、河道违建、占用水域等违法行为。全年共开展行政执法102次，共出动执法人员404人次，查处水政案件18起（非法采砂案14起，河道管理范围内建设与河道保护与水工程运行管理无关的构筑物案1起，非法取水案1起，堆放阻碍行洪物料案2起），罚没款32.33万元。对塔石溪开展“无违建”专项巡查40余次，处置塔石溪流域违法行为3起。

【水资源与水土保持管理】 开展第二十九届“世界水日”、第三十四届“中国水周”系列宣传活动，发放节水宣传材料6000余份，深入到社区、学校、企业等开展宣传教育。严格执行水资源管理制度，新批取水许可1家、续办7家，注销2户；按月、季及时核定取水户用水量，按要求足额征收水资源费约1000余万元；开展取用水管理专项行动，对全县农业灌溉、饮用水工程、畜牧养殖等取水情况进行全面核查，共核查登记取水口376个，发现不合规取水口232个，其中工业用水6个，公共供水56个，农业灌溉15个（按乡镇计），畜牧养殖户155个。严格执行水土保持目标责任制，全年共审批生产建设项目水土保持方案50项，登记表28项、报告表5项、报告书9项，共征收水土保持补偿费101.4余万元；对全县已审批的在建51个项目进行监督检查，下发监督检查情况反馈表76份；依托遥感信息技术，利用区域监管App，对全县124个扰动图斑进行现场复核，共发现问题25个，下发限期整改通知书25份。建设下叶曹等3条小流域综合治理，投资362万元。

（县林业水利局　应建平）

水利工程建设管理

【概况】 根据全县事业单位机构改革要求，2020年1月原龙游县乌溪江引水工程管理处与原龙游县高坪桥水库工程建设管理处合并，成立龙游县水利工程建设管理中心。2020年，县水利工程建设管理中心全力抓好乌引干渠维修管理与高坪桥水库工程建设。

【疫情防控】 成立防疫工作领导小组，确保各项防疫指令快速传达并落实，安排专人排查内部36名工作人员春节期间外出轨迹及健康状况。排查登记春节前高坪桥水库项目部工人户籍（涉及17省263人，涉鄂20人），严格按审批程序推进分批返岗，累计审批复工返岗人员70余批次，共500多人次，处理应急突发状况3次；抽调力量开展2个社区3个小区5个卡点及高铁站卡点值守、集中开展“清楼”行动，筑牢群众健康安全的“防护网”。

【乌引工程管理】 开展安全生产隐患大排查，检查沿渠16千米明渠及渡槽、桥梁、埠头、斜道、隧洞进出口等部位安全隐患情况，完成乌引干渠防护网、警示牌维修工程施工。完成2019年度干渠维修项目扫尾工作，营盘山隧洞出口、大垄渡槽进口段和西桥岭进口段总计700余米的渠道衬砌维修项目验收送审。持续抓好标准化管理工作，深化灌区标准化管理，加强干渠沿线的日常巡查，落实各项管理措施。抓住国家大型灌区现代化改造契机，延伸城区生态引水、乡村振兴等功能，高质量谋划乌引灌区“十四五”续建配套与现代化改造项目，工程总投资约2亿元，规划灌溉面积1.23万公顷，通过灌区干渠和支渠改造加固，实现区域农业粮食增产和农民增收，同时实施东线补水灵山港引水工程，结合区域灌溉用水实现引水入城（老城区和城东新区），增加城区生态和休闲用水，提升城区人居环境，9月水利部通过实施方案，11月省发改委批复项目建议书，同步申报2021年专项债项目，12月完成省发改委和省水利厅可研审查。乌引干渠向金华、洪畈水库供水调度11次计7583万立方米，龙游灌区农用供水全年累计约4000万立方米。

【高坪桥水库建设】 常态化开展高坪桥库区水源保护巡查，组织管理人员打击垂钓、戏水等行为200余人次，通过短信平台发布水源保护提醒短信；开展水面保洁，全面防止面源污染发生，打捞清理水面林木漂浮物2000余立方米；与县农业农村局联合开展增殖放流活动，累计投放50万尾鱼苗，加快水质净化；开展库区水土流失治理，对开挖岩土裸露面进行生态修复，保持水土界面的自净能力；规范处理施工期固废污水，严格控制建设区污染物排放；建立库区保洁统一外包服务，设立垃圾收集点，派专人专车收集运往县专用垃圾填埋场。日均向下游供水12万立方米以上，自2020年6月至年底累计供水量3000余万立方米。高坪桥水电站试运行后并网投产，截至年底发电365万千瓦时。8月，高坪桥水库农村移民后扶人口核定经省移民办批复，核定新库人口1498人，拨付2019年至2020年水费、交通补助费等152万元。协助湖镇镇、移民新村将生产安置耕地按移民安置规划标准足额分配到户；有土安置耕地全部流转，每户每年约增收近千元。基本完成移民户不动产权证登记办理；同步做好竣工阶段移民安置验收准备。开展交通、电力、通信、安置房等专业项目改复建工程结算审价工作；开展移民安置资金财务结算及政府审计工作；组织开展移民安置专项工作报告编制等工作。

（县水利工程建设管理中心　余倩倩）

图97　2020年7月，高坪桥水电站机组经试运行后正式投产

（县水利工程建设管理中心／提供）

工业

概 述

【概况】 2020年，全县工业经济推进科技创新与产业发展深度融合，为实现数字经济智能化一流产城平台接续做出改进更新。重点聚焦“3+3+1”(3个传统产业：特种纸产业、绿色食品产业、高档家具产业；3个新兴产业：高端装备产业、新材料产业、智能制造产业；1个竹产业)，坚持以高端技术新兴企业为改制中心，推行集群发展思路，以培养具备核心竞争力的领军企业为试行策略，构筑上中下游共同体，实现企业培育数量与增质空间的双提升。均衡产业布局，完善生产性工业园区基础服务设施设备，提升企业驻团服务标准，优化营商环境，高质量高效率为企业引入注资。以科技引领与改造提升并举，寻求产业价值链短板，分析企业输入转换与输出的增减值指标。重视人才引智引流，结合岗位技术需求完善人事效能体系。

【工业投资】 2020年，全县工业总投资35.38亿元，同比增长24.6%；制造业总投资30.27亿元，同比增长18.7%；工业技改总投资13.47亿元，同比下降2.3%；民间工业总投资23.94亿元，同比增长49.7%。5个项目［中浙高铁轴承有限公司年产20万套轨道交通轴承生产线项目、维达纸业（浙江）有限公司年产12万吨高档生活用纸扩建项目、龙游伊利绿色生产及智能制造示范应用项目、浙江金励环保纸业有限公司年产100万吨环保再生高档包装纸项目、华邦古楼新材料有限公司年产50万吨特种纸生产线项目］列入省百项万亿重大制造业项目计划，共投资6.85亿元，完成全年计划投资的181%。35个项目列入省智能化技改项目计划，共投资13亿元，完成全年计划投资任务。

经济和信息化

【概况】 2020年，龙游县经济和信息化局（以下简称县经信局）在抓好新冠疫情防控的同时，以高质量发展为主线，全面落实政策、加强要素保障，靠前精准服务，通过工业高质量发展稳定“基本盘”，借助扩内需、稳外贸促进“双循环”，努力实现全县工业经济平稳运行。2020年全县227家规模以上工业企业累计实现产值271.62亿元，同比增长5.9%，增幅列全市第二；规模以上工业增加值累计实现61.33亿元，同比增长5.2%，增幅列全市第三。

【企业复工】 2月，县经信局制定《龙游县工业企业内部新型冠状病毒感染的肺炎防控指导意见》，拟定《关于新型冠状病毒感染的肺炎疫情防控期间开展工业企业有序复工工作的指导意见》，保障企业安全顺利复工；同月10日，“企业复工申请”模块在“企情通”平台上正式上线运行，企业复工申请全程线上办理，全县866家工业企业完成复工审批及备案工作；开辟线上受理通道，鼓励出口型企业利用不可抗力事实性证明维护合法权益，全县有20多家企业在线咨询、3家企业成功办理，所涉合同金额超过600万美元；落实补助政策兑现，向4家企业发放疫情期间外贸救济补助金11万余元；先后牵头组织4趟复工专列，为全县139家企业接回外地员工1415名；与其他部门开展联合服务，开具疫情应急防控物资交通运输联系单611份，运输主要物资9100余吨；牵头做好应急医疗物资储备工作，落实708万元中央专项资金用于医疗设备、药品试剂和防疫物资的采购储备。5月，按照省市要求部署，组建工业专班，通过定期走访摸排，提前开展产值预测，建立“两张清单”（重点关注企业、重点扶持企业）；持续关注重点企业，培育“小升规”企业，增强产业发展后劲，做到全面覆盖，推广企业码应用。全县5月工业攻坚指数在全省90个县当中排名第五，

图 98　2020 年 2 月 29 日，“龙游号”复工专列顺利抵达龙游火车站
（县经信局／提供）

5 月至 6 月连续呈现工业经济运行“五色图”绿色（优）；同月，省政府办公厅对 2019 年落实有关重大政策措施真抓实干、取得明显成效的县（市、区）予以督查激励，龙游县成功入选加快传统制造业改造提升成效明显的县（市、区）名单（全省 6 个，全市唯一）。

【企业技术创新】　全年新增省级工业新产品备案 54 个、通过省级新产品鉴定 20 个。贝尔、集美两家企业的 3 个产品被认定为 2020 年度浙江省装备制造业重点领域首台套。恒祥、威仕喜、吉成新材、维达纸业、华邦纸业 5 个企业项目入选省重点技术创新项目计划，威仕喜、寰龙科技、浙江省建材集团浙西建筑产业化有限公司、吉成新材、华邦特西诺采 5 个企业项目入选省重点高新技术产品开发项目计划。8 个项目［龙游伊利绿色生产及智能制造示范应用项目、中浙高铁轴承有限公司年产 50 万套特种轴承生产线扩建项目、浙江禾川科技股份有限公司扩建年产 10 万台伺服电机控制系统 15 万台伺服电机精密加工生产线项目、中孚精机年产 2000 台精密数控加工中心项目、维达纸业（浙江）有限公司年产 12 万吨高档生活用纸扩建项目、浙江金励环保纸业有限公司年产 100 万吨环保再生高档包装纸项目、浙江华电龙游经济开发区二期 11MWp（兆瓦）、三期 10MWp（兆瓦）分布式光伏发电项目、浙江远帆无纺布有限公司年产 1 万吨 3.2 米 SMS 三模头纺熔无纺布生产线］列入 2020 年浙江省“四个百项”（百项智能化改造示范项目、百项新兴产业示范项目、百项产品升级和工业强基示范项目、百项绿色制造示范项目）重点技术改造示范项目计划。维达纸业（浙江）有限公司、浙江贝尔轨道装备有限公司获省级技术中心认定；华邦古楼新材料有限公司、浙江寰龙环境科技有限公司、浙江一树纸业有限公司、浙江舜浦新材料科技有限公司、浙江汇金机械制造有限公司、浙江吉成新材股份有限公司、中浙高铁轴承有限公司、浙江博特生物科技有限公司获市级技术中心认定。

【“亩均论英雄”改革】　实施资源要素差别化政策，持续推进产能整治绿色化发展。2020 年累计收取差别化电价 191.91 万元，差别化水价、污水费约 6.3 万元；开展低效企业整治提升，推进亩均税收 1 万元以下的低效企业出清 149 家，倒逼企业转型升级。

【“战时服务团”常态化机制】　由县四套班子领导带队，124 名经济部门领导、业务骨干组成“护企手”，为全县 227 家规模以上工业企业以及相关规模以下工业样本企业提供全方位精准服务，累计为企业协调解决问题 600 多个，有力助推龙游工业经济发展。继续开展龙商“亲清服务日”活动，累计服务企业 60 余家，

图 99　2020 年 9 月 22 日，“亲清服务日”暨政银企恳谈会在龙游县中小企业服务中心举行
（县经信局／提供）

打通服务“最后一公里”。

【专项整治行动】 完成“低散乱”整治企业作坊45家，完成涉及15家企业17个落后产能生产线的淘汰工作。落实17家企业的铸造产能规范整治工作，完成城镇人口密集区8家危化企业的搬迁改造。开展竹木加工行业整治专项行动，共整治竹加工企业39家，下发补助资金999.95万元。

【绿色智能发展】 2020年，全县19家企业新增机器人138台，新增企业上云70家；2家企业获得国家两化融合贯标证书。先后为49家工业企业提供“智能化问诊”服务。凯丰新料入选国家绿色工厂（全市仅2家）；金龙再生资源生产的125±5g/㎡白面牛卡纸、维达纸业生产的蓝色经典卫生纸等3项产品跻身工信部绿色设计产品名单；7家企业通过2019年度省级清洁生产审核验收；9家企业成功创建2019年度省级节水型企业；维达纸业成功入选工信部2020年重点用水企业水效领跑者企业名单，为浙江省造纸行业唯一一家入选企业。

（县经信局　王玲）

经济开发区

【概况】 2020年，龙游经济开发区有工业企业700余家，其中规模以上工业企业154家，累计实现规模以上产值178.22亿元，同比增长6.32%，占全县比重65.61%；限额以上批发零售业企业10家，销售额8.17亿元，同比增长12.28%；营利性服务业企业12家，营业收入5.38亿元，同比增长43.38%；实现入库税收7.24亿元，同比增长12.42%，占全县比重26.8%。全年向上争取资金7200万元，同比增长242.8%。2020年省级开发区综合考核排名较2019年提升16名，首次位列全市第一；产业创新服务综合体（孵化园）成为全县首个获得“衢江杯”“钱江杯”的政府性投资项目。

【疫情防控】 疫情期间累计排查2.48万人，核实重点人员9112人，集中隔离医学观察89人，帮助解决困难诉求130余件，为企业减免租金、水费约290万元，清退各类保证金近3000万元，拨付政策兑现资金4600余万元；搭建融资通道帮助贷款超3000万元，组织外地员工返岗包车17车次，结合线上招聘解决用工缺口逾千人，帮助打通上下游企业及物流运输。

【项目建设】 2020年，全社会固定资产投资43.43亿元，同比增长31.12%，占全县36%。经济开发区全年谋划实施政府性投资项目31个，总投资32.04亿元，开工实施项目17个，累计完成投资8.35亿元，同比增长44.46%。入库项目19个，完成投资出数5.38亿元，同比增长约31%。工业投资项目163个，完成投资29.29亿元，同比增长18%，占全县83%。纸浆物流交易中心、中水回用、综合供能站等生产性服务业项目，产业创新服务综合体、机器人产业园等续建项目加快推进。配合水务、供电、交通等部门加大基础设施和公共服务项目建设，保障水电气污等要素供给；4月，城南污水处理厂运行；5月，江家变3号主变扩容竣工验收；6月，士元220千伏输变电工程开工建设；7月，城北自来水厂运行。11月，110千伏白马变电站工程完成招标准备开工；12月，北片区兴北路与东环线连接线、南片区兴业大道东环线互通建成通车，改善开发区对外交通。金怡热电项目建成后将实现工业固废开发区内解决。

【招商引资】 新落地2000万元以上招商工业项目65个，工业项目协议总投资额83.39亿元，实现招商到位资金约23.4亿元。其中投资5000万元以上工业项目47个；新增用地工业项目34个，成交出让土地88.47公顷；资产重组“腾笼换鸟”类项目12个，完成低效企业出清110家，盘活闲置土地44.6公顷，2000万元至5000万元租赁类项目19个。自引亿元以上项目10个：喜迈环保科技、龙成耐火材料、亿朗摩配、贝尔智能科技创业园、瑞尼伯体育用品、道远纺织科技、纺融机械设备、乔老爷二期、中浙高铁试验中心项目、茂新酒店综合体项目。开发区招商引资项目获得市招商引资谋划大赛三等奖。

【国资改革】 导入经济开发区管委会和中北公司后勤保障、房屋租赁、规划设计、方案编制、招标代理、广

图100　龙游县经济开发区机器人产业园　（经济开发区/提供）

告宣传、零星工程等相关业务，构建浙江新北园区开发集团有限公司+新北综合能源开发有限公司、龙游善建房地产有限公司、龙游道一科技有限公司的“1+3”母子公司架构，面向企业和社会进一步拓宽业务范围。新发公司资产总额7.55亿元，同比增长34.85%；总营业收入7243万元，同比增长58.61%；利润总额127万元，同比增长111.37%；缴纳入库税收734.16万元，同比增长108%。以新发公司及其子公司作为融资主体，加强同商业银行、股份制银行和非银行金融机构的合作，形成以银行贷款为基础、以其他资金为补充的信贷融资格局。2020年，新发公司及其子公司项目投入3.87亿元，同比增长280.37%，获银行贷款授信6.32亿元，累积到位2.55亿元，贷款余额同比增长189.77%。加快国有资产归结，完成管委会大楼、尖上科技楼、吉成新材老厂房、新建厂房一期等国有资产办证。

图101　2020年12月16日，龙游经济开发区工作人员到企业调解劳资纠纷
（经济开发区／提供）

【企业服务】　成立“争先创优”工作领导小组及办公室，设立8个专业小组（由职能科室牵头），细化分解指标到企业、到项目，交办各网格、服务团跟踪落实，每日发布“通报+简报”，月度组织网格绩效考核，推动“争先创优”全域落实、全员落实、全面落实。深化“最多跑一次”“最多跑一地”改革，县医保局、县人社局、恒盛热力窗口、税务等部门正式入驻便企服务中心。开发区以区域能评方式取代一般企业项目节能评估报告，完成69个“零土地”技术改造项目节能事项承诺。

【平安综治】　开展“安全生产月”活动，签订企业主体责任书545份，组织日常隐患排查和专项检查11次，检查企业342家。引入1家社会化服务公司，对开发区240家企业开展安全隐患排查与整改、专项安全知识培训、应急救援预案、事故调查等工作。开发区应急救援队全年参与火灾救援82次，抢险救援36次，排查火灾隐患326处。开展危险化学品专项整治3起，开展特种设备、消防安全、高温熔炉、自备储油设施专项整治行动4次。共组织矛盾纠纷排查10次，排查出矛盾纠纷和苗头隐患80余起，调解机构受理重大矛盾纠纷25起，结案劳资纠纷案件179起，办结消费投诉举报案件54件，协调处理涉企、涉村历史遗留问题68个。共接受各类法律咨询268人次，提供法律援助39人次。处理浙江省平安建设信息系统线索21条，电话来访投诉件30起，“12345”政府热线平台投诉共159起，全年无重大刑事、治安和集体访、越级访等事件发生。

【交通环境整治】　开展园区道路治安监控一张网建设，增设红绿灯9个，6个经验收进入试运行阶段，新增监控探头137个、移动探头4个，全部并入公安视频专网。新建续建金星大道（广智路至游五路）、北斗大道（游四路至童家公路段）、游四路、游五路及龙七路道路等5条道路，改造提升道路18条，完善道路标识标牌、交通信号灯等安全设施。提升道路安全系数，整改隐患路口2个，拆除有碍观瞻、不规范标识标牌30余处，完成北斗大道13个路口封闭工作，在原有400余个停车位基础上，新增施划机动车停车位216个，非机动车停车位28个1016平方米。新增城南城北2个停车场，缓解开发区停车乱、停车难问题。新增公交车、自行车站台15个，提升公共出行能力。完成城南污水外溢问题调查分析、城南总排口劣V类水自查整改。按计划推进虎龙村雨水排口指标超标的排查整改、城北4个小区及周边商铺“污水零直排”创建和城南雨污管网改造提升项目。城北生活小区污水零直排建设通过验收。城南雨污分流改造项目完成招标。全年环保立案查处12起。

【人大代表联络站】　设立5个企业人大代表联络点，探讨开发区人大代表履职尽责工作机制，完善联络站坐班接访制度和议事制度，开办“局长进站、难事好办”活动和代表、议事员议事活动，接待上级人大及外地人大调研。全年举办议事活动5次，解决企业高级人才和业主子女城区上学等重大难题5件。

（经济开发区　汪亮）

2020 年度龙游经济开发区签约项目一览表

表 20

签约性质	企业名称	签约项目名称	产业类别	签约金额（万元）	签约时间
新增用地类	浙江豪程装备制造科技有限公司	年产 12 条 1 万吨活性炭设备和 20 条年产 4000 吨活性炭再生设备生产线及配套设备新建项目	通用设备制造业	6000	2020 年 1 月
	浙江喜迈环保科技有限公司	年产 12 万台废气排烟通风设备生产线项目	通用设备制造业	12080	2020 年 4 月
	浙江龙成耐火材料有限公司	年产 1 万吨耐火材料生产线项目	非金属矿物制造业	10000	2020 年 6 月
	浙江道明光学股份有限公司	年产 6000 吨玻璃微珠和 1500 万平方米反光材料生产线项目	非金属矿物制造业	6480	2020 年 6 月
	浙江瑞尼伯体育用品有限公司	年产 8000 万个高尔夫球和 10 万支高尔夫球杆生产线项目	体育用品制造业	12000	2020 年 7 月
	浙江纺融机械设备有限公司	年产 15 条纺粘 / 熔喷 / 水刺无纺布设备生产线项目	专用设备制造业	20000	2020 年 10 月
	浙江乔老爷铝业有限公司	年产 12 万吨工业、建筑及汽车配件铝型材项目	有色金属压延加工业	35780	2020 年 12 月
	浙江昆博搅拌设备有限公司	年产 3000 套减速机、磁力密封机、磁力搅拌机建设项目	通用设备制造业	5140	2020 年 7 月
	浙江玖龙新材料有限公司	年产 2.5 万吨混凝土外添加剂生产线项目	化学原料和化学制品制造业	5199	2020 年 7 月
	浙江冠族纸业有限公司	年产 6000 吨文化艺术用纸深加工生产线项目	造纸和纸制品业	10500	2020 年 9 月
	浙江德爵精酿啤酒有限公司	年产 20 万吨精酿原浆啤酒生产线项目	酒、饮料和精制茶制造业	53600（40000）	2020 年 8 月
	浙江广瑞特种玻璃有限公司	年产 20 万平方米纳米硅防火玻璃等系列防火特种玻璃生产线技改（二期）	非金属矿物制造业	10000	2020 年 9 月
	浙江万龙科技有限公司	年产 200 万双安全鞋智能化制造生产线	制鞋业	11000	2020 年 9 月
	浙江坤诚建材科技有限公司	铝合金门窗制造项目（城南小微园一条街）	金属制品业	3000	2020 年 12 月
	浙江锦华空分设备有限公司	年产 45 套空分成套设备、400 台压力容器、45 套仪电控制设备生产线项目	通用设备制造业	10800	2020 年 10 月
	浙江鑫佳硕科技有限公司	年产 5G 基站组件 40 万套、精密夹治具 7 万套生产线项目	计算机、通信和其他电子设备制造业	35115	2020 年 12 月
	浙江德悦智能家居科技有限公司	年产 200 万套智能锁和机械锁、100 万套水龙头和卫浴挂件生产线	金属制品业	20000	2020 年 11 月
	浙江永力钢结构有限公司	年产 2 万吨钢制桥梁生产线项目	金属制品业	16000	2020 年 11 月
	浙江科力印业新技术发展有限公司	年产 3000 万只不沾油墨防交叉感染指纹印台、足迹印台生产线新建项目	化学原料和化学制品制造业	11000	2020 年 12 月
	浙江蓝宇新材料有限公司	年产 4 万吨亚克力防护特种纸和 40 万吨光伏玻璃防霉特种纸项目	造纸和纸制品业	55000	2020 年 12 月
	浙江五何食品有限公司	年产 20000 吨豆制品、3000 吨蛋制品、5000 吨淀粉制品、2000 吨米制品生产线项目	农副食品加工业	13000	2020 年 12 月

续表 20

签约性质	企业名称	签约项目名称	产业类别	签约金额（万元）	签约时间
新增用地类	浙江豆逗食品科技有限公司	年产 3500 吨豆制品及深加工生产线项目	农副食品加工业	5500	2020 年 12 月
租赁类	龙游鑫龙金属制品有限公司	年产 800 吨园林工具、500 吨气动活塞、800 吨直线导轨生产项目	设备制造业	800	2020 年 1 月
	浙江宏胜新材料科技有限公司	年产 100 万卷全水性（环保型）转印箔材料生产线项目	纸制品加工业	5100	2020 年 5 月
	浙江素成框业有限公司	年产 25000 个画框生产现线项目	工艺品制造业	500	2020 年 5 月
	浙江梦曦通讯设备有限公司	年产 500 万条电脑连接线、100 万米电线电缆生产线项目	电子电器制造业	500	2020 年 3 月
	浙江气昇环保设备科技有限公司	年产 5000 套环保设备生产线项目	设备制造业	2100	2020 年 4 月
	浙江顺通环保设备有限公司	年产 300 套环保设备生产线项目	设备制造业	510	2020 年 4 月
	浙江匠心铂瑧贵金属材料有限公司	年产清洁高效分子筛技术提纯 3000KG/a 高纯贵金属产品生产线项目	贵金属业	5216.39	2020 年 4 月
	浙江左立新材料科技有限公司	年产 100 万平方米气密布生产线项目	开发区	6013	2020 年 4 月
	浙江时光树医疗用品有限公司	年产 300 万只日用口罩、500 万只医用口罩生产线项目	医用品业	2100	2020 年 4 月
	衢州鑫宏工艺品有限公司	年产 30 万箱工艺品生产线项目	工艺品制造业	200	2020 年 4 月
	浙江爱栩医疗科技有限公司	年产 3000 万只民用防护类口罩项目	医用品业	600	2020 年 4 月
	浙江刚德医疗科技有限公司	年产 5000 万只日用口罩、5000 只医用口罩生产线项目	医用品业	810	2020 年 4 月
	龙游县安康防护用品有限公司	年产 3000 万只日用口罩、2000 万只医用口罩生产线项目	医用品业	600	2020 年 4 月
	浙江龙喷科技有限公司	年产 600 吨熔喷布、6000 万只日用口罩、4000 万只医用口罩、50 万套防护服生产线项目	医用品业	2580	2020 年 4 月
	龙游瑞驰科技有限公司	年产 50 万平方米防火门芯板生产线项目	非金属矿物制造业	500	2020 年 4 月
	龙游一滴油食品有限公司	年产 300 吨食用调和油生产项目	食品制造业	500	2020 年 4 月
	龙游农益农业科技有限公司	年净菜加工 1 万吨生产线项目	食品制造业	700	2020 年 4 月
	衢州市云鹤新材料科技有限公司	年产 1500 吨熔喷布生产线项目	纺织品制造业	3000	2020 年 5 月
	龙游县行舟纺织有限公司	年产 1500 吨熔喷布生产线项目	纺织品制造业	2800	2020 年 5 月
	浙江合聚欣新材料科技有限公司	年产 375 吨熔喷布生产线项目	纺织品制造业	2500	2020 年 5 月
	龙游同心家具有限公司	年产 12000 套家具生产线迁建项目	家具制造业	3000	2020 年 5 月
	衢州明德生物科技有限公司	年产 2000 吨洗涤液、500 吨消毒用品生产线项目	化学化工业	2000	2020 年 5 月
	龙游昌街金属制品有限公司	年产 800 吨五金配件生产线项目	五金制造业	520	2020 年 5 月
	浙江龙兴包装材料有限公司	年产 200 吨塑料食品包装材料印刷、200 吨纸食品包装材料印刷生产线项目	纸制品加工业	2515	2020 年 6 月
	龙游伟立石材有限公司	年产 3 万立方米建筑用石生产线项目	石材加工业	2100	2020 年 6 月
	浙江雪球新材料科技有限公司	年产 4000 吨 PC、PETG 板片膜及配套制品项目	塑料制品业	1200	2020 年 8 月

续表 20

签约性质	企业名称	签约项目名称	产业类别	签约金额（万元）	签约时间
租赁类	浙江好好门业科技有限公司	年产 150 万平方米防火门芯板、3000 樘防火门、2000 樘免漆木门生产线项目	非金属矿物制造业	5100	2020 年 11 月
	浙江穹宇体育用品有限公司	年产 60 万套蹦蹦床、20 万套球圈、50 万张 PVC 弹力蹦床布、30 万套健身器材生产线项目	体育用品制造业	580	2020 年 8 月
	浙江冬雪防护用品有限公司	年产 2 亿只日用口罩、40 万套防护服生产线项目	医用品制造业	528	2020 年 8 月
	衢州禾立五金制品有限公司	迁建年产 200 吨五金制品和 100 副模具及 50 吨机械配件生产线项目	五金制品业	2200	2020 年 8 月
	龙游龙吉包装有限公司	年产 2000 万只纸箱生产线项目	造纸及纸制品业	200	2020 年 9 月
	龙游佳跃纸制品有限公司	年产 600 吨纸制品生产线项目	造纸及纸制品业	505	2020 年 9 月
	浙江铁诚智能工具制造有限公司	年产 400 万把高端扳手工具、500 万把新型棘轮扳手工具及 100 万把钳类工具生产线项目	设备制造业	2100	2020 年 9 月
	浙江新隆精密机械有限公司	年产 500 吨通用设备零部件、500 吨专用设备零部件、2500 吨金属制品生产线项目	设备制造业	2000	2020 年 9 月
	衢州耀源纺织科技有限公司	年产 50 万个靠垫、60 万件浴袍及 300 万条毯子生产线项目	纺织品制造业	500	2020 年 9 月
	浙江连丰包装材料有限公司	年产 2000 吨特种纸制品、250 吨转移膜生产线项目	造纸及纸制品业	590	2020 年 10 月
	衢州唯美新材料科技有限公司	年产 5000 吨纸制品生产线项目	造纸及纸制品业	3100	2020 年 10 月
	国润新材料（浙江）有限公司	年产 2 万吨工业润滑油生产现象项目	石油冶炼业	5000	2020 年 11 月
	衢州云景包装材料有限公司	年产 3 吨印刷品印刷生产线项目	造纸及纸制品业	510	2020 年 11 月
	台钰精机（浙江）有限公司	年产 300 台高端复合铣床制造项目	装备制造业	3000	2020 年 6 月
	龙游县群鼎精密机械有限公司	年产 1000 套精密金属模具设备生产线项目	装备制造业	1000	2020 年 9 月
资产重组类	浙江亿朗电器有限公司	年产 100 万顶摩托车头盔生产线项目	塑料制品业	10000	2020 年 4 月
	衢州道远纺织科技有限公司	年产 3000 万米户外休闲面料项目	纺织业	12573.8	2020 年 10 月
	贝尔智能科技创业园（衢州）有限公司	交通道岔装备小微园项目	金属纸品业	30000	2020 年 2 月
	浙江珠山电瓷电器有限公司	年产 20 万根电气化铁道棒型瓷绝缘子生产线	电线、电缆、光缆及电工器材制造业	15000	2020 年 8 月
	浙江骏丰日用品有限公司	年产 30000 万吨塑料制品和 10 万箱日用品生产线项目	塑料制品业	11700	2020 年 12 月
	龙游华翊建筑材料有限公司	年产 300 万平方米排水板生产线项目	塑料制品业	4000	2020 年 12 月
	浙江宋家纺织科技有限公司	年产 1200 万米高端针织床垫面料生产线	纺织业	11000	2020 年 12 月

经济技术协作

【概况】 2020年，全县招商引资、山海协作工作围绕县委、县政府“双招双引”攻坚年工作布局，助推疫情期间复工复产，主攻“3+3+1”产业项目或“3+3”主导产业项目招商，范围延伸智慧和幸福产业链，紧盯高端装备、新材料、智能制造等战略性新兴产业。深化与省内经济发达地区的协作联系，注重协作模式的创新、造血功能的培育和创新成果的转化。全年度县经济协作中心招商引资工作获全市第三季度招商引资重大项目“互看互比互学”县（市、区）块第一，市招商引资项目谋划大赛三等奖，县经济协作中心“双招双引”专班获表彰。2020年，新引进招商引资项目63个，总协议引资额107.84亿元，累计到位资金42.75亿元。其中亿元以上项目26个，5亿元至10亿元项目2个、10亿元以上重大项目4个。

【招商引资】 通过参加产业介质交流大会，为招商提供资源优选，为引资筛选企业资质。编制《龙游县招商推介项目》宣传册，围绕工业、数字经济、农业、服务业、文旅等产业，对外推介一批优质招商谋划项目，计划吸引投资约162.99亿元。推出《2020年龙游县产业招商工作手册》，摸排开发区、商贸物流园区、湖镇和溪口工业区等平台空间布局和熟地空间情况，梳理综合体、小微企业园、产业园等平台载体19个，为招商项目布局提供方向。县领导带队赴上海、杭州、重庆、成都、山东、江苏等多地开展重点招商项目对接洽谈，主攻高端主体，促成全竹循环综合利用产业园、建州智汇创谷等一批项目加快落地。优化工作流程，力推贝肯达布艺、光大无纺布、鸿博新材料等44个已落地招商项目和高分子材料等65个在谈重点招商项目加快进度，尽早落地开工；全年共召开招商引资项目归口研判会19期，研判项目168个。合力推进湖镇建州小微园、禾川科技产业园、双江口主题酒店、汽车博览城等重大项目建设，其中建州小微园项目于2020年1月7日签约、4月18日开工、5月入库、7月18日城市客厅启用，历时6个月。以龙头企业为基点，深化“二期在龙游”建设，加快特种纸、绿色食品、高档家具等传统产业提档升级；积极承接国内外先进制造业和高端服务业产业转移，推进金融、物流、文化旅游、商贸等服务业招商全面开花。综合运用产业链招商、平台型企业招商等方式，发挥产业基金放大效应，广泛收集优质项目信息，吸引项目落户。出台《龙游县异地商会及以商招商奖励办法》，通过龙商牵线，吸引鑫佳硕等一批高端智能制造项目落户龙游；牵引既有龙头企业延伸投资、拓展上下游产业链，推动伊利二期、德爵啤酒等绿色食品饮料产业集聚，促进中孚精机、威仕喜、台钰精机等“禾川系”产业集群发展。

图102　威仕喜（浙江）流体技术有限公司落户龙游经济开发区

（县经济协作中心/提供）

【山海协作】 2020年承接省内发达地区产业转移项目到位资金29.75亿元。在省内经济发达地区设立“消薄飞地”1个；创建团石村、浦山村等乡村振兴示范点2个；完成社会事业合作项目10个，到位资金365万元；劳动力转移培训人数3881人次，实现消费帮扶销售额5171.3万元。与詹家镇、庙下乡、石佛乡等乡镇分别和镇海区6个乡镇（街道）开展帮扶结对，镇海6个乡镇（街道）共筹资260万元，詹家镇居家养老中心、庙下乡华岗故居修缮、石佛乡综合文化站等援建项目相继落成。依托小南海镇团石村原有资源、产业基础、区位条件等，发展水果番茄种植，番茄大棚一期0.67公顷已完工交付，着力打造山海协作乡村振兴示范点，承接发达地区援建资金创出绿色经济带。龙游镇海共建“消薄飞地”——浦成小微产业园，实现全县126个薄弱村全覆盖，带动增收村数130个，带动增收人数11万人。分别与镇海、萧山共建“科创飞地”，带动企业科研成果与制造转化相结合。相关部门组织乡村振兴大讲堂7期，科技创新业务培训5期。22所幼儿园签订“山海协作”学前教育合作协议；龙游中学—镇海中学合作的“山海班”屡结硕果。民盟镇海区基层委员会捐赠沐尘小学、龙游县图书馆文化援建资金共计11万元。

（县经济协作中心　胡瑛玫）

交通·电力·邮政·通信

概　述

【概况】 2020年，龙游县公路交通、铁路交通、水上运输、电力、通信、邮政等行业迎合网络新时代信息要求，认真贯彻落实新发展理念。公路交通抓好综合领域执法改革，同步推进相关建设项目，规范管控客运市场，确保路况质量与道路安全；铁路交通保障客运货运安全输送，龙游火车站扩面基建工程顺利完工；水上运输强化水路安全监管，龙游港区桥头江作业施工并行；电力部门智能运行管控平台，配备升级工程应用设施；邮政区块革新寄递业务模式，构筑网络营业圈层；通信领域加大5G推广试行力度，形成高效云端数据覆盖。引入高端信息化技术助力城市基础设施设备服务，实现城市数字经济、智慧型发展。

【衢宁铁路龙游段建设】 围绕9月主线和站房投入使用的时间节点，县政府分管领导协调督办，以逐个事项通报、讨论的方式，议定临时用地租用、炮损补偿、道路修复、“小三改”[改路、改渠（沟）、改河]、安置点建设、饮用水问题等6类13项问题的解决方案，截至2020年年底，13项问题逐个完成销号。衢宁铁路（龙游段）正线于9月27日正式开通，站前三个配套工程基本完工；完成衢宁沿线炮损符合补偿的201户农户的监测工作，补偿金额771907.5元；完成庙下、石角、马戍口安置点项目结算工作的资料送审，溪口镇审价资料核对。

公　路

【概况】 2020年，龙游县交通运输局以“交通强省”建设为契机，围绕打造“两廊三环四路三站一枢纽”（“两廊”指衢江、灵山江两条美丽公路；“三环”指城市环、产业环、大外环三个交通环线；“四路”指351国道、320国道、528国道外移及315省道南移等四条干线公路；“三站”指铁路龙游站、龙游北站、龙游南站三个站房；“一枢纽”指龙游港区浙西南物流枢纽）综合交通的发展目标，不断优化交通要素，以项目建设为重心，行业管理为基础，集中力量完成“十三五”收官之年的各项工作。

【疫情防控】 第一时间成立疫情防控领导小组，会同公安、卫健等部门在杭金衢、龙游南等高速公路收费站以及S315、G320等市县际公路交界处重要关口设置10余个疫情防控交通检疫站，安排人员落实24小时值守。2月22日，经多方对接沟通，在全市范围内率先成立“司机之家”，入驻司机之家驾驶员累计达256人次。疫情期间共出动执勤人员1500人次参与卡口值勤，协同检查车辆9万余辆次、人员15万余人次；其间相继推出物资运输24小时服务热线、通行证“掌上办”等措施为货物运输提供绿色通行服务，办理通行证587张；协调出租车公司组织爱心出租车队接送一线医护人员和火车到站需隔离旅客，总计150余人次。

【机构改革】 确定交通运输综合行政执法队“三定”框架和县乡公路规划建设管理所、交通工程质量安全监督站、公共自行车服务中心“三定”方案。5月25日，召开综合执法改革部署会，全面推进交通运输领域综合执法改革工作，整合理顺路政、运政等交通行政执法职能，成立龙游县交通运输综合行政执法队并实体化运行。

【交通项目前期】 通过保持与省厅相关处室对接、派人到省厅挂职、邀请专家到龙游指导等方式，研透相关政策，突破西入城口改造提升工程、北入城口绿化景观提升工程、综合客运枢纽和溪毛线连接线工程（新溪路）等争取开工类项目；有序推进S315南移、湖镇至童家公路二期等前期推进类项目；积极谋划龙游

图 103　2020 年 3 月 17 日，中共衢州市委常委、常务副市长陈锦标（右三），到龙游县检查 S315 畅通工程　（县交通运输局／提供）

城区至龙游北站道路工程、龙游北站站前路网工程、528 国道龙游城区至上圩头段改建工程和月亮湾小区配套工程等项目。通过前期规划和走访调研，完成县综合立体交通网“十四五”规划文本初稿。

【交通项目建设】　全年共承担实施类项目 23 个，谋划类项目 11 个，“421”行动计划重点建设项目实施类 16 个，前期类 10 个，完成交通投资约 14 亿元，争取省补资金约 2.8 亿元。在项目推进中，实行领导干部分工抓落实机制，确保责任到人，制定时间节点保证项目进度。完成衢江沿江公路工程及绿道部分、国省道大中修工程、农村公路大中修工程、农村公路大中修追加工程、陆社线大中修工程、溪毛线景观绿化工程、年年红道路提升改造工程等一批通景、惠民工程。高标杆推进 G351 龙游段公路工程、S315 畅通工程、G320“二改一”、北入城口、灵山江沿江公路等项目。

【提升项目品质】　通过“互看互比互学”的项目质量管理模式，营造争先创优氛围，进一步提升交通工程品质。8 月创造性开展交通质监行政执法“飓风行动”，分两阶段对近 20 个项目开展质量监督，利用机械破检或专业仪器无损检测确认结构物施工质量。截至 2020 年年底，共利用挖掘机破检构件近 60 处、回弹混凝土构件近 30 处，责令 15 个项目返工整改，立案调查 10 起案件，完成 7 起一般程序行政处罚案件，对施工中偷工减料、不按设计要求施工等违法行为起到较大震慑作用。

【公路管养】　推进公路养护市场化改革，完善考核办法，提升公路养护质量和效益。全年公路养护共修剪灌木 326717 平方米，修剪草坪 162664 平方米，清除绿化带杂草 145263 平方米，清理公路边沟 132.6 千米，清理公路路肩 545.2 千米，疏通涵洞 70 余个，修补路面 47350 平方米，灌缝里程超 100 千米，维修更换交安设施标志牌 2750 余套。抓好公路“三防”（防台、防汛、防洪）和应急保畅工作，在冰雪、强降雨天气来临前启动应急预案，全面加强路面巡查，及时开展应急抢险，通过设置警示标志牌、清除垮倒毛竹、修补路面坑洞等应急措施，保障公路交通畅通。

【交通执法】　全面梳理行政执法机构性质、执法主体类别，做好行政执法“大清理”工作。全年共受理道路运输、路政行政案件 70 件（不包括超限处罚），一般程序案件 45 件、简易程序案件 25 件，申请法院强制执行案件 6 件，罚款 34.71 万元。保持客运市场“打非治违”高压态势，严厉查处出租车异地经营、网约车非法营运等违规违法行为。开展掌上执法，即时检查 1564 次，查处出租车不规范经营、异地经营 44 辆，站外揽客车辆 29 辆，异地经营旅游包车 2 辆，涉嫌非法运输危险货物车辆 5 辆，无证危货运输车辆 1 辆，查处不规范装载货车、非法改装货运车辆 20 辆。在超限超载治理上，提高非现场执法装置覆盖率，完成 10 个非现场执法治超点位建设。全年共查处超限超载违章车辆 1299 辆，卸载各类货物 6.5 万吨（交警处罚车辆 821 辆，路政处罚车辆 478 辆），治超办理案件数居全市各县（市、区）第一名。

【维修驾驶培训管理】　自 5 月起，集中整治汽修喷漆行业，协助企业做好资料申报、验收等工作，采取自拆、帮拆相结合的方式对全县烤漆房进行电机设备拆除、门板拆卸等。据统计，整治行动共出动执法人员 450 余人次、走访企业 150 余家（次），截至 6 月底，城区内烤漆房基本拆除完毕。在城南成立占地约 2.67 公顷的龙游县汽车钣喷中心，满足市民汽修钣喷需求，集中防治大气污染。免费开展货运从业资格证继续教育，受理 565 名货运从业人员进行网络学习；严格监管驾培机构的学时及培训记录电子签章，定期抽查驾培理论开班情况，全年共受理理论开班学员 5667 名。

【道路运输安全管理】　深入开展“两

客一危”专项整治，通过实地检查和安全隐患整治，危化品运输事故显著下降，全年共督促全县30辆危运车辆安装智能视频报警系统，检查危运企业26家次、车辆500余辆次，排查安全隐患60余个，龙游县成为危险货物道路运输第一批“无挂靠经营县（市、区）”。加强道路客运安全生产专项整治，在全县54辆城市公交车安装驾驶区域隔离装置，49辆长途客车、旅游客车安装智能视频报警系统。按照“保畅通、保安全”要求，科学研判、提早谋划，通过拥堵点治理、运输隐患排查、交通工程停工等方法，完成全年各节假日交通运输工作。

（县交通运输局　傅媛）

图104　2020年7月11日，龙游县举行杭衢铁路工程小南海镇龙丰村交地仪式　（县轨道中心／提供）

铁　路

【概况】 2020年，龙游县铁路建设管理部门全力推进龙游站站房改扩建工程、杭衢铁路龙游段等重点项目建设，就地落实客运和货运部门岗位职责，确保全年安全通车。

【疫情防控】 1月22日，启动火车站测温卡点设置，完成留观室、引导语、指示牌的设置，做到进出站旅客测温全覆盖，全员参加防疫值班；1月29日，公安牵头设立高铁检疫组后，适应从全员参与到服务后勤的变化，及时调整人力配置，做好值守人员送餐、防疫物品领用登记等事项，保障检疫组各项工作顺利开展。开展“清楼行动”，克服西园小区居住人员杂，小区进出口多等不足，安排工作人员，以轮值方式完成小区清楼，进出小区测温登记等具体工作；主动建立涉铁项目微信群，及时传达防疫精神，复工要求等文件，落实代接、帮办、在线三项服务举措。

【杭衢铁路龙游段建设】 杭衢铁路作为市委、市政府的“一号工程”，通过“盯目标、分阶段、保平安、快建设”的工作方案，建立“一办六组”（杭衢铁路建设指挥部办公室；乡镇联络组、宣传报道组、土地征收组、房屋征收组、审核结算组、安全保障组）征迁建设指挥体系。全年完成47.47公顷农用地100%交地，189户房子拆除182户，7户环评线住宅签订放弃拆迁承诺书，27个水塘完成处理26处，1处山塘与杭衢公司即行对接协商占水补水方案；完成拌和站、钢筋加工场、制梁场、临时炸药仓库等大临用地供地，施工便道全线贯通，基本确定隧道弃渣（土）场选址，交付临时用地约33.33公顷。按时间节点推进1条500千伏、3条35千伏和18条10千伏100余处低压弱电的杆线迁线。100%完成年初目标。

【龙游站站房改扩建工程】 加强与杭州枢纽中心的对接沟通，优化方案，5月完成新建天桥人工挖孔桩设计数量78根、浇筑4根、天桥钢吊装4根；6月完成新建雨棚人工挖孔墩设计数量122根、浇筑65根、基本站台雨棚基坑开挖8个，电缆槽道施工100米；7月完成既有站台异形雨棚、网架雨棚及4站台影响天桥施工的“Y”形雨棚拆除；10月底站房结构封顶；12月完成屋面安装，临时站房及站场设施改造通过竣工验收，基本完成年初目标任务。

（县轨道中心　朱军芳）

【铁路客运站建设】 2020年4月10日龙游站停办客运业务，对站房改扩建工程全面铺开。4月14日至6月14日，站台“龙形”雨棚和老站房历经2个月全面拆除；至12月16日，历经5个月，站台钢架网雨棚建设和跨股道100米的天桥主体钢架顶推全面完成，车站临时候车站房具备开通办客条件，中铁四局钢结构公司龙游项目部将具备开通办客条件的临时站房、站台、地道向车站移交，基本兑现原临时站房开通办客目标计划。12月17日，龙游站组织召开龙游站站改扩建工程营业线施工总结会议，宣布工程全面完成。

（龙游火车站　方宝田）

【铁路货运管理】 龙游火车东站中心里程位于沪昆线自上海西站起406千米+457米处，是隶属于上海局集团有限公司金华车务段管辖的三等车站，占地面积约 20 公顷，配有货物线 6 股、油库专用线 1 股，仓库面积 3000 平方米，雨棚面积 8740 平方米，有起吊能力 36 吨和 20 吨的龙门吊各两台，货场设计吞吐能力 200 万吨。2020 年实现车站“2•12”5000 天、“5•22”5100 天、“8•13”4300 天、“12•8”5300 天四个阶段安全百日和安全年目标。全年共完成货运收入 961.9 万元，货发 6.2 万吨；日均装车 5 辆，日均卸车 77 辆；停时（一次货物作业平均停留时间的简称）15.6 小时，中时（中转车平均停留时间的简称）10.5 小时；日均保有量 100 辆。2020 年复查验证车站外部环境安全隐患 3 处，均得到闭环销号。获金华车务段模范职工小家、段级“三线”（文化线、生活线、卫生线）建设示范站称号。

（龙游火车东站　叶智伟）

水　路

【概况】 2020 年，龙游县港航管理所在突发疫情和龙游港区全面投入使用的特殊情况下，完成年初制定的工作计划任务，严格执行水上交通安全的监管，抓防疫，防污染，保障水上交通及港口安全形势的持续稳定。

【疫情防控】 接到疫情一级响应通知，即刻全面停止水上运营，控制人员流动，对必要人员进出进行体温测量及个人信息登记。主动承应对接港区，对防控措施及防控方案提出改进意见，及时向交通运输局做出信息汇报，对入境船舶防控提出具体措施建议，由县交通运输局下发《龙游县入境船舶新型冠状病毒感染的肺炎疫情防控措施》，为做好船舶防控提供任务安排依据。2 月 11 日，龙游港区正式复工，同月 24 日后厅作业区复工。一级防疫响应期间，龙游 2 个作业区共受控靠泊船舶 73 艘，登记检查船员 175 名，未发现异常情况。

【水上安全监管】 2020 年龙游港区全面投产新增后厅作业区，船舶数量大增，水上安全运输压力骤增。因县境内锚地和龙游港区在洪水期的水文情况未能及时准确掌握，尤其是游埠库区段，所设洋港锚地属于 G60 高速洋埠大桥上游，距离只有 270 米，造成重载船舶无法避洪，为处理解决该类情况，县港航管理所创新办法，在衢江航道兰溪姚家船闸设置管制点，根据每个作业区和锚地的停泊能力，确定红船豆、小溪滩、游埠 3 个库区的最大船舶停泊量，再综合每个作业区的作业能力，确定每天通过姚家船闸的船舶数量，从分支点控制船舶数量。“6•3”洪水中，全县作业区、服务区、锚地的停泊船舶都未超过最大停泊量，度汛形势平稳。

【船舶港口防污染】 县船舶防污染重点是疏浚工程船及龙游港区。由于疏浚工程船结构的特殊性，机器设备都在甲板上，在设备运行多时后会出现润滑油渗漏的现象，最终径流向江面，为督促其做好渗漏润滑油的改进工作，对渗漏较严重的疏浚工程船采取停止作业的措施，并进行专门的设备部件检查修理与监管部门督促。后厅作业区开挖货船货舱清舱污水收集塘，设置围油栏等措施，督促其防止泥浆水和油污水污染水域。龙游港区防污染的重点是船舶污染物的接收处置和港区自身污染物的处置，对船舶污染物的接收处理，主要抓好其制度的建立和实际的运行，截至 2020 年年底已实现接收处置正常、台账记录齐全；对于港区自身污染物的问题，主要针对其在 7—9 号泊位作业上渣土污染的问题，对标上级对防污染的最新要求，做好港区的思想工作，于 5 月 26 日起停止渣土船作业，取得港口防污染工作的主动。

【龙游港区桥头江作业区】 2020 年，龙游港区桥头江作业区加强与嘉兴、镇海、江阴（长江沿线码头）、河南周口、山东济宁等省外港口业务合作，从初期煤炭、砂石单一货种拓展出粮食、纸浆、化纤、线材、钢坯等多货种进出。相继完成与嘉兴独山港区、镇海港区水水中转的煤炭业务，以及钱塘江中上游的煤炭“散

图 105　2020 年 11 月 18 日，衢州市政协主席周伟江（右一）一行调研龙游港区

（县港航管理所／提供）

改集”业务，并新开通衢州龙游港至嘉兴乍浦港集装箱航线、“靖江—龙游”木材海河联运，“龙游—乍浦—湛江”的粮食散改集海河联运，“靖江—龙游”散货水泥熟料新通道等航线，2020年完成吞吐量240.71万吨、11752TEU（标准集装箱）。

（县港航管理所　夏景）

电　力

【概况】 2020年，龙游电网按照“一个目标、两条主线、两个生态、十大攻坚”（一个目标：加快建设多省边际地区高弹性能源互联网；两条主线：不断深化管理升级和服务升级；两个生态：积极构建风清气正的政治生态和风生水起的发展生态；十大攻坚任务：本质安全、提质增效、管理变革、营商环境、综合能源、党建双+、队伍建设、全员绩效、各类整改、战略合作）战略落地总体思路，实现安全生产稳中有序。贯彻落实国家降价减费政策，支持性两部制政策优惠累计1425万元，阶段性电价政策优惠累计5789万元。2020年，龙游电网全社会最大负荷49.21万千瓦、同比增长13.84%。全社会用电量28.96亿千瓦时、同比增长5.06%。国网浙江省电力有限公司龙游县供电公司（以下简称国网龙游县供电公司）获中央文明委第六届全国文明单位、2020年度衢州市级“平安单位”等荣誉称号。

【疫情防控】 2020年，国网龙游县供电公司严格按照“复工五项基本条件”，建立动态管控“一人一档”，实行现场封闭施工管理，严把现场作业队伍、人员“双准入”关；首创“人员作业安全码”，通过人脸识别技术识别绿、黄、红三类作业安全码，实现作业现场事前自动预警；主动承担社会责任，及时发布电力复工指数，支撑地方政府决策部署。党员服务队深入街道、社区、交通卡点，协助开展联防联查；有效推进城北网格规划、城东电网布局、交通迁改、六春湖综合能源示范区等一批政府重点工程电网配套工作；最大限度开发工作机动性，助力企业复工复产，3小时完成灵溪与沐尘防疫检测站供电，24小时完成浙江圣蓝纸业有限公司（口罩、防护服的原材料生产）变压器增容安装。

【安全生产】 2020年国网龙游县供电公司深入开展安全生产专项整治三年行动，开展“消除事故隐患 筑牢安全防线”主题宣讲，在省公司网站刊登宣传报道2篇。推动安全生产风险管控平台建设和应用，完成组织机构、值班制度修订，实现现场移动视频和安全风险管控“双监控”；完成“智慧消防”建设，实现消防安全数据互联互通，实时研判预警信息；开展反恐信息化、智能化建设，成功创建县“智安单位”。成立县电力行政执法联动中心，开展电力设施保护“无接触”立体宣传，净化电网外部安全运行环境。对照共性问题清单开展问题成因分析，狠抓闭环管理，梳理问题清单76项；推进常态化隐患排查治理，发现16个专业安全隐患59项，投入安全隐患治理资金44.64万元，闭环整改率100%；制定年度安全工作意见，层层签订年度安全目标责任书14份、承诺书347份；以“线上学、按需学、自主学”为总体思路，全年累计开展安全学习533人次，在线安规考试393人次。增加管理人员投入，确保现场安全在控，完成高低压在供电所层面融合，发挥前期工程策划属地作用，增强供电话语权和主体性，夯实业务营配衔接运行、施工安全组织基础。紧盯小散现场作业，建立安监、配改办、属地化项目部三位一体现场安全稽查体系，覆盖配网建设管理末端，着力解决安全监督缺位困境。持续开展违章通病治理和重复性违章专项整治，完善通报、考核和追责管理机制。

【电网建设】 2020年国网龙游县供电公司完成县“十三五”配电网规划（10千伏）、配电网网格化规划（10千伏+0.4千伏）、“十四五”配电网规划和配电设施布局规划的编制，推动35千伏及以上电网规划方案纳入国土空间规划，完成2021年配网储备项目78项可研初设一体化编制。完成龙游志棠至建德里叶10千伏配电网互联互通建设，优化变电站10千伏出线间隔管理流程；编制城东新城多元融

图106　2020年4月29日，国网龙游县供电公司在罗家变电站开展防汛应急演练

（国网龙游县供电公司／提供）

合高弹性电网规划示范点，录入“网上电网”整体展示。协助市公司、县政府开展110千伏及以上项目前期与属地化管理，完成市公司年度基建任务，稳步推进主网建设；做好220千伏士元变、110千伏白马变、110千伏詹家变和衢宁铁路110千伏线路工程前期工作；助力武汉解封后首台鄂产110千伏变压器抵龙安装，配合市公司110千伏江家变3号主变抢建投产；推进110千伏东华变迁建、老龙变拆迁置换等重点项目；完成市公司第一批110千伏变电所属地化运维交接。推进“三个项目部标准化建设”（设计部、监理部、施工部），结合实际修订3个项目部职责及评价办法，推动同质化项目部建设，实现软件硬件双提升；全面推进供电所集中运维消缺，补强电网基础，提前45天完成2020年配网工程建设任务，配网预算完成率、转资率均位于全省前列。

【优质服务】 2020年国网龙游县供电公司全力推进多元融合高弹性电网用户侧建设，有效签约高压需求响应用户20户，建成3.91万千瓦削峰、2.55万千瓦填谷的需求响应高压用户资源池，完成省公司首家水泥工业用户龙游石菱水泥厂需求响应试点建设；全年累计开展削峰填谷需求响应活动22次，参与高压用户99户，低压用户1276户。在全县域推广低压业扩报装“抢修式”作业，通过“表计表箱预领、配套物资储备、专人统筹调度、多部位协同协作”的响应机制，实现“按小时计算工作时长”的新作业模式。强化转供电费码推广与审核管理，全年完成“转供电费码”申领条数802户。推进电能替代工作，全年完成电能替代电量3934万千瓦时。推动全电景区和一户屋顶光伏建设，累计并网光伏用户4008户、容量151.42兆瓦，完成高中考、公务员考试等保供电23起。推进“奋战百日 降损百万”台区线损专项治理，形成长效固化机制，全年台区线损日均合格率为94.63%、同比增长6.11%。建立采集运维人员能力评估模型，以合理化派工、提升运维效率为目标，编制《采集运维现场处理最优策略研究》获浙江省电力学会用电专委会优秀课题三等奖。做实第三方回访，有效解决客户末端问题，实现业扩流程服务闭环管理。全面提升用户用电体验，带电作业次数再创新高，全年累计开展带电作业813次、同比增长31.98%，减少停电时户数5.35万户、同比增长249.56%，多供电量514万千瓦时、同比增长85.16%；带电作业班“新型地电位组合工具”成功入选国网浙江省电力有限公司双创中心的成果转化项目，以12万元价格成功转化签约；新研制挂耳式绝缘夹线杆已成功申报2项国家级专利和3项实用新型专利。

【企业经营】 以过程管控和动态评估为抓手，实现同业对标管理体系整体能力提升，修订公司绩效考核实施意见，加强横向对比，突出纵向提升，针对年度重点创优工作编制专项绩效方案，深化提质增效，完成公司2个生产基地、4个供电所全覆盖物资盘点，对梳理出的1029条存量物资迅速处置，确保存量物资再利用价值最大化。以优化结构为导向，做优集体企业，疏通管理堵点和难点，优化在自主施工、工程管理、设计、技经、带电作业、市场经营等业务领域，以工程业绩为标准的绩效考核方案，大幅提高工作积极性和效率。坚持设计、变电和配电施工不外包，自主施工班组由3个扩充到6个。全力配合衢宁铁路、沿江公路、国际汽车城等一批政府重点项目线路迁改工作，加大综合能源服务业务投入，迅速建立组织体系，培育利润增长点。争取政策支持，推动县政府出台400万元以下工程直接发包，400万元以上工程“一事一议”、邀请招标等对公司有利的发包政策，实现效率目标、市场目标双赢。聚焦企业整体经营目标，以提质增效为统领，加强专业协同。在工程管理中贯彻早布点、快送电、少停电的工作方针，做到售电量最大化、利润最大化。国网龙游县供电公司连续3年获“年度工作先进单位”“经济贡献五十强企业”等荣誉。

【社会服务】 国网龙游县供电公司深化扶贫助困，践行社会责任，选派人员参加援藏“对口帮扶”，全力

图107 2020年3月2日，国网龙游县供电公司选派员工到西藏开展对口帮扶
（国网龙游县供电公司／提供）

服务打赢脱贫攻坚战，“千户万灯”公益项目三年实施计划有序推进，做实做深“点亮大力山”“温暖回家路”“贫困老年群体居住环境提升活动”等一批履责记忆。建立各基层党支部与贫困村、困难户帮扶联建关系，精准对接需求，提升帮扶共建的精度。推出“两保户”（社会救助对象）用电优惠政策免申请服务，2020年完成两保户信息补录3832户，办毕8141户。

（国网龙游县供电公司　杜晓东）

2016—2020年龙游县供电量比较情况一览表

表21

年份	年供电量（亿千瓦时）	同比增长（%）
2016	18.94	4.48
2017	19.65	3.75
2018	22.39	13.94
2019	27.57	10.59
2020	28.96	5.06

2016—2020年龙游县小水电上网电量比较情况一览表

表22

年份	上网电量（万千瓦时）	同比增降（%）		上网高峰（万千瓦时）	同比增降（%）		上网低谷（万千瓦时）	同比增降（%）	
		增	降		增	降		增	降
2016	3043.53	7.65	—	2004.77	10.22	—	1038.76	3.02	—
2017	2102.32	—	30.92	1430.53	—	28.64	671.78	—	35.33
2018	1978.20	—	5.90	1403.98	—	1.86	574.20	—	14.53
2019	2458.69	24.29	—	1431.09	1.93	—	827.59	44.12	—
2020	2157.3	—	12.26	1523.86	—	13.72	633.44	—	23.46

邮　政

【概况】 2020年，中国邮政集团有限公司浙江省龙游县分公司（以下简称邮政龙游县分公司）以普遍服务、金融业务、寄递业务和农村电商“四梁”业务提质增效，通过创新转型，以“三个视角”（客户、竞争、行业最佳）发现问题，以“三个规律”（行业、市场、价值）解决问题，做到工作数据化、项目化，指标化，落实分解全年发展目标。全年完成业务收入4066.25万元，完成年计划的92.08%，同比增长0.01%。

【传统业务发展】 2020年完成5个空白乡镇所“代改自”工作，对罗家、大街、庙下3个网点与乡镇便民服务进行搬迁和整合，社阳代办所重新装修开张，实现监控联网为广大人民群众提供优质便利的服务。通过数次协调和沟通，与10所小学及报社达成一致意见，采用各学科网课测试卷的形式对前二期脱订报刊进行弥补，全年收订“教育周报”4万余份，积极参与政务图书的营销，完成《习近平在厦门》《习近平在宁德》《习近平谈治国理政》等政务图书收入47万元。邮政各网点联合交警部门推出“警医邮”便民服务，通过在邮政营业网点叠加车管业务，推动构建“共建共治共享”的交通管理格局，让客户获得办理车管业务“最多跑一次”的优质体验。

【金融服务质量提升】 实施硬件改造，做好网点门面改造，改善网点环境，提高网点业务办理效率，提升网点客户体验感。加强客户基础经营，通过各类系统加强客户基础信息维护，对不同客户层级精准维护，优化客户资产配比，以最好的服务发展金融业务。金融网点以联谊会、外拓定点等方式进社区、进农村，开展“防范非法集资宣传”活动20余场，以金融人员角度，用专业知识转化为群众语言，提升老年人防范非法集资的意识与能力。对内以“强内控、促合规、抓整改”为合规主线，注重员工增强合规意识，立足本职，通过“风险大排查”专项活动、岗位轮换等方式全面了解员工思想动态，及时消除风险隐患。

【业务创新】 2020年，寄递业务收入累计完成796.84万元，业务量完成148.1万件，同比增长3.5%。寄递业务以“建设标准化、管理规范化、经营精准化、服务精细化”为准则，积极贯彻“放权、让利、搞活”的经营管理思想，成立特快揽投部，通过“众创众享”机制创新发展业务。业务发展模式以配备专职特快专递营销人员、加强项目维护及客户营销，以更优更快更安全的方式服务于客户，加强投递服务质量及网运运行质量，关注邮件及时投递率、妥投率、规格收寄处理及质量合格率，有效提升时限要求。因疫情原因，各高中、初中学校课本无法及时发放至学生手中，邮政寄递始终秉持“人民邮政为人民”的初心，从拣书、袋装、打包等程序分批安排各道段投递员投递，准确无误把教材送到学生手中，扛起国企的责任与担当。期间协助15所学校，共投递邮件1.2万余件。

【聚焦电商生态圈】 构建“支局同心圆生态圈”“惠农项目生态圈”及“工业品下乡生态圈”，聚焦三个生态圈建设，解决农产品进城及工业品下乡问题。加强板块协同，适时与县农业农村局对接，全面完成农民合作社的走访和信息录入工作。以业务叠加，助力项目协同，与浙江红专粮油有限公司以及龙游绿泉果蔬专业合作社在大米以及水蜜桃寄递上进行合作，累计寄递包裹1600余件，同时将两家合作社成功引入分销系统。发挥好邮政服务“三农”的优势。持续做好邮乐小店分享以及日常邮掌柜的走访，完成“邮乐购”优质站点数80个，实现工业品下乡300万元。

（邮政龙游县分公司　宋玲婷）

2016—2020年度中国邮政龙游县分公司业务量比较情况一览表

表23

年份	业务总收入（万元）	完成年计划（%）	同比增长（%）
2016	2493.60	103.08	16.38
2017	2934.62	99.82	17.69
2018	3099.27	91.87	5.61
2019	4065.76	96.55	18.46
2020	4066.25	92.08	0.01

中国电信股份有限公司龙游分公司

【概况】 2020年，中国电信股份有限公司龙游分公司（以下简称电信龙游分公司）充分发挥网络强国“主导者”、数字浙江“主力军”、网信安全“国家队”的作用，在疫情防控大战和经济社会建设中守初心、担责任。全年获省实体渠道农村乡镇销售争霸赛三等奖、全县综合考核三等奖等荣誉称号。

【数字龙游建设】 助推政府数字化转型，助力“最多跑一次”改革，整合升级“12345”平台。助力基层治理，承建开发智慧社区、智安单位、视频共享交换平台、应急可视化调度、美丽城镇等应用平台；助力智慧城市重点项目，完成雪亮工程、天翼看家监控点超过4500个；助力应急通信保障，与应急厅联合成立浙江省应急通信保障基地，建设龙游县可视化调度平台，安装50个避灾点监控、75部卫星电话。助推数字经济发展，发挥电信全程全网优势，为物联网产业链上下游合作伙伴提供定制开发、平台联调、产品展示、参观交流、项目对接、技术支撑、5G环境测试等服务，有力助推物联网双创生态圈形成和产业发展，全县物联网用户超过1.1万户；发挥云网融合、安全可信、专享定制三大独特优势，持续推动企业业务上云、设备上云、数据上云及核心系统应用上云，助力企业上云超150家。助推数字社会建设，推动教育、医疗、农村等领域的数字化转

图108　2020年4月9日，中国电信浙江公司总经理龚勃到龙游调研“数字龙游”建设工作
（电信龙游分公司／提供）

型，为县域治理现代化提效。承建全县教育骨干网，为全县所有学校提供数字校园服务；加快美丽城镇建设，打造治安村样板——清塘村，打造文旅综合服务体系；建设智慧文旅生态圈，推进全域旅游高水平发展，建设全域旅游信息化。

【升级智能网络基础设施】 全力加快5G建设，打造覆盖更广、速度更快、成本更低、体验更好的5G精品网络。积极推动与联通公司开展全省5G网络共建共享，200兆带宽峰值达2.7G，平均下载速率达800Mbps（兆比特每秒）。升级新一代千兆光网能力，龙游城域网出口带宽2020年又扩容40G，增长率20%，出口总带宽达240G。全县光纤接入端口达16.93万个，已实现城乡FTTH千兆光网全覆盖。对城域网骨干网络22条核心中继优化调整，结合网络需求进一步提升光网ODN网络健壮性，接入层网络合理规划布局，加强基础维护，持续开展接入网质量整治提升。加快10G PON光网升级改造，加厚城区覆盖，加大农村延伸，满足广大用户对千兆光网的需求。

【强化网络信息安全保障】 打造智云护航体系：智云护航体系包括完全独立自主的专业维护队伍、符合安全认证的维护类产品（云堤等）和后台流程支撑系统，是省内唯一拥有国家“计算机信息系统集成一级资质”和“通信信息网络系统集成甲级资质”的“双一级”资质体系。拥有认证上岗专业工程师15人，覆盖全县所有区域，为近70余家客户提供从网络到信息化建设的一站式全程服务。开展防诈反诈行动，开展“断卡”行动，主动排查号码7万余个，关停涉案号码、骚扰电话线索、大数据分析高危用户号码109个；进一步加强实名制管理，全年整改非实名用户43户，全量实名达到99.99%，新入网实名达到100%；处理工信部、公安部合成作战平台、“12321”公安诈骗案件18件次。

【全面提升客户服务】 全面推进服务领先计划，将2020年确定为“服务能力提升年”，通过建立“客户说了算”服务评价体系、出台全员服务积分制度，推出“卓越服务”五项承诺（全面上线，即办即用；商企需求，上门办理；宽带装维，准时透明；客户网络，专业优化；省内移机，宽带随行），进一步打造服务差异化优势。积极落实提速降费，深入开展移动、宽带网络质量“双提升”行动，打造“三千兆”（千兆宽带、千兆5G、千兆WiFi三位一体网络全覆盖）精品网络。针对低速率家庭宽带免费提速至百兆，中小企业宽带平均单价下降41.8%。深入推进骚扰电话整治，推广用户自主拦截定制化产品“天翼防骚扰”服务，全力提升骚扰电话识别和拦截能力。持续优化携号转网服务，贯彻落实《浙江省通信管理局关于加强携号转网服务工作的通知》精神，严格执行携号转网交互规范，遵从客户选择，确保用户“携得了、转得快、用得好”。

【服务中心工作】 有效助力疫情防控、复工复产和扶贫结对帮扶工作。试点“天翼看家”，组建工作专班，将天翼看家云监控结合到疫情防控中，火速组建防疫监控安装突击队，半月左右安装调通摄像头1018个，协助乡镇基层、医疗机构、定点场所做好重点人群的管理服务。支撑“停课不停学”，全面开放电信“云课堂”和数字电视空中课堂服务。推出“96666”复工复产热线，为中小企业免费提供“云会议”“云办公”等上门或远程指导服务。开展扶贫结对帮扶工作，根据县委、县政府2020年扶贫结对帮扶工作指引，在结对模环乡坞坎村、西元村开展扶贫结对活动7场次，扶贫帮扶对象51人，扶贫金额合计2.6万元。

（电信龙游分公司　戴愉丰）

注：

FTTH：光纤到户［Fibre（Fiber）To The Home］，一种光纤通信传输方法。

ODN网络：是基于PON设备的FTTH光缆网络。ODN的主要功能是为OLT与ONU之间提供光传输通道，完成光信号功率的分配。ODN是由无源光器件（如光纤、光连接器、光衰减器、光耦合器和光波分复用器等）组成的纯无源的光分配网。

PON光网：无源光网络，纯介质网络，避免外部设备电磁干扰和雷电影响，减少了线路和外部设备的故障率，提高系统可靠性，节省维护成本，是通信行业长期期待的技术。

2016—2020年中国电信龙游分公司电信业务量比较情况一览表

表24

年份	业务总收入（万元）	同比增长（%）
2016	8269	0.11%
2017	8034	-2.84%
2018	8195	2.00%
2019	7348	-10.34%
2020	7644	6.09%

中国移动通信集团浙江有限公司龙游分公司

【概况】 中国移动通信集团浙江有限公司龙游分公司（以下简称移动龙游分公司）下设综合部、市场经营部、网络部和政企客户部4个部门，设城区、湖镇、溪口、横山、小南海5个网格和龙游营业厅、解佰营业厅、湖镇厅、横山厅4家营业厅。2020年，公司主动对接县委、县政府各项重点工作，统筹推进常态化疫情防控、助力龙游经济社会发展。全年运营收入1.72亿元，服务政企集团客户近4000家。移动龙游分公司党支部获评2020年度中国移动浙江公司“六好”（班子建设好、党员管理好、组织生活好、制度落实好、基础工作好、作用发挥好）党支部、先进基层党组织荣誉。

【5G基站开通】 2020年累计投入5G网络建设资金4000余万元。3月4日，龙游首个5G基站开通，截至年底，共建成5G基站176个，实现城区、乡镇镇区、AAAAA级旅游景区、衢宁铁路（龙游段）和重点工业园区区域5G信号覆盖，实力推进5G+数字政府工程建设。贯彻落实国家关于建设网络强国战略的相关要求，完成基于互联网协议第六版（IPv6）规模部署，实现龙游县域宽带覆盖区域100%光纤接入，覆盖用户超18万户，平均宽带达200兆。有序开展“上改下”、弱电同杆工程，完成河西街、文化路、幸福路、兴龙路4条主要道路线缆整理，完成阳光小区、华西园小区等16个旧城小区改造整治，迁移用户3000余户，整理各类电缆25千米，皮线光缆37千米。完成龙游红木小镇开园、石窟国际音乐盛典、绿色中国行、团石湾啤酒音乐节等39场大型活动网络通信保障。

【5G+应用融入百业】 依托以5G为代表的新一代智能基础设施，依靠5G高速率、低时延、大带宽等特点，面向龙游开发区各企业推出5G+超高清视频、5G+VR/AR、5G+远程控制等应用，利用5G网络切片和边缘计算技术助力维达纸业、禾川科技等企业实现产业转型升级。将城市综合治理应用作为5G重点研究领域，聚焦社会治理和民生服务应用，推出5G城市综合治理应用解决方案，为政府部门决策及执法提供支撑，打造四大视频产品，推出5G行业高清视频解决方案，在5G+公安天网、雪亮工程、安防智能小区取得明显进展。充分发挥移动信息专家优势，利用移动互联网、物联网、大数据、云计算等新技术积极参与“5G+美丽乡镇”建设，配合完成溪口未来社区及詹家镇美镇建设。

【服务品质提升】 坚持“最多跑一次”改革理念，从客户角度出发主动开展流程穿越、环境优化，打造“全位”“全程”“全员”客户服务体系。持续开展“我们10分努力，换你10分满意”主题宣传，结合“3·15”消费者权益日、“5·17”世界电信日、总经理接待日等活动，了解客户需求，优化服务流程。每日开展服务现场监测工作和服务修复工作，及时开展触点不满意客户修复回访，做好服务闭环管理；每月组织现场服务检查、业务检查、暗访检查、流程穿越及业务找碴，强化服务意识；每季开展满意度调查及触点服务质量情况的通报与分析，提升服务能力；全年持续开展“品质引领”压降行动，打造最优营商环境。

【社会责任履行】 成立龙游移动“8090新时代理论宣讲团”，并组建分局宣讲分队。围绕移动5G+、预防诈骗、网络知识等民众关心的热点，积极开展“进社区”“进农村”“进企业”“进机关单位”宣讲活动，开展“8090”新时代理论宣讲40余场，受众达1200余人次。组织员工参与疫情期间社区卡点执勤、人员排查等联防联控工作，全年累计参与社区服务、文明劝导、平安巡逻、创国卫等各类志愿服务活动200余人次。结对联系龙洲街道洪呈村、半爿月村开展低收入农户“一户一策”帮扶工作，常态化开展走访慰问，了解低收入农户的家庭收入、生活、身体状况等情况，并帮扶部分食用油、大米等生活必需品，主动作为推进扶贫攻坚。

（移动龙游分公司　刘慧君）

图109　2020年6月，中国移动龙游分公司党支部被评为2020年度中国移动浙江公司先进基层党组织　（移动龙游分公司／提供）

2016—2020 年中国移动龙游分公司业务量比较情况表

表 25

年　份	业务总收入（万元）	同比增长（%）
2016	14932.5	9
2017	15499.94	3.8
2018	17146.03	10.62
2019	17466.06	1.86
2020	17213.52	-1.44

中国联合网络通信有限公司龙游县分公司

【概况】 2020 年，中国联合网络通信有限公司龙游县分公司（以下简称联通龙游县分公司）围绕深化创新理念、加快互联网转型升级步伐，强化主体意识，落实各项工作。全年联通手机用户数为 5.6 万户，互联网宽带用户数为 1.3 万户，实现主营业务收入 2015 万元，同比增长 10.4%。

【疫情防控】 成立领导工作小组部署落实疫情防控工作，对接阳光社区姜家山小区 134 户住户，本地人口加外来租户合计有 400 余人，以老年人和出租户为主，属于城郊待拆迁老旧小区。严格按照县防疫指挥部要求，实行两班倒制度，对外来车辆、人员设卡登记，禁止外来车辆及人员进入；组织抗疫小分队，深入社区、楼栋开展疫情摸排，防控知识宣传、健康码申领等工作。发挥技术业务优势，组织 280 人次参加卡点执勤和其他各项防控任务，为疫情防控提供坚实的数字化支撑服务。

图 110　2020 年 2 月 25 日，中国联通龙游县分公司抗疫小分队深入居民小区开展健康码申领工作　（联通龙游县分公司／提供）

【业务发展】 坚持数字化转型，推动高质量发展。深化 5G 引领全业务协同发展，提升中高端发展能力，通过优化产品结构、迭代营销场景、创新营销模式，坚定落实强基础攻坚行动，通过融合化、5G 化、金融化、智联化，全面实现以“量质构效”为主题的高质量规模发展。拓展政企新增长点，创新业务收入稳步增长。智领行业促发展，聚焦 5G+ 行业的信息化项目建设，紧抓数字化、网络化、智能化融合发展契机，深度参与工业互联网平台建设，积极参与智慧城市、产业大脑、园区云平台建设，如一体化智能化公共数据平台、高考信息化管理平台、中考信息化管理平台、智慧旅游景点监控平台、智慧乡村平台等。通过专业化运营，以市县联动、统筹管理的模式，提升细分行业的专业能力及竞争优势。5G+ 工业互联网时代，云计算、大数据、人工智能等技术，实体经济数字化、网络化、智能化升级，物联网、车联网、工业互联网等应用的实现，带动各行业实现数字化转型。

【服务中心工作】 参加结对包干龙头小区和太平路路段垃圾清理和包干路口文明交通劝导志愿活动总计 220 人次。积极参与智慧城市建设和数字乡村建设，聚焦中心、服务大局。配合县委、县政府完成各项县重点工程杆线迁移、环境综合整治工作，如杭衢高铁龙游段工程、龙游竹海路扩建、杭金衢高速拓宽工程、龙游民居苑停车场建设、城北虎龙基站搬迁、城东中心医院、城东汽车城、龙游老货场区块旧城改造、351 国道志棠村处、320 国道龙游石窟路口处、320 国道麻雀桥处等杆线迁移工程等，并积极做好各项安全生产和通信网络保障工作，履行社会责任和义务。

（联通龙游县分公司　余建新）

商贸服务业

概　述

【概况】 2020年，龙游县商贸服务业通过扩内需、稳外贸，实现全县商贸、外贸经济平稳运行。外贸进出口总额增长13.39%，其中出口总额增长13.69%；出口增幅全市第一，进口增幅全市第二；打好“暖心地摊经济”“美食美购活动”“红木小镇撬动”“最美索道牵引”“溪口老街智慧商圈建设”组合拳，推动旅游回暖、消费回补。加强与四川叙永对口协作，产业帮扶带动明显，劳务协作持续发力，营商环境建设取得新成效。

【品牌培育】 为提振疫情后的消费，龙游县政府出台《关于加快培育“三衢味”农产品区域公用品牌的实施方案》，安排100万元，组织县“三衢味”授权企业参加为期21天的“三衢味金秋消费季活动”，开展全场满100减40促销活动，配送到家服务；13家授权企业在平台上架产品近百款，总订单7700余单，总销售额80余万元。全年新增“三衢味”授权企业6家，新增产品20个，发展“三衢味”基地52个，其中规模化、标准化示范基地3个，发展营销网点4家。全县“三衢味”授权农产品销售额8.2亿元。5月，采用“互联网+”、线上直播和线下活动模式，在龙游民居苑举办“虔龙”杯首届茶艺大赛，举行“虔龙·中国贡茶”博物馆、黄茶体验馆暨虔龙职业技能培训学校揭牌仪式，聘请虔龙职业技能培训学校特聘讲师，推进提升“龙游黄”品牌知名度。

【服务企业】 通过“企业投保、政府买单”，全年为105家企业完成投保，实现全县小微企业出口信用保险全覆盖；为3家企业办理不可抗力事实性证明，发放4家企业展位补助费11万余元，帮助20余家企业申请各类稳外贸贷款。指导2家企业成功申请并入选商务部口罩“白名单”。全年全县共出口防疫物资4000余万美元。组织6家企业参加第30届线上华交会，17家企业参加第127届广交会，18家企业申报第128届广交会，70余家外贸企业参加各类浙江出口商品网上交易会。

商贸业

【概况】 2020年，龙游县经济和信息化局（以下简称县经信局）抓好新冠疫情防控，全面落实政策，加强要素保障，靠前精准服务，通过扩内需、稳外贸促进国内和国际经济“双循环”，实现全县商贸、外贸经济平稳运行。全年签订早稻订单合同961户，落实订单早稻种植面积5507公顷，落实早稻订单30845.8吨，完成早稻收购28860吨。

【促消费工作】 全县社会消费品零售额161.36亿元，同比下降1.8%，其中限额以上社会消费品零售额7.41亿元，同比下降15.2%；外贸出口额39.13亿元，同比增长13.69%；网络零售额67.6亿元，同比增长28.9%，高于全省平均增幅14.6个百分点。全年组织汽车展等促消费活动9项，发放消费券1400万元，累计核销金额5500万元，拉动消费4.25亿元。出台《关于发展“老字号”消费的实施方案》等政策性文件16个；报送市促消费活动近百个，数量位居全市各县（市、区）首位。

【疫情防控】 疫情防控期间，深入大型商业超市及加油站发放疫情防控物资，为超市及加油站办理电子通行证116张，健康安全排查2200余人，办理员工出行证340余人，协助完成健康绿码申领1102人。在东方商厦、东方商厦龙洲店、世纪联华、大润发设立4个生活必需品投放点，保证粮油货物充足，确保市场供应稳定。

【国家级电子商务进农村综合示范县创建】 2020年，以电子商务进农

图111　2020年4月13日，组织抗疫志愿者深入餐饮企业发放“龙游风味”公勺公筷　（县经信局／提供）

村综合示范县创建工作为契机，通过开展龙游县农产品标准及溯源体系建设项目，组织开展农产品上行和东西部扶贫农产品资源对接活动，拓宽农产品上行渠道。全县共有电商专业镇1个、专业村5个、中国淘宝村1个，布点农村电子商务服务点478个，覆盖全县248个行政村，覆盖率94.65%。为完善电商人才培训体系，2020年龙游村播学院招募学员100余人，开展培训5场。

【进出口服务】　通过“企业投保、政府买单”的模式，2020年为105家企业完成投保，实现全县小微企业出口信用保险全覆盖。全年共办理不可抗力事实性证明企业3家，发放4家企业展位补助费11万余元，帮助20多家企业申请各类稳外贸贷款。指导2家企业成功申请并入选商务部口罩“白名单”，全县共出口防疫物资4000余万美元。外贸笋厂冷冻笋项目入选2020年中央服务业发展资金支持农商互联农产品供应链企业项目，获补资金360万元。

【线上交易会】　全年共组织6家企业参加第30届华交会（线上），17家企业参加第127届广交会，18家企业申报第128届广交会，70余家外贸企业参加各类浙江出口商品网上交易会。

【跨境电商工作】　年内共投资约500万元建设跨境电商公共服务中心，为中小企业外贸发展提供人才招聘、跨境电商人才培育、国外顶级电商平台对接等专业服务。借助龙游新丝带（哥伦比亚）海外仓，助力100余家企业入驻，拓市场抢机遇。1—12月，企业累计出口3543.3万元，同比增长145.15%。龙游新丝带（哥伦比亚）海外仓入驻企业100多家，全年累计出口1.3亿元，同比增长近24倍，其中龙游本土企业出口1764万元，同比增长2.4倍。

（县经信局　夏琦）

2020年度龙游县外贸自营进出口分类情况一览表

表26　　单位：万元

名称及分类		2020年（万元）	2019年（万元）	同比增长（%）
进出口总额		498932	440022	13.39
其中	1．出口总额	391292	344175	13.69
	流通企业	171012	139344	22.73
	生产企业	177627	170954	3.9
	三资企业	42653	33877	25.91
	2．进口总额	107640	95847	12.3
	流通企业	6058	388	1460.22
	生产企业	62472	64956	-3.82
	“三资”企业	39110	30503	28.22

“龙游美食”推广

【概况】 2020年，龙游县“龙游美食”推广领导小组办公室（以下简称县美食办）继续落实“龙游风味”“龙游发糕”两大区域公共品牌建设，助力做好“百县千碗”“三衢味”等省市公共品牌宣传推广，力争使龙游美食产业成为乡村振兴的重要途径、龙游旅游发展的重要板块，实现特色小吃产业化发展、品牌化推广、群众培训就业创收、地方美食文化传播等多重目标。

【美食产业发展】 2020年，龙游县美食行业协会新增龙游美食门店24家、小作坊2家，“小升规”计划企业1家。其中王阿盖手工小吃在金华、衢州、常山、嘉兴、湖州、安吉、寿昌、永康、东阳、义乌等地加盟店21家，杨爱珍大排档、孙先生鸭头等品牌在金华等地开设大型旗舰店，布局龙游小吃“走出去”；协助吴宇晖在溪口镇老街租赁场地700余平方米，总投资100万元，打造一家集龙游特色小吃和特色菜肴为一体的“龙游风味”美食餐厅，实现市场资本“引进来”先例；新增新梅居、德旺食品2家龙游特色小吃家庭作坊，兴宗美食坊通过县美食办帮助，革新技术，投资100余万元进行“小升规”改造，计划组建龙游兴宗食品有限公司。

【品牌推广活动】 6月3日至5日，在红木小镇“龙游风味美食城”举行首届“诗画浙江美丽小镇·百县千碗龙游风味”展销活动，33家知名美食企业、商家参加，活动期间总营业额14万余元，吸引游客2.3万余人次；通过直播等形式签订线下订单200余笔，金额7000多元。活动评选组织金奖1名，银奖2名，铜奖3名。9月29日，“诗画浙江·百县千碗”潮起龙游风味金秋“龙游风味”美食城开馆，40个展位汇聚龙游地道美食50余款，通过微博、抖音、私家车广播等平台发布，直播在线观看人数149万余人，同时在线人数最高达31万人。其中9月29日至10月8日中秋、国庆期间，营业总额68.05万元，吸客8万余人；10月，“龙游风味”美食城组织美食活动4场，结合龙游红木小镇开园、龙游红木小镇音乐节、龙游红木小镇电音节、绿色中国行等大型活动期间开展龙游特色小吃展销活动，历时15天营销额172万余元，传播宣传龙游美食文化。

【品牌宣传拓展】 疫情期间，县美食办定制“龙游风味”公勺公筷2500套，无偿赠送全县餐饮单位，助推使用公筷公勺，健康文明用餐；为宣传“龙游风味”，制作龙游发糕、芋头粽、葱花馒头、北乡汤团、清明粿等5款特色小吃单品宣传片，在各大型活动中播放；为打造“龙游风味”“龙游发糕”品牌，设计制作“龙游美食”系列表情包和“龙游美食”系列仿真模型，用于购物直播等。

【技能培训】 全年组织开展“龙游特色小吃培训班”9期，培训学员400人次；8月24日举办全县“星主播”创业创新大赛，在线成交额2.1万元，累计在线观看人数3.9万人次；12月17—21日，组织23家企业30余人，参加县村播推进办组织的“中国TOP直播电商产业园龙游基地”直播培训，为龙游特色美食后续发展奠定人才基础。

（县美食办　王辉）

图112　2020年9月29日，“诗画浙江·百县千碗”潮起龙游风味金秋——“龙游风味”美食城开馆
（县美食办／提供）

供销合作商业

【概况】 2020年，龙游县供销合作社联合社（以下简称县供销社）围绕实施乡村振兴战略，加快服务体系建设、合作经济发展、社有经济转型，强化供销服务功能，履行县农合联执委会职能，发挥县乡两级农合联作用，稳步推进供销社各项工作开展。全年供销合作系统总经营收入8.2亿元，其中农产品销售6.5亿元。县农民合作经济组织联合会获2020年衢州市“三位一体”农合联改革考核二等奖。

【强化服务】 推进农民专业合作社、

农合联会员等经营主体融入基层供销社建设，使基层社办成以农民社员为主体的规范合作社。选择基础扎实的农业经营主体，以本地产业发展需求和乡村特色为基础，组建以农资配送供应、农超对接、农业社会化服务、娱乐生活等基层供销社，加强提升改造，完善服务功能。截至2020年年底，东华街道、小南海镇、塔石镇、詹家镇通过领办参办合作社形式新建4家基层供销社，提升改造溪口镇、湖镇镇2家基层供销社。建立健全促进合作社规范提升的扶持机制，引导涉农企业与合作社相互参股建立紧密的产销关系和利益关系，开展“农民专业合作社示范社”创建活动。指导会员做好疫情防控和春耕备耕，协助市供销社为龙游韩氏小竹笋专业合作社等7家企业，开展“春耕送肥”上门服务。组织人员深入乡镇（街道）、浙江茗皇天然食品开发有限公司等20余家专业合作社，了解需求，收集意见建议；对接浙农集团旗下的爱普农业科技公司专家团队，为柑橘种植户提供技术指导，以县泰丰农资公司为龙头，利用无人机喷洒药剂优势及遍布15个乡镇15家连锁经营网点，为全县种植户提供植保服务。

【机制创新】 通过重组、合作方式，着力在农资、农产品、消费品流通和再生资源回收利用等领域，探索连锁经营体系和乡村环境服务体系建设。鼓励农合联成员采用合作制或股份制组建共同参股的经营实体，建立产权联结纽带和利益共享机制。坚持有进有退、有所为有所不为，调整优化资产经营资本布局，推动经营资本向现代农业服务和现代农业产业集中，向产业链关键环节和价值链高端领域集中。截至2020年年底，县供销社累计领办、参办专业合作社4家、涉农企业6家，总投资523万元。

【平台搭建】 与杭州浙农控股集团和浙农（杭州）电子商务有限公司对接，洽谈科创园名特优产品体验中心消费扶贫项目，入驻“浙里汇”扶贫馆，邀请浙农电商公司董事长陈钧及“浙里汇”消费扶贫平台有关负责人，实地走访专业合作社和涉农企业，考察县域农特产品，在浙农集团科创园展示展销农产品40余种。组织龙游韩式小竹笋专业合作社等28家企业300余款农产品，在红木小镇布置“三衢味”农特产品专区，进行“礼在龙游”展销；以“最忆乡愁·追寻乡味”为载体，在溪口老街开设“三衢味”农产品、东西部扶贫农产品等展示专区，与8家企业签订农产品销售战略合作协议，活动期间的展销、直播带货和销售订单等销售额达2600余万元。围绕县域特色产业、文化和生态资源，组织实施“讲好农产品故事、助推乡村产业发展”活动。

图113 2020年9月22日，龙游惠军山羊生态养殖专业合作社与浙江省绿香村食品有限公司签订“2020农产品销售战略合作协议”

（县供销社/提供）

【帮扶协作】 5月，县供销社组织县内企业前往四川省叙永县考察天麻种植专业合作社、创新创业孵化基地、梨酒基地等农业主体，鼓励县内农合联会员深入叙永有关乡镇、农产品基地，开展农产品销售对接、产业帮扶。资助叙永县社会帮扶资金5万元，竹海鲜笋专业合作社购销叙永鲜笋价值280余万元。

（县供销社　储语）

烟草专卖

【概况】 2020年，龙游县烟草专卖局（衢州市烟草公司龙游分公司）共销售卷烟18234箱，同比增长1.88%；实现卷烟销售额87765万元，同比增长5.21%。单箱销售额4.81万元，同比增长3.26%。实现毛利24950万元，同比增长6.39%。实现税利2.48亿元，同比增长4.66%。位列全省烟草行业分层分类对标同组排名第6。全年销售全国重点品牌烟（利群、中华、云烟、白沙、芙蓉王、黄鹤楼、黄金叶、七匹狼）15755箱，同比增长2.23%。销售定制品牌云烟（小云端）14.84箱，同比增长67.68%；销售云烟（中支乌镇之恋）0.77箱；销售玉溪（创客）129.45箱，同比增长38.62%。“2018·10·23”运销假烟网络案，于2020年被国家烟草专卖局评为五级国标网络案。

【平台建设】 改革行政许可核查模式，提升许可服务质量。全年共办理许可事项805本，网上办证率100%。

中小学校周边许可证清理工作完成78.57%。依托“互联网+营销管理”模式，加强终端品牌化建设。打造以香溢合作店为示范、带动星级终端建设的新模式，全年建设现代终端706户。应用“四香一钉”（香溢家、香溢坊、香溢通、香溢购；钉钉）开通“香溢购”客户3238户，覆盖率100%。支付宝结算客户744户，累计结算145.57万笔。“香溢通”使用客户730户，占25.54%。组建“香溢坊”自律互助小组185个，客户2474个。“香溢家”会员本年累计26581个。拓展非烟业务，共订购非烟商品5499单，实现销售额274.99万元，其中衢州香溢专区订购1839单，销售额91.97万元。

【案件查处】 全年查处各类涉烟案件96起，查获假烟25442.8条，涉案金额362.32万元，分别比2019年增长11.6%、57.66%、50.3%。全年查获国标网络案2起。“2020•3•10”专车运销假烟案件，被评为二级国标网络案。严肃执纪问责，开展涉烟信访件核查，结案2起，立案1起，初核3起。

（县烟草专卖局　楼小露）

图114　2020年4月17日，龙游县烟草专卖局组织开展假烟销毁行动

（县烟草专卖局／提供）

盐　业

【概况】 2020年，浙江省盐业集团衢州市盐业有限公司龙游分公司（以下简称衢州市盐业公司龙游分公司）销售盐产品总量1606吨，其中食盐1460吨，小包装食盐销售965吨，同比增长4.67%；澳洲海盐销售56吨，同比增长2%；精品盐销售73吨，同比增长20%，小包装吨盐价3966元，同比增长2.43%，全年实现销售额390万元。

【市场流通服务】 持续实施推广澳洲海盐战略，通过设立海盐专柜、“雪涛”海盐产品宣传，“雪涛”品牌为市场第一品牌。定期走访全县49家核心经销商，每日联系各大中型超市客户经理，掌控中端市场，开拓高端市场。疫情期间，受丽水、遂昌、金华周边市场抢盐风影响，抓住有利时机合理布局，保障食盐供应，拓展“雪涛”海盐市场份额。2020年销量同比增长5%，与2019年同比，澳盐占比达78%。

【食盐体制改革】 按照省国资运营公司继续深入推进省盐业集团混合所有制改革的要求，在第一阶段混改成国有的基础上，为进一步聚焦主业，激活盐业发展动能，创新盐业体制机制，培育成熟盐业市场主体，经内部多次论证，省盐业集团提出通过先分立再重组的内部重组改革方案。1人拟报资产管理公司，2人拟报盐业公司。职工队伍稳定。

（衢州市盐业公司龙游分公司　林美芳）

中国石化销售股份有限公司浙江衢州龙游石油支公司

【概况】 2020年，中国石化销售股份有限公司浙江衢州龙游石油支公司（以下简称中国石化龙游支公司）秉承“柴油保量保效，汽油增量增效”思路，进行零售、直分销、天然气等多方面革新，推动内循环。全年成品油经营总量9.48万吨。积极配合政府部门开展的“打非治违”活动。落实疫情应对措施，加强加油站防疫工作督促指导；全年完成6所加油站绿色基层创建工作。

【打非治违】 积极配合政府部门开展打非治违活动。支公司成立专项工作小组，发动加油站人员摸排，及时将相关信息反馈给分公司商客部。与政府职能部门紧密联系，获取线索，做好使用非标油法律风险的宣传工作。

【疫情防控】 龙游支公司全面贯彻分公司和政府要求，落实疫情应对措施。对内，安全部门继续保持对于油站防疫工作的督促指导，每日坚持“零报告”制度，及时上报分公司口罩领用情况；对外，严格遵照公司的统一安排，积极参加社区疫情防控值守。

【创建绿色加油站】 根据分公司要

图115 2020年7月8日，中国石化龙游石油支公司与政府相关部门配合，查获一辆非法装载柴油的油罐车，查获油品28.74吨

（中国石化龙游支公司/提供）

求，龙游支公司严格按照计划分条逐步完成绿色加油站的创建工作。落实责任到人，推进到点，完成6所加油站的绿色基层创建。

【加强风险控制】 每月开展安全自查、对口检查，分析问题，落整改实，跟踪闭环管理。每月对各加油站、科室进行安全绩效排名，提升加油站站长安全意识。加强加油站员工安全培训，提高消防自救意识和能力。按照应急管理部门要求，制定油站手机管理制度，制作手机支付提示牌，提醒客户在营业厅内支付。配合省公司对城区一站、二站和湖镇加油站服务质量及油站安全进行突击检查；为全面提升加油站服务质量，控制加油站风险，在龙游片区开展样板片区建设。

（中国石化龙游支公司 朱剑）

服务业发展中心

【概况】 2020年，为推进服务业企业快速有序复工，全县共设置26个服务业“战时服务团”，为市场经营户免费消毒、发放口罩、提供额温枪等服务，助力经营主体分类分层平稳复工。落实减免物业租金、免收停车费、降低用电用水收费等政策，逐渐复原企业活力。龙游县服务业发展中心出台《关于加快服务业发展的若干政策意见》，填补近十年来服务业政策空白；深化“最多跑一次”改革，精简和优化服务业项目决策咨询制度。深化“亩均论英雄”改革，提升服务业企业核心竞争力。2020年，完成服务业增加值128.21亿元，同比增长5.6%，占GDP比重51.8%。实现社会消费品零售总额161.36亿元，同比下降1.8%，外贸进出口总额49.89亿元，同比增长13.39%。2020年创建成省级全域旅游示范县。

【服务业“小升规”】 形成“四个一批”即“挖潜一批（月度新增）、培育一批（年度升规）、引进一批（企业招引）、剥离一批（主辅分离）”企业名单，狠抓服务业企业“小升规”落实，推进全年完成升规企业34家，其中月度新增企业4家，补充在库企业数量和质量。根据《关于印发支持小微服务业企业转型升级为规模以上企业若干意见的通知》要求，完成2018年度新增“小升规”企业第二年奖励59.93万元、企业贡献奖励62.63万元。2019年度新增“小升规”企业首年奖励50.99万元政策兑现。

【项目管理】 牵头完成浙江中水物资年产2万吨粉煤灰仓储、浙西区域细胞制备中心和综合细胞库、神隆帮惠民地摊经济集市、龙和冷鲜鱼、悯农蔬菜基地、华莘高级中学、红木小镇战朋乐园、凤梧邻里中心、安驿机动车检测站9个项目的决策咨询和顾德科技、万钥企业平台的招引。新增城东商业综合体、万明大厦、龙游红木小镇、百益农副产品批发市场4个项目列入2020年省服务业重大项目计划。重点促进祥生国玥府、广和春江月、江南里等房地产开发项目建设，治理危旧房646户，改造老旧小区14个；房地产业全年开发投资24.25亿元，同比下降40.3%，商品房销售面积28.06万平方米，同比下降9.8%。

【教育基础设施建设】 为加强全县教育基础设施建设，大力改善教学环境，推进西门小学改建、十里铺小学扩建等项目，全县中小学校舍提升改造全面完成；同时谋划柳园小学扩建工程（三期）、友钦小学等教育设施建设项目，优化全县教育资源配置。

【旅游服务项目】 龙游红木小镇通过省级特色小镇验收命名并开园，六春湖景区列入省级山地休闲度假发展试点，荷花山列入省级考古遗址公园，龙山运动旅游度假区、龙游花海、姑蔑城等沿线景点串珠成链，龙游石窟国际音乐盛典等重大活动的举办，持续提升龙游知名度。

【城东新区建设】 制定国家级绿色生态城区创建方案，提升城东新区建设品质。城东新区“三横四纵”路网框架基本形成，景观云桥全面完工；滨江路、荣昌东路东延等工程进展顺利；中央生态廊道、城东滨水休闲带等项目有序推进。公共文化服务中心、商务中心和健康产业中心等服务配套设施建设，提升公共服务能力。加快金融中心、万明大厦、城东商业综合体、金鼎级酒店等项目建设，加强总部经济等项目对接，激发城市经济活力。

（县服务业发展中心　徐帅）

图 116　六春湖湿地公园　（县服务业发展中心／提供）

金融业

概 述

【概况】 2020年，龙游县各银行积极参与政府重点项目建设，支持农村土地集中整治、基础设施建设、重点工业项目建设、产业结构调整、转型升级需求，大力推进普惠金融、绿色金融发展，充分发挥金融支持功能作用。2020年，中国农业银行龙游县支行支持基础设施、重点工业项目建设与龙游县国资资本运营母公司龙游县汇龙投资发展有限公司、湖镇总投35亿元的商埠文化项目、龙游碧桂园房地产开发等重大项目建立合作关系，支持民营企业贷款余额17.71亿元，受益民营企业274户；支持制造业贷款余额17.78亿元，支持新兴产业贷款余额5.84亿元。中国银行龙游县支行在防范新冠肺炎疫情期间，投放防疫需要专项贷款1.05亿元；建设银行龙游支行为龙游县人民医院一线防疫医护人员赠送价值4800万元的保单。龙游农商银行继续打好脱贫攻坚战，连续两年荣获“全国农村金融优秀精准扶贫机构”，全县独家承办“企业复工贷”，强力推进“七项金融机制”，支持小微企业贷款余额65.54亿元，相关案例被人民日报头版头条报道，被县政府授予“经济发展三服务突出贡献集体”称号。

【农业银行获龙游县委、县政府考核一等奖】 2020年农业银行龙游县支行贷款净增13.07亿元，占比四大行新增贷款总额达60%，成功促成农业银行衢州市分行与龙游县政府签订120亿元战略合作协议，为龙游地方经济社会发展作出重要贡献，获2020年度龙游县委、县政府金融机构考核一等奖。

【保险行业发展】 2020年，龙游县保险业务发展迅速，践行“人民保险服务人民”的企业宗旨，改善服务态度，拓展保险业务，发挥国有企业优势，勇担社会责任。中国人保财险龙游支公司落实绿色金融创新产品，积极履行国有企业社会责任，服务龙游的经济发展和社会稳定，保险业务稳步增长。人保财险龙游支公司2020年实现保费收入1.77亿元；累计支付各类赔款1.54亿元。中国人寿龙游县支公司达成总量保费2.74亿元，同比增长15.83%，占龙游寿险市场份额55.85%。

中国工商银行股份有限公司龙游支行

【概况】 2020年，中国工商银行股份有限公司龙游支行（以下简称工商银行龙游支行）在县委、县政府及上级行的正确领导下，以大雁文化为引领，以流程管理为抓手，立足促进当地经济发展，本着“金融支持实体经济”的初心，践行工商银行的责任与担当，以“市场领先，管理争先”为目标，在拓展市场营销的同时，坚持持续稳健发展战略，加强内部管理和企业文化建设，全力打造业绩好、服务好、素质好、价值高的“当地最受尊敬的银行”。2020年工商银行龙游支行本外币各项存款余额56.63亿元，各项贷款余额61.53亿元。2020年度工商银行龙游支行获市级“平安单位”，工商银行龙游支行工会获“浙江省财贸系统职工代表大会制度建设示范单位”荣誉称号。在系统内获得“浙江省分行个人金融业务旺季竞赛城区和县域先进支行”“衢州分行第十八届业务技术比赛团体第一名”等荣誉，下设网点城北支行获得浙江省分行“工银卓越集体奖章”荣誉称号，下设营业室被评为总行服务四星级网点；在全市32个专业年度考核中，工商银行龙游支行23个专业排名前三，其中13个专业排名第一。

【服务实体经济】 在新冠肺炎疫情防控期间，工商银行龙游支行积极落实中央大政方针，投放防疫专项贷款18850万元，在全市系统内及当地同业均排名第一，呵护企业的

图 117　2020 年 9 月 1 日，工行龙游城北支行员工深入企业营销电子医保卡
（工商银行龙游支行／提供）

相关事迹曾被浙报、衢报、广电报等多家媒体报道。工商银行龙游支行紧紧围绕当地产业结构调整、转型升级要求，大力推进普惠金融、绿色金融发展，充分发挥金融支持功能作用，截至 2020 年年底，普惠贷款余额 17.595 亿元，新增 4.27 亿元。推出“E 抵快贷”“税务贷”“购建贷”等信贷产品，满足小微企业的融资需求，截至 2020 年年末，制造业贷款余额 23.74 亿元，新增 0.94 亿元，民营企业贷款新增 1.27 亿元。积极为企业单位提供金融上门服务，全年共开展公私联动企业上门办卡 228 场，机关事业单位职场营销 48 场。获龙游县经济贡献五十强企业、县机关部门综合考核评价金融机构二等奖、县银行业金融机构综合评价政策性银行及国有大型商业银行类 A 等行、县银行外汇业务合规与审慎经营评估 A 类银行等荣誉。

【践行社会责任】　积极开展县人民银行、衢州银保监分局龙游监管组组织的“金融知识万里行”“金融知识进万家”“金融知识普及月”等活动，进社区、进企业、进乡镇、进学校进行金融知识普及，对防范新型电信网络诈骗、非法集资等进行专题宣传，切实保障金融消费者权益。深化“放管服”改革，提高服务意识，提升开户效率，优化企业开户服务，推动改善营商环境，并派专员驻点行政服务中心，为新注册工商企业提供便捷的咨询服务，2020 年新开对公结算账户 788 户，四行占比 43.37%。积极参加县人民银行等机构举办的各类比赛，先后获得县银行业金融机构现金业务知识竞赛团体赛优胜奖，县稳企业保就业金融服务专项劳动竞赛二等奖。

【坚持合规经营】　加强信贷风险管理，抓实信贷规范化管理，加强信贷违规警示，量质并举，推动信贷业务可持续健康发展；提升运行管理水平，发挥好业务营运的基础支撑和业务风险防范的首道“防线”作用；提升内控案防管理能力，深化合规文化建设，营造人人讲合规的良好氛围。主动调整和优化信贷结构，全年主动调整压降潜在风险贷款 9900 余万元。同时加强不良贷款清收处置力度，累计清收或核销不良贷款 4346 万元，收回账销案存资金 512 万元。至年末，全部贷款不良率 0.80%，风险管控总体稳定。

（工商银行龙游支行　张莹）

中国农业银行股份有限公司龙游县支行

【概况】　中国农业银行股份有限公司龙游县支行（以下简称农业银行龙游县支行）认真贯彻落实县委、县政府有关部署，以服务地方经济发展为己任，围绕加大信贷投放、服务实体经济、优化金融服务等方面开展工作。2020 年各项存款余额 45.51 亿元，比年初新增 3.4 亿元。其中对公存款余额 24.58 亿元，比年初增加 0.66 亿元；个人存款余额 20.93 亿元，比年初新增 2.74 亿元。支行各项贷款余额 51.10 亿元，比年初新增 13.07 亿元。其中，对公贷款余额 36.70 亿元，比年初新增 10.25 亿元，比年初提升 5.3 个百分点，总量、增量均居四行第一；个人贷款余额 14.40 亿元，比年初新增 2.82 亿元。不良贷款余额 2343 万元，比年初下降 146 万元；不良贷款率 0.46%，比年初下降 0.25 个百分点。

【获评综合考核一等奖】　2020 年，农业银行龙游县支行围绕“开门办银行”，主动融入龙游县建设浙西新明珠城市的战略布局，成功促成农业银行衢州市分行与龙游县政府签订 120 亿元战略合作协议，获 2020 年度龙游县委、县政府金融机构综合考评一等奖，是龙游县银行业系统唯一获此殊荣的国有银行。

【支持重大项目推进】　2020 年，农业银行龙游县支行与县国资公司紧密合作，主动对接营销辖内重大客户、重大项目，参与项目运作谋划，并争取上级行支持基础设施、重点工业项目建设政策，与龙游县国资资本运营母公司龙游县汇龙投资发展有限公司、湖镇总投35亿元的商埠文化项目、龙游碧桂园房地产开发等重大项目建立合作关系，基本账户成功落地农业银行龙游县支行；支持国际汽车城、百益农批、德爵啤酒、鑫佳硕等一批优质中小微企业；获批大南门古街区保护开发项目、龙游健康产业中心项目、经济开发区机器人产业园、龙游农业申商产业园、红木小镇心香酒店等项目，持续推进重大项目贷款投放，2020年累计投放项目贷款5.45亿元，年末项目贷款余额19.08亿元，比年初增加4.62亿元。

【服务实体经济】 围绕“强产业、稳企业、优平台、增动能”目标，从信贷流程、产品创新、综合服务等方面下功夫，提高支柱行业、新兴产业金融供给质量，推动赋能提升，积极介入支持支柱产业——特种纸行业，在支持凯丰新材料、恒达集团、金龙再生资源等重点造纸企业的同时，利用小微网贷、抵押e贷和入园企业前期贷、政采贷等线上线下组合产品，为民营和小微企业发展提供金融支持。2020年，农业银行龙游县支行支持民营企业贷款余额17.71亿元，较年初新增4.52亿元；支持民营企业274户，较年初新增145户；支持制造业贷款余额17.78亿元，较年初新增4.18亿元；支持战略新兴产业贷款余额5.84亿元，较年初新增1.69亿元。

【提升“三农”服务能力】 综合运用旅游开发贷、富村贷、美丽乡村贷、普惠线上贷等产品，及时满足涉农企业和涉农主体生产经营的资金需求。2020年，农业银行龙游县支行涉农贷款42.78亿元，比上年提升8.13个百分点，增加9.61亿元。农户贷款余额4.37亿元，比年初增加1.44亿元，其中全程线上运作、随借随还的“惠农e贷”余额达4.04亿元，比年初增加1.4亿元。

【抓好系统性客户存款营销和维护】 2020年，农业银行龙游县支行积极参与省十里坪监狱东恒集团竞争性存放竞标，以第一名成绩成功竞得3.4亿元；参与三期社保财政资金竞争性存放，共竞得2.46亿元；参与县国资资金池招标，以第一名的成绩成功中标，加大与国资公司合作力度。

【打好脱贫攻坚战】 经过多次考察、对接，农业银行龙游县支行促成信贷客户在云南镇雄成立龙联镇农副产品加工有限公司，为当地农户实现创收。截至2020年年末，公司累计收购贫困农户竹笋79吨，实现销售收入143万元，助力脱贫攻坚取得实质性成果。组织中层以上干部党员，联系龙游县庙下乡30个低收入农户，因人制宜开展结对帮扶，每家结对农户上门慰问走访两次以上，还对符合条件的低保户发放扶贫小额贷款。

（农业银行龙游县支行　应胜娟）

中国银行股份有限公司龙游县支行

【概况】 2020年，中国银行股份有限公司龙游县支行（以下简称中国银行龙游县支行）紧紧围绕上级行的工作思路，经受住新冠肺炎疫情防控和业务发展的双重“大考”，积极改善经营管理质效。至2020年年末，公司贷款余额9.37亿元，比年初增加1.45亿元，若剔除贸易融资的2.2亿元，2020年，中国银行龙游县支行实际新增贷款为3.65亿元。

【护航县域经济发展】 中国银行龙游县支行勇担社会责任，在防范新冠肺炎疫情期间，投放防疫需要专项贷款1.05亿元（其中国家级疫情防控重点企业贷款200万元，省级疫情防控重点企业贷1.03亿元），疫情专项贷款投放额在四大行中排名第三。同时加大项目贷款投放力度，2020年投放项目贷款2.83亿元，为龙游县企业复工复产作出贡献。

【优化普惠金融业务】 中国银行龙游县支行将普惠金融作为一项重点工作推进，领导高度重视，员工积极响应，牢牢把握金融服务实体经济的宗旨，持续支持民营企业，结合企E贷、银税贷等产品运用，2020年实现公司普惠贷款余额21102.44万元，全年新增普惠客户14户，新增普惠贷款9455.44万元。个金普惠贷款余额4949万元，较年初新增2164万元。

【助力抗疫】 抗击新冠肺炎疫情期间，中国银行龙游县支行员工通过微信、支付宝、手机银行等线上交易工具，筹集爱心善款19580元，由中国银行衢州市分行统一捐赠至衢市红十字会账户，用爱心为武汉加油，给武汉助力。中国银行龙游县支行联合中银保险有限公司衢州中心支公司为奋战在抗“疫”一线的龙游县中医医院70名医护人员赠送“中银守护　平安天使”保险，该保险保障期6个月，最高保额每人100万元，总保额7000万元，为龙游县医护人员保驾护航，为全县新冠肺炎疫情零确诊作出贡献。

【金融安全知识宣传】 中国银行龙游县支行综合运用各种方式方法加强宣传教育工作，强化一线柜员防案培训教育，提升防范能力。辖内3个网点员工均签订《龙游县公安局防诈骗员工宣传告知书》。三个网点通过网点营业大厅、LED、走进厂区、商铺、小区等场所，开展防范电信网络新型违法犯罪知识宣传，共发放宣传资料1860份，张贴海报4张，发送宣传短信3850条，“进企入户”宣传16次；走进企业宣传23次，走进社区、商铺宣传8次，提高民众防范电信网络诈骗的能力。

【提升金融服务水平】 中国银行龙游县支行积极开展内部培训，根据省行、市行工作部署，开展金融消费者权益保护知识学习培训，并实施在线测试，人员覆盖各条线部门管理及下辖网点全部人员。培训测试内容涵盖中国银行龙游县支行消保组织架构、产品和服务管理要求、个人信息保护、投诉处理、公众宣传等各有关方面，确保相关人员掌握消保相关知识技能。同时积极参加中国人民银行组织的“3·15”金融消费者权益日、“普及金融知识　守住钱袋子”等活动，利用电子屏滚动显示、微信等宣传主题口号，发放宣传折页等形式，对前来办理业务的客户进行宣传。

（中国银行龙游县支行　陈红霞）

中国建设银行股份有限公司龙游支行

【概况】 2020年，中国建设银行股份有限公司龙游支行（以下简称建设银行龙游支行）以省、市分行部署的年度工作目标为指引，围绕县委、县政府各项决策部署，落实“六稳”“六保”工作任务要求，以党建作引领，以转型为驱动，加大结构调整，掌控风险底线，服务实体经济，支持疫情防控，助力企业复工复产，维护金融稳定，至年末，各项存款余额25.45亿元，贷款余额26.01亿元。建设银行龙游支行获2020年度浙江省“民企最满意银行”称号。

【服务实体经济】 落实“六稳”“六保”工作任务，发挥金融优势，积极参与地方重点建设和重点工程项目，加大对民营企业和小微企业的支持力度，推动实体经济高质量发展。继续加大对龙游县重点项目的资金投放，独家投放大成交通投资有限公司、浙江海港龙游港务有限公司、龙游昌农农牧发展有限公司、龙游新北综合能源开发利用有限公司等4个地方重点建设项目，投放贷款2.4亿元。通过简化审批流程、利率优惠等措施，为借款人提供优质、高效、低成本的融资渠道，与各小微产业园区开展合作，分别为龙游同创小微园、龙游建洲智慧产业园综合授信1亿元和2亿元。疫情防控期间，建设银行龙游支行积极支持当地企业复工复产、恢复经济运转，为防疫重点企业投放防疫专项贷款1.68亿元，投放量为衢州市建行系统第一，龙游县同行业排名第二。

【推进乡村振兴战略】 稳步推进裕农通服务点布设，借助服务网点，拓展乡镇农村地区金融业务，用好政策，用足产品，扩大普惠金融业务服务领域。2020年，建设银行龙游支行与19个文明村签订授信合作协议，为农户提供“零抵押、纯信用、低利率”的文明助农贷；依托建行资源优势，在地圩村设立“建行大学•裕农学堂”，以新金融智慧，惠乡民利乡村，助力美丽乡村建设。通过乡村大讲堂，2020年建设银行龙游支行举办“裕农讲堂”现场授课活动23场，为村民提供金融知识培训、“三农”政策宣讲等服务。

【风险控制】 建设银行龙游支行以持续加强风险整体管控、统一监控和防线联动。始终将资产质量管控作为信贷管理各项工作的重中之重，与上级行业务管理部门协同合作，加大信贷客户风险排查、逾期贷款催收管控和不良贷款处置化解力度，做好不良处置回归常态工作，合理运用打包、核销、诉讼催收等手段，提高现金回收的比例，加强资产质量管控力度，至2020年年末，建设银行龙游支行贷款不良率为0.26%，较年初下降0.11个百分点，为4年来最低。

【提升服务】 因新冠肺炎疫情防控需要，龙游县政府采购供应商融资出现资金短缺问题，建设银行龙游支行得知后，积极与龙游县财政局对接，独家推出建行“政采云”平台特色贷款产品——E政通业务，以政府应收账款质押，资金全部用于政府采购项目支出，累计为7家供应商企业授信超过3000万元。围绕“最多跑一次”的服务理念，充分运用“互联网+政务服务”创新工作机制，2020年5月，建设银行龙游支行通过“浙江省金融综合服务平台”，成功办理全省首笔跨地区线上抵押登记业务，为异地抵押办理业务提供新模式。

【担当社会责任】 在新冠肺炎疫情发生期间，建设银行龙游支行为龙游县人民医院一线防疫医护人员赠送价值4800万元的保单，成为龙游县银行业内首家提供该类免费保险服务的银行。建设银行龙游支行还积极参与当地党委政府开展的党员扶贫结对工作，按照县委组织部的统一部署，与龙游县沐尘乡康源村的20户低保户开展结对帮扶，建立扶贫结对卡，定期消除贫困。同时，围绕金融知识普及教育和消费者权益保护宣传活动，以悬挂横幅、派发宣传资料、现场讲解以及微信公众号等多形式多渠道宣讲反洗钱、打击非法集资、防范电信网络诈骗、反假币、个人征信等金融知识，提升人民群众对金融风险的防范和识别能力。

（建设银行龙游支行　黎冰）

浙江龙游农村商业银行股份有限公司

【概况】 2020年，浙江龙游农村商业银行股份有限公司（以下简称龙游农商银行）以“做业务最实、与民企最亲、离百姓最近”为宗旨，实施融资畅通工程，支持复工复产，全面推广“小额普惠贷款”精准滴灌“三农”，“精准扶贫”助力脱贫摘帽；推广“有礼金融”，助力“四治”（自治、共治、法治、德治）融合，开展普惠深耕专项行动，为全方位普惠金融筑基，在发展中破解症结短板，各项业务取得较好成绩。至2020年年底，各项存款余额172.89亿元，较年初增加18.94亿元，龙游市场份额占比41.77%；各项贷款余额127.54亿元，较年初上升17.86亿元，全县市场份额占比34.07%。在全省农信系统2020年分层分类经营管理考核中D类行社排名前列；获得“全国农村金融优秀精准扶贫机构”“浙江省林业产业先进集体”“衢州农信信息宣传先进集体”“衢州市慈善总会模范慈善集体奖”“衢州市首届新时代文明生活志愿服务项目银奖”“龙游县战疫先锋队”等荣誉。

【推广“小额普惠贷”】 龙游农商银行联合县政府独家推出“小额普惠贷款”，15天内实现全县15个乡镇街道召开专项推进会，45天内实现全县263个行政村召开普惠现场签约会；80天内实现小额普惠贷款行政村覆盖率100%、农户授信覆盖率100%，在2020年衢州市党建治理乡村大花园工作实绩考核中，涉农贷款增长领域指标获得满分；至2020年年底，全县已授信农户103556户、金额137.22亿元，已用信28068户，用信余额32.57亿元。由原农户小额向全域小额延伸，由以户为单位向以户、以人并存方面扩展，推动普惠金融真正实现“以人为核心、一户不能落、一个不能少”。

【蝉联“精准扶贫”奖】 坚持“扶贫与扶志、扶智、扶治”相结合，创建“合作社+担保基金、新型农业主体、来料加工经纪人、企业+基地、活体抵押、屋顶光伏、下山脱贫”等7大扶贫模式，连续两年获得“全国农村金融优秀精准扶贫机构”。自2010年以来，连续3期以100%满足率支持国土整治异地搬迁安置项目；推出“一事一议”举措，对县域徘徊在贫困线附近的残疾人、低收入家庭、山区留守人群及山地种养殖农户“四类”人群开展精准帮扶。其中，支持“龙游飞鸡”案例入编《2020年中国金融扶贫及创新年鉴》。截至12月底，已发放各种扶贫贴息贷款3901笔、金额1.55亿元，贴息金额230.56万元。

【农商银行推出“企业复工贷”】 龙游农商银行在新冠肺炎疫情防控期间，独家推出“企业复工贷”，支持小微企业贷款（含个体工商户）5777户，支持小微企业贷款金额65.68亿元，加权平均利率6.2%，较上年同期降低1.03个百分点，合计让利1.71亿元，推动龙游社会经济发展，其中支持冠诚科技公司复工复产案例被《人民日报》头版头条报道。

图118　2020年6月12日，龙游县农户小额普惠贷款推进会在龙游农商银行召开　（龙游农商银行/提供）

【推广“有礼金融+”】 龙游农商银行联合龙游县政府独家推出“有礼金融+信用”，把“有礼金融”作为继信用户评级、信用村评级、信用乡镇“三信”评定和“整村授信、额度调剂”后的信用体系全民共创5.0版本；抗击新冠肺炎疫情期间，联合县营商办推出“有礼金融+抗疫”，对全县参与防疫的2104名一线工作者推出“有礼金融”加分举措，275名防疫工作者直接享受到基层治理的“红利”。截至2020年年底，全县“有礼金融”评定覆盖率达100%，“有礼金融”专项贷款已授信137.22亿元，普惠签约评级覆盖率较2018年提升15.56个百分点。农商银行正联合大数据发展管理局开发“有礼金融+龙游通”及相关支付场景，致力将“有礼金融”融入区域明珠型城市建设。

【加速数字化转型】 龙游农商银行树立“数字化转型首先思想认识要统一”的理念，成立数字化转型领导小组，出台转型方案，明确转型规划。总行层面加强数字化转型需求调研，根据基层需求丰富报表和取数平台；基层层面加大数字化转型情况反馈，及时向总行反映应用中的难点。在管理上，建立数据可视化平台，配齐设备供数据挖掘分析；在营销上，通过App和小程序等形式批量获客；在决策上，成立八大监测监督专员，加强数据监测、预警、分析等，推进“覆盖管理、营销、决策全流程的数字化”转型。

【加强精细化管理】 龙游农商银行因时制宜，成立相应领导小组，优化组织架构（如设立纪检办公室、放款中心等），健全管理机制（如组建八大监测监督专员、建立七项金融机制等），提高业务经营，发展趋势前瞻性判断，将数字化转型贯穿经营管理目标、产品定价、客户管理、营销模式、考核激励全流程等；建立快速审查审批机制，在OA系统（办公自动化）开发上报贷管委报告模板，实现客户经理少跑步；对内推行员工行为网格化管理，建立覆盖全员的员工行为管理体系；对外强化客户网格化管理，对农村地区网格进行严格划分，派驻专门客户经理管理，至2020年年底，已划分网格249个、涉及乡镇15个、派驻网格客户经理70人。

【加大风险防控力度】 龙游农商银行严把合规经营这根弦，制订信用风险管控三年目标计划，2020年清收处置表内五级不良贷款本金为近3年同期最高。制定《表外不良资产管理办法》，每笔核销贷款责任认定到人；制定《诉讼事项管理办法》，集中管理，提高效率。建立清收工作机制、上下联动机制，完善考核奖励机制，科学分配考核指标（如在基数中剔除经认定清收无望的不良贷款，调整支部书记绩效考核占比等）。创新形式清降不良，如建立矛盾调解、ODR（在线争议解决机制）、仲裁、诉讼等依法清收渠道；联合法院试点推行无纸化办案，提高办案效率；与浙江游龙律师事务所合作对不良信用卡打包清偿；与县法院合作试行引入资产处置的律师介入机制，加快资产拍卖准备工作。

（龙游农商银行　蒋莉颖）

中国农业发展银行龙游县支行

【概况】 中国农业发展银行龙游县支行（以下简称农发行龙游县支行）坚持以习近平新时代中国特色社会主义思想为指导，认真贯彻上级行党委的工作部署，以“乡村振兴排头兵”为站位，坚持一线党员带头冲锋、一线服务客户、一线合规管理的基调，积极应对新时代、新挑战，努力工作，积极拼搏，较好地完成年初确定的各项工作任务。至2020年年末，农发行龙游县支行实现各项贷款余额24.67亿元，存款余额7.75亿元的好成绩。

【保障地方粮食安全】 面对新冠肺炎疫情，农发行龙游支行始终坚守保障粮食安全第一线，及时掌握本年度储备粮油贷款的需求情况，提前做好资金供应准备工作。2020年累计发放地方储备粮油贷款10815万元，支持省级储备粮委托收购21500吨，省级储备粮油补库5000吨，县级储备粮油轮换入库10525吨。同时做好库存监管工作，做到账实相符。完成本年度地方储备粮油轮换出库15525吨，累计收回地方储备粮油贷款6785万元。

【助力复工复产】 农发行龙游县支行主动对接防疫重点保障企业，走访受疫情影响严重的存量客户，全面了解这些单位部门复工复产情况和资金需求，对其中受影响较严重的两家企业给予资金支持和利率优惠；对一家存量小微企业给予无还本续贷扶持，确保企业正常生产。

【助力乡村振兴】 农发行龙游县支行全年成功营销项目贷款3家，贷款金额28.35亿元，分别为龙游健康产业中心项目、351国道龙游横山至开化华埠段公路工程（龙游段）PPP项目、六春湖项目提供建设资金。

【加强安全保卫工作】 农发行龙游县支行各部室与员工签订《党风廉政、案件防控、消防和安全保卫责任书》20份，组成志愿消防队，每月定期开展消防安全检查，配足配齐消防灭火、逃生器材设施设备，开展消防安全演练，学习消防器材使用方法，开展防抢、防爆演练，提高员工对突发事件的防范处置能力，不放松对营业场所等重要部位、重要环节的安全检查，发现问题及时落实整改措施。

图119　2020年10月16日，农发行龙游县支行组织全行员工开展消防演练

（农发行龙游县支行/提供）

【农发行形象宣传】 做好现金管理和反假人民币工作，2020年农发行龙游县支行共开展人民币反假币、防诈骗、防范非法集资等宣传活动4次，延伸反假宣传触角，消除反假“盲点”，保护群众利益，取得良好的社会效果；同时加强柜面员工对人民币管理知识、反洗钱、防诈骗知识的培训，不断提高员工综合素质和业务技能，提升农发行龙游县支行的公众形象。

（农发行龙游县支行　钱小帅）

中国邮政储蓄银行股份有限公司龙游县支行

【概况】 2020年，中国邮政储蓄银行股份有限公司龙游县支行（以下简称邮储银行龙游县支行）坚持以习近平新时代中国特色社会主义思想为引领，深入贯彻落实党的十九届五中全会和中央经济工作会议精神，坚持党建统领、提升专业能力，推进各项业务发展。支行提前半年完成理财业务全年目标，完成率140%，同行全市排名第一。2020年，邮储银行龙游县支行实现各项存款余额21.14亿元，各项贷款余额11.63亿元。获2020年度龙游县委、县政府金融机构类综合考核三等奖，获评人民银行金融机构综合评价A等行。

【践行社会责任】 积极落实县委、县政府百地千名行长大走访活动要求，全力支持企业复工复产。2020年，邮储银行龙游县支行新增产业扶贫贷款800万元。同时，积极响应省市分行“污染防治攻坚战”工作要求，践行绿色发展理念，贷款准入上实施“一票否决制”，拒绝向无环保许可证的企业发放贷款。疫情期间，全力配合有关部门打好防疫攻坚战，2020年累计发放抗疫贷款2900万元，县人民银行专项资金再贷款1500万元。

【坚持合规经营】 邮储银行龙游县支行高度重视案防及合规管理工作，把案防及合规管理工作纳入重要议事日程和年度考核目标。严格执行“一把手”负责制和岗位责任制，认真开展员工行为排查和管理，通过现场宣教、合规培训、现场讲座等多种形式提高员工合规意识，积极落实安保主体责任，除现场检查之外，2020年8月下旬至9月中旬，中国邮政储蓄银行股份有限公司浙江省分行党委对邮储银行龙游县支行开展巡察工作，支行党支部认真建立整改问题台账，提出15项整改任务，细化28项整改措施，明确完成时限要求，截至12月末，12个问题均告完成整改。2020年邮储银行龙游县支行全新安装智慧报警用电系统、建立微型消防站、更换全行的消防灭火器材，全面改善安保环境。

【营销转型优化升级】 邮储银行龙游县支行通过年前客户储备，充分利用客户经理开展联动营销，实现资金回流；利用CRM系统（客户关系管理系统）梳理存量保险、国债和理财等客户群，实现客户精准、分层营销；以沙龙、座谈会等形式，拉近与客户的距离，提高支行的知名度；加强走访，深入企业、下农村、进政府，配套支行产品全力做好宣传和营销工作，全面落实网点转型规划。2020年，邮储银行龙游县支行实现网点理财经理全覆盖，新增1名小企业客户经理，2名零售客户经理，充实营销队伍，销售占比大幅提升。同时，借机构转型之机，优化干部队伍结构，两个业务部门负责人及3个网点支行负责人实现人员更替，干部队伍更趋年轻化、专业化。

（邮储银行龙游县支行　诸葛芬）

浙江龙游义商村镇银行股份有限公司

【概况】 浙江龙游义商村镇银行股份有限公司（以下简称龙游义商村镇银行）于2010年9月由义乌农商银行发起成立，注册资金1.1亿元。义乌主发起行义乌农商银行历史悠久，实力雄厚，是浙中西最大的农村合作金融机构。2020年，龙游义商村镇银行在龙游县委、县政府、人行龙游县支行、龙游银保监组及义乌主发起行的关心支持下，始终坚持立足龙游，坚定支农支小，努力服务龙游经济发展大局，积极履行社会责任。至2020年12月底，龙游义商村镇银行各项存款余额47867万元，各项贷款余额65816万元。开业9年来，共上缴税收近4000万元，连续多年被评为龙游县经济贡献50强之一。

【坚定支农支小】 龙游义商村镇银行大力推广“义商”银行卡和网上银行业务，服务龙游百姓。加强基础客户服务，加大增户扩面工作力度，走村、入企、访户，送金融知识下乡，满足龙游百姓的金融需求。培育发展金融指导员，让客户经理更贴近农户，做好金融知识、新业务在乡村的宣传推广，贴近农户，架起金农桥梁，满足百姓需求。

【履行社会责任】 龙游义商村镇银行经常开展公益活动，履行社会责任，回馈社会。积极投入全民创卫活动，协助翠光二区搞好社区环境卫生，参加红星社区夜间巡逻，维护社会安定，创建平安社区。2016年8月1日成立龙游县中小企业转贷服务中心后，已经与龙游当地12家银行签订合作协议，为龙游中小企业筹资节约费用5000多万元；进行整村授信宣传，深入农村基层，为“三农”服务；与詹家镇姜家村结对帮扶，开展“义商伴你成长”活动。

（龙游义商村镇银行　项军）

温州银行股份有限公司衢州龙游支行

【概况】 2020年，温州银行股份有限公司衢州龙游支行（以下简称温州银行龙游支行）秉承“以你为先”的金融服务理念，把握新机遇、直面新挑战，坚持稳中求进、抓重点、攻难点，积极开展工作，各项业务得到长足发展。2020年，温州银行龙游支行各项存款余额57062万元，各项贷款余额52905万元。2020年度获得“温州银行总行先进集体”“温州银行衢州分行先进集体”“龙游县有礼爱心单位”“市级平安单位”等荣誉称号。

【助推地方经济发展】 2020年6月，温州银行龙游支行成功投资龙游县国资公司非公开公司债券3亿元，该项目共发债10亿元，期限3年，是浙西区县首单公司债券，创2010年以来浙江省同类型私募债券历史最低利率，也是温州银行龙游支行首笔公司债券业务。温州银行龙游支行投资债券项目9亿元，不断扩大银企、银政合作力度，助力龙游重点项目建设进程。深化普惠金融发展战略，不忘支持当地小微企业发展。截至2020年年底，温州银行龙游支行普惠小微贷款新增1.01亿元。通过下调利率，降低客户的融资成本，加大产品创新力度，满足不同客户群体的资金需求，继续推进“无还本续贷”业务，切实加大绿色信贷和制造业贷款的投放力度。

【践行社会责任】 在支持当地金融发展、服务广大客户的同时，不忘承担社会责任，温州银行龙游支行积极投身社会公益活动，通过开展“进社区、进商户、进企业”等系列活动，送金融服务、金融知识、金融普法上门，向民众普及金融知识，全年开展金融便民服务活动60余次。组织员工积极参加文明出行劝导、责任路段巡逻活动，参与社区开展红色物业联盟志愿者服务日活动30余场，推动志愿服务随处可感、可学、可做，形成良好社会风尚；支行党支部深入周边社区慰问老党员，为清廉社区的贫困老人送上大米、食用油等生活用品，给社区老党员们送去组织温暖和关爱。

（温州银行龙游支行　何俐莹）

图120　2020年7月1日，温州银行龙游支行到清廉社区慰问老党员

（温州银行龙游支行／提供）

金华银行股份有限公司衢州龙游支行

【概况】 2020年，金华银行股份有限公司衢州龙游支行（以下简称金华银行龙游支行）在人行龙游县支行、龙游银保监组等部门的指导下，始终坚持围绕“立足地方，服务社会”的宗旨，扎实开展“四攻坚四争先”行动，通过“抓管理、抓内控、抓队伍”“强效率、强执行、强服务”工作，在团队建设、客户开发等方面积极进取，努力擦亮“金”字招牌，谱写“华”彩篇章，各项工作取得一定成效，银行实现稳健运行。2020年，金华银行龙游支行各项贷款余额3.09亿元；各项存款余额3.29亿元。

【优化营商环境】 加大金融供给，积极推进“复工贷”，帮助小微企业复工复产。新冠疫情期间，金华银行龙游支行为支持民营小微企业发展，与龙游县昊诚融资担保有限公司合作推出“复工贷”，助力企业复工复产，其间为多家公司发放“复工贷”共1600万元。其中以信用方式为省市级防疫重点企业龙游旭荣纸业有限公司发放贷款1000万元。深入开展“进百企”活动，运用支小贷资金开展营销，帮助企业解决融资难题，拓展首贷户。截至2020年12月底，发放“支小贷”28笔，贷款总额3911万元。其中“5000亿支小贷”5户，金额3095万元，利率4.55%；“1万亿支小贷”23户，金额816万元，平均利率仅4.6%。当年新增首贷户企业12户，发放贷款4725万元。金华银行龙游支行根据总行文件精神，结合当地实际，新增创新贷款产品“国开行转贷款”“支小贷”“转贷宝”及“小微通循环贷”

图 121　2020 年 10 月 3 日，金华银行龙游支行领导走访企业，助推企业复工复产　　（金华银行龙游支行／提供）

等优惠政策产品，为疫情期间企业复工复产企业提供切实有效的金融支持，储蓄存款有大额存单、双龙盈、添利宝等有利于客户提高存款收益的产品，增强银行储蓄客户竞争力。

【提升服务质效】　金华银行龙游支行员工深入当地各大广场、社区、园区企业进行相关金融知识宣传，为周边群众、学生、园区企业员工普及金融知识，防范电信诈骗、反假币、反洗钱、存款保险、消费者权益保护、征信等一系列金融专业知识，共创和谐金融环境。2020 年举办各类活动 60 余次，受益群众 3000 多人次。支行从 2020 年 4 月开始组织全行员工成立志愿者小分队，参加荣昌路路口劝导、社区卫生清理、责任路段文明劝导工作，参与人数超 400 人次。

（金华银行龙游支行　李雨芳）

浙商银行股份有限公司衢州龙游支行

【概况】　2020 年，浙商银行股份有限公司衢州龙游支行（以下简称浙商银行龙游支行）按照“夯实基础，强化管理，创新发展，特色经营”的经营主基调，通过强化执行力建设，落实精细化管理，扎实开展客群建设，深入推进全资产经营战略，坚持服务实体经济，践行普惠金融，扎实稳健有序地推进各项业务发展，资产规模登上新台阶。至 2020 年年末，浙商银行龙游支行各项存款余额 10.92 亿元，各项贷款余额 13.87 亿元。

【服务地方经济】　充分发挥总行在浙江的政策、体制优势，以客户为中心，创新融资模式，让利于企，助力地方经济发展。新冠肺炎疫情得到控制后，浙商银行龙游支行及时做好金融服务，采取减息、展期、延期、调整还款计划等支持措施，助力企业复工复产。践行普惠金融，真正将“普惠”进行到底，支行员工进社区、进市场、进企业、进乡村、进学校，积极开展普及金融知识、防范电信网络诈骗等宣传活动。根据龙游经济特点，推出“三年贷”“房抵点易贷”“出口银税贷”等特色信贷产品，满足不同客户群体的需求，有效破解小微企业的贷款担保难题。

【推进创新发展】　围绕制造业重大项目，重点应用银租通、分销通等特色产品和业务模式，帮助项目方采购新设备，缓解一次性付款压力，降低融资成本，延长融资期限。根据核心企业自身流动性需求，积极推广资产池、至臻贷、超短贷、涌金司库等平台化服务，盘活企业沉淀资产，减少企业对外融资总额，降低融资成本。根据企业的实际需求，推出交易宝、出口池、出口退税贷、出口收汇贷、极速开证等新产品新举措，助力外贸进出口、结售汇、贸易融资、汇率避险等，有效解决出口企业融资难、效率低、手续烦等难题。

【践行社会责任】　组织员工参加文明劝导活动，助力省示范文明县城创建。开展公益爱心赠饮活动，组织青年志愿者为“城市超人”送清凉，并在营业大厅设置公益供水点。积极协助浙商银行总行、杭州分行、温州分行、绍兴分行等在席家村、山后村、浦山村、官潭村、夏金村开展消薄帮扶工作，助力脱贫攻坚，并通过“以买代帮”帮助结对村开展农产品销售，以实际行动助力结对村复工复产。

（浙商银行龙游支行　朱敏）

浙江泰隆商业银行股份有限公司衢州龙游支行

【概况】　2020 年，浙江泰隆商业银行股份有限公司衢州龙游支行（以下简称泰隆银行龙游支行）一直坚持小微企业市场定位，深化小微企业金融服务模式，做小、做微，为创业者创造平等的贷款机会，让普通百姓都能享受到优质的金融服务，为龙游实体经济的发展贡献力量。截至 2020 年年末，泰隆银行龙游支行各项存款余额 7.39 亿元，较年初增加 2.44 亿元，增幅 56.22%。各项贷款余额 6.72 亿元（含资产转让），较年初增加0.54亿元，增幅8.44%。

【提升可持续发展能力】 泰隆银行龙游支行以实际行动践行绿色金融发展理念，优化“最多跑一次”的绿色服务通道，通过搭建绿色金融服务平台，推进主动服务企业、让企业“少跑”银行，力争实现“从最多跑一次”到“一次都不用跑”的改革全面落实。精简贷款审批流程、提高贷款审批效率，推进不动产抵押登记线上办理工作。推出工商营业执照代办金融“店小二”服务，与当地市场监督管理局联合推出“最多跑一次”改革新举措。根据龙游县市场监督管理局的登记管辖划分设立代办服务点，通过浙江省全程电子化登记平台进行网上申报，推进全程电子化登记改革，为新设立企业相关自然人提供在线身份认证及电子签名等配套服务，满足企业从注册筹备到日常经营融资等金融服务的全方位需求，帮助新办企业快速注册。

【提升服务实体经济水平】 泰隆银行龙游支行持续推进产品创新，用好政策工具，落实国家“稳企业、保就业”政策，为进一步降低小微企业资金周转成本和付息压力，在原有无还本续贷产品“接力贷”的基础上，加大“接力贷”业务推广力度。泰隆银行衢州龙游支行对于下半年贷款到期的普惠小微金融客户实行清单制管理，切实做到应延尽延、能延尽延。持续开展首贷户拓展大走访活动，了解企业实际需求，信用贷款降低融资门槛，帮助企业建立针对性融资方案，帮助客户与银行建立信贷管理，打通融资难的“最后一公里”。

【践行社会责任】 泰隆银行龙游支行积极响应浙江省银行业协会发布的《减息助企共克时艰——致全省银行业金融机构的倡议书》的号召，履行社会责任，切实为受疫情影响较大的小微企业减负，对小微企业和个体工商户实行多方面的利息减免，帮助实体企业渡过难关。为受疫情影响相关企业提供专项“支小贷”，对新增客户实行专项低利率扶持，对受疫情影响较大的企业降低存量利率定价，对企业客户和小微企业主、个体工商户给予利率优惠。

【加大反洗钱力度】 机制更优，流程更顺，泰隆银行龙游支行将老岗位赋予新角色，明确信贷综合岗作为消保联系人、信贷综合岗掌握工单下单知识，将综合岗延伸为分行消保“客服中心”。根据日常处理消保投诉经验，围绕典型案例，专门撰写3期消保工作合规提示并在内网传阅。组建金融知识讲师团，上下联动，对行内员工和社会公众进行宣传教育，防范电信诈骗。反洗钱业务育英体系进一步完善，人才孵化见成效。加强新员工岗位培训，把内部反洗钱课程指定为新员工必修课。定期对反洗钱监督检查，对可疑分析不到位、风险等级划分理由不充分等问题进行整改，提升自身能力素质。

（泰隆银行龙游支行　叶雯雯）

台州银行股份有限公司衢州龙游小微企业专营支行

【概况】 2020年，台州银行股份有限公司衢州龙游小微企业专营支行（以下简称台州银行龙游支行）始终坚持“通过让小企业得到一流的金融服务，以改进中国的金融市场”的企业使命，“吃苦、求实、创新”的企业精神、“简单、方便、快捷”的品牌形象、“公平、公正、透明”的价值观念、“以市场为导向、以客户为中心”的待客理念、“积极、主动、合作、快乐”的工作理念、“廉洁、诚实、高效”的信贷文化，打造一支具有凝聚力、战斗力、高效地服务能力的营销团队，为客户提供更为优质的金融服务。坚持社区银行商业模式，坚守小微客户目标市场定位，继续以深扎县域乡村为本，努力提高小微金融服务能力，提升发展空间和可持续性，夯实小微客户基础、人员队伍基础、风险合规基础，深化应用小微金融和普惠金融服务相契合的金融科技，谱写新时代小微金融服务的新篇章。截至2020年年末，台州银行龙游支行存款余额1.85亿元，贷款余额2.67亿元。台州银行龙游支行被评为2020年“市级平安单位”。

【持续服务小微企业】 台州银行龙游支行践行小微金融、普惠金融，坚持小微企业市场定位，切实支持实体经济、民营经济发展，信贷资源用心扶持小微企业、民营企业。支行行长带头走访民营企业，了解企业面临的主要困难和资金需求，尽心尽力做好帮扶工作，疫情防控期间，共走访民营和小微企业67户，为31家企业解决融资贷款难题。

【深化“最多跑一次”改革】 2020年，台州银行龙游支行客户经理可通过移动PAD，实现上门办理开卡、贷款签约、贷款提交、贷款审批等全流程服务，真正做到“最多跑一次”和“一次不用跑”的一站式金融服务，企业贷款最快90分钟完成到账。

【优化绿色支付渠道】 为适应5G万物互联时代的到来，以业务场景驱动，以新的互联网技术为支撑，台州银行龙游支行成功开发“24小时移动营业厅”系统，融合柜员和后台客服资源，实现线上互动，满足客户需求。通过移动营业厅，客户可视频连接前台人员，随时办理转账、汇款、信息修改、理财购买、贷款还款等各类业务，还可一键联系专属客户经理，及时处理各类疑问及业务诉求。实现客户足不出户即可获得优质的金融服务，满足客户日益增加的快速支付结算需求，提升客户的满意度。

【疫情防控金融服务】 为了缓解小微客户还款续贷难题，切实降低小微客户融资成本，台州银行龙游支行3月上线“战疫接力贷”业务，和无法按时还款的客户实现无缝对接。二季度继续发放总行给予的“复工低息专享贷”业务，重点支持小微民营企业、个体工商户的复工复产，切实降低融资成本，重点为农业、渔业、制造业、批发和零售业、住宿和餐饮业、文化旅游业等生产经营性行业排忧解难。

（台州银行龙游支行　董玲芳）

浙江民泰商业银行股份有限公司衢州龙游小微企业专营支行

【概况】 浙江民泰商业银行股份有限公司衢州龙游小微企业专营支行（以下简称民泰银行龙游支行）继续秉承“服务地方经济，服务小微企业，服务城乡居民”的市场定位，坚持“精品促发展，特色创品牌”的经营理念，致力为小微企业打造专注、简洁、灵活的金融服务。截至2020年年末，支行各项存款余额1.54亿元，各项贷款余额2.62亿元。民泰银行龙游支行获评2020年度龙游县银行业金融机构综合评价城市商业银行类A等行三等奖、龙游县银行业金融机构现金业务知识竞赛团体赛三等奖。

【服务地方经济】 民泰银行龙游支行始终坚持“善小而精，无微不至”的服务理念，做小、做精、做优。新冠肺炎疫情发生期间，民泰银行龙游支行持续加大政策支持力度，对照省经信厅公布的疫情防控重点保障企业名单进行逐户走访，急人所难，推出“支小贷”“抗疫贷”等低息产品，努力帮助困难企业化解风险，精准扶持小微企业渡过难关。

【普及金融知识】 为维护金融消费者合法权益，增强人们对金融市场风险的防控意识，让应知、应会、应懂的金融知识融入百姓的生活中去，民泰银行龙游支行充分利用网点LED屏、柜面和业务咨询台、业务人员走村入户、发放宣传资料等举措，经常在社区、文化礼堂、村居、活动广场等地，向广大群众宣传存款保险、反假币、反洗钱、反诈骗、关爱信用记录等金融知识，提高公众金融素质，营造和谐的金融氛围，确保民众金融安全。

图122　2020年6月14日，民泰银行龙游支行到企业开展“信用记录关爱日”宣传活动　（民泰银行龙游支行/提供）

【企业文化建设】 民泰银行龙游支行为员工打造轻松愉悦的办公环境，经常举办送温暖活动、员工生日会，“三八”妇女节为女员工送鲜花，举办员工座谈会，倾听员工心声，提高员工集体荣誉感，树立员工在企业中的主人翁地位，打造一支有凝聚力、有向心力、有创造力的金融服务团队，为客户提供优质服务。

（民泰银行龙游支行　韩伟庆）

浙江稠州商业银行股份有限公司衢州龙游小微企业专营支行

【概况】 浙江稠州商业银行股份有限公司衢州龙游小微企业专营支行（以下简称稠州银行龙游支行）成立于2018年1月19日，经营地址位于龙游县荣昌大道489号，是稠州银行在衢州市开设的第三家分支机构。开业以来，稠州银行龙游支行在县委、县政府、人行龙游县支行和龙游银保监组的大力支持下，坚持“市场银行”战略定位，下沉服务重心，助力龙游地方经济发展，为龙游县经济繁荣发展添砖加瓦。截至2020年年末，稠州银行龙游支行存款余额2.22亿元，各项贷款余额8163万元。

【助力地方经济】 2020年，稠州银行龙游支行积极响应国家乡村振兴号召，积极开展助农服务点建设，为村民提供多样化的金融服务，努力打造金融服务不出村。围绕“金融服务乡村振兴战略”，全面上线“小额、普惠、线上化”乡村振兴贷款。经过初期的准备工作，截至2020年12月末，累计发放乡村振兴贷款410万元，受益客户65户；稠州银行龙游支行积极推广线上化产品“税易贷”“社保贷”

营销，确保金融支持不因疫情而阻断，疫情防控期间，累计发放线上化产品925万元，受益客户28户。针对疫情期间资金回笼少、筹措资金困难的客户，推出无还本续贷业务，缓解客户资金压力。

【强化金融服务】 结合服务站建设，稠州银行龙游支行定期组织员工开展公益宣传活动，将防范电信诈骗、反洗钱、存款保险等金融知识送入千家万户；在乡村服务点设立防诈小站，宣传防诈案例，提高群众防范各类诈骗能力。强化金融服务，履行社会责任，提高县域支行服务金融市场的能力。2020年累计开展各种宣传活动50次，受益群众2000多人次。稠州银行龙游支行为小微企业提供“智能化”线上支付产品，推进对公结算服务“一次不用跑”。推出对公结算服务“限时承诺”办结，进一步扩充预约服务和上门服务项目，全面推进“线上业务实时办、线下业务当日结”的业务模式。

【注重队伍建设】 以人为本，严格按照总行要求，树立以行为家、以行为业、以行为荣的稠州银行龙游支行“家文化”，把员工的切实利益与支行的长远发展相结合，提高支行凝聚力，增强员工归属感。支行领导关爱员工及其家属，通过开展员工家访、找员工谈心等全面了解员工家庭及生活情况，鼓励员工加入稠行互助会。此外，稠州银行龙游支行积极鼓励员工参加行内外组织的活动，例如登山、气排球比赛、篮球赛等，丰富员工业余生活，促进员工间交流，浓厚团队协作氛围。

（稠州银行龙游支行　钟梦琦）

中国人民财产保险股份有限公司龙游支公司

【概况】 2020年，中国人民财产保险股份有限公司龙游支公司（以下简称人保财险龙游支公司）始终以“人民保险，服务人民”为使命，服务龙游的经济发展和社会稳定，保险业务稳步增长。2020年实现保费收入1.77亿元；累计支付各类赔款1.54亿元。人保财险龙游支公司获2020年度龙游县金融机构类综合考核三等奖。

【深化政保合作】 作为国有企业，人保财险龙游支公司一直是政府保险项目的首选合作伙伴。2020年，在政策性农业保险、政策性农村住房险、安全生产与环境污染责任保险、政府公务用车保险、医疗责任保险、农村小额意外保险、校（园）方责任险、食品安全责任险等多个保险项目上与政府合作。为深化警保合作，人保财险龙游支公司积极参与“两站两员”（“两站”即乡镇成立道路交通安全工作联席会议并设立交通管理站，重要路段、关口设立交通安全劝导站；“两员”为建立乡镇专职交通安全员、行政村聘用交通安全协管员）建设，为“两站两员”工作的顺利开展，创建“平安龙游”保驾护航。

【助力绿色发展】 人保财险龙游支公司落实绿色金融创新产品，实现“政策性生猪保险”在龙游县全覆盖，保障全县绿色环境和食品安全，为发展“绿色金融”，加快美丽龙游建设作出贡献。根据《关于印发衢州市安全生产和环境污染综合责任保险扩面工作实施方案的通知》文件精神，实现安环险在龙游县全面推广。至2020年年底，龙游县危化、矿山、金属冶炼、电镀、木制品加工、造纸、环境治理业等七大行业落户工业园区（经济开发区）内的全部企业、园区（经济开发区）外的规模以上企业和在龙游县依法登记的独立法人单位全部推广安环保险。实现安环保险现有模式全覆盖、市县一体全覆盖、七大危险行业全覆盖的“三个全覆盖”目标，解除企业的后顾之忧，为平安龙游建设作出重要贡献。

【担当社会责任】 人保财险龙游支公司积极履行国有企业社会责任，2020年为龙游赴鄂抗疫6名医护人员赠送人身安全保险，为他们送上家乡大礼包。为支持龙游企业复工复产，人保财险龙游支公司还为企业雇主责任险新增特别条款（含新冠病毒条款）；为支持教育系统尽快复学，人保财险龙游支公司向龙游县教育系统捐赠口罩1万只；为保障西部结对县区残疾人的生活必需，人保财险龙游支公司向四川省叙永县残疾人联合会捐赠人民币3万元，用于采购残疾人急需器械。人保财险龙游支公司与龙游县交警大队联系，落实“警保合作”机制，组织公司员工加入文明劝导志愿者行列，分期分批走上街头，开展文明劝导，维护出行安全。针对日益突出的电瓶车交通安全隐患，人保财险龙游支公司推出电动自行车第三者责任保险，为人们安全出行提供强有力保障，促进龙游县交通环境建设。

（人保财险龙游支公司　廖益健）

2016—2020 年度人保财险龙游支公司基本业务情况一览表

表 27

年度	保费收入（万元）	比上年增长（%）	处理赔案（件）	支付赔款（万元）
2016	16602	-3.03	24028	13869
2017	17283	4.10	16575	13521
2018	18636	7.84	18590	14910
2019	19537	4.83	18621	16021
2020	17745	-9.17	18732	15390

中国人寿保险股份有限公司龙游县支公司

【概况】 2020 年，中国人寿保险股份有限公司龙游县支公司（以下简称中国人寿龙游县支公司）在中共龙游县委、县人民政府的正确领导下，以党建统领，高质量发展为根本要求，认真贯彻落实省、市公司决策部署，主动担当社会责任，综合实力不断提升。2020 年中国人寿龙游县支公司达成总量保费 27441 万元，同比增长 15.83%，占龙游寿险市场份额 55.85%。

【发挥保险保障作用】 2020 年，中国人寿龙游县支公司给付满期客户 600 余件，满期金额达 1466 万元；共受理理赔申请 13943 件，赔付金额 2246 万元。在理赔工作中，坚持客户至上，做到“不惜赔、不错赔”，积极履行对客户保险利益的兑现义务，履行社会职责，护航龙游经济发展。

【提高运营服务水平】 2020 年，中国人寿龙游县支公司加快运营智能化布局，柜面投放落地云标牌、国寿 e 柜和寿险 App 客户体验设备，不断丰富增值服务内涵，组织开展第十四届客户节、“国寿 700 健行”和“国寿小画家”等活动。

【合规经营风险防范】 开展“监管伴身边、合规我先行”主题活动，在公司的职场、柜面大厅、营销服务部等处张贴金融知识普及海报；通过电子显示屏滚动播放宣传标语；走进荣昌广场为群众宣传金融知识。公司开展合规宣导培训和现场检查，每季度、每月、每周对员工和销售人员进行诚信合规培训，通过现场抽查微信朋友圈、展业宣传材料等方式，做细做实反洗钱、防诈骗知识宣传工作，提高民众的识别能力。

【履行社会责任】 防控新冠肺炎疫情，中国人寿龙游县支公司积极配合县委、县政府工作，安排干部员工进驻社区，做好站岗验码和清楼排查工作，为龙游县疫情防控“零感染”作出贡献。积极参与龙游县创文、创卫工作，定期来到联系社区和责任路段劝导车辆依规停放，做好清扫垃圾、清除牛皮癣等；公司营业大厅每日安排志愿者做好大厅及门口地段的“三包”；积极参与“扶贫结对千家万户，奔赴小康之路”活动，每月派出干部员工走进联系村，开展实地走访，了解贫困户的生产生活情况，鼓励他们积极生产，乐观的面对生活。

（中国人寿龙游县支公司　席燕飞）

2020 年度龙游县保险公司基本情况一览表

表 28

保险公司名称	公司地址	业务类型	法人代表
中国人民财产保险股份有限公司龙游支公司	龙游县太平西路 182 号	财产保险	宋振中
中国太平洋财产保险股份有限公司龙游支公司	龙游县荣昌路环河步行街 5 号地块 95—96 号	财产保险	周　飞
天安财产保险股份有限公司衢州中心支公司龙游县营销服务部	龙游县龙翔路 229、231 号	财产保险	蓝晓斌
中华联合财产保险股份有限公司龙游支公司	龙游县龙洲街道远洋现代城 4 号楼第一层 C13、C17、M12	财产保险	黄启成
中国平安财产保险股份有限公司衢州中心支公司龙游县营销服务部	龙游县东方广场商务楼 A 座 9 楼 903—904 室	财产保险	金国祯

续表 28

保险公司名称	公司地址	业务类型	法人代表
永安财产保险股份有限公司衢州中心支公司龙游县营销服务部	龙游县东华街道子鸣路 10-2 号子鸣社区安居工程一期 S4 幢	财产保险	余向云
中国大地财产保险股份有限公司龙游支公司	龙游县人民南路 517 号	财产保险	王　震
大家财产保险有限责任公司浙江分公司龙游县营销服务部	龙游县龙翔路 91 号	财产保险	朱　禹
阳光财产保险股份有限公司龙游支公司	龙游县兴龙北路 430—432 号	财产保险	朱立华
中国人寿财产保险股份有限公司龙游县支公司	龙游县龙洲街道荣昌大道一楼 620 号、622 号 624 号及二楼	财产保险	夏元军
太平财产保险有限公司龙游支公司	龙游县龙洲街道兰亭路 289 号华都首府公寓香滨园 9 幢 325-13、14	财产保险	叶　舒
中国人寿保险股份有限公司龙游县支公司	龙游县兴龙北路 36 号	人寿保险	姜俊毅
中国太平洋人寿保险股份有限公司衢州中心支公司龙游县营销服务部	龙游县莲湖路 123—125 号 1—2 楼	人寿保险	李　俊
泰康人寿保险有限责任公司浙江衢州龙游支公司	龙游县龙洲街道人民路 148 号二楼	人寿保险	叶林骏
新华人寿保险股份有限公司龙游营销服务部	龙游县环城西路 144 号 4 楼（新华书店楼上）	人寿保险	马彦鹏
民生人寿保险股份有限公司浙江分公司龙游营销服务部	龙游县龙洲街道太平西路 1 号 5 楼 501 室（肯德基楼上）	人寿保险	邵　胜
合众人寿保险股份有限公司龙游营销服务部	龙游县太平东路（471 号至 485 号）西门村新城综合楼 5 楼	人寿保险	高　君
富德生命人寿保险股份有限公司衢州中心支公司龙游县营销服务部	龙游县龙洲街道太平西路 360 号新华书店四楼 107、108、109、110、111、112、113 室	人寿保险	王益成
信泰人寿保险股份有限公司浙江分公司龙游支公司	龙游县兰亭东路东方广场大厦七层 A709/710 室	人寿保险	朱佳群
华泰人寿保险股份有限公司浙江分公司龙游支公司	龙游县龙洲街道清影路 17 号、17-1 号、19 号、19-1 号（龙三中对面）	人寿保险	余文慧
阳光人寿保险股份有限公司龙游支公司	龙游县龙洲街道兴龙北路 142 号四楼（肯德基楼上）	人寿保险	叶　蓓
中国人民人寿保险股份有限公司龙游支公司	龙游县环城西路 105 号四楼	人寿保险	何振辉
长生人寿保险有限公司浙江分公司龙游营销服务部	龙游兴龙北路 434—436 号	人寿保险	颜腾飞
太平人寿保险有限公司衢州中心支公司龙游营销服务部	龙游县龙洲街道荣昌路广和大厦 601-1 室	人寿保险	杨闻喆
中韩人寿保险有限公司龙游支公司	龙游县龙洲街道荣昌路广和大厦 801 室	人寿保险	吴明明

城乡规划建设与管理

概　述

【概况】 城乡规划建设与管理涉及龙游县住房和城乡建设局，龙游县综合行政执法局，县征迁事务中心，县自然资源和规划局，衢州市住房公积金中心龙游分中心等单位。2020年，深入贯彻落实市委“1433”发展战略体系和县委“14456”工作布局，围绕“浙西新明珠”建设总目标，完善城乡规划体系，加大城乡统筹力度，城乡面貌不断改善。城市用地规模持续扩大，城市建成区面积达到15.39平方千米，城区常住人口11.91万人，完成《龙游县国民经济和社会发展第十三个五年规划纲要》设定的目标要求。城东新区加速崛起，全年计划投入8.1亿元，实际完成投资7.8亿元。建成子鸣路、端礼路、文靖路、凤梧路，推进集贤路、滨江路、荣昌东路东延等，“三横四纵”的道路网框架基本形成；凤翔洲景观云桥、碧桂园公园全面完工，城东滨水休闲带、城东大草坪空间开发利用工程主体完工，石窟滨水休闲带完成开工准备，绿化品质不断提高；城东公共文化服务中心、便民服务中心、城东商务中心、礼贤小区、东方广场、金鼎酒店、金融中心、万明财富中心等项目正在施工建设，公共服务基础设施不断完善。积极创建国家级绿色生态城区，6月11日，城东新区完成绿色生态城区规划设计二星级标识，跻身全国首个县级“国家绿色生态城区”，并进入实施运营阶段。

【城乡建设步伐坚实】 2020年，不断完善衢宁铁路通车，杭衢高铁开工，320国道改建、351国道新建、315省道畅通等项目有序推进，衢江沿江公路成为全省最美绿道，龙游县获评省级“四好农村路”示范县。“小县大城”步伐坚定，新区开发、旧城提升双路并进，三江口核心圈层能级进一步提升，城东新区启动国家绿色生态城区创建，大南门历史文化街区开工建设；小城镇环境综合整治成效显著，溪口镇、詹家镇成为美丽城镇省级样板，沐尘乡创建成省级森林城镇，龙游县获评美丽浙江、美丽城镇建设工作优秀县。

【运行智慧城管模式】 龙游县创建省示范文明县城工作委员会办公室、龙游县综合行政执法局等单位形成合力，完善督查机制和志愿服务机制，投入智慧城管系统，依托监控视频及共享的公安治安监控，实现对城区占道经营、乱排污水、车辆违停等行为24小时监管，通过专职信息采集员对单元网格内城市管理事项进行无缝巡查。强化住房公积金风险管控，提升业务管理水平，实现从“柜台服务”到“智能服务”的跨越，全力推进“掌上办”“一证通办”和“一件事联办”等工作，从“最多跑一次”向“零跑腿”转变。

【强化日常监管】 健全垃圾分类制度，履行垃圾分类职责；强化城乡卫生保洁制度，建立清扫、清运、保洁、监管一条龙作业链条，形成全覆盖、无缝隙的环境卫生管理格局，坚持“全民卫生清洁日”活动、“一月一督察”等工作机制，开展清除杂物、“牛皮癣”，清理楼道扶手灰尘、卫生死角为主要内容的环境整治大行动；不断浓厚文明、和谐、礼让的通行氛围，常态化开展“做有礼人·创文明城”文明交通劝导志愿服务活动。巩固和提升国家级卫生县城创建成果，推进省示范文明县城创建工作，通过省级文明县城复核考评。逐步完善征迁政策体系，规范集体土地征收政策。

城乡规划

【概况】 2020年，龙游县自然资源和规划局（以下简称县资规局），聚焦县委、县政府工作重心，认真践行“14456”工作布局，围绕“浙西新明珠”建设总目标，坚持规划引领，依托“多规合一”协同平台，深化国土空间规划体系，建立全国统一、责权清晰、科学高效的国土空间规划体系，整体谋划龙游县新时代国土空间开发保护格局。完善城乡规划体系，加大城乡统筹力度，积极启动和延续城乡规划编制，开展两江走廊示范带总体规划，未来社区建设专题研究，高铁站前综合性规划及设计，街道景观专项规划等工作，取得显著成绩。

【规划编制】 重点推进县级国土空间总体规划编制，全面启动乡镇国土空间总体规划和部分区块详细规划编制，并积极探索村级国土空间规划试点。突出重点规划项目谋划，县域发展战略规划、综合交通规划作为国土空间规划重大专题，结合总规思路持续跟进编制；为响应国家关于推进绿色生态城区建设的要求，高品质打造城东新区，经申报材料准备、专项规划补足、各部门协同等工作，将城东新区（核心区）申报国家二星级绿色生态城区规划设计标识；明确龙游北站站前地块的综合开发利用，持续推进编制杭衢铁路龙游北站站前区控制性详细规划；不断挖掘老城区灵山江两岸文化内涵，打造老城特色亮点，优化龙游县老城区灵山江两岸文化核心区详细城市设计。完成各项续编规划，整理并梳理历年来续编的规划项目，龙游县地下管线综合专项规划、河西街历史文化街区保护规划、鸡鸣和桥下片区修建性详细规划等项目完成规划结题，并继续跟进黄茶小镇沿街街景改造工程设计等规划。完成龙游城东新区申报国家绿色生态城区工作，完成编制并结题《龙游县未来社区建设（含乡村未来社区）专题研究》《龙游县地下管线综合专项规划》《河西街历史文化街区保护规划》《鸡鸣和桥下片区修建性详细规划》《龙游县公共交通专项规划》《高铁站前综合体修建性详细规划及城市设计》；《龙游县两江走廊示范带总体规划》《龙游县老城区灵山江两岸文化核心区详细城市设计》已经通过专家评审并形成稳定成果，《龙游县域发展战略规划》《龙游县域综合交通专项规划》已经基本形成成果稿。《龙游县国土空间总体规划（2020—2035年）》已经形成阶段性成果（征求意见稿），《龙游县罗家乡荷村村国土空间规划》通过部门讨论形成初步方案，《杭衢铁路龙游北站站前区控制性详细规划》已经形成概念性初步方案。各乡镇级国土空间总体规划处于启动研究阶段。

【两江走廊示范带总体规划】 2019年4月，通过竞争性磋商确定浙江省城乡规划设计研究院为中标设计单位；2019年10月11日，通过各部门讨论会。12月13日，通过市局初步审查。2020年11月26日，通过专家及部门评审会。沿衢江、灵山江沿岸两侧区域，共334.55平方千米，涉及9个乡镇、76个行政村。规划形象定位为“诗风雅韵，灵动两江”。提出人与自然和谐共生、城市与乡村和谐同兴、传统与现代和谐辉映的“三和”战略，总体结构为“两带、双廊、四区、多点”。两带为两条风光带，即沿衢江—运动活力带、沿灵山江—康养休闲带；双廊为两江滨水绿廊（省、县级绿道）和两江交通绿廊（通景公路）；四大样板区分别为小南海乡村振兴样板区、士元美丽乡村大花园样板区、花海乡村公园样板区和六春湖运动公园样板区；多个特色点为稻香洲农旅公园、水秀公园、龙游石窟旅游度假区、商帮文化园、士元美丽乡村、姑蔑城、溪口乡村未来社区和六春湖湿地公园等特色区块，落实生态美、产业美、生活美、文化美“四美”行动，最后提出措施保障。

【龙游城东新区申报国家绿色生态城区】 龙游县城东新区“一心两区”的功能定位及生态新城建设目标与国家绿色生态城区理念不谋而合，同时也符合新时期建城理念，对提高人民生活的满意度、拓展城市发展空间、完善城市功能配套、提升城市宜居品质都具有重大意义。2019年8月，启动城东片区（核心区）国家级绿色生态城区规划设计标识申报相关前期研究工作。8月，开展部门协调会，9月开展部门座谈会，10月开展申报资料收集工作，通过单一来源采购方式确定浙江大学为咨询单位。11月开展预评审协调会，11月23日，邀请专家到龙游调研并开展预评审。2020年1月，开展第二次部门协调会。3月31日，由中国城市科学研究会组织开展龙游县城东新区（核心区）绿色生态城区线上评价工作会议。5月复审通过申请材料，6月开展公示。6月30日，城东新区获得国家二星级绿色生态城区规划设计标识。2020年8月26—27日，第十六届国际绿色建筑与建筑节能大会暨新技术与产品博览会开展授牌仪式，龙游县成为全国首个获此殊荣的县级城市，也是全省首批“国家绿色生态城区”。

【老城区灵山江两岸文化核心区城市设计】 2019年7月，开展前期研究工作，7月26日，召开前期调研座谈会。8月15日，召开协调会进一步明确工作方案。9月5日，召开前期方案思路研究讨论会，并向县政府主要领导汇报。10月28日发布公开招标公告，中国城市规划设计研究院中标。12月，多次前往实地进行踏勘调研。2020年1月15日，大南门指挥部开展深化方案部门讨论。4月11日，向县委、县政府主要领导汇报方案，并邀请杭州市规划局领导莅临指导。7月底形成专家评审稿，然后进一步讨论优化方案成果。10月30日，通过各部门及专家评审会。项目位于龙游县老城区核心区，横跨灵山江两岸，拥有优秀的景观生态资源和深厚的历史文化底蕴。设计范围北起太平路，南至广进路，西起兴龙路，东至子鸣路（规划），总占地面积 2.9 平方千米。从城市功能修补的角度出发，“为本地居民提供更加宜居的城市环境”及“增强龙游县在长三角区域中的旅游吸引力”为目标，盘点龙游中心城区重要的旅游和公共资源，提出“慢行重链”“文脉重组”“功能重构”“水系重塑”四大设计策略，并对总体风貌、地标节点、整体交通、色彩、夜景等方面进行城市设计，同时对老货场地块、铁路遗址轨道公园、兰石社区、鸡鸣桥下片区等区块进行详细设计。

【县域地下管线综合专项规划】2016 年，发布公开招标并由中国联合工程公司中标。2017 年 6 月，编制规划初稿，并开展内部讨论。9 月，开展部门讨论。2018 年与各部门进行专项对接，并形成地下综合管廊规划。2019 年 6 月 12 日，组织专家及部门论证。11 月继续与各部门对接，2020 年 4 月，形成规划成果。规划范围以县域总体规划范围为基础，包括老城区、城南新区、高铁站前区、城东片区（包括城东新城和物流园区）、城南工业园区、小南海镇区四个区域，总规划面积约 65 平方千米。规划以“工程管线综合规划有利于管线工程实施和规划管理”为目标导向，与总体规划、各地块的控制性详细规划及相关专项规划相协调，结合城市道路性质、功能以及断面形式等合理安排城市工程管线在城市道路上的位置，充分利用城市地上、地下空间，优化管线平面布置，确保城市工程管线随道路建设顺利实施，并为给水、污水、雨水、电力、通信、燃气工程管线工程及综合管廊设计和规划管理提供依据。

【河西街历史文化街区保护规划】2016 年，采用单一来源采购由北京清华同衡规划设计研究院有限公司作为设计单位。2018 年，同步开展省级历史文化街区申报工作。12 月，开展专家及部门评审会。2020 年，开展文本的校核及结题工作。规划为河西街区块，北至文化东路道路南侧边界线，南至太平东路道路中心线，西至义和巷西边界线，东至大众路道路中心线。面积 0.13 平方千米。规划遵循保护遗产本体及自然、历史环境的真实性、完整性和保护利用的可持续性的原则，开展河西街历史文化街区价值评估，并对古城格局要素、重要城市轴线、历史建筑等物质文化遗产及传统手工艺技能、历史故事与传说等非物质文化遗产及优秀传统文化提出保护内容、控制要求。规划结合街区现状与文化特色将街区划分为城墙历史展示区、传统商业体验区、传统院落多元混合功能片区三类功能分区。并形成开放空间、道路交通系统、市政基础设施、消防、综合防灾等专题规划。

【鸡鸣和桥下片区修建性规划】2017 年，采用单一来源采购选定浙江大学城乡规划设计研究院有限公司。2018 年 11 月，开展专家及部门评审会。2020 年，开展文本的校核及结题工作。鸡鸣和桥下片区位于灵山江东岸，规划范围为东至学士路、西至灵山江，北至荣昌大桥、南至宝塔路，总用地面积约 0.55 平方千米。规划在有效保护历史文化遗产的基础上，改善城市环境，提高生活品质，打造适应现代城市生活物质与精神需求的，促进经济、社会协调发展的历史文化风貌区。通过梳理现状条件分析，确定历史文化的延伸带、新老城区的协调区的功能定位。以延续文化、环境再造、功能激活三大策略，形成“一带、四廊、五组团”的空间格局。并从道路交通规划、绿地景观规划、工程规划等方面夯实规划设计方案。

【未来社区建设专题研究】2019 年 8 月，通过竞争性磋商确定浙江省建科建筑设计院有限公司为中标设计单位。11 月 29 日，开展部门论证会。2020 年 11 月 27 日，通过部门及专家评审。专题研究分为上篇和下篇两部分。上篇为县域层面未来社区发展策略研究，分析未来社区的建设条件，从中心城区、城镇、乡村三个层面梳理龙游县打造未来社区的现实基础，提出龙游县打造浙江省特色的“明珠花园未来社区”样板的总体目标，并提出未来社区建设类型、分类建设引导、实施策略及建设路径。下篇为溪口镇乡村未来社区建设实施方案，实施方案中溪口乡村未来社区规划范围为：东至滨溪路，西至溪毛线，南至新溪路、北至白马路，共计 0.29 平方千米。以人民为中心、以“溪口公社，快乐老家”为主题的高品质乡村未来社区为目标。本着人本化、生态化、融合化的发展理念，构建未来乡愁、未来乡貌、未来乡里、未来创业、未来共享、未来田园、未来教育、未来健康、未来交通共九大场景体系。

【高铁站前综合体修建性规划及设计】 2018 年 9 月，通过公开招标确定浙江大学城乡规划设计研究院有限公司为中标单位。11 月 19 日，向县政府领导及各部门进行专项汇报。2019 年 3 月 12 日开展各部门讨论，8 月 22 日召开专家论证会。2020 年上半年，经过方案的优化调整形成稳定成果。规划设计范围共 0.28 平方千米，东至修篁路，南到铁路用地南边界，西至竹海南路，北至站北二路。规划定位是一个望山见水的站前空间、一个印象深刻的站前空间、一个满足需求的站前空间、一个交通便捷的站前空间、一个功能复合的站前空间。总体规划结构形成“一心两廊五区”布局。“一心”为共享交通中心，“两廊”为站前黄金城道、东西山水绿廊，“五区”为文创花园办公区、商务商业区、产业社区、综合交通枢纽区、城市绿芯。共享交通中心以龙游高铁站站前广场为核心，北部规划为轨道龙金线及地下站点，西部为文创休闲用地及停车场，东部为综合交通枢纽用地，通过广场地面景观空间衔接与地下空间开发将几大功能的交通体系进行整体融合与共享，打造复合型站前广场。文创花园办公区位于地块东部，包括站前广场西侧文创街区和西北面花园办公两大功能。商务商业区位于站前广场以北，莲湖南路两侧，根据城南和高铁站前区控规划及城市设计的要求打造城市西部的商业商务轴，展示城市门户形象。产业社区位于用地西北部，包括用地范围的商务会展用地及其北部的创新人才社区，该区块为弹性发展区块，为站前区综合开发提供载体和人才要素支撑。综合交通枢纽位于站前广场东侧，规划设置集客运中心、公交首末站和旅游集散中心三大功能，兼具长途客运、公交、旅游咨询与服务等功能，以达到集约、高效、人性服务的综合效应。

（县自然资源与规划局　汪杏怡）

城乡建设与管理

【概况】 2020年，龙游县住房和城乡建设局（以下简称县住建局）按照“两手抓、两手硬，两战赢、两领先”要求，紧紧围绕建设“活力绽放、精彩纷呈”浙西新明珠的总体目标，砥砺奋进、铿锵前行，通过一年的建设，城镇空间更趋合理，人居环境持续改善，基础设施更加完善，城乡一体化步伐不断加快，城乡建设事业得到全面提升，龙游县先后获美丽城镇优秀县、建筑工业化优秀县、生活垃圾分类优秀县等省级荣誉，建筑业房地产专班案例成功入选省争先创优四季度“最佳实践”和省政府督查激励事项。

【城市建设】 城市用地规模持续扩大，城市建成区面积达到15.39平方千米，常住人口规模达11.91万人，城市化水平截至2020年已达到52.73%，相比2015年提高11.03%，提前完成《龙游县国民经济和社会发展第十三个五年规划纲要》设定的目标。城东新区加速崛起，全年计划投入81027万元，实际完成投资78150万元。建成子鸣路、端礼路、文靖路、凤梧路，推进集贤路、滨江路、荣昌东路东延等，“三横四纵”的道路网框架基本形成；凤翔洲景观云桥、碧桂园公园完工，城东滨水休闲带、城东大草坪空间开发利用工程主体完工，石窟滨水休闲带完成开工准备，绿化品质不断提高；城东公共文化服务中心、便民服务中心、城东商务中心、礼贤小区、东方广场、金鼎酒店、金融中心、万明财富中心等项目正在施工建设，公共服务基础设施不断完善。创建国家级绿色生态城区，6月11日，城东新区完成绿色生态城区规划设计二星级标识，跻身全国首个县级“国家绿色生态城区”，并进入实施运营阶段。

【旧城更新改造】 推动区块征迁收尾，先后开展大南门二轮区块征迁集中攻坚，涉及拔钉清障“清零”任务50户，完成签约50户，完成率100%；新启动学前巷9号省保房屋收购，涉及任务7户，完成签约7户，完成率100%。推进老货场区块征收扫尾，工业企业组集中攻坚取得突破，15户中完成签约11户，拆除房屋面积23734.94平方米。持续推进城区危房治理，拆除D级危房3851.57平方米，安置2017年度D级危房户116户。老城基础设施改造整修取得成效，竹海路改造提升工程已全线贯通，龙翔西路改造正在施工中，兴龙南路改造提升完成方案论证，老城区道路交通安全设施改造提升、城区绿化补植及改造提升等工程全部完工。建成绿道25.5千米，其中省级绿道5.5千米，衢州市沿江美丽公路龙游至衢江段绿道入选浙江省最美绿道。利用老旧小区、危旧房拆除地块、闲置地块等新增公共停车位600余个，北门、越园、翠光一区等老旧小区改造工程完工，实施社区“十五分钟”幸福生活圈，完成竹海路与衢龙路交叉口地块街头公园，新建3座公共厕所，完成10个直饮水机安装。大南门历史文化街区开发工作有序推进，统筹推进项目设计、审批、征迁、

图123　建设中的城东万明财富中心　（县住建局／提供）

腾空、融资等，实现项目征迁与项目推进“双突破”，大南门专班获县政府集体三等功。挑水巷片区31栋房屋修缮完成验收，西湖片、泮池等片区土地挂牌出让完成，大南门相关地块完成划拨，完成设计方案优化和初步设计论证，完成街区业态策划招标和街区EPC（EPC指按合同约定对工程建设项目的设计、采购、施工、试运行等实行全过程或若干阶段的承包）招标。

【城市管理】 新建供水管网2千米，改造供水管网1千米，城北自来水厂新增日供水能力6万吨。推动城乡污水处理提质增效，完成城区24个“污水零直排”小区建设，新建改造城镇污水管网16.12千米，生活污水集中收集率达到71.03%，城市污水处理厂集中处理率达到97.54%。农村生活污水处理设施进一步完善，完成日处理30吨以上设施35个，开工实施54个农村生活污水处理点项目。完成改造雨水管网10千米、雨污分流管网改造8千米、积水点2处，清淤排水管网180千米，新增应急排水设备每小时0.03万立方米。继续深化环卫一体化保洁模式，新增“责任连带制”，形成全覆盖、无缝隙的环境卫生管理格局，城区保洁人员日上岗731人次，清扫面积506.88万平方米，环卫机械作业车辆由6辆增加到14辆，高压清洗车由8辆增加到16辆，机械化清扫率大幅提高。深化精细化管理，建立“烟头不落地”兑换机制，兑换烟头数量达63万余只。联合开展建筑垃圾偷倒乱倒督查，立案查处案件18起，发出整改通知书41份。建筑垃圾资源利用率逐步提高，2020年嘉堰公司处理建筑垃圾10.3万吨，制作免烧砖约946万块。在7条商业街试点推行生活垃圾“定时定点”投放和清运模式，完成5个省级高标准生活垃圾分类示范小区创建，在龙游通上上线“废为宝”模块，引进再生资源回收运营企业线上预约收集城区大件垃圾、建筑垃圾、可回收物，方便居民线上预约回收。城镇生活垃圾分类收集覆盖率达到96%，无害化处理率达100%。开展城区餐饮业排污整治工作，共办理排水许可316件，完成道路挖掘或占道审批130件，制止违法挖掘5起，完成城区桥梁安全检测，综合评定龙游县B级桥梁8座、C级桥梁4座。落实瓶装燃气排查管控，组织专项检查110余次，下发责令整改书26份，立案查处14起，跨地区违规经营行为基本制止，燃气公司配充比例从10%提升至85%。

【村镇建设】 2020年9月29日至30日，浙江省美丽城镇建设工作现场会在龙游召开。溪口镇、詹家镇被确定为省级美丽城镇样板镇，县住建局（美丽城镇办）被评为浙江省美丽城镇先进集体，龙游县被评为2020年新时代美丽城镇建设优秀县。推进农村危房解危工作，全县15个乡镇、街道，262个行政村407户农村困难家庭危房改造工作全面完成，县级补助全部下拨至各乡镇（街道）。全面启动全县农村房屋安全隐患排查整治工作，已排查13102处。2019年度、2020年度美丽宜居示范村（庙下乡浙源里村、小南海镇鸿陆夏村、詹家镇山后村）完成规划编制工作，项目正在有序实施中，2019年度美丽宜居示范村（溪口镇溪口村）已完成验收，横山镇天池村、罗家乡荷村村、沐尘乡沐尘村、社阳乡大公村入选2021年度省级美丽宜居示范村创建名单。推动传统村落保护发展，完成溪口镇灵山村、小南海镇鸿陆夏村、沐尘乡社里村、大街乡方旦村祝家自然村、石佛乡西金源村规划编制。1个镇、7个村、1个街区列入浙江省第六批历史文化名镇名村、街区名单。

（县住建局　杨晨明）

建筑业

【概况】 截至2020年年底，龙游县共有建筑业企业148家，其中一级建筑业企业4家、二级建筑业企业4家、三级建筑业企业140家。2020年龙游县建筑业企业完成省内建筑业产值47.28亿元。全县注册在浙江省诚信平台的建设人员共8853人，其中建造师728人、注册监理工程师40个、职称人员1761人、现场管理人员2272人、技术工人4052人。2020年共核发施工许可证146件，施工面积254.10万平方米，开工合同额62.09亿元。

【建筑业发展】 在建筑业发展过程中，出台《关于印发进一步加快建筑业发展的若干意见的通知》《龙游县建筑业企业信用评价办法》等建筑业扶持政策，有效改善建筑业发展环境。2020年在新冠肺炎疫情影响下，建筑业各项指标逆势增长，新增建筑企业46家，同比增长47%，其中一级建筑业企业2家。浙江培华建设有限公司、浙江建工五建建设有限公司、浙江千叶环境建设有限公司入选衢州市建筑业龙头企业。新开工合同额同比增长70%，浙江省建筑业产值同比增长24.74%，建安工程投资额同比增长15%，建筑税收同比增长31.96%。在二季度全省MEI考核中，建筑业单项指标排名全省17，衢州市第一。

【建筑工业化】 推进建筑业转型升级，以评促建打造城东新区绿色生态城区试点，龙游县城东新区（核心区）成为全国首个获“绿色生态城区规划设计标识二星级”的县城；引入总投资20亿元的浙西新型建筑工业化产业园，打造绿色产业基地；引入头部企业浙江省五建建设有限公司，形成以浙五建等总承包企业为核心，涵盖设计、生产、施工、技术服务的建筑工业化完整产业链。2020年以来，建筑业产值增速和装配式建筑面积增速在衢州市始终保持前列，成为3个争取到2021年首批建筑工业化省级补助资金的县（市、区）之一，被评为2020年浙江省建筑工业化优秀县。

【建筑工地管理】 推进建筑工地高质量监管，以房地产、保障房和公建项目为重点监督项目，加大质量安全生产的日常监督检查，重点抓在建工程主体结构安全和安全生产。共受理质量监督管理工程项目112项。房建项目建筑总面积达156.24万平方米。其中市政工程12项，总造价4.02亿元。竣工验收项目45个。开展日常巡查、验收800余次，共下发整改通知书112份。推进城区主要工地安装PM10监测仪和视频监控，完成9个标化工地PM10监测和视频联网。

（县住建局　杨晨明）

2020年度龙游县重点建筑企业基本情况一览表

表29

序号	企业名称	地址	注册资金（万元）	法人代表
1	浙江培华建设有限公司	龙洲街道荣昌路广和大厦A幢705—707室	11180	陈小龙
2	浙江泰宇建设有限公司	龙洲街道灵江园区祥云路19号	5116	骆　群
3	浙江建工五建建设有限公司	龙洲街道鹏程路31号远洋现代城二号商铺2-2-1	10000	余雪峰
4	浙江万明建设有限公司	龙洲街道太平西路375号	5319	卢明成
5	浙江通衢水电建设有限公司	龙洲街道清影南路2号龙游世贸城A幢20层	10000	曹开阳
6	龙游泽龙电力工程有限公司	龙洲街道灵江园区	2105.4	童雄伟
7	浙江璟瑞建设有限公司	龙洲街道远洋现代城2-2-18室	6869	肖景晖
8	龙游县通途交通建设工程有限公司	龙洲街道新二路7号	6090	叶　剑
9	龙游县华水工程有限公司	龙洲街道城北姜北	5000	傅先松
10	浙江龙游宏业建设有限公司	龙洲街道荣昌路广信大厦818号	2280	赵　英
11	浙江龙游永恒建设有限公司	龙洲街道太平西路375号七楼第一间	1100	卢金朝
12	浙江龙游天泓建设有限公司	龙洲街道莲湖路139号	5000	蔡俊赟
13	浙江欧骏建设有限公司	龙游经济开发区北斗大道21号	5100	杨红霞
14	浙江龙游泰安爆破工程有限公司	龙洲街道人民路197号	5000	余有根
15	浙江龙游瑞晟建设有限公司	龙洲街道兴龙北路4号楼24、25号	2568	张洪财
16	浙江锦昌建设有限公司	龙洲街道兴龙北路399号	5118	余雄伟
17	浙江晨烨建设有限公司	龙洲街道人民南路158号东方广场A510	5008	钱春红
18	浙江龙建建设有限公司	龙洲街道太平路和平巷1号	2000	江益龙
19	浙江千叶环境工程有限公司	龙洲街道平政路287-1号（金泽大厦）287-1室	5000	夏　伟
20	浙江同纬建设有限公司	东华街道城南工业区开泰路西6号办公楼3楼	5000	赖慧霜

房地产业

【概况】 截至2020年年底，龙游县共有房地产企业35家、其中一级房地产企业1家、二级房地产企业1家、三级房地产企业4家、四级房地产企业8家、暂定级企业21家。2020年房地产业总投资24.25亿元，同比下降40.3%。2020年重点推进广和江南里、天元铭鼎、珑悦景园、御景豪庭等房地产项目开发建设。

【房地产市场发展】 继续落实稳房价、稳预期、防风险的目标任务，促进房地产市场平稳运行。2020年完成房地产投资24.25亿元，同比下降40.3%；办理商品房预售许可29件，面积52.71万平方米。城区共网签商品房1943套，同比增长104.53%，面积23.04万平方米，同比增长107.94%；二手房共成交2142套，同比增长23.17%，面积18.44万平方米，同比增长12.61%。

【房地产市场监管】 强化房地产市场监管，开展房地产领域防范非法集资专项整治工作，共查处重点房产中介违规案件11起，已结案8件。开展房地产经纪行业乱象整治，检

图 124　城东春江月小区建成开盘　（县住建局／提供）

查房地产经纪机构 148 家，下发检查整改通知单 82 份。龙游县房地产市场及交易资金监管服务平台上线运行，78 家房地产经纪机构、226 名工作人员纳入平台管理。

【物业管理】 2020 年，龙游县 50 个物业小区物业费平均收缴率达到 80% 以上，开展公职人员物业费清缴，财政供养人员共待清缴 139 人，已清缴 137 人。推进 10 个物业管理规范提升小区建设，利用“红黑榜”对 20 家物业企业、56 个物业小区进行考核，发放疫情防控补贴 55 万元，创文明城市劳动竞赛奖金 19.75 万元。

【住房保障】 住房保障不断增强，依托浙江省住房保障信息系统和权力运行系统，实现公租房申请“一证通办”，扩大公租房保障覆盖面，收集到 325 户城镇户籍低保户、低保边缘户、特困户家庭清单，通过初审 184 户。2020 年共发放公租房租赁补贴 271 户，完成实物配租 63 户、人才公寓实物配租 16 户。

（县住建局　杨晨明）

2020 年度龙游县主要房地产企业基本情况一览表

表 30

序号	企业名称	地址	注册资金（万元）	法人代表
1	龙游宏辰置业有限公司	浙江龙游经济开发区金星大道（管委会斜对面）	1000	任春雄
2	浙江广和房地产开发有限公司	龙洲街道龙翔路 240 号（观澜壹号）204 室	10000	吴树良
3	浙江金梦苑实业有限公司	湖镇镇沙田湖金龙纸业综合楼 109 号	5000	施彩莲
4	龙游吉恒房地产开发有限公司	浙江龙游经济开发区永泰路 7 号	2000	金效明
5	龙游恒毅房地产有限公司	东华街道城南工业区开发大道 288 号	1000	黄　杰
6	龙游天元房地产开发有限公司	东华街道碧桂园翡翠湾综合楼学士路 382 号	2000	纪建伟
7	龙游楚盛置业有限公司	龙洲街道兴龙北路 33 号综合楼第三层 301 室	3000	付卫平

2020 年度龙游县主要楼盘基本情况一览表

表 31

序号	楼盘名称	楼盘地址	开发企业
1	珑悦景园	模环乡葆塘路 2 号（龙游经济开发区）	龙游宏辰置业有限公司
2	江南里	东华街道伯珍路 6 号	浙江广和房地产开发有限公司
3	金梦苑住宅小区	湖镇镇沙湖路 437 号	浙江金梦苑实业有限公司
4	龙天和园	模环乡永泰路 19 号（龙游经济开发区）	龙游吉恒房地产开发有限公司
5	御景豪庭	东华街道开发大道 288 号	龙游恒毅房地产有限公司
6	天元铭鼎小区	东华街道滨江路 1 号	龙游天元房地产开发有限公司
7	文成三区	东华街道十里铺路 60 号	龙游楚盛置业有限公司

城市管理和综合行政执法

【概况】 2020年，龙游县综合行政执法局（以下简称县综合执法局）紧紧围绕建设区域明珠型城市目标，按照“14456”工作布局，紧扣中心服务大局，加快推动城市管理向城市治理转变，不断提升城市精细化管理水平。被衢州市综合行政执法局评为创建全国文明城市工作先进集体，被龙游县委、县政府评为“平安龙游”——打造“最有礼县”突出贡献集体。

【“一支队伍管执法”改革】 全面铺开“一支队伍管执法”改革，按照“大镇带小乡”的模式，建立6支综合行政执法队，整合部门派驻人员执法力量，实现“最多查一次”。湖镇综合行政执法队作为浙江省第二批试点单位，整合综合执法、林水、文广旅体、应急管理等部门人员开展跨区域、多领域联合执法，办案数量同比增长343.2%，实现执法办案数量质量双提升。

【发展“地摊经济”】 按照“科学规划、合理布局、严格审批、规范有序”的原则，在荣昌广场、御龙湾东面小游园等点位设立3处跳蚤市场，有80人领取摊位证、获得入驻临时限时交易市场资格。在招商路、大众路普农家电门市部旁等不影响交通和市容的区域设置自行车修理、配锁换锁、鞋类修补等便民服务点15处，划出相应的经营区域，设置统一的标识标牌，对经营者进行“一人一位”管理，实现“放开不放任、便民不扰民”。

【省示范文明县城创建】 对照省示范文明县城创建要求，制定《龙游县主城区非机动车专项整治工作方案》《城区市容秩序专项整治工作方案》《“六小行业”污水及油烟排放“一店一册”建档管理工作方案》等，大力开展“城市体检”“拔钉清障”“百日攻坚”等乱象整治行动。全年共清理各类占道经营32747次，清理流动摊22660次，规范非机动车停放11500次，拆除各类违规、影响市容的户外广告9053块，清除乱张贴等各类牛皮癣广告457处，拖离违停非机动车293辆，向非机动车违停车主发送警告短信7000余条。

图125　2020年6月16日，龙游县综合行政执法局执法人员到临时限时交易市场进行跟踪检查，规范城区地摊经济发展

（县综合执法局／提供）

【智慧城管二期投入使用】 2020年7月，智慧城管系统第二期项目建设完成并交付使用，有效加强了对人行道违停、出店经营、占道经营、街面排污等违反城市管理法律法规行为的执法取证，推进城市管理和综合行政执法领域的非现场执法工作。全年通过智慧城管系统处罚机动车人行道违停案件15274起。

【停车秩序规范】 开展人行道停车标志线和消防通道标志标线施划工作，增划人行道机动车停车泊位1821个，施划非机动车停车位5000余处，增划消防通道标识标线1167.94平方米，缓解停车难问题，消除安全隐患。通过“人工拍违+监控抓拍+车载拍违”等手段，严厉查处无序停放、挤占盲道、妨碍通行等违法停车行为，对严重影响交通秩序的车辆，一律采取拖离措施，营造高压严管的违停整治态势。全年查处违停机动车24659辆，强制拖车477辆。

【犬类管理】 提高对城区主干道、公共场所、居民小区等人员比较密集场所的巡查频次，重点整治城区饲养禁养犬、无证养犬、遛犬不拴犬链、携犬出入公共场所、不服从犬类管理等五类问题。全年收容无主犬、违规犬367只，处罚37起。持续推进犬只备案登记工作，全年办理犬只登记上牌142只，犬证年审79只。

【违建管控】 按照“新增违建发现一起、查处一起，存量违建清零”的原则，加大城中村、城郊接合部和新建小区等重点区域的巡查力度，对在建违法建设实行“即查即拆”，对已拆除的违法建设进行“回头看”。全年累计拆除违建408处1.84万平方米。

【综合执法进小区】 按照“部门联

图 126　2020 年 6 月 18 日，龙游县综合行政执法局开展市容环境专项整治行动，严查乱停车行为　（县综合执法局／提供）

动、突出重点、分类推进”的工作思路，联合住建、资规、龙洲街道、东华街道等单位，对北门小区、翠光一区等 10 余个老旧小区环境“十乱”、消防安全不到位、停车位紧张等问题及印江南、碧桂园等 5 个新建小区违章建筑、违规装修等行为进行整治。全年累计拆除小区违章建筑 8103 平方米，拆除小区住户私设地锁 49 个，恢复车位面积 403 平方米。

【执法新领域拓展】　紧扣“大执法”理念，将执法工作重心从城市管理向住房建设、生态环境等多领域全面扩展。联合住建、市监、公安等单位检查房地产经纪机构 98 家，下发检查整改通知单 55 份，对 4 家房产中介机构违规交易予以立案查处。配合开展姑蔑城危害油气管道行为的联合整治、村社罐装燃气经营行为的执法检查 40 余次，对瓶装燃气领域的违法行为立案查处 14 起。开展工程建筑领域行业乱象专项整治，查处未取得施工许可证擅自建设案 6 起。

【保障中心工作】　充分发挥在助推乡村振兴、美丽龙游、征迁征地等各项中心工作中的执法保障作用。全年共抽调执法队员 2511 人次，助推美丽乡村大花园士元实验区、“两江走廊”小南海片区建设等重点项目，维护团石湾迷辣啤酒音乐节、石窟音乐盛典、红木小镇电音节等重大节目周边秩序，确保各项工作顺利推进。

【疫情防控】　抽调 50 名干部派驻高速路口、火车站及复工复产服务团 3 个专班和河西小区最难管控的 3 个小区卡点，助力疫情防控和复工复产“两不误”。从班子成员到一般干部始终发扬“特别能奉献”的铁军精神，加班加点奋战，为抗击疫情出力，共完成河西小区排查登记 638 户 1886 人，指导住户完成龙游通实名认证 466 人，引导使用龙游通扫码通行 2901 人次，现场帮助小区户主完成健康码申报 1552 人，确保管控工作“不漏一户、不漏一人”。

（县综合执法局　李彬）

消防救援工作

【概况】　2020 年，龙游县消防救援大队（以下简称县消防救援大队）坚持以习近平新时代中国特色社会主义思想为统领，以习近平总书记重要训词精神为指引，围绕“把方向、统思想、带队伍、干事业”的工作思路，多措并举开展火灾防控工作，全面加强队伍管理和执勤备战，团结带领大队全体指战员圆满完成以消防灭火和应急救援为中心的各项任务，奋力开创龙游消防救援工作新局面。一年以来，大队在上级党委及县委、县政府的正确领导下，振奋精神、开拓进取，狠抓灭火救援能力和社会面火灾防控治理，获评“全省应急管理系统先进集体”，被省消防救援总队评为“先进基层党组织”“标兵队站”“执勤训练工作先进单位”，消防工作和队伍建设呈现出稳中有进、持续向好、健康发展的态势，实现了新的跨越。

【锤炼过硬队伍】　县消防救援大队坚持“练为战”的理念，紧盯大练兵工作的弱点、盲点，按照“周有测试、月有小考、季有竞赛”的练兵模式，在实战训练中查漏补缺、攻克短板，切实打造一支来之能战、战则必胜的消防铁军。2020 年，大队共组织开展重点单位熟悉 141 次，演练 133 次，修订重点单位预案 100 家。大队共接警出动 558 次，出动力量 5276 人次，抢救疏散被困人员 39 人，成功处置了“6·16”文升服装辅料火灾、“9·9”金怡热电火灾和援赣抗洪等急难险重任务。大力开展“创人民满意消防队伍”活动，用好“学雷锋小马便民服务岗”，积极为群众提供便民服务，开展消防知识宣传活动，切实增强人民群众安全感、幸福感。此外，大队还致力于充分发挥身边“全省十大消防卫士”王挺大队长、“最美应急人”陈久彬、“119 先进个人”王土炎等先进典型的榜样引领作用，营造浓厚的争先创优氛围。

【发展社会消防力量】　大力加强多种形式消防队伍建设，每季度组织召开联席例会，总结工作、交流经验，年内共开展专职队检查指导 16 次，

图 127　2020 年 9 月 9 日，龙游县消防救援大队消防人员扑救龙游金怡热电有限公司厂房火灾（县消防救援大队／提供）

微型站人员培训 700 余人次、实地拉动 120 余次。全县共建成政府专职消防队 3 支、乡镇（街道）志愿消防队 11 支、千人以上行政村志愿消防队 181 支，社区微型消防站 10 支，实现了有队伍、有装备、会处置的基本建队要求，城乡消防力量实现全覆盖。溪口、湖镇专职消防队完成营房设施提升改造，并各新增消防车 1 辆。12 月初，县消防安全委员会办公室组织开展了多种形式消防队伍业务技能比武竞赛，全县有专职队、志愿队、微型消防站等共计 78 支队伍参赛，大队还联合经济开发区举办了企业微型站业务技能比武，通过开展比武竞赛，有效提升了队伍战斗力。

【完善责任体系】 以“防大火、降亡人、压总量”为目标，强化消防基础工作，大力整治火灾隐患，火灾形势保持总体平稳。年内共发生火灾 70 起，死亡 1 人，受伤 1 人，直接经济损失 554.89 万元，火灾起数同比下降 11.39%，直接财产损失同比下降 19.05%。3 月，县政府召开安全生产和消防工作会议，与各乡镇（街道）和相关部门签订年度消防工作目标管理责任书；县政府召开常务会议专题研究遏制“小火亡人”事故措施，印发《龙游县消防安全红牌挂牌督办集中整改攻坚行动方案》。制定出台《龙游县防范处置火灾事故应急预案》，成立由县政府分管领导牵头的火灾事故应急指挥部，实行四级响应制度，对通信保障、资金保障、力量和装备保障内容予以明确。县消防安全委员会制定出台《龙游县消防安全黄红牌通报警示约谈挂牌实施办法》，进一步明确行业部门和属地乡镇（街道）消防安全责任。县消防安全委员会办公室向 14 个部门、单位分别下发火灾防范提醒函、隐患整改督办函，5 次下发火灾警示通报，每季度通报火灾形势，开展 2 次联合督导检查，督促落实消防安全责任。

【开展重点领域整治】 2020 年，龙游县消防安全委员会及时下发 2020 年度工作任务清单，组织开展高层建筑、老旧小区、居住出租房、消防车通道、电动自行车、瓶装燃气等重点领域整治工作。2020 年，大队共检查单位 464 家，下发《责令改正通知书》51 份，行政处罚决定书 76 份，罚款 19.63 万元，临时查封单位 2 家，提请县政府挂牌督办重大火灾隐患单位 1 家。组织开展老年人居住场所“拉网式”走访排查，建立隐患清单和整改责任清单，累计排查老年人居住场所 1919 户。大力推广应用联网型独立式感烟探测报警器，通过政府购买服务的形式，先行组织对 607 户符合低保条件的特殊群体免费安装联网型感烟探测器，并将联网信号绑定至所属村（社）网格员、联户党员、志愿消防队（微型消防站）负责人，一旦发生火灾，火警信号第一时间精准推送，确保第一时间发现、处置，严防“小火亡人”事故发生。此外，为深入开展打通“生命通道”整治行动，县政府投入 200 余万元，启动实施消防车道、消防登高场地划线标识工作，累计划线标识消防车道（消防车登高场地）103 处，增设停车位 1837 个。大力推广应用电动车智能充电设施，累计增设停车棚 150 余个，安装充电口 2300 余个。同时，实行老旧小区“一区一策”治理，完成 14 个老旧小区消防设施增配改造工作。

【助力复工复产】 充分发挥县消安办统筹协调功能，全力做好疫情防控期间社会面火灾防控工作。按照“一院一策，一厂一策”原则，采取“线上 + 线下”形式，综合做好消防安全指导服务，常态化开展防疫演练，组织对现场执勤、复工人员开展消防安全培训，派员融入企业复工复产战时服务团，开展消防安全指导和小微企业消防安全整治行动，协助企业共同做好复工复产期间的消防安全工作。派员对 22 家定点医疗机构、集中医学观察点、涉疫物资生产企业和商贸市场等单位开展实地指导，为 5 个集中医学观察点配备消防器材装备箱。向 7 个部门发送疫情防控期间消防安全提醒函，并通过“龙游通”平台发布《疫情防控期间消防安全提醒》，印发 1.2 万份《家庭消防安全温馨提示》，发放 500 余份《集中医学观察点消防安全温馨提示》，切实维护疫情防控期间的消防安全。

【消防宣传】 依托红色物业联盟、组团联村（社）、党员联户、网格化排查等工作机制，组织对200余户老年人上门开展家庭防火宣传教育，累计发放宣传资料3200余份。统筹推进消防宣传教育体验馆（点）建设，顺利建成县级宣传教育馆和湖镇镇示范体验室，其他乡镇（街道）和181个千人以上行政村因地制宜建成体验室（点）。开展各类消防培训172期，累计受众2.6万余人。充分利用“声、屏、报、网、微”等宣传阵地，在县级媒体建立消防专栏，先后在中央级媒体发布消防信息6篇，省级媒体46篇，其他媒体79篇，大力开展消防队伍正能量宣传，广泛刊播消防安全提示和消防公益视频，不断增强广大群众消防安全意识和自防自救能力。

（县消防救援大队　马彬炳）

创建省示范文明县城

【概况】 2020年，龙游县创建国家卫生县城工作领导小组办公室（龙游县创建省示范文明县城工作委员会办公室）（以下简称县创建办）紧紧围绕巩固国卫成果、创建省示范文明县城等目标，精心谋划、周密部署，扎实有效推进各项工作，尽力尽责履行专班职能。通过全县上下的共同努力，创卫创文工作取得显著成效，顺利通过省测评，成功创建省示范文明县城。

【成功创建省示范文明县城】 2020年是龙游县创建浙江省示范文明县城的决战决胜之年。龙游县把“创文”作为最大的民生工程，始终保持决战决胜的态势，坚持高点谋划、高位推进，全面汇聚“创文”强大合力；坚持问题导向、重拳整治，持续改善城乡环境面貌；坚持改革创新、数字赋能，不断优化城市管理服务；坚持文化引领、文明重塑，大力弘扬有礼向善新风；坚持以人为本、共建共享，积极回应群众美好期盼，努力将龙游打造成一座最有礼的城市。7月29—31日，省调研组专家到龙游开展创建省示范文明县城调研，通过听取汇报、实地察看等方法，对龙游县创建省示范文明县城工作进行初审，对各项指标进行测评。11月25—27日，省测评验收组对龙游县创建省示范文明县城工作进行检查测评，得到测评组专家的充分肯定。

【完善督查机制】 督查交办是推进省示范文明县城创建最有效的抓手。县创建办实行网格化分片包干机制，分成4个督查小组，对照创建标准内容和要求，开展全方位、地毯式督查，对存在的问题及时进行交办、催办、督办，销号管理，对部分重难点问题联合县督考办、城市文明专项执纪监督组开展联合督考，有效促进问题整改。2020年共印发交办单45期，交办问题2169件，按时整改1876件，整改率86.5%；通过钉钉等平台交办31期，交办问题637件，完成633件，完成率99.37%；联合新闻媒体曝光296件，整改265件，整改率89.5%。

【“访谈＋三走进”活动】 自2020年6月起，持续推出“创建省示范文明县城•一把手访谈”和“一把手”三走进活动，由乡镇（街道）部门“一把手”对照创建标准和查摆存在的问题，谈举措、作表态，主动接受社会群众监督，确保创建工作取得实效。同时为了强化“一把手”责任担当，各机关单位全面落实党政一把手走进大街小巷、走进社区小区、走进城郊近郊“三走进”活动，通过活动，共排查发现1800余个短板问题，并得到有效整改。

【完善志愿服务机制】 为推动“衢州有礼”“文明创建”工作落地，打响“衢州有礼・天下龙游”城市品牌，县创建办结合“红色物业联盟”实施意见，牵头做好每月首周周二的包干街道、小区志愿活动。同时常态化开展“做有礼人・创文明城”文明交通劝导志愿服务活动，各县直机关、企事业单位党员干部于早晚高峰在责任路段配合执勤交警做好文明交通劝导工作，劝导行人、非机动车和机动车驾驶员遵守交通

图128　2020年11月25日，龙游县创建省示范文明县城工作汇报会召开

（县创建办／提供）

规则。各部门单位积极参与，有效改善城区市容环境卫生“脏乱差”面貌，营造了“全民参与、清洁龙游、文明出行”的良好氛围。

【推进专项项目市场化运作机制】为破除创建工作中的难点问题，县创建办积极推进专项项目市场化运作，积极和县财政对接，完成“牛皮癣”清理和“病媒防制”两个项目的资金拨付工作，其中“牛皮癣”36.8万元、“病媒”53万元，并开展“病媒生物防制”项目招标工作。同时，每月组织一次市场化项目工作月度考核，查找问题并提出整改意见，通过引入第三方检测评估确保工作实效。

（县创建办　冯全宏）

征迁事务

【概况】2020年，龙游县征迁事务中心（以下简称县征迁中心）深入贯彻落实县委十一届八次全会及全县干部大会暨“双招双引”动员会精神，紧紧围绕县委“14456”工作布局，坚持战疫情、战攻坚“两手抓、两推进”，圆满完成各项工作目标，非常之年取得正常业绩。

【投身疫情防控战】面对单位小、人员少、任务重的困境，及时成立疫控工作领导小组，召开部署动员会周密部署，确保全体干部职工统一思想、统一指挥、统一分配，采取高站位部署、高效率行动、高强度值守。对2个小区共3个区块452户推行征迁详查模式，按照分割区块，分户到人的原则，实行地毯式“清楼”，确保疫情排摸一户不漏，共校核实际户数443户1089人，排查涉重点疫情区人员9人。面对3个小区卡点的值守任务，实行每日16个小时早晚两班倒轮岗制度，全体干部职工每隔1天轮岗一次，连续奋战值守51天，累计排查居家观察14户38人，辅导注册“龙游通”612人，排查登记小区出入人员近1.2万人次，做到履职尽责、担当作为，助力打赢疫情防控战。

【城东征迁后续扫尾】推进城东攻坚扫尾工作，实行难中求进。4月以唐尧村为重点，对城东区块未拆除和拆除不彻底的腾空房屋进行集中拆除攻坚，共拆除房屋10户，实现了应拆尽拆。5月，抓住7月第二批选房摇号和端礼小区选房交付的有利节点，牢牢把握签约结算才可参加摇号、完全腾空交付才可参加选房、房屋拆除到位才可交付的原则，打破村组建制，整合力量，针对难啃难攻的“硬骨头”，组建六个攻坚团队，启动新一轮集中攻坚行动，新增签约2户，结算2户，腾空4户。并在7月圆满完成137户端礼小区选房摇号工作。同时坚持依法征收原则，6月以来对未签约、草签、效力待定的21户，启动依法征收程序，配合县资规局送达《安置补偿方案》17户、《安置补偿决定》12户、《交地方案》2户；对签约未腾空的13户和协议效力待定的1户，启动非诉执行程序，配合东华街道送达《履行协议催告》10户、《履行协议决定》7户。

【指导县域征迁】为确保各区块征收征迁工作顺利完成，县征迁中心积极参与指导，完成了《灵山江沿江公路和未来社区两个集体土地房屋征收补偿安置实施方案》和《杭衢铁路集体土地房屋征迁政策》的制定，同时完成《城北入城口城区段和开发区段（小南海镇）两个集体土地房屋征收补偿安置实施方案》和《320国道二改一项目塔石段、模环段、横山段、詹家段集体土地房屋征收补偿安置实施方案》的制定工作，完成《横山镇、石佛乡矿山整治农房搬迁政策》和《东华街道永安路十里铺段集体土地房屋征迁补偿方案》《庙下乡康养中心集体土地房屋征迁补偿安置政策》的制定，形成各区块联动的征迁工作格局。

【重点项目攻坚】县征迁中心以县政府工作目标为导向，持之以恒，持续发力，完成士元实验区第二批5户签约结算，第三批第一阶段3户的腾空房屋交付手续。同时配合东华街道完成小高山整村搬迁遗留姜某户的签约与补偿安置事项和北入城口姜某户企业搬迁协议签订等任务，加快推进重点项目的征迁工作。

图129　2020年12月3日，龙游县举办集体土地房屋补偿征收安置政策培训班
（县征迁中心/提供）

【形成新的征迁政策体系】 为进一步规范龙游县县城规划范围内土地上房屋征收补偿问题，参照有关政策法规，借鉴外地经验，在深入乡村和项目单位进行充分调研的基础上，制定《龙游县Ⅰ区域村庄搬迁改造实施办法（试行）》《龙游县Ⅱ区域集体土地房屋征收补偿安置办法（试行）》和《龙游县Ⅲ区域集体土地房屋征收补偿安置办法（试行）》3个规范性文件，完成全县集体土地房屋征收安置补偿价格体系规划，并经县政府常务会讨论通过，形成新的集体土地房屋征收补偿安置政策体系。同时，多方沟通协调，针对重点难点问题群策群力，牵头制定城东新区3个整村搬迁行政村的办公综合用房配置方案。

（县征迁中心　徐志明）

住房公积金归集与管理

【概况】 2020年，衢州市住房公积金中心龙游分中心（以下简称市住房公积金中心龙游分中心），全年累计归集住房公积金7.72亿元，比上年增长11.08%，完成年度目标任务的102.93%。公积金缴存单位699家，缴存人数29732人，净增3237人，完成扩面目标人数的359.67%。办理住房公积金提取6.50亿元，同比增长25.73%；发放个人住房公积金贷款946笔，金额3.04亿元，同比增长32.89%；完成年住房消费（提取+贷款）年度目标的144.70%；公积金归集余额为15.77亿元，同比增幅8.39%；贷款余额为16.11亿元，同比增加2.35%，存贷比102.18%。

【深化“最多跑一次”改革】 在“浙里办”App，市住房公积金中心微信公众号、住房公积金网上办事大厅开展公积金“掌上办”“网上办”，在业务大厅配备专业的导服人员对办事群众进行业务服务引导，根据群众办理需求，指导其进行“掌上办”“自助办”，共办理业务27459笔，其中柜面办件量为5424笔，“掌上办”“网上办”办件量22035笔，“掌上办”办件量占总业务量的80.25%。实现“机关、事业单位人员调动公积金转移、开户一件事”联办，加快公务员职业生涯全周期管理“一件事”改革进程，提高“一件事”在浙政钉平台办结率，2020年成功办结2043件，解决办理相关业务多部门、跑腿多等问题，缩短办理时限，提高办事效率。开展贷款、提取一件事联办业务，进一步提高办理效能，成功办理45件。10月，政务服务2.0应用系统启用，分中心组织人员对事项库内容进行逐条梳理、对29个事项进行逐个测试，确保准确无误，提升政务服务事项办件率；日常工作中，做到2.0事项应收尽收，常态化收件。推进“县乡一体、条抓块统”基层治理模式试点工作，积极推进公积金业务“最多跑一次”改革向基层延伸，分中心继与农商银行、邮储银行合作后，又在十里坪、湖镇镇农业银行网点开通贷款业务下沉服务，在龙游县15个便民服务中心开设服务网点，发放各类宣传资料2万多份，实现公积金业务“就近办”，为群众办理公积金业务提供“就近、便捷、高效”的服务网点。

【推进公积金扩面工作】 通过甄选规上企业，联合银行对未建立公积金制度的企业进行跟踪服务，主动帮助企业办理公积金开户手续，加强对非公有制企业的住房公积金催建力度，全年净增扩面人数3237人。与县金融办联系，及时掌握企业股改上市情况，对有意向在主板、新三板上市企业，上门有针对性地做好前期服务工作，对未建立公积金缴存制度的企业督促建制，已经建制的企业按规定要求扩面，结合县政府开展的加强拟上市企业规范运作指导服务活动，选择规模以上企业和2020年龙游县政府重点推动上市企业进行上门服务，宣传公积金政策对企业和职工所带来的好处，督促指导企业做好公积金建制扩面工作。与县总工会、社保局、经信局、经济开发区联合到重点骨干企业做好服务工作，着力提升住房公积金制度影响力，力促规模以上企业公积金建制工作，增强企业主依法维护职工合法权益观念。通过加强与承办银行合作，利用银行与企业联系紧密的优势，在承办银行开展公积金业务知识培训和宣传，与银行合力做好企业扩面工作，制定银行扩面考核办法，提高承办银行的主动性和积极性。通过电视、网络、微信等传播媒介进行广泛宣传，及时发布各项业务政策信息，使广大群众熟知住房公积金的各项政策。

【加强内部管理】 以创建最优营商环境城市为契机，以建设“最有礼的窗口”为目标，努力打造公积金“礼仪之窗”服务品牌的龙游样板。组织职工定期训练标准化服务礼仪，规范公积金服务窗口人员的“言、谈、举、止”，全面推行规范化文明礼仪服务，在衢州市第三届住房金融礼仪大赛中，分中心荣获团体一等奖，个人一、二、三等奖多个奖项。组织开展“岗位大练兵，业务大比拼”活动，提高分中心工作人员业务素质和综合能力，提升服务水平，为办事群众提供更优质的服务。通过领导示范引领、党员干部全员参与，落实坐班领班制度，把公积金窗口打造为“最有礼的服务窗口”。采用现场咨询答复和电话热线答复方式，为前来办理业务的市民群众答疑解惑，倾听群众投诉建议，着力提升群众满意度。开展“比、学、赶、超”竞赛活动，把贯彻执行县营商办各项规章制度作为窗口考评内容之一，考核结果纳入年终工作实绩考评范围，奖优罚劣，营造积极向上、敬业有为的工作氛围。深入开展服务企业工作。对遭受新冠肺炎疫情影响的企业，推行阶段性降低企业住房公积金缴存比例；强化对受疫情影响的贷款职工以及缴存企业和职工的“一对一”服务保障。

【风险管控】 从“公积金缴存、支取、贷款”三项环节入手，健全和完善内部监督管理机制，增加复核、抽查等环节，形成分级负责、层层把关的工作机制。坚持贷前严格审查，执行市中心放款轮候规则，每月统一时间、标准依次发放，贷后资产跟踪管理各个环节的监督机制，与7家银行密切配合建立层层催收制度，对出现3个月以上的逾期贷款及时介入催收，本年度向法院提起诉讼贷款逾期案件1起。规范增值收益存款竞争性存放招投标工作，推行阳光决策，建立竞争性资金存放招投标制度。明确合作银行参加资格、实施方式、招标方式、结果兑现实施细则，采取由龙游县招投标中心统一公开竞争招标的方式，实现资金存放管理的公平性、透明化。严格对照2020年市中心扫黑除恶专项斗争工作方案，制订分中心年度扫黑除恶专项斗争工作计划，做好周报和月报等工作，坚决打击住房公积金领域涉黑涉恶行为。

【服务中心工作】 根据龙游县委、县政府疫情防控排查工作的统一安排，做好117个联系户居住情况及涉境外、涉重点区域人员情况的排查报送工作；根据龙游创建文明城市要求，对卫生包干区的环境、绿化进行维护，定期组织分中心党员干部开展包干区的卫生保洁和文明劝导，助推省级卫生县城创建复评工作。助推生态文明建设创建工作，龙游县大街乡新槽村系分中心2020年“五水共治”联系点，分中心优选具备丰富农村工作经验的同志担任生态指导员，推进联系村生态文明创建工作。主要领导亲自参与中心工作，多次带队深入联系村，助推农房管控风貌提升等，工作取得实效；助力士元实验区征迁腾空攻坚工作，带领团队到包干农户家中宣传相关政策及优惠措施，尽心尽责完成县委、县政府交付的中心工作任务。2020年，是扶贫攻坚的最后一年，分中心在编工作人员每人都有3—4个帮扶户，帮扶人员深入各农户，摸排其家庭基本情况并制订相应的帮扶计划，完成县里分配的17户农户脱贫任务。

（市住房公积金中心龙游分中心 郭佳慧）

2016—2020年龙游县住房公积金基本情况一览表

表32

年份	涵盖单位（个）	缴存人数（人）	公积金归集（亿元）	公积金支出（亿元）	公积金余额（亿元）	公积金贷款（户）	公积金贷款（亿元）	剩余户数（户）	贷款余额（亿元）
2016	598	21404	4.20	2.88	10.02	1161	4.84	3694	11.26
2017	556	24620	5.34	4.28	11.08	1089	4.22	4224	13.57
2018	579	25402	6.30	4.61	12.78	1158	3.97	4939	15.70
2019	652	26763	6.95	5.17	14.55	747	2.29	5226	15.74
2020	699	29732	7.72	6.50	15.77	946	3.04	5602	16.11

概　述

【概况】 环境、资源、气象涉及衢州市生态环境龙游分局、龙游县自然资源和规划局、县“治水办”、县“四边三化”办、县农房专班、县气象局等单位。2020年，相关单位紧紧围绕县委、县政府决策部署，以践行“两山”为目标，落实治水长效机制、打好治气攻坚战、治土持久战和中央及省环保督察、生态环境部饮用水源专项督察反馈问题整改为重点，全面推进大气污染综合防治，抓实水污染治理，规范固体废物和辐射管理，加强生态及饮用水源保护，提升环境空气质量，为龙游县经济建设和社会发展提供良好的生态环境。

【加大专项整治力度】 2020年，以高标准推进“五水共治”，进一步谋划“污水零直排区”建设，深化“河湖长制”，组织开展河长“一月一主题”巡河活动，建立河长“红灰黑”三色管理制度，切实增强河（湖）长履职责任意识。农房管控以巩固“三改一拆”工作成果，促进风貌提升为工作重点，经全县上下的共同努力，确保拆后利用示范村“零反弹、零垃圾、零违建”，无遗留应拆未拆问题。按照“全域创强、秀美乡村、幸福家园、最优治理”的思路，助推美丽乡村大花园建设成效显著，在衢州市乡村大花园建设中“当好龙头、力争上游”。

【保护资源提升服务】 龙游县自然资源和规划局履行自然资源“两统一”（统一规划，统一标准）职责，坚持规划引领，依托“多规合一”协同平台，做到科学配置、合理利用各项自然资源指标，落实自然资源保护，积极开展国土资源管理各项工作，为龙游县经济建设和社会发展提供有力保障。龙游县气象部门提升公共服务能力，积极履行气象防灾减灾职责，做好季节性、灾害性、转折性天气预测和服务，重大活动气象服务保障等工作，确保人民群众生命财产安全。

生态环境工作

【概况】 2020年，衢州市生态环境局龙游分局（以下简称市生态环境局龙游分局）紧紧围绕县委、县政府决策部署，深化治气、治水、治土、清废四大污染防治攻坚，狠抓中央省环保督察整改和突出环境问题排查整改，全面强化执法监管，有力有效推进各项工作开展。获得“2020年度龙游县综合考核三等奖”“平安龙游突出贡献集体”“经济发展突出贡献集体”等荣誉。

【环境质量】 全年环境空气PM2.5浓度均值30微克／立方米，首次达到国家环境空气质量二级标准，比上年下降6微克／立方米；优良率98.0%，比上年提升10.7%，升幅排名全省第3；空气环境质量综合指数得到明显改善，比上年下降13.74%，降幅全省排名第10。衢江出境水水质和国控地表水断面达标率100%，均达到Ⅱ类水标准；集中式饮用水源地达标率为100%；乡镇交接断面水质优秀率达100%。

【建设项目管理】 以省“三线一单”（生态保护红线、环境质量底线、资源利用上线和生态环境准入清单）生态管控方案、县域生态保护红线、环境功能区划、行业准入条件等为准则，完善项目环境准入管理，做好项目前期服务与决策，严格把好项目环保关卡，建立环评编制机构量化考核机制。以提高环评编制质量和效率为目标导向，制定下发《龙游县环境影响评价编制技术单位质量服务量化考核细则》，对环评机构环评文件编制质量及服务时效进行量化考核，并召开第三方环评编制机构座谈会，对5家环评单位进行记分处理，对记分分值达到2分的1家环评编制负责人进行约谈并责令限期整改。全年共完成环评报告书（表）项目审批123个，“区域环评+环境标准”环评备案8个，环评报告书（表）初审10个，登记表备案124个，按期办结率、环评执行率、满意率实现“三个100%”。

【环境污染防治】 完成浙江寰龙环境科技有限公司等42个项目排污总量和替代方案，总计替代化学需氧量78吨/年、氨氮10.05吨/年、二氧化硫28.99吨/年、氮氧化物71.48吨/年、挥发性有机物109.3吨/年。在浙江省先行开展城区汽修喷漆行业整治提升，全面完成城区46家50个烤漆房整治、对22家2019年完成整治的重点企业按程序进行验收资金补助，并对重点企业治气成效组织“回头看”，进一步巩固治气成果。完成42家涉VOCs排放企业“一厂一策”编制、10家企业水性油墨替代、34家企业废气整治提升和16台燃气锅炉低氮改造工作。强化非道路移动机械监管，印发《龙游县非道路移动机械禁用区划定方案》，成为衢州市首个划定非道路移动机械禁用区的县，完成660余辆非道路移动机械上牌登记。全面建成15个乡镇街道、1个工业园区的空气自动监测点，实现乡镇空气自动监测全覆盖。在湖镇镇、詹家镇重点路段开展遥感黑烟抓拍，共抓拍车辆594万辆，其中超标车辆382辆。依托电信铁塔，在城区及周边环线范围内，安装9个高空瞭望视频探头，建立衢州市首个高空瞭望智慧监管平台。强化污染地块环境治理修复，将浙江铭隆化工有限公司地块移出污染地块名录，成为自2019年1月1日《中华人民共和国土壤污染防治法》正式施行以来衢州市首个完成效果评估的土壤污染治理修复工程。持续推进龙游县16个点位农用地土壤超标点位“对账销号”工作，完成所有土壤样品、农产品协同样品、灌溉水样品加密监测工作，16个点位全部满足“对账销号”条件，“对账销号”率为100%。开展全市唯一“无废城市”创建，全面推进龙游县无废城市建设，加快推进固体废物信息化联网工作，将140余家年产生一般固废100吨以上、危险废物5吨以上企业纳入市级固废监管平台。深入开展“雷霆斩污2.0”专项行动，查处涉及危废环境违法案件2起，处罚金额总计30.79万元。

图130 2020年4月18日，衢州市生态环境局龙游分局工作人员开展土壤采样监测（市生态环境局龙游分局/提供）

【环境执法监管】 加强对国控、省控污染源、印染、造纸、化工等重点企业的重点监管，强化检查频次和力度，开展雷霆斩污交叉执法、涉水企业专项执法、沐尘水库垂钓联合执法等系列专项执法行动，全年累计查处环境违法案件32起，处罚金额总计244.78万元，移送公安行政拘留6起，查封扣押2起，责令停产整治1起，责令限制生产1起。

【环境信访维稳】 健全完善热线电话“12369”24小时值班制度，规范落实环境信访管理制度，高效办理环境信访件，信访件答复时间均在3个工作日完成办结。对热点问题每月一通报、每季一分析，将每月信访问题通报至各乡镇（街道），落实属地责任，从源头上减少重复访，降低信访量。全年共受理处置信访件181件，受理信访件比2019年同期下降42.5%，办结率100%，满意率98.5%，全年无重大越级群众集体上访及恶性上访事件发生。

【环保能力建设】 重点环保基础项目全面推进，完成龙游红狮环保科技有限公司3万吨危废和2万吨飞灰项目建设，并取得浙江省危险废物经营许可证；浙江寰龙20万吨陶粒项目12月点火试运行、金怡热电一般固废焚烧项目于10月中旬启动调试；小微企业危废中转项目完成决策咨询立项和土地挂牌出让，并基本完成厂房设计。完成城南工业污水处理厂新增处理能力2万吨/日工程项目建设。健全智慧环保建设，建立智慧环保污染源在线运行月报制度，加强污染源在线监测和高清视频巡检，在线监测有效率和高清视频联网率在衢州市高居榜首。上线智慧环保平台电脑端和手机App（测试版），内容包括环保地图、在线监测、智能视频、交接断面清单系统、用电监控、污染源基础档案等，全面完成监控室老旧设施改造。

【第二轮中央生态环境保护督察迎检】 突出问题导向，深入排查摸底，建立并完善集中办公、工作动态简报、交办落实、案情会商、统一上报等机制，同时，选派1名党员干部，代表衢州市参加全省信访件答复稿审核，为做好衢州市信访交办工作发挥很好的牵线协调作用，并被省委、省政府通报表扬。本轮督察龙游县共接到交办信访件38件，无重点件，与第一轮中央环保督察相比，交办件总数下降27.25件，下降率41.8%。通过督察切实解决一批群众反映强烈的环境问题，打击一批严重环境行为，消除一批环境安全隐患。

【中央、省环保督察反馈问题整改】 第一轮中央环境保护督察反馈意见涉及龙游县的3项整改任务，转办的65.25件信访件，以及省环保督察交办的23件信访件已全部完成整改。省环保督察反馈意见涉及龙游县的22项整改任务，已完成整改21项，第二轮中央生态环境保护督察涉及龙游县的38件信访件，已完成整改14件。根据机构改革和人事变动，重新调整龙游县整改领导小组成员，进一步明确相关职责和工作要求；出台《落实中央和省环境保护督察反馈意见及突出生态环境问题整改2020年工作计划》，明确“1+7+7”任务目标，即2019年未完成整改的省环保督察整改任务1项，2020年应完成整改的省环保督察整改任务7项，2020年应完成整改的突出生态环境问题7项。通过下发督办单、县主要领导与相关责任单位签订责任书、县分管领导与整改滞后单位集中约谈方式层层推进整改落实。加快县自查的42个突出环境问题整改，坚持县领导牵头督办机制，每月一通报，销号推进。全年完成37个问题整改，其他问题整改基本按时序推进。

图131　2020年6月5日，衢州市生态环境局龙游分局组织开展“六五”世界环境日宣传活动
（市生态环境局龙游分局／提供）

【排污许可清理整顿和发放工作】 全面完成33个行业清理整顿工作，全年共梳理应发证登记污染源2107家，共核发排污许可证146家，登记831家，特殊情形标记1130家，如期完成目标任务。同时，开展排污许可全覆盖“回头看”工作，对底单完整性、分类准确性、发证登记合规性等进行核查，共核查底单增补污染源122家，其中发证17家、登记105家。

【环境问题提案议案答复】 2020年承办县人大、县政协提案议案5件，其中主办1件、会办4件，建立完善领导督办、专人负责的工作机制，答复率、办结率、满意率均为100%。

【环境宣传教育】 完成龙游县城北污水处理厂线上开放相关新闻报道拍摄，实现龙游县环保设施公众开放“零的突破”。与县大数据局共同报送的“有动力污染治理设施智慧监督”案例，成功入选浙江省“互联网＋监管”地方优秀案例，这是2020年衢州市唯一一个政府数字化转型“互联网＋监督”优秀案例，全省仅12个项目入选。市生态环境局龙游分局助力浙江龙成耐火材料有限公司攻克治气难题事迹，被《中国环境报》、衢州生态环境微信公众号以“化解废气扰民难题，节省百万成本，企业主动上门送锦旗！”宣传，获得各界好评。“六五”世界环境日系列主题宣传活动以“无废城市”建设、生物多样性保护、生态环境知识科普、新固废法普法宣传为重点，现场共计发放宣传手册2500余册、环保小礼品1000余份、环保帆布袋400余件，新增微信关注600余人，受理群众环保咨询30余件。

（市生态环境局龙游分局　官凯文）

2020年度龙游县环境质量状况

【概况】 龙游县环境质量状况包括城市环境空气质量状况、水环境质量状况和城市环境噪声三部分。空气环境质量优良天数351天，优良率98.0%，PM2.5浓度的年均值为30微克／立方米，比上年下降6微克/立方米，下降幅度为16.7%。水环境质量总体稳定，衢江、灵山江水环境功能区水质达标率达到100%，出境水水质达标率100%，各断面水质均符合水功能区要求。交通、区域环境噪声均达到国家标准范围。

【空气环境质量单项指标统计结果】全县二氧化硫浓度日均值浓度范围为0.003～0.021毫克/立方米，年平均值为0.007毫克/立方米，低于国家二级标准。全县二氧化氮浓度日均值浓度范围为0.002～0.073毫克/立方米，年平均值为0.027毫克/立方米，低于国家二级标准。PM10浓度日均值浓度范围为0.006～0.148毫克/立方米，年均值为0.046毫克/立方米，低于国家二级标准，未出现日均值超标。PM2.5浓度日均值浓度范围为0.002～0.093毫克/立方米，年均值为0.030毫克/立方米，高于国家二级标准，浓度日均值超标率为1.6%。臭氧浓度日均值浓度范围为0.019～0.166毫克/立方米，浓度日均值超标率为0.3%。

【酸雨污染】2020年，全县降水pH年均值为5.94，电导率年均值为19.3微西（门子）/厘米，酸雨率为10%。

【江河地表水】2020年，全县江河地表水环境质量总体水平基本稳定，衢江、灵山江水环境功能区水质达标率达到100%，出境水水质达标率100%，各断面水质均符合水功能区要求。

【饮用水源地水】2020年，洪畈水库饮用水水源地水质达到Ⅱ类水标准，水质达标率100%。

【交通环境噪声】2020年，全县的主要10条城市交通干线上共面设33个测点，监测道路总长为13.29千米。昼间平均车流量为609辆/小时，城市道路路长计权等效声级均值为65.6分贝（A），未超过国家70分贝（A）的控制值。

【区域环境噪声】2020年，县城设置了108个网格点。昼间噪声Ⅰ类功能区均值为48.1分贝（A），Ⅱ类功能区均值为51.2分贝（A），Ⅲ类功能区均值为58.8分贝（A），城区昼间噪声平均值为52.7分贝（A），均未超过国家控制值。噪声源主要是生活噪声、施工噪声和交通噪声污染。

（市生态环境局龙游分局　官凯文）

自然资源管理和规划利用

【概况】2020年，龙游县自然资源和规划局（以下简称县资规局）按照上级主管部门工作部署，履行自然资源“两统一”职责，聚焦龙游县委、县政府中心工作，以党建引领促队伍融合，以队伍融合推工作落实，坚持规划引领，依托“多规合一”协同平台，做到“一张蓝图绘到底”，科学配置、合理利用各项自然资源指标，落实最严格的自然资源保护、修复、开发和利用，积极服务于美丽大花园建设，谱写打造浙西新明珠的资规篇章。2020年获县集体三等功等荣誉。

【土地规划与利用】以保障和服务于龙游县社会经济发展为目标，坚持突出重点、统筹兼顾、公众参与、多规合一等原则，继续推进县级国土空间总体规划（大纲）编制，并根据基数转换成果、生态保护红线评估调整、主体功能区优化等工作进一步优化总规方案。2020年上半年开展人口、城镇开发边界、存量土地分析、永农调整等专题研究和讨论。严格按照经营性用地和工业用地招拍挂出让制度，2020年完成项目供地149宗，总面积552.47公顷，土地价款总额35.32亿元。抢抓增存挂钩政策红利，超额完成消化批而未供任务，消化2009年至2017年批次农转用批而未供43公顷，累计消化2018年至2020年批而未供640公顷，获得2020年批而未供消化指标奖励55.6公顷。完成基准地价更新成果公布实施。

【国土空间用途管制】积极推进规划用地“多审合一、多证合一”改革，提升审批服务效率。强化新增建设用地、占补平衡、规划空间等各类指标的统一筹措和使用，优先保障重大基础设施、重大产业、重大平台、重点民生项目用地，做到指标优用。全年办理用地预审与规划选址74件，合计规划面积93.42公顷；办理建设用地规划许可证18件，合计用地面积39.99公顷；办理建设工程规划许可102件，合计建筑面积187.17万平方米；办理乡村建设规划许可25件，合计建筑面积3.53万平方米；办理临时用地项目19件，用地面积35.36公顷；办理设施农用地备案项目24件，用地面积5.37公顷。争取存量盘活利用挂钩新增建设用地计划指标、省统筹补充耕地2020年度新增建设用地奖励计划指标、特色小镇2020年度新增建设用地计划奖励指标、26县发展考核新增建设用地奖励计划指标、存量土地处置新增建设用地奖励指标、地质灾害避让搬迁新增建设用地计划、农民建房专项指标等共计108.83公顷；全年完成4个盘活批次，总共盘活用地指标12.93公顷；争取320国道龙游会泽里至下章段改扩建工程等省重点项目奖励指标共39.91公顷。全年完成10个计划批次项目组件报批工作，总面积108.41公顷；全年完成1个盘活批次项目组件报批工作，面积2.06公顷；完成320国道会泽里至下章段改扩建工程单独项目的组件报批工作。

【土地整治】 农田整理及建设用地复垦面积在衢州市领先，任务数66.67公顷，完成103.87公顷，垦造耕地任务数200公顷，验收数202.47公顷。耕地质量提升任务数17.33公顷，实施完成108.67公顷。标准农田任务数100公顷，完成竣工验收122公顷。旱改水项目任务数80公顷，完成90.67公顷。完成自然资源部下发补充耕地和增减挂钩项目的整改核查阶段性任务。2020年度完成指标调剂7宗，累计指标款超过24亿元，指标调剂实到资金15.5亿元。

【土地收储与征收】 2020年完成收储土地19.35公顷（涉及原元众新能源、原劳克斯、正阳竹木等地块）。全年完成中茵园林、茶圩里拆迁地块、南山古村落、源头汽车站、金星大道、虎龙安置小区、汽车城国防光缆、开发区2020-17耐雀科技、开发区龙六路以北地块、开发区2020-18、开发区2020-10、新溪路等53个项目，面积共计126.55公顷，拨付征地款12605.89万元。

【矿产整治】 加强矿山监管，整顿、规范矿产市场，加大矿山生态环境治理力度。对于全县6家持证矿山（其中3家露天矿山、3家地下矿山），加强日常矿山巡查、检查监督工作，做好矿山储量动态监管。完成横山镇志棠村废弃矿山生态治理和矿地综合利用的挂牌出让，同时对东华街道上圩头村前塘垄和横山镇腰塘边村废弃矿山生态治理和垦造项目进行交工验收，有序开展东华街道大坞口、龙州街道项庄（龙游县路达石料有限公司）废弃矿山生态环境治理及土地复垦工作，启动石佛乡石佛村矿地综合利用项目。截至6月15日，东华街道大坞口废弃矿山生态治理项目完成边坡削坡约90%工作量。

【地质灾害防治】 高度重视地质灾害防治工作，坚决打赢“除险安居”地质灾害隐患综合治理。新建成专业监测点2处，新增山区雨量监测站2个，累计建成专业监测点7处。通过世界地球日、“5·12”防灾减灾日、安全宣传月、进农村文化礼堂等集中宣传活动，为广大群众答疑解惑，进一步提高群众“防灾减灾”意识和应对处置突发事件的能力。

图132 2020年3月12日，龙游县自然资源和规划局工作人员奋战在田间地头，做好土地征收工作 （县资规局／提供）

【土地执法监察】 保持执法监察高压态势，确保全年巡查时间、人员、路线、车辆“四落实”，巡查范围覆盖全县262个行政村。2020年共下达《责令停止违法通知书》18件；依法立案14件，其中土地违法案件11件，占地面积为17030.58平方米，其中耕地5096平方米，罚款总额共计21.52万元，已收缴罚款21.52万元。矿产违法案件3件，罚款总额共计11.68万元，收缴11.68万元。3个季度共下发疑似违法图斑160个，总面积241.12公顷，根据内外业判读和相关用地批文的核对确定，其中违法图斑7个，面积1.08公顷，其中耕地0.8公顷，未立案查处1宗（2个图斑，国家重点工程：衢宁铁路牵引变项目，第一季度和第三季度卫片），面积0.23公顷，均为耕地。立案查处5宗，面积0.85公顷，其中耕地0.57公顷，依据政策扣减后违法占用耕地比例为1.59%。

【全域土地综合整治】 根据龙游县全域土地综合整治三年行动方案和“35108”（将262个行政村划分成35个特色板块，实行“集镇、村庄、田园、山林、养殖、水系、路网、厂矿、杆线、灾毁”十大整治工程，跟进“规划大融合、人口大流动、土地大流转、资源大整合、产业大提升、环境大整治、社会大治理、人文大传承”8项举措）工程整体规划，谋划推进14个省级全域土地综合整治与生态修复工程项目，涉及13个乡镇（街道）、47个行政村，项目区域总面积169.48平方千米。其中士元实验区成功入选部级全域土地综合整治试点，2018年3个省级全域土地综合整治与生态修复项目（团石板块红船头村3个自然村、花海板块詹家片区、花海板块龙洲片区全域项目）顺利通过省市验收，2020年4个全域土地综合整治与生态修复（东华街道上圩头村2个自然村、溪口镇溪口村4个自然村、庙下乡毛连里村5个自然村、社阳乡社阳村8个自然村全域项目）被列入省级项目，推动形成全域大美格局，着力构建“空间重构、山河重整、乡村重生”大格局。按照“四个一批”（进城入镇一批、中心集聚一批、特色保留一批、面上搬掉一批）的思路，推进农民异地搬迁集聚工程，赋能“小县大城”建设，打造异地搬迁“龙游模式”。10月1日，省委书记袁家军在浙江政研（专报）第33期上，对农民集聚“龙游模式”作出批示，给予充分肯定。

【不动产登记数字化转型】 2020年1月1日起，在龙游县范围内县不动产登记机构在办理不动产登记过程中原则上不再审查婚姻关系。7月1日起，在龙游县范围内正式启用不动产登记电子证明（预告登记、抵押登记），全面取消纸质版的不动产登记证明。持续深化不动产登记“远程受理”系统建设，7类服务事项[查询、委托、查（解）封、二手房转移登记、抵押登记]受理全程“不见面”。12月，龙游县不动产登记中心和银行签订合作协议，依靠浙江政务服务网，改造、升级二手房转移登记流程，推行二手房转移登记与抵押登记一件事办理，两个事项“合并受理、并联审核、同时发证”。不动产买卖双方和按揭贷款银行在浙江政务服务网只需要提交一次登记资料即可同时申请办理不动产转移登记和按揭抵押登记。2020年度，龙游16家银行41个网点实现协同办理。全年共完成不动产登记发证21532本，出具不动产登记证明12284件，注销登记6234件，查解封707件，档案综合查询共计38539件次。

【测绘地理信息建设】 夯实地理信息基础，完成龙游县396平方千米1∶2000比例尺基础地理信息资源更新，为谋划决策项目提供服务支撑。完成“统一网格划分和标准地址库”信息化项目建设工作，为龙游县探索网格化管理和实现“以物管人”机制作好充分准备。积极提供测绘成果服务，围绕县“421”项目、“美丽乡村建设”各类资源调查等重点工作，向外单位提供基础测绘成果审批许可事项32项，提供1∶500、1∶2000基础地形图共计面积约3610平方千米，实现资源共建共享，节约政府资金的投入。发挥规划测绘队技术力量，积极服务项目建设，完成小南海镇100公顷和龙山运动旅游度假区26公顷面积的基础测绘，中心城区道路绿化面积普查，三门源文化综合楼项目等18项地形测绘，完成荣昌大道小区、湖镇白鸽湖商埠文化园等34项房产和道路的放样定位，以及62个项目的竣工测绘。并配合完成县重点工程用地红线放样60余宗。

（县资规局　汪杏怡）

“五水共治”工作

【概况】 2020年，龙游县推进五水共治共建生态家园工作领导小组办公室（以下简称县治水办）本着为龙游“自然生态持续优化，环境质量持续改善”尽心尽职的信心和决心，全面落实省、市新要求，扎实打好“五水共治”攻坚战、持久战，重抓“民生保障、资源整合、项目攻坚、制度建设”等工作，奋力谱写建设水清河畅、人水和谐的水润龙游。衢江、灵山江2个“水十条”（2015年4月国务院正式发布的《水污染防治行动计划》简称“水十条”）考核断面水质达到Ⅱ类水。县“五水共治”工作公众满意度幸福度达96.41%，在浙江省各县（市、区）排名中位居第六。

【河湖长制提档升级】 建立健全河（湖）长制工作制度，印发《关于高水平推进“河（湖）长制”工作有关制度的通知》，县主要领导、县级总河（湖）长坚持每季度召开一次例会，并就重大事项、重点问题、重要指示发布“总河长令”。因监管不力被约谈河长2人，因推进不力被县委督考办“十大军规”通报2人，真正做到在监管上有章可循、赏罚严明。推广公众护水“绿水币”制度，引导群众自觉参与护水行动，注册公众护水平台人数近三万余人。通过“零直排”“零违建”补功能、补风景、补环境，打造因水而为、因

图133　2020年10月16日，水利部太湖流域片河湖长制工作交流现场会在龙游召开　（县治水办/提供）

水而美、因水而兴的“两江走廊”，助推美丽乡村蝶变，得到省、市治水办的高度肯定。2020年10月16日，水利部太湖流域片在衢州市召开河湖长制工作交流现场会，衢江流域龙游段为大会的主要现场，县治水办会同有关部门为现场会的召开做大量工作，真正推动河（湖）长制从“有名”到“有实”“有效”的转变。

【“污水零直排区”建设】 在城区加大力度推进住宅小区改造，完善管网，实行雨污分流，做到“污水零直排”的基础上，逐步将雨污分流“污水零直排”工作延伸到乡镇。在6个建制镇2个街道、4个工业园区开展“污水零直排区”基础设施建设，总投资近2.84亿元。

【加大查考力度】 聚焦党委政府关注的重点要点、治水推进的难点焦点、群众反映的热点难点，围绕省市督查交办的问题，举一反三，组织开展5次专项暗访和2次乡镇街道交叉检查。落实闭环管理，通过实时交办、即查即改，对检查发现和交办的各类重点、难点问题进行督办销号。

【公众满意度提升】 在传统宣传方式深化的基础上，启动“美丽河湖·看得见的美丽承诺”系列专题活动，建设完成集户外宣传栏、标语地插、休闲驿站、观赏魔方、电子河长牌为一体的“五水共治”主体公园，展示龙游治水事迹，项目、成就，让群众切身体会“五水共治”带来的获得感和幸福感。

（县治水办　何燕玲）

“四边三化”工作

【概况】 2020年，龙游县“四边三化”行动领导小组办公室（以下简称县“四边三化”办）贯彻落实省、市“四边三化”各项决策部署，以“攻难点、创精品、建长效”为工作主线，巩固前期整治成果，推动“四边三化”工作向高速公路、国道省道、高铁普铁沿线区域深入，实现全域覆盖。县“四边三化”办自2016年成立以来，屡创佳绩，龙游县连续3年获得浙江省“四边三化”优秀县，5年中4次市级考核排名第一。

【问题点位整治】 龙游县“四边三化”办在巩固前期高铁、高速、国道、省道及衢江、灵山江水道整治成果的基础上，查漏补缺，继续加大十大类问题排查工作。同时整合乡镇部门力量，集中攻坚重点难点，着重整治杭长高铁、杭金衢高速、龙丽温高速沿线乱搭乱建、乱堆乱放、蓝色屋面（违建的彩钢瓦棚屋）、青山白化（任意破坏植被）、赤膊墙等问题，有效改善重要道路沿线环境水平。2020年，省交办的问题点位25处、市交办的问题点位114处、县自查自纠问题点位482处，均在规定的时间节点内完成整治。

【铁路专项整治】 为巩固环境整治成果，龙游县按照“属地全面负责、部门分类牵头、城乡统筹推进”的原则，发挥乡镇的主体责任，部门的牵头责任，加大对高铁、普铁沿线等重点区域的安全隐患整治力度。由县“四边三化”办牵头会同铁路沿线有关乡镇、经济开发区、农业农村局等单位对照问题清单，进行现场勘查，积极对接相关企业及农户。并召开专项工作推进会，邀请铁路部门对沿线问题点位整治前后进行工作指导，确保顺利完成整治工作。2020年，按照省市工作安排，县“四边三化”办高度重视普铁沿线安全隐患整治工作，第一时间向有关部门、普铁沿线乡镇传达衢州市普铁整治会议精神。县“四边三化”办会同县轨道中心、铁路部门逐点查看普铁沿线发现的安全隐患问题，并以问题清单的形式下发沿线乡镇，督促其做好整治工作，共完成整治包括上级交办和自查自纠的杭长高铁沿线问题点位630余处，浙赣普铁和衢宁铁路沿线问题点位1200余处。

【精品示范创建】 紧密结合省市精品示范项目创建工作，按照“面上达标、突出亮点”的要求，结合本地实际挖掘地域文化内涵，以高标准严要求开展示范创建工作，打造富有龙游特色的精品示范工程。2020年龙游县衢江沿江公路小南海段争创省级特级精品示范道路，县“四边三化”办协调衢江公路沿线各乡镇力量，对违章、环境、社会乱象“三整齐下”，做好沿线乱堆放、乱搭建、违法广告牌等问题的整治工作，以及住户庭院改造、立面改造等景观提升工作。打好“产业+生态+景观+治理+文化”五大提升组合拳，推进沿江公路核心片区建设。按照“全域创强、秀美乡村、幸福家园、最优治理”的思路，以“一村一品一景一韵一业”为打造目标，结合“四边三化”具体要求，将衢江沿江公路小南海片区建设成为具有“花园式环境、花园式产业、花园式治理”的“衢州有礼”诗画风光带最耀眼的明珠。县“四边三化”办按照特级精品示范道路的评选要求，于2020年12月圆满完成验收工作，衢江沿江公路小南海段获评省级精品示范道路。

【长效管控机制落实】 实行突出问题“一日一巡查、一周一通报、一月一督考”的工作推进机制和“钉钉赛行动、分段赛项目”的赛美比美机制，倒逼整改进度，提升整治效率。建立健全“县级路长包线、乡镇级路长包段、村级路长包点”的“路（段）长”包干责任制，搭建“横向到边、纵向到底”的全覆盖监管格局。组织各管理部门开展道路沿线四边三化问题回溯，倒查问题产生原因，按照属地管理原则查找问题源头，通过发放沿线专项环境整改通知的方式，落实问题整治，增强沿线企业及村民的环保意识。结合“龙游通”“12345”政府热线、钉钉工作群等信息化平台与“路长制”“双段长制”队伍建设相结合，对“四边”区域环境问题保持动态监管，明确责任主体，定人、定岗、定责，使之及时发现、及时交办、及时处置，层层传导压力，消除源头整治盲区。

（县“四边三化”办　何泽强）

农房管控

【概况】 2020年，龙游县“三改一拆”领导小组办公室与龙游县农房体系构建和风貌提升专班（以下简称县农房专班）整治各类有碍观瞻、影响公共安全、影响风貌的建筑物、构筑物6.07万余宗，整治面积约289万平方米，拆除违章建筑103.28万平方米，拆后已利用面积134.04万平方米，利用率达98.75%。城中村改造完成1.9万平方米，旧住宅区改造完成1257户，面积13.01万平方米，旧厂区改造完成18.48万平方米。2020年统筹投入各级各类资金1.1亿元，完成创建农房整治拆后利用示范村20个，打造完成35个“一米菜园”示范村，盘活利用拆后土地13万多平方米。实现全县农民建房网上办，房地信息系统建房审批情况2020年受理914件，办结598件，平均办理时间22天。完成农民集聚点项目建设，启动文成小区（二期）、礼贤安置小区等5个小区，续建黄茶小镇、南海家苑等4个安置小区，端礼安置小区已全面完成，助推农民向中心城区、县城和中心镇集聚。

【巩固农房整治成果】 开展农房整治回头看，下发《龙游县农房整治拆后利用台账相关工作指导检查方案》，开展农房整治拆后反弹、账实不符情况督查指导。3月对每个乡镇（街道）抽查2至3个村，对每个点位逐户核查，现场交办整改问题130宗，并对部分点位统一改造提升。县农房专班制定下发《龙游县农房整治防反弹“双月攻坚”行动方案》，用6月、7月两个月时间，通过完善巡查机制、发挥网格作用、创新利用方式、发动群众参与等四项举措，对农房整治拆后反弹等问题开展集中攻坚专项整治。组织行政村开展拆后反弹摸排，对前期拆除的每个点位进行“回头看”，对发现未拆彻底、拆后反弹的开展即整即改。开展解剖麻雀式检查，通过开展农房收储专项检查，完善农房收储各项台账资料，通过开展示范村“洗盘”式现场检查和问题交办，以点带面，推进拆后利用工作。从9月开始到11月底，利用3个月时间对农房整治拆后利用工作开展集中攻坚专项行动，对乡镇（街道）示范村项目进展情况实行每周通报，巩固整治成果，实现风貌提升。每个月开展拆后反弹自查，确保拆后利用示范村“零反弹、零垃圾、零违建”，无遗留应拆未拆问题；对拆后利用示范村规划设计、项目启动、实施进展等情况进行督查打分通报；开展拆后利用示范村“半月一亮相”活动，县农房专班会同龙游传媒集团对各个乡镇拆后利用示范村实行分类比较，看谁推进得快，推进得有特色，每半个月通过“一村一电视专题片”等形式公开亮相。

图134　2020年6月18日，浙江省“三改一拆”办对龙游治危除患促安全专项行动进行督导　（县“三改一拆”办／提供）

【塑造农房整治风貌】 形成新槽村中药材产业、上向徐村莲子产业、文林村锦鲤产业、社阳村山水田园生态村、石佛村古村落、毛连里村六春湖旅游产业等产业集聚村、示范村。聚集“两江走廊”诗画风光带，通过农房整治风貌提升，将沿线12个拆后利用示范村串点成线，打造小南海衢江运动线、姜席堰灵江风情线、六春湖景观线，推动拆后利用链条化、体系化。以拆后利用示范村为重点，按照项目化清单，着重做好“拆后利用”“庭院整治”“复垦复绿”“产业发展”“基础设施提升”五大类项目，最大限度促进乡村资源转化利用，促进农民增收。湖镇镇彭塘村“以药为媒”，动员120户村民在拆后庭院、道路两边的农房拆后闲置地种上“黄精、芍药”等中药材，并和浙江再生方药业公司签订保技术指导、保药苗采购、保药材收购协议；庙下乡毛连里村筹集资金60多万元，发动22户农户在自家附房、棚铺拆除后的地基上建成石斑鱼“一米鱼池”，每座鱼池年收益可达5000元以上。

【探索管理机制】 在拆后利用中推广上向徐村户建村补、旧物循环利用等机制，花小钱办好事，将资金用在刀刃上。利用农房整治时的旧木材、旧砖头、老物件等废弃物，结合乡土材料，打造一个个乡土气息浓厚、绿色环保的景观小品。将农房整治与国土整治相结合，利用城乡建设用地增减挂钩政策，把村庄周边不符合村庄规划的拆改土地纳入拆旧复垦地块复垦到位，既提高拆后土地利用率，同时又能为村集体经济增收。与美丽乡村建设结合，推动“一米菜园”系列（药园、果园、鱼池、茶园）创建，拓展绿化空间。利用道路、河道两岸的拆后土地建设沿路沿江绿化景观带；利用城镇、村庄内零星拆后土地建设“一米菜园”系列小品，引导村民通过见缝插针种绿补绿，建设“花园村庄”。举办房地信息系统业务培训班，设计《房地信息系统超期、待处置件每日通报销号表》，对乡镇（街道）房地信息系统建房审批录入，乡镇、村干部运用房地信息系统建房审批、监管信息，乡镇（街道）处理超限审批件、及时处理房地信息系统中的沉积数据等动态进行每日通报，对走完处理程序完成的审批件及时进行销号。2020年，对乡镇（街道）开展10次以上专项督查活动。

（县“三改一拆”办　陆俊君）

气　象

【概况】 2020年，龙游县气象局紧紧围绕县委“14456”发展战略目标任务，不断增强“四个意识”、做到“两个维护”，紧贴重点中心工作，“当龙头争上游”，为建设“浙西新明珠”提供优质气象服务。积极开展农业气象科技项目研究，1个项目获浙江省科技研究开发与成果转化三等奖。1篇论文入选第七届全国农业与气象论坛论文集，夺得2020年衢州市气象行业监测预警职业技能竞赛团体和个人双第一。

【筑牢防灾减灾防线】 精准预报年初寒潮天气，精细服务春夏强对流、秋季台风，及时发布梅汛期多轮强降水灾害预警信号，获县领导批示2次。“6·30”强降水过程启动预警全网发布，全县及时转移安置305人，无人员伤亡。深入推进基层气象防灾减灾“六个一”（一本账、一张图、一张网、一把尺、一队伍、一平台）能力建设，指导完成20个村气象防灾减灾标准化村（社）创建和2个村文化大礼堂科普点建设。建立重大气象灾害预警叫应等五项制度，实现重大灾害性天气钉钉叫应。深化部门联动，与市生态环境局龙游分局开展联合会商，与县资规局联合发布地质灾害气象风险预警信号21次，与县应急、资规、人防办等联合开展基层防汛业务知识技能和防灾减灾、应急抢险队伍培训，参加全县应急演练2次。气象灾害防御列入政府安全生产责任考核，防御职责纳入乡镇防汛抗旱责任书。完善“网格+气象”工作，落实网格工作“五同步”（机制建设同步、数据交换同步、经费整合同步、业务培训同步、监督考核同步）要求，编写5个网格气象业务培训教材PPT，探索气象协理员管理网格员履行气象职能的模式。与县环保部门共享清新空气站数据，共同做好生态监测和空气质量预报。全年实施人工增雨作业8轮次，增水效益达2532万吨，有效缓解旱情、降低森林火险等级，改善生态环境。

【服务乡村振兴】 推进全省唯一国家农业气象试验站升级发展，为农气象服务进一步深化。深入推进直通式为农服务，开展现代农业园区气象服务示范点建设，形成气象指标体系、产业基础信息、重点服务

图135　龙游县气象局业务人员在农试实验基地开展农业气象调查

（县气象局/提供）

对象等基础数据库，为粮油生产、水产养殖提供更具针对性的气象服务产品。年内制作油菜和单季稻种植研究报告2份，为龙游油菜和单季稻种植提供有效的科学参考。推进全域旅游服务提升工程，开发旅游气象服务平台，建设六春湖生态气象观测梯度站，实施六春湖高山精细化天气预报订正服务，气象服务接入景区显示屏和“运动六春湖”公众号。索道上站口气象站增加特色气象实时资料显示屏和气象科普。开发龙游旅游气象云端微网，接入“龙游通”“运动六春湖”公众号等平台。在未来社区增设负氧离子观测站，深挖气候资源、探索融入更加智能的气象服务和气象科普。

【气象政务服务数字化】 气象审批事项实现跨县域、零跑腿网上办理，气象政务服务事项纳入乡镇无差别受理，所有申报项目均在接件当天办理完成。强化“互联网＋监管”运用，实现执法监管平台的闭环运行。上报“互联网＋监管”典型案例2例。推动实现经济开发区区域《龙游经济开发区（含工业园区）区域雷电灾害风险评估报告》上挂数据地图平台和“证照分离”全覆盖试点改革，实行升放无人驾驶自由气球、系留气球单位资质认定告知承诺制。推进“网格＋气象”管理平台接入“龙游通”。

【提升公众防灾减灾意识】 深入开展“3·23”世界气象日、“5·12”防灾减灾日、安全生产月等宣传活动，疫情期间创新开展世界气象日线上课堂科普，为2所小学推送线上学习“大礼包”，深受师生欢迎。组织“龙游气象”微信公众号气象知识有奖竞赛，吸引4400多名网友积极参与。农村大礼堂气象科普点建设列入全民气象科学素质纲要。

【推进气象社会管理】 推动县安委会出台《关于进一步加强防雷安全工作的通知》，进一步明确政府相关部门责任。加强部门联合防雷监管常态化，分别与县应急、住建、市监、消防、文广旅等单位联合开展检查。参与企业自备储油加油设施安全专项整治工作，联合检查50余家。督促指导各企业及时安排定期检测、抓紧隐患整改，开展防雷检测机构信用信息归集，易燃易爆危化品场所检查全覆盖。新增行政执法人员3名。2020年，县气象局获评衢州市安全生产工作先进集体。

【气象现代化建设】 新建区域自动气象站4个，其中2个站点布设在铜钵山北侧强降水盲区，地面自动气象站网密度提高到6千米，达到气象现代化目标。衢州市首个X波段雷达项目落地龙游，将进一步提高浙西地区和龙游重要天气系统的精细化监测、预报和预警能力。完成龙游国家站“三温三雨”（气温三传感器标准系统和降水三传感器标准系统）业务切换，实现软件升级和天气现象智能观测仪的布设与挂接，开展综合气象观测业务运行信息化平台运用。开展分乡镇预警一键式发布平台和一体化智能网格预报业务平台建设，提升预报预警精细能力和发布时效。优化预报服务渠道，5G天气消息上线，影视预报实现高清，新增气象主播说天气；共享社会传播媒体，全县44所学校显示屏气象信息一键送达。完成龙游暴雨精细化工程和年度公共气象服务项目。

（县气象局　叶飞）

2020年度龙游县气候

【概况】 2020年冬季（2019年12月至2020年2月）平均气温9.1℃，较常年偏高2.5℃；总降水量367.3毫米，较常年异常偏多43.7%，其中1月总降水量创历史同期第2多；总日照时数288.6小时，较常年偏少11.1%；0℃以下低温日数9天，较常年偏少12.3天；出现阶段性连阴雨天气。春季（3—5月）平均气温18.2℃，较常年偏高1.5℃；总降水量610.1毫米，较常年偏多4.8%；总日照400.8小时，较常年偏多5.5%。夏季（6—8月）平均气温28.6℃，较常年偏高1.1℃；总降水量720.2毫米，较常年偏多33.6%；高温（最高气温≥35℃）日数45天，较常年偏多13.4天；受梅雨带影响，梅雨期全县出现8轮强降水天气过程，其中6月29日20时—30日20时全县平均雨量119.8毫米，城区雨量142.7毫米。7月2—4日全县普降暴雨，个别乡镇大暴雨。秋季（9—11月）平均气温19.1℃，较常年偏高0.3℃；总降水量271.2毫米，较常年偏多7.5%；总日照时数349.7小时，较常年偏少24.5%。终霜日2月19日，初霜日12月14日，无霜期198天。

【气温】 2020年平均温度18.7℃，比常年偏高1.3℃，位列建站第2高；日极端最高气温38.8℃，出现在8月24日；日极端最低气温-5.4℃，出现在12月31日；全年共出现48天高温（最高气温≥35℃）天气，较常年（34.7天）偏多13.3天。

【降水】 2020年总降水量为1916.0毫米，比常年偏多近2成；雨日166天，与常年同期持平；最大日降水量142.7毫米，出现在6月30日；5月29日入梅，7月18日出梅，入梅早、出梅迟，出现典型的梅雨天气，梅期长达50天，梅雨期全县出现8轮强降水天气过程，强降水过程集中、降水强度强。

【日照】 2020年总日照时数为1442.4小时，比常年偏少333.8小时。

（县气象局　叶飞）

2020年度龙游县主要气候事件及影响

【阴雨寡照】 1月出现3次连阴雨过程（1月9—12日、15—19日和22—27日），对油菜生长和大棚作物草莓等有一定影响。降水偏多导致油菜、大田蔬菜等露天作物易受渍害影响。3月上旬出现连阴雨天气，对茶叶生长速度、品质及采摘均有影响。9月中下旬出现连阴雨天气和秋季低温冷害，连阴雨影响单季稻收割，导致水稻发芽，农民受损，秋季低温冷害影响连作晚稻抽穗扬花。11月20—29日多阴雨天气，全县出现将近10天的连阴雨天气，气温明显下降，降水量较常年偏多近八成，雨日将近常年的3倍，日照时数较常年偏少九成多，导致连作晚稻收割进度缓慢、柑橘不能正常采摘、大棚内作物缺光少日照。

【暴雨】 2020年共出现日降水50毫米以上的暴雨天气4天，分别为5月30日78.5毫米、6月3日68.9毫米、6月30日142.7毫米、8月28日58.6毫米。

【高温】 2020年35.0℃以上的高温日数为48天，其中38.0℃以上的高温日5天，极端最高气温38.8℃。自7月18日出梅后，以晴热高温天气为主，多午后雷阵雨，高温时段主要出现在7月中下旬至8月。

【寒潮】 2月17—18日受寒潮影响，早生茶叶乌牛早受到一定影响，部分茶树叶受冻。3月27日受寒潮影响，出现中到大雨，局部暴雨，气温明显下降，26—28日平均气温过程降温幅度14℃—15℃，28—29日早晨最低气温4℃—6℃。

【强对流】 3月22日早晨受强对流云团影响，出现阵雨或雷雨天气，并伴有强雷电、6至8级雷雨大风、出现短时强降水等强对流天气。25—26日受强暖区控制，白天最高气温升至27℃—29℃，26日下午到夜里，出现大范围阵雨或雷雨天气，并伴有强雷电、6至8级雷雨大风和短时强降水等强天气；4月20—21日受高空槽和低涡东移影响，普降大雨，箬塘村出现暴雨，大部分地区出现5至7级阵风；27日受对流云团影响，县中北部地区出现5至7级阵风。5月15日下午受强对流云团东移影响，转雷阵雨天气，马府墩村出现暴雨55.0毫米，4个站点出现8级大风，分别为半爿月村19.2米/秒、马府墩村18.1米/秒、社阳乡17.6米/秒、客路村17.2米/秒。7月26日夜里、28日傍晚出现强雷电、局地6级以上大风、短时强降水等强对流天气。

（县气象局　叶飞）

教育·科技

概　述

【概况】 2020年，龙游县教育系统构建严密的疫情防控工作体系，完善疫情防控各项制度，坚决将疫情挡在校园之外。以普及普惠县创建为契机，大力推进教育改革发展“1630”工作［“1”即“教育一号工程”（《关于深化教育改革推进教育现代化建设的实施意见》）；“6”即“教育六大行动”（学前教育补短提升行动、基础教育优质均衡发展行动、职教产教融合发展行动、明珠教师队伍建设行动、中小学智慧校园建设行动、县域教育布局优化行动）；“30”即“三十项具体工作举措”（内部改革激活力10项改革、外部支撑凝合力10条措施、教师自律增动力10个严禁）］举措，积极打造与“浙西新明珠”相匹配的“学在龙游”教育品牌，圆满完成全年各项工作任务。2019—2020学年，全县共有中小学、幼儿园146所（含民办中小学、幼儿园），其中普通高中4所、职业高中（中专）2所、普通初中10所、小学32所、幼儿园97所、特殊教育学校1所；在校学生（包括幼儿园学生）49215人，其中普通高中5590人、职业高中（中专）5148人、普通初中9615人、小学18566人、幼儿园10205人、特殊教育91人。全县基本普及15年基础教育。2020年，全县中小学、幼儿园有教职工4997人，其中专任教师3886人，在编、在岗教职工3005人。科学技术工作以企业为主体，以市场为导向，政产学研相结合的科技创新体系逐步建立，平台建设、产业创新、研发投入、成果转化、人才引育等方面都取得较好成效。

2019—2020学年龙游县中小学、幼儿园基本情况统计表

表33

	学校数（所）	班级数（个）	招生数（人）	毕业生数（人）	在校学生数（人）	教职工数				
						计	其中			工勤人员（人）
							专任教（人）	行政人员（人）	教辅人员（人）	
合　计	146	1359	14242	13357	49215	4718	3886	62	445	325
一、基础教育	144	1359	12260	11975	44067	4401	3601	56	442	302
1. 普通中学	14	399	5132	5492	15205	1523	1436	7	36	44
普通高中	4	141	1884	1847	5590	561	528	—	19	14
普通初中	10	258	3248	3645	9615	962	908	7	17	30
2. 小学	32	552	2880	3304	18566	1553	1518	—	13	22
3. 幼儿园	97	389	4211	3175	10205	1308	630	49	393	236
4. 特殊教育	1	19	37	4	91	17	17	—	—	—
二、中职教育	2		1982	1382	5148	317	285	6	3	23

【教育督导管理体制改革】 根据中共中央办公厅、国务院办公厅《关于深化新时代教育督导体制机制改革的意见》《浙江省教育督导条例》的相关要求，制订《龙游县人民政府教育督导委员会成员单位工作职责》，明确教育督导委员会各成员单位的职责，建立健全县教育督导委员会各项制度机制，并调整充实县教育督导委员会，成员单位增加至20家。针对全县教育督学队伍力量相对薄弱、管理分散、经费不足等现状，加强顶层设计，建构起层次清晰、队伍健全、督导常态、问责有力的教育督导机制。8月，在龙游县教育局设立总督学和专职副总督学各1人，同时，以全县教育布局调整为契机，组建督学中心5个，通过公开选聘，共配备专兼职督学34名，其中专职督学19名、兼职督学15名，实现全县幼儿园、中小学责任督学挂牌督导全覆盖，构建县人民政府教育督导委员会—总督学—教育督导科—督学中心—责任督学的层级清晰的督导网络。

【“东西部教育扶贫协作”工作】 7月，龙游县教师进修学校应叙永县之邀，在龙游县电教中心的大力支持下，采用钉钉直播的方式，为叙永县4000余名教师送上培训的“饕餮盛宴”。龙游县教育专家团队送上小学3门学科、初中4门学科的专题培训，共12位教研员及骨干教师参与。9月21日—10月15日，叙永县102名培训学员分两期到龙游县开展为期两周的高端培训。龙游县教师进修学校精心安排课程，精准定位，因需施训，用足资源，力求实现学员发展的高端引领，翻开东西部教育协作的新篇章。

【疫情防控】 新冠肺炎疫情防控之初，县教育局完善疫情防控快速响应机制，构建指令发布、数据上报、保障宣传三个指挥系统，运用信息化手段，实施基于数据采集、师生排查、值班巡查、在线审批、教师健康打卡等疫情防控大数据管理平台，排查中小学52所、幼儿园95所，排查学生49601人、教职工4394人，每日师生排查数据一键上报，自动汇总、分析、筛选，并在大数据可视化分析平台展示。积极筹备疫情防控物资，至2020年年底，累计向各学校发放额温枪1224把、口罩47.16万只、测温门（柱）52台、消毒液和漂白粉各6000千克、防护服1150套、手套7000双、热成像仪6台。疫情防控进入常态化管理后，根据“外防输入，内防反弹”的防控总体策略，采取切实有效的措施，严把人员管控关、师生健康检测关、外出审批关、校园入门关、人物共防关、食品安全关、环境整治关，以“最严要求、最强措施”落实防疫工作，并利用龙游教育微信公众号及时发布相关信息。各校则通过主题班会、家校通、手抄报、黑板报等多种形式，开展秋冬季传染病宣教和新冠肺炎疫情防控知识的培训，提高师生对传染病的正确认识和自我防护能力。

图136 2020年10月，龙游县教育局举办叙永县中学骨干教师、教育管理干部高端培训班（县教育局/提供）

【防范电信网络诈骗】 2019年10月14日，召开全县中小学幼儿园分管领导参加的防范电信网络诈骗工作推进会，10月20日，下发《龙游县教育系统打击治理电信网络新型违法犯罪专项行动工作方案》；2020年4月20日，联合县反诈联席办公室共同举办中小学生防范电信网络新型违法犯罪绘画比赛，6月11日，联合县防诈联席办公室利用学生返校之际，将“提前查分、教育补贴诈骗、补录名额、申请助学金、高考补贴、骗交培训费、冒充高校招生、伪造录取通知书、机票退改签、刷单兼职”等诈骗手段，通过《致全县家长、考生的一封信》向全体考生进行宣传，要求通过教育部门公布的正规渠道查询考试分数。全县143所中小学、幼儿园共召开反诈骗专题会议195次，组织集中宣传171次，发放告知书48107份，签订责任书、承诺书46769份，参与反诈知识测试8868人，悬挂宣传横幅、LED屏宣传227条，县教育局公众号每周推送反诈专题教育。通过广泛的防诈骗教育活动，切实加强安全防范措施，提高师生及家长的防诈意识，推动“校园无诈”工作的持续开展。

【学生资助工程】 2020年，全县中小学生享受各类政策资助1.6万人次，合计总金额1880.11万元。其中，学前教育阶段学生免保育费280人次、37.42万元；义务教育阶段学生享受“营养餐”1596人次、107.93万元；享受家庭经济困难学生生活费补助1691人次、65.39万元；普通高中学生享受减免学杂费254人次、41.91万元，享受国家助学金254人次、25.4万元；中等职业教育学生免学费9820人次、1555.69万元，享受国家助学金2139人次、42.78万元。获国家奖学金6人次、补助金额3.6万元。下宅小学徐飞胜老师入选2020年浙江省“争做最美资助人”活动年度人物。

【评聘“首席信息官”】 为进一步凝聚技术力量，加强龙游县教育信息化建设工作，全面统筹学校信息化的发展与规划，加快推进“智慧校园”建设，龙游县开展星级首席信息官评聘活动。全县共评聘学校首席信息官42人，其中5星级1名（正校级）、4星级2名（副校级），列入局管干部；3星级14名、2星级14名、1星级11名，分别享受中层正职、中层副职、骨干教师待遇。首席信息官除负责学校教育信息化日常工作外，分项目组建工作团队，引领、推动县教育信息化重点项目。按照“一校一方案、一人一专题”的原则，以各校首席信息官为牵头人，建立校本微培训团队，具体成员可跨校；以区域化项目和学校重点大项目论证、指导、实施为主要任务，选取部分首席信息官组成项目建设技术指导团队，部署重点学校推进项目建设与应用；以8所首批创客教育试点学校首席信息官为主体，组建创客教育团队，依据“好搭搭”平台及相关企业，开展普及型创客教学，实现共研互学，协同发展。

【推进“清廉教育”建设】 开展“清廉机关、模范机关”创建，围绕“奔跑+服务”工作要求，优化作风建设，抓实作风效能，完善工作格局，倾听基层声音，打造“班子清廉、干部清正、权力清源、作风清新”的清廉机关样板；通过层层压紧压实主体责任，严密构建基层监督网络，全面深化廉政风险防控，稳步推进内部巡察工作，重拳出击有偿补课顽疾，深入推进示范点建设，加强“政风清明、校风清净、教风清正、学风清新”的清廉学校建设。出台《龙游县教育系统运用监督执纪“第一种形态”实施方法》，对照文件规范，运用“第一种形态”处置324人，其中诫勉谈话3人次、召开民主生活会批评帮助35人次、责令作出书面检查49人次、批评教育70人次、提醒谈话167人次；受理办结群众信访举报171件，其中上级转办118件、领导信箱预处理18件、网上信访预处理64件、纪检信访件15件。查处案件22起，党纪、政纪处分25人次，其中党内严重警告7人次、党内警告3人次；降低岗位等级2人次，警告13人次。

【校外培训机构监管执法】 建立具有“全程监管、服务家长、线上报名、线上缴费、资金监管、有效预警”功能的“5G互联网+监管”校外培训机构（文化学科类）智慧管理平台，有效促进校外培训机构服务提升和数字化管理模式转型升级，提升管理效能，规范办学行为，构建校外培训机构良性生态。至2020年年底，县教育局、市场监管局、消防救援大队、综合行政执法局、乡镇（街道）等部门开展联合执法3次，开展以“三看三查”（一看机制建设，看是否切实加强组织领导，健全工作机制，细化工作举措，部门配合协同，联合执法整治，属地责任落实到位；二看准入规范，看是否建立设置标准，实施“最多跑一次”，信息共享互联；三看整治实效，看是否底数清、情况明，分类整改到位，安全措施齐备，证照齐全亮明，招生秩序良好，教学活动规范，教师管理有力。一查安全管理，查行政区域内有无校外培训机构存在重大安全隐患情况，整治后反弹情况，新增无证无照培训情况；二查平台录入，查有无使用全国中小学生校外培训机构管理服务平台，全面完整录入机构信息；三查信息公开，查有无开展政策宣传，及时公布培训机构情况，畅通投诉举报渠道，实时更新“黑白名单”）为重点的校外培训机构治理情况专项治理“回头看”工作。召开校外培训机构会议2次，与校外培训机构签订规范招生、规范办学承诺书，确保社会力量办学健康有序发展。与县卫健局联合随机抽查7家培训学校的采光、照明情况，并要求全县所有校外培训机构按要求开展自查和整改。加强全县中小学校和在职中小学教师有偿补课专项治理工作，以“双随机、一公开”形式随机抽取受检对象和检查对象，开展在职教师有偿家教巡查工作。

【“一校一品”党建品牌建设】 以提升党建工作水平和效能为目标，以树立党组织和党员良好形象为出发点和落脚点，县教育局围绕教育教学中心工作，开展“一校一品”党建品牌建设活动，计划通过3年时间，构建完善“一校一品”党建特色工作格局，打造教育系统党建品牌示范圈。2020年，确定首批党建特色品牌创建学校16所，年底召开党建特色品牌建设现场会，16个支部负责人进行创建工作汇报，并前往优秀支部现场观摩学习。通过创建活动，溪口教共体的“传承金兰精神，创新党建篇章”被列为浙江省首批中小学校党建工作精品案例。

【创新主体培育】 落实科技型企业梯度培育制度，建立2020年度国家高新技术企业、省级科技型中小企业培育库，联合税务、财政对重点企业开展服务与指导。2020年国家高新技术企业新申报认定企业15家，重新认定企业14家，新申报认定省级科技型中小企业41家。

【科技创新清零行动】 围绕规上企业研发机构和科技活动全覆盖，龙游县制订出台《企业科技创新“清零”行动实施方案》，加强研究与开发等经费归集填报，整合科技、经信、税务、统计等相关部门力量，建立规上工业企业科技创新“清零”行动进度数据定期通报制度，实现数据共享，强化动态监测，把科技创新“清零”行动，作为科技主体培育的重要抓手。2020年，全县R&D经费（全社会研究与试验发展经费）投入5.34亿元，同比增长24.3%，占地区生产总值比重2.16%。

2019学年龙游县中小学“一先三奖”和幼儿园先进集体名单一览表

表34

学校类别	获奖奖项	获奖学校（幼儿园）
中小学	先进集体（18所）	龙游县第二高级中学、龙游县职业技术学校、龙游县第三中学、龙游县华岗中学、龙游县溪口初级中学、龙游县寺后初级中学、龙游县实验小学、龙游县阳光小学、龙游县西门小学、龙游县詹家教共体、龙游县寺后小学、龙游县溪口小学、龙游县桥下小学、龙游县启明小学、龙游县上圩头小学、龙游县塔石小学、龙游县七都小学、龙游县北辰小学
	义务教育学校质量优质奖（14所）	龙游华茂外国语学校、龙游县华岗中学、龙游县第三中学、龙游县寺后初级中学、龙游县阳光小学、龙游县西门小学、龙游县上圩头小学、龙游县寺后小学、龙游县小南海小学、龙游县大街小学、龙游县实验小学、龙游县詹家教共体、龙游县七都小学、龙游县下宅小学
	办学水平进步奖（5所）	龙游县第三中学、龙游县溪口初级中学、龙游县兰塘小学、龙游县沐尘小学、龙游县求实职业中专
	工作创新奖（5项）	龙游县职业技术学校《“当好服务螺丝钉助推奔跑新引擎”社会服务工作创新举措》、龙游县西门小学《“凤梧有礼”文化创建》、龙游县寺后小学《婺韵悠悠，瑞泽童心》、龙游县詹家教共体《教共体改革试点工作》、龙游县下库小学《校园版“最多跑一次”》
幼儿园	省一、二级幼儿园先进集体（8所）	实验幼儿园、蓝天幼儿园、灵江幼儿园、红树林幼儿园、小南海中心幼儿园、溪口中心幼儿园、翠光幼儿园、詹家中心幼儿园
	省三级幼儿园先进集体（17所）	十里铺中心幼儿园、晨东幼儿园、苗苗幼儿园、科技幼儿园、湖镇后陈苗苗幼儿园、希唐幼儿园、金太阳幼儿园、模环乡小天使幼儿园、詹家镇金色童年幼儿园、小南海艺术幼儿园、詹家镇芝溪家园爱心幼儿园、溪口镇黄铁矿幼儿园、贝乐幼儿园、庙下凉丰幼儿园、横山镇三字经幼儿园、塔石镇曙光幼儿园、美乐迪双语幼儿园
	准办级幼儿园先进集体（6所）	阳湖幼儿园、模环快乐幼儿园、小南海付家畈幼儿园、夏金新安幼儿园、石佛乡心中幼儿园、泽随平坦幼儿园

教师队伍建设

【概况】 2020年，教共体、幼共体改革全面铺开，为切实理顺教育系统人事关系，进一步加强教师队伍的管理建设，龙游县教育局增设教育服务中心，设置股级领导职数4名，完成县教育局下属单位教育服务中心26位同志转隶、岗位设置工作，使局机关人员精简化、年轻化，提高服务水平。配合教共体、幼共体改革和全县学校布局调整工作，做好编制核定工作，共调整校级领导150人次。做好2020年中小学教师流动相关工作，进一步理顺城区公办学校借用人员关系，鼓励借用城区学校2年以上的教师参与进城选聘，22位教师成功入选。从工作生活、薪资待遇、培训进修、师德建设等方面入手，全方位关心、爱护教师的成长，切实为教师解决实际困难。

【师德师风建设】 建立健全龙游县中小学教师师德建设长效机制，建立中小学校教师师德师风检查制度，每学年开展师德检查并形成专题报告成为常态。把教师师德表现与教师业绩考核、职称评审、岗位聘用、评优评先等紧密挂钩，对师德考核不合格教师坚决实行“一票否决”。10—12月，县教育局开展在职教师有偿补课专项治理活动，召开全县教育系统专项会议及相关会议3次，各学校均召开专项治理会议。整理有偿补课查处案例及政策资料，委派局机关人员到各重点学校进行有偿补课查处情况及政策宣讲25场。对在职教师违规从事有偿补课问题，发现1起，查处1起，全年查处查实中小学在职教师违规有偿补课案件9起，其中1人受到党内严重警告处分，降低岗位等级二级，调离城区初中；1人受到党内严重警告处分，降低岗位等级二级，调离城区小学；其余7人分别受到警告或党内警告处分。

【提高班主任待遇】 县教育局、县人力资源社会保障局、县财政局联合下发《关于增发中小学、幼儿园班主任补贴的通知》，增加奖励性绩效工资总量，专门用于增发班主任补贴，根据班主任所在学段和所带班学生数，增加不同额度的津贴，全县班主任每月的工作津贴增加到400—700元。在教师节期间，对担任班主任工作30年、20年、10年的教师，颁发真金纯银奖章，激励教师主动担任班主任工作。

【“暖心驿站”工程】 “暖心驿站”享受对象为龙游县教育局下属学校在职在编教师，申请人必须为单身（含夫妻两地分居或离异、丧偶），且父母均为非龙游县主城区户籍。县教育局由人事科牵头，加强租赁管理，与出租学校、承租教师签订三方“‘暖心驿站’公寓租赁合同”。樾园小学、阳光小学、桥下小学3所城区学校利用空闲宿舍安排房间57间，安装空调，购买床柜等物品，建成“暖心驿站”，提供给县城无固定住房的外县籍单身教师免费住宿，解决城区无固定住房外县籍单身教师的住房问题。

【“百人千场”送教下乡活动】 活动由浙江省教育厅师干训中心组织。2020学年，龙游县共承办小学语文、小学数学、小学美术、初中数学、初中语文、初中科学、初中英语、学前教育等学科的9场活动，35位省特级教师、名师共开设25堂课、10场讲座，县内9位骨干教师参与课堂教学并得到专家指点，全县有800多名教师参与专项培训。活动受到省师干训中心的高度重视，由省师干训中心副主任卢真金带队，并由省少儿电视频道作专题报道。

【新教师试用期岗前专项培训】 8月17日，龙游县新教师岗前培训拉开序幕。培训内容包括教育形势篇、法律法规篇、师德师风篇、教师专业成长篇、心理健康篇、智慧班主任篇、救护知识篇、信息技术（大数据）篇等。龙游县教师进修学校精心设计培训课程，使全体新教师快速熟悉业务，知晓教育的法律法规，重温教师的职业道德规范，规划个人职业生涯，助力新教师成长。

图137 2020年9月23日，浙江省教育厅2020年“百人千场”小学美术专场在龙游县阳光小学举行（县教育局/提供）

【走访慰问困难教职工】 县教育局继续开展“送温暖，献爱心”活动。2020年年初，由局长方伟军带队，分4组慰问教育系统在职困难教职工21人、退休困难教职工45人，总计发放慰问金6.65万元，活动覆盖面广、重点突出，帮扶力度大。同时，各基层学校工会也积极开展慰问困难教职工活动。除夕夜，县教育工会对因病住院不能回家过年的13位教师进行慰问，为他们送上新年祝福。6月1日，会同县总工会赴模环、兰塘小学及横山小学慰问30名困难职工子女，为每位儿童送上价值500元的慰问金及学习用品。

基础教育

【概况】 2020年，龙游县做精做强中心集镇初中，整合升级模环初级中学、塔石初级中学，分别与华岗中学和龙游县第三中学2所城区优质初中组建教育教学协作体，实施精准帮扶。建设完成龙游县义务教育阶段无纸化报名平台，实现小学初中入学报名一网通。实施校内托管服务工作，全县31所学校组织开展“四点钟课堂”。全县有各级各类基础教育学校144所，在校学生44067人，教职工4401人。全县幼儿园中有浙江省一级幼儿园3所、二级园23所、三级园66所，等级园占95.83%，等级园覆盖面98.35%，其中优质园（省一、二级园）占比27.08%，优质园覆盖面60.03%，普惠性幼儿园占比100%，普惠性幼儿园覆盖面100%。学前一年幼儿入园率99.86%，学前三年入园率98.30%。全县有民办中小学7所，各类民办学校有专任教师857人。

2019—2020学年龙游县小学招生计划情况一览表

表35

学校	班级（个）	招生范围
实验小学教育集团北门校区（实验小学）	6	1. 五松路—鹏程路—（荣昌路）—新华路以东，衢江以南，灵山江以西，太平东路以北 2. 柴大巷—城角坊二弄—城角坊三弄以东，太平东路以南，司巷口—胜利路—西湖沿路以西，巨龙路以北 3. 子鸣小区、碧桂园
实验小学教育集团端礼校区（十里铺小学）	4	十里铺村、晨东小区、高仙塘村、槐王村、张王村、童家村，灵江园区
西门小学教育集团西门校区（西门小学）	8	衢江以南，五松路—鹏程路—（荣昌路）—新华路—（太平路）—柴大巷—城角坊二弄—城角坊三弄—（巨龙路）—巨龙路向西至环城西路（城西加油站）—环城西路向北至太平西路—太平西路向西至方门街巷—方门街巷向西至翠竹路—翠竹路向北至后厅村
西门小学教育集团柳园校区（柳园小学）	8	兰贺线以北（含兰石村），兴龙南路向北至巨龙路—巨龙路向西至环城西路（城西加油站）—环城西路向北至太平西路—太平西路向西至方门街巷—方门街巷向西至翠竹路—翠竹路向北至龙翔路—龙翔路向西至九里立交桥
龙游华茂外国语学校附属小学（桥下小学）	4	1. 司巷口—胜利路—西湖沿路—（巨龙路）—兴龙南路以东，太平东路以南，灵山江以西，老浙赣铁路以北 2.（灵山江以东部分）灵山江以东，小高山村（含小高山村）以南，44号路以西（亚伦生活区），老46省道以北
阳光小学	6	面向全县（班额控制在30人以内）
樾园小学	6	面向全县（班额控制在30人以内）
寺后小学	2	寺后村、后田铺、大板桥、半爿月、项庄、白坂
官潭小学	1	官潭村、渡贤头村、洪呈村、岑山村、西山排村
上圩头小学	1	东华街道上圩头村、街路村、瑶山村、官村、方坦、魏家、岩头村、横路祝村、城南开发区
罗家小学	1	罗家乡
詹家教共体	4	詹家片、夏金片、马叶片、浦山村
启明小学	5	湖镇集镇范围及相关各行政村
下库小学	1	湖镇镇下库片各行政村
七都小学	2（含张家埠小学）	湖镇镇七都片各行政村
社阳小学	1	社阳乡辖区
小南海小学	4	小南海小学学区行政村
北辰小学	4	开发区企业
箬塘小学	1	箬塘片区
团石小学	1	团石片区
模环小学	3（含新王小学）	模环乡辖区及附近企业
兰塘小学	1	兰塘辖区及附近企业
士元小学	1	士元辖区及附近企业
横山小学	2	横山集镇范围及相关行政村
下宅小学	2	下宅片区
志棠小学	1	横山镇志棠片（河宗村、塔下叶村、腰塘边村、天池村、志棠村）

续表35

学校	班级（个）	招生范围
塔石小学	3	塔石镇内塔石片（塔石、童岗坞、豆腐王、勤裕、下张坞、杜山徐、西何、何明、里王、舒村、罗山、后舒）12个村
雅村小学	1	塔石镇雅村片6个村
泽随实验学校	2	泽随片（柯泉村、付仓村、塘里村、山底陈村、前夏村、叶村、平坦村、真武山下村）
石佛小学	2	石佛乡10个行政村
溪口小学	4	溪口集镇范围及相关行政村
灵山小学	1	溪口镇灵山片9个行政村
庙下小学	1	庙下乡辖区
沐尘小学	1	沐尘所辖6个行政村
梧村小学	1	梧村周边4个行政村
大街小学	1	大街乡8个村
泽雅学校	1	面向全县
沙田湖莘霖学校	2	面向全县（班额控制在22人以内）
全县合计	100	

2019—2020学年龙游县初级中学招生计划一览表

表36

学校	班　级（个）	招生范围
龙游华茂外国语学校	16	面向全县（班额控制在35人以内）
龙游三中	14	西门小学、实验小学、桥下小学、阳光小学、柳园小学（部分）、十里铺小学、詹家中心学校教共体，县少体校面向全县招生1个班（32名学生）
华岗中学	10	西门小学、实验小学、桥下小学、阳光小学、柳园小学（部分）、十里铺小学、詹家中心校教共体
寺后初中	7	寺后小学、官潭小学、上圩头小学、罗家小学、柳园小学（部分）
小南海初中	10	小南海小学、箬塘小学、团石小学、北辰小学、七都张家埠完小
湖镇初中	8	启明小学、下库小学、七都小学（除张家埠完小）、社阳小学
塔石初中（新塔石中学）	6	塔石小学、雅村小学、泽随实验学校小学部、石佛小学
泽随实验学校初中部		由新塔石中学负责招生
横山中学初中部		由模环初中负责招生
模环初中	7	横山小学、下宅小学、志棠小学、模环小学、兰塘小学、士元小学
溪口初中	7	溪口小学、灵山小学、沐尘小学、梧村小学、庙下小学、大街小学
沙田湖莘霖学校	2	面向全县（班额控制在20人以内）
全县合计	87	

2019—2020学年龙游县普通高中招生计划一览表

表37

学校	招生班级	招生名额	备注
	班级数（个）	人数（个）	
龙游中学	14	560	招收特长生12名，其中体育10名、音乐舞蹈2名
龙游二高	20	800	招收特长生9名，其中体育4名、美术5名；招收体育特色生18名
横山中学	8	340	
龙游凯马国际学校	5	190	民办，面向全市招生（其中国际班30人）
全县合计	47	1890	

图 138　电教中心技术人员认真调试线上教学设备　（县教育局／提供）

【开展线上录课教学】 按“疫情延迟开学期间停课不停学”的要求，县电教中心、教研室与各学校紧密配合，组织做好线上录课教学工作。由县电教中心提供技术支持，通过线上教学技术培训、指导教师现场录制、修改编辑视频等技术服务，录制、推送在线课程 937 节，通过“龙游云校”、电视台、钉钉直播等形式服务全县广大师生，其中“龙游云校”播放量达 48.5 万人次。县教研室积极开展线上教学的组织与指导工作，自 2 月 3 日至 4 月 10 日，共组建 14 个录课团队，其中小学参与录课教师 196 人，共录课 353 节；初中参与录课教师 121 人，共录课 246 节。除此之外，教研室还对幼儿园推送 30 余份“宅家攻略”，主要有快乐学习、快乐游戏、快乐生活等内容。高中线上教学则是每校一案，采取钉钉线上直播的方式开展教学工作。

【幼共体改革】 5 月，城南、城北、溪口、塔石、湖镇、横山等 7 个幼共体正式成立，县教育局考察任命 7 位骨干园长任各幼共体负责人，启动实施全县乡镇中心幼儿园幼教共同体改革工作。截至 2020 年秋季学期，全县乡镇中心幼儿园招生工作成效显著，公办、集体办幼儿园覆盖面达 38.94%，同比提升 4.72%。城区公办园与乡镇幼共体组建城乡共育发展联盟，以相关配套考核、奖励机制为导向，有效促进各园所之间的学习与交流，确保幼共体中心园对共同体内各园的有效领导与管理。

【镇海—龙游两地幼儿园合作交流签约】 6 月 24 日上午，镇海—龙游两地幼儿园合作交流活动启动，在镇海区人民政府三楼会议室举行签约仪式。龙游县 4 所城区公办幼儿园园长及 7 个幼共体负责人分别与镇海区 11 所优质幼儿园园长签订合作交流协议。会后，各园长分别到结对园进行实地考察学习，通过深度合作，加强两地幼儿园在园务管理、课程设计、保教行为等方面的深度交流，拓宽办学思路，建立更科学的管理体系，全面提升龙游县学前教育整体水平和办园质量。

【幼儿园等级创建】 10 月，龙游红树林幼儿园顺利通过省一级幼儿园评估工作。11 月，龙游县青藤幼儿园、龙游县嘉弘幼儿园顺利通过浙江省二级幼儿园评估工作。另外，经与省、市对接，灵江幼儿园顺利保留省二级幼儿园称号。

【民办幼儿园帮扶引领】 2020 年春季，对湖镇小星星幼儿园等 4 所民办幼儿园发放省三级幼儿园创建奖励资金共计 40 万元，鼓励民办幼儿园开展等级创建提升，落实普惠性办园措施。新冠疫情防控期间，从保障生均公用经费、保障民办园防疫物资、保障民办园社保与承租国有资产房租减免政策等方面对民办幼儿园进行扶持，落实民办幼儿园基本养老、失业、工伤、医疗保险的单位缴费部分减半征收措施，共计减半征收金额 36.09 万元，减免房租 13.5 万元，发放配备防疫物资 10 万元，预发 2020 年春季学期生均公用经费 355.68 万元，发放 2020 年秋季学期生均公用经费 360.33 万元。针对薄弱民办幼儿园，按照地域划分，将部分弱园、小园设为当地乡镇中心幼儿园的教学点，在乡镇中心幼儿园引领下规范成长。

【“互联网 +”义务教育结对帮扶】 至 2020 年年底，新增“互联网 +”义务教育结对帮扶学校 15 所。结合新型教学空间建设项目，实现全县所有中小学校录播设备全覆盖，满足结对学校线上互动课堂基础设施需求。结对学校开展“同步课堂”“网络教研”“名师课堂”“专递课堂”等教学实践，探索“同步课堂”操作模式，全面完成年度结对任务。

【小学教共体改革】 2020 年，在詹家教共体改革先行试点的基础上，全县再推进 18 所乡村小学组建成 7 个教共体，涉及 186 个行政班级、5876 名学生。同时，城区各优质小学与 7 个教共体组建城乡共育发展联盟，实施紧密型精准帮扶。6 月，《龙游县全面实施“1+N”小学教共体改革》案例在浙江省政创空间作交流；11 月，小学教共体改革阶段性工作汇报在全县校长高峰论坛活动中展示；9 月，浙江省教育厅办公室发布《关于落实 2020 年城乡义务教育共同体组建任务的通知》，龙游县小学教共体改革模式为融合型教共体改革提供样本。12 月，《城镇化背景下的乡村小学教共体改革实践探索》龙游方案入选衢州市优秀改革实践案例，龙游方案有效缩小城乡教育差距，最大化地盘活教育资源，整体提升县域义务教育优质均衡发展水平；同月，龙游教共体改革经验《探索乡村小学“教共体”改革，衢州龙游有办法》在学习强国浙江学习平台上刊登。

【阳光小学诵读节目获全国一等奖】 经县、市、省层层甄选后，在第二届“诵读中国”全国经典诵读大赛中，龙游县阳光小学的诵读节目《走月亮》脱颖而出，获全国一等奖。这是2020年衢州市唯一入选全国总决赛并获奖的诵读节目。

【组建初中精准教学五校联盟】 在前期试点校推进的基础上，由塔石初中、湖镇初中、模环初中、溪口初中、小南海初中组建“大数据精准教学应用初中五校联盟”。重点围绕“分析数据，掌握精确学情；挖掘数据，组织精准教学；参照数据，编制精练习题；关注数据，实施精细管理”的主题，以技术赋能教学质量，立足各学科的核心素养，运用技术提高课堂教学效能，提升初中学校教学质量。通过组织5所联盟学校集体磨卷、统一测评、基于大数据分学科质量分析、优秀应用案例评比等活动，教育大数据日常应用流程进一步规范，教师分析数据与应用数据能力得以提升，学校运用教育大数据助力课堂教学意识与主动性进一步加强。

【探索“智慧安全”模式】 全县各学校均配齐配足专业保安和安防器械，共安装一键报警系统87套、智能访客系统67套、智慧用电340套和智能充电桩70个，完成14个微型消防站建设和1个消防远程智能监控系统，19所寄宿制学校共安装独立式感烟火灾探测报警器2068个。实施智能“阳光厨房”建设，通过应用物联感知、图像识别、人工智能等技术，线上巡查，实现校园食品安全智控体系；归集学校食堂、学校食材供应商、日常监管等信息，全面分析校园食品安全状况，精密智治，精准施策。新冠肺炎疫情防控期间，运用信息化手段建立数据采集、师生排查等大数据管理平台，人员管控工作成效显著，突显“智慧”管理优势。开发基于钉钉系统的晨午检系统、值班上报系统、值班巡查新系统，各项数据实行在线编辑上报，减少基层学校重复报送纸质材料的麻烦，初步实现安全工作“让数据多跑路”。

图139　2020年8月，龙游县阳光小学选手参加全国经典诵读大赛
（县教育局／提供）

【防溺水宣传教育】 4月下旬，下发《关于切实做好2020年预防学生溺水事故的预警通知》，全县各校根据防溺水“十个一”（悬挂一条“珍爱生命，预防溺水”横幅、开展一次“珍爱生命，预防溺水”安全教育动员大会、开展一次“珍爱生命，远离危险，不私自下水游泳”集中签名和宣誓活动、开展一次“珍爱生命，预防溺水”征文比赛、召开一次“珍爱生命，预防溺水”主题班会、出一期“珍爱生命，预防溺水”为主题的黑板报、发放一封《致家长的一封信》、举行一次防溺水安全知识竞赛、开展一次“珍爱生命，预防溺水”手抄报比赛、观看一部“珍爱生命，预防溺水”为主题的教育影片）要求，通过班会、手抄报、绘画比赛、校门口LED播放视频、微推等形式，将防溺水“六不一会”（不私自下水游泳、不擅自与他人结伴游泳、不在无家长或教师带领的情况下游泳、不到无安全设施、无救援人员的水域游泳、不到不熟悉的水域游泳、不熟悉水性的青少年不擅自下水施救；学会基本的自护、自救方法）教育辐射社会，营造全社会共同做好防范学生溺水工作的良好氛围。阳光小学通过校园电视台开展线上宣誓仪式，加强防溺水安全培训；塔石小学通过集会开展防溺水宣教活动，衢州市应急管理局将其作为学校代表选入全市“五进”（进企业、进农村、进社区、进学校、进家庭）活动宣传微推。联合县公安、林水、卫健等部门分学段编制《中小学生安全教育读本》，全县义务教育阶段学生人手1册。联合中国人寿龙游县支公司印制防溺水宣传海报，在全县中小学、幼儿园、社区、村进行张贴宣传。组织“8090新时代理论宣讲团”教育分团分赴乡镇、

村开展“预防溺水，珍爱生命”专题宣讲活动。

【特殊教育】 2020年，龙游县教育局启动泽雅学校特教综合楼建设项目。制定出台《龙游县残疾儿童少年随班就读、送教上门工作实施办法（试行）》，切实保障残疾适龄儿童少年接受教育的权利，促进教育公平，确保全县特殊教育随班就读、送教上门工作顺利开展。2020年秋季，全县有学前段残疾儿童38人，入园23人，康复12人，入学率92%；义务教育段有残疾儿童少年182人，其中在特教学校就读56人、普校就读94人、送教上门27人、康复及缓学5人，入学率100%；高中段有残疾青少年100人，其中在特教学校及随班就读54人。泽雅学校“卫星班”在詹家小学挂牌开班，为泽雅学校8名学生开启融合之路。全县新建特教资源教室6间，其中初中5间、小学1间，至2020年年底，全县有资源教室19间，实现资源教室乡镇全覆盖、残疾学生5人以上学校全覆盖。依托浙江省特殊教育个别化教育信息管理系统，开展个别化教育，有效提升特教教学质量。

【中考及高中段招生】 2020年，龙游县中考报名人数为3604人，设考点8个、考场124个。7月12日，全县高中段学校录取工作在驻县教育局纪检组全程监督下顺利完成。在龙游县招生的普通高中除衢州一中1人因未达到龙游中学统招分数线未完成招生计划外，其他各学校招生计划均完成，各普通高中在龙游县计划招生1890人，实际招收1898人。

【高考及高校招生】 2020年，龙游县高考报名人数为2176人，其中普通高校报名人数1826人，高职类报名人数350人。考区设龙游中学、龙游二高2个考点。全县高考纯文化类一段上线352人（含清华大学录取1人），一段上线率19.37%，比上年提高3.24%；二段上线908人，二段及以上上线率63.78%，比上年提高5.57%；三段上线人数556人，总体上线率达99.95%。若含体艺类，一段上线人数461人，一段上线率25.37%，比上年提高3.01%；二段上线人数926人，二段及以上上线率76.33%，比上年提高5.51%。全县有230人参加高职考试，上线学生229人，上线率99.56%，其中本科上线32人。

2016—2020学年龙游县高考情况一览表

表38

年　份	报考人数（人）	上线率（%）	录取率（%）	上重点人数（人）	重点上线率（%）
2016	1933	99.59	98.71	395	20.43
2017	1713	99.64	98.07	343	20.02
2018	1779	99.42	96.91	346	19.45
2019	1843	99.24	97.45	413	22.41
2020	2176	99.95	96.5	461	25.37

职业教育

【概况】 2020年，龙游县职业技术学校、龙游求实职业中专分别更名为浙江省衢州工商学校、浙江省衢州交通学校，社会影响力进一步扩大，龙游职业教育呈现“一公一民”的校网布局，即公办的浙江省衢州工商学校和民办的浙江省衢州交通学校。各中职学校在与省、市、县各大企业建立稳定合作关系的基础上，以创新校企合作机制为突破口，设立“订单班”“定向培养班”，开展学徒制、导师进课堂、企业家进校园、教师进企业等工作，大力培育专技人才。衢州工商学校是浙江省中等职业学校改革发展示范校、省一级中等职业学校，增设龙游县技工学校，实行双挂牌管理；衢州交通学校是省二级中等职业学校。全县中职学校有在校学生5148人、专任教师285人（其中“双师型”教师139人），专任教师本科以上学历290人、硕士以上学历13人。学生就业率98.91%、对口就业率89.70%，学生初次就业月收入2996元。全县有230人参加高职考试，上线学生229人，上线率99.56%，其中本科上线32人。有省级实训基地4个、中央财政支持的职业教育实训基地3个、县级职业技能鉴定站1个。全年开展社会培训6276人次。“十三五”期间，龙游县4次获浙江省市（县）职业教育发展考核优秀单位荣誉。2020年教师获奖156项，其中国家级6项、省级37项、市级41项。衢州工商学校赵利老师的“竹纤维匀浆设备”“一种用于节约型数码热升华转印纸的打浆装置”“一种用于高档亚光纯纸壁纸的打浆搅拌装置”，徐明老师的“一种机电设备用搬运抗震运输板车”获国家级专利。

【专业建设布局】 2020年，龙游县深化落实“五统筹”推进职业教育改革工作得到副省长成岳冲的肯定。县内2所职校按规定时间完成校名

图 140　2020 年 12 月 2 日，浙江省衢州工商学校举行揭牌仪式
（县教育局／提供）

更改，专业结构基本调整到位，形成以电子商务为主，数字影像技术和会计同步建设的财经商贸类专业群；以机电技术应用和制浆造纸工艺相互融通，人才同步培养的智能制造类专业群；整合护理、现代农艺技术、旅游服务与管理、学前教育专业，形成康养休闲类专业群；铁道运输与管理、城市轨道交通运营管理、汽车制造与检修一体化的交通运输（服务方向）专业群。电子商务、制浆造纸工艺、铁道运输管理 3 个专业列入省中职高水平专业建设名单，其中电子商务专业为 A 类建设层次。县域 2 所中职学校 13 个专业实现错位发展，电子商务、机电技术应用、护理、铁道运输管理等 4 个强优主体专业在校生 3153 人，占在校学生人数的 68.9%。

【质量提升】 2020 年，全县中职学校成功创建浙江省中等职业教育质量提升行动计划项目 5 个、校企合作共同体 1 个（特种纸产业园校企合作共同体）、中职优秀毕业生典型项目 1 个（董建凯）、德育品牌 1 个（“礼之人，理之事”）、成教品牌 2 个（“荷”美横山“莲”创未来、现代农业培训项目品牌“龙游飞鸡”）。其中，衢州工商学校电子商务“新农商创新创业实验室”成为连续两个“五年规划”省级建设项目的大满贯专业，学校获浙江省数字教育资源建设与应用示范学校、中小学劳动实践基地（第二批）暨职业体验基地，轨道交通装备制造公共实训基地成功申报省发展和改革委员会等 10 部门公布的“浙江省 2019—2020 年度产教融合‘五个一批’名单”（一批产教融合联盟、一批产教融合示范基地、一批融合试点企业、一批产教融合工程项目和一批产学合作协同育人项目）。获省职业教育改革典型案例 3 个，其中《乘“龙”快“叙”结厚谊，精准脱贫促发展——浙江龙游与叙永教育扶贫合作典型案例》等 2 个案例被评为优秀典型案例。特色优势专业、大师工作室、名专业、名师工作室 4 个项目顺利通过验收。

【产教融合】 2020 年，龙游县教育局印发《龙游县深化职业教育产教融合实施方案的通知》，为推进全县产教融合深度开展提供政策扶持。全县两所职校 7 个专业开展现代学徒制工作。中职学校以创新校企合作机制为突破口，与中浙高铁轴承有限公司、浙江贝尔轨道装备有限公司、浙江金昌特种纸股份有限公司、浙江典男家居用品有限公司、浙江龙游新西帝电子有限公司、浙江德辉食品有限公司等 65 家企业签订长期校企合作协议，全县大中型企业有 23 家参与职业教育，比例达到 85.71%。积极推进校企合作共同体建设，“特种纸产业园校企合作共同体”成功立项为 2020 年浙江省中职教育校企合作共同体建设项目，另有 5 个市、县级校企合作共同体。浙江华邦特种纸业有限公司是省级校外实习实训示范基地，浙江大盛纸业有限公司、浙江龙游公任电子有限公司是市级校外实习实训示范基地。

【集团化办学合作】 构建中职学校、行业协会、企业单位、政府四位一体的校企深度融合模式，探寻中职教育集团化办学之路。依托龙游县电子商务、机械五金等行业协会资源，建立长期有效的合作办学机制，与知名企业中浙高铁、金昌纸业、贝尔轨道、道明光学、金龙纸业、电商城等 83 家企业建立合作关系，开展企业家进校园、导师进课堂、教师进企业、学生进车间活动，校企双方共同制订培养方案。积极利用企业资源，建立校外实训基地 59 个。完善 13 个专业实训基地建设，完善数控加工、电子电工、护理 CPR、足迹旅社、插花艺术、木雕等实训室功能以及校外实训基地建设。完善专业教师进企业锻炼机制，保证专业教师参加企业实践锻炼；从行业企业引入兼职教师 22 人，带动教师成长，引领专业发展。结合当地产业发展，旅游服务与管理专业与龙山运动旅游度假区合作办学，破解学生就业难题，形成校企联办、双元教学的工作机制；电子商务专业、机电技术应用专业分别与浙江典男家居用品有限公司、浙江贝尔轨道装备有限公司合作办学，共同开发实用性校本教材。在浙江凯丰新材料股份有限公司车间设立课堂，形成企业课程与学校课程的无缝衔接。

【启动“双进工程”】以“企业导师进校园”和“学校教师进企业”2个项目推进“双进工程”。活动中，共有13位企业导师进校园，学校有1540名学生、98名教师听讲座，89位教师走进11家企业。“双11”前后，电子商务专业师生在申通产业园奋战一周；机电技术应用专业教师团队走进浙江鑫佳硕科技有限公司；旅游专业教师辅导国贸大酒店员工参赛技能比赛，获省三等奖；造纸专业教师与浙江金昌特种纸股份有限公司探讨纸张纤维状态；护理专业教师在蓝天幼儿园开展应急救护技能培训；现代农艺专业教师在龙游黄茶产业园采摘黄茶等。

2019—2020学年龙游县中等职业学校市内招生计划一览表

表39

学校	专业名称	学　制	性　质	招生人数
浙江省衢州工商学校（950人）	作物生产技术（省示范专业、省特色专业）	中高职一体	普通中专+大专	45
	机电技术应用（市示范、市骨干专业）	三年制	普通中专	80
		中高职一体	普通中专+大专	40
	现代造纸工艺（省高水平专业、省特色专业）	三年制	普通中专	85
	护理	三年制	普通中专	85
		中高职一体	普通中专+大专	40
	会计事务	中高职一体	普通中专+大专	50
	电子商务（省高水平专业、省骨干专业）	三年制	普通中专	85
		中高职一体	普通中专+大专	35
	旅游服务与管理	中高职一体	普通中专+大专	45
	学前教育	中高职一体	普通中专+大专	35
	数字影像技术	中高职一体	普通中专+大专	35
	机电设备安装与维修	三年制	人劳口技工学校	100
	电子商务	三年制	人劳口技工学校	100
	幼儿教育	三年制	人劳口技工学校	90
浙江省衢州交通学校（1000人）	机械加工技术	三年制	职业中专	80
	汽车制造与检测	三年制	职业中专	150
	铁道运输服务	三年制	职业中专	440
		中高职一体	职业中专+大专	80
	城市轨道交通运营服务	三年制	职业中专	250
合计	面向市内共招收42个班，学生1950人			

成人教育

【概况】2020年，龙游县共有乡镇（街道）成校15所，全部为省级标准化乡镇成校，其中包括省级现代化乡镇成校4所。各乡镇成校中，有省级成教学习品牌项目7个、省级新型农民培训示范基地1个、省企业职工培训示范基地1个、省级社区教育示范学校2所、省级百姓学习之星1个，有市万名农民素质培训基地2个、市级社区教育示范学校2所、市企业职工培训示范基地4个、市新型农民培训基地4个、市“终身学习品牌项目”1个、市社区教育进农村文化礼堂“学习品牌”培育对象3个、市社区教育进农村文化礼堂“特色课程”培育对象7个。乡镇成校与社区学习中心实行“一套班子、两块牌子”的管理模式，构建县、乡镇（街道）、社区三级组织网络。浙江广播电视大学龙游分校（以下简称电大龙游分校）一手抓疫情防控，一手抓事业发展，2020年招生905人。全县有1030人参加成人高考。

【成人教育和社区教育】根据乡镇（街道）布局结构，结合成校发展实际，围绕当地的主导产业和块状经济，积极开展农村实用技术培训、企业职工培训、安全生产培训、家政培训，2020 年参加各类培训达 5.6 万人次，培训人次占常住人口的 14.01%。以服务学习型社会建设、搭建终身学习“立交桥”为宗旨，把学分银行作为全面推进终身教育体系建设，构建学习型社会的重要载体与平台，积极开展学分银行信息存入工作，湖镇镇成人文化技术学校获评“浙江省学分银行先进单位”。全年完成 1 所老年大学民生实事项目建设任务，开设清廉社区老年学堂 1 所，新增老年学员 5380 人。

【社会服务】 县培训中心依托县内 2 所职校，开展社会培训 6276 人，社会培训量达到全县职业学校在校生总数的 1.21 倍。衢州工商学校依托“龙游县农民学校”“衢州市高技能人才公共实训基地”开展各类社会培训 18 期，参加培训 4045 人次，其中“双证制”教育 1019 人；残疾人培训 2 期、71 人；建筑行业培训 2 期、663 人；退伍军人适应性培训 1 期（含高考辅导班）、69 人；全县电子商务干部培训班 1 期、51 人；省十里坪监狱服刑人员专项技能培训 2162 人。开展精准扶贫工作，招收西部地区建档立卡贫困家庭子女 13 人，其中 6 人获国家助学金扶持。开展东西部对口帮扶工作，招收四川叙永职业高级中学 32 名精准扶贫学生到龙游企业实习。衢州交通学校共培训学员 2231 人次，开设“双证制”培训、春播培训、果蔬花卉生产培训、家禽养殖培训、退役士兵适应性培训等 19 个培训项目，帮助下岗失业人员再就业，助力退役军人快速适应社会。

【电大龙游分校】 2020 年，电大龙游分校共招生 905 人，在校生规模达 2307 人，为社会输送专科、本科毕业生 634 人。组织各类别考试 10 次，参加考试 6348 人次。因疫情防控原因，奥鹏教育和对外经济贸易大学继续教育与远程教育学院考试全部在线上进行。学校有 3 项省级科研课题或项目立项、2 篇论文在学术期刊发表、8 项教学比赛获奖。童友花老师的《龙游肉圆》获省社区优秀微课评选二等奖，《实用文体写作》获全省电大“课程思政”优秀教学案例，《龙游发糕》获“第九届多媒体学习资源比赛”多媒体课件组一等奖；任雪琴老师的《民法学》获全省电大“课程思政”优秀教学案例；刘慧斌老师的《班主任“五微”工作法的实践应用》案例获省教务管理创新二等奖；姜柳新老师的“夕阳学堂”社区老年书画培训案例获市电大一等奖、省社区三等奖；宋国平老师指导的《水果煮酒》获“一村一名大学生计划”学生创新创业案例大赛省三等奖；杨晓明老师执笔的《发挥网上党组织优势，助力巾帼大学生创业》获网上党组织优秀案例。4 名教师获浙江省电大系统先进个人荣誉，4 名教师获衢州市电大系统先进个人荣誉，学生获省市电大各项奖励 32 人次。学校获得国家开放大学教育部“一村一名大学生”计划招生工作先进单位、浙江省电大系统业务工作考核 A 等单位、衢州市电大系统办学先进单位、龙游县教育系统先进基层党组织等荣誉。

2020 年度电大龙游分校招生情况一览表

表 40

招生院校	层次	春季招生		秋季招生		学制（年）	入学测试
		专业	招生人数	专业	招生人数		
国家开放大学	本科	会计学 法学等	45	会计学 法学 园艺等	103	2.5	院校自主测试
	专科	会计学 建设工程管理 乡镇企业管理等	188	会计学 建筑工程技术 乡镇企业管理 园林技术等	289	2.5	院校自主测试
福建师范大学	本科	学前教育 体育教育 心理学	34	心理学 行政管理等	42	2.5	院校自主测试
大连理工大学	本科	土木工程 工程管理等	52	土木工程 工程管理等	94	2.5	院校自主测试
北京中医药大学	本科	中药学 护理学	2			2.5	院校自主测试
对外经济贸易大学	本科	会计学 法学等	10	金融学 法学等	12	2.5	院校自主测试

续表 40

招生院校	层次	春季招生		秋季招生		学制（年）	入学测试
		专业	招生人数	专业	招生人数		
中国医科大学	专升本	护理学 药学	11	护理学 药学	17	3	院校自主测试
	中起本	护理学	1	护理 药学	5	5	院校自主测试
合计		343		562			
总计		905					

【开放教育学生网上党组织建设】 7月1日，龙游电大隆重举行开放教育学生网上党组织成立仪式，依据学生特点和从事职业，将学生中的党员分成4个支部（龙之游乡村振兴先锋队支部、E路同行志愿服务队支部、红色物业小分队支部、巾帼创业者联盟支部），每个支部选出党员学生中的先进分子为支部委员，并配备一名党员骨干教师为辅导教师。学校采取线上线下相结合的方式，通过专题党课、创业论坛、现场教学、专家送教等途径积极推动学生思想政治工作和农村实用人才培养工作，助推农民大学生创新创业，助力乡村振兴。10月30日，各支部组织学生到龙和渔业园和“龙游飞鸡”养殖基地参观学习，并邀请县“8090新时代理论宣讲团”成员胡秀秀为学员讲述自己的创业故事。

【社区教育和老年教育】 配合县政府做好老年大学新建工作，牵头完成县老年学堂的创建。主动走访社区，整合社区教育资源，参与并指导社区开展活动。5月，与阳光社区合作开展文明礼仪培训活动。7月，与城角坊社区联合开展主题党日活动，为社区党员上主题党课；与方门街社区合作，举办抗疫英雄报告会。9月，在老年学堂开设道情、书法、国画、合唱4个班，共招生100余人；与“仁礼书院”合作，组队参加浙江省老年旗袍秀比赛，拍摄参赛作品，在第三年龄学堂展出，并获省三等奖。10月，组织并指导推送2020年衢州市社区教育和老年教育优秀案例，共有6项获奖，其中一等奖1项、二等奖2项；指导校外实践教学基地龙和渔业园成功申报衢州市市民终身学习体验基地（市社区教育基地）。11月，“夕阳学堂老年书画社”获浙江省老年教育优秀社团，姜柳新、钟志红2位老师获省老年教育优秀班主任称号。

图141 2020年7月1日，龙游电大开放教育学生网上党组织成立
（县教育局／提供）

教育设施与后勤保障

【概况】 2020年，龙游县加快学校建设步伐，谋划中小学建设项目9个，列入2020年龙游县“421”重点建设项目库，总投资2.36亿元。全县教育系统推行不见单审核财政支付改革，正式推行授权支付模式，同时启用工会云财务平台。制订实施《2020学年龙游县中小学食堂食品原料统一采购及配送服务工作方案》，加强对学校食堂的监管。向上级争取到义务教育薄弱环节发展与能力提升项目专项资金1204万元。县教育信息化工作强化顶层设计，健全组织体系，完善保障机制，重点围绕完善现代技术教育装备、保障疫情防控与线上教学、“一库两应用”（“一库”即龙游教育基础数据库；“两应用”即龙游教育资源应用、龙游教育管理应用）建设、大数据精准教学应用推进、省“互联网+义务教育”中小学校结对帮扶项目等具体任务，立足县情，抓住机遇，促进信息技术与教育教学的深度融合和创新，开启教育信息化“发展、变革、创新”的强教之路，信息技术支撑团队获衢州市教育防疫优秀团队称号。

【项目建设】 2020年，有列入政府

图 142　柳园小学家长接送等候区　　（县教育局／提供）

性投资计划的校舍建设项目 14 个，其中前期类 6 个、实施类 8 个。实施类项目建筑面积 12.8 万平方米，计划总投资 4.38 亿元。完成柳村(柳园）小学扩建（二期）、溪口小学综合楼、实验小学食堂、启明小学食堂、湖镇初中食堂项目并投入使用，十里铺小学食堂及科技楼通过竣工验收，西门小学改建、志棠小学改建、罗家小学迁建、十里铺小学二期附属工程等项目在继续实施中。推动教育民生实事类项目实施，进一步构建城乡教育均衡化发展，完成 550 个教室灯光标准化改造、7 所农村中小学操场硅 PU 改造和 5 所学校家长接送等候区建设，更换学生课桌椅 5050 套。重视幼儿园建设，建成龙游县青藤幼儿园、龙游县嘉弘幼儿园，并于 2020 年 9 月投入使用；高坪桥小区配套幼儿园、翰林府小区配套幼儿园、学士路幼儿园、华茂外国语学校附属幼儿园（原桥下小学校址改建）已基本完工，进入装修阶段，计划 2021 年春季开园。至 2020 年年底，还有端礼小区配套幼儿园、文成小区配套幼儿园、龙洲街道中心幼儿园等工程在建。

【“局校一体”管理平台建设】　疫情防控期间，教育系统正式上线基于“钉钉”的“局校一体”集约化平台，通过本地化部署，使用“表单搭建 + 流程互动”解决教育智治场景问题，改变原先的开发成本高、周期长、维护难的问题，在短期内快速有效搭建应用模块。县教育局通过对各科室的业务进行梳理，将线下业务逐步迁移到线上。完善审批、晨检、数据上报、人事、督导、安全管理等各项局级应用功能，在全县教育系统推广应用。学校层面依托“局体一体”平台的分级部署，按照“校提需求，县级统建，试点先行，全面推广”的思路，逐步形成全县统一的“应用超市”。

【新型教学空间建设】　2020 年完成 26 所中小学（小学 17 所、中学 9 所）36 个新型教学空间（中学 15 个、小学 21 个）的建设任务。主要类型有语文、音乐、美术、科学、数学、创客、综合型等七大类。小南海初中、塔石小学、溪口小学获浙江省“新型教学空间优秀案例”荣誉。12 月 25 日，在浙江省新型教学空间建设会议上，龙游县作经验交流。

【教育基础数据库建设】　根据《龙游县教育信息化应用工作方案》的要求，为逐步解决“信息孤岛”、同类数据重复采集等教育领域数字化改革中比较突出的问题，与相关部门开展教育数据跨部门协同治理，逐步实现学校（机构）、教师、学生三大核心基础数据“一数一源”与“定期核验”，提升教育数据质量，保障核心数据的更新频率。至 2020 年年底，已完成教育数据库一期建设，实现区域教育机构数据、师生数据统一管理与认证，并对接上级学籍、师训等平台数据。通过自建应用平台，对数据进行汇总、清洗。将学籍系统、师训系统、全国教师系统、之江汇、钉钉平台、录播云平台、心理咨询平台、入学报名系统等平台涉及的重复使用的基础数据进行数据编目、规范、标准化，然后通过数据仓库技术对数据进行归仓，形成各类平台的基础数据库汇集，并搭建一套数据资产管理平台，对归集的数据进行统一管理，经过统一治理之后，再返还给各应用系统。

【“之江汇”教育资源应用】　县教育局以购买服务的形式，进行“之江汇”本地化部署，优化用户体验。统一使用基于“之江汇”的学校门户（微门户），以学校门户（微门户）为主要宣传阵地和教育教学应用窗口，做好各项校园宣传文章和教育教学资源的整合。完成“之江汇”教育资源应用中本地云录播平台建设、网络同步课程试点等建设任务，完成各校体系管理服务团队建设，实现区域录播教室设备互联互通，支持在线巡课，开设“之江汇”网络同步课程 19 门，丰富本地在线教育资源，并做好与“龙游通”App 教育栏目课程推送的技术对接。2020 年，在“之江汇”教育广场考核中，龙游县各项指标均位于全省前列。

【学校常规仪器设备配备】　2020 年，龙游县教育局投入 1500 万元，组织全县学校添置与更新常规仪器设备，包括多媒体设备、学生机房及教学电脑、音体美常规器材、各类常规学科教室、校园有线无线网络改造、图书及相关设备、创客及人工智能、录播设备及广播系统等。全年生均教育技术装备资产达6588元，生均投入1108元；新增计算机988台，生机比达到2.73∶1；新增多媒体设备270套；纸质图书生均51册，生均添置图书6册；各中小学无线网络覆盖率、学校建有录播教室率、教室多媒体覆盖率均达100%；创新实验室、学科教室等功能教室的数量和普及率位于衢州市前列。

【食堂管理】 优化学校食堂招标及管理方案，以“政府牵头＋部门联动”机制，创新推行“统一审核、线上采购、阳光配送、全程管控”食品原料安全管理模式，对全县中小学食堂食品原料进行集中采购、统一配送及部门联动管理。

【收费管理】 每学期由学校进行收费工作自查并形成自查报告，对收费项目进行公示。同时，通过挂联科室检查、职能科室抽查的方式，对学校收费情况进行摸查，严格监督，形成预防机制。5月，根据浙江省教育厅办公室、浙江省发展和改革委员会办公室、浙江省财政厅办公室联合下发的《关于做好疫情防控期间学校收费管理等工作的通知》要求，针对疫情期间学生不住校的实际情况，对已经收取的学生住宿费进行清退，退费学生数9270人，退费177.49万元。

【会计核算】 在全县教育系统推行不见单审核财政支付改革，正式推行授权支付，减少报账人员送审次数和报账时间，方便预算单位日常报销业务的开展，提高资金支付效率，增强学校主体责任意识，提高政策执行和规范开支的自觉性。完成第6版教育会计集中核算财务制度汇编，汇编分财务工作流程、财务报销制度、财务人员常用资料三部分，优化财务报销办事制度，使制度流程化、表单化，更具可操作性，提高使用人员的办事效率。

【清产核资】 7月12日，下发《关于开展教育系统清产核资工作的通知》，要求全县各中小学（幼儿园）、直属单位开展教育系统清产核资工作。经全面梳理，共上报425栋建筑资料、80宗土地资料、22项在建工程资料，完成教育系统国有资产集中管理工作。

教学科研

【概况】 2020年，龙游县教育局教研室聚焦教学中心环节，围绕“研究、指导、服务、管理”工作职能，通过调研、分析、反馈、评价，改进教学行为，促进学校有效提质。县师训处立足县教育现代化发展目标，着力打造“明珠型”教师队伍；注重提高培训质量，提升培训品位，努力实现“品质培训”；重视校本研修的组织与推进，夯实教师培训的“校本”基础，助推教师的专业发展。全县共有377项课题立项，其中国家级1项、省级14项、市级88项、县级274项。研究成果喜人，共有98项成果获省市级奖，其中省级二等奖1项、三等奖4项，市一等奖21项、二等奖48项、三等奖24项。共有3457篇文章获奖和发表，其中市级600篇，省级及省级以上272篇。有1门课程入选省精品课程，8门课程入选市精品课程，2个资源被省数字教育资源选录。完成《龙游教育研究》第26、27期的组稿、审稿和编印，完成《龙游县教师全员阅读电子简报》第6、7期的制作发布。

【调研活动】 根据《龙游县教育局教研室教学调研活动方案》的相关要求，县教研室规范调研活动，有序开展“联系校调研、学科精准调研、巡查调研、集体调研、跟踪调研、蹲点调研”等形式多样的调研活动，深化调研内容。有针对性地开展“周二服务日”调研活动，对7所农村初中、2所重点高中进行深度调研，形成初中各科反馈报告35篇、龙中蹲点调研反馈简报8期。通过听课、评课、检查教学常规、问卷调查、集中反馈等形式的深耕式调研，为学校和教师解决实实在在的问题，受到学校和教师的欢迎。

【教研组建设】 县教研室将优秀教研组的建设评比作为完善教研体系、深化基础教育课程改革的有效抓手，在全县各级学校开展先进教研组评审活动，适时举办教研组长和备课组长培训会，通过教研组评比与展示活动，促进全县中小学校的“两组建设”，全县有6个教研组被评为市级先进教研组，其中龙游县实验幼儿园中班段及龙游中学语文组还获得省级先进教研组称号。

【课程建设】 积极开展龙游县中小学生智创比赛、县青少年科技运动会等常规活动，推动STEAM教育项目（将科学、技术、工程、艺术和数学用作指导学生探究、对话和批判性思考的契机的一种教育途径）的开展，提高中小学生的科学素质和实践能力。组织参加课程精品评比活动，丰富全县各校课程建设，全县有8门课程入选衢州市精品课程，其中龙游县实验小学的《水墨润龙娃》还入选浙江省精品课程。

【构建增值评价模式】 为落实“教育评价改革方案”精神，县教研室积极探索寻求符合县域实际的增值评价模式，基于全体抓两头，分层分类，着重评价各学校的阶段提升和发展，注重“从起点看进步”，促进教学质量持续提升。以3年为一个评价周期，每学期做一次监测，把起始年级的测试与一个阶段后的结果性监测数据进行对比，分析增值情况，改变以往过于注重评价指标横向比较，导致评价结果不合理的现象。在每学期末的阶段性增值评价报告形成之后，及时组织召开县级、校级和学科层面的质量分析会。

【开展技术融合课堂赛课活动】 为进一步推动教科研工作，全面提高教育教学质量，同时也为落实信息技术应用能力提升 2.0 培训成果，县教研室于 12 月 3 日举行全县小学专场技术融合课堂赛课活动，把“信息技术应用能力提升 2.0”中的理论知识与操作技能转化为课堂中对信息技术软件、硬件的实际应用能力，巩固培训成果。

【明珠校长高峰论坛】 11 月 18 日，以“我的办学故事”为主题的全县首届校长高峰论坛在龙游县第二高级中学举行。活动中，6 位论坛主讲校长从课程建设、课堂教学、德育工作、教师培养、学校文化、家校共建等方面，介绍各自精辟独到的观点及在实践中卓有成效的探索，提出许多具有前瞻性的管理理念。本次活动以论坛带来的新信息、新理念、新启示为引领，进一步加强校长队伍建设，促进校长由“事务型”“经验型”向“职业型”“专家型”转变。

【学校中层干部风采展示】 12 月 30 日，龙游县教育局在龙游中学报告厅举行“赢在执行力”学校中层干部风采展示活动。展示活动分风采展示、局长点评、颁奖典礼三个环节，充分聚焦“执行力”这一核心话题。入围的 7 位代表所展示内容包括集体形象展示（3 分钟 VCR）、8 分钟演讲、现场答辩三个方面。县教育局党委书记、局长方伟军全程聆听选手们讲述的内容，并对“如何打造强执行力文化，推动学校内部管理”提出自己的见解。

【共同体教学研讨现场观摩】 3 月底至 4 月下旬，县教师进修学校组织开展 5 场校本研修共同体教学研讨现场观摩活动，从校本教研、校本研究、校本培训三个视角切入，贯穿“教—研—学”全过程。活动历时 1 个月，参与教师达 300 多人次，69 人次进行汇报展示，取得较好的活动效果。5 所龙头学校认真策划、精心组织，在校本研修的主题设计、模块优化、形式创新等方面为与会者做了很好的示范。通过活动，进一步规范和深化校本研修共同体工作，加强共同体成员学校之间的教育教学交流，发挥城区学校校本研修的辐射引领作用，克服农村小规模学校研修力量薄弱问题，引领教师共同成长。

【课题成果答辩】 6 月和 12 月，龙游县教育科学研究室先后 2 次组织课题成果答辩活动，共有 47 项小课题研究成果和 21 项规划课题研究成果参与成果鉴定答辩。评委由各教研员担任，答辩既有成果表述展示，又有关键问题提问。共有 1100 位教师参与观摩学习（包括现场和线上），300 多位老师撰写学习体会，45 所学校下载活动直播实录，作为教师校本课题培训的资源。县教科室在 2019 年答辩的基础上，首次把答辩活动、微成果推广活动、新课题立项培训活动与省市级课题结题指导活动进行整合，是一次以答辩为载体的高效能课题研修活动。这是县教科研管理过程中的一次改革创新，从“筛选功能”转向“研修、诊断、改进、展示、推广、激励、培训”功能，引导老师们发挥科研团队的“伙伴研修功能”，达到“以答辩促推广、以交流促成长”目的。

（县教育局　吴永建）

图 143　2020 年 12 月 25 日，龙游县教育科学研究室举办 2020 年度课题结题成果答辩活动
（县教育局／提供）

科学技术

【概况】 2020 年，龙游县坚持创新驱动发展战略，以企业为主体、以市场为导向、政产学研相结合的科技创新体系逐步建立，平台建设、产业创新、研发投入、成果转化、人才引育等方面都取得较好成效。2020 年全县 R&D 经费投入 5.34 亿元，同比增长 24.3%，占地区生产总值比重 2.16%；实现高新技术产业增

加值 36.35 亿元，占规上工业增加值比重 60.14%；规上工业企业研究开发经费 7.59 亿元，占营业收入比重 2.65%；高新技术企业 78 家，每千家企业中高新技术企业数 15.94 家；每万人发明专利拥有量 9.49 项，每百万人 PTC 专利申请量 42.45 项；科技型中小企业数 218 家，每千家企业中科技型中小企业数 44.55 家；完成高新技术产业投资 9.1 亿元，同比增长 29.8%，占固定资产投资比重 7.86%。科技创新发展取得明显进步，获 2020 年度市县党政领导科技进步目标责任制考核优秀单位。

【产业创新服务综合体】 2020 年，龙游县轨道交通装备产业创新服务综合体成功列入第四批省级创建公示名单，争取上级财政补助资金 2000 万元，是龙游县成功争取的第二个省级产业创新服务综合体。特种纸产业、轨道交通装备实现产业集聚，努力构建创新生态体系。

【引才聚能】 2020 年，培养省海外工程师 1 人，R&D 活动人员数达 1887 人，研发人员同比增长 21.98%。浙江省领军型科技创新团队倪永浩领衔的龙游金昌“纳米纤维素绿色制备与应用”创新团队已通过验收。

【星创天地培育】 龙游县科技局加强指导、统筹谋划，推进农业双创平台建设，指导渔老大、横山镇等主体申报省级星创天地、农业科技园区。湖镇镇龙游渔老大星创天地入列浙江省科技厅 2021 年省级星创天地备案名单，标志着龙游县首家星创天地创建成功。

图 144 2020 年 11 月 10 日，浙江省科技厅党组书记何杏仁（前排左二）一行到龙游县调研轨道交通装备产业创新服务综合体建设（县科技局／提供）

【构建多层次创新载体】 大力推进科技赋能，聚力整合人才、资金和技术院所，不断扩容裂变载体，提升企业主体创新能力。2020 年，浙江省高速列车转动系统运行研究重点实验室成功认定为省级重点实验室（全省新认定 28 家），成为衢州市第一家由企业承担建设的省级重点实验室。

【技术转移中心】 龙游县科技局围绕县重点产业和重点技术攻关，加大与高等院校、研发机构的对接交流，与浙江科技学院、浙江工业大学、浙江师范大学及陕西科技大学建立技术转移中心，推进龙游科技市场运作，进一步完善科技公共服务平台体系，在成果转化、人才引进、技术难题破解等方面探索建立长效机制，为企业和院校牵线搭桥，推进产学研合作。

【政策保障】 2020 年，龙游县科技局制订龙游县科技赋能产业创新若干政策，围绕科技赋能产业，推动科技、人才、平台等创新要素的培育引进，梳理科技创新思路，为推进创新体系建设，推出《龙游县加大 R&D 经费投入对策研究》《县科技局 2021 年和“十四五”工作思路调研报告》《关于加快“科技龙游”建设的实施意见》等举措，进一步完善科技创新政策体系和制度。

（县科技局 杨敏）

概　述

【概况】 2020年，紧扣县委“14456”工作布局，以全域旅游示范县、公共文化服务体系示范区、全民健身运动模范县、文旅产业融合试验区建设为载体，坚持事业、产业双轮驱动，全面推进文旅体工作，成功创建省级全域旅游示范县和省级文旅产业融合试验区，完成省级公共文化服务体系示范区考核验收。龙游县文广旅体局获“全国新闻出版广播影视系统先进集体”。

【构建全域旅游大格局】 县文广旅体局按照《龙游县打造全域旅游示范县2020年行动计划》，立足“两江”诗路文化风光带，组建旅游专班，聚焦钱塘江诗路文化带龙游段两江走廊全域旅游核心区，加快推进六春湖、红木小镇等一批重大文旅项目建设，文旅产业融合发展，推进业态培育和服务提升，实现全域旅游示范区后时代的持续发力，为奋力打造“重要窗口”积蓄力量，加快推动文旅体产业高质量发展。2020年共接待游客1454.8万人次，旅游总收入93.27亿元，分别恢复到上年同期的84.8%和85.5%，文旅体产业、服务业全面复苏。

【文旅融合高质量发展】 以创建省级文旅产业融合试验区为抓手，以“优秀文化基因传承发展和创造性转化”为主攻方向，实施文化基因解码工程、文旅精品IP工程、体制创新改革工程等，引入社会力量，提升公共文化服务效能。这些举措，获得文化和旅游部的肯定，并多次在全国会议上作交流。六春湖旅游度假区入选浙江省首批山地休闲度假发展试点，龙游石窟国际音乐盛典精品IP影响力不断提升，文旅融合在推动幸福产业、绿色经济高质量发展取得实效。

【公共文化服务提质增效】 以创建省级公共文化服务体系示范区为契机，立足“建成网络健全、结构合理、发展均衡、运行有效，具有龙游特色、地区示范、全省领先的现代公共文化服务体”的总目标，进一步完善公共服务设施网络，全面提升公共文化服务效能，稳步推进“文化基因解码工程”，积极探索具有龙游特色、地区示范、可推广复制的实践经验和理论研究成果。最终形成“1+2+X”（即1个《加快发展县公共文化服务体系建设路径和实现方式研究》课题研究报告、2个正式发布的地方标准和若干由制度设计研究成果转化而来的政策文件）系列成果，实现公共文化服务大提升。

公共文化

【概况】 2020年，龙游县深入开展公共文化服务事业建设，进一步完善公共服务设施，深入推进社会化运营模式，积极开展文艺精品创作，强化文化市场监管，全面提升公共文化服务效能，构建便捷化、标准化、特色化的现代化公共文化服务体系。

【省级公共文化服务体系示范区创建验收】 2020年3月，龙游县公共文化综合体项目在城东新区中央廊道奠基开建。5月，龙游县博物馆正式开馆。实施综合文化站提升改造工程，南孔书屋、市民驿站等一批群众家门口的文化阵地建设完成，并免费对外开放。社会力量参与公共文化建设模式不断优化，全年开展各类活动3000余场次，服务群众超过280万人次。12月14日，顺利完成省级公共文化服务体系示范区创建验收。

【公共服务设施完善】 2020年新建龙游县博物馆、印江南南孔书屋2家，完成南孔书屋、市民驿站等城区文旅驿站7家和石佛、社阳、溪口等乡村文旅驿站建设6家，完成8个图书分馆、15个文化分馆挂牌。实施15个乡镇（街道）综合文化站改

图 145　印江南“南孔书屋”免费向读者开放　（县文广旅体局／提供）

造提升，其中12个综合文化站达到省定一级站标准。

【公共服务效能提升】　开展龙游县文体场馆服务大提升行动，推动服务便利化、智慧化、人性化、特色化、规范化。文化阵地服务时间不断延长，“四馆”（文化馆、图书馆、博物馆、体育馆）节假日不休，文化站每周免费开放60个小时以上。县博物馆配置智能交互设备，全面建设智慧化场馆，提升群众参观体验；县图书馆、南孔书屋、乡镇图书分馆等全部实现智能化通借通还，配置有声图书和电子书站点11个，建成地方特色资源数据库2个，年新增图书5万册，读者办证量、进馆人次较上年增长2.5倍；在“龙游通”上开设“公共文化服务”模块，图书借阅、场馆开放、活动点单，数据均实现实时共享；2020年开展活动直播、培训讲座等线上文化服务300余场，惠及群众250万人次。全年开展各类群众文化活动3000余场，打造“龙游县乡村文艺精品节目创作大赛”“书香龙游全民阅读”等全县性群众文化品牌活动，逐步实现“一乡一节会、一村一品牌”。

图 146　2020年10月15日下午，钢琴家郎朗在龙游石窟国际音乐盛典上举行专场演奏会　（县文广旅体局／提供）

【文艺精品创作】　积极组织文艺骨干创作文艺作品，获省市县多项荣誉。其中舞蹈《睡在我上铺的兄弟》获浙江省群众舞蹈大赛银奖；抗疫歌曲《等你凯旋》获浙江省十佳抗疫歌曲；抗疫歌曲《他乡走天涯》分别在浙江新闻客户端、湖北日报客户端、学习强国、湖北新闻广播、衢州宣传平台等宣传推广，影响广泛；龙游本土画家创作的《荷塘月色》等五幅美术作品入选浙江省群星美术二十家展。

【文化基因解码工程】　梳理完成全县文化元素清单，筛选出552个文化元素纳入全省文化基因库，从生命力、凝聚力、影响力、发展力等维度进行评价，遴选出龙游商帮、龙游石窟、徐偃王文化、姑蔑文化、姜席堰、龙游发糕等19个重点文化元素，从物质、精神、制度、语言与象征符号等方面开展基因解码。

【龙游石窟国际音乐盛典】　10月14—17日，龙游县举办2020年龙游石窟国际音乐盛典。本次盛典以“音乐无界，‘洞’听龙游”为主题，邀请世界顶级钢琴家郎朗、流行乐坛常青树齐秦、全网播放量破亿的自得琴社团队、笛子演奏家杜如松、舞蹈家刘福洋等国际顶尖音乐人（团队），共同打造了一场史诗级的视听盛宴，大大提升了龙游城市品牌的知名度和影响力。音乐盛典通过240余家海内外媒体进行宣发，央视、浙广直播、今日头条等视频直播超20次，国内纸媒报道40多篇，图文信息收看阅读超1000万人次。

（县文广旅体局　杨露）

【图书】　2020年，龙游县新华书店

坚持执行党和国家的出版方针政策，遵守国家出版发行的相关法律法规，落实省集团的决策部署，支持集团的各项改革，确保国有资产的增值保值。加强门市建设，提高服务质量，注重社会效益，担负起宣传党的路线、方针、政策的重任。充分发挥阵地作用，紧紧围绕集团工作要求，认真抓落实，最大限度减少疫情带来的损失。积极服从地方党委、政府的领导，配合地方政府做好各项工作，在全民阅读、创建文明城市等工作中，履行国有企业的社会责任。2020 年，龙游县新华书店完成营业收入 2988 万元，比 2019 年增加 158 万元，增幅 5.58%。完成利润总额 332 万元，比 2019 年增加 22 万元，增幅 7.09%。

党政读物销售发行。龙游县新华书店积极关注省公司的政治读物发行动态，及时在卖场布置展台，堆码陈列，第一时间到宣传部联系后续发行工作，发动员工做好征订工作。政治理论读物征订码洋（统计述语，全部图书定价的总额）总计 109 万元，《习近平谈治国理政》第三卷征订 10085 册，码洋 80.68 万元；《2020 年党员学习参考》征订销售 5585 册，码洋 6.7 万元；《习近平新时代中国特色社会主义思想学习纲要》销售 4420 册，码洋 6.63 万元；2020 年党委（党组）理论学习中心组学习推荐书目（共 8 个品种）共销售 1193 册，码洋 6.54 万元。

店外销售。顾客消费模式的转变，店内销售受电商冲击，增长乏力。龙游县新华书店积极拓展店外业务，在馆藏、农村文化建设的团购上，提前介入，为招投标做好基础工作。中标县图书馆图书合同金额 35 万元，学校图书馆采购金额 30 万元。争取到 2020 年农家书屋图书配送金额 35 万元。认真做好衢州市“衢州有礼 知书达礼”中小学生主题读书活动，采用印发宣传单到各学校、门市展台，用赠送优惠券、员工上门征订等各种营销手段，实现目录销售 9 万元。

多元销售业务。努力拓展新业务，寻找销售新的增长点。积极参与当地教育数码装备的招投标工作。2020 年中标一体机教室、智慧图书馆等 5 起，合同金额 238 万元。积极与教育部门沟通，争取到《空白作业本》地方财政买单，至 12 月末，地方财政买单金额 344.3 万元。

阅读服务。抓当前与谋长远相结合，围绕“文化 +”“书店 +”创新发展路径，优化营销模式和服务方式，提升服务质量，营造良好的阅读环境。2019 年 6 月 20 日，龙游书城完成装修改造，设置专门的图书展示区，还开辟咖吧休闲、阅读、文创展示等区域供读者休闲娱乐，成为集图书、文创产品、休闲、体验于一体的“新零售书店”。卖场设计融入石窟文化、姑蔑文化等元素，有浓厚的本土文化气息。为聚集卖场人气，龙游县新华书店每周日与实验幼儿园联合开展“七彩童话屋”活动，邀请幼儿园老师讲绘本故事，邀请小朋友朗诵诗歌、讲故事、跳舞等才艺表演。暑期举办“桃子姐姐读古诗”“中小学生书法大赛”“阅读点亮童年”读者见面会等活动，受到学生和家长的欢迎。

（县新华书店 叶雪琴）

【新书榜】《龙游年鉴（2020）》 龙游县地方志编纂委员会编，2020 年 11 月方志出版社出版。大 16 开本，精装，488 页，1051 千字，定价 220.00 元，有彩色图版插页 34 页。书号：ISBN 978-7-5144-4446-9。编纂委员会主任祝建东，副主任徐洪水、钟爱红，办公室主任胡炜鹏。主编胡炜鹏，特邀编审劳乃强，副主编叶红军、劳晓天。责任编辑：方冬成、邓根林、阮红霞、肖剑红、吴土根、邱韦、张跃进、陈志祥、钟红芳、姚金良、徐滨、徐根余、盛丽娟。是中共龙游县委、县人民政府主办，县档案馆（史志研究室）组织编纂的地方综合年鉴，全面、系统、翔实地汇辑龙游县年度自然、政治、经济、文化、社会等基本面貌和发展状况。本书以县机关各部门、各乡镇（街道）等为基本记叙主体，全书由 30 个类目组成，记载 2019 年度全县各条战线和各项事业的发展情况，旨在为各级领导资政决策提供依据，为社会各界和中外投资者了解龙游提供丰富翔实的地情资料，并为今后续修《龙游县志》积累资料，是一部政府公报性工具书，是宣传龙游、介绍龙游的金名片。2021 年，该书获评中国地方志指导小组办公室中国精品年鉴。

《龙游文库（2019）》 2020 年 12 月浙江工商大学出版社出版。丛书共 9 册，小 16 开本，总字数 1860 千字，书号 ISBN 978-7-5178-4212-5，定价 298.00 元。包括《余绍宋研究（第一辑）》（刘恩聪编）《余绍宋研究（第二辑）》（刘恩聪编）、《余绍宋方志论丛》（劳乃强选编）、《余绍宋传》（余子安著）、《龙游商帮》（劳乃强、黄国平著）、《古城印记》（方小康著）、《跑腿书记》（邓根林著）、《徐偃王与龙游》（徐金渭著）、《龙游抒怀》（余怀根著）共 9 本书，该丛书包括方志理论研究、人物传记、龙游商帮研究、徐偃王文化研究、龙游古

城溯源与现状等多方面的内容，体裁多样，内容丰富，富有时代特征。其中《跑腿书记》一书被列入衢州市文艺精品扶持工程项目及龙游县文艺精品扶持工程项目。

《无心插柳》 邓根林著，散文集，2020 年 5 月北京团结出版社出版，书号 ISBN 978-7-5126-7831-6，233 千字，276 页，定价 42.00 元。《无心插柳》是作者从 20 多年来发表在各级报刊上的 140 多篇散文中选取的 82 篇积集而成，分编“往事如梦梦如烟”“山水有情情意浓”“乡愁寄月月留香”“清满龙游游人醉”“乡愁最醇醇如酒”“人生感悟悟人生”等六章，作者以故乡龙游的山水风物为背景，展现龙游乡村的美丽风光，抒发热爱家乡的浓浓乡愁，情真意切，文字朴素，语言精练，通俗易懂。作者邓根林，1963 年 7 月 10 日出生，笔名邓林，浙江省作家协会会员，浙江省民间文艺家协会会员。1984 年始发作品，在《民间文学》《故事会》《新故事》《小小说选刊》《辽宁青年》《浙江日报》《浙江法制报》《衢州晚报》《今日龙游》等报刊发表作品 200 多篇，作品屡有获奖。作品《断腿母狼》2011 年在《新故事》发表后，陆续被十多家文学期刊转载，2015 年《微型小说选刊》第 22 期转载后，被选入“2017 届高三名校试题解析系列语文试题金卷”作阅读题，被 16 省市学校选用，2020 年 11 月《断腿母狼》入选《过目不忘：50 则进入中考高考的微型小说（8）》；已出版长篇小说《平凡龙游人》（再版改名《石佛故事》《龙游故事》），短篇小说集《浅水游龙》，长篇报告文学《跑腿书记》等。

《红尘烟火》 赵春媚著，散文集，2020 年 2 月团结出版社出版，242 页 208 千字，书号：ISBN 978-7-5126-7831-6，定价 49.80 元。全书分“故乡的风情”“南北乡的回味”“县城的回忆”“老字号的召唤”“四季的美味”“家的怀抱”六部分，92 篇。赵春媚，浙江龙游人，1977 年 2 月生，浙江省音乐文学学会会员、衢州市作家协会会员，小学语文教师。2008 年开始发表小说、散文等，作品散见于各报纸杂志与公众号。与他人合著《味道里的龙游》。

《圣地》 徐寅著，长篇小说，2020 年 12 月浙江教育出版社出版，225 页 160 千字，书号：ISBN 978-7-5722-1278-9，定价 48.00 元。《圣地》分上部“较量”，下部“有礼”。作者徐寅，本名徐均生，中国作家协会会员，中国微型小说学会理事，衢州市作协副主席，籍贯浙江诸暨，1962 年 4 月出生诸暨，现居龙游。在《小说选刊》《当代人》《新民晚报》等报刊发表微型小说 500 多篇，入选各种精选本 200 多篇，有作品在日本《莲雾》杂志上发表，出版《失忆人》《天塘山的咒语》等小说集 11 部，有十多篇作品入选高中语文高考模拟卷和辅导书，微型小说集《灵魂的颜色》获 2009 年冰心儿童图书奖，短篇小说《麦芽糖的香味》获 2016 年冰心儿童文学新作奖。

《龙游县博物馆馆藏文物精品图录》龙游县博物馆编，2020 年 4 月西泠印社出版社出版，书号：ISBN

978-7-5508-3023-3；字数 100 千字；定价 360.00 元。编委会主任：严建军，副主任：汪存伟，主编：雷栋荣、翁倩琳，摄影：郑旭明。本图录收录从龙游县博物馆馆藏近 5000 件文物中精选出来的 225 件馆藏文物，其中一级文物 5 件、二级文物 21 件、三级文物 92 件。分为“新石器”“商周”“两汉”“三国两晋南北朝”“隋唐五代”“宋元”“明清民国”7 个单元。

《龙游徽戏》 戏剧研究专著，2020 年 11 月中国文史出版社出版，219 页 200 千字，书号：ISBN 978-7-5205-2510-7，定价 68.00 元。龙游县政协教科卫体和文化文史委员会编，主任洪一舟，副主任周巧萍，主编周巧萍，撰稿：方小康、张坤、张建民。《龙游徽戏》有“龙游徽戏的历史渊源”“龙游徽戏的表演艺术和特色”“龙游徽戏著名艺人”“龙游徽戏剧目、曲牌和唱腔”“龙游徽戏的行头和化妆”“龙游徽戏文化”等 6 章，以严谨的考据、翔实的资料阐述龙游徽戏的渊源和发展，探讨龙游徽戏的表演艺术特点，详尽地介绍龙游徽戏的著名艺人及其艺术成就，为保护和发扬龙游徽戏艺术提供全面的理论支持。

（县档案馆　邓根林）

文物和非物质文化遗产保护

【概况】 2020 年，龙游县文化和广电旅游体育局深入实施文物保护传承行动，文物保护利用及非物质文化遗产保护工作进展顺利。全年新增第五批县级文物保护单位 48 处、不可移动文物保护工程 32 处，新增市级非遗保护名录 5 个，成绩显著。

【龙游县博物馆】 2020 年 5 月 13 日，龙游县博物馆正式开馆，馆藏文物及标本近 5000 件，下设历史文化展厅、地质历史与生态资源展厅、龙游民俗文化展厅、余绍宋生平与作品专题展厅、包辰初美术馆以及临展厅，是一座集收藏、研究、保护、展示和教育功能于一体的县级综合性博物馆。先后举办“衢地物语——百件文物讲述衢州万年故事”衢州精品文物专题展览、“清风雅致——衢州市博物馆藏精品扇面展”等精品展览，开设“凤梧讲坛”主题专家讲座，成为衢州远近有名的网红打卡点。

【不可移动文物保护】 新增第五批县级文物保护单位 48 处，红军标语墙和傅氏民居列为第一批省级革命文物，傅氏民居保护利用申报为省级优秀案例。完善第七批省保单位 18 处 89 点的“四有”（有保护范围、有保护标志、有记录档案、有保管机构）档案，完成“三普（第三次全国文物普查）登记文物点”复核工作。完成省保大南门建筑群和沐尘塔的工程方案报批。全年完成不可移动文物保护工程 32 处，其中国家文物保护单位 1 处、省文物保护单位 7 处、县级文物保护单位 11 处、文物保护点 1 处、第三次全国文物普查登记 12 处。荷花山遗址入选省级第三批考古遗址公园，启动遗址公园项目前期工作，编制《荷花山遗址保护规划》。

【文物安全监管】 开展文物建筑消防安全三年整治行动、文物电气隐患专项整治巡查、汛期安全巡查、迎大庆消防隐患排查等行动，出动检查 386 人次，巡查文物 530 余家次，委托第三方机构开展文物安全巡查工作，发现并整改隐患 62 处。同时聘请专业白蚁防治公司在国家文物保护单位关西世家和省文物保护单位溪口翁氏大院等地开展有针对性的白蚁防治，全年完成文物建筑各类虫害防治 303 幢。

【文物考古勘探】 积极开展文物考古调查勘探工作。组织开展湖镇南山塘水库考古调查勘探，开展小南海翠光岩、溪口镇石角村考古调查工作。同时开展两处区域文物评估工作，第一处为气象站办公用房扩建项目用地的文物评估，第二处为东华街道五爪垄龙游中学拟迁建用地的文物评估。

【非物质文化遗产保护】 新增市级非遗保护名录 5 个（龙游印泥制作技艺、龙游莲子酿造技艺、龙游鲜竹酒制作技艺、龙游观音素麻饼制作技艺、龙游传统旗袍制作技艺），县级非遗名录 10 个。至 2020 年年底，全县有国家级非物质文化遗产代表性名录1个、省级15个、市级49个、县级170个。龙游皮纸制作技艺、龙游发糕制作技艺、龙游酥饼制作技艺传承基地入选衢州市首批非遗体验基地。全年开展非遗培训传承活动19场次、走亲活动11场次、送戏下乡100场次。

（县文广旅体局　杨露　周佳俊）

史志工作

【概况】2020年，龙游县档案馆（县史志研究室）延续原龙游县史志办公室以“工作项目化、项目清单化、清单责任化”的方式，抓实一批史志编纂项目，通过提高党史、地方志工作科学化水平，更好地发挥党史、地方志“存史、资政、育人”的作用。围绕史志研究，争创特色亮点。2020年11月，经中国地方志指导小组第一轮专家评选，《龙游年鉴》首次进入国家级“中国年鉴精品工程”二轮评选，实现衢州市历史上“零的突破”。2021年4月，《龙游年鉴（2020）》被中国地方志指导小组办公室正式公布入选第五批中国年鉴精品工程的18部中国精品年鉴名单，成为浙江省2021年度唯一进入中国年鉴精品工程的年鉴；浙江省唯一进入中国年鉴精品工程的县级年鉴；衢州市唯一进入中国年鉴精品工程的年鉴。

【承办全省、全国高层次会议】主动与省委党史和文献研究室对接，承办“浙江省青年党史工作者沙龙”。这是龙游建县以来第一次承办全省党史系统的会议。7月9日、10日两天，全省11个地市的近40名党史研究青年才俊汇聚龙游，听取龙游县“8090新时代理论宣讲团”工作情况，考察龙游红木小镇、革命烈士事迹陈列馆，对龙游县的党史研究、经济社会发展给予极高的评价。省委党史和文献研究室副主任王祖强对龙游县的承办工作给予高度肯定。根据县委要求完成“纪念《共产党宣言》华岗中译本出版90周年暨马克思主义中国化研讨活动”的相关承办工作，成功对接省委党史和文献研究室，邀请到副主任王祖强到会指导，并在省委党史研究杂志上发表相关的文章。

【推进党史研究工作】按照《中共中央关于加强和改进新形势下党史工作的意见》《中共浙江省委贯彻落实〈中共中央关于加强和改进新形势下党史工作的意见〉的实施意见》精神，年初与市党史科三卷编辑对接，拟好《关于做好〈中国共产党龙游历史〉第三卷（1978—2002）》编纂工作的征求意见稿，修改完善《中国共产党龙游历史》第三卷的“编撰纲目”和“龙游县改革开放新时期党史专题”，现已完成《龙游复县后历届党代会、人代会报告汇编（1983—2019）》中的历届县委工作报告、县政府工作报告的收集和校对，形成资料汇编初稿。初步完成溪口区公所（1979—1983）、湖镇区公所（1979—1983）、中共龙游县委（1983—2002）文件资料收集。继续推进华岗研究工作，组织安排相关人员进行《华岗全集》文稿自校。与原出版印刷合作单位解除合同，联系对接新的出版社，洽谈印刷出版相关事宜。

【编纂地方文化研究成果】推进《龙游文库（2019）》丛书出版。对《余绍宋方志论丛》《余绍宋研究（第一辑）》《余绍宋研究（第二辑）》《余绍宋传》《龙游商帮》《古城印记》《跑腿书记卓彦庆》《徐偃王与龙游》《龙游抒怀》9本书进行文稿审核校对，三审完成后，对接出版社，对封面、版式设计及正文做出定稿并出样书，送各书作者审定后，于2020年12月正式出版发行。继续做好《高坪桥水库志》编纂。《高坪桥水库志》按原纲目共有10卷，在前期完成8卷基础上，考虑到具体内容和卷与卷之间分量及相对的独立性，对纲目作适当调整，增加到12卷，即第九卷试运行、第十卷竣工验收、第十一卷陈列、第十二卷丛录。已基本完成第九卷、第十卷的编纂工作，

图147　2020年7月10日，“浙江省青年党史工作者沙龙”在龙游县举行

（县档案馆／提供）

编纂进度与高坪桥水库建设同步，至年底已基本完成初稿编纂。落实《龙游史志》专刊的编印工作。通过购买社会化服务的方式，委托县地方志学会成功编印《龙游史志（新冠肺炎防疫专刊）》，2020年共编印《龙游史志》期刊2期。完成《中国地方志年鉴（2020）·浙江部分》龙游县组稿上报，根据2019年县档案馆（县史志研究室）史志编纂工作成果，共撰写1.2万多字的文字材料，并配插图片，上报给市档案馆方志编纂处审核。

【开展史志宣传】 通过资源整合共享，制作23块“6·9”档案宣传主题展板，6月9日在县舒心馆广场开展“档案见证小康路、聚焦扶贫决胜期”主题展览，同时开展赠书、咨询活动，向市民赠阅《龙游史志》“两江走廊”专刊、清廉文化专刊、龙游档案七十年专刊及抗击新冠肺炎疫情专刊、家庭档案、掌上查档宣传册等400余册。做好党史宣传，继续抓好“档案史志论坛”，筹划“足迹——龙游县革命遗迹故事”出版方案，积极为2021年中国共产党成立100周年系列活动做准备。探索档案文化项目建设。制作“华岗‘共产党宣言’译本展览馆”项目谋划PPT。与县发改局联合编制《明珠龙游·活力花园——龙游大花园建设巡礼》图册，助力龙游成功获得“浙江省大花园建设10强县”。

【《龙游年鉴（2020）》入选“中国年鉴精品工程”】 2020年4月，在龙游县档案馆（县史志研究室）全体干部职工的努力下，《龙游年鉴（2020）》成为唯一代表衢州市进入浙江省参评“中国精品年鉴”的候选名单。为在省级评选胜出，县档案馆（县史志研究室）全体上下坚持提升编纂质量，全年召开8次年鉴培训会议，认真学习年鉴编纂规范实施细则，精心修改年鉴稿子，5月，经浙江全省联评，最终龙游县与洞头区一起代表浙江被推荐至中国地方志指导小组，参评“中国精品年鉴”。5月中旬，按照中国地方志指导小组办公室要求，县档案馆（县史志研究室）及时将《龙游年鉴（2020）》篇目汇总上报。7月底，基本完成年鉴初稿修改工作，送省地方志办公室评审。根据省志办专家意见进行修改，9月，上报送审稿给中国地方志指导小组。11月，经中国地方志指导小组第一轮专家评选，《龙游年鉴》再向“国家级”荣誉迈进一步，成为浙江省唯一一个进入二轮评审的年鉴。11月27日，在短短10天时间内，县档案馆（县史志研究室）及时完成中国地方志指导小组专家的修改意见，按时上报《龙游年鉴（2020）》修改稿的PDF版本至中国地方志指导小组办公室，正式参加中国年鉴精品工程2020年第二轮评审。这是《龙游年鉴》首次进入国家级“中国年鉴精品工程”二轮评选，也是衢州市至今唯一的一次。2021年4月，《龙游年鉴（2020）》被中国地方志指导小组办公室正式公布入选第五批中国年鉴精品工程的18部中国精品年鉴名单，成为三个唯一：浙江省2021年度唯一进入中国年鉴精品工程的年鉴；浙江省唯一进入中国年鉴精品工程的县级年鉴；衢州市唯一进入中国年鉴精品工程的年鉴。实现衢州市历史上“零的突破”。

（县档案馆　劳晓天）

图148　2020年12月11日，全国年鉴研讨会在福建省三明市召开，龙游县档案馆馆长胡炜鹏介绍龙游年鉴编纂经验　（县档案馆／提供）

旅　游

【概况】 2020年，龙游县以深化全域旅游示范县建设和省级文旅产业融合试验区创建为载体，组建旅游专班，聚焦钱塘江诗路文化带（龙游段）、“两江走廊”、全域旅游核心区，加快推进六春湖、红木小镇等一批重大文旅项目建设，文旅产业融合发展，推进业态培育和服务提升，实现全域旅游示范区后时代的持续发力，为奋力打造“重要窗口”积蓄力量，推动文旅体产业高质量发展。2020年共接待游客1454.8万人次，旅游总收入93.27亿元，分别恢复到上年同期的84.8%和85.5%，文旅体产业服务业全面复苏。

【省级全域旅游示范县创建】 2020年，龙游县围绕“两江”风情文化旅游带建设战略布局，实施“龙头

图 149　国家 AAA 级景区龙游姑蔑城生态园全景　（县文广旅体局/提供）

项目引领工程、核心产品培育工程、文旅融合改革工程、市场营销聚人气工程、配套服务提升工程”等五大工程，强化组织领导、要素供给、监督考核、氛围营造，不断提升龙游旅游新形象，成功创建“浙江省全域旅游示范县”。

【文旅项目建设】 聚焦旅游开发“两江化一龙”专项行动，加快推进六春湖景区、姜席堰景区、红木小镇、龙山运动休闲康养度假区等重大旅游项目建设。2020 年度计划投资 17.79 亿元，实际完成投资 19.23 亿元，投资完成率达 108%。六春湖项目纳入省文旅厅重点项目及全省首批山地休闲度假试点，完成衢龙公司组建，总投资 2 亿元的“浙江第一索”开通运营。红木小镇 6 月高质量通过省级特色小镇验收命名，9 月正式开园，并获得省政府 100 亩用地指标奖励；完成《姜席堰世界灌溉工程遗址旅游区》规划初稿；龙山运动休闲康养度假区项目二期谋划落地；姑蔑城生态园景区项目稳步推进。双江口主题酒店公园、城东商业综合体等一批文旅项目开工建设，龙游石窟、民居苑、大南门历史文化街区等一批改造提升项目稳步推进。

【乡村旅游发展】 出台《龙游县民宿提升发展三年行动计划（2020—2022 年）》，2020 年验收新开办民宿 17 家。投资 600 万元的溪口镇石角村听涧民宿、小南海镇周红坂村悠然水居民宿均已完成建设并投入运营；2020 年 10 月，投资 2000 万元的竹栖谷民宿项目二期建成并投入运营；投资 5000 万元的石佛乡南山古村民宿建设有序推进。开展丰富多彩的乡村旅游推介宣传活动，拍摄“县长带您游乡村”1 分钟推介视频，举办大街乡芍药花节、塔石镇油菜花节、小南海镇枇杷采摘节等系列“线上”活动。2020 年乡村休闲旅游业共接待游客 465 万人次，恢复至 2019 年的 67.79%；实现直接营业收入 3.829 亿元，恢复至 2019 年的 69.32%。

【文旅产业融合试验区创建】 龙游县以“优秀文化基因传承发展和创造性转化”为主攻方向，成立领导小组，建立健全联席会议制度，整合多方力量，统筹安排 3000 万元文旅产业发展专项资金，举全县之力推进文旅融合发展。将文旅产业融合发展工作纳入县政府综合目标考核，县人大、县政协将文旅产业融合发展试验区培育工作纳入监督视察范围，形成齐抓共管的良好局面。实施文化基因解码工程、文旅精品 IP 工程、体制创新改革工程等，引入社会力量提升公共文化服务效能。这些措施获得文化和旅游部的肯定，多次在全国会议上作交流。六春湖旅游度假区入选浙江省首批山地休闲度假发展试点，龙游石窟国际音乐盛典精品 IP 影响力不断提升，文旅融合在推动幸福产业、绿色经济高质量发展取得实效。龙游县入围 2020 年浙江省级文旅产业融合发展试验区培育名单。2020 年 12 月 23 日，龙游县被正式命名为“浙江省文旅产业融合试验区”。

【重大文旅活动】 先后谋划举办“匠心筑梦　潮起龙游”红木小镇开园、2020 龙游石窟国际音乐盛典、绿色中国行——走进美丽龙游等一系列重大文旅活动。这些活动结合地摊经济、美食夜市、旅游采风等方式吸引大批周边地区人员到龙游消费。首次在活动中“试水”市场化运作，累计吸引线下观众6000人次，线上关注超1500万人次。国庆、中秋期间，龙游县共接待游客124.72万人次、同比增长2.7%，实现旅游总收入7.46亿元、同比增长2.86%。

【文旅市场监管】 新审批广播电视节目制作经营单位2家、营业性演出3场、歌舞娱乐场所2家、游泳场馆2家、游艺场所1家。紧紧围绕文化旅游场所监管、疫情防控常态化检查、扫黑除恶专项斗争决胜年、扫黄打非整治等重点工作，积极对景区、星级酒店、网吧、娱乐场所等开展安全监管巡查工作。全年共出动日常巡查635人次，检查场所1229家次，发现违规场所6家次，行政处罚立案调查6件，办结案件6件，收缴非法出版物900余册。开展非法卫星电视接收设施整治行动，出动检查20次，查处非法安装卫星电视接收设施50户，其中强制拆除42台，取缔销售点1处。

（县文广旅体局　杨露）

新闻传媒

【概况】 2020年，龙游传媒集团以习近平新时代中国特色社会主义思想为指导，全面贯彻落实中央、省、市、县宣传思想工作会议精神，坚持围绕中心，服务大局，突出新闻宣传和事业建设两大主业，不断推动媒体深度融合，努力释放“1+1+1＞3”（龙游县广播电视总台、县委新闻中心和县委报道组合并）乘数效应。龙游传媒集团获浙报集团年度十佳最具传播力奖、全省融媒20强、十佳新媒、十佳优秀支站、全省广播电视融合协作奖等荣誉称号。媒体融合工作在《龙游信息》专报刊登，并得到县委书记张晓峰的批示。在2020年第三、四季度执行“十条军规”工作较好典型事项中，龙游传媒集团被县委县政府通报表扬，并记集体三等功。

【传统媒体】 结合新冠肺炎疫情防控、双招双引、创建省示范文明县城、“八个一”城市打造、“五县四最”、国土整治大会战等中心工作，开设奏响双招双引主旋律、勇担窗口新使命、奏响实干最强音、创文明示范城做有礼龙游人、国土整治大会战、“8090”新时代理论宣讲、走向我们的小康生活等20多个专栏，全面解读政策，及时跟进工作动态，宣传典型人物，摆出阵势、形成声势。继续办好《龙游新闻》《下班归客》《954早高峰》等品牌栏目。《今日龙游》顺应受众阅读习惯，推出微读报形式，在文学副刊开辟“我的宣讲故事”等专栏，完善扫码阅听、扫码看视频等功能，提升受众体验感和参与感。加强舆论监督，在龙游电视台、《今日龙游》、“微龙游”等媒体平台开设“失礼曝光台”舆论监督栏目，有效推进文明新风。坚持反向倒逼，全力以赴办好“电视问政”栏目，围绕“省示范文明县城创建”主题，录制播出4期电视问政，促进相关问题的整改，补齐龙游县创建省示范文明县城的短板。

【新媒体】 融入新创意、新技术、新手段，强化H5、短视频、直播等互动产品打造，以通俗易懂的方式开展主题宣传，记录新闻现场的动人时刻。强化视音频生产，紧紧围绕中心工作，制作推送新闻故事、公益宣传等内容的短视频。《这束光，照亮了城市的夜》《战士凯旋进不了家门》等点赞量过百万次，并被“学习强国”等平台采用；精心打造“主播+”系列，推出“主播说”“主播说•云游”“主播说•探店”等，为宣传疫情防控知识、推进暖街行动助力；推出“8090微现场”“8090微播报”“云上课堂”等多个视频专栏，为新时代理论宣讲工作营造舆论氛围；推出漫画、H5制作平台等新颖防疫作品150多件，制作《加油，龙游》等短视频产品120个，总播放量超80万次；“主播说”、感动“疫”刻等栏目深受百姓欢迎，累计浏览量500多万人次。围绕“村播”“企播”“文播”等主题内容开展全媒体策划，多元化传播，通过直播活动宣传推广农特产品。与浙江广电好易购开展“缘

图150　2020年6月28日，以“省示范文明县城创建”为主题的“电视问政”栏目开播

（龙游传媒集团／提供）

来红木·礼遇龙游”淘宝直播活动，线上观看量达31.47万人次，点赞133.4万人次。与县人力资源部门联合策划“直播带岗 ‘职’等你来”龙游县大学生招聘直播专场活动。联合龙游“饿了么”、龙游团县委开展“梨不开你”爱心助农活动，由“饿了么”进行定点收购，并利用“微龙游”“龙游传媒”微信平台进行二次传播，帮助龙游县官村村卖出黄花梨5万千克。

【对外宣传】 聚焦各项工作重点，积极拓展外宣平台，开展与县外媒体的深度合作，建立健全与中央、省、市级主流媒体对接机制。赴新华社浙江分社、人民日报浙江分社学习交流外宣工作，开辟中央媒体外宣新渠道；深化与浙报集团、浙江广电等合作关系，在衢州市率先挂牌成立浙报集团县级融媒体中心共享联盟龙游工作站，县级融媒体合作传播力榜单两次位居衢州榜单第一、全省前十。抓外宣稿件质量，对外宣传工作再创佳绩，2020年向新华社、《光明日报》等中央级媒体刊播集团报送新闻21条；“学习强国”平台190条；《浙江日报》刊登相关新闻74条，《衢州日报》刊登494条；浙江卫视相关栏目录用集团报送新闻67条，《衢州新闻》《衢广新闻》播出集团报送新闻286条。其中，“龙游通”智能防控、知“码”开门、十条暖心举措等做法获人民网、《光明日报》《浙江日报》点赞。集团报送的“公勺公筷”报道在《浙江新闻联播》播出，并得到省委宣传部领导的批示。6月9日，龙游好人好事登上CCTV-13《新闻直播间》栏目等。主动与《光明日报》等上级媒体对接，深挖龙游“8090”新时代理论宣讲工作典型，采用深度报道和跟踪报道相结合的形式，及时上送“8090”宣讲最新动态，在中央电视台《新闻联播》、《光明日报》、《中国青年报》等国家级权威媒体刊播龙游经验，相关报道获得中央、省、市等多位领导批示。

图151 2020年8月15—21日，龙游传媒集团策划主办为期7天的“2020团石德爵迷辣啤酒音乐节” （龙游传媒集团／提供）

“8090新时代理论宣讲团”精品课程点击量突破100万次。

【事业建设】 积极推进城区旧城改造的网改工程，对文三小区一区、越园小区、翠光一区、兴龙北路江滨综合楼区块、农业银行生活小区进行改造。配合创卫工作，对城区线缆铺设混乱情况进行排查，并及时做好督查问题整治，排查和整治了县城50多处线路、联合管道窖井破损修理和部分光交箱的迁改等。在士元实验区美丽大花园建设和“两江走廊”建设项目中，网络传输、技术运维等团队主动担责，及时配合做好相关杆线的迁改和拆除，确保政府项目的正常推进。在美丽乡村建设中，通过对全县农村网络情况的摸底，积极做好配合和保障，完成杆线落地、线路改造和增设光节点等工作。

【产业发展】 在巩固传统用户的同时，传媒集团积极拓展新的信息化业务。充分发挥视频传输、安全保障、已建成光纤网络资源等方面的传统优势，积极参与城市信息化、政府信息化建设工作。2020年先后在龙游县公安局第三期视频监控系统升级和继续运维项目、社阳乡凤溪村视频监控系统项目、十里坪监狱监内线路改造工程中标。聚焦乡村振兴主题主线，激活乡村夜市经济，策划举办小南海团石村“7天7夜迷辣啤酒音乐节”活动，吸引15万多人流量，线上直播40万多次观看量，将夜景转化成集夜游、夜赏、夜品、夜购为一体的“夜经济”。围绕龙游石窟、红木小镇、六春湖旅游度假区等主题场景，统筹策划，全媒联动，全方位助推2020龙游石窟国际音乐盛典、红木小镇开园、绿色中国行等系列活动，取得经济效益和社会效益双丰收。

【助力中心工作】 围绕新农村建设整治、新小区建设、道路建设或扩建、土地整治、村楼堂建设等县委、县政府重点项目，做好杆线迁改和弱电配套工程建设等工作。在士元实验区搬迁工作中，攻坚克难，实现第一批47户搬迁签约、腾空交接、房屋拆除和土地流转“4个100%清零”。为配合全省新时代青年理论宣讲工作现场会的召开，集团抽调精干力量，高质量完成《青春力量——8090新时代理论宣讲团》宣传片，并组织人员参加现场会精品课程的筹备和撰写，推荐骨干宣讲员，参与相关节目录制，集团记者姜贤帅被县委、县政府授予个人三等功。坚持“一把手”领衔招商，成立招商项目小组，建立健全招商引资联络机制，积极外出对接洽谈，搭线上海“哔哩哔哩”高端平台等一批优质主体。至2020年年底，通过研判项目7个，落地项目3个，总投资1.5亿元。

（龙游传媒集团　黄婷）

体　育

【概况】 2020年，龙游县以省市县民生实事项目建设为抓手，进一步推进体育公共基础设施建设，夯实体育服务基础，广泛开展“线上线下”全民健身活动，切实加强科学健身指导，完善全民健身组织体系建设，积极宣传体育健身文化，努力培育体育运动休闲产业，助力龙游县经济社会发展。

【体育设施建设】 以省市县民生实事项目建设为抓手，推进体育公共基础设施建设。2020年完成5个多功能运动场、1个游泳池、7个百姓健身房、21个小康体育升级工程、10个健身苑点（含2个城区百姓健身房）等公共体育设施建设，完成19处破损体育设施的更新维护。

【全民健身工程】 2020年，组织开展各项城乡体育赛事32次，参赛人数超7500人次，其中农村文化礼堂运动会吸引46个行政村497名农民运动员参加。开展各类体育线上培训活动10次；引入社会力量承办体育赛事活动17次，参与人数超3800人次，发放补助资金30万元，助推全民健身运动。全县有70人获得三级社会指导员资格，充实社会体育指导员人才库，为全县群众体育运动的普及和发展积蓄人才力量。先后派出280余名运动员参加省青少年锦标赛、省少年儿童田径冠军赛、市级各项锦标赛及阳光运动会等省市级比赛，收获53金、66银、57铜。新增1家县级体育协会（龙游县跑步运动协会），县级体育协会达到25家，3A级体育单项协会达10家，占比40%，全民健身组织体系进一步得到完善。

【体育运动休闲产业发展】 2020年，龙山运动旅游度假区创新政企合作模式，积极对接青少年足球训练基地建设，谋划打造中小学研学基地和拓展训练基地。大力扶持培养体育产业，申报浙江省体育产业引导资金项目1个（龙游县国家级登山健身步道）；龙和垂钓中心获评浙江省运动休闲旅游优秀项目，争取到体育产业疫情补助资金22万元。

（县文广旅体局　杨露）

2020年度龙游县承办市级及市级以上体育活动一览表

表41

序号	活动名称	主办单位	承办单位	活动时间	参加人数	活动地点
1	衢州市青少年（儿童）乒乓球锦标赛	衢州市体育局、衢州市教育局	龙游县青少年体育运动学校（龙游县体育馆）	11月6日至8日	197	龙游县体育馆
2	第三届浙江钓鱼会员联赛	浙江省钓鱼协会	衢州市钓鱼协会、龙游县钓鱼协会	12月19日	185	龙游红木小镇国际垂钓中心

卫生健康

概　述

【概况】 2020年，龙游县卫生健康系统下属龙游县人民医院、中医医院、妇幼保健计划生育服务中心（妇保院）、疾病预防控制中心、卫生监督所、龙游县卫生健康服务中心、龙游县爱国卫生发展中心等8家县属医疗卫生单位,有乡镇（街道）卫生院（社区卫生服务中心）15家（其中中心卫生院4家），村卫生室214家，城区社区卫生服务站4家，民营医院21家,民营门诊部4家,个体诊所78家,医务室、卫生所6家。全县共核定床位1733张，实际开放床位1912张，每千人拥有床位5.07张，其中县人民医院实际开放床位800张，县中医医院实际开放床位250张，21家民营医院实际开放床位683张（占全县总开放床位的35.72%）。全县医疗机构共有卫技人员2460人，占总在岗职工人数的76.6%，其中，执业（助理）医师1030名，乡村医生219名，每千人口医生2.73人(不含乡村医生)；执业护士1005名，每千人注册护士数2.67名。2020年全县医疗收入7.92亿元，医院收入6.6亿元，其中人民医院3.57亿元、中医医院1.48亿元、妇保院0.18亿元、乡镇卫生院0.74亿元、民营医院1.49亿元。2020年，面对突如其来的新冠肺炎疫情，全县卫生健康系统深入贯彻上级指示精神，奋力担当县委、县政府赋予的重大职责使命，统筹推进疫情防控和改革发展，战疫“一条心”、工作“一盘棋”，疫情防控交出高分报表，综合医改攻坚战切实推进，系统党的建设纵深有力推进，各方面工作均取得新进展新成效，圆满完成各项目标任务，并受到社会各界的充分肯定：龙游县卫生健康局党委、县人民医院党委、县疾控中心和溪口中心卫生院4家单位被中共衢州市委、市人民政府授予“衢州市抗击新冠肺炎疫情先进集体”，县卫生健康局党委和县人民医院党委被中共衢州市委命名为“衢州市先进基层党组织”，县人民医院感染性疾病科被授予“衢州市三八红旗集体”和“衢州市工人先锋号”荣誉称号，还有一大批卫生健康工作者受到县委、县政府表彰。在2020年度的县机关部门综合考核中，龙游县卫生健康局获“二等奖”。

【县域医共体建设】 积极打造医共体分院“一院一品一特色”,派出“巡回医疗车”，走进校园和乡村，助力高考体检和居民健康体检工作，既最大限度地提供便捷、多样化的医疗卫生服务，又降低院内交叉感染概率，成为龙游县疫情防控的一大亮点，《衢州日报》对此进行专题报道。2020年优质服务基层行达标的乡镇卫生院（社区卫生服务中心）占66.7%。医共体总院全年共计下派专家1156人次，直接受惠群众达2万余人，就诊率65.12%，较上年提升1.99个百分点。“优质服务基层行”10家分院通过省级验收，占66.7%，其中溪口分院达到推荐标准。全县分院累计建成市级特色专科8个（新增1个），完善县乡村三级整合联动的医疗卫生服务体系，方便群众在家门口看病就医。

【基层中医药服务】 发挥县中医医院中医药服务示范基地的带教作用，在9月全省首批基层常见病多发病中医药适宜技术推广基地建设单位验收中，龙游县基地位列全市第一。石佛乡卫生院等4家乡卫生院中医馆已投入使用，基层中医馆建设率达100%。全县168家村卫生室均配备、更新中医诊疗技术包，78.5%的村卫生室能提供中医非药物疗法，其中溪口中心卫生院疼痛专科、湖镇中心卫生院中医疼痛专科、横山和塔石中心卫生院中医科被评为“衢州市乡镇卫生院特色专科”。

医疗改革

【概况】 龙游县自2009年以来，先后被列入全省24个医改试点县、首批实行基本药物“零差率”销售试点县、省内国家数字卫生样板示范县和全省29个公立医院改革试点县。2019年，龙游县持续推进“健康龙游”建设，于2月23日召开龙游县医共体建设动员大会，4月3日召开全县医共体建设推进会，并举行暨授牌仪式。至此，龙游县县域医共体建设全面铺开。2020年，在继续保持县级公立医院改革、基本药物制度改革等改革公益性基础上，进一步深化综合医药卫生体制改革，加大医疗资源下沉和社会办医力度，继续推进责任医生签约服务工作，逐步构建分级诊疗良好格局。

【“健康龙游”建设】 在坚决贯彻落实常态化疫情防控举措的同时，抓住高质量高水平推进健康龙游建设的“总目标”，联合县委党校举办健康龙游建设专题培训班，推动龙游县大卫生、大健康理念的贯彻落实。4月14日，顺利通过省健康办对龙游县2019年度健康浙江建设相关工作落实情况的实地检查，考核等次优秀。多形式开展健康宣教，播放健康教育音像资料1.4万余小时，设置300余个健康教育宣传栏，举办健康教育讲座、健康教育咨询活动1400余次，倡导健康生活方式理念。全年累计创建健康促进学校金牌1家、银牌3家、铜牌9家，创建健康家庭943户。全力推进无烟环境建设，力争实现无烟党政机关创建全覆盖。

【医疗卫生服务领域“最多跑一次”改革】 圆满完成构建规范化的诊疗模式等五大项、23小项工作考核目标。县级医疗卫生单位依托浙江省互联网医院、平安互联网医院等平台，持续推进“互联网+”服务，为常见病、慢性病复诊提供在线服务、居家护理等服务，新增“智慧药房”信息系统等功能，初步实现取药“随到随取”、刷脸支付。持续推动医疗卫生服务项目向基层医疗卫生机构延伸，

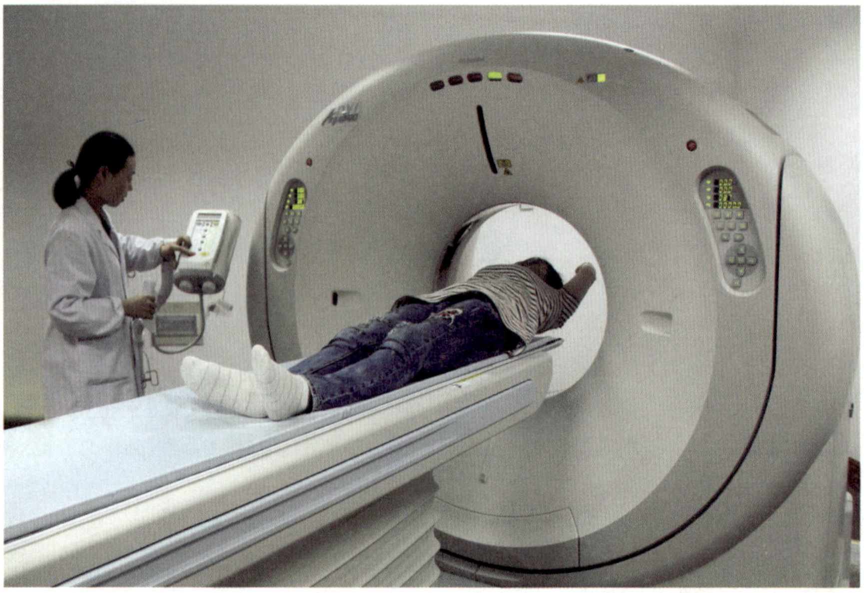

图152 龙游县人民医院放射科医生利用原装进口的螺旋CT为病人做检查 （县卫生健康局／提供）

龙游县15家医共体分院均开通智慧结算、信息互联互通，是全市首个基层100%实行诊间支付的县（区）。

【医联体合作办医】 依托“浙江大学高水平医联体”合作项目，县人民医院于5月22日开机运行龙游县首台DSA，7个多月来共计开展冠脉造影203起，心内支架介入45人次，安装临时起搏器10例、永久起搏器13例。下半年，引进并正式启用进口60排螺旋CT机、1.5T核磁共振两台大型设备，不仅让全县广大人民群众在家门口就能享受到高端医疗设备带来的便利和实惠，同时还极大的满足医院学科临床诊疗和教学科研的需求，真正实现医学数字成像技术质的飞跃。2020年新成立孟旭莉等7个专家工作站（全县共有17个省对县专家工作站），上级医院下派医务人员指导帮扶1469人／日，帮扶心内科等十大专科。修订“浙江大学医学院附属邵逸夫医院龙游分院潜力医生培养”方案和考核细则，筛选第二批潜力医生共13人（累计36人）送往邵逸夫医院培养，进一步加快卫健人才成长速度。

【责任医生签约】 2020年，龙游县15个乡镇卫生院、社区卫生服务中心共组建家庭医生签约服务团队118个，至2020年年底，龙游县共完成签约人数17.11万人，完成总签约率的42.36%，其中慢性病、老年人、0—6岁儿童、孕产妇、计划生育特扶、残疾人、特困、结核病患者和严重精神障碍患者等10类重点人群签约数13.48万人，覆盖率为83.92%，其中残疾人签约覆盖率92.23%、计生特扶签约覆盖率98.37%、特困人群签约覆盖率95.86%。

（县卫生健康局 余婧）

疾病预防控制与公共卫生

【概况】 2020年初，新冠肺炎疫情突如其来，县卫健局严格按照上级指示精神，完善平战结合的疫情防控新体制，在防疫的“主战场”守护群众健康，实现“零确诊”的阶段性成果。在随后的常态化疫情防控中，县卫健局又以本次疫情为契机，坚持以人民健康为中心，着力提升全县疾病预防控制体系能力建设，推进织牢织密公共卫生安全防护网，推动龙游县卫生健康事业全

面协调发展，为龙游百姓筑牢卫生健康防线。

【疫情防控工作】 县卫健局应对疫情，立即抽调16人到县指挥部集中办公，主动承担起全县医疗救治、人员管控、物资调拨等多项重要职能。坚持与上级政策和工作流程同研判、相匹配，梳理下发全县疫情防控的工作步骤、流程图、承诺书等，推动精准防控。一级响应期间，局机关全体工作人员、各医疗卫生单位、县疾控中心全体取消休假，按照统一部署，组织力量投入值守、摸排等各项工作，随叫随到。与此同时，积极克服人员紧缺的困难，派选6名骨干医护人员支援武汉。建立健全龙游县新冠肺炎救治专家组、救治小组、随访工作小组，落实“两员两监督一巡查”制度。设立预检分诊体温检测点共计350余处，两家县级医院的发热门诊实行“错峰制”管理。指定县人民医院为定点收治医院，完成后备医院、方舱医院建设方案，分别配备140张、266张床位。全县建成PCR实验室3家，配备4台荧光定量PCR仪器等设施设备，每天最多能检测1000余份核酸样本和抗体样本。安排203名驻企健康指导员走进企业，实现336家规上企业、593家中小企业以及富民、遂金两个小微企业园区22家企业的健康指导全覆盖。成立驻校助学健康指导员队伍，对全县172所中小学校（托幼机构）采取“一校一员”的方式，协助学校开展健康管理工作。根据《国务院关于抓紧做好重点人群新型冠状病毒疫苗接种工作的通知》要求，龙游县重点人群新冠病毒疫苗紧急接种工作有序推进。

【疾病预防控制】 2020年龙游县共报告法定传染病17种，1552例，报告发病率为384.16/10万，1例死亡病例。全县范围内开展严重精神障碍患者专项排查工作，排查患者422人，累计1927名建档登记在册，管理率100%。加强常规免疫管理，开展慢病监测，巩固“慢性病综合防控示范区”创建成果。至年底，全县高血压患者规范管理率71.47%，糖尿病患者规范管理率71.36%，均完成省级考核管理任务数。此外，县卫健局共对全县8个历史血吸虫病流行重点乡镇（街道）开展春季查螺工作，由乡镇卫生院负责协调实施，共轮查26个村，共投入1568多个工时，查螺面积达68.18万平方米，对10名晚期血吸虫病人实施内科救助工作，门诊救治覆盖率100%，住院7人次，累计治疗费用4.54万元。

图153　2020年1月28日上午，龙游县第一批援鄂医疗队3位成员驰援武汉抗疫前线。中共龙游县委副书记、县长祝建东（前排左四）等送行
（县卫生健康局／提供）

【公共卫生管理服务】 2020年县卫健局共承担4个省、市民生实事项目，全部完成任务指标。3岁以下婴幼儿照护服务项目，龙游县已新增托育机构2个、托位140个；65岁老年人肺结核筛查项目，完成27664名65岁老年人肺结核筛查，完成率为106.40%；重点人群结直肠癌筛查项目，完成39449名50至74周岁户籍人口的结直肠癌筛查，筛查阳性率17.02%，完成肠镜2612人；70周岁以上老年人接种流感疫苗项目，接种项目工作（1万人份）已于9月完成。年初因疫情管控限制，肺结核患者和严重障碍患者的救治用药不能及时供给，县卫健局随即组织人员代为配药，累计为严重精神障碍患者上门送药450余人次，共有851位重性精神疾病患者和274位肺结核患者享受免费政策。

【爱国卫生】 积极配合做好省示范文明县城创建工作，2020年成功创建省级卫生村79个、市级卫生村53个，年初申报的5个国家卫生乡镇均已通过市级初评，等待省级考核验收；紧紧围绕“防疫有我，爱卫同行”的活动主题，大力开展爱国卫生运动，认真抓好病媒生物防制工作，积极开展环境卫生整治，参与人员达4.2万余人次，清理各类垃圾、杂物30余吨；积极部署开展医疗卫生机构“厕所革命”专项行动，全县医疗卫生机构厕所基本达到卫生厕所标准要求；扎实推进农村改厕，实现农村卫生户厕普及率达100%、无害化卫生户厕普及率达99.68%。

【无偿献血工作】 针对2020年新冠肺炎的影响，县卫健局启动应急预案，制定一系列招募宣传活动方案，确保疫情期间临床用血的需要。2020年无偿献血人数2983人，献血总量为 899.98 升，300 毫升及以上比例 78.4%，临床用血量 684.96 升，无偿献血占临床用血比例为 131.4%。成分输血率为 99.9%，自体输血率为 50.8%，超额完成各项工作指标。

（县卫生健康局　余婧）

人口和家庭健康

【概况】 2020 年全县出生人口 2452 人，计划内出生 2397 人，计划生育率为 97.76%，计划外多孩率为 1.7%，出生人口性别比为 101.6，统计误差率控制在 2% 以内。流入已婚育龄妇女登记管理率和外出已婚育龄妇女信息掌握率均在 85% 以上。全年无计划生育行政诉讼、行政复议案件发生。

【惠民利民政策落实】 完善计划生育目标考核办法，持续推广全员人口系统应用，并与生育登记和生育审批 App、母子健康手册实行信息融合，真正做好生育登记审批服务“零跑路”。全面推广应用全员人口系统，2020 年全县共确认计生奖、特扶 8967 人，发放奖、特扶资金 1371.66 万元；全年发放 14 周岁以下独生子女低保户的优先优惠补助金 1.7 万元，发放全县 2019 年各行政村（社区）计生服务员工作补助经费 17.859 万元。落实特扶家庭联系人帮扶制度，开展家庭医生免费签约、履约服务和定期走访，落实特扶对象就医“绿色通道”服务，积极开展节日慰问和心理帮扶活动。

【单独两孩政策实施】 进一步规范生育登记和再生育审批服务，加强出生人口监测，完善生育政策配套措施，积极稳妥地做好全面两孩政策落实。全年办理再生育审批 90 例。2020 年全年累计接收审核文件 9 批次，审核 2000 余人。

【流动人口服务管理体系完善】 继续开展“流动人口关爱行”和创建流动人口健康示范学校、示范企业活动。进一步推动流动人口公共服务均等化建设，开展流动人口宣传服务月活动，流动人口计划生育均等化服务目标人群覆盖率达 90% 以上。与此同时，结合“健康浙江”活动做好创国家级健康促进示范企业工作，帮助企业结合自身特点开展各类宣传活动。

【老年健康服务】 开展老年电视大学教学活动，全县共发放老年电视大学教材 5100 余份，通过网上授课等形式，正常为本教学点的老年人服务，在特殊时期极大程度丰富老年人的业余生活，收到很好的效果。5 月中旬，县卫健局组织局机关全体退休人员进行枇杷采摘比赛，老同志们非常积极地参与到活动中来，充分体现局党委对退休人员的关心关爱。

（县卫生健康局　余婧）

卫生健康事业保障

【概况】 2020 年全县共确认计生奖、特扶 8967 人，发放奖、特扶资金 1371.66 万元；全年发放 14 周岁以下独生子女低保户的优先优惠补助金 1.7 万元，发放全县 2019 年各行政村（社区）计生服务员工作补助经费 17.859 万元。

【人才保障】 按照人才引进办法及实施细则，科学编制引才计划，扩大宣传覆盖面，加快引进学科带头人、专业技术骨干和后备人才。2020 年完成提前招聘 6 名，组织公开招聘卫生专业技术人员 65 名，经过笔试、面试、体检、考察、公示，聘用专业技术人员 35 名。定向培养生 30 名，本科 20 名（其中县级医疗机构 12 名、基层医疗机构 8 名），专科 10 名。2020 年，卫生健康系统共有 30 余人申报县级科研项目，16 人申报省、市继续医学教育学分项目，已批准省级项目备案 1 项，市级 9 项。此外，共选派 4 名卫生专业技术人才（1 人长驻、3 人短期帮扶）赴叙永县参加东西部扶贫工作，接收叙永县 3 名卫生专业技术人员在县人民医院医院交流进修。

【安全保障】 与全系统 22 家卫生健康单位及民营医疗机构签订《2020 年度安全生产（消防安全）工作责任书》共计 43 份。系统内开展各项安全检查工作 100 余次，发现并落实整改安全隐患 40 处，实行隐患整改“一月一清”，直至全部整改到位，确保隐患治理闭环管理；开展“安全生产月”宣传咨询日活动。发放宣传资料 1000 余份，现场咨询互动 100 余次，开展警示教育 24 场，安全知识技能竞赛 14 场，累计参与人数超过 2000 人次，开展应急预案演练 6 场次，参与演练 1256 人次；多方位、全维度进行反诈宣传教育。2020 年与下属单位签订反诈责任书 45 家，全系统共签订承诺书 3000 余份。全系统共召开反电信网络诈骗专题会议 80 余次，邀请公安部门开展反电信诈骗主题讲座 25 次，推送诈骗典型案例及反欺诈预警信息共 100 余条。开展扫黑除恶专项斗争宣传，充分利用宣传标语、横幅、微信群、会议、播放视频等方式深入广泛宣传；同时结合献血、义诊、疫情防控排查、流调等工作开展扫黑除恶专项斗争宣传共 15 场、党员活动 3 场、志愿者活动 6 场，共发放宣传单 5000 余份，确保专项行动全面深入纵深推进。

【信息化保障】 完成全民健康信息平台一期系统应用建设，6 月开始启动二期项目建设，实施健康档案及妇幼健康一体化项目。深入推动“智慧医疗”进一步向基层延伸，实现县、乡、村三级全覆盖，加快推进“浙里办”App 电子健康档案开放工作，2020 年年底实现全县公立医院医疗电子票据覆盖率100%。深入推进“数字治疫”工作，开启快速就医通道，同步居民在县级医院的检验数据至衢州市检验检查平台，实现卫生健康部门对当地疫情的数字化、透明化监管。

【项目保障】 积极谋划推进健康产业园项目，做好公立医疗机构基建提升工程。健康产业中心项目于8月26日开工，年底完成土方开挖；龙游妇女儿童健康医院项目于11月6日召开初步设计方案审查会议；塔石中心卫生院迁建项目成功申报地方专项债，12月底完成基础50%；龙游肿瘤医院计划投资约1.6亿元，总建筑面积约2.5万平方米，完成原址改扩建方案初稿编制，但因补交土地差价原因，业主方收集相关政策依据，争取是否能够优惠或者部分减免费用，正与县政府对接相关事项。

【卫生应急保障】 健全和完善卫生健康应急体系，加强各级卫生应急队伍建设，开展培训、演练，提升卫生应急能力。健全急性传染病监测、预警、分析研判、信息交换和沟通协作机制，及时、高效、科学、有序处置各类突发事件。坚持24小时值班制，确保上报信息的及时性、准确性，避免漏报、瞒报、缓报。2020年，县卫健局积极做好团石湾啤酒节、六春湖景区、士元征迁等重点工作和高铁站、隔离观察点等疫情防控重点卡口的医疗卫生保障，共计派出医务人员2328人次。

【卫生健康信息宣传】 把党委理论中心组学习列入党委重要议事日程，下发《中共龙游县卫生健康局委员会理论学习中心组学习制度》等制度，2020年累计开展党委理论中心组学习11次，局机关支部学习11次。组建一支青年信息（网评）员队伍，撰写、投报各类信息和网评共计160余篇，其中，两办采用7篇，市卫健委简报采用2篇，健康浙江公总号采用3篇，《健康衢州》杂志采用4篇，人民网录用组工网评3篇，省卫健委录用信息2篇，龙游县委组织部影响力网评录用3篇，龙游先锋公众号录用31篇，“先锋印记，难忘瞬间”摄影作品征集录用2篇。坚持疫情期间每日发送战“疫”简报累计180余篇，深入挖掘和总结宣传在新冠肺炎疫情防控中涌现的先进典型和感人事迹，展现新时期卫健系统共产党员的政治本色和精神风貌，累计上报先进典型20名，感人事迹50余篇。

图154 2020年12月16日，卫健系统“8090”宣讲团获龙游县“8090”新时代理论宣讲“百团大战”金奖 （县卫生健康局／提供）

【卫健系统“8090”宣讲团】 组建56名成员的卫健系统“8090新时代理论宣讲团”，深入一线、深入群众、深入基层去传播党的声音，讲好“卫健故事”。至2020年年底，卫健分团已组织“8090”新时代理论宣讲员培训5次，有县级“8090新时代理论宣讲团”导师1名、市级骨干宣讲员4名、县级骨干宣讲员5名，获得“百团大战”金奖、衢州市8090无偿献血宣讲比赛一等奖等奖项，并作为龙游县“8090新时代理论宣讲团”的成员赴新疆乌什县进行交流。

（县卫生健康局　余婧）

医疗保障

【概况】 2020年，龙游县医疗保障局在县委、县政府和上级主管部门的正确领导下，牢固树立以人民为中心的发展理念，围绕“政治建局、法治立局、服务强局”的建局思路，以完善制度建设和提升基金绩效为主线，紧盯年度重点工作和医保系统重大改革任务，上下齐心，攻坚克难，有力推进龙游县医疗保障工作健康平稳发展，展现新时代的医保担当。

【参保征缴】 按照“技术＋责任”、目标与过程管控结合的要求，以可复制、可推广为目标，不断完善提炼“四个100%”（以100%参保率为目标，做到基础信息100%、人员力量100%、宣传动员100%、管理服务100%）参保征缴龙游做法。创新医保三级经办服务体系建设，在“龙游通”上开发医保精细化管理系统，实现参保征缴精准扩面和动态化管理。2020年，全县共有401004人参保，参保率达99.88%。

【医疗救助】 每月梳理汇总全县参保患者医疗费用信息，识别锁定困难群众认定对象，通过“龙游通”后台推送至各乡镇（街道）、村（社区）的医保联络员，由医保联络员主动上门了解家庭状况。依托“龙游通”平台建立数据共享机制，主动共享医疗费用等相关信息，办事群众只需在“龙游通”平台输入个人身份信息即可实现医疗救助申报。围绕“全民参保、及时预警、无感办理、应救尽救”目标，创新推出“龙游通+医疗救助”模式，在“龙游通”线上实现医疗救助申请、认定、救助一件事联办。2020年5月上线试运行以来，已通过“龙游通+医疗救助”主动推送困难群众信息1312条，受理、审核通过医疗救助申请715人，发放医疗救助金额501万元，困难人群综合保障率达85.68%。

【医保支付方式改革】 继续推进DRGs支付方式改革，建立DRGs工作专班，对县人民医院、县中医医院医共体开展每月DRGs数据分析，要求医院将控费工作列入科室薪酬绩效考核。研究出台医共体医保支付方式改革配套文件，发挥医保支付方式改革的撬动作用，推进县域医共体的建设发展。开发医保基金运行分析监测系统，充分利用大数据技术加强医保数据实施分析能力，及时掌握县域群众就医趋势、医疗费用增长情况，做到医保基金的科学支付。与市级同步开展龙游县第三轮医疗服务价格调整。按照“总量控制、结构调整、腾调同步”的原则，加强对腾调情况的动态监控，逐步理顺医疗服务比价关系。

【民生实事】 2021年7月1日起，龙游县医疗保障局联合县卫健局、财政局制定实施65周岁及以上高血压、2型糖尿病患者门诊免费用药政策。2020年7—12月，龙游县65周岁及以上原发性高血压、2型糖尿病患者享受免费用药人次57201人次，免费金额139.99万元。切实减轻“两病”（65周岁及以上原发性高血压、2型糖尿病患者）患者医疗费用负担，提升患者健康管理水平。

【基金监管】 出台《龙游县基本医疗保险意外伤稽核规程》《龙游县基本医疗保险查房制度》等规章制度，规范龙游县意外伤经办流程和服务标准，明确医保巡查的程序方法。持续开展定点零售药店整顿检查，规范定点零售药店行为。以DRGs病案首页上传数据为重点，以定点医疗机构执行医保政策和各项规章制度为主要内容，开展全县定点医疗机构自查自纠和全覆盖检查工作。2020年，责令整改33家，暂停医保定点服务1家，处理292.29万元，意外伤拒付186人次，合计金额160.86万元。专门设立内部控制领导小组，明确内部控制的职责和分工。汇总梳理参保征缴、待遇审核、基金财务等方面的风险点，每月组织开展内控检查，实行问题查处通报制度，落实整改跟踪反馈，降低医保经办风险。

（县医疗保障局　廖泽鹏）

图155　2020年8月3日，龙游县医疗保障局召开全县定点医疗机构规范使用医保基金行为专项治理部署会暨违法违规违约案件通报会

（县医疗保障局／提供）

附录：医院简介

·龙游县人民医院·

【概况】 龙游县人民医院始建于1940年，是一所集医疗、科研、教学、预防保健于一体的二级甲等综合性医院，是国家卫计委确定的首批重点建设的500家县级公立医院、浙江大学医学院附属邵逸夫医院龙游分院。先后获得爱婴医院，省文明单位、绿色医院等国家、省市县级集体荣誉200余项。2020年，医院有职工875人，其中高级职称153人、中级职称284人。核定床位630张，开放床位800张，设18个病区，至2020年年底，门急诊病人数652425人次，收住院病人28674人次，年总收入4.4992亿元。

【新冠疫情防控】 2020年作为龙游县唯一新冠肺炎定点收治医院，县人民医院迅速响应，启动应急预案，全院职工放弃春节假期，递交请战书，加入医院各项防控工作当中。抽调200余名医护人员参与隔离病房、发热门诊、急诊预检分诊、门诊预检分诊、院外集中隔离观察点等疫情防控相关工作。根据各项防

图 156　2020 年 12 月 27 日，浙江大学医学院附属邵逸夫医院专科联盟揭牌仪式在龙游县举行　（县人民医院 / 提供）

控指南规范，健全制度流程，出台相关文件 15 份，使医院防疫工作有章可循。组织 20 余次全员业务培训、开展应急演练，确保突发情况处置到位，抓实抓细做好各项防控措施。全院参与疫情日常保障志愿者 3000 余人次，选调汪俊芳、何双双、俞啸、李鹏 4 名优秀医护人员驰援武汉，张海忠检验师驰援新疆喀什，均圆满完成任务。县级综合医院核酸检测（PCR）实验室建成运行，新添置“实时荧光 PCR 定量检测仪”——快速核酸检测（可以在 2 小时内出核酸检测结果）。

【清廉医院建设】　坚持把党委理论中心组学习、“三会一课”、主题党日活动等与“学习强国”的学习教育结合起来，党员干部开展线下线上学习。开展“清廉医院”建设，认真履行“一岗双责”，领导班子成员定期召集重点岗位、重点科室负责人廉政谈话，严格执行供应商来访接待制度，聘请特邀监察专员和特邀监察员 28 名，公职人员网格化监督管理，设立举报箱和意见簿，自觉接受群众监督。充分发挥党委领导作用，深入基层医疗单位、贫困地区和特殊群体，开展义诊帮扶工作。2020 年，义诊服务群众 27440 人次；党员志愿者服务门诊病人 10370 人次。

【医疗水平提升】　对标医院等级评审标准要求，加强医院医疗质量安全管理，除常态化严抓医疗规范化管理和医疗核心制度的落实外，2020 年组建 RRT/CODE BLUE 小组，大大提高医院的急救体系的反应速度及质量。借助医联体合作平台，创新护士专业发展规划，落实护士分层管理，特色护理专科门诊，如造口、慢性 / 疑难伤口护理门诊有序开展。2020 年授牌成为国家消化道早癌防治中心联盟单位，浙江省脑卒中医疗质量控制中心“卒中防治中心建设单位”。新成立入院准备中心、营养科。开展县域首例全脑血管造影术（DSA）、首例脑动脉瘤介入栓塞术，自主完成首例腹腔镜下左肝外叶切除术，均填补县内技术空白。首台 DSA 的投入使用，标志着龙游县在心血管介入治疗领域实现“零的突破”。新引进 60 排 120 层螺旋 CT，投入临床使用，使县人民医院的诊疗水平又上一个新台阶。2020 年市级科技项目 3 项，县级科研项目 22 项，其中因疫情特例特批的《龙游县人民医院医共体新冠肺炎呼吸支持方案》列入专项经费项目。

【医联体、医共体建设】　扩大与邵逸夫医院合作的广度和深度，2020 年新增合作科室神经内科和泌尿外科；成立县级专家工作站 1 个（何正富教授专家工作站），院级专家工作站 6 个（妇产科张松英教授、骨科范顺武教授、内分泌科李红教授、甲状腺外科谢磊教授、急诊科洪玉才教授、病理科姜支农教授专家工作站）。开展邵医讲堂 5 次，邀请邵医专家开展知识培训 6 次，邵医连线视频学习平台开展视频学习 4 次，通过医疗、教学、科研、人才培训、学科建设精准帮扶，推动医院医疗水平明显提升。为配合县域医共体建设，医共体总院每周安排巡回医疗车，下乡开展医疗服务；邵医总院心血管内科、内分泌科专家下沉医共体湖镇分院。全年共计下派专家 800 余人次，直接受惠群众达 1.2 万余人。医共体消毒供应中心、临检中心先后投入使用。

【人才培养】　多渠道、全方位做好人才引进工作，为医院跨越发展提供强大人才支撑，2020 年新招录 30 名优秀人才，13 名“潜力医师”完成拜师培养，通过多期的潜力医师培养，建立起一支高素质的年轻医技业务骨干梯队。利用线下讲堂、线上钉钉学习双结合，全院性各类学习培训达 33 次，组织开展医疗技术培训 10 次，省继教项目 1 项，市级继教项目 5 项。深化人事分配制度改革，创新人员编制管理，推行岗位聘用制度，实行卫生高级职称自主评聘，健全激励机制，最大限度地调动职工的工作积极性。

【医院文化建设】　举办建院八十周年庆暨医联体成立五周年活动，开展大型公益义诊、最具影响力团队评选、邵医大讲堂、护心读书会、摄影书法征文征集、院史知识答题、登山打卡等形式多样的职工活动，参加“8090”宣讲比赛斩获佳绩，宣讲37场次，受众群体4620人次，开展的系列活动，展现医院职工积极向上的精神风貌，营造良好工作氛围。2020年，龙游县人民医院坚持以病人为中心，以职工为中心，在医疗质量、学科建设、内涵建设等各方面取得了长足进步，全年医院共获得县级以上集体、个人荣誉110项（省级荣誉28项），收到患者锦旗（感谢信）143份。

【硬件建设】 医院采购DSA、进口60排螺旋CT机、进口1.5T核磁共振、高清胃肠镜等，共计3000余万元；疫情防控相关设备如呼吸机、PCR实验室、空气消毒机、持续血液滤过机、彩超等，共计1000余万元；完成PCR实验室、发热门诊检验科等建设工作。配合上级部门做好东迁建项目前期工作，组织相关科室和设计院深入对接，优化医疗配套工程设计，积极与施工总包方协调医疗配套工程实施方案，计划2021年下半年完成结构封顶。

（县人民医院　郑慧娟）

·龙游县中医医院·

【概况】 龙游县中医医院创建于1984年，是一所集医疗、教学、科研、预防保健于一体的二级甲等综合性中医医院，龙游县政府定点惠民医院，系浙江省中医名院建设单位、树兰（杭州）医院合作医院、浙江省立同德医院协作医院，建有郑树森院士工作室、陆拯名中医工作室、孟旭莉专家工作站、潘文胜专家工作站、蒋劲松专家工作站，与省市级医院建有长期协作关系，先后获得国家级爱婴医院，省级文明中医院、省级文明单位、省级平安医院等荣誉称号，2020年被评为浙江省健康促进医院。2020年有职工383人，高级职称卫技人员60人，中级职称97人，开放床位250张，设7个病区。2020年度全年门急诊诊疗260671人次，比上年同期下降2.83%；住院12045人次，同期增长2.79%。

【清廉医院建设】 通过权力监督、规章制度、阳光采购、医德医风建设、文化促廉等方面为抓手，致力于打造“医路清风”清廉医院品牌，全面落实清廉医院各项工作，全面打造“党风清正、院风清朗、医风清新、群众满意”的清廉医院。狠抓作风建设，始终把患者满意作为出发点，严明工作纪律。管好“微权力”，规范运行小微清单。在重点领域建立供应商来访登记制度和定期接待制度，实行定点统一接待，医院纪委监察室全程监督参与。运用好监督执纪“四种形态”，对重点岗位人员以及其他相关人员进行日常谈话和提醒谈话。新冠肺炎疫情期间，院党委倡议下，60名在职党员带头请战；300多位员工签下请战书；党员参加抗击疫情爱心自愿捐款6860元，带头参与配合疫情防控工作。

【新冠疫情防控】 新冠肺炎疫情发生以来，迅速对疫情防控工作进行全面动员部署，先后选派护理骨干余娜、夏亚莉驰援武汉。院内层层把关，严格预检分诊，加强住院患者陪护管理，筑牢防控一线。组织新冠肺炎防控知识培训学习及应急演练共34场，参加培训人员达3193人次。强化院感管理，加强疫情防控督查。建立入院准备中心，开展核酸检测，做到应检尽检。配合做好医学观察隔离点工作，医护人员坚守隔离点260多天。9月PCR实验室建成投入使用，完成发热门诊改造项目。

【医疗质量管理】 全面跟踪质量管理各层面工作的实施，定期督查各项医疗质量管理制度执行情况，及时反馈问题、督查整改。坚持院科两级病历质量考评，甲级病历占99%。开展门急诊处方点评、门诊抗菌药物专项点评及药品动态监测排名和超常预警点评及处理工作，完善突发事件应急预案和危急值管理制度。加强医疗安全教育，落实医疗安全风险排查及警讯报告制度，认真开展重点科室、重点环节的安全检查，及时处理安全隐患。强化学科建设，开展新技术新项目19项，申报县级科研立项课题4项。抓好人才队伍建设，开展全员培训，组织业务学习及专题讲座48次。

【中医药特色】 开展县域内中医药适宜技术推广培训，提升基层中医药服务能力，全年开展中医药科普大讲堂11次，在2020年省级验收考评中获得“良好”的成绩，位居全市中医院第一名。深入开展中医特色诊疗与护理，拓展中医非药物疗法与护理技术的临床应用。倡导“中医治未病”理念，开展“冬病夏治”三伏贴和第十三届膏方养生节活动，协助举办浙江省中医药学会养生康复分会2020年学术大会，营造中医药氛围。

【县域医共体建设】 统筹推进县域医共体建设。统一医共体财务管理制度和人才招聘与职称评聘。携手共同抗疫，充分发挥医共体优势，整合资源，建立联防联控机制，同步督查。推进同质化管理，协助分院建设全—专科联合门诊，定期选派专家业务指导，共下派总院专家292人次，开展业务指导与质控督查，畅通双向转诊渠道，简化就诊流程，方便患者就医。8月底，积极响应省市民生实事项目，协调推进重点人群结直肠癌筛查、肺结核筛查工作。协助分院开展“优质服务基层行”活动。

【省市级优质资源下沉】 探索名医专家帮扶新格局。继续深化树兰（杭

图 157　2020 年 1 月 10 日，浙江省人民医院孟旭莉专家工作站在龙游县中医医院揭牌成立　（县中医医院／提供）

州）医院合作，建立浙江省人民医院乳甲外科孟旭莉专家工作站、消化内科潘文胜专家工作站、血管外科蒋劲松专家工作站，与浙大二院胸外科、金华中心医院影像科协作开设肺结节联合专家门诊，与市人民医院建立紧密型合作关系，让龙游百姓在当地就享受到省市级专家医疗服务，提升县域就诊率，同时打造医院专科特色，推动医院技术提升和人才培养。

【医院基础建设】　推进信息化建设，完成医院感染管理系统、手术麻醉管理系统、医保电子凭证、电子票据应用、钉钉移动临床等项目。改善就医环境，建成医院入口测温通道、入院准备中心、PCR 实验室，改造门诊楼就医环境、消化内镜中心、发热门诊等。升级硬件设施，引进飞利浦 64 排 120 层 CT、口腔 CBCT、静脉曲张微波治疗仪、奥林巴斯高端胃镜、超声刀等医疗设备。安全生产常抓不懈，落实消防安全“三年翻身仗”行动，组织开展“安全生产月”“安全生产专题行”活动及冬春火灾防控工作，落实智慧用电、充电、消防远程监控系统的日常维护。

【医院文化建设】　弘扬抗疫精神，在援鄂英雄驰援武汉期间建立“最美逆行者”微信群，累计 62 天发布 1250 多条信息，重点宣传抗疫事迹与动态。组织“5·12”护士节“中医护理人，抗疫群音荟”主题征文活动、“致敬护理队伍，携手战胜疫情”援鄂护士事迹报告暨抗疫先进表彰大会等系列活动。开展“8·19”第三届中国医师节医疗核心制度宣讲比赛、重温医学誓言、户外拓展团建活动、专家团队下乡义诊等多种形式的活动。参与各类公益志愿活动，开展“助力抗疫无偿献血活动”，83 人次总计献血量达 23.31 升；1200 余人次党员及职工参与省示范文明县城创建、党员红色驿站、周二志愿服务日等活动；组织专家团队开展下乡义诊及健康宣教活动 15 次，服务居民达 2000 余人次。争先创优，全年医院荣获集体及个人奖项达 70 项。

（县中医医院　陈婷婷）

·龙游县疾病预防控制中心·

【概况】　2020 年是中华人民共和国成立 70 周年，也是全面完成“十三五”卫生健康事业发展规划任务目标的收官之年。龙游县疾病预防控制中心在县委、县政府和县卫健局各项决策部署下，全力投入新冠肺炎疫情防控工作，上下齐心，攻坚克难，各项工作有序推进，实现龙游县疾病预防控制工作健康平稳运行。

【新冠疫情防控】　1 月 21 日，龙游县疾控中心召开新型冠状病毒感染的肺炎疫情防控工作动员大会，成立新型冠状病毒感染的肺炎防控工作领导小组，设流调组、消杀组、采样组、检测组、健康宣教组、后勤保障组 6 个工作组。1 月 22 日，中心实验室成为浙江省首批进行新型冠状病毒检测的县级实验室之一。至 2020 年 12 月 31 日，累计开展流行病学调查 292 人，完成流行病学报告 292 份。除集中隔离点消杀外，累计出动人员 160 余人次，消杀面积约 15 万平方米。其中密切接触者家居消毒 31 次，消杀面积约 4.5 万平方米；其他 28 次，消杀面积约 10.5 万平方米。完成 27 轮对冷链环境、食品、人员等 1776 份相关标本新冠病毒核酸检测。县疾控中心采样 13121 份，核酸检测 16300 份，血清抗体检测 4772 份。累计发放宣传画 3450 套，传单 1.8 万张，小折页 3.5 万份，《企业复工复产》手册 2500 本。助力企业复工复产工作中，中心全员出动 100 多人次，共计走访企业 260 多家企业。完善应急物资储备，核酸提取仪、荧光定量 PCR 仪、高压灭菌器、超低温冰箱等，新增 12 套应急装备。开展传染病疫情应急培训，组织开展新冠肺炎等传染病应急培训 4 次，开展基层卫生新冠疫情防控提升能力培训班 1 次，强化理论知识，同时派出专业技术人员参加衢州市卫生系统野外应急演练，开拓应急处置思维，强化应急本领。开展应急演练。组织开展龙游县新冠肺炎疫情联防联控应急演练。

【疫情报告管理】　2020 年，报告甲乙丙类传染病 17 种，1552 例（按发病日期统计），报告发病率为

图158　2020年10月13日，龙游县举办新冠肺炎疫情防控综合演练
（县疾控中心／提供）

384.16/10万，报告病例数较上年下降43.52（1552/2748）。其中，甲、乙类传染病共报告病毒性肝炎、艾滋病、肺结核、淋病、梅毒、猩红热、出血热、百日咳、痢疾、伤寒＋副伤寒、疟疾、布病12种病种412例，报告发病率101.98/10万，报告病例数较上年上升0.98%（412/408），报告发病病种与上年相比增加痢疾、伤寒＋副伤寒、疟疾、布病4病种，报告发病病种与上年相比减少登革热1病种；丙类传染病共报告流行性感冒、流行性腮腺炎、其他感染性腹泻病、手足口病、急性出血性结膜炎5病种1140例，报告发病率为282.18/10万，报告病例数较上年下降51.28%（1140/2340），报告发病病种与2019年相比增加急性出血性结膜炎1病种，报告发病病种与上年相比减少风疹、斑疹伤寒2病种。2020年，龙游县共报告法定传染病死亡病例1例，死亡病例为肺结核1例。死亡率为0.25/10万，病死率为0.06%。2020年度法定传染病构成：甲、乙类传染病占26.55%，其中肺结核183例、梅毒119例、病毒性肝炎49例、淋病32例、艾滋病8例、猩红热5例、出血热8例、百日咳1例。丙类传染病占73.45%，其中手足口病285例、其他感染性腹泻病201例、流行性腮腺炎16例、斑疹伤寒0例、流行性感冒637例。

【疫情处置】　做好新冠肺炎疫情监测、密切接触者调查、血清抗体IgM检测阳性者调查等常规防控工作；完成1起输入性无症状感染者的调查处置工作；完成1起阳性物品接触者的调查处置工作。科学处置龙游县出血热病例4例。对学校、幼儿园开展诺如病毒防治知识培训及健康宣教工作。完成2起学校水痘疫情事件处置工作，1起学校诺如病毒聚集性疫情处置工作。

【结核防制】　肺结核病一直为全县高发传染病，2020年全年共报告183例，发病数比上年下降8.96%（183/201），发病率为45.30/10万，1例死亡病例。其中病原学阳性病人133例、病原学阴性病人42例、无病原学结果3例，利福平耐药5例，近几年发病率呈现持续下降趋势。肺结核发病率仍为龙游县重要的法定传染病。近年来政府实行肺结核病人免费治疗政策，扩大肺结核病防治宣传力度，加强对肺结核病人的督导管理工作，进一步提高肺结核病人的发现率、治愈率，龙游县结核病病人疑似患者转诊率100%，追踪到位率为100%；总体到位率100%。肺结核病管理率：2020年龙游县结核病患者183例，实际管理183例，管理率100%。肺结核患者规则服药率：结核病患者服药人数183人，规则服药180人，规则服药率98.36%，

图159　2020年6月24日，龙游县2020年民生实事项目肺结核和结直肠癌筛查工作启动
（县疾控中心／提供）

治愈成功率91.46%。所有项目指标达到方案要求。

【艾滋病防控】2020年全县进行HIV抗体检测55490人次，新发现并报告HIV感染者/AIDS病人9例，死亡1人。聘请志愿者深入全县各美容美发、歌厅、酒店进行干预工作，月干预覆盖率达98.6%，累计面对面宣传教育余人1926次，发放艾滋病宣传资料3156份、安全套4590多只。加强男男同性恋干预工作，开展检测162余人次，发现阳性感染者3人，并及时开展调查处理；龙游县随访管理的艾滋病病毒感染者和病人105例，均按要求开展随访管理。累计正在接受免费抗病毒治疗99例。

【地方病防治】2020年对8个历史血吸虫病流行重点乡镇（街道）规范开展春季查螺工作，共轮查26个村，总投工1568工，共查螺面积68.18万平方米。发现有螺乡镇1个、有螺村1个，螺点1个，有螺面积810平方米，为历史有螺环境重现钉螺。累计捕捉活螺63只，活螺解剖63只，经解剖镜检，未发现阳性钉螺。由各个乡镇卫生院负责协调实施，完成春秋两季灭螺工作，包括巩固性灭螺，灭螺共投工726工，药物灭螺面积近四万平方米。对人群血吸虫病抗体监测，全年累计监测本地人群1103人，4人初筛阳性，送市疾控粪检阴性；流动人群355人，均阴性。2020年年初，龙游县共存活确诊晚血病人10例，3月死亡1例。1月至12月对10名晚期血吸虫病人实施内科救助工作，门诊就诊人次50人次，门诊救治覆盖率100%；住院7人次，累计使用治疗费用4.54万元。根据《龙游县消除疟疾后监测方案（2020版）》要求，对全县县属医疗机构及各乡镇（街道）卫生院有关医务人员开展疟疾监测工作培训。全年监测370例，1例阳性病例。全年完成5个乡镇（街道）5所小学8至10岁210个学生尿碘和家中食用盐盐碘采样监测；5个乡镇（街道）早、中、晚孕期105名孕妇尿碘和家中食用盐盐碘采样监测；开展孕妇调查问卷调查。孕妇调查问卷录入数据库，儿童、孕妇监测数据录入监测系统。

【免疫规划工作】以接种安全为最终目的，加强免疫预防规范化管理，巩固提高接种率，保证接种质量，2020年1月至12月全县以乡为单位周岁内儿童全县累计建卡2512人，建卡率100.00%，发证率100.00%。免疫规划疫苗接种情况：乙肝疫苗报告接种率99.63%，及时接种率99.5%，卡介苗报告接种率99.32%，脊灰疫苗报告接种率99.47%，百白破疫苗报告接种99.42%，麻疹类疫苗报告接种率99.5%，周岁内五苗全程接种率99.55%。乙脑疫苗报告接种率99.36%，A群流脑疫报告接种率99.04%，甲肝疫苗报告接种率99.41%。加强免疫接种率为白破疫苗98.13%、A+C群流脑疫苗99.04%、脊灰疫苗99.25%。全县免疫规划疫苗共接种61385人次。2020年积极争创“市级5S管理预防接种门诊”，适应国家扩大免疫规划工作目标，全面提升预防接种工作质量，年底全县5S管理预防接种门诊达到93.8%，为群众提供更优质便捷的预防接种服务。16家预防接种门诊Saas系统全部覆盖，保障接种安全进一步提升。规范落实民生项目，保质保量提前完成，70岁以上老年人流感疫苗免费接种项目，共接种1万剂次，接种率为31.5%，未发生严重预防接种异常反应报告。保障疫情防控和维护经济社会秩序，有效实施新冠疫苗紧急接种，减少县医疗卫生服务系统、公共服务系统人员罹患新型冠状病毒肺炎的风险。积极组织开展重点人群、重点推荐人群、一般人群新冠疫苗紧急接种。

【基本公共卫生】全县常住居民数403909人，电子健康档案建档364745人，建档率90.3%。2020年，全县高血压发现患者36345人，管理率40.01%，规范管理率71.40%，血压控制率83.87%；全县糖尿病发现患者9882人，管理率40.16%，规范管理率71.61%，血糖控制率65.66%。全县65岁以上常住居民63852人，老年人健康管理数43056人，健康管理率67.51%，中医药健康管数43056人，管理率67.51%。

【严重精神障碍管理】全县在管严重精神障碍患者1927人，报告患病率为5.07‰，严重精神障碍患者规范管理率100%；严重精神障碍患者规律服药率92.58%，患者随访面访率100%，严重精神障碍患者管理治疗网络覆盖率达100%。

【健康促进场所创建】协助县爱卫办做好健康促进学校督导工作，2020年创建健康促进学校13所（1金、3银、9铜），均通过验收，指导率达100%。至2020年年底，全县已创建健康促进学校40所，覆盖率85.11%（40/47），其中金牌1所、银牌学校5所、铜牌学校34所。2020年新申报金牌2所、银牌4所、铜牌学校7所。2020年创建937户健康家庭，龙游县是省健康家庭建设工作6个试点之一，对龙洲街道2019年的100户健康家庭进行终末调查。2020年，阳光社区创建健康促进社区，按健康促进社区各项要求开展创建工作。

（县疾控中心　冯丹丹）

·龙游县妇幼保健院·

【概况】2020年，龙游县妇幼保健院在上级主管部门的正确领导下和全院干部职工的共同努力下，克服因疫情带来的影响，坚决做到一手抓疫情防控，一手抓业务发展，切实履行妇幼保健和计划生育技术指导职能。

【新冠疫情防控】 2020年年初，面对突如其来的新冠疫情，县妇保院干部职工积极响应，投入到这场战"疫"中。规范预检分诊，迅速建立健全预检分诊及临时留观室等制度及应急预案，并将关卡一再前移，严格实行"戴口罩+测体温+健康码"入院机制，确保不漏一车、不漏一人，牢牢坚守并将继续坚守入院第一关。全年累计派出医务人员及后勤人员684人次。突如其来的新冠肺炎，使得防控物资极度缺乏，县妇保院寻求各种途径储备防控物资，并精准发放，做到每笔物资领用均有账可循，保证干部职工防护安全又不铺张浪费。1月26日起，县妇保院开始承担龙游县首个集中隔离点（党校）的值守工作，在无经验做法可循的情况下，县妇保院迅速响应，成立领导小组，统筹制定隔离点相关制度、工作流程等，建立由院班子带队，1名中干（班子）和1名医务人员现场值守的工作制度，为后续的隔离点工作提供借鉴。2月13日起，县妇保院参与到高铁站出口处检疫值守，全体医务人员克服人手紧张的困难，牺牲个人休息时间积极投入到高铁站值守中，共计58个日夜，共排查4.7万余名出站旅客。2月26日起，县妇保院承担城北经济开发区23家企业的复工复产疫情防控指导工作，成立由5名院班子及5名中干组成的驻企指导小组，分组多次进入各厂区实地指导疫情防控措施，并制定入厂流程、环境消毒、员工身体状况日常监测等一系列切实可行、操作简单方便的工作表格。同时建立联络机制，实施指导，有效抵制疫情向厂区扩散，为企业复工复产提供坚实保障。在复学前，又参与到驻校指导、复课评估工作，共计派出23人。县妇保院相继承担君御隔离点、城北居厂隔离点、宜尚隔离点、京贸隔离点工作，全年累计派389人次。县妇保院全体医务人员的积极参与，为龙游县为打赢疫情防控阻击战作出应有的贡献。县妇保院护士华静被授予"衢州市抗击新冠肺炎疫情先进个人"称号，县妇保院蓝晓明被评为龙游县战"疫"先锋战士。

【助推业务发展】 受疫情影响，全国医院的诊疗工作受到了极大的影响。为此，县妇保院上下齐心协力，群策群力，积极应对疫情带来的巨大影响，优化服务流程，改进工作方法，扭转因疫情带来的困境及形势，实现业务正增长。持续推进"最多跑一次"改革，优化服务流程。疫情期间，提倡多种途径的"预约就诊"，并开通儿科、妇保科、儿保科微信群及热线电话线上咨询服务等有效避免院内人群集聚。同时恪尽职守，守护妇幼健康，对居家隔离孕妇提供上门服务，累计4人。继续对医院信息系统进行改进、优化，完成两卡融合、电子发票及医保省一卡通建设工作，完善自助预约挂号、诊间结算等功能，深化"最多跑一次"改革。依据专科医院优势，拓展医疗服务范围。成立小儿中医外治中心，推广小儿推拿、督脉熏蒸、针灸调理等中医适宜技术。开展拔罐疗法、腹直肌治疗、中医CT、小儿药浴、小儿斜颈及小儿腺样体肥大的诊治等新项目新技术。开设生长发育门诊，拓展妇幼服务能力，提升群众就医获得感和满意度。加强医疗环节动态监管，规范医疗服务行为。每季度按时对医疗质量进行检查，包括科室内业务学习、疑难病例讨论、不良事件、危急值报告等，每季度对全院医疗文书（申请单、门诊病历等）等进行抽查，每季度进行处方点评，对违反诊疗规范的现象予以处罚。

图160　除夕夜，为应对突如其来的新冠疫情，龙游县妇幼保健院安排医务人员严格做好预检分诊工作　（县妇保院／提供）

【妇幼保健工作推进】 加强儿童生长发育的监测、疾病防治，提高全县儿童健康水平。按规范做好营养性疾病及高危儿的管理。组织培训0至3岁儿童发育监测与筛查及眼保健和视力检查，规范操作流程、严格按照规范执行。全年3岁以下儿童系统管理率96.52%，5岁以下儿童死亡率0.54‰，婴儿死亡率0.54‰，新生儿死亡率0.54‰。0至3岁儿童中医药健康管理5539人，健康管理率75.19%。严格按照规范要求开展孕产妇健康管理服务，重点加强对高危孕产妇管理，实行高危孕产妇分级管理制度。全年早孕建卡率96.68%，产后访视率97.96%，系统管理率95.02%，住院分娩率100%，剖宫产率47.86%，高危孕产妇管理率100%，高危孕产妇住院分娩率100%；产前筛查率96.52%。无户籍孕产妇死亡。

【开展免费检查项目】 开展免费唐氏筛查。自7月1日起，县妇保院根据相关政策，为符合条件的孕妇提供免费中期唐氏筛查及产前诊断补助服务。全年累计免费产前筛查604人，产前诊断补助8人。开展免费"两癌"检查。周一至周五常态化开设免费"两癌"检查门诊，同时赴湖镇、溪口、罗家等地，将"两癌"检查项目送上门，全年累计完成宫颈癌筛查8800例，筛查HPV阳性808例，确诊宫颈癌4例；乳腺癌筛查8863例，其中钼靶转诊738例，确诊乳腺癌4例。开展免费婚检及孕前优生。2020年累计婚检1690对，结婚登记1594对，婚检率106.02。孕前优生检查：初婚3262人次，再生育1964人次，合计优生检查5226人次，目标数2466人次，覆盖率211.92%。预防艾、梅、乙母婴传播。完成孕产妇的检测咨询及随访工作，2020年全县共检测2099人，其中乙肝感染孕产妇106人，梅毒感染孕产妇11人，艾滋病感染孕产妇1人。增补叶酸预防神经管缺陷，严格按照程序做好叶酸的发放、登记、信息录入、储存和逐级发放工作。全年累计叶酸增补1394人次。

【加强健康宣教】 在疫情严控之下创新健康宣教方式，通过线上+线下的方式开展健康教育，"爱眼日""母乳喂养日""出生预防缺陷日""世界避孕日"等宣教活动，全年累计举办线上线下健康教育共35场，受益人数5606人，普及妇幼保健知识，提高孕产妇健康教育依从率与知晓率。

【清廉医院建设】 每季度开展警示教育、意识形态教育，紧盯医疗保险、药械购销、建设项目等重点领域、关键环节，完善《"三重一大"集体议事制度》、"红包"回扣治理长效机制，组织党员干部进行廉洁纪律谈心谈话100余人次，进行收受"红包"回扣自查排查4次，党员干部参与资金借贷情况自查1次。深化党务、政务、财务三公开工作制度，主动接受群众监督。建立《药械代表集中接待日制度》，严禁药械代表进入医疗区域，从源头杜绝腐败滋生。

【服务社会】 持续推进"爱泽妇幼"党建品牌建设。开展青春健康教育、乡村振兴讲堂等活动20余场，服务3000余人次。切实做好志愿服务工作。组织党员干部职工开展健康宣教、义诊活动、结对帮扶、文明劝导等服务。到社区开展志愿服务活动25次，共计242人次，参加道路文明劝导3次，共计55人次。发挥8090青年优势，传播党的声音。成立龙妇幼"8090新时代理论宣讲团"，利用通俗易懂的语言，结合轻文艺形式，在医院、社区、乡村，为人民群众普及妇女儿童保健、健康素养、无偿献血等健康小知识，传递党的惠民政策，提升青年医护人员理论素养和为民情怀。院党支部书记蒋爱军被聘为县宣讲团导师，并获个人三等功，方瑜获全省新时代青年理论宣讲工作现场会表现突出先进个人。6月，儿保科官正进副主任医师前往千里之外的四川省叙永县妇保院，进行为期两个月的援叙任务。同时，向叙永对口医院捐赠仪器一批，价值约18万元。

（县妇保院　宋王珍）

社会事务和社会生活

概　述

【概况】 2020年，龙游县积极应对新型冠状病毒肺炎疫情带来的影响，社会事业发展稳中有进，民生保障稳中向好，群众就业平稳有序，全年城镇新增就业7260人，同比增长22.45%，城镇登记失业率1.8%，同比降低0.7个百分点。减免参保企业社会保险费，发放各类稳岗补助，累计为企业减负2.89亿元。社会保障体系不断完善，城乡居民参加基本养老保险新增8259人，参保率达到99.84%。组团开展高校、地方云招聘百余场次，新建省博士后工作站2个、市乡村振兴专家工作站1个。劳资关系和谐，劳资纠纷案件100%结案，劳动争议案件结案率100%，调解成功率90%，同比上升10个百分点。

【惠企政策落实】 进一步发挥社保基金援企稳岗功能，打好"减、免、缓、降、还"组合拳，积极应对新冠疫情影响。免除中小微企业2月至12月养老保险、工伤保险、失业保险的单位缴费部分，对大型企业等其他参保单位（不含机关事业单位）2月至6月单位缴费部分减半征收。减征养老保险2.04亿元、失业保险753万元、工伤保险1772万元，惠及全县2701家企业，合计减征2.29亿元。

就业创业

【概况】 2020年，积极应对新冠疫情影响，强化就业帮扶，稳定就业岗位，保障企业复工复产，有效促进群众就业。全年城镇新增就业7260人，同比增长22.45%；城镇失业人员再就业4078人，同比增长21.26%；城镇登记失业率1.8%，同比降低0.7个百分点；帮助390名就业困难人员走上工作岗位，同比增加42人；开发公益性岗位500个，比2019年增加400个。

【就业服务】 进一步提升农村基层平台公共就业服务水平，建设兴龙社区、新槽村等41个县级高质量就业社区（村）；成立复工复产企业招用工专班和"战时服务团"；举办线上招聘会；通过乡村"大喇叭"、乡村振兴讲堂等深入劳动力密集区，积极引导劳动者本地就业，累计为龙游企业新招用员工6500人。开通

图161　2020年9月29日，浙江省人力社保厅巡视员郑益群（右）为龙游红木小镇大学生创业园授牌　（县人力社保局／提供）

复工复产专车专列，接回外省新老返岗员工 2000 多人、涵盖企业 258 家。出台就业介绍奖补政策，调动人力资源服务机构积极性。发布企业内推奖补政策，鼓励员工返岗老带新，满足企业用工需求，这一举措获浙江省人力社保厅书面表扬。

【创业服务】 加快农村基层创业载体建设，建成小南海镇“初见”花卉、模环乡“养羊阳”生态农产品、沐尘乡“厨禾”有机果蔬、詹家镇“红专”粮油 4 个县级返乡农民创业基地；湖镇镇兴隆锦鲤特色专业园区、溪口镇不亦乐乎农产品电商特色老街被认定为市级返乡农民创业基地。举办创新大赛，挖掘本地优秀创业项目，推荐优秀创业项目“乡愁邮局”参加“中国创翼”创业创新大赛，获全国总决赛“创翼之星”奖。优化创业服务体系，完成龙游红木小镇大学生就业创业孵化园的揭牌和认定工作，成立龙游县大学生就业创业服务联盟。

【就业帮扶】 加大公益性岗位安置力度，企业吸纳一批、公益性安置一批、鼓励灵活就业一批、重点项目带动一批、公办民营招用一批，帮助 390 名就业困难人员、500 名农村低保低边家庭劳动者实现就业。加快失业保险扩围政策落实，发放失业保险待遇、困难群众临时价格补贴等保障待遇计 715 万元，惠及 8724 人次。持续深化东西部劳务协作，2020 年共输入 7 批次 290 名叙永籍劳动力到龙游务工，其中贫困劳动力 241 名。帮扶中西部 22 省份 2362 名贫困劳动力在龙游实现就业，兑现东西部就业扶贫资金 63 万元。

【稳定就业岗位】 鼓励企业开展实施线上培训和“以工代训”等多种形式稳定就业岗位。2020 年为 2500 余家企业兑现线上培训和“以工代训”补贴 1300 万元，累计惠及职工 2.5 万人次。鼓励新兴业态就业，在衢州市第一个制定并出台《关于对员工制家政服务企业实行社会保险补贴有关问题的通知》，进一步促进家政服务业吸纳劳动者就业。

社会保险

【概况】 2020 年，坚持“民生为本”工作主线，精准扩面、提升待遇、优化服务、强化监管，不断完善龙游县社会保障体系。社会保险 5 费合征新增 5549 人，城乡居民基本养老保险新增 8259 人，分别完成县扩面考核指标的 382.69% 和 360.65%。基本养老保险参保率 99.84%，达到省对 26 县发展实绩考核指标。新增申领电子社保卡 96546 张，新增申领实体社保卡 11127 张，分别完成省厅下达任务数的 137.79% 和 111.27%。

【社保精准扩面】 结合“三服务”“8090 新时代理论宣讲团”等活动进村入企，开展点对点宣传，摸清底数拓展扩面资源，2020 年龙游县基本养老保险参保率达到 99.84%。及时落实社保扶贫政策，做好困难群体城乡居民基本养老保险的参保、代缴工作。截至 12 月底，完成参保代缴 6699 人，其中低保 2109 人、特困 1 人、残疾人 4589 人。推广新业态从业人员单独工伤保险，2020 年外卖派送从业人员参保 96 人。

【基本养老保险待遇提高】 2020 年为 2181 名到达法定退休年龄的人员办理退休审批手续。发放各类养老待遇 133.88 万人次，发放总额 16.92 亿元。职工养老保险待遇实现“十六连涨”，月基本养老金平均水平由 2004 年的 817 元增加到 2020 年的 2603 元，增长 218.6%。

【便民服务优化】 大力推进“掌上办”“网上办”“基层办”“跑零次”，畅通线上线下业务受理渠道，强化“社银合作”，将城乡居民基本养老保险参保登记、灵活就业人员参保登记及社会保障卡申领、挂失等业务经办权限下放至社银合作代办网点，实现“一站办理”“周末无休”。全面推广社保待遇领取资格“无感认证”，利用跨部门数据共享和信息化比对，开展待遇资格认证工作，在 11.39 万名应认证人员中成功认证人员 11.33 万人，认证率 99.48%。

图 162　2020 年 1 月 15 日，在人社服务大厅，龙游县人社局“最多跑一次”志愿者主动为群众提供医药费报销自主操作服务　（县人力社保局／提供）

【社保基金监管】 抓好社保基金风险防控，做好社保基金运行情况分析和公开，委托第三方对社保基金进行审计，开展社保经办机构内控及基金专项检查。积极开展外部稽核，查处违规情况。

（县人力社保局 方略）

人事人才

【概况】 2020年，创新智力引进渠道，强化人才培养，优化人事管理，人事人才工作有序开展。组织中浙高铁、禾川科技等百余家次企业参加高校、地方云招聘活动，组织23家企事业单位赴外地参加招才引智活动5场次，累计引进大专以上高校毕业生600余人。新建省博士后工作站2个、市乡村振兴专家工作站1个，遴选县级专家工作站8家，新增进站博士后2人。高技能人才培养完成职业资格取证941人，完成市委人才办考核指标的110%。办理龙游县人才绿卡43人，新增专业技术人员专业技术资格取证数759人。

【引才渠道畅通】 围绕“3+3”重点产业，发布龙游县2020年招才引智计划，向合作高校推送县内急需岗位信息，组织中浙高铁、禾川科技等110余家次企业参加江苏省高校毕业生网络招聘会、浙江省百万高层次人才云聘月等省内外在线招聘活动，累计收取简历400余份，达成就业协议298人。主办“直播带岗‘职’等你来”龙游县大学生招聘直播专场活动，6大直播平台（新华社、哔哩哔哩、浙江新闻、中国蓝新闻、直播龙游、爱龙游）在线观看人数超20万人次，仅直播期间收到投递简历130余份，达成就业意向协议51人。新冠肺炎疫情期间，探索实施线上招聘办法，采用线上报名、网络面试形式，紧急补充一线医务人员3人。承办2020年“智汇衢州 才创未来”浙江衢州30万大学生引进计划西安站推介会，龙游县11家企业接受简历98份，其中硕士42人。实施2020年人才“蓄水池”工程签约7人，其中硕士研究生6人，“985”“211”双一流高校毕业生2人。

图163 2020年9月28日，在陕西科技大学西安校区，龙游县检验检测研究院领导向学生推介求职岗位 （县人力社保局/提供）

【人才培育赋能】 协助禾川科技和中浙高铁建设省博士后工作站，协助金昌、展宇2名博士后开题进站，设立县级专家工作站8家。以乡村振兴“五千工程”（名干部驻乡村、千名人才帮乡村、千名乡贤回乡村、千个项目富乡村、千亿资金到乡村）推进工农业协同发展，推荐龙和渔业园、渔老大申报市乡村振兴专家工作站，获批1家。协同浙江科技学院、衢州学院、浙工大开办大专、本科、硕研学历提升定制班，累计培育人才252名。联合衢州学院组织龙游县64名各行业优秀人才研修。探索企业新型学徒制培训，实行学生、在职工学徒培养两种模式。举办衢州市乡村振兴职业技能大赛（龙游站）、龙游县第九届职业技能大赛和9场企业岗位练兵，积极开展职业技能提升行动，着重培养“工匠型”人才，年新增技能劳动者6000人以上，年培训技能劳动者8000人次。

【人事管理优化】 推进事业单位工作人员职业生涯全周期管理“一件事”改革，公开招聘、交流调入、交流调出、岗位等级变动、解聘、开除、退休七项业务全部实现“一张表单申请、一个平台联办、一次不跑办成”。截至2020年年底，龙游县事业单位一件事平台业务办件量超1700件，居全市第一。启动大学生流动人员人事档案数字化工程、完善人才信息库监理，接轨省级人事工作管理平台，实施人才信息集中和数据共享工程，推动人才人事服务管理数字化。推进中小学教师职称自主评聘改革，扩大学校用人自主权。研究制定收入方案，稳步提高中小学教师待遇。

（县人力社保局 方略）

2020年度龙游县正高级专业技术职称获得者一览表

表42

专业技术职务	职务获得者及所在单位	
主任医师	叶寨芳（龙游县人民医院医疗服务共同体） 翁春瑜（龙游县人民医院医疗服务共同体） 涂相军（龙游县人民医院医疗服务共同体） 琚惠军（龙游县人民医院医共体模环分院） 蔡学智（龙游县中医医院医疗服务共同体）	钟新发（龙游县人民医院医疗服务共同体） 雒小平（龙游县人民医院医疗服务共同体） 詹松军（龙游县人民医院医疗服务共同体） 张晓恬（龙游县人民医院医共体湖镇分院）
主任中医师	朱亚瑾（龙游县人民医院医疗服务共同体）	叶　刚（龙游县中医医院医疗服务共同体）
主任护师	冯剑平（龙游县人民医院医疗服务共同体） 王俊君（龙游县中医医院医疗服务共同体）	李爱文（龙游县人民医院医疗服务共同体）
推广研究员	曹炎成（龙游县经济特产站）	
正高级工程师	计　皓（浙江凯丰新材料股份有限公司）	

劳动保障

【概况】 2020年，以深化双爱活动，细化调解网络，强化欠薪防治为抓手，切实维护劳资双方合法权益，不断营造劳资和谐的社会氛围。共受理劳资纠纷案件451起，结案451起，涉及人数600人，涉及民工工资860万元，结案率100%。受理劳动争议案件282件，同比减少9%，结案率100%，调解成功率90%，同比提升10个百分点。通过网络申请受理案件65件，占案件总数的24.2%。机关内部14个“最多跑一次”事项全部实现网上办理。“双随机”抽查监管19个监管事项，覆盖率达到100%，全年掌上执法1610次，掌上执法检查率100%。

【“双爱”活动深化】 建设“暖心”调解室，“中国梦”正能量走廊，以案释法宣讲调解仲裁法律法规。积极引导劳资双方共克时艰，让“劳动仲裁好声音”走进乡镇街道、园区企业和劳动者心中。2020年开展线下宣讲60场次，服务企业40余家，职工1100人次。举办3场大型工伤政策宣传及工伤预防培训班，惠及200家企业及100家建筑单位。

【调解网络细化】 落实专职劳动争议人民调解员，实现劳动人事争议调解中心15个乡镇街道及经济开发区全覆盖。构建乡镇基层调解、人民调解、庭审前调解、庭审后调解四层调解网络，完善多元化解机制建设。推进“互联网+调解仲裁”，实现“线上开庭、远程调解”，25%案件通过网络申请立案处置。至2020年年底，乡镇基层、人民调解等案前调解共调处劳动纠纷案件276件，占纠纷总数的54.7%。仲裁受理案件总数同比下降9%，调解成功率90%。

【欠薪根治工作】 开展根治欠薪夏季、冬季专项行动，检查工业企业等500家，检查在建工程项目156个次，涉及民工3.42万人次。对95个在建项目的120名劳资专管员开展培训并发放首批合格证书，实行劳资专管员持证上岗。推广浙江省企业工资支付监管系统，实现对全

图164　2020年11月16日，龙游县人力社保局工作人员在龙游火车站开展建筑工伤政策宣传　（县人力社保局/提供）

县范围内合同价500万元以上在建工程项目工资发放情况的实时监督，进一步健全长效机制，根治欠薪。

（县人力社保局 方略）

民政事务

【概况】 2020年，龙游县践行“民政为民、民政爱民”工作理念，坚持改革创新，聚焦脱贫攻坚，做实基本民生保障；聚焦特殊群体，做好基本社会服务；聚焦群众关切，做优基层社会治理。对照省委“民政30条”和市委“民政26条”，突出打赢脱贫攻坚战这一工作主线，为“重要窗口”和“区域明珠型城市”建设贡献民政力量。

【社会救助】 出台《关于推进新时代社会救助体系建设的实施意见》，加快建成以大救助信息平台为支撑，以低保、特困、受灾、医疗、教育、住房、就业、临时救助等8项基本救助为重点，以多元社会力量参与为补充的“1+8+X”大社会救助体系。开展低保专项治理，提高救助水平，实现动态管理，做到“应保尽保、应退尽退”。特困人员供养标准从1042元/月提高到1135元/月。自10月1日起，低保标准从770元/月提高到850元/月。至2020年年底，全县城乡居民低保对象7840户、9338人；低边对象1450户，2278人；特困供养人员367户372人。全年发放低保金6699.12万元，特困供养金586.79万元。按支出型、急难型和“四类人员”（贫困户、军人军属、未成年人和残疾人）进行分类分档临时救助，细化并提高临时救助标准，下放乡镇（街道）的审批额度从2000元提高到4倍低保标准，全年累计临时救助2460人次，发放救助资金269.75万元。鉴于疫情及物价影响，全年为困难群众发放物价补贴1365.68万元。做好以城市生活无着的流浪乞讨人员救助为主的救助管理工作，全年共救助和劝导各类社会求助人员356人次，护送返乡10人，滞留康宁医院救治的流浪乞讨精神病人23人。

【殡葬管理】 殡葬改革进一步深化，围绕建设惠民、绿色、文明殡葬，突出保障和改善民生，集约节约土地，革除丧葬陋习，推动移风易俗。积极开展殡仪馆提升改造、公墓改扩建项目工作，完成中标价为74.85万元的老墓区改造，公墓改扩建项目一期工程进入施工阶段，工程中标价为1688.89万元。疫情防控期间，制作发放2000份“温馨提示”。实现基本服务费全免，全年遗体火化2829具，公墓安葬134穴，惠民政策享受人数2742人，计173.85万元，遗体火化率保持100%。

【婚姻及收养登记】 2020年共办理结婚登记1898对，离婚登记764对；补发结婚证420对，补发离婚证52件，结婚、生育、户口“一件事”联办1273件。疫情期间暂停婚姻辅导和颁证仪式。10月13日起实行省内内地居民婚姻登记全省通办。龙游县被列入全省婚俗改革实验县。规范弃婴收养登记，全年依法办理收养登记2名，办理弃婴登报公告6名，办理收养预登记7户，不予办理收养登记1户。

【区划地名】 加强平安边界创建，与6个乡镇及9个行政村签订2020年度行政区域界线界桩管理委托书。完成第二次全国地名普查成果类档案资料移交，将案卷49盒49卷7278页、光盘1盒3张移交至省民政事业发展中心（省区划地名档案馆）。地名服务水平进一步提升，体检道路29条，清理老旧门牌1000余块，更换设置老旧巷牌90块；完成全国地名信息系统新增地名信息录入26条、多媒体信息59条；协同完成省政务服务2.0平台对接工作，归集门牌数据15.08万条、地名数据3670条；开通龙游县地名地理信息电子系统，关联图属信息476万条；持续做好不规范地名的清理整治工作，命（预）名地名44条，调整道路起讫点8条，编制门牌批准书21份。地名文化建设扎实推进，团石村入选浙江省第二批“千年古村落”地名文化遗产；向《中国地名大会》（第二季）提供节目试题10条。

图165 2020年6月1日，龙游“爱在人间”协会到社阳小学开展“点亮微心愿 照亮大梦想”公益圆梦行动 （县人力社保局/提供）

【社会组织管理】 认真做好社会组织登记管理、社会组织年检、社会组织等级评估等工作。开展8个涉及社区服务、公益救援、全民健身等方面的社会组织公益创投项目，引导一批有影响、有规模、有能力的社会组织高效精准服务民生、服务社会，参与基层社会治理。

【社区建设】 制定换届选举方案，指导各乡镇（街道）做好第十二届村民委员会换届选举工作。开展农村示范性社区创建，获得第三批省级引领型农村社区3个、第三批市示范型农村社区5个。完成全国城乡社区工作者基础信息完善工作。“村情通+全民网格开启农村社区共建共治共享新模式”获衢州市十佳社区治理典型案例。

【社工考试】 2020年报名参加社会工作者职业水平考试人数600多人，考试通过人数251人；332人取得社会工作师和助理社会工作师职业资格。

【移民扶持】 围绕产业发展、美丽移民村、消薄等重点工作，科学谋划项目，全年安排水库移民项目45个，2020年规划美丽乡村建设项目7个，投入移民补助资金403万元；规划移民村“消薄”项目10个，补助资金1700万元；扶持全县23个移民村新建物业综合用房，购置商铺、厂房、物业楼等，预计每村年增收5万元以上。为523人低收入水库移民投保“移民保”，精准扶持移民。完成后期扶持人口核定，高坪桥水库农村后期扶持移民人口总数为1498人，其中核定登记到人的直补人口1339人；红船豆枢纽农村后期扶持移民人口总数为1089人，其中核定登记到人的直补人口615人。完成后期扶持“十四五”规划编制，助推美丽家园建设，龙游县获评省移民办公室2020年度水库移民工作评估优秀县。

【养老服务】 2020年完成多项政府为民办实事项目，完成小南海、横山敬老院“公建民营”改制，至此，全县10家公办养老机构，7家完成“公建民营”；完成社阳、小南海、溪口、詹家、庙下5个乡镇级示范型居家养老服务中心建设；新建石佛敬老院；改建湖镇中心敬老院；完成105户生活困难老人适老化改造；完成150人养老护理员培训和316名家庭照护者培训。有76家餐饮服务点为1120多名老年人提供配送餐服务。做好养老机构“疫情”防控，提供口罩1.76万只、消毒液225千克、体温计13只等防疫物资。

（县民政局　陈兴荣）

2020年12月龙游县百岁老人基本信息情况一览表

表43

姓名	性别	年龄（岁）	月补助标准（元）	家庭地址
徐银娣	女	108	1000	龙游县塔石镇舒村
周　香	女	105	1000	龙游县詹家镇詹家村
傅招林	男	104	1000	龙游县庙下乡长生桥村
吴守英	女	103	1000	龙游县龙洲街道清廉社区
邱樟才	男	103	1000	龙游县塔石镇山底陈村
何卸梅	女	102	1000	龙游县塔石镇杜山徐村
卢美英	女	102	1000	龙游县龙洲街道白坂村
袁五奶	男	102	1000	龙游县模环乡兰塘村
陈彩英	女	102	1000	龙游县小南海镇双潭村
劳根娣	女	101	1000	龙游县模环乡琚家村
周文秀	女	101	1000	龙游县庙下乡庙下村
丰雪莲	女	101	1000	龙游县湖镇镇下童村
杨彩英	女	101	1000	龙游县模环乡上向塘村
吴春香	女	100	1000	龙游县龙洲街道城角坊社区
何正权	男	100	1000	龙游县东华街道岩头村
邵菊梅	女	100	1000	龙游县龙洲街道阳光社区
张久贞	男	100	1000	龙游县龙洲街道半爿月村
颜龙祥	男	100	1000	龙游县小南海镇新山水村
董元康	男	100	1000	龙游县庙下乡庙下村

续表43

姓名	性别	年龄（岁）	月补助标准（元）	家庭地址
祝根洪	男	100	1000	龙游县庙下乡严村
林日如	男	100	1000	龙游县大街乡贺田村
黄冬英	女	100	1000	龙游县詹家镇马叶村

慈善和社会福利事业

【概况】 2020年，龙游县秉持“扶老、助残、救孤、济困”原则，扎实推动儿童福利工作，组织开展“福彩助力点亮梦想”公益活动。

【慈善活动】 2020年龙游县慈善总会接收定向捐赠327.16万元，物资两批3545件，折合人民币17万元。开展援助困难家庭大学新生慈善活动，资助低保及低保边缘户的困难大学新生25人，资助每人8000元。衢州市慈善总会援助龙游县贫困家庭大学新生13名，资助每人5000元。开展东西部扶贫，县慈善总会捐赠叙永县60万元，结对助学20名叙永籍困难学生。

【儿童福利】 机构抚养孤儿12人，每月基本生活保障金1589元；散居孤儿18人，困境儿童235人，事实无人抚养儿童46人，每月基本生活保障金1271元。全年共发放孤儿生活费、困境儿童生活补助费453.09万元。助学工程资助孤儿7人。分批次对全县275名儿童主任进行业务培训，解决儿童主任一年服务报酬300元。新建13家“儿童之家”，使全县“儿童之家”达到20家，基本实现“儿童之家”服务全覆盖。

【福利彩票】 2020年龙游片区中国福利彩票站点45家，完成电脑彩票销售3790.89万元、刮刮乐205万元。7月31日，视频型彩票销售厅“中福在线”按上级要求关停。

（县民政局 陈兴荣）

退役军人事务

【概况】 2020年，龙游县退役军人事务局始终坚持全心全意为退役军人服务的宗旨，积极开展“思想政治工作年、基层基础基本建设年”活动，做好退役军人就业创业、优待褒扬、权益维护、全生命周期服务等重点工作。“提升”一支铁军队伍，“扩面”一批“衢州有礼·新时代枫桥式退役军人服务站（中心）”，打造退役军人全生命周期服务管理新模式，创建“省级双拥模范县”，为龙游县打造区域明珠型城市贡献力量。

【局党总支成立】 2020年，成立局党总支和龙游县退役军人服务中心、龙游县烈士陵园管理中心、龙游县关爱退役军人协会党支部，依托县、乡、村三级服务站的钉钉系统，建立覆盖全县的党员退役军人“微党校”，打造“忠诚担当、争创一流”的“六个特别”（特别肯吃苦、特别有激情、特别能战斗、特别能担当、特别会服务、特别守底线）退役军人机关党建品牌。

【强化思想政治建设】 制作龙游《最美老兵》24期，每期推选1名全县各行业的退役军人先进典型。推选劳惠峰、钱春富为“浙江省模范退役军人”，还有3名同志被推选为“衢州市最美退役军人”。疫情期间，全县退役军人投身“防疫”第一线，先后有15名退役军人先进事迹在省级以上媒体报道。

【服务保障提质升级】 2020年，衢州市系统组织的退役军人服务中心（站）建设、退役军人全生命周期改革推进会在龙游召开。实行由县分管领导挂帅，相关部门协同，局班子分片，干部职工分别包干一个乡镇（街道）、经济开发区的措施，实现服务站创建督导全覆盖，加快推进退役军人服务站建设工作。并将退役军人服务站建设与创建省级“双

图166 2020年7月9日，为期一周的“2020年龙游县第一期儿童主任业务工作培训会”举行开班仪式 （县民政局／提供）

图 167　2020 年 7 月 29 日，龙游县关爱退役军人协会成立
（县退役军人事务局／提供）

拥模范县”相结合，列入县年终综合考核，推动龙游县退役军人服务保障体系提质赋能、迭代升级。

【提升就业安置质量】 2020 年，龙游县接收计划安置军转干部，全部安置到行政编制岗位；接收符合政府安排工作条件的退役士兵，全部安置到事业单位及央企、省属企业岗位。

【拓展就业创业渠道】 与龙游农商银行、邮储银行等多家金融单位签订长期战略合作协议，推出“幸福拥军贷”、退役军人“一卡通”等，为龙游县退役军人发放贷款。创新“线上＋线下”专场招聘模式，线下依托镇海区退役军人事务局设置的“山海协作”平台，线上通过“龙游通＋双拥在线”平台推送等方式发布招聘信息，点击量达 30 万人次。7 月下旬，成立衢州市第一家县级关爱退役军人协会。在城南、城北两个工业园区军创企业挂牌成立退役军人创业孵化基地，在县职校成立退役军人职业技能教育培训中心（实训基地）。9 月上旬，在县职校举行 2020 年度龙游退役士兵欢迎仪式暨全员适应性培训开班典礼，开展适应性培训和专场招聘会。

【高质量完成社保接续工作】 2020 年，受理退役士兵社保接续工作，办结率 100%，录入进度和完成率排名衢州市第一。推出的“养老贷”等创新做法，得到省退役军人事务厅副厅长郭国松的肯定，并在全省推广。

【创新举措持续深化】 2020 年，龙游县创新退役军人全生命周期服务管理工作，投入资金开发“龙游通＋双拥在线”平台，为全县退役军人“一生事”服务的创新做法，得到副省长王文序的批示。该做法 4 次写入省委退役军人事务工作领导小组工作简报和省厅文件中，被衢州市委深化改革领导小组办公室评为 2020 年最佳实践案例。

【提高优抚保障】 落实与贡献挂钩，动态调整退役军人待遇保障和抚恤补助标准体系。建立健全困难退役军人帮扶援助机制，按政策要求，及时做好优抚对象的抚恤补助标准调整和发放工作，并做好抚恤定补对象动态管理。2020 年，为龙游县重点优抚对象，发放抚恤优待生活补助、物价补贴及各项优抚金。

图 168　2020 年 3 月 8 日，为庆祝“三八”妇女节，龙游县退伍军人事务局、龙游县人民武装部、龙游爱尔眼科医院联合启动“拥军优属·爱尔爱眼”活动
（县退役军人事务局／提供）

【浓厚双拥氛围】“八一”建军节、春节等重大节假日，县四套班子主要领导分别带队走访驻龙游部队、困难现（退）役军人、边海防官兵家庭、烈属和其他优抚对象，上门为现役军人家庭送上立功喜报。在“龙游通+双拥在线”平台开展“致敬2020·清明祭英烈”活动，线上代祭扫人数达3万余人次。在“三八”妇女节、“5·12”国际护士节等节日，为全县退役女军人、军嫂、“三属”（烈士遗属、因公牺牲军人遗属、病故军人遗属）女代表上门送鲜花表示慰问。联合省荣军医院、县龙洲医院、龙游爱尔眼科医院等单位，分批组织抗美援朝老兵和重点优抚对象赴嘉兴和在本地进行免费体检和疗休养活动，并建立健康档案，真正将各项优抚政策落实到位。为庆祝建军93周年，组织开展军政议军座谈会、退役军人老干部代表座谈会、拥军捐赠仪式等双拥系列活动，营造全县双拥浓厚氛围。

【弘扬英烈革命精神】首次在“龙游通+双拥在线”平台上创新模式，组织开展“致敬2020·清明祭英烈”活动，线上代祭扫人数达3万余人次。烈士陵园管理中心在“9·30”烈士纪念日活动中，接待社会各界代表500多批次、1.4万人次。

（县退役军人事务局　沈彬　李苏笛）

民族宗教事务管理

【概况】2020年，龙游县民族宗教事务局（以下简称县民宗局）紧扣省、市、县中心工作，紧扣民宗业务要求，坚持党建引领，全面谋划实施新一年统一战线“合”字工作举措，主动融入大局，凝聚政治共识，服务经济发展，促进和谐稳定，各领域统战工作取得突出成绩。2020年，詹家镇浦山村获得全国文明村称号；沐尘畲族乡获“浙江省森林城镇”称号；社里村被评为第二批衢州市华侨国际文化交流基地；溪口村被评为浙江省“历史文化（传统）村落”，溪口老街成功入选浙江省12条美丽乡村夜经济精品线。

【少数民族乡村振兴工作】认真贯彻落实省委常委、统战部部长熊建平在沐尘调研时提出的“全国民族乡村振兴‘龙游样板’”指示精神，高质量完成《沐尘村庄规划（提升版）设计文本》和《畲族元素融入设计文本》。明确“一线（沿江线）、一街（老街）、一头（鱼头）、一尾（鱼尾）”示范区域打造标准，确定一期项目25个，累计项目资金3660万元。其中，沐尘乡入乡口节点打造、沐尘溪道路两侧环境整治、沐尘村集体办公楼民宿改建工程3个项目已完成施工，另外还有沐尘村公共停车场及休闲长廊、余绍宋展馆建设、沿街商铺收储修缮、畲族婚庆非遗展馆、塔山公园改造工程——茶文化博览园、沐尘村滨水柳埠6个项目在施工中。6月11—12日，“锦绣畲乡·百村一梦”首届浙江省民族乡村振兴“百村大会堂”活动在龙游县浦山畲族村成功举行。新华网、人民网、今日头条、中国旅游报、浙江日报、浙江发布、浙江卫视等近30家新闻媒体对本次活动进行了密集报道，全方位呈现办会成果，更为龙游民族乡村产业振兴工作创建了生机。双戴村黄泥房精品民宿集群项目和詹家镇浦山村凤凰部落作为全省首批4个签约项目之一，与浙江乡悦投资管理有限公司（浙江省古村落保护利用基金）、乡伴文旅集团浙江公司现场签订合作开发协议。持续推进薄壳山核桃等特色产业种植项目，新增种植基地4处，金岭脚村、灵下村、岑山村3个民族村完成种植面积10公顷，浦山村、余岗村、项家村、社里村4个民族村20公顷山核桃开始显现增收效应。庙下乡陈村引进食叶草种植加工项目，以产业带动村民增收。浦山村“凤凰部落”首批3幢21间民宿正式对外营业，其中包括童趣、萌宠、科幻为主题的亲子民宿。深入推进“双百村结对行动”，结合宗教界“慈爱慈行　共帮共创”帮扶行动、市“重点民族村帮扶行动”及县“百名乡贤联百村行动”，推行“6个1”结对帮扶机制［即一个部门、一个民主党派、一家企业、一个宗教团体（场所）、一名市县领导、一名统战干部（联络员）共同结对帮扶一个民族村］，全年累计获赠捐助300万元。帮助沐尘乡成功引进年产值1亿元的金扫帚环卫（浙江）项目，另外计划投资2000万元的百亿控股有限公司也在积极对接中。积极发展少数民族乡村旅游产业，借力小城镇提升、美丽乡村等发展项目，统筹谋划中央、省补少数民族发展资金310万元，完成横山镇余岗村党群物业综合楼建设项目、小南海镇雅塘村新建综合物业楼项目、庙下乡陈村村农用设施提升项目、溪口镇溪口村饮用水工程改造、沐尘畲族乡民族乡村旅游风光带观光游览车道建设、畲族文化墙绘大赛、沐尘村原村委会大楼民宿改造项目7个项目，累计投入资金200万元。举办2020年全县少数民族乡村振兴培训班，各民族村主职干部、文书共50多人参加培训。2020年，詹家镇浦山村获得全国文明村称号；沐尘畲族乡获“浙江省森林城镇”称号；沐尘乡沐尘村、社里村，詹家镇浦山村、上夫岗村、金岭脚村，小南海镇雅塘村被评为2019年度省级善治示范村；沐尘村入选“2021年度省级美丽宜居示范村创建”“村庄设计与农房设计落地试点”和“全国少数民族乡村振兴试点”名单；社里村被评为第二批衢州市华侨国际文化交流基地；溪口村被评为浙江省“历史文化（传统）村落”、省新时代美丽乡村精品村、溪口老街成功入选浙江省12条美丽乡村夜经济精品线。

【民族文化和民族团结进步工作】积极推进少数民族特色文化传承，9

图 169　2020 年 6 月 11—12 日，“锦绣畲乡·百村一梦”首届浙江省民族乡村振兴“百村大会堂”活动在龙游县浦山畲族村举行

（县委统战部／提供）

月 7 日，龙游县首届“畲乡沐尘，墙绘丰收”主题民族特色墙绘大赛启动，新增大型畲族特色墙绘 6 处；9 月 19 日举办龙游县畲族特色“十大碗”菜品现场制作评选活动，浙江省商业职业技术学院评委现场确定了畲族十大特色菜品名单；深化“山哈”讲堂建设，新增畲歌畲舞体验点、竹筒酒制作培训点、红色文化教学点等 7 个实训基地，《畲语唱响新文明》被学习强国平台录用。组建少数民族志愿服务队，深入小区、乡村开展创文等志愿服务。积极开展少数民族结对帮扶活动，慰问少数民族困难群众（学生）50 多人，捐资 10 万元及口罩 5000 个。省委统战部机关工会走进沐尘畲族小学“爱心行”活动，为沐尘畲族小学捐款 8766 元、免洗洗手液 200 瓶、口罩 3800 个。建立一支少数民族“8090”宣讲队伍，奔赴宗教场所、民族村、社区、学校、企业等地开展民族团结进步主题宣讲。2020 年，人民路兰州拉面馆高成龙（回族）和县委统战部副部长、县民宗局局长方土新分别获浙江省民族团结进步模范个人荣誉称号，并在城角坊社区设立“高成龙民族团结进步窗口”。城角坊社区、庙下乡陈村村一起被评为“衢州市民族团结进步示范单位”和“浙江省民族团结进步示范单位”。

【宗教和谐稳定工作】　深化落实宗教领域“四治”（治热、治乱、治假、治俗）专项工作，县、乡、村三级联动积极开展宗教工作周期性巡查，重点抓好危旧房排查和基督教私设聚会点整治。排查出危旧房 5 处，通过“解散”“设纳管点”“以堂带点”等方式依法完成全县基督教私设点的处置，未发现一期涉恐隐患和非法外来传教事件。深入推进宗教场所安全防范工作，全县 45 家宗教场所全部完成消防安全隐患排查，建成乌石寺、竹林禅寺、秀峰寺、居士林小微消防站 4 个，发放宣传册 3800 份，整改问题 5 个。6 月 22 日，县佛教协会联合龙游县石窟风景旅游有限公司，在石窟景区内开展紧急避险应急处置和消防演练。6 月 29 日，县基督教在主恩堂集中开展实地消防安全演练，并邀请县消防救援大队教官到现场授课指导。9 月 18 日，秀峰寺小微消防队代表衢州市赴宁波参加全省消防技能大比武，成绩突出。9 月 24 日，龙游县宗教工作业务培训会在县统战之家举行，全县宗教场所负责人及乡镇宣统委员共 70 人参加，从法律和消防两个方面，通过解读翔实案例，提升宗教教职人员素质与能力水平。持续推进乌石寺重点宗教场所的风貌提升工作，已完成制定乌石寺重点寺院改造提升整体规划，《乌石经声》收集编印，环山防火道建设项目也在紧张施工中。湖镇舍利塔院重建工作顺利展开。完成宗教团体班子考评工作，在统战之家设立宗教之家，宗教团体集中办公。

【宗教界疫情防控工作】　疫情防控期间，龙游县 45 家宗教场所、46 家民间信仰场所，全部实行“双暂停”（暂停开放宗教活动场所、暂停一切集体宗教活动），未发生一起宗教场所集聚事件。县民宗局、各乡镇街道不定期开展日常巡查。利用微信群、微信公众号等新媒体全方位发动联防联控，民族宗教人士积极响应，每天有近百名宗教工作者为抗疫出力，累计收到宗教组织人士捐献钱物 8 万余元。

（县委统战部　叶亦陶）

乡镇（街道）

龙洲街道

【概况】 龙洲街道位于县城灵山江以西，东隔灵山江与东华街道相邻，南接溪口镇，西接詹家镇，北接衢江与小南海镇隔江相望。地貌以平原为主，有丘陵和山地，区域总面积 61.79 平方千米。街道办事处位于县城龙翔路 539 号，下辖 20 个行政村、7 个社区居委会，户籍人口 9.67 万人。2020 年，龙洲街道紧扣衢州市委“1433”战略部署、龙游县委“14456”工作布局，围绕“大花园”总体定位、“大庆大干、你追我赶”建设目标，做好各项工作，推动乡村振兴。2020 年地区总产值 84.6 亿元，同比增长 0.9%，其中规上工业产值 19.7 亿元。城乡居民平均可支配收入 5.21 万元，同比增长 5.5%，全年实现一般公共财政收入 4620 万元，一般公共财政支出 6500 万元。2020 年，龙洲街道党工委被评为衢州市抗击新冠肺炎疫情先进基层党组织，龙洲街道被评为衢州市平安建设突出贡献集体。

【新冠疫情防控】 2020 年疫情防控，累计排查 9 万余人，排查核实重点人员 7423 人，实行居家隔离 4817 人。2409 名党员抗疫捐款 235572 元。成立 8 个“战时服务团”，完成街道工业企业 69 家、服务业企业（个体工商户）10840 家复工复产的备案及“企业码”申领推广工作。充分利用“龙游通”、微信平台发布疫情防控事项 100 余起，发放“告知书”“温馨提醒”3 万份，宣传折（册）页、“口袋书”1 万份（本），书写标语 1200 条、横幅 700 余条。运用上门贴送“福”字的“土办法”，将硬核管控与暖心抗疫相结合，实现“隔离”不隔心，得到时任省委书记车俊、省委督查组和汤飞帆、周伟江等市领导肯定和点赞，《浙江日报》客户端、《衢州日报》、“掌上衢州”、衢州新闻网等媒体相继加以报道。

【“美丽乡村”建设】 推进龙和乡村休闲旅游综合体 AAAA 景区、龙和国际垂钓中心、姜席堰景区配套设施等重点旅游项目建设。投资 6500 万元的西门、北门、兰石三村联建楼项目和投资 500 万元的白坂村物业用房项目取得进展，借力“山海协作”及“千企结千村”扶持政策，完成官潭村物业用房公开招投标出租和寺后村农产品交易场所项目。推动“五水共治”工作提质升级，完成对灵江工业园区涉及 23 家企业的污水隐患地下管网统一整改行动，共计投入 500 万元。建立多部门常态化沟通协作机制，处理污水零直

图 170　2020 年 1 月 31 日，龙洲街道党员干部、志愿者坚守岗位，战斗在疫情防控第一线（龙洲街道/提供）

排创建问题2336个。对照年度“三改一拆”18万平方米的任务，完成系统录入面积共计23.6万平方米，累计完成率131.21%。做好拆后利用工作，采用“一米菜园”“一米药园”及公共设施建设等方式开展拆后土地利用，其中后田铺村被评为衢州市“一米菜园”创建先进村。做好房地信息录入，全年共受理事件98件，完成审批90件，办结率91.8%。做好危房解危，完成50余户农村困难群众危旧房的鉴定，并确定35处C、D级危旧房进行修缮或重建，完成城区和城中村范围5处危旧房的鉴定、司法保全和拆除。

【脱贫攻坚】 做好街道辖区低收入农户614户724人的结对工作，涉及结对干部共395人。开展4轮年收入8000元以下农户摸排工作，提升最低保障待遇2人。开展低保专项整治，取消低保112户118人，取消低边18户25人。积极跟进消除集体经济薄弱村工作，结合各村实际谋划制定消除经济薄弱村“一村一策”方案。20个行政村完成经营性收入10万元，其中100万元以上的村4个，完成年度“消薄”工作任务。半爿月村新建“龙游飞鸡”孵化基地，为村集体经济增加经营性收入年均5万元。

【重点项目推进】 争取上级资金、整合民间资本3000万元，探索创新“政府+民企”合作模式，注册成立“龙游县两山田园综合体开发有限公司”，以龙和为核心区，促进产业发展、集体消薄、农民增收。推进“两江走廊”重要节点建设，投资300万的大板桥村项目开工建设，积极谋划投资1500万元的官潭村项目前期工作。完成大南门两轮攻坚行动，实现大南门签约清零。完成白姑线方家仓至官潭美丽沿江公路的政策处理，配合交投集团实现无障碍施工。完成高铁站前广场区块征迁工作，12公顷土地顺利交付。完成龙翔路拓宽和美丽沿江公路的政策处理工作。完成西柳变至高铁站干线工程、夏金至南竹变输电线路技改等6.59公顷借地政策处理工作。灵山江综合治理、垦造耕地、龙翔路供电管道工程土地征用等重点项目工程建设基本完成。完成省民生实事项目邻里中心（老年大学新建）项目建设。完成姜席堰400米沿江道路建设。开展招商引资工作，投资1.1亿元的万龙出口安全鞋项目在龙游工业园区落地，浙江顾德科技有限公司（字节跳动）注册落户，对接杭州汇联科技公司，引进杭州市级人才1名。

【文明县城创建】 开展省、市文明县城创建工作，先后投入整改资金280余万元。累计完成整改县创建办交办问题180余个，组织开展全民清洁日活动，1500余人次参与，清除卫生死角600余处，清理“牛皮癣”2000余处，清运垃圾700余吨，清除毁绿种菜面积600余平方米，2020年10月通过省级暗访验收。

【平安创建】 深化打击传销工作，配合县打传办打击传销窝点5处，发现组织成员20余名，会同民政部门遣送人员10余人。全年共排查重点信访件1件，重点信访稳控人员11人，重点涉军群体人员15人，受理办结来访件14件，办结率100%，化解国家级、省级、市级积案各1件，县级积案3件。推进“舒心驿站”实体化运作，通过理清事权模块职能范围，理顺交办协调工作机制，实现信访事项和矛盾纠纷“一个口子进一个口子出”，使“舒心驿站”成为群众矛盾纠纷的“终点站”，驿站全年共计接待群众300余人次，化解各类矛盾纠纷221起。全年开展村（社）网格员打击电信网络诈骗业务培训5次，坚持每周推送反诈骗预警信息，发放反诈骗宣传册4万余册，宣传海报28幅，悬挂宣传横幅300余条，深入辖区村（社）、学校、企业检查督查10余次。强化安全生产责任制落实，全力开展护航复工复产复市安全生产攻坚行动，对工业企业开展自身消防安全自查及实地检查，共检查企业69家，排查安全隐患71处，已督促整改71处。开展45家工业企业安全生产、消防安全、环境保护社会化服务工作，完成170人特种作业安全码申领和10家企业安全风险管控体系建设。排查整治出租房消防安全风险隐患，累计排查出租房3073户（含商品住宅出租）、流动人口6121人，发放出租房整改通知书220余份。提升老年人居住场所消防安全条件，排查老年人独居住所230户，改造提升老年人住所20户。加强志愿消防队和微型消防站建设，补齐11个村志愿消防队、7个社区微型消防站的器材。完成新力小区、文三小区等232户储藏室飞线整治工作。完成瓶装燃气专项整治工作，排查送气工42人。开展消防安全大宣传，印制发放消防安全宣传单11600余份，按标准完成19处消防宣传体验室（点）建设，清廉社区1处示范宣传体验点建设。

【和谐社区创建】 完成龙翔华庭、银杏湾、惠中园、观澜壹号、滨江小区5个小区物业试点推广。创新物业综合考核模式，督促小区物业长效管理。做好老旧小区改造后续扫尾工作，做好小区零星改造工程项目，对集贤居、金辉商住楼、清风雅苑等8个小区开展零星改造，总投入215万元。截至12月底，完成阳光小区、世纪花园、龙翔华庭3个小区改造。“八个一”城市建设有序推进，共计举办“八个一”进万家有礼活动15场次，发放公筷3万余双，实现街道27个村社公筷使用全覆盖。推进烟头不落地，发放灭烟袋7000个。积极推进27个村社村规民约（社区居民公约）修订，将“衢州有礼”“八

图 171　2020 年 10 月 20 日，龙洲街道人口普查员在观澜小区指导居民进行第七次全国人口普查自主申报　（龙洲街道／提供）

个一”城市建设内容纳入新约，系统规范引导有礼建设。

【社会民生】 开展总投资 3000 余万元的全域创建污水零直排区工作，街道辖区内 12 个生活小区同步开展创建，其中 11 个污水零直排小区工程建设完成施工并通过市级验收。完成半爿月村敬老院验收及交付使用，实施公建民营管理。推进总投资 220 余万元的 10 处健身苑点建设。完成北门小区、越园小区、翠光一区老旧小区改造，做好无障碍施工。完成山底村农村生活污水 3 号终端提升改造，新增接户 22 户。排查农村生活污水各类问题 131 个，全面完成整改。完成莲湖溪风貌提升移民项目，落实补助 45 万元。完成寺后至官村祝道路拓宽移民项目，落实补助 30 万元。政务服务中心全年办件 27654 件，其中民政线 3257 件、残联 12081 件、社保 8245 件、医保（大病救助）286 件、公安 3627 件。完成第七次全国人口普查工作，完成 8844 个建筑物标绘、429 个普查小区划分、403 名普查指导员和普查员选聘，短表登记共上报 55909 户，常住人口 96700 人，长表登记共上报 3727 户、10038 人。完成 2020 年度无偿献血工作，共计 90 余人，献血总量达 27100 毫升，获得市级无偿献血“先进单位”荣誉称号。做好 65 岁以上城乡参保居民及重点人群健康体检工作，共计 5238 人。完成 8677 户的户厕排查登记工作。抓好食品安全工作，组织专职网格员 21 人完成线上培训 1000 学时，线上培训覆盖率 100%。

【“四个平台”建设】 全年街道综合信息指挥室共受理、流转、处置各项事件共计 11680 件，其中基层治理“四个平台”8562 件，龙游通平台 3118 条，事件处置率 100%，办结率 100%。全年受理专项任务 32 项，完成率 100%。街道龙游通全年发布、公开、宣传各项信息共 9244 条。街道网格员队伍做好走访巡查、信息上报、矛盾纠纷化解、安全隐患排查、重点人员（场所）走访排查、平安宣传（综治、禁毒、防邪教、消防等）等工作，确保社会安全稳定。

【基层党建】 完成辖区 20 个行政村、7 个社区的组织换届工作，其中 11 个行政村、6 个社区的书记人选实现百分百满票当选。班子结构进一步优化，村（社）党组织书记更换 13 人，“一肩挑”人选平均年龄 50.59 岁，“两委”平均年龄 47.72 岁。最年轻党支部书记 29 岁，最年轻支委 28 岁，村委会除“一肩挑”外交叉兼职 8 名，35 周岁以下人数 24 名，大专以上学历 33 名，优秀乡贤引进回归 24 名。2020 年通过“三联工程”直接解决处理的纠纷和完成的代办事项 938 件。做好龙游通基层党建月度督查，累计发现问题 60 余处并整改到位。开展基层党建工作季度与半年度自查，对 12 大项 76 个小项工作内容逐项分析，全面夯实基层党建工作基础。抓好文化阵地建设，新建改建文化礼堂 11 家，整合社区物业管理用房改建街道综合文化站 1 处、南孔书屋 2 处。抓好乡村振兴讲堂建设，全年街道各级讲堂共开课 600 余次，成立街、村两级乡贤会 5 家，吸收乡贤成员 118 名。成立龙洲街道“8090”新时代理论宣讲分团。制定 2020 年度龙洲街道党工委党风廉政建设主体责任清单和个人责任清单 108 份，签订党风廉政建设责任书 27 份、签订廉洁自律承诺书 200 余人次、签订廉政风险防控承诺书 11 人。全年街道共立案查处违纪违法案件 14 起（自办案 5 起），处分党员 16 名（2 名党员由县纪委负责处理），其中开除党籍 2 人、党内严重警告 8 人、警告 6 人。

（龙洲街道　潘挺宇）

东华街道

【概况】 东华街道是城市东进的核心区，东与湖镇镇、社阳乡相连，南与罗家乡、溪口镇接壤，西隔灵山江，与龙洲街道相邻，北隔衢江，与小南海镇相望。地貌以丘陵为主，灵山江、罗家溪流经境内。辖区面积55.2平方千米，户籍人口约2.68万人，下辖22个行政村和3个社区居委会。2020年，东华街道全面贯彻党的十九大和十九届五中全会精神，深入学习习近平总书记重要讲话精神，紧紧围绕衢州市委“1433”发展战略体系和龙游县委“14456”工作布局，坚持党建统领，抢抓机遇谋突破、凝心聚力促发展，各项工作取得阶段性成效。2020年地区生产总值18.38亿元，同比增长7.3%。一般公共财政收入7058.33万元，一般公共财政支出5666.74万元，完成固定资产投资17.53亿元。城乡居民平均可支配收入4.66万元，同比增长5.5%。获县“民生工作”突出贡献集体称号。

【新冠疫情防控】 牢牢把握“外防输入、内防反弹”总要求，全面激活网格作用，确保力量到位、物资到位、摸排到位、管控到位、宣传到位。完成辖区1.3万余人次走访摸排，累计核查2500余人次，集中隔离46人（其中涉境外2人），居家隔离观察1260人，做好涉境外人员库189人数据动态管理，完成辖区1283户出租房租赁合同书和消防安全责任书“两书”签订，配合做好辖区20所学校春秋季开学复课及8个校外培训机构的评估验收工作。抓好企业复工复产，成立以街道主要领导为团长的“东华战时服务团”，发挥模块优势，组建企业复工专班，全面开展投资决战首季、工业“四抢”、服务业“暖街”等行动，利用“备案+负面清单+承诺”机制和复工专车专列、联村服务摸排等形式，实现企业迅速平稳安全复工，完成辖区57家工业企业、1507家服务业企业100%复工审批。

【助推城市建设】 做好城东征迁改造扫尾工作，调动各方资源开展腾空房屋拆除集中攻坚行动，继续抽调精干力量，全力推进已腾空房屋拆除的扫尾攻坚。至2020年12月底，累计签约695户，签约率98%，腾空688户，腾空率97%，拆除房屋669户，拆除率94.3%，征迁工作安全平稳推动，未发生群体性事件。做好“拔钉清障”项目攻坚工作，全力配合做好荣昌路东延、军用光缆建设、横路祝电力塔三跨改造工程、下洋安置小区配套工程等项目政策处理、纠纷调处工作。启动端礼路、永安路改造项目和文成路项目房屋征迁工作，完成征迁方案制定及入户详查、产权资料收集工作。推进土地清表保护性施工，完成滨江路、荣昌路东延工程、汽车城一期、文成小区二期、城东B-7地块、城南开发区6号地块的集中清表，实现平稳清表交地20余公顷。

【推进乡村振兴】 建立项目清单，谋划实施26个“消薄”发展项目计划，完成5个项目申报入库，实现村集体经营性收入倍增计划“1513”目标。建立结对清单，实行低收入农户动态管理，举办乡贤、企业（家）结对帮扶启动仪式，达成结对项目5项，到位资金38万元，结对低收入农户364户，帮扶金额26万元。建立岗位清单，匹配城南企业招工意向，实现35名贫困劳动力稳定就业，确保低收入农户增收。围绕上杨村“产业特色村+新零售村”项目，以品牌打造和产品开发为抓手发展黄花梨产业，举办黄花梨丰收节暨“上杨梨”品牌发布会，利用网上农博、淘宝、微信、抖音等平台销售农产品600多吨，产值300万元，着力打造产业振兴区域样板村。完成上杨村村和官村村联建黄花梨仓储中心建设，破除梨果保鲜难、错峰销售难的制约瓶颈，助力梨农增收。加快美丽乡村建设步伐，打造提升灵山江沿江风情示范带。完成下杨村村文化礼堂基础配套、“有礼”公园建设，做好官村小丽江沿线风貌提升、“九九窑藏”八景节点完善，打响“水秀官村”“有礼下杨”“飘香上杨”美丽乡村品牌。有序推进农房管控风貌提升和危房整治，重点做好拆后利用。“三改一拆”上报拆除面积9.13万平方米，完成率130.49%，拆后利用示范村上圩头村一期项目顺利进场施工。严格落实河长制，全力整治劣V类水，投资1650万元做好全域污水“零直排区”建设一期工程，完成22个村农村生活污水终端提标

图172　2020年7月18日，东华街道上杨村村黄花梨丰收节举办“梨王大赛”
（东华街道／提供）

改造。推进人居环境整治，创建9个市级高标准生活垃圾分类示范村、8个市级卫生村，推行环境卫生绩效考核和“最美、最脏村”评选，打造和美宜居环境。推进全域土地综合整治，完成建设用地复垦6.2公顷，完成任务数132%，完成垦造耕地工程4公顷，高标准农田改造提升项目353.3公顷，完成大坞口、前塘垄2个矿山生态修复项目政策处理并进场施工，完成四好公路项目2.036千米，异地搬迁安置通过审核19户，除2户放弃外已全部签订并拆除到位，完成可复垦面积0.73公顷。

【“四个平台”建设】 继续深化“龙游通+全民网格”，扎实推进“全民网格+全科网格”管理工作，结合疫情防控扫码进村（社），定期组织业务培训，用好督考机制，强化网格员管理实效。截至12月底，街道“龙游通”实名认证率达118.9%，同比上升95.2%，发布信息1.6万余条，同比上升88.24%，全年村民信箱办结2399件、随手拍办结104件，办结率达100%，上报事件5029次，全部整改到位。以“最多跑一次”改革为核心，推行政府服务2.0建设，优化服务大厅布局，新增“8小时外”自助服务区，全力推进掌办网办业务，稳步提升行政审批服务和窗口服务效率与质量。截至12月底，共受理各类事项2177件，办结率达100%，通过“浙里办”“移动办”打通群众办事“最后一公里”，办件量583件，办结率100%。做好退役军人服务，按照“一强五好”标准，突出“军味”“兵味”特色氛围，成功创建省级示范新时代枫桥式退役军人服务站，全年完成信息采集和光荣牌悬挂，发放重点优抚补助金，办理困难退役军人临时补助。

【平安创建】 健全重大疫情应急响应机制和防灾减灾体系，落实精密智控，提升应急处置能力。防范企业生产、食品药品、防汛减灾等领域安全风险，打赢生产、消防、交通安全大会战。开展普法教育，举办大型平安、禁毒及普法宣传10场，召开全县防诈现场会1次，发放资料1.5万份。抓好信访维稳，排查化解不稳定因素，调处各类矛盾纠纷716起，成功化解691起，调解率达97%，受理“12345”来信来访230件，办结率100%。全面启动城镇危旧房治理改造，通过对危房四类人员逐户排查，共完成11户C、D级危房的全面鉴定和整改录入。统筹开展“县乡一体、条抓块统”工作。以模块组团运行为基础，进一步理清四大模块职能权属以及与部门交叉的职责边界，依托“属地管理”原则，积极对接县交通局、县综合执法局理顺试点运行清单，减轻街道在基层执法中的压力，确保群众反映的困难问题“事事有人管、件件有落实”。

【基层文化建设】 成立东华街道“8090新时代理论宣讲团”，深入基层开展50余场宣讲。举办8场“江东热土·芳华胜地”巡回村晚，10场文化走亲活动。完成官村村、下杨村村、岩头村文化礼堂开堂，开展有礼讲座、有礼宣誓、有礼书画展、有礼巡逻队等活动70余场，制作宣传册2万份、广告牌500余处，发放公筷2.5万双，配备集烟器52个，发放灭烟袋6500个，营造全民有礼的浓厚氛围。

【基层党建】 完成村社组织换届工作。开展大走访，制作换届“红黄绿”三色图，梳理村情选情，成立由县领导包干的工作组开展后进村大整转，对不稳定因素及早预测、有效干预。各村党组织换届选举参会率实现100%，产生新一届村社党组织成员96人，其中女性委员19人，大专及以上文化程度20人，平均年龄49岁，实现村（社）党组织班子面貌进一步提振、结构进一步改善、综合能力进一步提高。加快构建党建示范载体。深挖瑶山村苗木经济、街路村茶叶产业和高仙塘村村企结对，建成特色产业小展馆和参观路线，打造清廉示范带、党建+村集体经济发展示范带。完成“两堂”融合工作，量化3A、2A级乡村振兴讲堂考核办法，提升讲堂实效，辖区共有3A讲堂1个、2A讲堂4个，

图173 官村村文化礼堂 （东华街道/提供）

一般讲堂17个，共计开展业务培训12次，线上线下学习122次。加大党员发展力度。重点做好近三年未发展党员和无35周岁以下党员的村支部整转，吸收积极分子43名，不断充实村（社）后备干部队伍。严格监督执纪，受理违纪案件8件，受理涉纪信访件7件，开展正风肃纪督查30余次，其中疫情期间专项督查16次，批评教育4人次，通报批评2人次。

（东华街道　叶俊）

图174　2020年4月18日，建州智汇创谷小微企业园开工典礼在湖镇工业区举行
（湖镇镇／提供）

湖镇镇

【概况】　湖镇镇地处金衢盆地中心，东与金华市洋埠镇、汤溪镇毗邻，南接社阳乡，西与东华街道接壤，北与模环乡和兰溪市游埠镇隔衢江相望，有社阳港、罗家溪及其支流由南向北汇入衢江。地貌以平原为主，占78.7%，丘陵占21.3%，另有少量低山。杭长高铁、浙赣铁路、315省道穿镇而过，杭金衢高速、衢江航道横贯镇北。镇域面积101.64平方千米，户籍人口51726人，辖40个行政村、2个居民委员会、1个社区。2020年实现地区生产总值47.3亿元，同比增长3.9%，其中规上工业产值40.89亿元，同比增长10.85%，固定资产投资4.5亿元，同比增长52.70%。全镇财政总收入2.25亿元，一般公共财政预算收入1.17亿元；农村居民人均可支配收入3.15万元，增长7.6%。连续两年获全国小城市培育工作省级优秀，为26县唯一乡镇；获评“中国淘宝镇”“浙江省电商镇”“全市民政工作先进集体”，并在全市“六比六看”活动中获第一，连续5年综合考核全县一等奖。

【新冠疫情防控】　紧扣上级部署，立足湖镇实际，第一时间落实“党建统领+体系作战”“精密智控+联防联控”“线上筛查+网格兜底”系列部署，以“人防+物防+技防”牢守镇域主要道路“大门”和村社、企业进出“小门”，通过密织线上线下防疫智控网，取得零确诊、零疑似的战“疫”成果。2020年，湖镇镇1人获市抗击疫情先进个人，7人获县级先进，20个集体、26人受到镇级表彰。探索实施企业防疫和复产复工“1124”工作法，成立“战时服务团”开辟绿色通道，协助镇域企业完成招工1600余人，争取低息复工贷款近1亿元。全镇29家规上企业、88家规下企业有序复工达产，在取得“零确诊、零疑似”的战疫成果基础上，实现“一季度止损、二季度赶超、三季度突破、四季度冲刺”的预定目标，并涌现出一批先进企业。恒达新材迅速响应复工复产，为防疫贡献力量，受到国务院、浙江省疫情防控相关部门点赞感谢；金怡热电强保障助力复工复产，荣获衢州市抗击新冠肺炎疫情先进集体称号。

【招商引资】　锚定“3+3”产业新体系，健全招引机制，畅通招引渠道，先后引进工业项目近20个，15亿元的智汇创谷小微企业园、1.1亿元的圣蓝新材、1亿元的金蓝医疗等亿元项目相继落地，38亿元的白鸽湖商埠文化园摘牌建设，其中智汇创谷小微园项目在全市“六比六看”活动中荣获第一。完成土地开发100公顷19个建设任务，助推东方商业综合体等6个省级以上重点项目加快完工。

【工业经济】　以“数字化赋能、绿色化转型、集群化强链”狠抓特种纸、家居棉纺、五金机械等传统产业改造提升，同步推动新材料、医疗健康做大做强。深化“亩均论英雄”改革，加大低效出清力度，推动金龙再生、恒祥纺织、双熊猫纸业、君飞纺织等28家企业技改升级。高标准建设产业社区3.0，以智汇创谷、金龙股份为引领，打造龙游中小产业集群地和产业社区治理现代化样板。

【美丽城镇建设】　“一路一桥一港一枢纽”工程顺利投入使用，“一带四路”城镇规划、“三横三纵”路网框架日渐完善，县城副中心交通区位红利进一步释放。先后投入3.2亿元，撬动白鸽湖商埠文化园、商业综合体、舍利塔院等近百亿社会资本；着力打造电子商务服务中心、市民广场等一批城市精品，吸引浙西乡镇首家肯德基、东方超市、芒果影院等品牌入驻湖镇，点亮商业新地标。完成阳湖、坪湖、星火、志成东方等集聚小区建设，在集聚人口的同时盘活建设用地 13 公顷，进一步释放人口红利，打造城镇发展新的增长极。加快美丽城镇建设，规划设计方案获评优秀案例，成功举办省级美丽城镇现场会；2018 年、2019 年小城市培育工作连续两年获优秀，并获得专项奖励资金 1000 万元。

【乡村振兴】 全面开展农村“双治”，创成市级高标准生活垃圾分类示范村 19 个，县级垃圾分类达标村 35 个。完成 15 个省级卫生村创建、4 个省级卫生村复评工作。坚持“一村一策”盘活资源，打造文林锦鲤观光渠、下田畈暖心驿站、蒲塘来料加工大楼，推进沙田湖小微企业园项目落地，通过“飞地消薄”、物业经济等村集体“消薄”模式，实现投资“造血”集体摘帽消薄。大力扶持彭塘“一村百药”、上下范柑橘产业，以产业发展实现农民增收致富、村庄蝶变腾飞。全镇 40 个行政村全部达成 20 万元消薄目标，家庭年人均收入 8000 元以下现象全面消除，扶贫攻坚战役吹响胜利号角。

【民生事业】 借力教育改革东风，与衢州学院经贸管理学院、求是教育集团和华川集团等优质资源强强联手，打响“学在龙游、智启湖镇”教育品牌。湖镇求实职业中专更名浙江省衢州交通学校，华莘高级中学与湖州求是教育集团签订合作协议。投入 70 余万元资金开展消防安全大会战，加强公共安全隐患排查整治，提高群众风险防范意识。全方位深化“最多跑一次”，设置自动叫号、满意度评价，为群众提供免费茶水、充电、查询等便民举措，打通政务服务“最后一公里”。进一步完善社会救助体系，深化社保、医保精准扩面，“惠衢保”参保率全县第一。

【文旅产业】 进一步加强文化阵地建设，建成村级新时代文明实践所 22 处。整合“一镇一湖一岛一塔（寺）一街”文旅资源，加快完善旅游功能配套设施，红木小镇成功通过省级特色小镇验收命名，获评全省工业旅游示范基地，筹办各类文艺活动，吸引 5 万余人前来游玩。高质量开展“八个一”有礼城市创建工作，成功举办“礼”进村规民约现场观摩会暨全县百村修约启动仪式，组织“湖镇大妈”等开展城镇环境综合整治、文明创建等志愿服务 80 余次，绘就古镇新面貌，为美丽城镇建设提供强有力的保障。

图 175　2020 年 1 月 15 日，湖镇镇召开教育发展大会，打响“学在龙游　智启湖镇”教育品牌　（湖镇镇 / 提供）

【理论宣讲】 组建龙游县“8090 新时代理论宣讲团”湖镇分团，构建“党员讲党课、干部讲政策、专家讲技术、先进讲事迹、百姓讲变化”的宣讲网络，开展理论宣讲进企业、进农村、进校园、进社区、进网络“五进”活动，创新线下宣讲、线上直播、课后回放的宣讲方式，让党的创新理论飞入寻常百姓家。吸收镇村宣讲员 146 人，开展宣讲 210 场，受众达 1.4 万人，省、县两级“8090”新时代理论宣讲现场观摩会在地圩村成功举办。

【平安创建】 持续推进湖镇镇矛调中心建设，创新“龙游通 + 微警务 + 微法庭 + 网格化”模式，启动“点单式”专家调解服务，通过有礼联调、群团联服、网格联处三举措，实现群众矛盾纠纷化解“最多跑一地”。2020 年共受理办结各类信访件 375 件，成功调解矛盾纠纷 282 起，初次走访化解率达 85%，同比上升 2.1 个百分点。不断深化“县乡一体、条抓块统”工作，推动市域治理现代化建设。以“龙游通 + 全民网格”为依托，打造智能集成网；以擦亮“四平台”为方向，推动乡镇模块化改革；以“一支队伍管执法”省级试点的政治自觉和改革主路径，实现区域协同执法、协同治理的新格局，整合下放行政执法事项职责权限，以“大镇带小乡”“1+1”模式，统筹基层执法力量，为“县乡一体、条抓块统”改革提供湖镇经验。

【基层党建】 注重在项目攻坚一线、改革创新前沿、基层治理关口、关键重要岗位等培养锻炼干部，创新举办“百日会战、干中选人”排位赛，实行“老带新”“一对一”导师制度，进一步强化干部队伍建设。完善干部四维考核办法及村干部考核制度，实行责、权、利挂钩，促进作风好转和效能提升。常态化组织开展干部政治性警示教育，全年共贯彻学习、研究部署、听取党风廉政履职

图 176　2020 年 11 月 4 日，湖镇镇召开换届后的第一次村干部大会，全镇新当选的村党组织班子举行集体宣誓　（湖镇镇／提供）

情况及专项廉政工作汇报 50 余次，开展监督检查 40 余次，各类廉政提醒、诫勉谈话 100 余人次。围绕镇 2020 年重点工作，支持镇纪委开展监督检查、信访件交办、案件查处工作，加大力度做好党风廉政建设。

【村社换届】　通过抓“人选物色、选情分析”两大关键，做深做细“三联工程”，结合谈心谈话大走访、矛盾纠纷大化解、百日排位大比拼三大工作举措，交出全程高质量的高分答卷，在全市重镇中率先完成换届工作。全镇 40 个行政村共选出村（社）“两委”干部 290 人，其中“一肩挑”41 人、副书记 22 人、副主任 33 人、交叉任职 11 人；选民参选率高达 97.45%，41 名“一肩挑”人选平均得票率 95.5%。新一届村（社）“两委”平均年龄 47.5 岁，同比下降 5.5 岁，35 周岁以下年轻干部 40 人，占比 14%；高中以上学历占比 62.07%，其中大专以上 53 人，占比 18.28%。积极搭建“上任三把火、开门一件事”干事平台，激励新任“两委”干部聚焦民生，围绕村庄发展建设出谋划策，进一步焕发村级组织新活力。

（湖镇镇　范秋玉）

小南海镇

【概况】　小南海镇地处浙江省衢州市龙游县城北 1.5 千米处，南临衢江，东接湖镇镇，西连衢江区，北靠塔石镇，与县城隔江相望，衢江、灵山江、塔石溪交汇于此，镇域总面积 85.98 平方千米，镇政府驻小南海镇茶圩里村光明路 29 号，辖 18 个行政村，户籍人口 3.18 万人。2020 年，小南海镇在县委、县政府的坚强领导下，积极贯彻落实中央和省、市、县委决策部署，紧紧围绕县委“14456”工作布局，经济社会持续平稳健康发展。2020 年，实现镇财政总收入 3278 万元，同比增长 53%；一般公共预算收入 5548 万元，同比增长 24%；完成固定资产投资 8.8 亿元，同比增长 71%；农村居民人均可支配收入 2.82 万元，增长 7.5%。获评省 AAA 级景区镇、省文明村镇、市“8090”新时代理论宣讲工作成绩突出集体，镇妇联被评为省示范乡镇（街道）妇联。

【新冠疫情防控】　成立工作专班，各村、各企业主要负责人全部顶在一线，发布红色招募令，全镇 1000 多名志愿者加入疫情防控工作中，开展全面摸排，共排摸重点地区人员 72 名、境外人员 191 名，完成 1795 名人员居家隔离。成功处置了吕家村、黄村两自然村两次全村隔离观察事件，龙丰村被评为衢州市抗击新冠肺炎疫情先进集体。成立“战时服务团”，精准服务辖区内各企业复工复产，指导企业对员工健康状况进行排摸，形成员工“一人一档”；协助企业制定相应的防疫手册、工作台账，帮助 6 家规上企业、37 家规下企业、68 家服务业企业 100% 完成复工复产。始终密切关注疫情变化，保持警惕、严密防范，抓紧抓实抓细常态化疫情防控，实现全镇“零确诊”。

【工业经济】　全镇现有规模工业企业 7 家，2020 年规上工业总产值 13.6 亿元，同比增长 7%，其中新产品产值 9.3 亿元，同比增长 29%。深化“亩均论英雄”改革工作，对辖区内 53 家企业进行逐个复核，协助企业完成申报；完成工业企业“小升规”1 家，服务业企业“小升规”3 家。深入推进“双招双引”攻坚行动，由镇主要领导亲自挂帅，提前谋划、提前对接，为项目量身设计时间表、工作单，主动与开发区、经信、环保等部门对接倒排时间，推动浙江德爵精酿啤酒、杭州蓝碧源等亿元项目顺利签约，在缴纳完土地款后分别于 7 月 24 日、8 月 19 日完成土地摘牌。德爵项目于 11 月 17 日正式开工建设，11 月 30 日项目顺利入库；蓝碧源项目土地证已办理完成，截至年底正在完善设计方案和施工许可证的办理。11 月 30 日，副县长徐仲利带领镇领导前往北京参加政企投资洽谈会，顺利签署国际兰花博览园项目落户小南海镇投资协议，预计项目总投资 35 亿元。

【农业产业】　扩大粮油种植面积，重

点做好国家对粮油生产直补扶持政策，培育种粮大户、推进粮食规模经营，完成43个种粮大户153公顷的水稻种植情况上图入库及粮食功能区非粮化情况实地核查上图入库。落实国土绿化造林面积26.67公顷，完成薄壳山核桃基地建设20多公顷，建成汀塘圩村、团石村、茶圩里村3个“一村万树”省级示范村，龙西村、雅塘村2个“一村万树”市级示范村，建成7个县级示范村；实施维修渠道2.6千米，改建渠道3.5千米，维护池塘4个，改造机埠5座、堰坝3座。全镇国土整治完成建设用地复垦8.4公顷，任务完成比例达105%；标准农田建设完成42.4公顷，完成旱改水项目面积18.67公顷，任务完成比例达140%；耕地质量提升完成13.33公顷，垦造耕地完成38.73公顷，均已通过县或市级验收。另外年底新立项25公顷已完成政策处理并进场施工。加快高能耗老旧农机报废淘汰，完成全镇51辆变型拖拉机报废淘汰任务。配合中央环保督查组，开展养殖场环保专项检查，督促各养殖场按环保要求做好环保整改工作。

【乡村旅游】 依托石窟景区发展战略制定全镇乡村旅游发展规划，成功推出天鹅湖、团石古渡、泽潭揽胜观景平台等新晋网红打卡景点。通过开展“8090”新时代理论宣讲、镇长带你去骑行、这个“五一”我在团石湾等你、枇杷采摘节、迷辣啤酒音乐节等特色活动的宣传造势，以活动促旅游、促开放、促发展，大力提升了小南海镇整体形象。5月，以线上直播形式举办枇杷采摘节暨农副产品推介会，仅1个小时线上观看人数达12万人，线上销量达5万余元；8月，在团石举办首届迷辣啤酒音乐节，发展乡村“夜经济”，7天时间吸引游客超15万人次，带动消费超300万元，实现了消费与体验的良性互动、融合发展。10月，在龙游石窟举办国际音乐盛典，央视新闻、中国国际电视台、浙广直播等14个平台实时直播，线上线下共吸引超过400万人观看，“两江走廊”共吸引游客超40万人次，大大提升了龙游石窟的知名度、影响力。

【重点项目】 杭衢高铁小南海段征迁工作涉及农户28户，仅用25天时间就完成签约、腾空及拆除，还完成土地征收1.33公顷，施工临时用地征用0.4公顷。320国道暨北入城口改造征迁工作涉及集体土地农户50户，已全部完成拆除；涉及国有土地9户，已拆除8户，拆除率89%；完成茶圩里段、下章段146户的土地征迁。月亮湾安置小区征地涉及农户205户，截至年底已完成土地丈量175户，完成率85.3%，签订协议151户，完成率74%。充分发挥小南海镇生态、区位、交通等方面优势，实施“1+2+7”（集镇建成区+雅塘村、鸿陆夏村+沿江七村）发展战略，加快有机更新步伐。至2020年年底，已完成总体规划设计；鸿陆夏村投资100万元完成通信线路迁改项目，投资170余万元进行美丽宜居示范村整治项目已完成招投标，进入施工阶段；小南海镇综合便民服务中心、集镇文化活动中心、茶圩里村物业大楼、综合大楼、三星级农贸市场等已完成项目设计、立项等工作，其中镇综合便民服务中心、集镇文化活动中心已进入招标程序，预计2021年4月下旬开工建设。周红坂村石窟门口段整治提升项目已完成停车场改造2500平方米、立面改造38户、道路白改黑9000平方米、庭院改造20户、强弱电整治3200米，为石窟国际音乐节的成功举办营造了优美的外部环境。

【农房整治】 全镇共审查建房申请104份，审核批建84户，严格落实建房“四到场”制度，指导各村通过制定村规民约等方式，推动农房建设管理各项规定的落实。农房管控和风貌提升中共拆除违章面积22.14万平方米，积极打造农房管控拆后利用示范村，通过示范引领，互比互看，推进拆后利用工作，完成拆后利用面积21.63万平方米，利用比例达98.48%；超额完成“三改一拆”任务销号，销号比例达127%。团石村、红船头村、汀塘圩村作为拆后利用

图177 2020年5月16日，小南海镇召开北入城口暨320国道征迁动员会
（小南海镇/提供）

示范点，多次接受省、市、县考察团观摩参观。排查疑似危房128户，鉴定C级危房30户、D级危房10户，并于9月底前全部解危改造。

【“五四三”工作】 继续开展“五水共治”，重点抓“污水零直排”建设，对雨污管网、“六小”行业（小餐饮店、小食品经营店、小理发美容店、小旅店、小公共浴室和小歌舞厅）、医院学校等点位的用水排放量、排放模式、雨污分流现状再次进行集中排查，发现问题40余处，已全部落实整改；同时积极探索长效运维管理机制，建立“政府+私人”的“污水零直排”建设基金，按比例向涉水企业、个人收取一定的维护经费，2020年共收取1万余元，与政府专项资金共同用于涉水工程维护。10月，团石村作为考察点成功举办全国河（湖）长现场会。全域持续推进“四边三化”行动，整治点位200余处，12月高标准通过省级精品道路验收。

【扶贫消薄】 2020年，小南海镇完成21户年收入8000元以下贫困户的消贫工作。坚持将“消薄”与“扶贫”“两手抓、两结合”，制定小南海镇发展壮大村级集体经济“一村一策”实施方案，不断增强村级集体经济的“造血”能力，投资90万元建设龙西村温室大棚，村集体年租金收入5万余元，投资160余万元完成鸿陆夏村种养殖基地道路扶贫项目。18个行政村村集体经营性收入均已达到10万元以上。积极对接村企结对项目，扩大特色农产品的销售渠道，端午期间共销售50多万元的鸿陆夏粽子和新山水大米。

【社会事业】 小南海镇全年总计发放低保金499万元；发放特困人员、困境儿童救助金64万元；发放临时救助金26万元；发放水库移民直补和后期扶持资金2911万元；完成箬塘村敬老院公建民营改制工作，完成小南海镇示范型居家养老服务中心建设并顺利运行。以“最多跑一次”改革为中心，进一步深化行政审批制度改革，创新服务机制，完善一窗式办理服务，稳步提升行政审批服务的效率与质量。一窗受理云平台共受理各类事项695件，办结率达100%，通过“浙里办”“移动办”打通群众办事“最后一公里”，办件量531件，办结率100%；浙江政务服务平台输件2927件；办理城乡居民养老保险、4050就业困难人员申报等750件；计生审批及证明1230例，完成城乡居民基本医疗保险集中缴费21036人次。

【文明创建】 成立小南海镇“8090新时代理论宣讲团”，吸纳团员76人，其中骨干宣讲员10人，开展农村“樟树底宣讲”“廊桥宣讲”“竹椅座谈”等接地气的宣讲，共宣讲100余场，受众达4000余人。团石村作为宣讲点，成功举办省、市两级“8090”青年理论宣讲现场会。扎实推进“有礼八个一”宣传活动，成立志愿服务队18支，开展宣传活动20余场，有力推动有礼指数“八个一”在小南海落地。积极开展创文、创卫工作，发放创文倡议书2000余份、联合执法通告5000余份、宣传短信10万余条、龙游通等线上平台浏览次数达20万次；联合市监、交警、综合执法部门开展联合整治60余次；组织全体镇干部、志愿者、入党积极分子及村级组织换届自荐人共6000余人次进行志愿活动；开展七点行动、千家万户环境卫生大清洁、文明洗城、双月大整治等活动10余次，乡容镇貌进一步提升。9月，小南海镇顺利通过国家卫生乡镇创建市级技术评估，10月通过省级暗访验收。

【基层治理】 结合“清风护航”行动，围绕“黑恶势力干扰渗透、把持基层组织、侵蚀基层政权”等问题，始终把矛头对准黑恶势力违法犯罪，开展扫黑除恶专项斗争。对重点上访、吸毒、矫正等人员70余人切实做好化解稳控，防止借机滋事；对村组织换届过程进行全面摸排跟进，确保换届选举工作平稳开展。积极探索“党建+维稳信访”工作模式，创新实践“四在基层”方法（组团下沉在基层、人心稳定在基层、问题发现在基层、矛盾化解在基层），聚焦源头治理，持续优化信访生态，构建共建共治共享新格局。2020年全年无赴京上访；信访积案化解国家级、省级、市级各1件，初

图178　2020年10月17日，小南海镇召开村级组织换届工作动员部署会　（小南海镇/提供）

信初访95件，连续5年下降，事件按期受理率、办结率、回访率均达100%；“12345”热线128件全部办结；调处各类矛盾、纠纷722起。完善“龙游通+全民网格”基层治理模式，全年龙游通共受理村民信箱2233条，随手拍50条，为群众解决身边大小事；发布组团联村、农房管控、有礼“八个一”等中心工作动态8670余条，发布垃圾扫码、“五水共治”、“8090”宣讲等学习信息8177条；发布换届选举公示公告891条。

【基层党建】 严格细致抓好基层党建，按照发展党员工作程序严把入口关，对2012年11月以来入党的165名党员的党员档案逐一进行审查，取消预备党员资格1人，对1人进行批评教育。全年预备党员转正9名，发展党员12名，储备入党积极分子47名。换届期间，第一时间成立了以镇党委书记为组长的换届领导小组，先后开展7轮走访谈话，累计走访党员群众1.2万户次，谈话6500余人。全镇先后组织开展了7次业务培训会及2场换届选举模拟演练，全员下压、全程参与，确保选举过程平稳有序。同时把村级组织换届的考场变为干事创业的赛场，组织村“两委”、意向参选人员、年轻后备力量到一线“大拉练”，在“干中换、换中干”中考察锻炼优秀人才。

（小南海镇　季春晓）

溪口镇

【概况】 溪口镇地处县境南部，东邻罗家乡，东南与大街乡毗邻，南接沐尘畲族乡、西南连庙下乡，西交衢江区全旺镇，北与龙洲街道、东华街道接壤，灵山江自南而北流经全镇，地貌以山地和丘陵为主。区域面积112.47平方千米，耕地面积1588.05公顷，山林面积7259.13公顷，镇政府驻溪口集镇新溪路36号，辖14个行政村和1个社区，户籍人口21903人。2020年，实现地区生产总值9.17亿元，同比增长3.51%，其中农业产值7324万元，工业规上产值36550万元；镇财政收入2621.5万元；农村居民人均可支配收入2.97万元；镇政府全年投资4734万元，有效投资增幅位于全县乡镇前列。获省政府地质灾害隐患综合治理“除险安居”三年行动工作成绩突出集体；全省农业“机器换人”示范乡镇；全市道路安全大会战先进集体；被评为国家卫生乡镇、省4A景区镇、衢州市首批示范乡村振兴综合体。溪口老街被列入全省首批12条美丽乡村夜经济精品线。溪口村历史文化村落保护利用项目在全省40个重点村中排名第二，全市第一。

【新冠疫情防控】 疫情防控初期，溪口镇以“一镇带三乡”的防疫定位，严格按照“外防输入、内防扩散”总要求，迅速启动一级应急预案。第一时间成立疫情防控工作领导小组，组建“村干部+网格员+联系村干部+卫生院医生”的管护团队。疫情一级响应期间，溪口镇辖区内25个卡点24小时执勤，严格落实“一登记、二测量、三消毒、四劝返”工作流程，创新“龙游通”+移动漫游扫码认证通行方式，严管镇域范围内车辆和人员进出。一级响应期间，溪口镇按照网格化管理机制，严格落实重点人员隔离管控机制，全镇县级管控人员共288人，其中6人征县集中隔离，282人在溪口镇居家隔离，镇级管控居家隔离9人，严守防疫第一防线。成立以党委书记为团长的“溪口镇战时服务团”，全面开展企业疫情防控和复工复产“四抢”（抢开工、抢员工、抢产能、抢市场）行动。利用复工专车专列、“龙游通”线上发布和联村服务摸排等形式，协助16家企业接回县外员工97人，新招录员工100余人，促进企业早日复工、恢复产能。

【脱贫攻坚】 压实扶贫结对帮扶责任，探索开展“龙游通+组团结对”，实现精准扶贫。2020年溪口镇系统在册低收入实际农户为622户，782人，部门结对230户，镇干部结对392户；通过全面摸排，上报符合雨露计划低收入农户6户。倡导寓外乡贤参与困难家庭教育帮扶，成立溪口镇乡贤教育基金，累计征集捐助44.89万元；乡贤同步开展帮扶结对，重点帮扶贫困在校学生，累计有14位乡贤结对21名困难学生，直至其完成学业，2020年发动并完成学费资助4.92万元，为贫困家庭学子注入希望。

【工业经济】 全年完成固定资产投资4734万元，同比增长57.5%，规下企业营收（乘权重）14956万元，同比增长18.6%，限上企业销售额完成2023.1万元。全面完成第二轮中央工业环保督察，制定下发《工业废气污染整治提升方案》，督促园区企业加大环保投入，有效提升废气污染治理。加大双招双引力度，通过招商研判7个项目，落地1个精品未来社区共享民宿和1个年产3000吨竹炭技改工业项目，总投资1.5亿元的特种玻璃项目顺利落地。

【文化、旅游】 依托六春湖旅游景区，全力做好引流工作，为助力老街复工复产，发放老街消费券开展“暖街行动”；顺利承办“品年味忆乡愁”第四届村晚和龙游县第二届竹编大赛暨“竹够好玩”创业创新大赛；疫情一级响应解除后，深入推进长桌宴、竹运会、省级直播年货节等品牌活动。全年成功举办竹运会、笋竹节3次、长桌宴8次、篮球邀请赛2次，累计吸引市内外游客100批次超过2万人。邀请清华大学林乐成教授等参与并成为常驻创作大师，常态化开展“线上+线下”村播直播服务销售和村播能手培训活动，促进竹一、二、三产融合发展。

图 179　2020 年 6 月 27 日，浙江省手工业合作联社手工艺培训基地、清华大学美术学院林乐成教授工作室在龙游县溪口镇“溪口老街”揭牌

（溪口镇／提供）

全年举办镇长直播、人大代表直播等各类带货直播 10 余场次，老街接待疗休养、团建游客 20 多批 500 余人次，老街二期回租的 12 间店面均已完成招商。

【安全设施】 全年完成镇、村、企业等各级安全生产责任书签订 80 余份，开展检查 72 场次，发现问题 287 余条，整改完毕 278 条，整改率 97%。完成 G528（三桥至寺下段）省级隐患点整改；设立交通劝导站 2 个，配备劝导员 6 名；完成 35 个县乡道路平交口“四个一”（交叉口视距、环境光线、尺寸、标识）整改；完成“四好公路”大中修、水毁道路抢修、虹桥拓宽、省级道路隐患点整治等 6 个项目建设，全力减少不安全因素。增强消防力量，增购消防车 1 辆、营房改造和设备完善等工作，累计投入 60 余万元。全年专职消防队累计出动 16 次，切实保障居民的生命财产安全。

【“县乡一体、条抓块统”改革】 先行先试“县乡一体、条抓块统”改革。根据市、县部署，率先进行乡镇模块化再调整，进一步查漏补缺、总结经验；发挥中心镇作用，探索“五联”（责任联动、资产联管、平台联建、强弱联合、项目联审）模式，主动服务“一镇三乡”协同发展，2020 年 10 月溪口做法在全市构建“县乡一体、条抓块统”模式试点工作部署推进会上做典型发言，并成为市委上报省委的改革案例之一；发挥未来社区创建优势，率先开展全科智慧网格建设，承办第十三次全市改革周例会并获得高度肯定。

【乡村未来社区】 聚焦“乡村‘双创’集聚地、集成改革试验区”定位，以“溪口公社，快乐老家”为主题，推进融合发展、推行集成改革。溪口乡村版未来社区核心区黄泥山小区（一期）项目基本完成并投入使用，其中共享食堂被写入市委全会报告，黄泥山（二期）项目已全面开工建设，全年接待正处级以上领导 53 批次 200 余人次。完成地方政府专项债申报 1 亿元，至年底成功拨付 4000 万元。

【项目征迁】 全年累计完成土地征收补偿 35.64 公顷、借地 10.53 公顷，征收集体土地房屋 17 户、收购国有土地房屋 36 幢，共涉及群众 1519 户。积极推动未来社区新溪小区和新溪路区块项目征迁，完成 3 家企业、林场宿舍、11 户国有房屋收购工作，拆除房屋面积 0.35 公顷，完成 3 户

图 180　2020 年 9 月 23 日，中共浙江省委常委、组织部部长黄建发（右二）一行到龙游县溪口镇调研“县乡一体、条抓块统”改革试点工作

（溪口镇／提供）

集体房屋和0.097公顷土地征收协议签订；灵山江沿江公路溪口段已完成集体土地补偿19.13公顷，拆除沿线集体房屋10幢，确保沿江公路无障碍施工；灵山港综合治理工程已完成沿线3个村8.2公顷土地政策处理，项目正在抓紧实施中；完成鹁溪线拓宽项目涉及4户房屋拆除和0.74公顷土地征用；完成农村饮用水管网政策处理借地10.4公顷。

【行政审批改革】 以“最多跑一次”改革为中心，进一步深化行政审批制度改革，创新服务体制机制，完善一窗式办理服务，服务惠及三乡一镇。全年共受理各类事项4224件，非本镇业务1730件，占比40.96%，通过“浙里办”“移动办”打通群众办事“最后一公里”，办件量623件，办结率100%。

【8090新时代理论宣讲团】 成立溪口镇“8090新时代理论宣讲团”，吸纳团员29位，针对群众不同需求，精心设计不同课题，划分不同宣讲小组，形成了“党员讲党课、干部讲政策、专家讲技术、先进讲事迹、百姓讲变化”的全方位宣讲网络，截至年底已进行宣讲50余场，听众达4000余人。石角村和未来社区作为宣讲点，成功举办省、市两级“8090”青年理论宣讲现场会。在各村文化礼堂开展有礼指数“八个一”宣传活动10余场，有力推动有礼指数“八个一”在溪口落地。

【村级换届】 抓实党员队伍基础，换届前认真开展农村党员发展专项审查，按照“一人一档、专人负责、逐人审核”模式，共完成党员审核76名，确定年度不合格党员3名、除名党员2名、重新履行入党程序党员3名、延长预备期党员1名，全过程均平稳平静。换届过程平稳有序，其中，“两委”班子成员年龄和学历结构优化，平均年龄45.58岁，比上届下降3.7岁，高中以上学历53人，占比61.6%，比上届增加14人。

（溪口镇　何晨）

横山镇

【概况】 横山镇位于杭金衢三地交接地带，320国道、杭新景高速穿境而过，镇域总面积88平方千米，辖20个行政村，总人口约3.1万人，素有“建材强镇”“富硒宝地”“观荷胜地”之美誉。2020年，实现规模工业总产值6.7亿元，同比增长6.3%；完成固定资产投资4649万元，工业投资2296万元，财政收入1.91亿元，财政支出15235万元；农民人均收入26491元，同比增长7.40%。横山镇富硒产业发展向好，浙江硒莲液富硒科技有限公司作为横山镇本地一家集种植、生产加工、科研销售为一体的综合性农业龙头企业，因其前身荣光酒厂传承“姜兴隆”号姜氏酒坊兼米行，已获得衢州老字号和衢州市非物质文化遗产称号。公司利用当地丰富的天然富硒资源，开发富硒莲子酒系列产品。建立核心基地16.67公顷，和农户订单基地330多公顷，企业辐射天池村、腰塘边、河宗村、志棠村等村，带动周边500多户农民共同富裕奔小康。

【农业经济】 横山镇粮食种植面积约0.33万公顷，以“挖掘富硒资源、发展特色农业，重点突出大户、带动小户”的发展主线路，完成富硒莲子种植666.67公顷、年产量800余吨，富硒稻米面积333.33公顷、年产量3000余吨。转变现代农业发展方式，释放富民增收活力，着力培育富硒白莲种植示范基地、“天池药谷”基地、农家乐建设、农旅产业发展、文创产品开发等特色农旅产业，不断提升农旅融合质量；建成志棠白莲种植示范基地，初步计划流转基土地333.33公顷，建成产量预计达到300吨，产值达4000万元；以“春播种、夏赏荷、秋品鉴、冬体验”创新荷花节四季融合新模式，吸引游客4万多人次，惠及志棠、天池、腰塘边等村村民增收超100万元，全镇旅游收入近500万元。

【工业经济】 围绕一企一策、分类处置，全力做好企业亩均提效，完成全镇26家企业亩均效益审核。突出“保企业、稳增长”，深化“三服务”企业挂联机制，协助青龙山开展下宅村连村公路前期政策性处理及进场施

图181　2020年8月22日，“初莲华”项目暨正大再生方志棠白莲种植示范基地揭牌仪式在龙游县横山镇天池村举行　（横山镇/提供）

工，完成剥离废土60%的工程量；腰塘边废弃矿山生态型修复治理顺利推进，进入二期排隐阶段。擦亮“一地通三市”招牌，围绕特色农业、建材等优势主导产业，全力开展精准招商、产业选商，启动建设投资2500万元菜牛养殖、2000万元益生菌生产线；粉煤灰仓储项目、青龙山建材公司更新改造项目等已签约或落地开工；纽莱福医养中心、月荷小区等多个停滞许久的重点项目进入实施；完成村级基础设施投资备案项目有效入库9个，投资5400万元。

【重点工程】 启动志棠区块矿地环境整治项目，7天完成签约，14天全面完成腾空拆除，1个月完成6个村民小组200余户38.33公顷的集体山林和83户自留山流转签约，其政策处理工作受到县“十条军规”通报表扬。320国道二改一项目涉及横山6个村400余户15.8公顷田地及19户房屋的征迁，严格落实分片包干制度，成立7个专班工作组推进征收工作，8天时间全面完成涉及西方坞、会泽里等村项目红线范围内的土地和农户房屋征迁工作，有力保障项目土地提前交付。杭衢高铁项目征迁因历史遗留问题交织叠加，5户农房政策处理情况复杂，矛盾调和困难异常，镇专班及时对接县指挥部，针对特殊复杂问题反复研判，县指挥部为工作推进召开协调会近10次，镇村两级召开政策讲解会10余次，研究解决疑难问题3个；两个月时间完成涉及5个行政村、11.55公顷土地、5户农房、76座坟墓的政策处理。全年实施垦造耕地项目12个51.05公顷，完工并通过县级验收10个45.67公顷；深入排查建设用地复垦资源，率全县之先完成项目招标、项目开工、项目验收，现13个项目11.47公顷已通过市级验收，超任务数1.46公顷；耕地质量提升项目完成立项38.05公顷，超任务数24.66公顷，截至2020年年底已全部完工。

【生态保护】 以“国家卫生乡镇”创建迎检为标准，全方位提升集镇卫生保洁、文明经营、文明出行，推进农村生活污水、集镇污水站常态化运行，镇村环境质量、生态环保水平、群众文明素质实现较大提升。围绕“美丽城镇”发展格局，高起点规划，深度挖掘并将镇文化站、塔山公园、荷花带延伸风光等串联成线，跟进涵盖新农贸市场、富硒综合体在内的全镇域总体规划，着力提升集镇承载能力和服务功能。天池村大力发展农旅融合新业态，拓展“两山”转化新通道，游客采摘莲子、垂钓、品莲子系列佳肴、尝硒莲酒等现代观光农业、休闲旅游全面开发，在国家AAA级旅游景区基础上再获省生态文明基地新称号；上向徐村试点变废为宝、户建村补工作机制，大力推进农房风貌管控提升工作，成功召开县级拆后利用现场会；志棠村以省级书香礼堂创建为目标，围绕地方元素融入、功能布局合理、文旅功能完善，打造成全县网红打卡目的地、理论宣讲主阵地、乡村振兴新高地。纵深推进“五水共治”“河长制”，在全镇30余处河道、山塘水库开展“清河护岸、净水保水”专项行动，全镇11名河长、60名人大代表，全年累计巡河600余次，完成非法排污、河道疏浚等22起问题整改。落实生猪养殖场“一场一册一干部”制度，强化畜禽养殖污染监督管理，联合县环保执法大队对23家养殖场开展联合执法。完成大平坂、会泽里等5个村农村生活污水终端提标改造。推进“一村万树”建设，完成种植彩色珍贵树种4300株，清理枯死松木约1950吨。

【社会事业】 围绕“两不愁三保障”，实施产业扶贫项目4个，落实产业项目帮扶资金362万元。完成全镇低收入农户结对帮扶，建立贫困人口动态监测机制，完成年度低保低边人口新增退出；调整低保金补差228户，所有五保户均补差到位。发放救助金11.5万元，惠及69人；落实23户特困人员供养服务；完成3栋D级危房、48栋C级危房全改造。开展技术培训，积极引导就业，着力增强贫困群众“造血”能力。持续做好疫情防控工作，抓好重点地区入境归国返龙人员及人员集中管控，确保人民群众“零感染”的健康指数。围绕“最多跑一次”对接“四个平台”，全年App办理移动办725件，数据共享调用1659件，政务2.0系统2650件，农村合作医疗2万余人。以“三联工程”“组团服务”为契机，探索试行线上线下代办代跑服务机制，全年受办代办事项占比25%，生育登记办理等20个办理事项均可全程代办，实现服务零距离。完成3个村文化礼堂提质改造。全年举办惠民文体活动190余场次，创新公益培训点单模式，开设舞蹈、插花、种植等方面共84课时培训。全面完成第七次全国人口普查工作。

【信访工作】 加大初信初访化解力度，上级交办来信来访来电办结率100%，息信止访率98%。探索试行信访代办制度，成立由20名村级信访代办员组成的代办队伍，处理网上信访代办件60余件。不断强化镇、村、网格三级维稳网络体系建设，坚决做到“源头把控、关口前移、层级过滤、隐患清零”，最大限度将矛盾纠纷吸附化解在镇村两级，基本实现“控新治旧、降量退位”的总体目标，全镇来信来访来电总量同比减少42.7%，信访息访息诉率达95%以上，上级交办信访件的按期结案率达99%。

【基层党建】 贯彻新时代党的建设总要求，常态化开展“主题教育”“两学一做”，持续做好“乡村振兴讲堂·村情通”平台推广应用。通过线上线下平台开展理论宣传，开办线上讲堂100余期，参与群众2600余人次；组织“8090新时代理论宣讲团”宣讲50余场，宣传群众3000余人。加快乡村振兴讲堂、文化礼堂融合共建，打造“两堂”10处。严格落实党风廉政建设，开展廉政警示教育3次，通报各类典型案例10余个。通报处理缺岗、违反会风会纪等违规行为12人次。依托胡公勤政为民、关西杨氏廉洁自律等清廉特色文化，打造“十里荷花、一路廉风”清廉横山特色品牌。建成“三槐堂”清廉文化展示馆、槐庭书院、“儒儒家风”主题清廉讲堂，加快白鹤桥村清廉展示馆建设，推动全面从严治党向基层延伸。全力打好换届选举攻坚战，积极开展换届“百日会战、干中选人”排位赛，通过“五比五看”择优确定村“两委”班子意向人选。本次村级党组织换届，20个行政村均一次性顺利完成换届选举，“一肩挑”人选全部顺利当选，共选举产生支委73名，党员参选率达99.89%，14名“一肩挑”人选满票当选，73名党组织成员平均得票率91.82%；班子结构优化，党组织书记更换8人，更换率达40%；党组织成员新进33人，占比45.2%，党组织成员平均年龄48.6岁，女性成员11名；党组织书记高中及以上学历的14人，其中大专及以上的4人，回引乡贤5名。

（横山镇　王雯）

塔石镇

【概况】 塔石镇位于县境衢江以北地区西部，东与模环乡相连，南与小南海镇接壤，西与衢江区莲花镇相邻，北傍石佛乡、横山镇。塔石溪、泽随溪等流经境内，地貌以丘陵为主，有部分山地。辖区面积75.87平方千米，镇政府驻塔石集镇，下辖26个行政村，其中18个村集体经济收入达10万元，8个村达20万元以上。全镇共有14513户4.2万人。2020年，地区生产总值15.51亿元，同比增长6%；农民人均可支配收入2.9万元，同比增长7.4%；实现税收1800余万元。

【农业】 全年播种粮食作物面积3287.67公顷，生猪存栏36082头。大力推广“稻豆+油菜”三季轮作模式，全年全镇种植面积266.67公顷，规模种植大户24户，毛豆采摘农民达490多人，人均采摘收入85元/日，秋毛豆采摘时间约25天，累计全年增收约104万元。按单亩计算，早稻种植时间为4—7月，亩产量525公斤，亩产值1700元；秋毛豆种植时间为8—11月初，亩产量平均750公斤，亩产值4500元；直播油菜亩产量152公斤，亩产值1120元。合计每亩比“稻豆轮作”模式增收1600元左右。开展专业培训和邀请省、市、县农技专家实地指导20余次。完成农村土地确权登记颁证工作。完成泽随村、勤裕村生态拦截沟工程建设。完成叶村村蛇头里水库除险加固工程，塔石溪清淤整治工程。完成塘里、叶村4个村“一村万树”示范村建设。

【工业】 淘汰高能耗、高污染产能，倒逼企业转型升级。对工业用地企业进行综合情况排序和评价，对未通过复核验收的企业，逐步开展约谈并出清。结合中央及省环保督导组“回头看”契机，开展对701跑道小作坊的调查整治。引进浙江龙游梵歌文化发展有限公司项目（简称798写生基地），预投资3200万元，建设用地面积5330平方米，占地面积2311平方米，建筑面积9000平方米。引进杭州恬悦布艺有限公司投资1.05亿元，年产2000万米高端针织床垫面料项目。杜山集团有限公司综合节能改造总投资1.9536亿元项目开始施工；龙游奇斌金属制管厂年加工1万吨无缝钢管生产线总投资1080万元技改项目，生产线已启动运转。

【杭衢铁路项目】 涉及沿线10个行政村，率先完成龙游段36.07公顷（含村集体）土地征用。完成106户（住宅81幢）房屋征迁。完成拌和站及钢筋场、制梁场等2处大型临时用地租用；完成龙游高铁北站征用土地16公顷。推进320国道“二改一”项目征迁，完成沿线121户农户38亩土

图182　2020年3月20日，塔石镇首届“云上油菜花节”在中国历史文化名村、中国传统村落——泽随村举行　（塔石镇/提供）

地征收，29户房屋征迁工作。推进国土整治大会战，全年共完成15个地块6.08公顷建设用地复垦项目。

【乡村旅游】 举办泽随第一届“云上油菜花节”，采取直播形式展示泽随文旅特色，以“直播带货”形式，帮助农户解决柑橘滞销难题，推介泽随富硒农特产品。活动期间，“央视新闻”“浙江新闻客户端”“淘宝直播”等多个平台同步直播。完成罗山村、双联新村村、西何村等3个村文化礼堂和文化长廊建设。开展美术、舞蹈、剪纸等形式多样的公益“有礼”培训，打造泽随书画室，重点谋划泽随村徐偃王展览馆创建。

【镇村建设】 投入2000万元完成泽随集镇外立面改造、人行道改造、线路管网上改下、商业街道路白改黑、停车场等项目建设。有序推进文兴小区新建、塔石卫生院迁建、塔石法庭筹建等项目工作。深入推进“河长制”，对塔石溪、泽随溪、黄山塘溪等河道水库进行整治提升。严格落实“一场一策一干部”制度，常态化开展生猪整规及畜禽污染防治工作，全年完成问题整改65个，拆除不符合环保要求养殖场3家，完成美丽牧场创建2家；持续推进垃圾分类，罗山村、雅村村等11个村通过市级高标准生活垃圾分类示范村复审，何明村、华青村等10个村被命名为衢州市卫生村。完成莲塘村、雅村村、里王村、平坦村避灾安置点的建设。

【政务服务】 深化“最多跑一次”改革向基层延伸，做实“龙游通+乡村振兴讲堂”深度融合，优化便民服务大厅布局，配齐各类软硬件设施，组建“无差别受理”队伍，深化“干部代跑”服务机制。塔石派出所户籍窗口入驻便民服务大厅，推进政务服务标准化、规范化建设，提升办事效率和服务水平。全年办理民政、残联、计生、林业、农业、国土规划、社保、医保、户籍、身份证等一窗受理各类事务8000余件。

【社会治理】 全年化解各类矛盾纠纷475起，其中化解疑难纠纷45起，信访积案2件，矛盾纠纷化解率95.2%。完善信访工作考核机制，高度重视群众初信初访问题，共受理群众来信来访287件，其中重复件12件，群众初信初访问题化解率96.2%，越级信访批次与人次较2019年同期分别下降50%与67%，进京越级信访零登记。夯实信访代办服务，组建108名信访代办员队伍，全年代办群众信访事项62件。

【民生实事】 落实“一对一”结对帮扶政策，与县级部门结对低收入农户1425户，做好困境儿童、残疾人员等特定群体帮扶资助，76户贫困家庭危房解危。整合优化农村医保、养老、救助等各类资源，推进泽随敬老院公建民营运行机制，提升养老水平。开展劳动者职业技能培训，帮助困难群众就业。落地扶贫项目9个涉及资金850万元。探索罗山、勤裕、钱家、双联新村4个村联合建设综合物业楼，打造城北精品单身公寓，依托城北经济技术开发区地理优势，满足外来务工人员租房用房，发展壮大村级集体经济。

【基层党建】 完成双联、何明、雅村3个党建示范点建设，新建泽随村乡村振兴综合体，树立泽随村“红色蜂巢”、童岗坞村“党员贤内助”等一批党建品牌。深化“三联工程”，全镇1725名“一长三员”深入网格一线，帮助解决各类难题2200余个，提供代跑代办服务5500余人次；投入250余万元完成下张坞、塔石、勤裕3个村级组织场所新改建。完成17个村的“两堂融合”，打造AA讲堂9个，其中中心讲堂2个，开展各类培训600余场次，培训2万余人。

【村级组织换届】 坚持党的领导贯穿村级组织换届选举工作全流程，成立由1名联村团长+1名驻村干部+1名生态指导员+N名镇干部组成的“1+1+1+N”村级换届工作组，实行“一包到底”精准指导。按照标准，对标对表忠诚、实干、担当及个人意愿，通过民意调查、考察谈话、重点工作一线考察等方式，逐层筛选合适人员。顺利完成全镇村级党

图183 2020年10月17日，塔石镇召开村级组织换届选举动员部署会
（塔石镇／提供）

组织换届选举工作，26 名“一肩挑”人选均高票当选，88 名村级党组织成员平均得票率 98.3%。

【党风廉政建设】 全年共开展“正风肃纪”及专项检查行动 20 余次，并进行实名通报。通过巡察处理村干部 82 人次，其中提醒谈话 20 人次，批评教育 52 人，诫勉 4 人，通报批评 5 人，党内警告 1 人。全年共受理并办结信访举报 19 件，办结率 100%。全年共立案查处案件 9 件，给予党纪处分 9 人，其中开除党籍 2 人。完成罗山村“清廉村居”县级示范点建设。

【新冠疫情防控】 及时成立镇新冠肺炎疫情防控工作领导小组，组建镇、村、网格三层防控体系网，组织党员干部、志愿者、民兵等力量，扎实做好入户摸排、设卡值守、后勤服务等工作，累计排查重点地区返乡人员 1615 人，居家医学观察 410 人，其中涉鄂人员 123 人，涉重点疫区 77 人，守住“零”疫情阵地。前夏村“16 勇士”、豆腐王村村民自愿捐款等事迹被省、市、县级媒体报道。落实紧密智控，“健康码”申领率 100.94%，“龙游通”实名认证率 117.5%。加强与衢江区莲花镇两地交界联防联控管理，境内企业复工率和“企业码”申领率均达 100%。

（塔石镇　祝剑波）

詹家镇

【概况】 詹家镇位于龙游县西郊，东连县城；西面与衢江区（高敬、湖塍）交界；北邻衢江，与小南海镇隔江相望；南面与龙洲街道及衢江区全旺镇（柴公岗、黄毛畈）接壤，杭长高铁、龙丽温高速、320 国道纵横境内，区位优越，交通便利。全镇面积 55.89 平方千米，辖 21 个行政村（其中沐尘水库建设移民村 7 个），74 个自然村，3 个少数民族村，常住人口 26893 人。2020 年，詹家镇坚持稳中求进总基调，众志成城抗疫情，顶住压力加油干，在攻坚克难中开创各项工作新局面。实现地区生产总值 10.12 亿元，同比增长 15.1%；财政总收入 1.09 亿元，同比增长 43.7%；农民人均纯收入 2.85 万元，同比增长 7.4%；完成全社会固定资产投资 1.95 亿元；各项目标任务均取得较好成绩。

【农业】 2020 年，全镇耕地面积 2134.4 公顷。中国工程院院士、中国水稻研究所所长胡培松在镇内合作建立科研创新基地，试种水稻新品种 2 个；通过农业部专家引进改良柑橘新品种 6 个（明日见、红美人、甜橘柚、沃柑等），建立 20 公顷以上基地 12 个；引进茶叶新品种“中黄 3 号”，新建基地 5 个，总面积 66.7 公顷。以“红专粮油”为龙头的现代农业企业机械化、规模化、集约化程度不断提高，成为同行业标杆；以“正伟蔬菜”“龙游花海”为代表的新型农业经营主体不断做大做强，蔬菜、瓜果、花卉、苗木等业态结构不断优化，农业价值链不断提升。

【工业】 2020 年，实现工业总产值 1.99 亿元，规模以上工业产值 7178 万元，累计同比增长 36.8%。其中浙香食品有限公司完成产值 3092 万元，巨通管业有限公司完成产值 4086 万元，工业产值累计同比增长 36.8%。上报统计直报平台固定资产投资 19548 万元，其中 5000 万元以上固定资产投资 9086 万元。浙香食品有限公司完成生产线技改，浙江巨通管业有限公司扩建项目完成政策处理和土地指标对接，浙江红 5 制漆有限公司搬迁工作进度过半。

【文化、旅游】 完成方村村、浦山村、夏金村、十都村文化礼堂建设，芝江村文化礼堂升级为四星级，并荣获“浙江省文化示范村”称号。浦山村《山哈农耕》节目获县农村文化礼堂精品节目展演银奖，衢州市第二届农村文化礼堂《我们的村晚》金奖。完善以花海景区为核心，辐射浦山村“凤凰部落”，浦山、山后美丽景区村和姑蔑城生态园“一核四区”的乡村精品旅游线。通过承办“锦绣畲乡·百村一梦”首届浙江省民族乡村振兴“百村大会堂”，主动融合畲族文化，实现“农文旅”融合发展，打造省级民族示范村。总投资 5000 万元的联众集团亲子研学基地项目进度完成过半。

【脱贫攻坚】 制定“一村一策”消薄帮扶方案，利用“村企结对”“金

图 184　詹家镇山后村　　（詹家镇/提供）

屋顶光伏”“乡村旅游+消薄”等资源，依托农业产业、自然风光、民俗风情、农耕文化，以村级集体经济组织为投资主体或参股，盘活改造村办公用房、厂房、仓库等各类闲置或低效集体资产。全镇各村经营性收入均达10万元目标，位列全县消薄工作排名第一。

【污染治理】 持续开展采砂洗砂、畜禽水产养殖、散乱污企业、建筑垃圾等生态环境问题整治。全面完成“污水零直排区”建设，开展中小流域综合治理工程，水环境质量持续改善，镇交接断面水质优秀率达100%。完善“河长制”管理机制，组建治水“蓝马甲”志愿队，19名镇村河长共交办问题140余件，办结率及河长巡河率均达100%。

【社会治理】 全年排查出不稳定因素25起，调解案件378起（其中信访投诉类案件6起，引导法律援助2批次）涉及金额89万元。全力化解信访突出矛盾。国家信访局连续两年实现零登记，省信访局交办的12件市级以上重复信访事项和建房问题，化解率达83.3%。严厉打击电信诈骗、非法集资等行为，防范金融风险、资金安全风险，加强政府应收款项回收力度。借助“请你来协商”平台，问计于民、问政于民、问需于民，让基层群众诉求和呼声得到有效解决；不断完善村民自治机制，实现政府治理和社会调节、自治和法治良性互动，实现共建共治共享新格局。

【民生服务】 升级改造镇行政服务中心，增设自助网办区和“24小时”自助服务区。全年共受理各类符合办件事项6278件，办结6278件，通过“浙里办”“移动办”办件量682件，办结率100%。公安办事事项进驻镇政务服务中心，全年办理各类事项781项。新冠疫情期间，全镇代办、帮办服务团队积极推广“掌办、网办”事项代办事项10250件（次），实现群众办事不出门。社会救助实现动态管理，做到应保尽保。全镇享受最低生活保障566户695人，低保边缘户126户206人，发放临时性救助资金11.5万元。全年实施民政移民项目5个，投入资金995.6万元，上级补助资金436万元。推行“牵手”扶贫结对活动，帮助弱势群体400余名。推行“公建民营”敬老院模式，保障特困供养老人44人，为12个村提供居家养老助餐、送餐服务，覆盖率达57%。

【村镇整治】 6月，全镇非法“一户多宅”处置全面清零，其中芝溪家园等7个行政村在全县率先完成清零任务；完成整治点位6041处，整治面积342541.5平方米，整治比例100%。在2018年小城镇环境综合整治高标准顺利通过省级验收的基础上，巩固开展综合整治，推进花海田园综合体、浦山乡村未来社区、集镇安置小区、美丽庭院等项目建设，创建省级美丽城镇样板镇。高质量开展农房管控拆后利用工作，芝溪家园获市级农房管控拆后利用示范村。花海田园综合体、浦山乡村未来社区、集镇安置小区、美丽庭院等项目建设稳步推进。增设道路交通安全劝导服务站4个，配齐交通安全管理员和交通安全协管员，新增320国道路口专职安全劝导员5名。集镇兴中路、詹家、姜家、夏金、十都、西方改增建8个港湾式停靠站。行政村通双车道四级公路覆盖率90%，74个自然村公路通达率100%，农村公路路网密度达133.4千米/百平方千米，农村公路技术状况评定优良中等路率达94.99%，成功创建衢州市“四好农村路”示范乡镇。

【廉政建设】 持续打好“扫黑除恶+树正打歪+行业治乱”组合拳，常态化树正气、治乱象，全力护航村（社）组织换届。完成县扫黑办交办的16条案件线索核实、西方村挂牌整治工作。查处县委巡察办交办问题线索5件，办结4件，处理11人，其中镇党委给予党纪处分1人，“第一种形态”问责8人，立案审查2人。抓好涉纪信访调查工作，为村社换届选举保驾护航。全年办结信访件38件，查实问题10个，处理34人次。其中，镇党委给予党纪处分4人次，“第一种形态问责”24人次，县纪委给予党纪处分6人次。

【新冠疫情防控】 疫情防控期间，全镇52名专职网格员通过全天候不间断巡查、全方位无死角摸排，筑牢詹家疫情防控安全防线。全力推行“扫码通行”模式，确保村民出入安全便捷高效。在“龙游通”增加疫情防控与线上互动内容，提升村民关注度与参与率。全镇“龙游通”实名认证数14335人，事件处理3750件，关注人数23751人，“村民信箱”办结1172件。筹措资金改造提升“四平台一网格”，新增“雪亮工程”点位75个、“天眼系统”11套，为创建“智慧詹家”打下坚实基础。

（詹家镇　季赛）

罗家乡

【概况】 罗家乡位于龙游县城东南部，东与社阳乡接壤，南与大街乡交界，西与溪口镇毗邻，北与东华街道相连。辖区以山地为主，南高北低，乡人民政府驻罗家村，辖区面积58.1平方千米，辖10个行政村、124个村民小组，户籍人口3978户9602人。2020年，罗家乡人均收入24812元，增幅7.6%。

【新冠疫情防控】 面对突如其来的新冠肺炎疫情，全乡上下迅速行动、结合实际，积极应对，精准施策。广大党员干部、医务工作者、网格员、志愿者等一线工作人员冲锋在前，开展网格化摸排，重点抓好入乡口、中心村、交界点等关键部位，严格落实各项常态化防控措施，22个网格启动了20轮以上的地毯式摸排，全乡3900户、9800多人全部做到“人员底数清、情况变化清、名单对比清”。面对日益严峻的国外疫情，各村积极对接滞留境外人员和直系亲属，建起“海外同乡群”，及时了解人员归国动态，严防输入。为了做到疫情防控、民生保障“两不误”，罗家乡广泛推行精密智控，运用“龙游通”+基层治理，帮助群众解决困难，排查纠纷，化解矛盾，处置安全隐患，全方位维护社会稳定。在抗击疫情工作中，党员干部众志成城、守望相助，各村涌现出一批先进党组织和个人，有7位同志被市县政法委评为优秀村主职干部、优秀网格员、优秀联户党员，3名乡干部被评为县抗“疫”先锋战士。经过全乡党员干部和人民群众的共同努力，罗家乡的疫情防控工作取得显著成效，全年保持无确诊病例、无疑似病例的“双零”良好势头，为全县疫情防控“零确诊”作出贡献。

【防汛防寒】 2020年，罗家乡气象灾害比往年明显增多，既有暴雨洪涝，又有低温寒潮，在灾害面前，乡党委政府始终秉持“人民至上，生命至上”的宗旨，绷紧防汛减灾、抗寒防冻这根弦，响应防汛防寒要求，第一时间完善突发事件应急预案。全体干部不断增强防灾减灾工作的使命感和责任感，全面开展防汛防寒安全隐患排查，特别加强对水库、河道、山塘等地质灾害隐患点的巡查，重点关注村庄低保低边户、独居老人、留守儿童等特殊人群的生产生活，全力保障人民群众生命财产安全。洪灾过后，罗家乡立即启动灾后重建工作，积极向县林水局争取资金300万元，用于水毁渠道、堤坝、道路的修复和重建，以最快速度帮助农民恢复生产。

【国土整治】 面对复垦资源少、历史遗留问题多、搬迁政策调整等难题，罗家乡乡村两级干部充分发扬“钉钉子”精神，迎难而上、攻坚克难。2020年年初，参与异地搬迁报名的农户有600余户，最后符合第一批公示的有124户，数量位居全县第一；在完成建设用地复垦5.47公顷的基础上，自我加压，深挖潜力，复垦建设用地超额完成1.39公顷，复垦总面积超6.67公顷；通过实施梯度转移、集体周转房等举措，使西坪—官塘岭自然村全域土地综合整治项目得以顺利推进。截至2020年年底，西坪—官塘岭自然村95家农户中，已有82户签订搬迁安置及腾空拆除协议。通过扎实有效的工作举措和积极正面的宣传引导，破解了一个又一个难题，以罗家乡为版本的龙游县异地搬迁、进城安置的工作新举措获省委书记袁家军批示，在2020年第三季度执行“十条军规”典型事例被通报表扬。

【黄茶产业】 作为“中黄3号”的发源地，结合“大干项目年”，加大产业配套设施建设，做好产业链延伸文章。2020年年初，通过招商引资，引进龙游茗皇茶业有限公司在席家村建设黄茶交易展示中心项目，投入资金5000万元，项目主体建设完成。另外，又筹集资金200万元，在荷村村新建一座黄茶仓库，用于茶叶加工和储存。为提高黄茶从业人员的种植技能，制订详细的培训方案，依托乡村振兴讲堂，邀请技术专家为茶农教授相关课程，把席家村黄茶种植基地打造为黄茶“一体化”实训场地，开展培训实训11场次，受益茶农500余人。

【荷村村新貌】 荷村村作为省扶贫重点村，村庄建设发展一直是上级和乡党委政府关注的焦点。2020年，县主要领导、多个部门负责人多次到访荷村，并在荷村召开座谈会、议事会，共同探讨村庄发展思路，为荷村乡村振兴出谋划策。在省政研室对接帮扶和各级部门的大力支持下，荷村先后投入项目建设资金1000余万元，用于村庄整治、设施改造、黄茶产业发展，经过一年的建设，美丽乡村一期、户户通、饮用水提标达标、道路沿线整治、村庄外立面改造等项目陆续完工，美丽乡村二期村办公楼及周边改造提升工程完成进度的90%，荷村特色馆、黄茶仓库、美丽庭院、“一米菜园”等工程也在同步实施中。为了进一步拓宽农民增收渠道，在传统扶贫开发的基础上，罗家乡率先引进“电商+扶贫”模式，与省工商联下属爱心购平台达成合作，共同打造线上荷村村集体商城，帮助村民在网络上销售特色农副产品，电商平台上线以来，成功销售农副产品20多万元，同时也为村集体带来2万元的经营性收入。现在的荷村，村庄风貌得到明显改善、特色产业日渐壮大，“和美、和睦、和谐”成为荷村主旋律。2020年，荷村被评为省级美丽宜居示范村、市级农房风貌提升示范村。

【脱贫攻坚】 乡村干部逐户走访、完善信息收集，按照“一户一策一帮扶”工作原则，制订脱贫攻坚实施方案，落实黄茶特色产业、就业技能培训、下山脱贫异地搬迁、危旧房整治改造等一系列扶贫举措，有效提高农民收入、改善生活条件，为打赢脱贫攻坚战打下坚实基础。至12月底，罗家乡低收入农户302户、389人，落实结对干部154人，8户危房户通过危房治理，改善居住条件。乡纪委、乡督考办定期开展扶贫领域的专项督查，围绕扶贫资金使用、扶贫项目建设、低保人员核准等重点环节，检查工作中可能存在的违规违纪行为，严格落实督办整改。2020年，全乡组织开展专项督查23次，整改问题41个。

【项目建设】 罗家乡紧扣县委、县政府“双招双引”主旋律，举全乡之力“大干项目”，一大批重点项目有序推进。2020年，罗家乡完成10个行政村的饮用水提标达标工程建设，全乡9000多名群众喝上放心水，社岭线、廖家—枫树底公路、廖家—西坪公路改造提升等项目全部完工；罗家乡综合楼、黄茶仓库、水毁工程全部开工建设，预计2021年可投入使用。据统计，2020年全乡动建重点项目18个，投入建设资金近一亿元，是罗家乡历年来项目总数和资金总额投入最多的一年。在做好项目建设的同时，罗家乡补齐招商引资短板，打开招商引资工作新局面。年初投资5000万元，建成龙游茗皇茶业有限公司黄茶交易展示中心。10月，青亲植物纤维有限公司到乡洽谈投资事宜，基本确定在罗家乡投资建设植物纤维全降解材料生产线，投资规模达2.05亿元，预计可以为周围村民增加近百个就业岗位，盘活黄茶和毛竹资源，拓宽市场销售渠道。

【基层治理改革】 罗家乡按照市委工作要求，认真贯彻“条抓块统、县乡一体”改革任务，围绕山洪灾害防御、露天焚烧秸秆监管执法、自然灾害救助三个试点事项，做好流程梳理、部门对接、案例挖掘等工作。针对试点工作涉及范围，重新修订网格考核办法，实行“科室+网格”双联动，形成网格内事件“收集、上报、核查、反馈”的工作闭环。做好两会、疫情防控等重要特殊时期的信访维稳工作，全年未出现进京、赴省信访情况。开展平安、消防、防诈骗、禁毒等宣传活动，提高群众安全防范意识。高度重视安全生产工作，完善公共安全和防灾减灾应急预警机制，提升防火、防汛等突发自然灾害应急事件的预防和处理能力，全年未发生一起重大安全事故。

【“8090”新时代理论宣讲】 把“8090”新时代理论宣讲工作作为做好意识形态工作的重要抓手，按照全市域体系化要求，组织成立罗家分团，分批到十个行政村开展宣讲活动，用青春的声音，把党的创新理论，以灵活多样的形式带到寻常百姓的心坎上。至2020年年底，“8090新时代理论宣讲团”罗家分团进村宣讲50余场，受众1000多人，真正让党的创新理论“飞入寻常百姓家”。

【教育管理】 加强党员干部学习教育，严格执行党建工作例会、“三会一课”制度，充分利用周一集中学习、乡村振兴讲堂、远程教育、“龙游通”等平台，组织党员干部认真学习上级党委重要思想和决策部署，提高乡村干部思想认识。制定干部实事量化考核管理规范性文件，充分运用正向激励和反向倒逼相结合的方式，调动干部干事的积极性。

【公共卫生】 提升基层卫生队伍在公共卫生安全事件中的疫情防控筛查等处理能力，通过医共体的有效协调、联防联控、上下合作等机制，织密基层公共卫生防护“网”。加强村级卫生室在突发公共卫生事件中的医疗救治体系建设，不断提高医疗服务水平。2020年，罗家乡圆满

图185 罗家乡芝塘金村饮用水提标达标工程——红塘坑水库 （罗家乡／提供）

图 186　2020 年 11 月 16 日，龙游县文化馆到罗家乡姜家村开展“送戏下乡——婺剧巡演”活动（罗家乡／提供）

完成年度献血任务、适龄妇女“两癌筛查”、65 周岁以上老年人肺结核筛查、城乡居民医疗保险缴纳等工作。加大弱势群体救助力度，进一步健全社会保障体系。至年底，全乡申请大病救助 44 人次，救助金额近 20 万元。此外，以“八个一”为抓手，推广公勺公筷，宣传食品安全，倡导广大村民革旧习、树新风。

【文化事业】 罗家综合楼项目融入文化站用房，建设集文化、休闲为一体的文旅驿站，展示罗家风土人情。结合创省示范文明县城和消灭体育空白村等工作，改造一批村庄文化礼堂的无障碍设施，增补一批体育健身器材。在常态化开展疫情防控前提下，组织公益文化活动，不断丰富群众精神生活。完成罗家乡新时代文明实践所建设，弘扬时代新风，助力乡村振兴。积极与县教育部门对接，做好协调工作，争取罗家生源进城就学名额，改善学生求学环境，督促罗家中心小学迁建项目尽快实施。

【换届选举】 党政领导扛起换届“第一责任”，强化工作举措，联村领导和驻村干部采取包村走户、谈心谈话，及时掌握动态，研判换届选情，化解矛盾纠纷，凝聚“一肩挑”共识，确保换届工作平稳有序推进。换届中，乡党委政府始终坚持实干导向，结合“三大行动”“百日会战”“重点项目”等开展“实绩比选”，选好“领头雁”。乡党委密切关注选风选纪，严厉打击破坏换届选举行为，营造风清气正的换届环境。至 2020 年年底，村党支部、村委会、村监会、经济合作社等全面完成换届任务，组织意向人选 100% 高票当选，干部年龄结构优化、干事能力得到提升。

（罗家乡　杜笑）

庙下乡

【概况】 庙下乡位于龙游县域西南部，距离县城 25 千米，西连衢江区，南靠遂昌县，东连溪口镇，衢宁铁路和龙丽高速穿境而过。地貌以山地和丘陵为主，为浙江大竹海主景区。乡政府驻庙下村，辖区总面积 82.9 平方千米，辖 13 个行政村，户籍人口 13009 人。2020 年实现地区生产总值 1.4 亿元，同比增长 7.6%；其中农业产值 1.1 亿元，同比增长 10%；工业产值 0.3 亿元；农民人均纯收入 2.64 万元，同比增长 9%。全年实现一般公共财政收入 1532.35 万元，同比增长 20.89%；一般公共财政支出 1532.35 万元，同比下降 0.85%。

【重点项目】 自 2017 年启动六春湖索道项目建设，乡村两级干部全力提前做好政策处理工作，保障客运索道上下站于 2020 年“五一”假期正式开通运行，并按时完成六春湖景区第四、第五条货索近百亩土地流转及征用工作。2020 年 12 月初，县委要求完成毛连里村龙井自然村整体异地搬迁签约工作，在无其他政策情况下，乡村干部包干到户、责任到人，多次往返衢州等地与农户面谈沟通，历经一个半月，龙井自然村 12 户农户全部平稳签约圆满完成，为六春湖景区下步大开发和精品民宿开发做好前期准备。持续做好衢宁铁路及龙游南站后续收尾工作，完成衢宁铁路溪口大桥拓宽工程涉及 2 户农户征迁，完成 6 个“小三改”（复垦）项目和龙游南站通场道路工程喇叭口拓建项目，共征（租）地 0.32 公顷，完成第一批征地通场道路庙下村陆家畈、经堂垄地块农民参保工作。对接解决安置小区污水终端，周家洞口弃石渣场等 15 处历史遗留问题，衢宁铁路及龙游南站于 2020 年 9 月底全线顺利贯通。

【全域旅游】 着力打造全域旅游示范区，推动长生桥、毛连里省级休闲乡村建设，新增特色农家乐 5 家，一户一策提升原有农家乐民宿的服务质量水平，依托红军古道、傅氏故居、华岗纪念馆等党性教育、红色教育和廉政教育资源，2020 年累计接待游客 9 万人次，旅游经济规模和质量效应逐步显现。组织开展庙下乡首届竹文化旅游节暨有礼指数

"八个一"进万家活动，配合市县部门开展绿色中国行——走进美丽龙游暨中国绿色碳汇基金会成立10周年主题公益活动、纪念《共产党宣言》华岗中译本出版90周年暨马克思主义中国化研讨活动、2020衢州六春湖登山挑战赛等多场大型活动赛事。成功引进中联康食叶草公司在陈村村投资5000万元种植26.67公顷可观、可食、可药的食叶草，带动当地村民实现本地就业，真正实现土地大流转、村农大增收。同时，庙上新村荷花、马铃薯水旱轮作基地，华东地区数一数二的凉丰村石斑鱼养殖基地，新型"稻鳖共生"模式，彩色水稻种植，400多公顷林下经济等一批特色农业发展良好，助力农民致富增收。

【环境提升】 2020年3月初，在新冠肺炎疫情趋稳后，主动开展39家"低小散"竹木加工企业的拆除整治行动。5天内完成测绘和入户评估，7天内完成退出和补偿协议签订，4月15日39家企业全部拆除和完成土地平整，并通过县级验收，累计拆除面积3万多平方米。历时一个半月，完成了10多年前历史遗留问题，整治后的通景公路沿线环境大为改观。2019年年底乡政府成立专项工作组，开展"竹棚改居"专项整治。通过全面入户摸底、查阅历史资料，形成"一户一档一方案"。已完成第一阶段22户竹棚改居户拆除和6宗农户的签订协议工作。同时，规划八角殿村安置小区建设，为第二阶段拆除做好准备，坚决根治10多年历史遗留的"竹棚改居"问题，进一步提升溪毛沿线整体环境，为打造六春湖大景区和灵山江诗画风光带打下扎实基础。积极推进乡创建国家级卫生乡镇及有礼指数"八个一"融合推进工作，开展"无烟党政机关"创建，倡导使用"公勺公筷"，深入推进垃圾分类工作，新建成一座两村联建垃圾终端，加强建房用地和新增违建管控，发动党员干部群众参加治水护水巡河大行动，生活污水治理工程全覆盖，提升治水满意度，确保一江清水出庙下。实施溪毛线遂乐村至毛连里村段道路两侧环境整治提升工程，打造一批具有庙下民俗特色的景观节点和绿化亮化工程。成功创建国家卫生乡镇和省级美丽示范乡镇。

图187　2020年11月16日，庙下乡乡村干部亲上一线，开展"竹棚改居"专项整治　（庙下乡/提供）

【基层治理】 面对突如其来的新冠肺炎疫情，乡政府迅速成立乡指挥部，从正月初二起，全体乡村干部放弃春节休假，依托严村村应急小分队，广泛动员党员干部和志愿者，下沉到全乡22个道路管控检查点，实行24小时值守，做好过往车辆人员测温登记、宣传引导等工作，共排查出入乡车辆7200余辆，劝返车辆800余辆，开展"清楼行动"等大排查6次，共排摸涉鄂和其他重点疫区人员98人，涉境外人员17人，对274名返乡人员进行居家隔离，对27名具有较高风险人员按规定送至县级隔离点，到期后全部安全解除，守护庙下一方净土。开展服务业"暖街行动"，组建"战时服务团"帮助乡域132家工业和服务业企业等全部安全正常复工复产，并配合市监部门做好小微企业纾困救助工作。常态化开展交通安全、食品安全、消防安全、生产安全、汛期安全和反诈骗等宣传检查，提高安全意识，筑牢平安底线，保障群众生命财产安全。规范组团联村服务和"两委"联格运行，全年25个网格共解决小事微事4000多件，大量群众急盼小事在村格内得到解决。推进社会治理创新，首创完成凉丰村"说合馆"建设，搭建多方村级矛盾纠纷调处平台，推进"小事不出村，矛盾不上交"。庙下自发成立的救援队，在2020年9月28日更名为庙下山野应急救援队，在安保救援中发挥了积极作用。

【民生事业】 聚力做好"毛竹文章"，2020年1月16日，庙下乡竹材加工集聚区建设项目合作框架协议签约，并完成集聚区地质勘探工作，力求实现庙下竹产业从低小散到高精尖的转变，解决毛竹价格低迷问题，让龙南山区竹农真正实现脱贫增收。全面开展农整资源和异地搬迁工作，全年落实88户异地搬迁，完成建设

图188　2020年11月9日，庙下乡举行新一届村党支部委员“履新第一课”暨“一件事、三把火”启动仪式　（庙下乡/提供）

用地复垦实施面积12公顷，通过县级验收面积10.87公顷，其中凉丰、八角殿、长生桥、毛连里4个村被列为2020—2022年省级全域土地整治示范项目。提前谋划村级消薄工作，制定村级消薄“一村一策”项目清单，通过村企结对、盘活资产、修建物业楼等方式增强村集体经济，2020年度13个行政村均提前完成10万元以上经营性收入的消薄任务，其中5个村突破20万元，浙源里村实现从原来欠账300多万元到结余100多万元的“大翻身”。切实做好低收入农户“一户一档”，428户低收入农户“明白卡”全上墙，结对干部全覆盖，基本情况全知晓，通过低保兜底、推荐就业、公益岗位、结对帮扶等途径，全力帮助低收入农户增收脱贫，实现人均8000元以下群体全部销号，全面打赢脱贫攻坚战。加大科教文卫事业投入，强化文化阵地建设，完成芝坑口村、长生桥村、严村村新时代文明实践站建设，完成陈村村小康提升村建设和百姓健身房省级民生实事项目，完成龙南敬老院消防改造工程和1户D级危房14户C级危房改造，推进居民健康体检全覆盖，优化计生服务，超额完成征兵任务，各项社会事业协调发展。

【基层党建】　紧紧围绕新时代党的建设总要求，加强对党员干部的管理和约束，建立和完善党员教育管理工作各项制度，深化完善党员“先锋指数”考评工作，倒逼党员干部发挥先锋模范作用。从严格党员发展质量、严格党员发展程序、扎实开展业务培训三个方面着手，不断探索党员发展工作新思路、新方法，严把入党质量关。2020年，新确定入党积极分子62名，确定发展对象3名。紧扣乡村振兴讲堂和文化礼堂两大阵地主线，浙源里村、严村村、芝坑口村、陈村村和晓溪村共5个村按照“两堂融合”要求全部落实到位，其余村“龙游通”按照乡村振兴讲堂“八有”标准上墙，累计收集群众需求并答复近千条，线上线下开课300余堂，并将“8090新时代理论宣讲团”内容融入乡村振兴讲堂，并结合开展防电信诈骗、防金融诈骗等课程，赢得村民们欢迎。在陈村村打造集直播、休闲、旅游为一体的乡村振兴综合体，为培养村播人才打好基础。

【村级组织换届】　从2020年5月开始，乡村两级干部集中精力开展村级换届前期准备工作，做到全面布局、提前预判、稳扎稳打，全面梳理各村党支部和村委会班子成员情况、党员素质状况、村民意愿情况等，为换届选举圆满成功打下基础。12月17日，全面完成13个行政村党组织和村委会换届选举工作，共选出81位德才兼备的支委会、村委会干部。其中：党支部换届中，“一肩挑”意向人选全部满票当选，其余支委均高票当选，平均得票率达98.37%，全乡总得票率高达98.79%。村委会换届中，选民参选率达97.86%，平均得票率达97.79%，芝坑口、晓溪、浙源里和遂乐4个村“一肩挑”意向候选人满票当选村委会主任，历来换届周折颇多的庙下村首次实现平稳过渡，13名35周岁以下的年轻干部全部顺利当选。至2021年1月初，村监会和经济合作社完成换届，全乡13个行政村村级组织换届工作全部圆满完成。

（庙下乡　江龙）

沐尘畲族乡

【概况】　沐尘畲族乡地处龙南山区，东接大街乡，南邻遂昌县北界镇、应村乡，西与庙下乡相邻，北与溪口镇接壤。灵山江自马戍口入境，纳多条支流自南向北纵贯乡境，地貌以山地和丘陵为主，辖区面积82.83平方千米，户籍人口11481人。乡政府驻沐尘村，辖10个行政村。2020年实现地区生产总值1.9亿元，人均纯收入2.7万元。2020年，沐尘畲族乡获得“全国民族乡村振兴示范乡镇试点单位提名”“浙江省森林城镇”“浙江省农村文化礼堂建设示范乡镇”“浙江省新时代美丽城镇建设基本达标乡镇”“衢州市征兵工作先进单位”等荣誉称号。

图189　入乡口节点的畲族凤凰图腾　　（沐尘畲族乡/提供）

【新冠疫情防控】 2020年正月初二始，召开疫情防控部署会议，传达上级精神，成立疫情防控领导小组，明确工作职责。动员党员、村民代表、乡贤、青年志愿者等投身疫情防控阻击战。累计粘贴、悬挂宣传标语横幅500余条、发放倡议书、告知书1万余份。因地制宜，出台“五个第一”创新工作举措，成立跨境战“疫”联盟的做法得到各地推广应用。全乡共收到社会各类捐款14.45万元，收到口罩、洗手液、方便面等物资价值约26万余元，各类口罩26710个。防控期间，村干部、网格员不分昼夜深入摸排外来返乡人员，定时关注重点地区返乡群众，设置村组卡点，加强监督防范。疫情趋缓后，及时做好复工复产复市复学工作，定期对乡域企业防控进行指导，切实加强对学校、农贸市场、商店超市等场所的检查力度，有效维护疫情防控阶段性成果。

【旅游经济】 围绕“建设美丽畲乡，彰显民族风情，开展特色旅游”的思路，依托良好的生态资源竹海景观，整合畲乡特色，大力发展民宿休闲、观光旅游、采摘体验、畲乡研学等特色产业，打造“点型”精品旅游。通过开展龙游县首届民族特色墙绘大赛、畲族特色“十大碗”菜品评选活动、HIBP山地车耐力赛、酿酒大赛及农耕体验、红色教育等研学活动，推进乡村旅游发展。2020年，已有畲家乐22家、民宿15家、村级酒店2家。6月在浙江省民族乡村产业振兴联盟成立暨民族乡村旅游资源对接成果发布会上，双戴村黄泥房精品民宿集群项目作为首批4个签约项目之一，签订了合作意向协议。投资800余万元的“沐尘山居”项目已正式落地，有力助推太极培训等畲乡研学产业发展，为开展特色旅游带来新的发展良机。

【国土绿化】 推进“一村万树”“新植一亿株珍贵树种”工程建设，新植珍贵彩色树种13.1万株，完成造林面积14公顷。开展松材线虫病枯死松木清理，从2019年11月至2020年4月，投资40万元，委托专业采伐队清理疫木260吨。全面实施新增百万亩国土绿化行动，加快国土绿化美化步伐，新增国土绿化面积26.67公顷，推动森林资源持续增长。

【人居环境整治】 在小城镇环境综合整治提升的基础上，结合村庄整治、停车场等公共基础设施建设，加快推进土地拆后利用工作，打造点型精美节点。2020年全乡排查、整治建筑2338宗，面积7万平方米；应利用1434宗，面积4.46万平方米，已利用1350宗，面积4.31万平方米，利用率95%。开展沐尘溪整治提升，G528至社里村道路进行改扩建工程，沐尘村至社里村沿线节点打造，新建入乡口畲族凤凰图腾、“八个一”有礼景观节点等，进一步提升美丽城镇基础设施建设。开展“一米菜园”、全乡域A级景区村、省级美丽城镇达标乡镇等创建工作，努力打造“醉美畲乡”。开展省级森林城镇创建，于10月29日顺利通过省级抽检，积极备战2021年省级美丽城镇样板乡镇创建工作。

【脱贫攻坚】 开展村级经济消薄工作，逐村制订经营性收入倍增计划，2020年，全乡各村全面完成10万元村集体经济经营性收入目标。其中，完成村集体经济经营性收入20万元以上的有沐尘村、双溪村、庆丰村，康源村最高达48万元。全年共争取中央、省、市、县各级项目帮扶资金700余万元。完成社里村打造乡村旅游精品线路项目、沐尘村民宿项目两个消薄项目，坑头村富民产业生产用房项目的主体工程基本完工。

【重点工程建设】 聚焦衢宁铁路征迁安置工程、康源机制砂场专用道路的重点项目建设，完成衢宁铁路炮损政策处理、小三改项目实施、临时用地复垦、安置小区配套设施项目建设及康源机制砂场专用道（一期）租用占用耕地农户商保等扫尾工作。农村饮用水达标提标工程、树葬生态公墓附属及道路建设工程、G528至社里道路改扩建工程、梧村至陈村公路改建工程、沐尘溪整治提升工程、庆丰村引水渠道及堰坝项目建设等一批民生工程顺利完工。12月29日，沐尘畲族乡民族乡村振

图 190　2020 年 12 月 29 日，沐尘畲族乡举行民族乡村振兴示范带建设项目开工仪式　（沐尘畲族乡 / 提供）

兴示范带建设项目正式动工，25 个项目提上日程。

【国土整治】 2020 年，全乡有 7 个建设用地复垦项目，立项面积 15.73 公顷，完成建设用地复垦项目竣工测绘面积 9.2 公顷，超额完成 8 公顷建设用地复垦任务。做好异地搬迁文章，把腾出的宅基地依据整体规划进行合理开发，抓住搬迁户拆房契机，应复垦尽复垦。同时把农村土地综合整治与发展村级集体经济、村庄整治、农业综合开发等有机结合起来，有效整合相关项目资金，确保农整项目顺利推进。2020 年全乡异地搬迁共报名 338 户，经乡初审上报县国土整治办公室 302 户，最终符合条件审核公示 87 户。

【民生保障】 完成 42 户农户的康源机制砂场专用道（一期）租用占用耕地面积的确认工作，确定 39 个商业保险名额，195 万元商保费用全部拨付到位。2020 年年底，全乡低收入农户共 335 户 433 人。按照“精准扶贫、分类实施、因地制宜、责任到人、扶贫到户”的原则，开展“一户一干部”结对帮扶工作。积极做好低收入农户有劳动能力的就业工作，保证学龄儿童不失学，确保医疗保障政策落实到位。乡人大代表开展“爱心护苗”行动，与全乡 32 位特困家庭学生结对，重点帮助贫困学生解决实际困难，树立信心，完成学业梦想。

【基层治理】 推进多元共治，创新举办“樟树议事会”，积极打造“众人的事由众人商量”的基层协商议事新样板。加强矛盾调解与化解，重点维稳人员 6 人，均无上访，全年无越级上访。完成乡 10 个村的信访代办点建设。8 月 3 日乡警务室正式启用，配备专职调解员 2 名，成功调处化解矛盾纠纷 20 余件。深化“智治”体系，整合社会治理信息资源，上报处理事件 1700 余件，办结率 100%。选优配强网格员队伍，按期开展网格员培训，提升网格员业务能力。定期对辖区重点人员、重点场所巡查走访，开展反电信诈骗等各项宣传，重要节点开展矛盾纠纷、安全隐患排查 1270 人次。深入推进扫黑除恶专项斗争，严厉打击各项黑恶势力。加快“县乡一体、条抓块统”改革，认真落实“三乡一镇”协同办理和三个“属地管理”事项试点工作。建立乡村两级“两难”问题钉钉群，通过“两难”三级联动调处机制，顺利完成 160 户衢宁铁路炮损农户的赔偿协议签订。

【深化“两堂”融合】 全乡 10 个乡村振兴讲堂，完成“两堂”（乡村振兴讲堂和文化礼堂）融合的有 8 个，全年各讲堂共开课 262 次。2020 年 4 月，“山哈”（畲族人的自称，山里客人的意思）讲堂完成全面升级，搭建“1+7”的教学模式，以“山哈”讲堂为中心，新增锄禾农场、国防教育基地、畲歌畲舞体验点、竹筒酒制作培训点、红色文化教学点、红莲农场、农民书画院 7 个实训基地。8 月，社里村、沐尘村、马戍口村 3 个村开启重点区域、关键位置乡村振兴讲堂建设提质增效工作，对照 AAA 讲堂评定标准，夯实讲堂工作基础和规范，提高讲堂建设水平。

【基层党建】 深入学习党的十九届五中全会、省委十四届八次全会、全省换届工作会议省委书记袁家军讲话等精神。通过专题学习、观看视频、上党课、“8090”新时代理论宣讲等形式，引导全乡党员干部自觉加强习近平新时代中国特色社会主义思想的学习。开展“廉节清风”常项行动，认真组织抓好全乡干部党风廉政建设，开展全乡财经纪律专项整治活动，通过岗位廉政风险点梳理，健全完善廉政风险防控长效机制。设立 10 个村级监察工作联络站，开展村干部违规承揽或插手本村工程项目专项整治、物业费缴纳清查、党员干部违规借贷问题专项治理等专项行动。2020 年，共查处党员干部违纪案件 4 起，给予开除党籍处分 1 人、党内严重警告处分 1 人、党内警告处分 2 人；运用第一种形态处理 21 人，其中批评教育 1 人、谈话诫勉 2 人、通报批评 4 人、提醒谈话 14 人。

【村级组织换届】 根据基层组织建设的新形势、新要求，坚持党管干部的原则，通过举办“百日会战　千中选人”排位赛、“头雁”大比武，动态掌握分析各村选情，完成4个选情复杂村的整转。11月8日完成10个村党支部委员会换届工作，实现“三个100%”，即党委意向人选当选率100%，党员参会率100%，支委职数一次性选足率100%。当选支委平均得票率为98.19%，10个村“一肩挑”（集村党支部书记和村民委员会主任于一身）人选平均得票率为99.08%，其中8个村“一肩挑”人选以满票当选。12月17日完成村民委员会换届选举，选民参选率为96.90%，10名“一肩挑”人选平均得票93.31%，且所有职数一次性选足。新一届村“两委”干部共61名（其中女性20名），平均年龄46岁，高中以上学历44名；支委37名，村委38名；副书记8名，副主任9名，交叉任职14名（含“一肩挑”）。

（沐尘畲族乡　雷晔芸）

模环乡

【概况】 模环乡位于县境衢江以北地区东部，东连兰溪市游埠镇、水亭畲族乡，南与湖镇镇隔衢江相望，西邻小南海镇、塔石镇，北接横山镇。有模环溪、士元溪、上畈溪等纵贯境内流入衢江，地貌以丘陵为主。辖区面积76.89平方千米，户籍人口12234户30257人。乡政府驻地模环村，辖23个行政村。2020年，模环乡实现地区生产总值6.6亿元，同比增长5.0%；全乡工业总产值5.79亿元，一般公共预算收入1986.56万元，完成固定资产投资5800万元，实现财政总收入3707.18万元，农村居民人均可支配收入2.76万元。

【农业经济】 2020年模环乡完成旱改水项目3.33公顷，建设用地复垦6.67公顷。截至年底，王北斗村标准农田建设项目2和王北斗村（余塘底）标准农田建设项目1完成县级验收，坞坎村（黄塘垅对面山）旱改水项目和坞坎村（水库里）旱改水2个项目建设面积13.13公顷，正在有序施工中。扎实推进全乡不动产确权登记工作，已完成入户调查7566户，完成资料收集7015户，完成入库6193户，入库比例为118.9%，完成登簿1939户，完成制证打证1134户。此外，完成动物重大疫病防控工作，新发展规模种植大户4家，推进清塘村集体大棚果蔬种植基地及湖塘殿村蔬菜基地建设提升，完成早稻繁种基地建设16.67公顷。

【工业经济】 2020年，对接上报招商信息3条（龙游伟立石材有限公司的年加工3万立方米建筑用石生产线项目、浙江创友建材有限公司年产折标砖1.2亿块非黏土烧结多孔砖生产线项目、衢州温氏畜牧有限公司的现代化家禽产业建设项目）；龙游华翊建筑材料有限公司完成小升规，12月中旬完成入库；姜水洪超市、王虹潮副食品2家大个体完成升规申报。开展企业“衢州安监系统”使用培训，实现对企业安全生产的“线上”实时管理。至年底，模环乡18家“列管”企业全部完成企业安全生产档案，超额完成5家企业的任务数，完成率为180%。

【重点工程】 士元实验区建设稳步推进。士元实验区总签约户1662户，已完成签约1635户；总腾空户1302户，腾空交接1178户，完成腾空1170户，完成拆除1121户。士元实验区土地流转涉及模环乡湖塘殿村、茶场新村、士元村、前江新村4个行政村，流转户共计1960户，已签订流转合同1831户，签订率93.42%，交付土地面积1183.53公顷，交地率95.17%。开展全域土地综合整治工作，项目分4期实施，一期工程109公顷，至2020年年底，一期一区块53.33公顷、二区块20公顷土地正在复垦施工，其中，一期二区块茶叶、果树已清表40公顷。推进安置小区建设。黄茶小镇安置小区、文成安置小区建设全面推进，至年底，黄茶小镇安置小区排楼基本结顶，文成小区公寓主体完工。开展养殖和小化工园区搬迁工作。实验区共有养殖场74家，其中养猪场25

图191　2020年8月24日，模环乡组织力量拆除320国道沿线被征迁的民房
（模环乡／提供）

家，至年底，已有73家养殖户签订收购协议，拆除2家。需要搬迁的小化工园区企业5家，至12月底，5家企业已完成评估，1家企业签订了收购协议。320国道“二改一”拓宽工程顺利推进。模环乡是320国道二改一建设工程的沿线乡镇，从启动房屋征迁签约工作以来，仅用4天时间就完成了32户的100%签约，为整个工程有序推进，提供了保障。项目涉及土地征用5.4公顷，房屋拆除8476平方米。设置模环及夏峰两个安置小区，其中模环安置小区2.4公顷，小区土方回填工程已完成。

图192　2020年10月18日，模环乡姚西塘村召开村党组织换届第一次党员大会
（模环乡／提供）

【社会事业】　推进县级高质量就业社区（村）创建，刘家村、蛇塘坞村、许家村成功创建2020年度县级高质量就业社区（村），获补贴18万元。合理确定移民项目4个，争取移民资金155.3万元；完成7个困难老年人家庭适老化改造、15户人居环境提升项目，提高了老年人的生活质量。关心关爱残疾人，给全乡20户残疾人家庭送去生活解困款共1万元，15位残疾人享受了无障碍设施进家庭福利。完成敬老院新大楼建设并投入使用。完成低收入农户动态调整工作，完成县乡两级干部结对帮扶工作，全乡930户低收入农户100%结对。争取重点扶贫村项目2个，获补助资金共160万元。

【平安建设】　坚持“调防结合，以防为主”的人民调解方针，构筑大调解格局，积极开展排查调处工作。2020年全乡建有村级调解委员会23个、调解员47人，乡级调解委员会1个、调解员5人，形成了以司法所为枢纽，以村调会为基础，以村调解小组为补充的上下联动、信息互通、资源共享、优势互补的调解网格。2020年乡社会治理中心共受理各类事件86件，及时办结84件。以“四个平台”和“最多跑一次”工作机制为载体，充分发挥全乡23个行政村49个网格的作用，有效化解社会矛盾、服务民生，做到“小事不出村、大事不出乡”。全年共接待群众来访200余次，处理上级交办信访案件500余起（包括来电、来信、来访），结案率达到100%。

【脱贫攻坚】　通过县乡两级干部结对帮扶，全乡930户低收入农户实现百分百结对。根据各行政村实际情况，制订《2020年模环乡消除经济薄弱村“一村一策”方案》，对接镇海“消薄飞地”、开发区周边村联合发展物业经济等项目，多渠道多方式发展村集体经济。截至12月底，全乡23个行政村经营性收入均超10万元，其中7个行政村超20万元。

【文化建设】　模环乡重视乡村两级文化阵地建设，完成大治村、虎龙村、刘家村、五都桥村4个村文化礼堂建设。12月，模环乡选送的道情表演《爷爷的道情》参加龙游县举办的乡村文艺精品大赛，获得铜奖。2020年模环乡代表衢州市唯一申报“浙江省文化强镇”，并成功入选。文化站举办各类培训和辅导20余次，建立文化乡艺术团队6支，下设村级分团48支，截至年底有骨干团员1356人，文艺爱好者5000余人。

【换届选举】　2020年党支部换届选举参加党员1097人，参选率99.82%，一次性选举产生新一届村党支部成员100人，新当选支委52人，平均年龄48.49岁。村民委员会换届选举登记选民24198人，参选选民22800人，参选率达94.28%。村党支部书记全部顺利当选村民主任，实现“一肩挑”。新一届村委成员平均年龄45.62岁，35周岁以下年轻干部15人，大专以上学历24人。

【党风廉政建设】　按照从严治党要求，落实主体责任和监督责任，开展廉政谈话、正风肃纪、立项监督和农村作风巡查，严防“四风”反弹回潮，营造风清气正的政治生态。2020年共受理办结群众信访举报297件，纪检信访件36件，完成问题线索交办3件，查处案件11起，并对相关人员进行了严肃处理，给予党内警告处分5人，党内严重警告处分8人，开除党籍1人。

（模环乡　张林燕）

石佛乡

【概况】 石佛乡地处龙游县西北部，东邻横山镇，南接塔石镇，西交衢江峡川镇，北连建德市航头镇。全乡总面积67.9平方千米，耕地面积1066.7公顷，林地4713.5公顷，辖10个行政村、86个自然村，人口总数1.8万余人。2020年，石佛乡围绕乡村休闲旅游发展这一主线，不断优化产业结构，持续推进农民增收，较好完成了乡十六届人大七次会议制定的各项目标任务。全年实现地区工业生产总值3.07亿元，人均可支配收入2.07万元，同比增长7.5%。

【新冠疫情防控】 面对突如其来的新冠肺炎疫情，全乡干群闻令而动，即时成立新冠肺炎疫情防控工作领导小组，织密疫情防控网，形成乡、村、网格三级疫情防控体系，组织党员干部、志愿者、乡贤、民兵等力量，严防死守，做好深摸细排、设卡值守和后勤服务等工作。全乡累计排查重点疫区返乡人员351人次，最先开展医学观察对象视频监控全天候实时管理模式，确保全乡119户187人居家医学观察对象的安全隔离。率先推出“人工+智能”24小时监管举措，创新推出“土味宣传”“网格代办”等服务模式，解决人民生活物资保障问题，为龙游县疫情防控零确诊作出了贡献。

【农业经济】 2020年全乡符合耕地地力保护补贴的户数4726户，补贴面积828.13公顷。加大茶叶示范基地建设，2020年新增黄茶种植面积10公顷。推进柑橘等传统产业转型升级，扩建石佛村、夏家村两个柑橘新品种示范园。推进“一村万树”，在村庄边角地、废弃地、拆违地等见缝插绿，种植浙江楠、黄山栾树、枫香等各类苗木6000余株，扩大村庄绿色覆盖面。开展百万亩国土绿化和荒地更新工作，通过与各行政村及相关家庭农场对接，共完成国土绿化24.93公顷，荒地更新10.13公顷，两项均超额完成任务。严控林地审批、严抓林地非法取土等行为。

【工业经济】 面对突如其来的新冠肺炎疫情，石佛乡企业生产受到严重影响，石佛乡政府积极下沉，主动与企业沟通，帮助企业解决生产中遇到的实际困难，协助做好复工复产工作，使辖区企业在疫情后迅速恢复生产，把经济损失减少到最低。2020年，石佛乡规模工业总产值完成3.07亿元，同比增长15%。在3家规上企业的基础上再完成2家企业小升规、1家批发服务业升规工作。上报招商引资项目信息6个，落地2家企业，招商引进的3家企业全部完成供地和入库出数工作。

【乡村旅游】 完成南山古村休闲旅游项目一期工程和项目二期供地，重点打造三门源“古村寻瀑之旅”、大力山“高山吸氧之旅”和西金源“访古寻迹之旅”三条主题登山线路，完成7处县保升级和第六批历史文化村落保护利用一般村落峰塘山村修缮工程，依托资源优势，做大做优“农家乐”经济，鼓励现有以及新增“农家乐”向特色民宿提升，2020年新增“农家乐”1家，完成三门源省级“农家乐集聚村”创建项目。统筹抓好文旅康养产业，开发“旅游+”产品，提升“诗画石佛”品牌影响力。成功举办“我们的村晚”、“有礼清明”、村运会等主题活动，丰富村民的业余文化生活。积极组织石佛村、峰塘山村民参加浙江省文化礼堂运动会龙游赛区选拔赛，取得1个二等奖、2个三等奖的好成绩。

【杭衢铁路征迁】 在杭衢铁路迁坟工作中跑出“双12加速度”：第一次红线内迁坟协议12小时签约率100%，第二次红线外迁坟协议12小时签约率98%，并且顺利完成红线内3.94公顷的土地征收和清表工作。仅用20天时间率先实现杭衢铁路杜山坞段47户村民房屋签约、腾空“双清零”，仅用36小时全面完成下大

图193 2020年6月5日，石佛乡干部深入村民家做好杭衢铁路征迁签约工作 （石佛乡／提供）

线石佛岭弯道取直项目21户农户、4公顷土地的政策处理工作，干出了征迁签约的“石佛速度”。

【村庄整治】 推进“五水共治”，开展治水护河行动，实现塔石溪交接断面水达标率100%，乡村两级巡护河率100%。打好道路环境整治、乡村环境美化组合拳，开展“四边三化”整治，打造美丽乡村。做好农房整治拆后利用工作，将拆后土地用于建设美丽庭院、“一米菜园”、停车场、党建示范带等，2020年建成美丽庭院280户，“一米菜园”163处，石佛村、三门源村“一米菜园”示范村及峰塘山村“一米菜园”一般村通过验收。探索建立“三级联动”森林防火联防联控机制和“红黄蓝”三色应急处置体系，构建集约高效的森林防火新模式。2020年成功处置突发火灾事故4起，疏散群众50余人，抢救物资10余万元，减少经济损失100余万元。

【“有礼”创建】 利用乡村振兴讲堂、乡文化站等场所，组建有礼特色宣讲志愿服务队，走村入户发放“八个一”宣传单、公勺公筷，开展“创文”活动。全乡共发放公筷2万双，10个村已实现公筷使用全覆盖。号召本土文艺爱好者创作有礼系列作品，推出《古风快板齐上阵、助力“八个一”新风尚》等宣传视频。积极开展“礼治”建设，根据“民主修约五步法”，通过拟定初稿、征求意见、召开会议，完成10个行政村村规民约修订上墙，从思想上转变千年旧习俗，树立文明有礼新风尚。

【民生实事】 把服务群众作为党建工作出发点和落脚点，着力解决群众最根本需求。推进“民生路”修建。乡级财政投入260万元，完成6条公路，2.2千米村道硬化工程，16.8千米道路提升工程，进一步改善广大群众的出行条件。在完成三门源、峰塘山、大力山村饮用水工程基础上，投资480万元推进姚村、夏家饮用水工程，让470户农户喝上放心水。为改善群众出行条件，投资建成石佛村、三和村两个便民公交汽车站并正式投入试用；石佛村省特级文化站完成改建并投入使用；投资1200余万元的石佛乡敬老院工程已顺利结项。

【便民服务】 继续发扬卓彦庆“跑腿书记”精神，推进“跑腿政府”建设，创新推出“代办点+网格员服务”的便民服务模式，推动“最多跑一次”改革向乡村基层便民服务延伸。积极推进政务办事线上办理，利用“浙里办”App在线帮办代办掌上事项。截至12月底，共完成网办事项735件、掌办事项987件。依托浙江政务服务网一窗受理云和统一审批平台，实现网上申报、受理、审批、办结取件。2020年共受理各类民生服务事项421件，全部按期办结，办结率100%。开展乡村振兴讲堂“空中课堂”送教、送技术下乡等活动，举办黄茶种植、生猪养殖、面点制作等各类培训15期，参训300余人次，带动农户就业35人。

【村级组织换届】 着眼于今后五年村级组织的发展，坚持严格程序、公平公正的原则，全面推进村级组织换届选举“一肩挑”“三改五”政策落地。全乡10个行政村100%实现书记、主任“一肩挑”；严控村“两委”职数，村“两委”人员由原来的75人精减到56人；大力推选优秀年轻干部回村任职，11名35周岁以下优秀青年、16名乡贤能人、6名退役军人进入村“两委”任职。同步完成村务监督委员会、村股份经济合作社等选举工作，配齐配优配强村级组织力量，为乡村振兴注入新鲜血液。

【政治巡查】 通过精细化日常考核和实绩考核，拉大干部之间考核激励差距，实现每一个乡村干部年终都有一个考核分数，每个人年终报酬各有不同，激发村干部干事创业热情。以9个村政治巡查为契机，聚焦贯彻落实党的路线方针、聚焦群众身边腐败问题和不正之风、聚焦基层党组织软弱涣散和组织力欠缺三大领域，新制订出台和修改完善各类文件、制度8件，查处整改各类问题97个，党纪政纪处分村干部6名，1名村书记被免去职务。聚焦基层治理监督模式创新，把清廉建设融入群众日常，创建市级清廉村居示范点1个（石佛村），承办龙游县清廉村居建设现场会。深化党员先锋指数考评机制，重点审查农村党员组织生活参与度和中心工作支持配合度，并将参与疫情防控、矛盾纠纷调解等与党员联户相结合进行量化考核，先锋指数落后、平时表现不佳的党员迁入乡学教支部整转教育，进一步提高党员对组织的凝聚力。全乡557名农村党员中，2020年有17名不合格党员的组织关系迁入乡学教支部学习，不合格党员比例同比下降了59%。全面开展农村党员清理整顿，2名党员被除名。各村党员到会率、联户率、党性修养进一步提升，急难险重任务党员先行的意识有很大提高。

（石佛乡　廖梦婷）

社阳乡

【概况】 社阳乡地处县境东南缘，东邻金华市婺城区莘畈、塔石两乡，南接遂昌县北界镇，西交大街乡、罗家乡，北连东华街道、湖镇镇，东北与婺城区汤溪镇为邻。大公源、后渠源在双溪口汇合，自南向北先后流入高坪桥水库和社阳水库。地貌以山地和丘陵为主，有少量河谷小平原，辖区面积96平方千米，下辖8个行政村，户籍人口4513户10654人，为国家级生态乡、饮用水源保护乡，境内有社阳水库、高坪桥水库两个饮用水源水库，是浙江省唯一的“一乡两库”所在乡，衢州市唯一的中草药之乡。2020 年度全乡实现工农业总产值 2.5 亿元，一般公共预算收入 4935 万元，预算支出 5219 万元；人均可支配收入 2.08 万元。

【新冠疫情防控】 坚持从严防控，第一时间成立疫情防控一办六组工作运行机制，统筹落实防控工作，班子成员“一对一”负责 8 个村和企业疫情防控工作的落实和推进，形成条块结合、各司其职、上下联动的工作格局。充分发挥网格主体作用，高效开展地毯式滚动排查，设立各村卡口 50 余个，组织群团、民兵志愿者 460 余名。对全乡 479 户 753 人实行居家隔离，未发生一起失联失管事件。做好“店小二”的服务定位，不断优化“三服务”活动。审慎有序指导全乡 7 家企业、34 个重点项目复工复产。

【重点项目攻坚】 以魅力库区建设为载体，投资 1000 余万元开展高坪桥水库魅力库区生态保护和景观提升项目，建设景观台、绿化修复河道，改善水库库区生态环境和水质，打造库区生态经济产业带。研究制定《社阳乡国土整治大会战实施方案》，抽调精干力量合力攻坚。推行包村连片，每月研判，每周通报工作机制，实现国土整治提速增效。结合供享农业有限公司搬迁、危旧房治理、农房管控等工作，深度挖潜增量，完成 4.33 公顷建设用地复垦、凤溪村 93.33 公顷耕地质量提升、青塘坞、凤溪等村高标准农田建设以及 9 户异地搬迁户申报、复核、房屋拆除工作。

【双招双引】 以建立生态产业慈善信托基金，在水源保护区发展自然教育产业实现双方合作契合点，制定合作框架。2020 年 5 月，与桃花源基金会签订《高坪桥水库饮用水源保护区发展自然教育的合作框架协议》，计划按照 MINI 自然教育基地模式建设自然教育体验馆。同时由乡主要领导带队，赴深圳、珠海、金华等地招商引资，与深圳市宵和峰实业发展有限公司合作，拟计划投资 10500 万元，入驻龙游城南工业区。

图 194　2020 年 9 月 17 日，宁波舟山港到社阳乡凤溪村开展“千企结千村·消灭薄弱村”专项行动　（社阳乡／提供）

【村集体经济增收】 借助与宁波舟山港开展“千企结千村、消灭薄弱村”结对帮扶平台，探索出飞地物业“租金”促消薄、产业进村“股金”促发展、企业供岗“佣金”促增收、暖心帮扶“资金”促脱贫的“四金”消薄法；完成财政扶持村集体增收项目青塘坞采摘园项目建设并通过预验收。组建消薄物业联盟，连上、大公薄弱村“抱团”投资 100 万元用于镇海物业项目，实现年现金收益 10 万元；源头、金龙、社阳谋划建设三村联建物业综合楼项目，用于出租和引进来料加工企业。截至 2020 年 12 月底，全乡 8 个行政村经营性收入全部 10 万元以上，2 个村经营性收入达 20 万元以上，100% 实现消薄。其中凤溪村村集体经营性收入从 2017 年的 0.98 万元增长至 2020 年的 21.38 万元。

【农旅产业发展】 深挖生态经济，力推中草药一、二、三产融合发展，打造中草药黄精高端产业链，打响“太阳之草”国际森博会金奖品牌。大力支持和推动黄茶产业发展，积极宣传营销，落实黄茶种植“以奖代补”政策扶持，全乡共种植“中黄三号”黄茶 32 公顷，2020 年增种新苗 17.33 公顷，结合“强乡壮村百团”行动，由农林大科技特派员提供技术指导，推广“林药”模式，开展青塘坞村“黄花梨套种黄精”农业项目建设。创新“直播 + 休闲 + 旅游 + 销售”的经营模式，发挥生态旅游资源效益，以采摘节、梨花节、芍药节为媒介宣发节点、挖掘“乡土直播员”，带动本地区特色农产品线上销售。

【乡村风貌提升】 按照“责任区块划分、网格分片摸底”，以“专班组 + 模块联村攻坚”模式，锁定存量，全力清除违章建筑，8 月代表龙游县接受全市农房整治拆后利用争先创优现场考评，获得评估组高度评价；统筹打好国卫创建、美丽城镇创建组合拳，全乡8个行政村全面实施市场化保洁，建立环境卫生保洁长效机制。发动乡村两级30余名“8090”青年干部结合自身工作实际，深入田间地头宣讲“美丽城镇”“国家卫生乡镇创建”典型事迹和“八个一”有礼知识，创建浓厚氛围。2020年8月顺利通过国家卫生乡镇市级技术评估，11月通过市级美丽城镇一般乡镇验收。

【基层治理】 推进“智慧应用”大联动，做畅联动指挥“竖线”，2020年“四个平台”共接到群众爆料57次，新增事件1507件，综合信息指挥室接受事件118件，处理率达100%。围绕取水监管执法、占用水域监管执法等2个属地管理事项进行试点，对各个事项职责、流程进行细化，形成试点工作方案和运行案例。全面深入开展湖镇社阳“一支队伍管执法”“1+X”试点工作，梳理出22个领域、35个方面、525项行政处罚事项，实现龙游东部片区的执法资源共建共享和执法效能一体高效。在全县率先推广“生态信用+网格礼治”基层治理模式，以社阳村为试点，进一步完善村民“信用+护水”考核办法，形成正向反馈，全年网格巡查次数达1460次，“红黑榜”公示70余次，夯实社会信用体系基石，助推乡风文明提升。通过织密责任网络、强化队伍建设、协同监督检查、营造宣传氛围、构建长效机制，构建安全、放心、规范的食品消费环境，保障全乡人民群众“舌尖上的安全”。2020年，社阳乡成为全县唯一一个成功创建浙江省四星级乡镇（街道）食安办的乡镇。

【惠民政策落实】 围绕“两不愁三保障”目标要求，以低收入农户“一户一策一干部”精准帮扶为重要抓手，坚决做到帮扶到户，扶持到人。全乡低保357户431人，低保边缘户82户142人，全面做到“应保尽保”，全乡低收入农户人均可支配收入全部达到8000元以上。积极开展雨露计划申报工作，全乡共梳理上报7户符合条件低收入农户，争取职业教育补助2000元/户。为6户特别困难农户送去家具、家电等生活必需品，改善生活条件。大力发展公共文化事业，完成乡综合文化站改造提升，成功创建省级公共文化服务体系示范区一级文化站。

图195 2020年9月24日，社阳乡举办“雏雁高飞正当时 青春奋进新时代”8090村后备干部宣讲擂台赛 （社阳乡/提供）

【便民服务管理】 推广“代办点+网格员服务”的便民服务模式，推动“最多跑一次”改革向乡村基层便民服务延伸。改造综合自助机应用环境，新增“8小时外”自助服务办事区、指导群众自主登陆浙江政务服务网提交事项申请，推进政务办事线上办理。利用“浙里办”帮办代办掌上事项，指导群众手机登录“浙里办”App在线申请，共完成网办、掌办事项214件。依托浙江政务服务网一窗受理云和统一审批平台，实现网上申报、受理、审批、办结取件。2020年共受理办结各类民生服务事项181件，办结率100%。

【基层党建】 坚持党建统领，严格落实意识形态主体责任，抓实抓好主题党日、“学习强国”、乡村振兴讲堂、“8090”新时代理论宣讲等学习平台，推动党的最新理论在社阳落地生根。创新举办“雏雁高飞正当时、青春奋进新时代”8090村后备干部宣讲擂台赛，选优培优村级年轻骨干。高质量完成村级组织换届工作，通过“四个一线”工作法，全乡支委和村委所有职数一次性选足，所有职位一次性选出，回引“80后”乡贤2名，35周岁以下年轻干部8名。村“两委”平均年龄45.96岁，比上届低3.91岁（上届平均年龄49.87岁）。

（社阳乡 祝悦雯）

大街乡

【概况】 大街乡位于龙南山区，距县城35千米，东与社阳乡相邻，南连遂昌县，西与溪口镇、沐尘畲族乡相接，北与罗家乡接壤，辖区面积42.5平方千米。乡域四面环山，地势自东北向西南倾斜，地形呈锅形，潼溪横贯其中，长约12.75千米。乡政府驻大街村，下辖大街、新槽、横坑、岭脚、方旦、杨村、贺田、贺康8个行政村，包括77个自然村、103个村民小组。全乡共有2826户，人口7328人，党支部10个，党员345名，村“两委”干部50名。2020年大街乡以“两山”理念为指导，坚持生态立乡，推动乡三产融合发展促进群众增收，疫情防控、国土整治大会战、全域旅游、脱贫攻坚等有序推进。2020年度一般公共预算财政拨款支出1801.91万元，占本年支出合计的83.18%，与2019年相比，财政拨款支出增加519.35万元，增长40.49%；财政拨款收入总计2045.62万元，支出总计2045.62万元，与2019年相比，增加735.94万元，增长56.19%。全乡农民人均可支配收入2.3万元，同比增长9.8%；完成有效投资1371万元，同比增长81.35%。

【新冠疫情防控】 为应对疫情突击，第一时间建立战时机制，压实战时责任。号召300余名党员志愿者、人大代表、民兵等参与疫情防控一线，以党员+网格的形式，“一长三员”开展地毯式滚动排查，确保一户不漏、一人不少；运用综合信息指挥室内集成的40个监控窗口对辖区内各主要路口、集聚小区、超市等密集场所进行视频巡检；通过钉钉和微信群、方言顺口溜、横幅标语、志愿宣传等媒介途径，发放宣传资料3000余份，悬挂宣传标语50余条；通过线上+线下，织密联动网，在中央、省、市媒体刊发各类信息10余条，“龙游通”平台上推送防疫信息文章44篇，阅读量超40万次，做到疫情数据实时发布。

【复工复产】 “双招双引”持续发力，将“双招双引”工作列入年度重点工作，创新举措，挖掘在外乡贤资源，乡主要领导亲自带队到杭州科里网络科技有限公司等地洽谈项目，已与浙江龙游复源为康生物科技有限公司，就中草药加工基地建设项目，达成初步合作意向。立足生态环境优势，疫情期间持续复工绿色产业，稳步推进产业发展。培育笋竹、黄茶、草药、香榧等特色产业，支持神农谷药园综合体提质增效，探索中草药膳食，建设中草药康养基地、中草药博览园等，逐步打造中草药完整产业链，现全乡共种植中草药（含套种面积）约333.33公顷。受疫情影响，乡企业复工“战时服务团”协助大攸中草药公司解决招工难、防疫物资紧张、原材料运输等问题，借助“乡村振兴讲堂云课堂”，通过开设中草药知识、员工复工技能培训推进草药产业全面复工复产。为缓解疫情期间带来的短期冲击，推进全域旅游排难，聚焦互联网线上平台，联动央视直播、浙江在线、淘宝、抖音、好易购等多家平台，

图196 2020年11月5日，大街乡举办“登高采菊庆丰收”活动 （大街乡/提供）

举办“云”上芍药花节，登高采菊庆丰收、相约七夕，缘起祝家等一系列大型活动，借助网络传播，推动休闲农业和乡村旅游经济发展；探索“书记直播带货”等模式，在乡村振兴空中课堂为杨村村晞露绿茶直播带货，卖出茶叶礼盒27万元；在祝家古村落开展“相约520”和“相约七夕，缘起祝家”等一系列活动，微龙游，新蓝网等多家媒体报道，取得良好成效。贺田村“山语山庄”被评为省级“银宿”。

【项目推进】 完善中草药基地设施建设，500米灌溉渠道、3道堰坝、10个蓄水池已全部完工，新修生产便道约1千米。基地内种植面积（含套种面积）约333.33公顷。村民人均增收约3800元。贺田村林下经济观光带、雄鸡山健身步道、美丽河湖建设全面完工，形成以潼溪为主线、贯穿贺田、贺康、杨村、新槽、大街等村景观节点的旅游休闲观光带。总投资1341.28万元的农民饮用水工程已完工，（其中农村饮用水达标提标大街乡联村供水工程一标段和二标段）概算总投资886.7万元，解决大街、方旦、贺康、贺田、杨村、新槽6个行政村5582人饮水问题，新建1000立方米原水池1座、水厂1座、净水消毒设备1套、增压泵房3座、300吨清水池1座及管道67千米；方旦村农村饮用水达标提标工程项目概算66.6万元，工程费用62.17万元，解决1个自然村90户饮水问题，新建水站1座、净水消毒设备1套、过滤池及配套管网；横坑村农村饮用水达标提标工程概算投资126.5万元，受益786人，新建小型水厂1座、净水消毒设备2套及管网约10千米。岭脚村农村饮用水达标提标工程概算投资32.5万元，受益886人，新建配水管网、净化消毒设备2套及20立方米清水池。

【“美丽乡村”建设】 按照2020年度建设用地复垦项目作战图，乡国土整治工作专班全面统筹协调项目推进，书记、乡长双挂帅，驻村乡班子领导联系各村，驻村干部每日督查汇报本村项目推进情况，村支部书记主导项目推进，及时做好政策处理工作。农房整治工作有序推进，扎实做好“大棚房”整治和“回头看”清零工作，危房修缮工作全面开展，排查出疑似危房21户、C级危房4户、D级危房1户，D级危房已完成拆除。新槽村、贺田村申报创建拆后利用示范村，通过打造“一米药园”“一米菜园”作为切入口，融入乡村特色，打造“一村一韵”。营造良好生态环境建设氛围，通过悬挂横幅、发放宣传单页、电子屏进行滚动及“乡村振兴讲堂”开展环境保护宣传。不断推进垃圾分类“零废弃村”创建工作，在“贺田模式”基础上深化提升，率先试行“两定五分法”，新槽村生活垃圾循环超市将投入使用。全面落实两级“河长制”，认真开展巡河护河行动，保持潼溪水质长期稳定在Ⅱ类水以上。

【民生服务】 完成全乡“两线合一”全面核查低收入农户家庭及赡养人工作，完成改造新槽村省级示范型居家养老中心提升工程，搭建来料加工场地，新增养老公共服务设施30余套，增加床位12位、休息室3间，并对活动室、娱乐室、健身室基础设施进行提升，采购娱乐活动器材1.3万元。通过“建强队伍、抓好培训、精简业务、优化服务、严肃纪律”等五位一体，常态化运用“一窗受理”云平台，合计受理247件，电子化归档124件，掌办网办件260件，新增“8小时外”自助服务办事区，满足群众24小时办事需求。以县乡一体条抓块统为指引，深化乡、村、网格三级信访和矛盾纠纷联动调处机制，加大矛盾纠纷排查和信访积案化解力度，同做好纠纷排查化解工作，乡村两级共排查受理矛盾纠纷26起，全部化解；网格上报、办理事项1131件，流转交办191件，向县上报优秀网格案例3件。加大消防安全隐患排查整改力度，排查上报30余处消防安全隐患，进一步加强技防投入，对17个孤寡低保户安装烟感报警装置。

【基层党建】 全面推行“党建+”工作模式，围绕乡风文明、美丽乡村、产业发展等方面，提出“幸福大街、宜居家园”的党建文化品牌，结合乡村特色产业及景点，发挥红色基因的关键作用，形成具有山区特色的乡村振兴党建工作路线。着力抓好“贺田模式”金字招牌，打造“幸福大街、宜居家园”，按照“全领域建强、全区域提升”和“三个三”基层党建工程要求，以大街AAA级旅游景区为主体，沿潼溪路，创联贺田（贺田模式教育基地—洁净家园）、杨村（移民精神传承基地—奋进家园）、新槽（中草药产业发展基地—创业家园）、大街（宜居乡村展示基地—宜居家园）、横坑（高端民宿建设基地—生态家园）。以示范带达标、达标争示范为目标，初步确定“创业致富、异地联户、红色管家”等品牌，争取全乡8个村串成线、连成片，展示出党建统领基层建设、推动发展的大街样板。充分发挥党在“乡村振兴”中的关键作用，稳步推动“幸福大街”建设。健全全面从严治党主体责任，找准党建工作和政府重点工作的切入点，因地制宜打造独具特色串联“学、业、游、承、居”五个点，形成具有山区特色的乡村振兴党建工作线路。

（大街乡　段锋）

2020年先进集体

国家级集体荣誉（含部门）一览表

表44

荣誉称号	获奖单位	颁奖单位	颁奖时间
2020中国最具发展潜力百佳县市	龙游县	《小康》杂志、中国小康网	2020.03
2020中国青年乐业百佳县市	龙游县	《小康》杂志、中国小康网	2020.03
2020绿色中国特别贡献奖	龙游县	绿色中国行活动组委会	2020.10
2020年度全国信访工作“三无”县	龙游县	国家信访局	2021.05
中国精品年鉴	龙游县档案馆《龙游年鉴（2020）》	中国地方志指导小组办公室	2021.04
组织系统2020年度信息报送先进单位	中共龙游县委组织部	中共中央组织部办公厅	2021.01
组织系统2019年度信息报送先进单位	中共龙游县委组织部	中共中央组织部办公厅	2020.04
民建全国先进集体	民建龙游县基层委员会	中国民主建国会中央委员会	2020.12
中国农工民主党成立90周年宣传思想工作先进基层组织	农工党龙游县总支部委员会	中国农工民主党中央委员会	2020.08
全国侨联系统助力脱贫攻坚先进集体	龙游县归国华侨联合会	中华全国归国华侨联合会	2021.01
2020年度民营企业调查点工作先进示范单位	龙游县工商业联合会	中华全国工商业联合会办公厅	2020.11
2019年度全国法院“百优”新媒体账号	龙游县人民法院	最高人民法院	2020.07
全国法院信息化工作先进单位	龙游县人民法院	最高人民法院	2020.12
全国司法行政系统特赦实施工作突出贡献集体	浙江省十里坪监狱	司法部	2020.01
援疆重大专项任务作出突出成绩的集体	浙江省十里坪监狱	司法部	2020.01
2020年度安全管理“六无”强制隔离戒毒所	浙江省十里坪强制隔离戒毒所	司法部戒毒管理所	2021.06
集体三等功	浙江省十里坪强制隔离戒毒所戒毒医疗中心	司法部	2021.01
第六届全国文明单位	国网龙游县供电公司	中央精神文明建设指导委员会	2020.11
第二次全国污染源普查表现突出集体	衢州市生态环境局龙游分局	国务院第二次全国污染源普查领导小组办公室	2020.09
教育部“一村一名大学生计划”招生先进单位	浙江广播电视大学龙游分校	国家开放大学	2021.01
2020年全国地理科普教育先进单位	龙游凯马国际学校	中国地理学会	2020.12

续表 44

荣誉称号	获奖单位	颁奖单位	颁奖时间
中华全国总工会职工书屋	龙游姑蔑书画院工会	中华全国总工会	2020.12
“小候鸟图书角”先进执行单位	龙游姑蔑书画院	中国少年儿童基金会、浙江省妇女儿童基金会	2020.11
中国科技创新先进单位	浙江科力印业新技术发展有限公司	中国科学家论坛组委会	2020.09
2020 年度中国“淘宝镇”	湖镇镇	阿里研究院第八届中国淘宝村高峰论坛	2020.09
第八批全国民主法治示范村（社区）	湖镇镇地圩村	司法部、民政部	2021.02
2020 年度全国综合减灾示范社区	湖镇镇新光村	国家减灾委员会、应急管理部、中国气象局、中国地震局	2021.02
2020 年全国青少年校园篮球特色学校	龙游县实验小学、龙游县第三中学	教育部办公厅	2020.09
2020 年全国青少年校园足球特色学校	龙游县华岗中学	教育部办公厅	2021.01
2020 年全国青少年校园足球特色幼儿园	龙游县湖镇中心幼儿园	教育部办公厅	2021.01
2017—2019 周期国家卫生乡镇（县城）	湖镇镇、溪口镇	全国爱国卫生运动委员会	2020.07
2019 年重新确认国家卫生乡镇（县城）	龙游县城、大街乡	全国爱国卫生运动委员会	2020.07
第六届全国文明村镇	詹家镇浦山村	中央精神文明建设指导委员会	2020.11
中国钢结构协会科学技术奖二等奖	龙游县城市发展投资有限公司	中国钢结构协会	2020.10

省级集体荣誉（含部门）一览表

表 45

荣誉称号	获奖单位	颁奖单位	颁奖时间
2020 年省级资源循环利用示范城市	龙游县	浙江省发展和改革委员会、浙江省财政厅、浙江省生态环境厅、浙江省住房和城乡建设厅、浙江省农业农村厅、浙江省商务厅	2020.11
2020 年度新时代美丽城镇建设优秀单位	龙游县	浙江省城乡环境整治工作领导小组	2021.01
浙江省示范文明城市	龙游县	中共浙江省委、浙江省人民政府	2021.01
2020 年度全省深化“千万工程”建设新时代美丽乡村（农村人居环境提升）工作考核优秀县	龙游县	浙江省“千村示范万村整治”工作协调小组办公室	2021.01
2020 年度全省生活垃圾分类工作优秀县	龙游县	浙江省生活垃圾分类工作领导小组	2021.02
2020 年度建筑工业化工作优秀县	龙游县	浙江省住房和城乡建设厅	2021.02
2020 年度省政府督查激励事项	龙游县	浙江省人民政府办公厅	2021.05
2020 年度市县党政领导科技进步目标责任制考核优秀单位	龙游县	中共浙江省委办公厅、浙江省人民政府办公厅	2021.06
2020 年度省级平安县	龙游县	中共浙江省委、浙江省人民政府	2021.03
法治浙江（法治政府）建设示范县（市区）	龙游县	中共浙江省委全面依法治省委员会	2021.04
2020 年度法治浙江（法治政府）建设先进单位	龙游县	中共浙江省委全面依法治省委员会	2021.02
“小微企业三年成长计划”工作优秀县	龙游县	浙江省小微企业三年成长计划工作领导小组	2021.02
2020 年度浙江省产粮大县	龙游县	中共浙江省委、浙江省人民政府	2021.01
2019 年加快传统制造业改造提升成效明显的县（市、区）	龙游县	浙江省人民政府办公厅	2020.05

续表45

荣誉称号	获奖单位	颁奖单位	颁奖时间
2020年浙江省渔业健康养殖示范县	龙游县	浙江省农业农村厅	2020.12
2020年农业绿色发展先行县	龙游县	浙江省农业农村厅	2020.12
生猪特色农产品优势区	龙游县	浙江省农业农村厅	2020.12
全省农村饮用水达标提标行动突出县	龙游县	浙江省水利厅、浙江省发改委、浙江省财政厅、浙江省生态环境厅、浙江省住建厅、浙江省卫健委	2020.03
第二批节水型社会建设达标县	龙游县	浙江省水利厅、浙江省节约用水办公室	2020.06
万里美丽经济交通走廊达标县	龙游县	浙江省交通强省建设领导小组办公室	2021.05
浙江省全域旅游示范县	龙游县	浙江省文化和旅游厅	2020.01
浙江省文旅产业融合试验区	龙游县	浙江省文化和旅游厅	2020.12
全省消除集体经济薄弱村工作成绩突出集体	中共龙游县委组织部	中共浙江省委、浙江省人民政府	2021.01
浙江省第十一届微党课大赛优秀组织奖	中共龙游县委宣传部	中共浙江省委宣传部	2020.07
2020年度全省“扫黄打非”工作成绩突出集体	中共龙游县委宣传部	浙江省扫黄打非办公室	2020.12
全省市县社科联测评优秀单位	中共龙游县委宣传部	浙江省社科联	2020.12
全省党校（行政学院）系统成绩突出集体	中共龙游县委党校	中共浙江省委党校	2021.01
2018—2019年度平安浙江建设先进集体	龙游县信访局	中共浙江省委	2020.03
全省民族统计分析工作突出单位	龙游县民宗局	浙江省民族宗教事务委员会	2020.07
省政协联谊报先进单位	政协龙游县委员会	浙江省政协办公厅	2020.10
省政协反映社情民意信息三等奖	政协龙游县委员会	浙江省政协办公厅	2021.05
2020年“安全生产月”活动先进单位	龙游县应急管理局	浙江省安全生产委员会办公室	2020.12
特色基层组织	民盟龙游县总支部	中国民主同盟浙江省委员会	2020.12
抗击新冠肺炎疫情先进集体	民盟龙游县总支部	中国民主同盟浙江省委员会	2020.12
全省抗击新冠肺炎先进集体	民建龙游县基层委会	中国民主建国会浙江省委会	2020.09
2020年度先进基层组织	农工党龙游县总支部委员会	中国农工民主党浙江省委员会	2020.12
2020年度九三学社社会服务工作先进集体	九三学社龙游县基层委员会	九三学社浙江省委员会	2020.12
浙江省巾帼文明示范岗	龙游县青少年宫	浙江省妇女联合会	2020.05
抗击新冠肺炎疫情以来民营企业调查点工作先进单位	龙游县工商业联合会	浙江省工商业联合会办公室	2020.05
2020年全省工商联系统民营企业劳动关系监测调查工作表现突出单位	龙游县工商业联合会	浙江省工商业联合会	2021.01
2020年全省工商联系统先进单位	龙游县工商业联合会	浙江省工商业联合会	2021.01
浙江省文明单位	龙游农村商业银行、龙游县寺后小学、龙游县人民检察院、华电浙江龙游热电有限公司	中共浙江省委、浙江省人民政府	2021.01
平安护航新中国成立70周年工作成绩突出集体	龙游县公安局	中共浙江省委、浙江省人民政府	2020.01
2020年度全省民事检察专项工作表现突出的单位	龙游县人民检察院第四检察部	浙江省人民检察院	2021.01
司法行政部门进驻社会矛盾纠纷调处化解中心示范窗口	龙游县司法局	浙江省司法厅	2020.12
集体三等功	浙江省十里坪强制隔离戒毒所七大队、后勤保障大队	浙江省司法厅	2021.02

续表 45

荣誉称号	获奖单位	颁奖单位	颁奖时间
先进集体	浙江省十里坪强制隔离戒毒所办公室、所政管理科、一大队、四大队、九大队	浙江省司法厅	2021. 02
2019 年全省扫黑除恶专项斗争成绩突出集体	龙游县市场监督管理局	中共浙江省委、浙江省人民政府	2020. 04
2020 年四星级规范化市场监督管理所	龙游县市场监督管理局东华市场监督管理所、龙游县市场监督管理局小南海市场监督管理所	浙江省市场监督管理局	2020. 12
2019 年五星级规范化市场监督管理所	龙游县市场监督管理局溪口市场监督管理所	浙江省市场监督管理局	2020. 01
2020 年度“放心消费在浙江”成绩突出集体	龙游县市场监督管理局东华市场监督管理所	浙江省市场监督管理局	2021. 01
2019 年度全省打击传销工作成绩突出集体	龙游县市场监督管理局稽查大队	浙江省市场监督管理局	2020. 01
2020 年全省药品稽查执法工作成绩突出集体	龙游县市场监督管理局综合行政执法队	浙江省药品监督管理局	2021. 01
浙江财政年鉴（2020 卷）组稿先进单位	龙游县财政局	浙江省财政厅	2020. 12
2020 年浙江省青年志愿服务项目大赛铜奖	龙游县税务局	共青团省委、浙江省志愿者协会	2020. 07
浙江省志愿服务工作先进集体	龙游笛语社会工作室	共青团省委、浙江省志愿者协会	2020. 08
浙江省扶贫开发工作成绩突出集体	龙游县扶贫办公室	中共浙江省委、浙江省人民政府	2021. 01
2020 年“美丽河湖”	龙游县白鸽湖、龙游县灵山江（沐尘水库—下徐村）	浙江省水利厅、省美丽浙江建设领导小组“五水共治”（河长制）办公室	2020. 12
2020 年度“推广服务好做法”	龙游县养殖业发展中心	浙江省水产技术推广总站	2021. 01
“森林浙江”建设工作突出贡献集体	龙游县林业水利局	中共浙江省委员会	2021. 01
浙江生态文化基地	龙游县横山镇天池村	浙江省生态文化协会、浙江省林业局	2020. 12
2020 年度经信系统工作目标责任制考评先进单位	龙游县经济和信息化局	浙江省经济和信息化厅	2021. 01
第四届“浙江最美绿道”	龙游县沿江美丽公路龙游至衢江段绿道	浙江省住建厅、浙江省发改委、浙江省交通厅、浙江省水利厅、浙江省农业农村厅、浙江省文旅厅、浙江省林业局、浙江省体育局	2020. 11
2020 年省级特色精品道路	龙游县沿江公路小南海段	浙江省“三改一拆”行动领导小组办公室、浙江省交通运输厅	2021. 02
2018—2019 年度省级青年文明号	中国移动通信集团浙江有限公司龙游分公司网络部	共青团浙江省委、中国移动浙江公司	2020. 03
浙江省财贸系统职工代表大会制度建设示范单位	中国工商银行龙游支行工会	浙江省财贸工会	2020. 09
2020 年度浙江省不动产登记窗口便民利民服务成绩突出集体	龙游县自然资源和规划局不动产登记窗口	浙江省自然资源厅	2021. 03
2020 年四季度全省争先创优行动“最佳实践”	龙游县建筑业和房地产专班	浙江省争先创优行动办公室	2021. 01
2020 年度全省美丽城镇建设成绩突出集体	龙游县住房和城乡建设局	浙江省城乡环境整治工作领导小组	2021. 01
2020 年度浙江省生活垃圾分类工作成绩突出集体	龙游县住房和城乡建设局	浙江省生活垃圾分类工作领导小组办公室	2021. 01

续表 45

荣誉称号	获奖单位	颁奖单位	颁奖时间
全省应急管理系统先进集体	龙游县消防救援大队	浙江省应急管理厅、浙江省人力资源和社会保障厅	2020.01
标兵队站	龙游县龙翔路消防救援站	浙江省消防救援总队	2020.02
执勤训练工作先进单位	龙游县消防救援大队	浙江省消防救援总队	2020.02
先进团支部	龙游县龙翔路消防救援站团支部	浙江省消防救援总队	2020.04
先进基层党组织	龙游县消防救援大队党委	浙江省消防救援总队	2020.07
先进基层单位	龙游县消防救援大队	浙江省消防救援总队	2021.02
集体嘉奖	龙游县消防救援大队	浙江省消防救援总队	2021.02
调研报告在全省生态环境系统专题调研活动中获三等奖	衢州市龙游生态环境监测站项小清课题组	浙江省生态环境系统精神文明建设指导委员会	2020.10
2019 学年浙江省教育宣传工作先进集体	龙游县教育局	浙江省教育厅新闻办公室、浙江教育报刊总社	2020.05
2019 年度浙江省课外阅读先进集体	龙游县横山中学、龙游县职业技术学校、龙游县溪口初级中学、龙游阳光小学、龙游县小南海小学、龙游县横山小学	浙江教育报刊总社	2020.05
2019—2020 年浙江省节约型公共机构示范单位	龙游县柳园小学	浙江省机关事务管理局办公室	2020.1
2020 年浙江省健康促进金牌学校	龙游华茂外国语学校	浙江省爱国卫生运动委员会办公室、浙江省教育厅、浙江省卫生健康委员会	2020.12
第二批“浙江省级示范性教师发展学校”	龙游县第三中学	浙江省教育厅	2020.01
2020 年浙江省先进教研组	龙游县实验幼儿园、浙江省龙游中学	浙江省教育厅	2020.12
2020 年度浙江奥鹏远程教育招生工作先进学习中心	浙江广播电视大学龙游分校	浙江广播电视大学	2020.11
2020 年度浙江省电大系统市县电大业务工作考核 A 等单位	浙江广播电视大学龙游分校	浙江开放大学	2020.12
2020 年浙江省电大系统招生工作先进单位	浙江广播电视大学龙游分校	浙江开放大学	2021.01
浙江省文明校园	龙游县实验小学	中共浙江省委、浙江省人民政府	2021.01
浙江省中小学劳动实践基地（第二批）暨职业体验基地——现代农艺劳动实践基地	龙游县职业技术学校	浙江省教育厅办公室	2020.12
浙江省数字教育资源建设与应用示范学校（电子商务）	龙游县职业技术学校	浙江省教育技术中心、浙江省教育厅教研室	2020.12
2020 年浙江省青少年校园足球特色幼儿园	龙游县灵江幼儿园、龙游县塔石中心幼儿园	浙江省教育厅办公室	2021.01
2020 年浙江省青少年校园足球特色学校	龙游县寺后初级中学	浙江省教育厅办公室	2021.01
第十批浙江省绿色学校	龙游县雅村小学、龙游县横山中学、龙游县塔石初级中学	浙江省教育厅办公室、浙江省发展和改革委办公室、浙江省生态环境厅办公室	2020.12
2016—2018 年度全省科技工作成绩突出的集体	龙游县科学技术局	浙江省科技厅	2020.01
“十三五”省体育场地设施建设突出贡献奖	龙游县文化和广电旅游体育局	浙江省体育局	2021.04
浙江省文化和旅游系统 2020 抗疫“四月英雄榜”	龙游县文化市场综合行政执法队	浙江省文化和旅游厅	2020.04
“非遗薪传”浙江传统美食展评活动优秀组织奖	龙游县非物质文化遗产保护中心	浙江省文化和旅游厅	2020.09

续表 45

荣誉称号	获奖单位	颁奖单位	颁奖时间
浙报集团共享联盟·最具传播力奖	龙游传媒集团	浙江日报报业集团	2021.01
浙报集团先进报道组	龙游县委报道组（龙游传媒集团）	浙江日报报业集团	2021.01
全省广播、电视对农服务工程建设考核鼓励奖	龙游传媒集团	浙江广播电视集团	2020.09
全省广播电视协作县级电视三等奖	龙游传媒集团	浙江广播电视集团	2021.02
全省广播电视协作县级广播三等奖	龙游传媒集团	浙江广播电视集团	2021.02
全省十佳优秀支站	龙游传媒集团	浙江在线	2021.02
全省融媒 20 强	龙游传媒集团	浙江省记协县市区域报工作委员会	2020.06
2019 年浙江省健康促进医院	龙游县中医医院	浙江省爱国卫生运动委员会办公室、浙江省卫生健康委员会	2020.01
2020 年全省稳就业保就业工作积极贡献	龙游县人力资源和社会保障局	浙江省人力资源和社会保障厅	2020.12
浙江乡村振兴职业技能大赛优秀组织奖	龙游县人力资源和社会保障局	浙江乡村振兴职业技能大赛组委会	2020.11
2020 年度调解仲裁案件处理工作成绩突出单位	龙游县人力资源和社会保障局	浙江省人力资源和社会保障厅	2021.02
浙江省无障碍社区	龙洲街道方门街村	浙江省人民政府残疾人工作委员会	2020.01
第三批省级民族团结进步重点培育单位	龙洲街道城角坊社区	浙江省民族宗教事务委员会	2020.12
龙游县社区老年学堂	龙洲街道清廉社区	浙江省教育厅、省委老干部局	2020.12
2020 年浙江省新零售示范企业	浙江德辉酥饼有限公司、浙江宗泰农业发展股份有限公司	浙江省商务厅	2020.11
浙江省 AAA 级“守合同重信用”企业	浙江科力印业新技术发展有限公司	浙江省市场监督管理局	2020.08
2020 年浙江省运动休闲旅游优秀项目	龙游龙和国际垂钓中心	浙江省文化和旅游厅	2020.11
浙江省省级骨干农业龙头企业	浙江龙和水产养殖开发有限公司	浙江省农业农村厅	2020.11
浙江省农业丰收奖	浙江龙和水产养殖开发有限公司	浙江省农业农村厅	2020.09
“浙江省第二批样板创建城镇行动方案”优秀方案	湖镇镇人民政府	浙江省城乡环境整治工作领导小组美丽城镇建设办公室	2020.09
全省“五水共治”工作考核优秀乡镇	湖镇镇	浙江省美丽浙江建设领导小组“五水共治”（河长制）办公室	2021.03
2020 年浙江省电子商务示范村	东华街道十里铺村、湖镇镇新建村、湖镇镇文林村、湖镇镇上下范村	浙江省商务厅	2020.11
2020 年浙江省电商镇	湖镇镇	浙江省商务厅	2020.12
2020 年浙江省电商专业村	东华街道街路村、湖镇镇东金村、湖镇镇上溪头村、模环乡模环村、沐尘畲族乡沐尘村、溪口镇溪口村	浙江省商务厅	2020.12
浙江省首批现代商贸特色镇	溪口镇	浙江省商务厅	2020.12
浙江省首批商贸发展示范村	湖镇镇新光村、溪口镇溪口村	浙江省商务厅	2020.12
浙江省第三批省级引领型农村社区	詹家镇山后村、溪口镇溪口村、湖镇镇溪底杜村	浙江省民政厅	2020.10
2020 年度浙江省工业旅游示范基地	龙游红木小镇（浙江年年红家居有限公司）	浙江省文化和旅游厅、浙江省经济和信息化厅	2020.12
龙游通“每日上报”获评疫情防控优秀案例	东华街道张王村	浙江省大数据发展管理局	2020.3
浙江省文明镇	小南海镇	中共浙江省委、浙江省人民政府	2021.01
浙江省示范乡镇（街道）妇联	小南海镇妇联	浙江省妇女联合会	2020.12

续表 45

荣誉称号	获奖单位	颁奖单位	颁奖时间
浙江省“千年古村落”	小南海镇团石村	浙江省民政厅、住房和城乡建设厅、文化和旅游厅、文物局	2020.12
2020 年度省级民主法治村（社区）	詹家镇山后村、龙洲街道新桥头村、横山镇志棠村、横山镇白鹤桥村、湖镇镇溪底杜村、小南海镇茶圩里村、东华街道张王村、东华街道鸡鸣村、东华街道瑶山村、溪口镇灵上村、模环乡清塘村、庙下乡芝坑口村、塔石镇雅村村、塔石镇罗山村、罗家乡席家村、沐尘畲族乡梧村村、石佛乡夏家村、石佛乡峰塘山村	浙江省司法厅、浙江省民政厅、浙江省普法办	2020.12
第六批浙江省历史文化名镇	溪口镇	浙江省人民政府	2020.04
第六批浙江省历史文化名村	社阳乡大公村、社阳乡源头村、小南海镇鸿陆夏村、石佛乡西金源村、横山镇志棠村、横山镇天池村、湖镇镇张家埠村	浙江省人民政府	2020.04
第六批浙江省历史文化街区	龙游县河西街	浙江省人民政府	2020.04
全省第五批历史文化（传统）村落三年建设工作考核优秀	溪口镇溪口村	浙江省“千村示范、万村整治”协调小组办公室	2020.07
2020 年度信用数字化改革应用“十大优秀案例”	溪口镇基层治理信用应用场景	浙江省发改委（省信用办）、中共浙江省委宣传部	2021.04
入选省 12 条美丽乡村夜经济精品线	龙游“梦溪”（溪口镇）	浙江省农业农村厅	2020.08
浙江省生态文化基地	横山镇天池村	浙江省生态文化协会、浙江省林业局	2020.12
2020 年度农业绿色发展省级示范区	詹家镇、塔石镇、罗家乡	浙江省农业农村厅	2020.12
2020 年度浙江省善治示范村	詹家镇平连村、詹家镇渡头村、模环乡许家村、罗家乡席家村、湖镇镇后陈村、模环乡姚西塘村、小南海镇东塘山村、东华街道上杨村村、东华街道瑶山村、横山镇白鹤桥村、横山镇天池村、湖镇镇彭塘村、石佛乡夏家村、庙下乡严村村、塔石镇童岗坞村、塔石镇舒村村、小南海镇双潭村、石佛乡杜山坞村、龙洲街道西门村、龙洲街道新桥头村、庙下乡晓溪村、大街乡大街村、溪口镇寺下村、社阳乡红光村、沐尘畲族乡梧村村	浙江省乡村振兴领导小组办公室	2020.12
2020 年度“浙江省示范型儿童之家”	塔石镇泽随村儿童之家、石佛乡上溪村儿童之家	浙江省妇联、浙江省民政厅	2021.02
全省第一批示范慈善分会	詹家镇	浙江省慈善联合总会	2020.11
第四批全省“扫黄打非”进基层示范点	詹家镇	浙江省“扫黄打非”工作领导小组办公室	2020.08
浙江省文化强镇	模环乡	浙江省文化和旅游厅	2020.04
浙江省文化示范村	詹家镇芝江村	浙江省文化和旅游厅	2020.04

续表45

荣誉称号	获奖单位	颁奖单位	颁奖时间
2020年度浙江省美丽城镇建设优秀行动方案	溪口镇、詹家镇	浙江省城乡环境整治工作领导小组美丽城镇建设办公室	2020.05
2020年度新时代美丽城镇建设省级样板	溪口镇、詹家镇	浙江省城乡环境整治工作领导小组美丽城镇建设办公室	2020.12
2020年度新时代美丽城镇建设基本达标	沐尘畲族乡、社阳乡	浙江省城乡环境整治工作领导小组美丽城镇建设办公室	2020.12
2020年度浙江省美丽乡村示范乡镇	庙下乡	浙江省“千村示范、万村整治”工作协调小组办公室	2020.12
2020年度浙江省美丽乡村风景线	龙游县灵山江休闲运动风景线、龙游县衢江风光休闲风景线	浙江省“千村示范、万村整治”工作协调小组办公室	2020.12
2020年度浙江省美丽乡村特色精品村	庙下乡毛连里村、庙下乡长生桥村、横山镇志棠村	浙江省“千村示范、万村整治”工作协调小组办公室	2020.12
2020年度浙江省高标准农村生活垃圾分类示范村	小南海镇红船头村、沐尘畲族乡沐尘村、庙下乡严村村	浙江省“千村示范、万村整治”工作协调小组办公室	2020.12
2020年度浙江省历史文化村落保护利用示范村	溪口镇溪口村	浙江省“千村示范、万村整治”工作协调小组办公室	2020.12
浙江省农村文化礼堂建设示范乡镇	沐尘畲族乡	中共浙江省委宣传部	2020.10
2020年度省级森林城镇	沐尘畲族乡	浙江省关注森林组织委员会	2020.12
浙江省职工疗休养基地	龙游红木小镇、沐尘畲族乡社里村	浙江省总工会	2020.09
2020年度浙江省文明村	龙洲街道后田铺村、横山镇塔下叶村、大街乡新槽村、沐尘畲族乡社里村	中共浙江省委、浙江省人民政府	2021.01
2019—2021年省级信用乡	石佛乡人民政府	浙江省信用县创建工作组	2020.03
2020年度省级示范性农村公厕	横山镇志棠村3A公厕、湖镇镇地圩村村委会旁公厕、詹家镇浦山村泉井垄公厕	浙江省农业农村厅	2020.12
2020年度先进基层武装部	龙游县社阳乡武装部	中国人民解放军浙江省军区	2021.01
百个“战疫典型”优秀案例	龙游民安公益救援中心	浙江省慈善联合总会、浙江省社会工作师协会	2020.06
浙江省首批全国“示范型退役军人服务中心（站）”	龙游县退役军人服务中心、龙洲街道退役军人服务站、东华街道退役军人服务站、湖镇镇退役军人服务站、小南海镇退役军人服务站、詹家镇退役军人服务站、溪口镇退役军人服务站、塔石镇退役军人服务站、横山镇退役军人服务站、社阳乡退役军人服务站	浙江省退役军人事务厅	2021.01

市级集体荣誉（不含部门）一览表

表46

荣誉称号	获奖单位	颁奖单位	颁奖时间
2019年度县（市、区）和绿色产业集聚区、智慧新城综合考核第二名	龙游县	中共衢州市委、衢州市人民政府	2020.02

续表46

荣誉称号	获奖单位	颁奖单位	颁奖时间
2020年度全市党委信息报送工作成绩突出单位一等奖	中共龙游县委办公室	中共衢州市委办公室	2021.03
2019年度全市党委信息报送工作成绩突出单位一等奖	中共龙游县委办公室	中共衢州市委办公室	2020.03
全面深化改革重大专项工作先进集体（集体三等功）	龙游县大数据发展管理局	衢州市人民政府	2020.08
2020年上半年市政府系统执行“十条军规”典型事项通报表扬	龙游县政府、塔石镇政府	衢州市人民政府办公室	2020.07
2020年上半年执行“十条军规”典型事项通报表扬	龙游县政府、龙游县委宣传部	中共衢州市委办公室	2020.08
2020年第三季度市政府系统执行“十条军规”典型事项通报表扬	溪口乡村版未来社区	衢州市人民政府办公室	2020.11
2020年第四季度市政府系统执行“十条军规”典型事项通报表扬	龙游县政府	衢州市人民政府办公室	2021.02
2020年第四季度执行“十条军规”典型事项通报表扬	龙游县委、县政府	中共衢州市委办公室	2021.02
能源“双控”“减煤”目标攻坚工作表现突出集体嘉奖	龙游县人民政府	衢州市人民政府	2021.04
2020年度全市信访工作突出贡献集体	龙游县信访局、龙游县市场监管局、龙洲街道、湖镇镇	中共衢州市委、衢州市人民政府	2021.02
2020年度全市安全生产工作先进集体	龙游县应急管理局、龙游县气象局、龙游县交通运输局、龙游县东华街道办事处	衢州市人民政府	2021.06
衢州市政府特别奖“企业成长之星一等奖”	浙江寰龙环境科技有限公司	衢州市人民政府	2021.03
衢州市抗击新冠肺炎疫情先进集体	龙游县人民医院医共体党委、龙游县中医院医共体溪口分院、龙游县疾病预防控制中心、龙洲街道党工委、小南海镇龙丰村、东华街道东华街社区党总支、龙游县卫生健康局党委、浙江金怡热电有限公司	中共衢州市委、衢州市人民政府	2020.12
衢州市先进基层党组织	龙游县人民医院医共体党委、龙洲街道党工委、东华街道东华街社区党总支、龙游县卫生健康局党委	中共衢州市委	2020.12
2019年度衢州市政府特别奖业态模式创新奖	浙江宗泰农业发展股份有限公司	中共衢州市委、衢州市人民政府	2020.03
2020年度平安建设突出贡献集体	龙游县公安局、龙游县交通运输局、溪口镇、横山镇、詹家镇、石佛乡、小南海镇	中共衢州市委、衢州市人民政府	2021.02
2019年度衢州市安全生产先进集体	龙游县公安局、龙游县应急局、龙游县横山镇政府、浙江龙游道明光学有限公司	衢州市人民政府	2020.06
衢州市2020年度粮食生产突出贡献乡镇	湖镇镇、塔石镇	衢州市人民政府办公室	2021.05
2019年度全市党建统领基层治理先锋团队	湖镇镇星火村、小南海镇红船头村、横山镇志棠村、罗家乡席家村、庙下乡芝坑口村	中共衢州市委办公室、衢州市人民政府办公室	2020.03
2019年度全市党建统领基层治理联村（社）组团	东华街道高仙塘村组团、溪口镇灵下村组团、詹家镇山后村组团、模环乡清塘村组团	中共衢州市委办公室、衢州市人民政府办公室	2020.03

续表 46

荣誉称号	获奖单位	颁奖单位	颁奖时间
2019 年全市乡村大花园建设农房整治突出贡献集体	大街乡人民政府、湖镇镇文林村、小南海镇红船头村、詹家镇山后村	中共衢州市委衢州市人民政府农业和农村工作领导小组	2020.03
2019 年全市乡村大花园建设扶贫消薄和农村改革突出贡献集体	龙游县扶贫办、龙洲街道办事处、詹家镇人民政府	中共衢州市委衢州市人民政府农业和农村工作领导小组	2020.03
2019 年全市乡村大花园建设“衢州有礼”诗画风光带建设突出贡献集体	模环乡人民政府、小南海镇人民政府、溪口镇溪口村	中共衢州市委衢州市人民政府农业和农村工作领导小组	2020.03
第一批 8090 新时代理论宣讲研习基地	地圩村文化礼堂、团石村大樟树下、龙游县博物馆、龙游县舒心馆、翠光社区、禾川科技股份有限公司	全市域体系化推进 8090 新时代理论宣讲工作领导小组办公室	2020.11
2020 年度衢州市 8090 新时代理论宣讲工作成绩突出集体	政协龙游县委员会、龙游县医疗保障局、龙游县卫生健康局、小南海镇人民政府	全市域体系化推进 8090 新时代理论宣讲工作领导小组办公室	2021.01
2019 年征兵工作成绩突出单位	溪口镇人民政府、塔石镇人民政府、石佛乡人民政府	衢州市人民政府征兵办公室	2020.01
2020 年征兵工作成绩突出单位	龙洲街道、横山镇、沐尘畲族乡	衢州市人民政府征兵办公室	2020.12

中共龙游县委、县人民政府颁发的集体荣誉（不含部门）一览表

表 47

荣誉称号	获奖单位	颁奖单位	颁奖时间
2020 年度“民生工作”“经济发展”“平安龙游”突出贡献集体	一、2020 年度突出贡献集体（263 个） （一）“民生工作”突出贡献集体（94 个） 1.“县乡一体、条抓块统”（5 个） 湖镇镇、溪口镇、组织部、编办、大数据局 2. 三联工程（5 个） 詹家镇、庙下乡、模环乡、社阳乡、大街乡 3. 乡村振兴大花园建设（40 个） （1）龙洲街道、东华街道、湖镇镇、小南海镇、溪口镇、横山镇、塔石镇、詹家镇、罗家乡、庙下乡、沐尘乡、模环乡、石佛乡、社阳乡、大街乡 （2）妇联、统计局、应急管理局、民政局、财政局、住建局、交通运输局、农业农村局、林业水利局、文广旅体局、公安局、供销社、监管办、市场监管局、资源规划局、国调队 （3）小南海镇团石村、溪口镇溪口村、詹家镇浦山村、庙下乡芝坑口村 （4）省委政法委驻龙帮扶团组、国网新源天荒坪公司驻龙帮扶团组、奔康投资有限公司、中国人寿龙游支公司、农商银行 4. 助力县级战役（疫情防控）（24 个） （1）东华街道、湖镇镇、小南海镇、溪口镇、横山镇、塔石镇、詹家镇、罗家乡、庙下乡、沐尘乡、模环乡、石佛乡、社阳乡、大街乡 （2）人民医院、中医医院、妇幼保健院、卫生监督所、人民医院医疗救治专家组、人民医院第三批拟驰援武汉医疗队、人民医院医共体小南海分院、人民医院医共体模环分院、人民医院医共体社阳分院、中医院医共体沐尘分院 5. 五水共治（10 个） 龙洲街道、东华街道、溪口镇、塔石镇、罗家乡、国资办、住建局、林业水利局、教育局、经济开发区 6. 美丽城镇建设（5 个） 溪口镇、詹家镇、团县委、财政局、监管办 7. 为民办实事（5 个） 龙洲街道、民政局、交通运输局、林业水利局、市场监管局	中共龙游县委、县人民政府	2021.02

续表47

荣誉称号	获奖单位	颁奖单位	颁奖时间
2020年度“民生工作”“经济发展”“平安龙游”突出贡献集体	（二）“经济发展”突出贡献集体（88个） 1. 创建营商环境最佳县（10个） 湖镇镇、溪口镇、人力社保局、医疗保障局、教育局、卫生健康局、公安局、市场监管局、资源规划局、经济开发区 2.“争先创优”行动（10个） 湖镇镇、发改局、统计局、经信局、国资办、市场监管局、经济开发区、税务局、人民银行、银保监组 3. 三服务（两手抓、两战赢）（16个） 机关工委、工商联、机关事务保障中心、经信局、医疗保障局、住建局、交通运输局、教育局、公安局、市场监管局、经济开发区、轨道交通建管中心、传媒集团、供电公司、电信公司、农商银行 4. 双招双引（12个） 档案馆、经济协作中心、经信局、财政局、国资办、公安局、市监局、经济开发区、资源规划局、市生态环境局龙游分局、江苏商会、深圳商会 5. 国土整治（10个） 小南海镇、横山镇、詹家镇、模环乡、庙下乡、财政局、农业农村局、林业水利局、资源规划局、市生态环境局龙游分局 6. 项目推进（12个） 湖镇镇、小南海镇、塔石镇、詹家镇、模环乡、经信局、国资办、住建局、交通运输局、经济开发区、项目建设服务中心、水利工程建管中心 7.“龙游通”赋能（15） 龙洲街道、东华街道、湖镇镇、溪口镇、妇联、营商办、统计局、人力社保局、医疗保障局、卫生健康局、退役军人事务局、市场监管局、经济开发区、传媒集团、市生态环境局龙游分局 8. 信息工作（3个） 龙洲街道、人力社保局、经济开发区 （三）“平安龙游”突出贡献集体（81个） 1. 打造“最有礼县”（19个） 湖镇镇、社阳乡、政法委、党校、团县委、营商办、财政局、国资办、住建局、林业水利局、文广旅体局、教育局、卫生健康局、公安局、市场监管局、综合执法局、经济开发区、传媒集团、市生态环境局龙游分局 2. 依法治理（20个） （1）落实全面从严治党主体责任考核（11个） 湖镇镇、溪口镇、横山镇、模环乡、党校、教育局、卫生健康局、公安局、市场监管局、传媒集团、奔康公司 （2）法治龙游建设（9个） 小南海镇、詹家镇、宣传部、法院、发改局、卫生健康局、公安局、司法局、市场监管局 3. 平安龙游（扫黑除恶）（10个） 东华街道、湖镇镇、小南海镇、模环乡、社阳乡、宣传部、教育局、退役军人事务局、公安局、市场监管局 4. 信访工作（12个） 东华街道、小南海镇、溪口镇、塔石镇、詹家镇、罗家乡、财政局、住建局、教育局、卫生健康局、司法局、经济开发区 5. 安全生产（16个） 湖镇镇、塔石镇、詹家镇、庙下乡、总工会、经信局、应急管理局、住建局、农业农村局、林业水利局、文广旅体局、公安局、市生态环境局龙游分局、消防救援大队、供电公司、农商银行 6. 人民武装工作（4个） 龙洲街道武装部、湖镇镇武装部、横山镇武装部、县属民兵应急连	中共龙游县委、县人民政府	2021.02

续表47

荣誉称号	获奖单位	颁奖单位	颁奖时间
2020美丽大花园浙西新明珠建设先进集体	一、美丽大花园浙西新明珠建设先进集体（87个） （一）县政府质量奖企业（2个） 浙江禾川科技股份有限公司、浙江千叶环境工程有限公司 （二）进出口十强企业（10个） 维达纸业（浙江）有限公司、浙江瀚运五金有限公司、浙江凯丰新材料股份有限公司、浙江新屹服装有限公司、浙江特美新材料股份有限公司、浙江元美铝业科技有限公司、浙江龙游新西帝电子有限公司、浙江恒达新材料股份有限公司、浙江贯洲电气有限公司、龙游外贸笋厂有限公司	中共龙游县委、县人民政府	2021.02
2020美丽大花园浙西新明珠建设先进集体	（三）经济贡献五十强企业（50个） 浙江广和房地产开发有限公司、浙江龙游农村商业银行股份有限公司、维达纸业（浙江）有限公司、浙江龙游道明光学有限公司、龙游祥生弘瑞房地产开发有限公司、光明铁道控股有限公司、浙江金龙再生资源科技股份有限公司、龙游伊利乳业有限责任公司、恒盛能源股份有限公司、衢州市烟草公司龙游分公司、浙江青龙山建材有限公司、浙江恒达新材料股份有限公司、龙游华顺房地产有限公司、浙江龙游李子园食品有限公司、龙游县奔康投资有限公司、龙游县河道疏浚砂资源开发有限公司、浙江凯丰新材料股份有限公司、浙江禾川科技股份有限公司、浙江冠诚科技有限公司、国网浙江龙游县供电有限公司、浙江龙游世贸城置业有限公司、浙江远帆无纺布有限公司、浙江培华建设有限公司、浙江蓝天废旧家电回收处理有限公司、龙游亿莱达电器有限公司、中国工商银行股份有限公司龙游支行、华电浙江龙游热电有限公司、浙江龙游通衢建材有限公司、龙游县国有资产经营有限公司、龙游吉恒房地产开发有限公司、浙江东恒工贸有限责任公司、龙游宏辰置业有限公司、龙游塔恩纸业有限公司、浙江华飞轻纺有限公司、龙游泽龙电力工程有限公司、浙江贝尔轨道装备有限公司、浙江泰宇建设有限公司、龙游天元房地产开发有限公司、浙江茗皇天然食品开发股份有限公司、龙游广和城东置业有限公司、龙游鑫业混凝土有限公司、浙江金昌特种纸股份有限公司、浙江德洲五金有限公司、浙江新屹服装有限公司、浙江华邦特种纸业有限公司、中国农业银行股份有限公司龙游县支行、浙江物产光华民爆器材有限公司、龙游新北综合能源开发利用有限公司、龙游浙农家居建材市场开发有限公司、浙江特美新材料股份有限公司 （四）制造业亩产税收贡献奖（10个） 浙江禾川科技股份有限公司、浙江冠诚科技有限公司、浙江远帆无纺布有限公司、浙江特美新材料股份有限公司、浙江龙成耐火材料有限公司、恒盛能源股份有限公司、浙江龙天服饰有限公司、龙游伊利乳业有限责任公司、浙江龙游李子园食品有限公司、浙江龙游新西帝电子有限公司 （五）支持重点项目建设工作村（居）（15个） 龙洲街道柳村村、东华街道十里铺村、湖镇镇新建村、湖镇镇新光村、小南海镇龙丰村、小南海镇下章村、溪口镇石角村、横山镇志棠村、横山镇西方坞村、塔石镇泽随村、塔石镇双联新村、詹家镇浦山村、庙下乡毛连里村、模环乡湖塘殿村、模环乡夏峰村	中共龙游县委、县人民政府	2021.02
集体三等功	宣传部	龙游县人民政府	2020.06
集体三等功	资源规划局	龙游县人民政府	2021.02
集体三等功	住建局	龙游县人民政府	2021.02
集体三等功	公安局	龙游县人民政府	2021.02
集体三等功	经济开发区	龙游县人民政府	2021.02
集体三等功	传媒集团	龙游县人民政府	2021.02
集体三等功	疫情防控指挥部办公室	龙游县人民政府	2021.02
集体三等功	争先创优推进办	龙游县人民政府	2021.02

2020年先进个人

国家级个人荣誉（含部门）一览表

表48

荣誉称号	获奖者	颁奖单位	颁奖时间
二等功	蓝良中	公安部	2020.10
嘉奖	杨超奇、陈秋翔	公安部	2020.10
全国公安系统抗击新冠肺炎疫情先进个人	叶炳华	公安部	2020.09
2019年度全国法院百优新媒体作品	雷汪振	最高院政治部	2020.07
全国司法行政系统特赦实施工作突出贡献个人	朱群飞	司法部	2020.01
援疆重大专项任务作出突出成绩的个人（嘉奖）	章国红、张洪伟、赵　冲	司法部	2020.04
援疆重大专项任务作出突出成绩的个人（三等功）	翁杜山	司法部	2020.04
个人三等功	叶港伟	司法部	2021.01
全国司法行政系统抗疫先进个人	廖远鹏	司法部	2021.01
全国巾帼建功标兵	胡秀秀	全国妇联	2021.03
抗击新冠肺炎疫情及时奖励个人嘉奖	徐林林	国家统计局	2020.10
生猪增产保供优秀联络员	刘小俊	农业农村部	2020.12
畜禽粪污资源化利用先进个人	朱　珉	农业农村部	2021.01
全国优秀河（湖）长	刘　振	水利部	2021.05
全国交通运输系统先进工作者称号	施法夏	人力资源和社会保障部、交通运输部	2020.05
2020年全国固定污染源排污许可全覆盖工作先进个人	胡琼琦	生态环境部办公厅	2020.12
优秀共产党员	刘春红	中共中国联合网络通信集团有限公司党组	2021.06
2018—2019年度全国无偿献血奉献奖铜奖	徐志明	国家卫生健康委员会、中国红十字会总会、中央军委后勤保障部卫生局	2020.12
全国科教先进校长	张中华	中国地理学会	2020.12
第十一届全国中小学外语教师园丁奖	胡小玲	国际英语外语教师协会、中国英语外语教师协会、国家基础教育实验中心外语教育研究中心	2020.12
中国钢结构协会科学技术奖二等奖	杜宏元、王图新	中国钢结构协会	2020.10

省级个人荣誉（含部门）一览表

表49

荣誉称号	获奖者	颁奖单位	颁奖时间
全省“我最喜爱的总书记的一句话”青年微宣讲比赛一等奖	李　陈	中共浙江省委宣传部	2020.12
2020年度全省“扫黄打非”工作成绩突出个人	邱元良	浙江省扫黄打非办公室	2020.12
第七届浙江省党校系统精品课优秀奖	金敏军	中共浙江省委党校	2020.12
2020年度浙江省基层理论宣讲成绩突出个人	金敏军	中共浙江省委宣传部	2020.12

续表 49

荣誉称号	获奖者	颁奖单位	颁奖时间
人民满意窗口工作成绩突出个人	徐建龙	中共浙江省委、浙江省人民政府信访局	2021.02
2020 年度驻京信访工作优秀干部	廖旭光	浙江省信访工作联席会议办公室	2021.02
抗击新冠肺炎疫情先进个人	周卫锦	中国民主同盟浙江省委员会	2020.12
最美逆行者	周卫锦	中共浙江省委统战部、中国国民党革命委员会浙江省委员会、中国民主同盟浙江省委员会、中国民主建国会浙江省委会、中国民主促进会浙江省委员会、中国农工民主党浙江省委员会、中国致公党浙江省委员会、九三学社浙江省委员会、台湾民主自治同盟浙江省委员会	2020.05
民建全省抗击新冠肺炎疫情先进个人	陈德轮、雷绘君	中国民主建国会浙江省委员会	2020.09
2020 年度参政议政工作先进个人	夏　雁、方　颖、吴树良	中国农工民主党浙江省委员会	2020.12
宣传工作先进个人	方　颖	中国农工民主党浙江省委员会	2020.11
社会服务工作先进个人	吴树良	中国农工民主党浙江省委员会	2020.11
2020 年青春助力乡村振兴带头人“青牛奖”	胡秀秀	共青团浙江省委员会、浙江省农业农村厅	2020.09
民革全省防控抗疫先进个人	徐伟杰、方　辰、况　粲、林素芳	中国国民党革命委员会浙江省委会	2020.08
浙江省民族团结进步模范个人	方土新、高成龙	浙江省人民政府	2020.06
2019—2020 年度全省反邪教工作成绩先进个人	冉雄进	中共浙江省委、浙江省人民政府	2021.04
2018—2019 年度平安浙江建设先进个人	詹虎山	中共浙江省委、浙江省人民政府	2020.04
全省检察机关“司法行政成绩突出个人”	俞向成	浙江省人民检察院	2021.02
全省检察机关公益诉讼勘验取证业务竞赛团队优胜奖	谢嘉晋	浙江省人民检察院	2021.04
2019 年度个人二等功	张渝琳	浙江省高级人民法院	2020.01
全省法院抗疫工作先进个人	留笑清	浙江省高级人民法院政治部	2020.07
全省法院诉源治理成绩先进个人	陈秋英	浙江省高级人民法院政治部	2021.01
全省政法系统执法办案成绩突出个人	王淑娟	中共浙江省委政法委员会	2021.01
2020 年度个人二等功	林素芳	浙江省高级人民法院	2021.01
全省法院抖音“领跑者”	张秀文	浙江省高级人民法院	2020.09
2019—2020 年度浙江法制报优秀通讯员	张秀文	浙江法制报社	2020.11
特赦实施工作个人三等功	杨江红	浙江省司法厅	2020.06
法治化营商环境专项行动个人嘉奖	卜启丰	浙江省司法厅	2020.06
全省“法雨春风进万家”爱民实践活动表现突出个人	刘伟平	浙江省司法厅	2020.04
2019 年全省扫黑除恶专项斗争成绩突出个人	黄　鑫、许淑华、柴建明、郑　鹏、李永飞	中共浙江省委、浙江省人民政府	2020.04
个人三等功（战时）	江振林	浙江省司法厅	2020.03
个人嘉奖（战时）	廖远鹏	浙江省司法厅	2020.03
个人三等功	柳　俊、王庆民、詹晓波、季如峰、董小可、张　勇、张成洋、邱炎生、柴学智、陈　宽、蓝校鹏	浙江省司法厅	2021.02

续表 49

荣誉称号	获奖者	颁奖单位	颁奖时间
抗疫最美逆行者	廖远鹏	浙江省司法厅	2020.09
2020 年浙江省食品安全工作成绩突出个人	林龙君	浙江省食品药品安全委员会	2020.12
2020 年度浙江省“放心消费在浙江”成绩突出个人	游　军、程　思	浙江省市场监督管理局	2021.01
2020 年度浙江省市场监管重大活动食品安全保障成绩突出个人	韦少峰	浙江省市场监督管理局	2021.01
2020 年度浙江省市场监管特种设备安全保障成绩突出个人	孙浩军	浙江省市场监督管理局	2021.01
全省财政系统先进工作者	徐林祥	浙江省财政厅、浙江省人力社会保障厅	2020.12
浙江财贸工匠	童雪雯	浙江财贸工会	2020.12
全省税务系统疫情防控工作先进个人（第一批）	吴　昕	国家税务总局浙江省税务局办公室	2020.02
浙江省志愿服务先进个人	吴　昕	共青团省委、浙江省志愿者协会	2020.08
浙江省人民银行系统优秀党务工作者	廖有勤	中国人民银行杭州中心支行党委组织部	2021.05
最美国企人	胡月平	中共浙江省国资委委员会	2020.12
浙江省生猪增产保供成绩突出个人	刘小俊、毛露奕	浙江省人民政府	2021.01
抗击新冠肺炎疫情及时奖励先进个人	徐林林	国家统计局浙江调查总队	2020.10
2020 年度优秀公务员	方　贤	国家统计局浙江调查总队	2021.03
浙江省扶贫开发工作成绩突出个人	施　羽	中共浙江省委、浙江省人民政府	2021.01
浙江省消除集体经济薄弱村工作成绩突出个人	叶　青、方利民	中共浙江省委、浙江省人民政府	2021.01
浙江省标准创新贡献奖	徐汝松	浙江省人民政府	2020.09
“森林浙江”建设突出贡献个人	陈怀俊、林晓越	中国共产党浙江省委员会	2021.01
2019 年中国北京世界园艺博览会浙江参展工作突出贡献个人	陈怀俊	浙江省人民政府办公厅	2020.11
浙江省林业产业先进个人	陈建龙、孙友业	浙江省林业局	2020.07
浙江省东西部协作突出贡献奖	吴柏林	浙江省对口工作领导小组办公室、中共浙江省委组织部、浙江省人力资源和社会保障局、浙江省工商业联合会	2020.10
浙江省森林生态保护突出贡献个人	祝立宏、傅雄伟	浙江省林业局	2020.12
2020 年度水利行业强监管成绩突出个人	徐洪涛	浙江省水利厅	2021.02
浙江省农业丰收三等奖	于　瑾、汪明雨	浙江省农业农村厅	2020.09
中国移动通信集团浙江有限公司 2020 年度优秀员工	董　晟	中国移动通信集团浙江有限公司	2021.06
2020 年度浙江联通省级好员工	周思伟	中国联合网络通信有限公司浙江省分公司	2021.01
浙江生态省建设三等功	吴正兵	浙江省人民政府	2020.08
2020 年度全省美丽城镇建设成绩突出个人	黄汉鼎	浙江省城乡环境整治工作领导小组	2021.01
浙江省城市市容环境卫生工作成绩突出个人	欧阳清影	浙江省住房和城乡建设局	2020.10
2020 年度浙江省生活垃圾分类工作成绩突出个人	周　菲	浙江省生活垃圾分类领导小组办公室	2021.01
优秀共产党员	严堪诚	浙江省消防救援总队	2020.07
优秀党务工作者	吴宏达	浙江省消防救援总队	2020.07
个人嘉奖	严堪诚、施豪杰	浙江省消防救援总队	2020.10

续表 49

荣誉称号	获奖者	颁奖单位	颁奖时间
119 先进个人	王土炎	浙江省消防安全委员会	2020.12
生态省建设个人二等功	郑卫星	浙江省人民政府	2020.08
全国第二次污染源普查省级先进个人	祝　坚、叶　迅	浙江省生态环境厅、浙江省农业农村厅、浙江省统计局	2020.12
迎接第二轮中央生态环境保护督察协调联络组工作，工作表现出色受到省委、省政府办公厅通报表扬	程　颖	中共浙江省委、浙江省人民政府办公厅	2020.10
2020 年度气象业务服务先进个人	劳晓璨	浙江省气象局	2021.01
2020 年浙江省“争做最美资助人”活动年度人物	徐飞胜	浙江省教育发展中心	2020.12
2020 年度浙江奥鹏远程教育招生工作先进个人	刘慧斌、杨晓明	浙江广播电视大学	2020.11
2020 年浙江省电大系统招生工作先进个人	刘慧斌	浙江开放大学	2021.01
2020 年浙江省“三育人”岗位建功二等奖	王建生	浙江省教育工会	2020.08
2019 年度浙江省导读先进工作者	宋洪明、曾国柱、张建龙、徐国良、刘文林、毛小芳	浙江教育报刊总社	2020.05
2019 年度浙江省优秀导读员	张建飞、张益明、李慧萍、张文雅、唐丽霞、周巧文	浙江教育报刊总社	2020.05
浙江省第十四届电子商务大赛优秀辅导奖	龚晓芳、朱秀芬	浙江省电子商务大赛组委会	2020.06
浙江省第十四届电子商务大赛卓越导师奖	钟小春	浙江省电子商务大赛组委会	2020.06
浙江省知识产权保护工作成绩突出个人	陈玮燕	浙江省知识产权强省建设工作联席会议办公室	2021.01
第四届“最美浙江文物守望者”	陈玮燕	浙江省文物局	2020.05
2020 年度优秀文艺志愿者	赵　越、汪　洁	浙江省文化馆	2020.12
浙江省县（市、区）融媒体中心十佳领军人物	余柏成	浙江省记协县市区域报工作委员会	2020.06
先进报道组工作者	求张锋	浙江日报报业集团	2021.01
优秀通讯员	罗　意	浙江日报报业集团	2021.01
2020 年度省广电主干传输网技术维护先进个人	钱　江、韩晓富	浙江广播电视集团	2021.03
2020 年度浙江华数全省骨干光缆维护“先进维护工作者”	韩晓富、徐旭中	浙江华数广电网络股份有限公司	2021.02
2016—2019 年度浙江省无偿献血奉献奖	陈　湛、王俊君、何晓萍、叶晓娜、王爱玲、陈长春、方建伟、龚浩勇、金成军、倪晓玲、舒晓刚、涂相军、汪　卉、汪平英、续月月、张海忠、蓝晓明	浙江省卫生健康委员会、浙江省红十字会	2020.09
浙江省新冠病毒核酸检测技能比武团体第一名	陈　栩	浙江省卫生健康委员会、浙江省临床检验中心	2020.12
浙江省抗击新冠肺炎疫情先进个人	陈忠兵、董红专、施彩莲	中共浙江省委、浙江省人民政府	2020.11
全省先进基层卫生院优秀院长	樊胜江	浙江省卫生健康委员会	2020.12
2019 年度全省麻风病性病防治工作先进个人	应旭文	浙江省皮肤病防治研究所	2020.01
2019—2020 年度浙江省适龄儿童窝沟封闭项目工作“先进工作者”	战　迪	浙江省口腔卫生指导中心	2020.09
全省计生协系统“十佳最美协会人物”	蒋爱军	浙江省计划生育协会	2020.05
新时代“最美逆行者”	汪俊芳、何双双、俞　啸、李　鹏、余　娜、夏亚莉	中共湖北省委员会、湖北省人民政府	2020.04
优秀抗疫呼吸人	汪俊芳	浙江省医学会呼吸系病学分会	2020.08

续表49

荣誉称号	获奖者	颁奖单位	颁奖时间
抗疫优秀医师	吴国红	浙江省结核病专科联盟	2020.12
2020年浙江省红十字应急救护培训师教学技能大赛救护操作技能项目三等奖	陈　英	2020年浙江省红十字应急救护培训师教学技能大赛组委会	2020.09
浙江省抗疫优秀肾脏科护士	夏亚莉	浙江省医学会肾脏医学分会	2020.09
浙江省超声医学事业特别奉献荣誉称号	戴红霞、项旭红	浙江省医师协会超声医师分会	2020.08
浙江省2020年度县域医共体工作成绩突出个人	余小明	中共浙江省委办公厅、浙江省人民政府办公厅	2021.08
省级文明家庭	官　磊	中共浙江省委、浙江省人民政府	2021.01
2020年度调解仲裁案件处理工作成绩突出调解员	兰伟富	浙江省人力资源和社会保障厅	2021.02
浙江省模范退役军人	劳惠峰	浙江省退役军人事务厅	2020.12
2020年度全省民族宗教工作成绩突出个人	叶亦陶	浙江省民族宗教事务委员会	2021.02
浙江省“城乡社区千名抗疫人物英雄谱”	邱亚青	浙江省民政厅	2020.06
“战疫群英”优秀个人	郑苏华、李元华、陈德轮、刘建红、饶　峰、杨琴萍、吴国灵、胡小文、储继红、李　琳、王红祥、吕　欣	浙江省慈善联合总会、浙江省社会工作师协会	2020.06
浙江省“春蚕奖”	黄　项、林应宏	浙江省人民政府	2020.09
浙江省“绿叶奖”	蒋建波	浙江省人民政府	2020.09
全省民族统计分析工作突出个人	邱莹瑾	浙江省民族宗教事务委员会	2020.07
浙江省第三届“优秀网格员”	胡杭英、王　栋	中共浙江省委政法委员会	2020.08
浙江省2020年食品安全工作突出个人	刘俊韬	浙江省食品药品安全委员会	2020.11
在新疆喀什地区新冠肺炎医疗救治工作中，表现突出	孔德军	中共新疆维吾尔自治区委员会、新疆维吾尔自治区人民政府	2020.11

市级个人荣誉（不含部门）一览表

表50

荣誉称号	获奖者	颁奖单位	颁奖时间
2020年度全市党委信息报送工作成绩突出个人	郑少为、周佳俊、李　慧	中共衢州市委办公室	2021.03
2019年度全市党委信息报送工作成绩突出个人	胡悦泓、郑少为	中共衢州市委办公室	2020.03
在新冠肺炎疫情防控工作中表现突出个人三等功	汪俊芳、何双双、余　娜、孔德军	衢州市人民政府	2020.03
在新冠肺炎疫情防控工作中表现突出个人三等功	俞　啸、李　鹏、夏亚莉、汪根发	衢州市人民政府	2020.06
在新冠肺炎疫情防控工作中表现突出个人嘉奖	蒋建波、胡红竹	衢州市人民政府	2020.06
在新冠肺炎疫情防控工作中表现突出个人二等功	汪俊芳、俞　啸	衢州市人民政府	2020.06
衢州市抗击新冠肺炎疫情先进个人	钟爱红、朱晨辉、黄航炜、张　晟、张育铭、游　佳、余　娜、夏亚莉、赵全兰、孔德军、战　迪、何双双、汪俊芳、吴国红、俞　啸、张海忠、华　静、曾伟明、胡红竹、蒋建波、汪根发、汪耀南、朱晓东	中共衢州市委、衢州市人民政府	2020.12
2020年度全市平安建设突出贡献个人	郑　强、廖雪祺、吴　钊、袁旭辉、吴秀君、吴文超、陈怀俊、丁　俊、杨鹏飞、吴　琼、程骏飞、许淑华、方土林、吴　健、王连标、刘洪刚、柴建明、缪建立	中共衢州市委、衢州市人民政府	2021.02

续表 50

荣誉称号	获奖者	颁奖单位	颁奖时间
2020 年度全市信访工作突出贡献个人	叶　茂、官　磊、傅志平、方晓斌	中共衢州市委、衢州市人民政府	2021.02
2020 年度全市安全生产工作先进个人	毛祥光、郑时清、兰雄兵、王　越、胡卫良	中共衢州市委、衢州市人民政府办公室	2021.06
衢州市优秀共产党员	李　鹏、刘利仙、叶炳华、赵全兰、胡红竹	中共衢州市委	2020.12
能源“双控”“减煤”目标攻坚工作表现突出个人嘉奖	周利民	衢州市人民政府	2021.04
衢州市疫情防控工作第二批个人正面典型	汪俊芳、何双双、余　娜	衢州市新型冠状病毒肺炎疫情联防工作领导小组（指挥部）	2020.02
衢州市疫情防控工作第三批个人正面典型	俞　啸、李　鹏、夏亚莉	衢州市新型冠状病毒肺炎疫情联防工作领导小组（指挥部）	2020.02
衢州市疫情防控工作村（社）、网格一线正面典型	胡红竹、刘利仙、汪根发	衢州市新型冠状病毒肺炎疫情联防工作领导小组（指挥部）	2020.02
衢州市第五届名校长	李卫忠、周小花、雷晓祥、刘文林	衢州市人民政府	2020.09
被征地农民参加基本养老保险专项工作个人嘉奖	詹　锋	衢州市人民政府	2021.04
2019 年全市乡村大花园建设农房整治突出贡献个人	汪益平（龙游县横山镇）、詹竞（龙游县庙下乡）、姜如萍（龙游县模环乡）、陆俊君（龙游县农房专班）	衢州市委市政府农业和农村工作领导小组	2020.03
2019 年全市乡村大花园建设扶贫消薄和农村改革突出贡献个人	祝柳珊（龙游县委组织部）、施羽（龙游县农业农村局）、叶青（龙游县农业农村局）、周小平（龙游县詹家镇）	衢州市委市政府农业和农村工作领导小组	2020.03
2019 年全市乡村大花园建设“衢州有礼”诗画风光带建设突出贡献个人	朱允刚（龙游县农业农村局）	衢州市委市政府农业和农村工作领导小组	2020.03
2019 年征兵工作成绩突出个人	朱建军、王伟东、尹小元	衢州市人民政府征兵办公室	2020.01
2020 年征兵工作成绩突出个人	方　燕、詹忆波、薛剑明、张增强	衢州市人民政府征兵办公室	2020.12
衢州市 2020 年度优秀乡镇农技员	周元鸿、叶　翠、刘荣德、朱宝香	衢州市人民政府办公室	2021.05
衢州市 2020 年度优秀种粮大户	张朝胜、蒋寿富、张桂生、陈汝松	衢州市人民政府办公室	2021.05
2020 年度衢州市 8090 新时代理论宣讲工作成绩突出导师顾问	蒋爱军	全市域体系化推进 8090 新时代理论宣讲工作领导小组办公室	2021.01
2020 年度衢州市 8090 新时代理论宣讲工作成绩突出宣讲员	李　陈、雷　鸣、倪嘉慧、范　磊	全市域体系化推进 8090 新时代理论宣讲工作领导小组办公室	2021.01
2020 年 10 月 26 日至 11 月 12 日，参加浙江援疆喀什检测国家医疗队，在疏附县开展新冠病毒核酸检测工作，为喀什地区疫情防控工作作出突出贡献	孔德军、张海忠	中共喀什地区委员会、喀什地区行政公署	2020.11
东西部扶贫协作先进个人	黄意娟	中共泸州市委农村工作暨脱贫攻坚领导小组	2020.10
2019—2020 年西藏申扎县“三区三州”电网建设专项帮扶先进工作者	何秀明	中共申扎县委员会、申扎县人民政府	2020.07

中共龙游县委、县人民政府颁发的个人荣誉（不含部门）一览表

表 51

荣誉称号	获奖单位	颁奖单位	颁奖时间
2020 年度“民生工作”“经济发展”“平安龙游”突出贡献个人	（一）“民生工作”突出贡献个人（199 人） 1.“县乡一体、条抓块统”（10 人） 湖镇镇：夏赟 溪口镇：余峰 县委办（大数据局）：张顺凯、陈志勇 组织部：袁航 编办：缪斌 营商办：姜洋冬 综合执法局：余利民 龙洲街道：洪伟忠 矛调中心：朱庆宵 2. 三联工程（14 人） 龙洲街道：钱甘生 东华街道：孙航宇 湖镇镇：吴如意 小南海镇：王超 溪口镇：洪露 横山镇：张守懿 塔石镇：江湘君 詹家镇：雷辉 罗家乡：徐宁萍 庙下乡：严瑜 沐尘乡：周璇 模环乡：黄慧 石佛乡：夏晓雷 社阳乡：李玲 3. 全面小康决胜年（29 人） （1）消薄工作（5 人） 东华街道：徐琦 模环乡：方元 组织部：祝柳珊 县府办：金诚磊 农业农村局：盛方清 （2）低收入农户增收（10 人） 小南海镇：盛小燕 溪口镇：叶小伟 横山镇：王津宏 大街乡：陈志鹏 纪委监委：许庭耀 统计局：张梦 林业水利局：金铭 教育局：吴笑龙 审计局：徐一飞 国调队：黄璐 （3）农村危旧房改造（4 人） 龙洲街道：潘挺宇 横山镇：张宝宏	中共龙游县委、县人民政府	2021.02

续表 51

荣誉称号	获奖单位	颁奖单位	颁奖时间
2020 年度“民生工作”“经济发展”“平安龙游”突出贡献个人	詹家镇：童斌全 住建局：胡秋炎 （4）全面小康补短板（10 人） 残联：方建林 发改局：杜前强 经信局：周瑾 民政局：雷珍 住建局：郑诚 农业农村局：方素飞 林业水利局：邓卫平 文广旅体局：方梦媛 卫生健康局：毛庆华 司法局：邹敏辉 4. 乡村振兴大花园建设（项目建设）（41 人） 龙洲街道：夏银浩 东华街道：楼楚楚 小南海镇：郑利平、朱丽萍 溪口镇：尹慧良、向久清 横山镇：杨豪 詹家镇：叶志祥、吴羽 罗家乡：杜笑 庙下乡：王晶 沐尘乡：周佼彦 模环乡：余超 石佛乡：吕哲竞、朱敦喜 社阳乡：丁柏高 大街乡：邓旭华、王辉 县委办（大数据局）：施歆科、艾琛清 县府办：余志康 组织部：杨建 信访局：吴小龙 妇联：徐静燕 发改局：徐帅 民政局：龚瑾 医疗保障局：廖泽鹏 财政局：张巧玲 农业农村局：陈小军、朱允刚、陈宏伟、张学明 林业水利局：林武洪 卫生健康局：冯建平 资源规划局：陆俊君 市生态环境局龙游分局：袁航 治水办：何燕玲 农房专班：詹竞、林炎富 两江专班：黄蔷 创美办：黄黎燕 5. 助力县级战役（疫情防控）（80 人） 龙洲街道：陈敏、詹雪赟 东华街道：周建华、蒋蓓 湖镇镇：方利民、陈小贞 小南海镇：周艺、陈丽君	中共龙游县委、县人民政府	2021.02

续表 51

荣誉称号	获奖单位	颁奖单位	颁奖时间
2020 年度“民生工作”“经济发展”“平安龙游”突出贡献个人	溪口镇：季建安、姜金玲 横山镇：张斌、余杰威 塔石镇：张斌、何瑞军 詹家镇：姜小超、黄泽龙 罗家乡：王艳 庙下乡：王麒诚 沐尘乡：杨水荣 模环乡：王超、姜如萍 石佛乡：邱丽娟 社阳乡：林建刚 大街乡：段锋 疫情防控指挥部办公室：姜爱芳、许慧斌、邓飞、吕凯悦、邵迅、袁文沁、方辰、孙兵、许辰昱、郑莹、吴倩茹 卫生健康局：丁俊、徐铁、朱建军、叶建和、范莹、郭爱萍、项文韬 公安局：傅晓泉、严晓明、吕元进、杨磊、董伟兵 人民医院：周卫锦、方毅、吴绵勇、徐伟军、来晓玲、李国泉、崔小龙、冷莉莉、范佳丽、杨江平、叶枝（医共体）、王丽萍（医共体）、童根有（医共体）、汪志勇（医共体）、詹意琳（医共体）、琚惠军（医共体） 中医医院：余小明、张青、卢菊芳、琚玫媛、陆冰欣（医共体）、谢芳（医共体）、张新苗（医共体）、徐睿（医共体） 妇幼保健院：蓝晓明、朱爽、范璐 卫生监督所：吴红峰、林炫蔚 疾控中心：徐江荣、王青霞、王莉燕、钟林强 6. 五水共治 / 优秀河段长（15 人） 横山镇：龚水明（脉元村） 塔石镇：叶根明（叶村村） 沐尘乡：黄文华（沐尘村） 模环乡：胡孝成（五都桥村） 石佛乡：翁小军（三和村） 大街乡：陈红彬 信访局：汪灵巧 财政局：翁土松 农业农村局：陈雪峰 林业水利局：夏垚 综合执法局：叶卫军 市生态环境局龙游分局：胡琼琦 治水办：兰水英、葛树印、郑璐莹 7. 美丽城镇建设（5 人） 湖镇镇：琚俊元 溪口镇：祝凯 詹家镇：汪卫涛 妇联：汪霄旻 住建局：陈美蓉 8. 为民办实事（5 人） 营商办：汪科伟 应急管理局：余健宗 住建局：姜真 文广旅体局：邵银建 教育局：吴克建	中共龙游县委、县人民政府	2021.02

续表 51

荣誉称号	获奖单位	颁奖单位	颁奖时间
2020 年度 “民生工作” “经济发展” “平安龙游” 突出贡献 个人	（二）“经济发展”突出贡献个人（199 人） 1. 创建营商环境最佳县（20 人） 龙洲街道：张旖 东华街道：蔡艳辉 小南海镇：阮俊智 庙下乡：祝凤 社阳乡：张婷 县委办（大数据局）：林燕芝 宣传部：余朝升 营商办：钱菊红 发改局：陈浩 经信局：李婉红 经济协作中心：余一尘 民政局：詹炳全 财政局：祝益珍 住建局：姚迎晖 林业水利局：张雅静 文广旅体局：马岚 退役军人事务局：吴光林 税务局：周矗 市生态环境局龙游分局：朱明华 供电公司：高文颖 2. “争先创优”行动（10 人） 龙洲街道：郑建清 县府办：叶小宏 发改局：孙正发 统计局：叶华民、王国华 经信局：杨永雄 住建局：杨晨明 农业农村局：劳志平 市场监管局：周颖燕 经济开发区：晏京森 3. 三服务（两手抓、两战赢）（58 人） （1）两手抓、两战赢（50 人） 县府办：单立新 信访局：王松林 营商办：官议和 机关事务保障中心：袁佳雯 服务业发展中心：姜敏 统计局：吴红梅 经信局：钱育智 应急管理局：吴晓敏 经济技术协作中心：陈小兵 科技局：杨敏 民政局：金永胜 人力社保局：柯元哲 医疗保障局：吴红锋 财政局：李豪 国资办：邱燕香 住建局：尹俊超	中共龙游县委、县人民政府	2021.02

续表 51

荣誉称号	获奖单位	颁奖单位	颁奖时间
2020 年度“民生工作”“经济发展”“平安龙游”突出贡献个人	交通运输局：徐伟杰、姜少文、叶向丰 农业农村局：俞赟 林业水利局：伊理孝 文广旅体局：李渭健 教育局：周华 退役军人事务局：李苏笛 审计局：张学丰 司法局：卜启丰 监管办：袁鲁峰 市场监管局：洪炜、王充、黄梓敬、郑贤文 综合执法局：黄文忠 经济开发区：王超霞、朱泽国 征迁事务中心：余建华 轨道交通建管中心：陈红 传媒集团：黄洲洋 水利工程建管中心：宋恭真 消防救援大队：陈久彬 税务局：黄俊锋 资源规划局：吴子豪 市生态环境局龙游分局：应乐 公积金分中心：徐以君 气象局：王铮 国调队：王文龙 人民银行：邱妍 移动公司：蒋红来 联通公司：刘春红 圣丰纸业：胡伟军 Coohairsalon 美发店：巫伟 （2）三服务（8 人） 县委办：杨文哲 模环乡：翁剑丰、祝建 农业农村局：江俊 林业水利局：蔡庆达 综合执法局：范晓宏 税务局：何益红 征迁事务中心：徐志明 4. 高端智造（10 人） 湖镇镇：周航涛 法院：徐宇娟 县府办：范佳杰 经信局：王丽芬、徐莉 科技局：姜小军 人力社保局：温雅 财政局：郑碧赟 经济开发区：曾国忠 税务局：封雄兵 5. 双招双引（14 人） （1）招商能手（9 人） 湖镇镇：袁荣新 小南海镇：应红峰	中共龙游县委、县人民政府	2021.02

续表 51

荣誉称号	获奖单位	颁奖单位	颁奖时间
2020 年度 “民生工作” “经济发展” “平安龙游” 突出贡献 个人	统战部：彭俊涛 工商联：吴安春 经济技术协作中心：陈敏 市场监管局：邱利民 绿色食品产业服务团：王惊宇 竹产业服务团：洪游游 经济开发区：张峰 （2）以商招商贡献奖（5 人） 禾川科技：王项彬 维达纸业：李志林 中浙高铁：张林松 李子园：李国平 金龙纸业：施彩莲 6. 国土整治（43 人） （1）国土整治、征地拆迁与矿山治理（29 人） 龙洲街道：杨德贵 东华街道：吕平 湖镇镇：冯波 小南海镇：陈小燕 塔石镇：兰丰 罗家乡：琚建伟、刘玲 沐尘乡：汪义群 石佛乡：赖振邦 社阳乡：赖桂有 大街乡：王智刚 资源规划局：吴浩、马骏、吴建军、蒋黎阳、吴江、严宏燕、徐峰、杨建春、蒋俊妍、夏冰、童文奇 财政局：张林华 交通运输局：徐晖 农业农村局：李树泉 林业水利局：傅雄伟 监管办：杨金生 市生态环境局龙游分局：姜梅子 全域土地综合整治专班：吴志会 （2）士元实验区建设（9 人） 人大常委会机关：朱雁鸿 宣传部：李兴科 发改局：夏嘉琦 应急管理局：吴晓峰 住建局：傅柏生 农业农村局：兰路珂 士元实验区专班：詹其军、陆建良、方水龙 （3）大南门与老货场征迁（5 人） 龙洲街道：徐庆 巡察办：郑玉香 经信局：童晓阳 住建局：洪振成 综合执法局：姜银海 7. 项目推进（18 人） 龙洲街道：吴晨昀 湖镇镇：周瑞	中共龙游县委、县人民政府	2021.02

续表 51

荣誉称号	获奖单位	颁奖单位	颁奖时间
2020 年度“民生工作”“经济发展”“平安龙游”突出贡献个人	横山镇：黄界明 庙下乡：王麒诚 县府办：孙俊 督考办：郭学卫 工商联：吴建标 发改局：郑杨边牧 统计局：王丹妮 经信局：雷蕾 经济协作中心：李斌 人力社保局：方爱芸 国资办：刘晓芹 住建局：常莹 交通运输局：杨姜成 教育局：陈恺 资源规划局：翁淑华 轨道交通建管中心：徐章文 8. 环境保护（8 人） 塔石镇：马骏 石佛乡：陈家宇 社阳乡：宋涛 宣传部：陈敏 农业农村局：徐文慧 经济开发区：吴英俊 市生态环境局龙游分局：邱成伟 治水办：王志芳 9. “龙游通”赋能（15 人） 龙洲街道：南熠 东华街道：陈毅超、袁平华 湖镇镇：吴波 溪口镇：石旭君 詹家镇：丁丽 法院：江虹 县委办（大数据局）：叶胜、金幼林 组织部：陈建峰 政法委：戴月浓 编办：吴伟红 住建局：邹肖旭 农业农村局：朱珉 综合执法局：厉文健 10. 信息工作（3 人） 溪口镇：俞凌翔 组织部：范嘉豪 农业农村局：潜伟英 （三）“平安龙游”突出贡献个人（148 人） 1. 打造“最有礼县”（34 人） 龙洲街道：叶肖翠 东华街道：王馨 小南海镇：杨志平 横山镇：诸葛青 塔石镇：叶倩	中共龙游县委、县人民政府	2021.02

续表 51

荣誉称号	获奖单位	颁奖单位	颁奖时间
2020 年度“民生工作”“经济发展”“平安龙游”突出贡献个人	沐尘乡：邱莹瑾 大街乡：余心怡 县府办：黄超 人大常委会机关：倪小平 政协机关：李映轲 纪委监委：包含仪 宣传部：何攀翔 政法委：冉雄进 检察院：翁晓娟 机关工委：翁锦涛 团县委：翁乃洁 残联：陈焕军 文联：傅建刚 机关事务保障中心：余昤昑 经信局：余亚萍 国资办：南昊 住建局：欧阳清影 交通运输局：许拿顺 文广旅体局：徐蓉 卫生健康局：钟东、郑昊 公安局：胡伟明、李雯 市场监管局：王文清 综合执法局：严小见 传媒集团：吴森邦 税务局：巫凡 创建办：杨渐升 人民医院：陈颖 2. 巡察工作（5 人） 大街乡：张丽云 总工会：王国军 交通运输局：魏航 综合执法局：傅海燕 经济开发区：李建香 3. 法治龙游建设（8 人） 湖镇镇：俞思思 溪口镇：祝文伟 政法委：袁旭辉 检察院：林珊 财政局：严伟强 人力社保局：童立平 医疗保障局：余浏娟 司法局：刘伟平 4. 平安龙游（扫黑除恶）（50 人） 龙洲街道：周宇、宋小兵 东华街道：杨土祥 湖镇镇：郑建兵 小南海镇：周杰 溪口镇：程鹤 横山镇：蓝树发 塔石镇：邵秋萍	中共龙游县委、县人民政府	2021.02

续表51

荣誉称号	获奖单位	颁奖单位	颁奖时间
2020年度“民生工作”“经济发展”“平安龙游”突出贡献个人	詹家镇：陈超刚 罗家乡：杨艳 庙下乡：袁胜峰 沐尘乡：雷晔芸 模环乡：赵林伟 石佛乡：方敏华 社阳乡：余建朝 大街乡：吴胜春 县委办：陈崇相 县府办：林升 政协机关：李甄凯 纪委监委：韩敏 宣传部：张曙华 统战部：方土新 政法委：李文依、寿海威 法院：余华锋、李萌欣 检察院：巫俊、李丹、郑永佳 机关工委：李红英 党校：张年宽 档案馆：盛丽娟 总工会：黄斌 应急管理局：项小苗 人力社保局：倪峻 财政局：翁露萌 国资办：朱伟 住建局：钟冰 交通运输局：李文科 林业水利局：张航 教育局：叶杏友 退役军人局：王珺 公安局：徐建清、童建林、龚永祯 司法局：林文建、杨峥珍 市监局：戴星 监管办：林光辉 市生态环境局龙游分局：余益文 5. 统战工作（4人） 小南海镇：琚建斌 詹家镇：姜小超 沐尘乡：钱正宇 民建基层委：周菲 6. 信访工作（21人） 龙洲街道：雷忠根 东华街道：蔡晨彬 湖镇镇：徐岳春 横山镇：傅涛 塔石镇：方启凯 詹家镇：童明富 庙下乡：郑刚 模环乡：吴庆辉 石佛乡：张日新	中共龙游县委、县人民政府	2021.02

续表 51

荣誉称号	获奖单位	颁奖单位	颁奖时间
2020 年度“民生工作”“经济发展”“平安龙游”突出贡献个人	社阳乡：缪红亮 纪委监委：伍沁心 政法委：马健 法院：周煜恒 信访局：徐建龙 人力社保局：詹锋 农业农村局：吴惠忠 林业水利局：叶敏捷 退役军人事务局：尹雪昌 公安局：陈冬 供销社：舒水明 市生态环境局龙游分局：胡远鸣 7. 安全生产（20 人） 龙洲街道：周惠松 东华街道：谢海荣 湖镇镇：王鹏 溪口镇：缪晨晖 横山镇：刘静 模环乡：王小凡 石佛乡：杜佳伦 社阳乡：王丽霞 县府办：刘攀 宣传部：邱元良 政法委：杜文忠 党校：林利平 应急管理局：冯益峰、吕乾才 人力社保局：丰颖 财政局：李豪 交通运输局：徐彩霞 市场监管局：管伟杰 经济开发区：周红伟 资源规划局：方靖 8. 人民武装工作（6 人） 詹家镇：卢泉 罗家乡：侯启明 沐尘乡：熊志勇 社阳乡：沈涵 人武部：徐红英 县属民兵应急连：陈惠 （一）龙游县工业经济杰出贡献企业家（5 名） 李志林：维达纸业（浙江）有限公司 施彩莲：浙江金龙再生资源科技股份有限公司 潘强：龙游伊利乳业有限责任公司 王项彬：浙江禾川科技股份有限公司 张林松：光明铁道控股有限公司 （二）龙游县工业经济优秀创新型企业家（5 名） 苏忠军：浙江龙游李子园食品有限公司 姜文龙：浙江恒达新材料股份有限公司 傅竹生：浙江茗皇天然食品开发股份有限公司 胡智彪：浙江龙游道明光学有限公司	中共龙游县委、县人民政府	2021.02

续表 51

荣誉称号	获奖单位	颁奖单位	颁奖时间
2020 美丽大花园浙西新明珠建设先进集体	胡丁根：华邦古楼新材料有限公司 （三）龙游工匠和优秀职工（20 名） （1）龙游工匠（12 名） 黄雪梅：浙江德辉食品有限公司 张海波：浙江恒达新材料股份有限公司 吴华斌：恒盛能源股份有限公司 郭小锋：华邦古楼新材料有限公司 蒋超：浙江金龙再生资源科技股份有限公司 张慧明：光明铁道控股有限公司 王幸：浙江凯丰新材料股份有限公司 周建彬：浙江茗皇天然食品开发股份有限公司 黄小军：浙江千叶环境工程有限公司 郑飞：维达纸业（浙江）有限公司 郭帅：中浙高铁轴承有限公司 蒋成：浙江一树纸业有限公司 （2）龙游优秀职工（8 名） 邱利军：龙游县财政局 吴昕：龙游县税务局 陈民为：龙游县人民医院 何其俊：龙游县中医院 许楚楚：龙游县文化旅游发展有限公司 方月霞：浙江物产光华民爆器材有限公司 彭桃仔：浙江贯洲电气有限公司 石磊箭：华电浙江龙游热电有限公司	中共龙游县委、县人民政府	2021. 02
个人三等功	鄢　航	龙游县人民政府	2020. 05
个人三等功	王　忠	龙游县人民政府	2020. 05
个人三等功	吴建胜	龙游县人民政府	2020. 05
个人三等功	余　鹏	龙游县人民政府	2020. 06
个人三等功	金小燕	龙游县人民政府	2020. 06
个人三等功	陈　敏	龙游县人民政府	2020. 06
个人三等功	刘秋荣	龙游县人民政府	2020. 06
个人三等功	金敏军	龙游县人民政府	2020. 06
个人三等功	蒋爱军	龙游县人民政府	2020. 06
个人三等功	姜贤帅	龙游县人民政府	2020. 06
个人三等功	汪俊芳	龙游县人民政府	2020. 09
个人三等功	何双双	龙游县人民政府	2020. 09
个人三等功	俞　啸	龙游县人民政府	2020. 09
个人三等功	李　鹏	龙游县人民政府	2020. 09
个人三等功	余　娜	龙游县人民政府	2020. 09
个人三等功	夏亚莉	龙游县人民政府	2020. 09
个人三等功	贾仲银	龙游县人民政府	2021. 02
个人三等功	吴恒凯	龙游县人民政府	2021. 02

2020年度“最美龙游人”

2020 年度“最美龙游人”一览表

表 52

序号		类 别	姓 名	备 注
1	特别荣誉奖	龙游县“8090 新时代理论宣讲团”		
2		龙游驰援武汉医疗队		
1	年度人物	责任类	叶炳华	县公安局交警大队秩序中队长
2			柯元哲	县人力资源和社会保障局劳动保障行政执法队副队长
3		奉献类	吴柏林	县林业技术推广站教授级高级工程师
4			龙游县小星星志愿服务队	
5			施法夏	县公路港航与运输管理中心小南海公路站站长
6		仁爱类	金春根	罗家乡陆村村村民
7			君君妈妈党代表工作室	
8		乡村振兴	姜鹏	一盒故乡创始人
1	年度提名人物		孔德军	县疾病预防控制中心检验科科长
2			劳晓丽（创业创新）	龙游新西帝电子有限公司党支部书记、副总经理
3			袁浩榛	龙游农商银行寺后分行客户经理
4			吕华	龙游县美团外卖队长
5			卓灏昌	从事婚庆汽车租赁行业
6			宣建军救人团体	
7			王土炎	龙游县消防救援大队文员
8			郑会爱	龙游县昌龙人力资源有限公司职工
9			胡雄伟	龙游县下库小学首席信息官
10			杨阳	浙江省十里坪监狱医院第四卫生所副所长

·2020 年度“最美龙游人”名单事迹·

【特别荣誉奖】

1. 龙游县“8090 新时代理论宣讲团”，一群来自各行业各领域的优秀青年组成的团队。他们热爱学习、热爱理论、热爱宣讲。他们利用业余时间、休息时间，深入田间地头、村社广场，用年轻人的视角和表达方式，用群众喜闻乐见的宣讲形式，在全社会尤其是青年群体中广泛传播党的创新理论、厚植精神土壤，推动习近平新时代中国特色社会主义思想往深里走心里走实里走。从最初的 30 余人到现在的 2300 余人，越来越多的年轻人被榜样感染、被理论吸引，成为“8090”的小讲师。截至年底，宣讲团拥有骨干成员 116 名，已开展各类宣讲 4500 余场次，受众近 9 万人次，宣讲工作取得了阶段性成果。2020 年 6 月，习近平总书记对龙游“8090 新时代理论宣讲团”工作作出重要批示，多位中央领导和省市领导作出批示指示。

2. 龙游驰援武汉医疗队，新冠肺炎肆虐之时，他们代表龙游出征武汉，成为离新冠肺炎病毒最近的人。在武汉奋战的几十个日夜里，他们身先士卒、冲锋在前、置生死于不顾，出色完成了驰援任务。他们就是代表龙游出征武汉的援鄂医疗队员：龙游县人民医院医师汪俊芳、俞啸，护士何双双、李鹏，中医院护士余娜、夏亚莉。他们告别亲人、离开家乡，义无反顾选择逆行出征，从龙游奔向武汉，他们用生命守护生命，用希望守护希望。他们是战士，他们是英雄，他们是新时代“逆行者”。

（县卫健局推荐）

【年度人物】

（一）责任类

1. **叶炳华，**男，1983年3月出生，中共党员，籍贯龙游，现任县公安局交警大队秩序中队长。他作为疫情期间全县唯一高速出入口检查检疫卡点负责人，不顾自己一年前因椎动脉夹层脑梗动过大手术随时可能晕厥的危险，40多天不分昼夜，共检疫车辆5.6万余辆、查验人员信息10万余人次，无一漏检、无一有误，为全县40万人民筑起了一道坚不可摧的安全防线。他首创的检疫工作模式在全市各交通检疫卡点推广；他推出的“六个一”服务举措受到企业和群众的一致好评；他先后获评市、县战“疫”先锋战士；衢州市优秀共产党员称号，荣立个人三等功；全国公安系统抗疫先进个人。

（县公安局推荐）

2. **柯元哲，**男，1991年12月出生，中共党员，籍贯龙游，龙游县人力资源和社会保障局劳动保障行政执法队副队长。他是服务企业“跑小二”，扶贫路上攻坚者。2020年2月，主动加入企业用工招聘专班担任接返组组长，先后接返陇贵川皖籍企业员工100余名，足迹遍布大半个中国。2020年3月，成为全市劳务协作招工“尖刀班”一员，只身前往扶贫结对地四川省叙永县开展“驻点招聘”。他努力搭建龙游企业用工和贫困劳动力就业需求之间的“连心桥”，深入叙永40余个镇村带去龙游1593个优质岗位，带领华飞轻纺、蓝天废旧等数十家企业组团在叙精准招聘，通过“老带新”等形式动员更多叙永人到龙游就业。挂职两个月期间，组织返龙专车闭环输送叙永籍务工人员198人，其中建档立卡贫困户达155人。此外，他走访慰问建档立卡贫困户家属通过“视频连线”的方式实现“云团聚”，将千里之外的思念化为“零距离”的温暖。

（县人社局推荐）

（二）奉献类

3. **吴柏林，**男，1962年10月出生，中共党员，籍贯龙游，现为龙游县林业技术推广站教授级高级工程师。在叙永期间，他创设推广的“竹笋＋食用菌”的栽培模式和“笋竹两用毛竹林栽培模式”，成功突破苦竹早出丰产培育技术，实现亩均产值1.7万多元。他打破当地林农传统的经营理念，为叙永竹农编制培训材料，开展技术培训、打造试验示范基地，传授自己三十多年来的实践经验，为当地培育了一支科技队伍，2019年帮助叙永县成功申报“中国绵竹之乡”“中国浆用竹林之乡”。荣获浙江省劳动模范、浙江省东西部扶贫协作的突出贡献奖。

（县林水局推荐）

4. **龙游县小星星志愿服务队，**是一支为奉献者而奉献的志愿者团队。自2020年2月2日开始，他们连续60余天晚上自发为遍布全县的抗疫一线人员、医务人员、各卡点值勤人员送去餐食、防疫物资，用爱心和温暖串联起了一道温馨的抗“疫”后勤保障风景线。截至3月底，已累计接受民间捐款现金3.7万元，实物物资价值40万余元左右，为7000余名执勤人员和医务人员送去爱心餐点，志愿服务时长达到2.7万余小时之久。荣获2019年度暨2020年度抗疫期间志愿服务工作先进集体，全省青年志愿服务项目大赛铜奖。

（县税务局推荐）

5. **施法夏，**1969年5月出生，中共党员，籍贯龙游，龙游县公路港航与运输管理中心小南海公路站站长。施法夏自1987年12月参加工作来，脚踏实地，甘于奉献，一直从事一线公路养护管理工作。小南海公路站一个站负责养护的路面就有120多千米，施法夏每天至少巡视这120多千米一遍，每天组织人员累计填补坑洞至少一两百平方米。从日常的保洁养护到节假日的加班巡查值守，从年初的春运保畅通，到梅雨季节的公路抗洪救灾，再到年末的抗击寒潮、除雪除冻，他始终奋战在一线，心系公路，全力保障公路畅通，在公路队伍中只要有机械设备，就没有他不会的。2019年他获得了“全国交通运输系统先进集体工作者”称号，小南海公路站同事的原话说：“老施，一干起活来简直就是个‘工作狂’。”

（县交通运输局推荐）

（三）仁爱类

6. **金春根，**男，1948年11月出生，群众，籍贯龙游，罗家乡陆村村村民。2001年妻子因脑溢血瘫痪，至今卧病在床。金春根始终不离不弃，20年来悉心照料。由于陆村村地处偏僻，交通不便，他为了能更好地照顾到家里，没有和其他人一样选择外出打工，而是坚持在村内与妻子共进退，以砍伐竹子和务农为生，在成为全家的经济支柱的同时还要在家中充当母亲的角色，凭借一己之力养活一家五口。如今，他们的子女已经婚嫁，有了独自生活的能力，可金春根依旧与自己的妻子住在陆村村中，以72岁的高龄照顾着自己的老伴。

（罗家乡推荐）

7. **君君妈妈党代表工作室。**“雷素君党代表工作室”成立于2012年。成立以来雷素君与工作室15位省市县党代表和300多位各条战线的志愿者开展驻室接待、扶贫帮困等工作，身影活跃在乡村、学校、社区，开展结对残疾党员、春节走访慰问、服务敬老院、义诊等80多次活动，惠及百姓及学生1万多人。2016年更名为“君君妈妈党代表工作室”，旨在服务、关爱农村留守儿童和困境儿童，让孩子们健康成长、幸福生活。连续3年在4所小学开展为期10天的关爱留守儿童活动，结对贵州罗甸乡的贫困孩子，为他们捐款1.8万余元，捐赠书籍5500余册。为叙永凉伞坡学校累计捐赠2100余册书籍，为赤水镇中心小学捐助国学等书籍1000余册。

（县妇联、县教育局推荐）

（四）乡村振兴

8. **姜鹏，**男，1988年5月出生，籍贯龙游，一盒故乡创始人。2016年大学毕业没多久的姜鹏放弃了城市的优厚待遇，一腔热情返乡创业，发起《一盒故乡》项目，致力于挖掘“乡愁元素”，共创“乡愁经济”。在他的带领下，一群回乡创业的“乡村少年”，创新“互联网+乡村”思路，探索农旅文创相融合发展，打造服务乡亲、乡贤、旅客、创客的特色空间，扶持农村非遗传承人、民间艺人收徒传艺，发展溪口特色竹产业，竹文化，竹文旅，从而带动溪口竹农增收，复兴民艺，振兴乡村。与此同时，姜鹏团队还在龙游广泛开展电商助农活动，在东西部协作扶贫工作中，整合四川叙永的农特产品，组织开展消费扶贫，共帮助农户销售橘柚90万公斤、冬笋40多万公斤、莲子22.5万多公斤，为老手艺人销售手工粿印和小板凳等手工艺品10万多件，农特产品2600多万。在疫情期间，姜鹏团队发起“山海协作，共战疫情”活动，共计帮助180名农户销售农产品，得到宁波市镇海区政府，衢州龙游政府的大力支持和肯定，成为龙游电商助农的领军人物。曾获2019年获得衢州市创新创业大赛一等奖；2019年“礼遇衢州”文化创意产品设计大赛优秀奖；2020年获得浙江省创业创新大赛二等奖；2020年获龙游县乡村振兴领军人才称号。

【年度提名人物】

1. **孔德军，**男，中共预备党员，1983年出生，龙游县疾病预防控制中心检验科科长。龙游县疾病预防控制中心PCR实验室是浙江省首批进行新型冠状病毒检测的县级实验室之一，检验科科长孔德军是离病毒最近的人，检验样品从送检到检测出结果整个过程至少耗时4—6小时，他每天穿着防护服全副武装，至少6个小时不喝水，不上厕所，从实验室出来，就紧接着整理每日检验的样本信息，当天统计报告，为全县提供最精准的“情报”，除此之外，他还要对整个中心的废弃物进行高压灭菌处理，联系紧俏的防护物资、检测试剂，更新检测流程和质量管理体系，一忙就到深夜，他深知每一次病毒核酸检测结果都直接影响情的防控措施，决不能有一次“漏诊”“误诊”，从1月22日开始，孔德军就围着小小的一方检测台整整300小时，共检测样品277份，日夜的坚守，孔德军错过了大年三十团圆饭，错过了正月初一迎新年，错过了女儿2周岁生日，但每一次写下“0疑似0确诊”的报告，都让他充满了坚决抗战到底，守岗尽责的动力。

（县卫健局推荐）

2. **劳晓丽（创业创新），**女，1979年4月出生，中共党员，籍贯浙江龙游，现任浙江龙游新西帝电子有限公司党支部书记、副总经理。她带领团队开展机器人项目，为公司节省近150人，产值增长30%以上。共取得发明专利7项，实用新型专利51项，获得省级工业新产品（新技术）5项，省重点高新技术产品1项，省重点技术创新专项1项。她身兼公司党支部书记，在“城市东进”“环保减排”“五水共治”“安全生产”等工作中把握重点，圆满完成县政府及机关部门交办任务。荣获新时代浙江省万名好党员、衢州市劳动模范、衢州市优秀党务工作者等荣誉称号。

3. **袁浩榛，**男，2020年12月1日上午，寺后村老人吴某到龙游农商银行寺后分理处办理10万元转账业务汇款给孙子。客户经理袁浩榛受理该笔业务时，发现收款人姓名和老人孙子姓名不符，与老人再三确认，并要求与其孙子通话确认。袁浩榛凭着丰富的反诈骗培训经验，判断是一起电信诈骗案件。袁浩榛在老人情绪激动、一定要汇款的情况下，一边安抚，一办启动应急预案，联系上老人所在村委，与村委一同劝说阻拦，最后联系上了老人的孙子，最终发现确实是场骗局。据了解，老人今年74岁高龄，是一名普通环卫工人。袁浩榛在老人的极端态度下仍坚持问清事实再办理业务，阻拦总金额达11万的诈骗，保住了老人的积蓄，事后老人和村委一同前来感谢。

（龙游农商银行推荐）

4. **吕华，**男，1978年3月出生，群众，籍贯龙游，龙游县美团外卖队长。2020年 8月24日，东方美食广场附近发生突发起火事故，吕华送餐途经现场，不顾外卖超时当机立断投入到救火中，第一时间凭借所掌握的消防灭火技能，让这场火在最短时间内就迅速被控制。事后外卖小哥吕华救火的视频引得广大网友纷纷转发，大家都为这位外卖小哥的英勇果敢点赞。美团公司号召全体员工向他学习，为他颁发“见义勇为”模范骑手荣誉证书，龙游县消防安全委员会办公室也授予吕华“龙游县消防宣传大使”称号。

（县委宣传部推荐）

5. **卓灏昌，**男，1995年12月出生，共青团员，籍贯龙游，现从事婚庆汽车租赁行业。自从防疫工作村里设置了卡点之后，细心的卓灏昌发现执勤人员大多吃的是泡面，就开始了防疫路上的爱心之行。与母亲两人从早忙到晚，每天做四五十份夜宵，从社阳到湖镇再到城南，为沿途卡点的值守人员送上热腾腾的夜宵，这一送就送到卡点撤离才结束。

6. **宣建军救人团体。**2020年6

月8日早上10点左右，龙游经济开发区金星大道与茂盛路的交叉口一辆小型SUV汽车与电瓶车相撞。电瓶车车主被压汽车下。事故发生地正好是龙游华安驾校的科目三练习场地，正在指导学员练习的教练宣建军看到，立即下车前去查看，并马上招呼赵金龙、徐军军等教练和马路旁的路人一起帮忙，十余人奋力抬车，最终电瓶车车主获救。宣建军一直等到交警前来才离开。

7. 王土炎，男，1951年出生，籍贯龙游，现为龙游县消防救援大队文员。在消防宣传教育培训岗位上，一干就是22年，每年消防宣传培训达180余场次，受训群众4万余人次。他退役不褪色，22年如一日，服役期间，凭借谨慎行事的作风，精湛过硬的本领，得到了各级领导的一致认可。安排转业后，勤学肯干的王土炎在地方上也是屡建功勋，多次受到县政府、市政府表彰。退休后，被龙游大队聘请为消防宣传员，22年如一日认真对待每一场消防培训。王土炎培训强能力，实战检验成效，他的课形象生动而且贴近实际，切实提高了受训群众对初期火灾的扑救能力。在王土炎看来，做好消防安全宣传培训，既增强百姓的消防安全意识，又提升了他们的逃生自救能力，尤其是关键时刻能派上用场。多家受过王土炎培训的企业在遇到火灾时，真正将学到的技能运用到了实战中，减少了财产损失。他模范作引领，守平安龙城。多年来，王土炎为服务企业早出晚归、放弃休假的工作模式不仅得到了家人的理解和支持，女儿王毅军更是被父亲的工作热情所感染，成为一名社区消防宣传大使；单位同事在王土炎的带动下干劲充足，为单位争取了更多荣誉，为社会面火灾防控作出了巨大贡献。

（县消防大队推荐）

8. 郑会爱，男，1975年7月出生，中共党员，龙游县昌龙人力资源有限公司职工。他为人厚道热心，乐于助人，勇于吃苦，甘于奉献，热爱公益事业。从2006年部队转业来到龙游工作开始，郑会爱开始参加无偿献血，并主动加入衢州市无偿献血志愿者队伍，十几年来从未间断，累计献血8000多毫升，2018年度、2019年度获得国家无偿献血奉献奖金奖，他还同时还利用休息时间到献血车上参加志愿服务。“再小的力量，也是一份支持。”他常说希望自己能为他人带去方便，为社会做出贡献，让世界多一分友爱、少一分冷漠。

（退役军人事务局、爱在人间协会推荐）

9. 胡雄伟，男，1981年8月出生，中共党员，籍贯龙游，龙游县下库小学首席信息官。从一个美术教师，通过自己的不断努力，走上了教育信息化的科研实践道路。近几年，学校实施的校园版“最多跑一次”工作得到了教育部、省市县主管部门的高度肯定，学校信息化工作曾被中国教育报整版报道，连续3年入选中国互联网学习白皮书。在下库小学的7年时间，他牵头打造了“草根智慧校园”模式，实施了多个用于学校管理、教学方面的智能化项目，如：钉钉智慧办公、互联网同步课堂、VR学习空间、平板教学空间、智慧图书借阅等。随着智慧校园的不断推广，学生的学习方式在潜移默化中发生着很大的转变，学习场所从教室转向泛在环境，学习方式也从集体授课走向城乡线上共学，为学生们提供更好的学习方式，使下库小学的学生“走出”自己班级，和城区的同学一起学习成长，进一步实现优质教育资源共享。下库小学的“草根智慧校园”已成为衢州市教育信息化领域的一张金名片。

10. 杨阳，男，1987年9月出生，中共党员，籍贯龙游，现任浙江省十里坪监狱医院第四卫生所副所长。2020年1月9日晚上9点，杨阳看到银行卡里有人给他转账9.94万元，经核实确认不是亲朋好友转来后，便马上向东华派出所报警。第二天，在民警的协助下，两位当事人当面对接，归还钱款。转账的刘先生表示，误转的钱是用于公司买卖的一笔货款，因着急而转错账，感谢杨阳及时报警归还，如果未能按时转账，不仅买卖泡了汤，连自己的诚信都要受到影响。

（十里坪监狱推荐）

2020年度龙游县国民经济若干统计资料

2020 年度龙游县社会经济基本指标一览表

表 53

指标名称	单位	2020 年	2019 年
一、人口规模			
常住人口	万人	36.05	37.69
其中：城镇常住人口	万人	18.59	19.87
常住人口城镇化率	%	51.6	52.7
年末户籍人口	万人	39.98	40.20
其中：其中：城镇户籍人口	万人	13.16	12.88
户籍人口城镇化率	%	32.93	32.05
户籍人口中：女	万人		19.92
年平均人口	万人	40.09	40.29
年出生人口	人	2686	3186
年死亡人口	人	2870	3047
年末总户数	万户	16.83	16.77
二、资源环境			
行政区域土地面积	平方千米	1143.33	1143.33
建成区面积	平方千米	15.39	15.31
城市现状建设用地面积	平方千米	15.39	15.31
其中：居住用地	平方千米	5.22	5.19
本年征用土地面积	平方千米	1.27	1.97
其中：耕地面积	平方千米	0.75	1.04
绿化覆盖面积	公顷	766.00	674.99
建成区绿化覆盖率	%	45.07	44.09
绿地面积	公顷	621.00	601.75
建成区绿地率	%	10.31	39.30
公园绿地面积	公顷	177.00	175.53
公园面积	公顷	77.00	77.00

续表 53

指标名称	单位	2020 年	2019 年
森林覆盖率	%	54.79	54.91
水资源总量	万立方米	126198	162118
降水量	万立方米	1844	2063
用水总量	万立方米	18468	18598
规模以上工业企业取水量	万立方米		5802
工业废水排放量	万吨	2136.74	2242.80
工业化学需氧量排放量	吨	590	707
工业氨氮排放量	吨	9	17
工业化学需氧量去除率	%	94.36	94.43
工业氨氮去除率	%	91.09	98.64
工业废气排放量	万立方米	1909697	2166192
工业二氧化硫排放量	吨	516	901
工业氮氧化物排放量	吨	961	1545
工业二氧化硫去除率	%	76.43	87.35
工业氮氧化物去除率	%	67.22	71.09
工业烟（粉）尘排放量	吨	1346	1761
一般工业固体废物综合利用率	%	99.83	99.63
污水处理率	%	97.61	97.54
污水处理厂集中处理率	%	97.61	97.54
生活垃圾无害化处理率	%	100.00	100.00
空气质量优良天数比例	%	98.00	87.30
可吸入细颗粒物（PM2.5）年平均浓度	微克 / 立方米	30	36
三、经济发展			
地区生产总值（当年价格，快报）	万元	2476072	2338198
其中：第一产业增加值	万元	152261	136393
第二产业增加值	万元	1041707	1003333
其中：工业增加值	万元	836617	823304
第三产业增加值	万元	1282105	1198471
人均地区生产总值（常住）	元	68649	64787
地区生产总值（2015 年价格）	万元	2416900	2314709
地区生产总值增长率	%	4.4	8.0
地方一般公共预算收入	万元	196327	189283
其中：税收收入	万元	172955	153605
地方一般公共预算支出	万元	659601	682053
其中：一般公共服务支出	万元	77172	77131
科学技术支出	万元	17197	16991
教育支出	万元	82597	88510
文化体育与传媒支出	万元	12487	11500
医疗卫生与计划生育支出	万元	67138	52708
节能环保支出	万元	17295	61846
城乡社区支出	万元	80532	96794
交通运输支出	万元	43071	25095
社会保障和就业支出	万元	93082	84899

续表53

指标名称	单位	2020年	2019年
住房保障支出	万元	9296	2827
年末金融机构人民币各项存款余额	万元	4120406	3843868
其中：住户存款余额	万元	2418594	2119865
年末金融机构人民币各项贷款余额	万元	3724193	3226300
固定资产投资（不含农户）	万元	—	—
房地产开发投资	万元	242544	406599
其中：住宅	万元	193680	321492
全年新增固定资产	万元	316881	183481
商品房销售面积	万平方米	28.06	31.12
其中：住宅	万平方米	25.39	30.48
商品房销售额	万元	305005	284407
其中：住宅	万元	281307	277117
待售面积	万平方米	5.84	6.07
货物进口额（海关数）	万元	107640	95847
货物出口额（海关数）	万元	391292	344175
外商直接投资合同项目	个	2	2
当年实际使用外资额	万美元	660	1486
工业企业数	个	246	207
1. 内资企业	个	236	198
其中：国有企业	个	0	1
私营企业	个	217	183
2. 港、澳、台商投资企业	个	4	3
3. 外商投资企业	个	6	6
工业总产值（当年价）	万元	2665664	2535180
1. 内资企业	万元	2254039	2187074
其中：国有企业	万元	0	2253
私营企业	万元	2017256	1887156
2. 港、澳、台商投资企业	万元	90107	21330
3. 外商投资企业	万元	321517	326776
资产总计	万元	3619876	3051182
固定资产净额	万元	1157192	1005389
流动资产合计	万元	1787900	1519842
营业收入	万元	2817890	2653822
营业成本	万元	2283215	2200115
税金及附加	万元	15351	15171
利润总额	万元	183320	142458
应交增值税	万元	66069	74665
社会消费品零售总额	万元	1602535	1643989
限额以上批发零售业法人企业数	个	89	74
其中：零售业	个	22	28
限额以上批发零售业商品销售额	万元	1363078	1068320
限额以上住宿餐饮业法人企业数	个	10	10
限额以上住宿餐饮业营业额	万元	15637	13913
入境游客	人次	166	2386

续表 53

指标名称	单位	2020 年	2019 年
入境旅游收入	万美元	4.00	118.38
国内游客	人次	14548000	18096785
国内旅游收入	万元	932736	1166430
四、科技创新			
R&D 人员	人		2463
R&D 人员全时当量	人年		1545
R&D 经费内部支出	万元		41570
专利申请数	件	1774	1667
专利授权数	件	1433	1170
其中：发明	件	86	58
五、人民生活			
城镇登记失业人数	人	1619	—
城镇登记失业率	%	1.80	2.52
城镇居民人均可支配收入	元	51024	48242
其中：工资性收入	元	33876	31898
经营净收入	元	4852	4946
财产净收入	元	2698	2486
转移净收入	元	9598	8912
城镇居民人均消费支出	元	27566	27239
其中：食品烟酒	元	7895	8763
衣着	元	3098	2962
居住	元	2773	2619
生活用品及服务	元	1982	1827
交通和通信	元	3934	4176
教育文化娱乐	元	3701	3183
医疗保健	元	3210	2823
其他用品及服务	元	972	887
每百户城镇居民家庭拥有量			
家用汽车	辆	54	53
洗衣机	台	96	95
电冰箱（柜）	台	110	111
彩色电视机	台	177	176
空调	台	211	210
移动电话	部	261	272
其中：接入互联网	部	258	230
计算机	台	93	92
其中：接入互联网	台	80	77
城镇居民人均住房建筑面积	平方米	42.00	41.60
六、公共服务			
成人高等学校数	所	—	—
中等职业教育学校数	所	2	2
普通中学学校数	所	14	16
普通小学学校数	所	32	37
幼儿园数	所	97	95

续表 53

指标名称	单位	2020 年	2019 年
成人高等学校专任教师数	人	—	—
中等职业教育专任教师数	人	285	271
普通中学专任教师数	人	1436	1462
普通小学专任教师数	人	1518	1552
幼儿园专任教师数	人	630	564
成人本专科在校学生数	人	—	—
中等职业教育在校学生数	人	5148	4756
普通中学在校学生数	万人	1.52	1.56
普通小学在校学生数	万人	1.86	1.89
幼儿园在园幼儿数	人	10205	10241
剧场、影剧院数	个	3	3
公共图书馆数	个	1	1
公共图书馆图书藏量	万册	38.90	22.18
博物馆数	个	1	1
体育场馆数	个	1	1
医疗卫生机构数	个	353	363
其中：医院数	个	25	25
医疗卫生机构床位数	张	1912	1854
其中：医院床位数	张	1834	1770
卫生技术人员数	人	2460	2403
其中：执业（助理）医师数	人	1030	997
注册护士数	人	1005	968
城镇职工基本养老保险参保人数	人	128820	118691
城乡居民基本养老保险参保人数	人	145180	143756
城镇职工基本医疗保险参保人数	人	98079	88408
城乡居民基本医疗保险参保人数	人	259274	265212
失业保险参保人数	人	53486	47422
工伤保险参保人数	人	70717	63739
生育保险参保人数	人	76997	49229
提供住宿的各类社会服务机构数	个	19	13
其中：养老服务机构数	个	18	13
提供住宿的各类社会服务机构床位数	张	4172	3203
其中：养老服务机构床位数	张	4110	3203
不提供住宿的各类社会服务机构数	个	191	197
其中：社区服务机构数	个	191	279
城市居民最低生活保障人数	人	301	316
交通事故死亡人数	人	8	14
交通事故直接财产损失	万元	4	—
火灾事故死亡人数	人	1	1
火灾事故直接财产损失	万元	555.00	694.37
刑事案件立案数	起	1521	1444
刑事罪犯总数	人	426	441
其中：青少年罪犯人数（年龄 14-25 周岁）	人	69	74

续表 53

指标名称	单位	2020 年	2019 年
七、基础设施			
年末实有城市道路面积	万平方米	150.00	145.31
境内公路总里程	千米	1539.00	1529.25
其中：高速公路里程	千米	80.00	79.80
民用汽车拥有量	辆	74496	69457
其中：私人汽车拥有量	辆	69538	64809
年末实有公共汽（电）车营运车辆数	辆	40	199
公共汽（电）车客运总量	万人次	356	537
年末实有出租汽车运营车数	辆	78	78
公路客运量（全社会）	万人	358	614
公路货运量（全社会）	万吨	830	2021
水运客运量（全社会）	万人	0.42	0.97
水运货运量（全社会）	万吨	4.46	4.49
内河港口货物吞吐量（规模以上）	万吨	240.26	59.61
年末邮政局（所）数	处	17	17
邮政业务收入	万元	12022	10746
电信业务收入	万元	28995	31738
固定电话年末用户数	万户	5.24	4.90
移动电话年末用户数	万户	36.15	37.45
其中：3G 以上移动电话用户	万户	27.47	28.99
互联网宽带接入用户数（不含手机）	万户	15.44	14.36
全社会用电量	万千瓦时	289680	275731
其中：工业用电	万千瓦时	213620	201696
城乡居民生活用电	万千瓦时	35626	32717
其中：城镇居民生活用电	万千瓦时	13437	12428
年末排水管道长度	千米	360.00	357.00
年末公共供水管道长度	千米	561.00	560.52
公共供水综合生产能力	万立方米 / 日	7	7
公共供水总量	万立方米	1665	28
供气总量（人工煤气、天然气）	万立方米	6742	6321
其中：居民家庭用量	万立方米	251	177
液化石油气供气总量	吨	6104.00	5395.69
其中：居民家庭用量	吨	6097.00	5390.02
补充资料表			
全社会从业人员数	万人	20.74	24.70
第一产业	万人	6.41	8.36
第二产业	万人	6.55	7.78
第三产业	万人	7.78	8.56
万元 GDP 能耗	吨标准煤	0.69	1
万元 GDP 用水量	立方米	—	80.00
农村居民人均可支配收入	元	26721	24856
农村每百户居民家庭拥有：			
家用汽车	辆	38	37
农村居民人均住房建筑面积	平方米	73.30	71.30

2020 年度龙游县分镇乡（街道）资料情况一览表

表 54

	村民委员会（个）	总户数（户）	总人口（人）	总人口中，男性（人）	0—17 岁（人）	18—34 岁（人）	35—59 岁（人）	60 岁及以上（人）
合　计	263	168290	399794	201596	60054	73166	165554	101020
龙洲街道	20	30012	67745	33962	10627	12157	29169	15792
东华街道	22	12297	26909	13317	4085	4742	11055	7027
湖镇镇	40	22639	51689	25812	8064	9217	21237	13171
小南海镇	18	13420	31621	15807	5042	5798	12783	7998
詹家镇	21	11248	26861	13440	4157	4976	11003	6725
溪口镇	14	9201	21941	11214	2791	3755	9251	6144
横山镇	20	12534	31303	15958	4329	6121	12639	8214
塔石镇	26	16537	41712	21299	6060	7905	16995	10752
罗家乡	10	4033	9680	5045	1465	1694	4033	2488
庙下乡	13	5081	12767	6360	1700	2448	5394	3225
石佛乡	10	7030	17615	9125	2700	3248	7217	4450
社阳乡	8	4623	10762	5649	1657	1911	4455	2739
大街乡	8	2826	7328	3726	1057	1247	3187	1837
沐尘乡	10	4574	11614	5878	1568	2050	4940	3056
模环乡	23	12235	30247	15004	4752	5897	12196	7402

2020 年度龙游县地区生产总值构成情况一览表

表 55　　单位：万元

指标名称	2020 年	2019 年	发展速度（%）
一、地区生产总值	2476072	2338198	104.4
第一产业	152261	136393	94.6
第二产业	1041707	1003333	104.5
第三产业	1282105	1198471	105.6
农林牧渔业	156025	139729	95.0
#农、林、牧、渔服务业	3765	3336	111.9
工　业	836617	823304	103.7
#开采辅助活动	0	0	—
#金属制品、机械和设备修理业	1634	1615	103.1
建筑业	206724	181644	110.4
批发和零售业	265648	239313	112.0
批发业	88332	91146	101.8
零售业	177317	148167	118.3
交通运输、仓储及邮政业	80428	76579	107.1
住宿和餐饮业	56591	57042	95.1
住宿业	4195	4503	93.6
餐饮业	52396	52538	95.2
金融业	148796	138664	106.5
房地产业	128860	115441	102.8

续表55

指标名称	2020年	2019年	发展速度（%）
K门类房地产业	12956	13592	87.5
自有房地产经营活动	115904	101850	105.0
其他服务业	596383	566481	104.2
营利性服务业	197256	180732	108.1
非营利性服务业	399127	385750	102.4
二、人均地区生产总值（户籍人口）	61765	58028	105.0
人均地区生产总值（常住人口）	68649	64787	104.5

说明：2020年为快报数，绝对数按现价计算，发展速度按可比价计算

2020年度龙游县农林牧渔业总产值情况一览表

表56

指标名称	2020年	2019年	±%
一、农林牧渔业总产值（万元）	300285	266304	-5.0
（一）农业产值	89952	83139	7.7
其中：粮食作物	29746	28664	—
油料	4676	5856	—
蔬菜	20788	19613	—
茶叶	3902	4944	—
水果	14074	10317	—
#柑橘	8639	6126	—
（二）林业产值	17923	18123	1.2
其中：林产品	3957	3080	—
竹木采伐	13022	14779	—
（三）牧业产值	166114	140341	-11.7
其中：猪	142582	117600	—
家禽饲养	14655	16767	—
（四）渔业产值	22292	21153	3.5
（五）农林牧渔服务业	4004	3548	11.9
二、农林牧渔业生产			
（一）粮食总产量（吨）	122855	121419	1.2
其中：稻谷（吨）	105764	103941	1.8
油料产量（吨）	15541	16741	-7.2
其中：油菜籽（吨）	14415	14637	-1.5
水果产量（吨）	118121	107957	9.4
其中：柑橘（吨）	107984	76573	41.0
（二）生猪年末存栏（万头）	32.33	22.76	42.0
生猪年内出栏（万头）	46.14	87.15	-47.1
家禽年末存栏（万羽）	475.77	476.76	-0.2
家禽年内出栏（万羽）	1536.68	1352.91	13.6
水产品产量（吨）	21815	22470	-2.9

说明：绝对数按现价计算，发展速度按可比价计算

2020年度龙游县社会消费品零售总额情况一览表

表57　　单位：万元

指标名称	2020年	2019年	±%
一、社会消费品零售总额	1613576	1643989	-1.8
（1）限上零售额	74088	87371	-15.2
批发业	8274	28777	-71.2
零售业	56001	50255	11.4
住宿业	4585	3780	21.3
餐饮业	5227	4559	14.7
（2）限下零售额	1539488	1556618	-1.1
二、批发零售业商品销售额			
1. 批发业	—	—	8.5
其中：限额以上	1301696	1015688	28.2
2. 零售业	—	—	19.7
其中：限额以上	61381	50879	20.6
三、住宿餐饮业营业额			
3. 住宿业	—	—	-9.1
其中：限额以上	9490	9031	5.1
4. 餐饮业	—	—	-0.3
其中：限额以上	6146	5496	11.8

2020年度龙游县固定资产投资完成情况表

表58　　单位：万元

指标名称	2020年	2019年	±%
固定资产投资合计	—	—	3.9
第一产业	—	—	-38.1
第二产业	—	—	24.6
第三产业	—	—	-2.8
投资结构			
民间项目投资	—	—	50.9
交通投资	—	—	-10.6
生态环保、城市更新和水利设施投资	—	—	-8.1
高新技术投资	—	—	29.8
制造业投资	—	—	18.1
房地产开发投资	242544	406599	-40.3

2020年度衢州市各县（市、区）基本情况统计

2020年度衢州市各县（市、区）基本情况一览表

表59

指标名称	单位	市本级	柯城区	衢江区	江山市	常山县	开化县	龙游县
行政区域国土面积	平方千米	—	606.57	1747.53	2019.03	1097.32	2230.77	1143.33
镇	个	—	2	10	11	6	8	6
乡	个	—	8	8	5	5	6	7
街道	个	—	8	2	3	3	0	2
城市社区	个	—	56	6	16	10	11	11
行政村	个	—	213	279	292	180	255	263
年末总户数（户籍）	万户	—	18.16	16.58	20.50	12.45	12.30	16.83
年末总人口（户籍）	万人	—	44.18	41.16	61.33	34.16	36.06	39.98
其中：城镇人口（户籍）	万人	—	23.22	9.39	25.68	11.25	10.15	13.16
人口密度（户籍）	人/平方千米	—	728	236	304	311	162	350
出生率（公安口径）	‰	—	8.47	7.62	8.52	7.82	7.68	6.70
死亡率（公安口径）	‰	—	7.41	7.00	7.19	7.41	6.67	7.16
人口自然增长率（公安口径）	‰	—	1.06	0.62	1.33	0.41	1.00	-0.46
地区生产总值（当年价格）	亿元	322.08	236.48	209.35	312.64	160.15	150.50	247.61
其中：第一产业	亿元	0.00	8.30	21.78	23.98	8.33	14.15	15.23
第二产业	亿元	178.05	45.17	75.84	136.43	67.69	52.85	104.17
其中：工业	亿元	170.24	23.84	64.15	109.42	49.97	29.91	83.66
第三产业	亿元	144.03	183.01	111.73	152.23	84.13	83.50	128.21
人均GDP（按户籍人口计算）	元	—	126520	50823	50885	46748	41665	61765
人均GDP折合美元（户籍）	美元	—	18343	7368	7377	6777	6041	8954
农林牧渔业总产值	亿元	—	11.09	32.87	40.77	13.17	20.40	30.03
规模以上工业总产值	亿元	859.04	75.76	188.43	276.56	134.53	96.15	271.62
其中：轻工业	亿元	115.50	21.65	104.94	59.75	39.90	25.53	153.86
重工业	亿元	743.53	54.10	83.49	216.81	94.63	70.63	117.76
规模以上工业营业收入	亿元	859.33	79.71	207.81	300.27	137.98	108.81	286.76
利税总额	亿元	72.79	5.38	26.39	35.16	17.13	8.27	26.95
其中：利润总额	亿元	57.77	3.58	20.68	25.58	12.38	6.37	18.65
固定资产投资增速	%	26.1	4.1	4.1	2.6	3.2	-8.7	3.9
房地产投资	亿元	67.87	49.42	12.91	30.30	12.28	11.07	24.25
商品房销售面积	万平方米	49.58	58.14	11.26	20.56	35.15	11.96	28.06
其中：住宅	万平方米	43.30	57.79	10.90	14.66	18.83	8.41	25.39
社会消费品零售总额	亿元	—	208.94	75.67	150.06	71.77	89.19	161.36
其中：餐饮收入	亿元	—	11.77	5.37	4.53	12.45	13.90	27.15
商品零售	亿元	—	197.17	70.31	145.53	59.32	75.29	134.21
进出口总额	亿元	130.85	23.84	70.18	37.99	25.72	19.93	49.89
其中：出口总额	亿元	74.74	22.50	42.08	37.69	19.15	18.31	39.13
实际利用外资	万美元	—	642	150	849	—	—	660

续表 59

指标名称	单位	市本级	柯城区	衢江区	江山市	常山县	开化县	龙游县
财政总收入	亿元	75.67	20.21	30.14	34.96	19.90	16.16	31.69
其中：上划中央收入	亿元	29.54	6.89	12.02	13.65	7.71	5.96	12.05
一般公共预算收入	亿元	46.13	13.32	18.12	21.31	12.19	10.20	19.63
财政支出	亿元	92.13	56.87	61.60	72.18	54.78	56.13	65.96
金融机构本外币存款余额	亿元	3135.44	—	—	597.31	272.58	259.11	413.86
其中：住户存款	亿元	1572.08	—	—	381.40	162.57	157.52	242.20
金融机构本外币贷款余额	亿元	3046.65	—	—	478.77	236.23	245.02	374.40
保费收入	亿元	71.91	—	—	13.54	4.36	4.13	7.92
支付各类保险赔付额	亿元	22.26	—	—	4.31	1.44	1.68	2.65
公路总里程	千米	—	740.70	1764.15	1850.64	1130.54	1636.32	1538.67
固定电话年末用户数	万户	18.7	—	—	5.1	2.4	2.2	5.2
移动电话用户	万户	108.12	—	—	47.30	23.99	25.76	36.15
国际互联网用户（不含手机）	万户	42.73	—	—	16.21	9.42	9.96	15.44
空气质量优良天数比例	%	—	95.3	94.6	95.6	99.7	99.7	98.0
出境地表水水质类别	—	II	—	—	II	II	II	II
集中式饮用水源水质达标	%	100.0	—	—	100.0	100.0	100.0	100.0
城市区域环境噪声平均值（dB）	—	53.5	—	—	53.3	52.8	53.4	50.1
高新技术企业	家	111	50	70	90	48	20	78
专利授权数	件	—	1817	830	1223	838	416	1433
发明授权数	件	—	337	46	162	30	21	86
学校数	个	8	142	120	152	94	108	143
专任教师	万人	0.16	0.38	0.34	0.53	0.26	0.28	0.36
在校学生数	万人	2.24	5.25	4.77	7.25	3.78	3.72	4.40
广播覆盖率	%	—	100.0	100.0	100.0	100.0	100.0	100.0
电视覆盖率	%	—	100.0	100.0	100.0	100.0	100.0	100.0
文物保护单位	个	25	29	51	120	57	98	205
公共图书馆图书藏书量	千册、件	863	920	360	396	374	190	364
卫生机构数	个	—	396	289	397	288	172	353
卫生机构床位数	张	—	6291	1420	2875	1542	1793	1912
卫生技术人员数	人	—	7860	1872	3302	1906	1999	2460
其中：医生数	人	—	2774	811	1331	789	797	1030
在全国比赛中获奖牌数	枚	12	9	0	1	0	0	0
在全省比赛中获奖牌数	枚	131	274	3	86	21	12	14
城镇居民人均可支配收入	元	—	52862	41733	51987	39475	39475	51024
城镇居民人均消费支出	元	—	28984	22066	24993	22187	22187	27566
农村居民人均可支配收入	元	—	28138	23532	28415	20647	20647	26721
农村居民人均消费支出	元	—	16202	13798	17769	11981	11981	13507
参加基本养老保险人数	万人	40.98	7.07	16.77	41.63	21.94	24.39	27.40
参加基本医疗保险人数	万人	18.42	33.07	35.73	54.78	28.54	31.36	35.74
参加工伤保险职工人数	万人	12.62	6.89	5.12	8.15	4.22	3.02	7.07
参加生育保险人数	万人	12.82	8.02	6.48	9.53	5.66	4.23	7.70
参加失业保险人数	万人	10.43	5.56	4.51	6.91	3.39	2.67	5.35
城市居民最低生活保障人数	人	—	830	82	523	470	342	301

续表 59

指标名称	单位	市本级	柯城区	衢江区	江山市	常山县	开化县	龙游县
城镇低保资金支出	万元	—	626	74	392	350	262	241
农村居民最低生活保障人数	人	—	5279	12530	12694	9396	8311	9035
农村低保资金支出	万元	—	3998	8402	9196	6542	6165	6457
建成区面积	平方千米	79.36	—	—	18.70	17.74	14.79	15.39
城区（县城）人口	万人	38.45	—	—	15.56	8.26	11.10	11.91
建成区绿化覆盖率	%	43.55	—	—	44.35	40.98	44.22	45.07
人均绿地公园面积	平方米	16.66	—	—	14.81	17.92	14.81	14.87
污水处理率	%	97.15	—	—	97.25	97.92	97.17	97.61
生活垃圾处理率	%	100.0	—	—	100.0	100.0	100.0	100.0
获评中国传统村落	个	—	8	7	16	7	7	9
省级传统村落	个	—	13	15	8	6	9	6
获评省级美丽宜居示范村	个	—	15	15	18	14	20	19
其中：国家级美丽宜居示范村	个	—	0	0	1	0	1	0
农村卫生厕所普及率	%	—	99.00	99.00	99.00	99.00	99.00	99.00

说明：1．本表数据为快报数，部分指标市本级数据包括柯城、衢江；
2．柯城区人均 GDP 包含市本级

数据公报

龙游县2020年第七次全国人口普查主要数据公报

根据《全国人口普查条例》和国务院的决定，我国以2020年11月1日零时为标准时点进行了第七次全国人口普查。在国务院第七次全国人口普查领导小组的统一领导和市、县（市、区）各级人民政府的精心组织下，在全体普查对象的支持配合下，经过广大普查工作人员的艰苦努力，人口普查主要阶段任务已圆满完成。现将龙游县主要数据公布如下：

一、总人口

全县常住人口[①]为360229人，与2010年第六次全国人口普查的362380人相比，十年共减少2151人，下降0.59%。

二、户别构成

全县共有家庭户[②]157781户，集体户5611户，家庭户人口为336741人，集体户人口为23488人。平均每个家庭户的人口为2.13人，比2010年第六次全国人口普查2.55人减少0.42人。

三、人口性别构成

全县人口中，男性人口为186734人，占51.84%；女性人口为173495人，占48.16%。总人口性别比（以女性为100，男性对女性的比例）由2010年第六次全国人口普查的108.49下降为107.63。

四、年龄构成

全县常住人口中，0-14岁人口为45322人，占12.58%；15—59岁人口为217847人，占60.47%；60岁及以上人口为97060人，占26.94%，其中65岁及以上人口为72380人，占20.09%。与2010年第六次全国人口普查相比，0—14岁人口的比重下降1.81个百分点，15—59岁人口的比重下降6.89个百分点，60岁及以上人口的比重上升8.69个百分点，65岁及以上人口的比重上升8.13个百分点。

全县人口年龄构成情况表

表1-1 单位：人、%

年龄	人口数	比重[③]
总计	360229	100
0—14岁	45322	12.58
15—59岁	217847	60.47
60岁及以上	97060	26.94
其中：65岁及以上	72380	20.09

五、教育程度

全县常住人口中，拥有大学（指大专及以上）文化程度的人口为37445人；拥有高中（含中专）文化程度的人口为50830人；拥有初中文化程度的人口为123061人；拥有小学文化程度的人口为104086人（以上各种受教育程度的人包括各类学校的毕业生、肄业生和在校生）。与2010年第六次全国人口普查相比，每10万人中拥有大学文化程度的由5655人上升为10395人；拥有高中文化程度的由12572人上升为14110人；拥有初中文化程度的由35462人下降为34162人；拥有小学文化程度的由33417人下降为28894人。

全县常住人口中，文盲人口（15岁及以上不识字的人）为22896人，与2010年第六次全国人口普查相比，文盲人口减少3902人，文盲率[④]由7.39%下降为6.36%，下降1.03个百分点。

六、城乡[5]构成

全县常住人口中，居住在城镇的人口为185813人，占51.58%；居住在乡村的人口为174416人，占48.42%。与2010年第六次全国人口普查相比，城镇人口增加56124人，乡村人口减少58275人，城镇人口比重提高15.79个百分点。

注释：

①常住人口包括：居住在本乡镇街道且户口在本乡镇街道或户口待定的人；居住在本乡镇街道且离开户口登记地所在的乡镇街道半年以上的人；户口在本乡镇街道且外出不满半年或在境外工作学习的人。

②家庭户是指以家庭成员关系为主、居住一处共同生活的人组成的户。

③因四舍五入，人口分年龄比重之和不等于100。

④文盲率是指常住人口中15岁及以上不识字人口所占比例。

⑤城镇、乡村是按国家统计局《统计上划分城乡的规定》划分的。

附录

2020年度龙游县组织机构及其负责人

县级机构

中共龙游县委员会

书　　记：张晓峰
副 书 记：祝建东
　　　　　毛献明（—2020.06）
　　　　　徐洪水（2020.08—）
常　　委：李　昱
　　　　　徐　宾
　　　　　郑国华
　　　　　俞耀根
　　　　　姜锋华
　　　　　杨承志（挂职）
　　　　　俞忠胜
　　　　　叶琴仙（女）
　　　　　江建新
　　　　　徐新华

龙游县人大常委会

主　　任：周中民（—2020.04）
　　　　　舒　畅（2020.04—）
副 主 任：应　敏（女）
　　　　　赖　云（兼）
　　　　　范卫祥
　　　　　陆　民（—2020.04）
　　　　　徐建华（2020.04—）
　　　　　徐志明

龙游县人民政府

县　　长：祝建东
副 县 长：李　昱
　　　　　钟爱红（女）
　　　　　余继民
　　　　　杨承志（挂职）
　　　　　毛勇军（挂职）
　　　　　（—2020.06）
　　　　　詹虎山
　　　　　阮涵彦（—2020.05）
　　　　　姜建军
　　　　　方　烨（—2020.05）
　　　　　徐仲利（2020.05—）
　　　　　周　飞（2020.05—）
　　　　　龚凤丹（女）（2020.08—）

龙游县政协常务委员会

主　　席：洪一舟
副 主 席：李建民（—2020.03）
　　　　　陆　民（2020.04—）
　　　　　陆寿泉
　　　　　蓝芝苇（兼）
　　　　　陈　政
　　　　　周巧萍（女）
　　　　　（2020.04—）
　　　　　严志源
党组成员：张雪昌

县纪检监察机关

中共龙游县纪律检查委员会

书　　记：俞忠胜
常务副书记：陈水清（—2020.04）
　　　　　胡锡清（2020.05—）
副 书 记：胡锡清（—2020.05）
　　　　　徐　洪（2020.05—）

龙游县监察委员会

主　　任：俞忠胜
副 主 任：陈水清（—2020.04）
　　　　　胡锡清
　　　　　徐　洪（2020.05—）

龙游县人民法院

院　　长：祝志昌
党组副书记、副院长：童韧锋（女）

龙游县人民检察院

检 察 长：刘建华
党组副书记、副检察长：舒燕华

县委工作部门

中共龙游县委办公室（龙游县大数据发展局）

主　　任：严士平（—2020.03）
　　　　　陈水清（2020.04—）

中共龙游县委台湾工作办公室（龙游县台湾事务办公室）

主　　任：严士平（—2020.03）
　　　　　陈水清（2020.04—）

中共龙游县委组织部

部　　长：徐　宾
常务副部长：张永祥（—2020.03）

中共龙游县委宣传部
部　　　长：叶琴仙（女）
常务副部长：陈志芳（女）
（—2020.08）
余　鹏（2020.08—）
中共龙游县委统战部
部　　　长：郑国华
常务副部长：贾仲银
中共龙游县委政法委
书　　　记：毛献明（—2020.06）
徐洪水（2020.08—）
常务副书记：袁旭辉
龙游县机构编制委员会办公室
主　　　任：刘金宽（—2020.04）
许慧斌（2020.04—）
中共龙游县委机关工委（老干部局）
书　记（局长）：
周立云（—2020.04）
姜丽萍（女）
（2020.04—）
中共龙游县委巡察办
主　　　任：毛延新（—2020.01）
雷建春（2020.04—）
龙游县信访局
局　　　长：吴秀军
龙游县档案馆（县史志研究室）
局（馆）长：杨红宁（—2020.04）
胡炜鹏（2020.04—）
中共龙游县委党校
校　　　长：徐　宾（兼）
常务副校长：徐智慧

县人大工作部门

办公室
主　　　任：徐新台
研究室
主　　　任：祝　帅
法制内务司法委员会
主任委员：姜　锴（—2020.04）
张秋贤（2020.04—）
监察和司法委员会
主任委员：姜　锴（—2020.04）
张秋贤（2020.04—）
财政经济委员会
主任委员：汪建国（—2020.04）
洪士友（2020.04—）
经济工作委员会
主　　　任：方金元
财政金融工作委员会
主　　　任：王　胜
法制内务司法工作委员会
主　　　任：胡启芳（—2020.04）
祝文波（2020.04—）
监察和司法工作委员会
主　　　任：胡启芳（—2020.04）
祝文波（2020.04—）
农业与农村工作委员会
主　　　任：方向阳
建设和资源环境保护工作委员会
主　　　任：马盈忠
代表与选举任免工作委员会
主　　　任：柳学政
教科文卫民侨工作委员会
主　　　任：叶利平
人大社会建设工作委员会
主　　　任：朱秀梁

县政协工作部门

秘　书　长：袁小红
办公室
主　　　任：雷金标
研究室
主　　　任：王国清
经济委员会
主　　　任：李竹生
提案委员会
主　　　任：陈金新（—2020.04）
华　英（2020.04—）
委员工作委员会
主　　　任：徐素贞（女）
农业和农村委员会
主　　　任：童植龙（—2020.04）
吴安春（2020.04—）
人口资源环境委员会
主　　　任：黄宝林（—2020.04）
陈九心（2020.04—）
科教文卫体和文化文史学习委员会
主　　　任：郑绍坪
社会和法制委员会
主　　　任：肖炎生（—2020.04）
刘金宽（—2020.04）
港澳台侨委员会
主　　　任：汪国华

群众团体

龙游县总工会
主　　　席：陆　民（兼）
党组书记、副主席：
吴军杰（女）
（—2020.08）
陈志芳（女）
（2020.08—）
共青团龙游县委员会
书　　　记：高明月（女）
龙游县妇女联合会
主　　　席：张海霞（女）
龙游县科学技术协会
主　　　席：赖　云
党组书记：吴恒凯
龙游县工商业联合会
主　　　席：吴安春（—2020.04）
钱焱艳（女）
（2020.04—）
龙游县文学艺术界联合会
主　　　席：周巧萍（女）
党组书记：吴　军（—2020.04）
龙游县残疾人联合会
理　事　长：严林平
龙游县红十字会
会　　　长：钟爱红（女）（兼）
专职副会长：钟金柱

民主党派·无党派人士

中国国民党革命委员会龙游县总支委员会
主　　　委：李华琴（女）
中国民主同盟龙游县总支部委员会
主　　　委：吴幼平
中国民主建国会龙游县基层委员会
主　　　委：蓝芝苇
中国民主促进会龙游县总支部委员会
主　　　委：周巧萍（女）
中国农工民主党龙游县总支委员会
主　　　委：钟爱红（女）

九三学社龙游县基层委员会
主　　委：赖　云
龙游县无党派知识分子联谊会
会　　长：余小明

县政府工作部门

龙游县政府办公室
主　　任：严明华
龙游县发展和改革局
局　　长：徐建华（—2020.04）
　　　　　汪益平（2020.04—）
龙游县经济和信息化局
局　　长：王晟
龙游县教育局
局　　长：方伟军
龙游县科学技术局
局　　长：胡樟太
龙游县公安局
局　　长：詹虎山
政　　委：刘哲明
龙游县民政局
党组书记：项勇明
局　　长：雷　珍（女）
龙游县司法局
党组书记：林文建
局　　长：吴幼平
龙游县财政局
局　　长：傅正军
　　　　　（2020.02—2020.04）
龙游县人力资源和社会保障局
局　　长：夏浩波
龙游县交通运输局
局　　长：吴生祥
龙游县农业农村局
局　　长：劳志平
龙游县林业水利局
局　　长：陈怀俊
龙游县文化和广电旅游体育局
局　　长：严建军
龙游县卫生健康局
局　　长：丁　俊
龙游县退役军人事务局
局　　长：吴光林
龙游县应急管理局
局　　长：毛祥光
龙游县审计局
局　　长：范玉宏（—2020.10）
龙游县国有资产监督管理办公室
主　　任：徐建丰
龙游县市场监督管理局
局　　长：章宇夫
龙游县统计局
局　　长：叶华民
龙游县医疗保障局
局　　长：余浏娟（女）
龙游县综合行政执法局
局　　长：童利松（—2020.08）
龙游经济开发区
主　　任：缪建立（2020.01—）
龙游县公共资源交易监督管理办公室
主　　任：程骏飞
龙游县营商环境建设办公室
主　　任：徐　洪（—2020.04）
　　　　　严凛冰（2020.04—）
龙游县机关事务保障中心
主　　任：叶宏波
龙游县经济技术协作中心
主　　任：胡　萃（女）
龙游县征迁事务中心
主　　任：童筱俊（—2020.04）
　　　　　蓝素华（2020.08—）
龙游县供销社
党委书记、主任：
　　　　　姜丽萍（女）
　　　　　（—2020.04）
党委书记：王建虹（2020.04—）
主　　任：姜朝霞（—2020.04）
龙游县铁路轨道交通建设管理中心
主　　任：陈卫星
龙游传媒集团（县广播电视总台）
总裁（台长）：余柏成
龙游县水利工程建设管理中心
主　　任：周雪祥（2020.01—）
龙游县水务集团有限公司
董事长、总经理：谢荣茂
龙游县交通集团有限公司
董事长、总经理：徐汝清
龙游县城市发展投资有限公司
执行董事、总经理：胡炳银
龙游县文化旅游发展有限公司
执行董事、总经理：徐嘉龙
龙游县商贸物流发展有限公司
执行董事、总经理：吕益鸿
龙游县奔康投资有限公司
执行董事、总经理：付卫平

省、市属单位

国家税务总局龙游县税务局
局　　长：郑成岗
龙游县烟草专卖局（公司）
局长（经理）：周叶青
衢州市生态环境局龙游分局
局　　长：徐政建
龙游县自然资源和规划局
局　　长：吴　浩
衢州市住房公积金中心龙游分中心
主　　任：徐永恒
中国邮政龙游县分公司
总 经 理：周松杰
中国电信龙游分公司
总 经 理：张敬军
中国移动龙游分公司
副总经理（主持工作）：
　　　　　毛晓娟（2020.05—）
中国联通龙游县分公司
总 经 理：陈伟俊
龙游县气象局
局　　长：汪红燕
国网龙游县供电公司
执行董事：王剑宏（—2020.10）
总 经 理：李晓宇（—2020.10）
　　　　　王剑宏（2020.10—）
国家统计局龙游调查队
队　　长：王文龙
港航管理所
所　　长：王小波
衢州市盐业公司龙游分公司
经　　理：林远明
中国石化龙游支公司
经　　理：赵　昱（—2020.08）
　　　　　余国忠（2020.09—）
浙江省十里坪强制隔离戒毒所
所　　长：吴善龙
浙江省十里坪监狱
监 狱 长：陈红良

龙游县新华书店有限公司
总　经　理：郑连根
金华车务段龙游站
站　　　长：刘竞超
金华车务段龙游东站
站　　　长：强　熙

金融单位

中国人民银行龙游县支行
行　　　长：陈　生（—2020.09）
副行长（负责工作）：
　　　　廖有勤（2020.09—）
衢州银保监分局龙游监管组
组　　　长：孙　斌（女）
中国工商银行龙游支行
行　　　长：方　俊
中国农业银行龙游县支行
行　　　长：王建坤（—2020.02）
　　　　万黎琴（2020.02—）
中国银行龙游县支行
行　　　长：朱峻峰（—2020.07）
　　　　叶　俊（2020.07—）
中国建设银行龙游支行
行　　　长：兰叶定
龙游农村商业银行
董　事　长：徐水华（—2020.05）
　　　　宋利剑（2020.05—）
行　　　长：吴国华
中国农业发展银行龙游县支行
行　　　长：童延城（2020.03—）
邮储银行龙游县支行
行　　　长：柴孝宏（—2020.11）
党支部书记（主持工作）：
　　　　姜林榄（2020.11—）
龙游义商村镇银行
董　事　长：葛小平
行　　　长：宋志平
温州银行衢州龙游支行
行　　　长：童叶丽（女）
浙商银行衢州龙游支行
行　　　长：廖　军（—2020.08）
副行长（主持工作）：
　　　　陈　靓（2020.09—）
金华银行衢州龙游支行
行　　　长：张国宾
泰隆银行衢州龙游支行
行　　　长：应庆丰（—2020.04）
　　　　周晓盈（2020.04—）
台州银行衢州龙游支行
副行长（主持工作）：
　　　　李灵辉（—2020.10）
行　　　长：黄灵志（2020.10—）
民泰银行衢州龙游支行
行　　　长：毛凭跃（2020.01—）
招商银行衢州龙游支行
行　　　长：王仕伟
稠州银行衢州龙游支行
行　　　长：毛纳新
中国人民财产保险公司龙游支公司
总　经　理：黄建昌（—2020.09）
　　　　周水根（2020.09—）
中国人寿保险公司龙游县支公司
经　　　理：姜俊毅

乡镇（街道）

龙洲街道
党工委书记：王　展
办事处主任：叶　锋（2020.01—）
人大工委主任：王连标
东华街道
党工委书记：何有德
办事处主任：罗　露
人大工委主任：吴建军（—2020.08）
　　　　王上华（2020.08　）
湖镇镇
党 委 书 记：江建新（—2020.01）
　　　　徐新华（2020.01—）
镇　　　长：蒋建波
人 大 主 席：陈　滨（—2020.08）
　　　　杨献明（2020.08—）
小南海镇
党 委 书 记：应红峰（2020.04—）
镇　　　长：应红峰（—2020.04）
　　　　刘　振（2020.04—）
人 大 主 席：杨志平
溪口镇
党 委 书 记：刘洪刚
镇　　　长：祝　凯（2020.01—）
人 大 主 席：祝　凯（—2020.01）
　　　　夏建平（2020.04—）
横山镇
党 委 书 记：汪益平（—2020.04）
　　　　张余伟（2020.04—）
镇　　　长：刘　静（女）
人 大 主 席：黄界明（2020.01—）
塔石镇
党 委 书 记：方晓斌
镇　　　长：张　斌
人 大 主 席：徐永军
詹家镇
党 委 书 记：陈建生
镇　　　长：卢　泉
人 大 主 席：周小平
罗家乡
党 委 书 记：叶建清
乡　　　长：陈俊梁（2020.04—）
人 大 主 席：琚建伟
庙下乡
党 委 书 记：胡伟光
乡　　　长：贾伶俐（女）
人 大 主 席：蓝正伟（2020.01—）
沐尘畲族乡
党 委 书 记：吕　燕（女）
乡　　　长：雷伟斌
人 大 主 席：黄颖朝（—2020.01）
　　　　方小建（2020.01—）
模环乡
党 委 书 记：柴建明
乡　　　长：余律星
人 大 主 席：郑兴仲
石佛乡
党 委 书 记：方敏华
乡　　　长：张曙华（—2020.08）
人 大 主 席：张小花（女）
社阳乡
党 委 书 记：沈　涵
乡　　　长：胡礼刚
人 大 主 席：李新云（女）（—2020.08）
　　　　沈卫平（2020.08—）
大街乡
党 委 书 记：雷建春（—2020.04）
　　　　邱洪亮（2020.04—）
乡　　　长：邱洪亮（—2020.04）
　　　　张　宁（—2020.08）
人 大 主 席：董群燕（女）

（县委组织部　劳伟力整理）

县委十一届九次全体（扩大）会议上的报告摘要

勇担“窗口”新使命　奏响实干最强音
奋力绘就浙西新明珠的时代画卷

中共龙游县委书记　张晓峰
2020年8月24日

同志们：

今天，我们召开县委十一届九次全体（扩大）会议，主要任务是，进一步学习贯彻习近平总书记考察浙江重要讲话精神，认真落实省委十四届七次全会和市委七届八次全会精神，激励动员全县党员干部，勇担“窗口”新使命，奏响实干最强音，奋力绘就浙西新明珠的时代画卷。

这次全会，我们将讨论审议关于持之以恒深化8090新时代理论宣讲工作凝聚青年力量助推浙西新明珠建设的决定。印发了关于形成具有龙游鲜明辨识度的5项标志性成果的实施意见送审稿，请大家会后认真思考，踊跃提出意见建议。同时，我们还做了一些创新。第一次在全会上安排3场“8090新时代理论宣讲团”的汇报宣讲，让大家对这项得到习近平总书记批示的重大标志性成果，有更加直观、更为深刻的感受。第一次在全会上表彰先进。这次全省新时代青年理论宣讲工作现场会，规格高、时间紧、任务重，全县上下齐心协力、不辱使命，圆满完成了各项筹备工作。希望受表彰的同志保持激情、再接再厉，也希望通过你们，激励更多体制内外、党内党外、县内县外的青年才俊投身理论学习、理论宣讲，以学促讲、以讲促知、以知促行，争做堪当大任的时代新人。第一次在全会上对“五县联创”工作进展情况进行通报。“五县联创”是落实县委“14456”工作布局的重中之重。旨在通过这次通报，让大家对两年来的进展情况尤其是存在的突出问题有一个清醒、客观的认识，进一步增强责任心、紧迫感，推动各项创建工作往深里走、实里去。第一次在全会上印发了八大平台的攻坚任务书。八大平台是“五县联创”的主载体，也是打造“四个最”的检验场。我们要围绕八大平台建设，转型赋能、补短提升，为实现龙游大发展快发展高质量发展提供强有力支撑。

下面，我代表县委常委会向全会报告工作。

一、直面挑战、负重前行，在大战大考中展现龙游担当

今年以来，县委、县政府认真贯彻落实中央和省委、市委决策部署，早谋划、快行动，抓统筹、强落实，全面做好“六稳”“六保”各项任务，有力推进疫情防控和经济社会发展，取得了多个“两手抓、两手硬，两战赢、两领先”的阶段性成果，龙游喜事不断、好事连连。

第一，党建工作获殊荣。今年6月，习近平总书记对龙游“8090新时代理论宣讲团”工作作出重要批示，多位中央和省市领导作出一系列批示指示，这是龙游莫大的荣誉、莫大的骄傲。省委常委、宣传部部长朱国贤和市委书记徐文光专程来龙游调研指导，省市宣传部门精心帮助，各级各单位齐心协力，广大龙游青年倾情投入，一批精品讲师、精品课堂、精品场景脱颖而出。6月30日，全市8090新时代理论宣讲工作现场推进会在龙游召开。7月21日，全省新时代青年理论宣讲工作现场会在龙游召开。这项工作受到了与会各级领导的高度评价，引起了社会各界的广泛关注，也得到了广大群众的纷纷点赞。这是龙游发展史上一桩极具里程碑意义的大事，值得付诸更多努力、作出更大贡献。

第二，疫情防控“零确诊”。今年1月以来，面对突如其来的新冠肺炎疫情，县委、县政府坚决贯彻中央和省市决策部署，高度敏锐敏感、超前谋划考量、果断决策施策，相继推出网格排查“四个一户不漏”、县级领导“五个一”包干、企事业单位“四个到位”、战时管理“六个严禁”、涉鄂人员“十个要求”、党员志愿者“红色征集令”等一系列举措。“暖心红福字”做法得到省委书记车俊肯定，废弃口罩专业化处置模式登上央视新闻，集中隔离“3342”机制被全市推广。在这场疫情防控人民战争、总体战、阻击战中，各级党员干部临危不惧、挺身一线，全体医务工作者义无反顾、逆行而

上，社会各界踊跃参与、群策群力，牢牢守住了疫情防线，铸就了“零确诊”的健康品牌。

第三，经济发展走前列。坚持在常态化疫情防控中奋力实现经济社会发展目标任务，组建19支“战时服务团”和261名“护企手”，大力实施“四大行动”，精准有序推动复工复产复市，全县经济企稳回升、走在前列。6月龙游MEI指数得分95.43分，晋位全省第十、全市第一。220家规模企业实现产值118.8亿元，工业投资增长56.6%，工业利税总额增长15.1%。农业增产保供稳中有进，粮食种植面积31.7万亩，完成计划任务103.2%，生猪累计出栏30.7万头。旅游业逐步恢复，星级酒店住宿率从年初14%提高到60%，累计接待游客390.3万人次，旅游总收入达22.9亿元。通过全县上下的共同努力，上半年龙游实现生产总值110.6亿元，同比增长1.7%；固定资产投资54.4亿元，增长3%；一般公共预算收入13亿元，增长4.8%；城镇和农村居民人均可支配收入分别增长3.8%和3.4%。

同时，各级各单位围绕县委“14456”工作布局，扎实推进“三个年”活动，在各条战线、各个领域争先创优、实干比拼，有战绩、有成效、有亮点。

我们招商引资、招才引智，注入发展新动能。奏响“双招双引”主旋律，新引进招商引资项目31个，其中亿元以上项目14个、10亿元以上重大项目4个。上半年，全县民间投资增长49.7%、高新技术投资增长21.4%，有效投资考核全市第一，在全市重大项目推进年“互看互比互学”评选中位居榜首。成功引进10名海内外高层次人才、2名省级博士后工作站进站博士和7名“蓄水池”急缺人才。

我们一鼓作气、重整河山，开辟未来新空间。打响国土整治大会战，完成建设用地复垦立项2007亩、垦造耕地竣工2211亩，4个矿地综合利用项目全面启动，志棠矿地综合整治项目政策处理圆满收官。开展“三调”统一时点更新，最大限度挖掘土地开发潜力，对比2018年新增园地资源4.6万亩、建设用地1.4万亩。盘活用地指标120亩，完成供地2243亩，实现土地出让金收入和指标调剂收入18亿元。下好交通“先手棋”，杭衢高铁、入城口改造、灵山江沿江公路、高铁站房改造等重点交通项目建设推进有力，一再刷新项目征迁“龙游速度”。

我们统筹发力、协同推进，提升平台新能级。经开区、城东新区、龙游港区三大主引擎持续赋能，开发区18条道路改造提升工程全面开工，省级综合考核全市第一；城东新区31个重点项目建设如火如荼，跻身全国首个县级“国家绿色生态城区”；龙游港区吞吐量超150万吨，是2019年全年2.5倍，黄金水道复兴态势初显。“两江走廊”建设亮点纷呈，15个市级重点项目完成投资11.5亿元，在全市“一县一园”专项评比中斩获第一。红木小镇在省级特色小镇验收中获高度评价，六春湖项目列入省级山地休闲旅游发展试点，“浙江第一索”5月正式运营。成功创建省级全域旅游示范县，入围省级文旅产业融合试验区培育名单。

我们改革增效、破旧立新，打造样板新经验。持续深化“最多跑一次”“最多跑一地”改革，实现2691个事项网上办、403个事项一证办。“龙游通”写入省政府工作报告，App应用正式上线，相关经验入选全省优秀应用案例最高荣誉“观星台”。农村改革创新实践有了新突破，溪口乡村版未来社区建设领跑全市，全国首个乡村未来社区学院正式落地。新时代文明实践中心建设成效显著，在全省现场会上作典型经验交流。

我们不忘初心、以人为本，增进民生新福祉。扎实开展“全面小康决胜年”活动，全面消除家庭年人均收入8000元以下现象，14个领域58项补短提升工作稳步推进。民生事业不断发展，大南门历史文化街区保护工程开建，县博物馆开馆，乡镇综合文化站全面提升，教育医疗体制改革持续深化。扫黑除恶专项斗争走向深入，蝉联省平安县创建“十四连冠”。

在工作中，县委充分发挥统揽全局、协调各方的领导核心作用，以党建统领活的灵魂，一根红线贯穿到底。坚持实干为先，成立16个“一线实绩观察团”，排摸储备300名优秀年轻干部，提拔重用一线干部32名。坚持超前谋划，做深做细做实村社组织换届，推出“揭榜挂帅、百日会战、千中选人、五比五看”等一揽子举措，择优筛选“一肩挑”人选288名。坚持从严治党，部署开展“政治监督强化年”、村级组织换届环境“百日清障”行动，严肃认真做好省委巡视整改情况回访检查反馈意见整改落实，完成117个行政村巡察全覆盖，处置问题线索671件、立案180件、给予党纪政务处分161人次。

以上工作的开展和成绩的取得，离不开上级党委政府的正确领导，离不开全县各级各部门和党员干部的恪尽职守，离不开全体人民群众的理解支持。在此，我代表县委常委会，向奋战在一线的干部群众、广大企业家，向所有关心支持龙游事业发展的各级领导、各界人士，表示崇高的敬意和衷心的感谢！

在看到既有成绩的同时，我们也要清醒认识存在的短板和问题。一是示范引领作用不够明显。尽管“五县联创”工作取得阶段性成效，但各线进展情况还不平衡，部分创建工作与市内其他兄弟县市相比，竞争优势不够突出。二是全面小康补短工作任务艰巨。对照县级监测的29项具体指标，有6项指标与“国标”“省标”要求存在差距。对照14个领域58项补短板工作，有10个领域补短还需进一步加大力度。三是项目建设问题仍然较多。项目总体进度偏慢，1—6月，"421"实施类项目仅完成年度计划的33.1%。部分项目土地指标报批工作滞后，前期谋划不深问题仍有发生。招商项目入库转化率偏低，1—7月，新招引的48个落地项目中仅入库12个、出数11个。四是干事创业激情有待提振。少数干部依然存在惯性思维、厌战情绪和畏难想法，主动担当、靠前服务、奋力拼抢的意识比较淡薄。对于上述问题，我们要高度重视、主动出击，有针对性地加以解决。

二、对标对表、勇担使命，当好"重要窗口"的建设者、维护者、展示者

3月29日至4月1日，在统筹推进疫情防控和经济社会发展的特殊时期，习近平总书记到浙江考察调研并发表重要讲话，赋予浙江"努力成为新时代全面展示中国特色社会主义制度优越性的重要窗口"的新目标新定位，为我们把握新时代历史方位、谋划未来发展大局指明了方向、提供了遵循。6月17日至18日，省委召开十四届七次全会，提出建设"重要窗口"十个方面内容、加快形成十三项具有中国气派和浙江辨识度的重大标志性成果。8月6日，市委召开七届八次全会，提出深入践行习近平同志重要嘱托，加快建设浙皖闽赣四省边际中心城市，并专门审议通过了为全省建设"重要窗口"主动担当奋发有为的决议。

我们要深刻领会、用心领悟，深学笃用、知行合一，坚持以习近平总书记重要讲话和省委、市委全会精神为行动指南，切实增强"窗口"意识、树立"窗口"标准、强化"窗口"担当，努力当好"重要窗口"的建设者、维护者、展示者。

1. 当好"重要窗口"的建设者、维护者、展示者，必须提高站位、彰显担当。龙游是习近平总书记关心关怀过的地方，龙游人民对习近平总书记怀有质朴真挚的情感。习近平总书记主政浙江期间，曾三次调研龙游，作出了"靠山吃山，因地制宜发展特色产业""农村致富的路子，还要靠减少农民""农村环境要像城市一样净化美化，社会事业要与经济建设同步发展"三个重要指示。这次，习近平总书记又对"8090新时代理论宣讲团"作出重要批示。对于一个县来说，我们何其光荣、何其幸运，更需不待扬鞭自奋蹄。我们要把推动"重要窗口"建设的县域实践，与学习贯彻习近平总书记考察浙江重要讲话精神贯通起来，与落实习近平总书记对龙游作出的一系列重要指示、批示精神贯通起来，与增强"四个意识"、坚定"四个自信"、做到"两个维护"贯通起来，用有力的行动、实际的成效回应习近平总书记的关怀，用绝对的忠诚书写使命与担当。

2. 当好"重要窗口"的建设者、维护者、展示者，必须厚植优势、补齐短板。车俊书记在省委全会上论述"重要窗口"六大着力点时，将"聚焦制度优越性"摆在首位，特别强调要"激发创新创造性"。这些年，多位省市领导在不同场合对龙游赞许有加，表扬龙游"是个出经验、出模式的地方"。从农民异地搬迁到生猪养殖"三大模式"，从国资体制改革到全国首创"无证明"县，从"龙游通"赋能应用到"8090"大放异彩，我们在多个领域创下了"国字号""省字号"的响亮品牌，背后都是敢为人先的精神传承，都是体制机制的大胆创新。敢想敢干、敢闯敢试，是龙游建设"重要窗口"最大的优势所在、底气所在。但也要看到，龙游正处在"船到中流浪更急、人到半山路更陡"的关键时期，遭遇着"成长中的烦恼"，突出表现在经济总量不大、城市能级不高、发展后劲不足等方面。我们要对标对表省委、市委部署要求，把县域实践的过程作为进一步改革创新、谋变图强的过程，扬长板、补短板、堵漏洞、强弱项，为"重要窗口"建设提供更多的龙游素材、积累更多的龙游经验。

3. 当好"重要窗口"的建设者、维护者、展示者，必须抢抓机遇、主动作为。当前，世界正处于百年未有之大变局，面临全球大流行的疫情之变、全球增长衰退的经济之变、中美经贸摩擦的贸易之变。在这个特殊的大背景下，中央审时度势，提出加快形成以国内大循环为主体，国内国际双循环相互促进的新发展格局。如果说，过去的外循环经济成就了沿海开放型城市的辉煌，那么如今的内循环经济，将为内陆开放型城市带来无限可能。市委因势利导，提出建设四省边际中心城市，打造"大三城""小三城"和七个方面"桥头堡"，以大胆略、大智慧、大手笔推动大发展快发展高质量发展。我们要深刻领会市委战略意图，积极融入全市发展大局，抢抓内循环下扩大投资、扩大消费、国产替代的结构性机遇，进一步发挥区位、产业、资源等方面的竞争优势，推进衢龙一体、融杭接沪，主动服务四省边际中心城市建设。

4. 当好"重要窗口"的建设者、维护者、展示者，必须不忘初心、人民至上。群众路线是我们党的生命线，是事业无往不胜的关键法宝。在这次新冠疫情防控中，"中国之治"与"西方之乱"形成了鲜明对比，核心是打响了党领导下的人民战争。这些年龙游场场大战、场场大胜，除了体制内的统筹整合联动、跨界融合打通外，最重要的是广泛发动群众、紧紧依靠群众。我们所做的一切工作，都是以人民利益为出发点；我们取得的一切成绩，都是以人民共享为落脚点；我们干事创业的一切如虹气势，都是以人民参与为支撑点。站在"重要窗口"建设的时代背景下，我们更要坚持以人民为中心的发展思想，始终顺应民

心、尊重民意、关注民情、致力民生，让“重要窗口”的建设成果更多更公平地惠及全县人民。

三、赋能发力、争创优势，加快形成具有龙游鲜明辨识度的5项标志性成果

建设“重要窗口”是一项艰巨的长期性系统工作，是宏观思路、中观谋划、微观举措的有机统一。我们要对标对表省市部署要求，立足现有工作基础，着眼未来长远发展，把制度优势转化为治理效能、治理效能转化为实践成效，加快形成一批具有鲜明辨识度的标志性成果，为“重要窗口”建设提供更多龙游实践、龙游素材、龙游样本。

第一，赋能发力“8090新时代理论宣讲”，打造学习、宣传、实践习近平新时代中国特色社会主义思想的示范样板。省委部署“重要窗口”建设，第一个窗口就是“努力建设展示坚持党的科学理论、彰显习近平新时代中国特色社会主义思想真理力量的重要窗口”，第一个标志性成果就是“打造学习、宣传、实践习近平新时代中国特色社会主义思想的重要阵地”。我县“8090新时代理论宣讲团”恰逢其时、首当其冲，率先为龙游争了光、为全省添了彩。我们要持之以恒抓下去，按照“当好样本、走在前列”要求，在已经取得重大成果的基础上，巩固拓展机制化体制化制度化经验，在全国范围内进一步扩大影响力，致力打造全国新时代青年理论宣讲样本县。

在实践中，要秉持做实做久做好理念。“做实”就是要坚持理论宣讲“四个用来”，用来凝聚人心、用来服务中心、用来培养年轻干部、用来助推县域发展，虚功实做、真抓实干，理论联系实际。“做久”就是要在系统化设计、品牌化打造、规范化建设三个方面做文章，常讲常新、常态长效。“做好”就是要在组织体系全域化、资源利用全域化、宣讲覆盖全域化三个“全域化”上下功夫，由点到面、全面开花，由事及人、形成风尚。

当务之急做好三件事。第一件事，持续优化“一码一课一指数”和“两团一器”大后台的顶层设计指导，形成良性循环，争取三年内每年打造一批金牌讲师、精品课程、精致场景。第二件事，坚持“实战练兵、宣讲先行”，把每一场重点工作动员会作为宣讲业务培训会，把每一个实战一线作为宣讲一线、比拼一线、锤炼一线，让更多年轻干部在“双招双引”、征地拆迁、项目推进、矛盾化解等重点工作中提升理论宣讲能力和实践操作能力，稳步走上新时代舞台。第三件事，坚持党的创新理论指引到哪里宣讲就到哪里，人民群众在哪里宣讲就到哪里，中心工作推进到哪里宣讲就到哪里，围绕重大战略、重要部署、重点工作开展常态化、流动式宣讲，让宣讲成为龙游最美的风景，成为龙游青年最流行的时尚。

第二，赋能发力“科技引领、产业创新”，打造内陆地区制造业高质量发展的示范样板。制造业是立县之本、强县之基，关乎“重要窗口”建设的质地和成色。这些年来，我们围绕高端智造示范县创建，聚焦“3+3”制造业体系，推动传统产业改造提升、新兴产业培育壮大，取得了显著成效，尤其在进口替代领域实现了突破性进展。中央部委和省市领导在视察我们的开发区和企业后，都连连称赞“出乎意料”“意想不到”，给予了很高的评价和期待。

内陆地区与沿海发达地区相比，发展制造业“先天不足”，唯有依靠“科技引领、产业创新”，才有机会实现弯道超车、跨越追赶。新昌就是一个典型例子。作为同样内陆小县的新昌，用20年时间跻身全国百强县，走的就是创新驱动发展的路子。我们要全面对标新昌，坚持创新驱动引领，致力打造全省内陆地区推进制造业高质量发展的先行区、示范区。力争到2021年年底，制造业投资年均增长10%以上，占工业投资比重达到65%以上；高新技术产业投资年均增长10%以上。高新技术产业增加值占规上工业增加值比重提高4%以上，R&D经费支出占GDP比重达到2%以上，新增高新技术企业30家、科技型企业60家。

当务之急要抓好五件事。第一件事，加大科技创新力度。加快东南数字经济发展研究院龙游分院实体化运营，引导企业加强科技攻关，提升自主研发能力，推进应用型科技产业化。加快现有企业自动化、数字化、智能化改造步伐，全面推动“企业上云”“机器换人”，确保今年完成亿元以上企业智能化诊断和特种纸传统制造业改造提升省级试点。第二件事，加强重点领域招商引资。从引项目更多转向引生态，加大上下游产业链配套项目招引力度，力争下半年有新突破、新亮点。第三件事，开展企业精准服务。适时针对优质企业行业制定滴灌式、个性化政策措施，大力推动企业股改上市，争取A股上市企业早日实现“零的突破”。第四件事，推进开发区园区平台整合提升。加快经济开发区创业园区、科技园区、绿色园区“三区联创”和基础设施补短。谋划推动湖镇工业区、商贸物流园区和龙游港区“三区整合”，培育战略发展新引擎。第五件事，大力度推进落后产能倒逼淘汰和市场出清。没有落后的行业，只有落后的企业，只要奔着科技去、奔着未来去，老树也能开新花，传统产业也能再创新优势。

第三，赋能发力“两江走廊、乡村振兴”，打造拓宽“两山”转化通道的示范样板。龙游最大的资源禀赋在两江，最好的基础条件在两江，最深厚的人文底蕴在两江。这些年，我们围绕“两江走廊”建设，倾注了大量人力、物力、财力、精力，姜席堰跻身世界水利灌溉工程遗产，连续打响“士元之战”“小南海之战”，

溪口、六春湖迎来美丽蝶变，付出了诸多心血，取得了累累战果。可以说，“两江走廊”大平台是龙游最大的工作聚焦平台、载体集聚平台、资源整合平台、成果展示平台。我们要围绕乡村振兴示范带、全域旅游核心区、美丽花园精品园的目标定位，高起点、高品质建设“两江走廊”，全面打造产业兴旺、生活幸福的活力走廊，风光宜人、风貌宜居的美丽走廊，风土人情、神形兼备的有礼走廊，治理有效、平安稳定的和谐走廊，脱贫奔康、丰衣足食的富裕走廊，致力成为全省展示“绿水青山就是金山银山”理论实践成果的示范性“窗口”。

在实践中，要聚焦“两线、两核、两区”。“两线”即衢江沿线环境整治、业态植入和灵山江沿线景点串联、风貌提升，形成“两江化一龙”精品线路。“两核”即“红木小镇+龙游石窟”联创5A和六春湖高山运动小镇两大全域旅游核心产品。“两区”即超级版美丽乡村大花园士元实验区和溪口乡村版未来社区两大乡村振兴标志性项目。

“两江走廊”建设，体量大、任务重、时间紧，必须坚持体系作战理念，灵活运用市委“3752”顶层设计，一个一个演绎，一步一步积累。当务之急要在6个点上统筹发力。第一个点，衢江沿线。完成曹垅村、周红坂村改造，推进团石村业态植入和活动跟进，争取年内江心洲大型兰花综合体签约。第二个点，灵山江沿线。加紧沿江公路建设和整体改造方案设计，明年整条线路要动起来、火起来。第三个点，士元实验区。加快剩余农房腾空拆除和土地流转，推进正大项目实质性运营。第四个点，溪口未来社区。争取年底前“两联、两大、两中心、两小区”建设基本成型，积极申报纳入2021年度省级农村综合集成改革试点。第五个点，红木小镇。重点谋划好“白天一个亲子乐园、晚上一台夜景大戏”，尽快启动项目建设，丰富小镇内容，集聚小镇人气。第六个点，六春湖景区。围绕“山上大本营、山下大舞台”，加快山顶六春湖滑雪运动公园、主题度假酒店、四季嘉年华等项目建设，推进山下精品民宿、农家乐繁荣发展。同时，做好面上精品打造和重点工作、重点项目谋划，确保年年有亮点、有变化、有新意。

第四，赋能发力“小县大城、农民集聚”，打造城乡统筹融合发展的示范样板。习近平总书记在浙江工作期间来龙考察调研时指出“农村致富的路子，还是要靠减少农民”。我们始终牢记习近平总书记重要指示精神，把推进城乡统筹融合发展作为高水平建设全面小康社会的关键大事来抓，通过“小县大城、农民集聚”，走出了一条具有龙游特色的新型城镇化道路。早在2008年，我们就在全省率先试点“公司化运作、市场化安置”农民集聚模式，全国扶贫搬迁工作现场会在龙游召开。近年来，我们又创造性地推出“金宅地”“金房券”政策，拿出最好地段谋划建设“5+5”新型农民集聚区，全市农民集聚现场会在龙游召开。

可以说，农民集聚是龙游在全国、全省成名最早的一张金名片。在建设“重要窗口”的实践中，我们要把这项鲜明的创新成果坚持下去，统筹推进人口梯度集聚、土地全域整治、农房管控风貌提升，致力打造全省城乡统筹融合发展的县级样板。争取到2025年，城镇人口总数突破30万人，城镇化率达到60%以上。

重点抓好“三个全”。第一，全县域做好空间规划。牢牢把握新农村发展演变的规律和趋势，处理好空间规划、环境规划和土地规划之间的关系，完善分类梯度的规划管控机制，宜农则农、宜旅则旅、宜聚则聚、宜迁则迁，合理规划全县集聚村、控制村、萎缩村和城镇集聚区。第二，全方位加强政策整合。遵循“农民可接受、政府可承受、发展可持续”原则，加大“两金”政策宣传引导，加强创业就业、公共服务、基本保障等政策的整合、创新，以实质利好吸引农民落户城镇、转产转业。第三，全要素提升建设品质。以更高标准、更全配套、更优质量，把农民集聚小区打造成为现代社区、新型社区、未来社区。扎实推进“5+5”新型农民集聚区建设，确保文成小区、端礼小区、南海家苑、黄茶小镇2021年完工。因地制宜、梯度推进湖镇、溪口、塔石、横山、詹家等集镇安置小区建设。

第五，赋能发力“龙游通+全民网格”，打造县域治理体系和治理能力现代化的示范样板。推进治理体系和治理能力现代化是一个时代大命题，重点在打基础、难点在抓基层。近年来，我们尊重群众首创精神，创新“龙游通+全民网格”智治模式，不断打通基层治理的“神经末梢”。从1.0版“村情通”，到2.0版“龙游通”微信端，再到3.0版“龙游通”App，我们的技术运用更加娴熟、智慧应用更加广泛、治理效能更加彰显。这项工作被作为一项重要的创新经验在全省推广，并在全国范围内形成了品牌效应。

在建设“重要窗口”的实践中，我们要持续推进“龙游通+全民网格”，努力为“中国之治”的基层之治提供龙游标准、龙游样本。充分发挥“最多跑一次”“最多跑一地”改革牵引作用，做深做好“龙游通”迭代升级和网格化精准治理两大文章，通过“制度+技术”“线上+线下”，不断丰富完善县域“智治”模式，致力打造全国基层治理体系和治理能力现代化的县级样板。

围绕上述目标，要加强“2+2”顶层设计。第一个“2”是围绕数据端发力，强化“一纵一横”数据支撑。“纵向”要加速“龙游通”与省数据交换共享平台、衢州城市数据大脑2.0和“三通一智”平台的数据对接，构建省市县三级数据共联共享的“金字塔”架构。“横向”要打破分散于各领域、各行业的“信息孤岛”，实现全县域数据信息归集整合。到2021年年底，实现全县各领域数据资源向“龙游通”全量归集、各信息化系统应用端向“龙游通”全面整合。第二个“2”是围绕需求端赋能，推进智能应用和智慧治理持续升级。智能应用方面，坚持“系统集成、包罗万象”，打造覆盖个人和企业全生命周期的综合性服务应用平台。智慧治理方面，广泛运用大数据、云计算、人工智能、区块链等新技术，加强“龙游通”在党建引领、科学决策、协同联动、应急处置、风险防范、民主管理等领域的信息收集、数据分析和结果运用，以智慧治理优势加速迸发出更强的治理效能。

近期要重点抓好以下工作。第一，按照一个中心、一个大脑、一套标准、一张地图、一站服务、一个终端的“六个一”功能定位，重塑“龙游通”系统架构。第二，围绕全县域“龙游通”App注册安装“一户不漏”目标倒排时间，加强推广宣传，能早则早、能快则快。第三，加快全数据归集、全领域拓展、全媒体融合，开发更多管用、实用、好用的功能栏目。第四，推动“龙游通”与“三联工程”、模块化改革、“周二无会日”、乡村振兴讲堂、“舒心馆”、红色物业联盟和县级矛调中心等制度机制无缝对接、有机融合，构建县域治理现代化体系的大链条、大闭环。

打造5项标志性成果，是一个历久弥新、常抓不懈的过程。我们既要仰望星空，更要脚踏实地，一步一步真抓实干，确保每一项成果都能经得起历史和人民的检验。要把其中蕴含的改革精神、理念、方法融入龙游事业的方方面面，多创造一些在全省乃至全国拿得出、叫得响的好做法、好经验，打造更多引领性强、公认度高、影响力大的品牌，让龙游在“重要窗口”建设中熠熠生辉、闪闪发光。

四、化危为机、稳中求进，坚决实现“两手抓、两手硬，两战赢、两领先”

今年是实现第一个百年奋斗目标的冲刺之年，也是我省建设“重要窗口”的开局之年。我们要清醒认识严峻复杂形势，立足当前、着眼长远，在危机中育新机，于变局中开新局，奋力夺取疫情防控和经济社会发展“双胜利”，确保高水平全面建成小康社会。

1. 慎终如始抓好疫情常态化防控。当前，疫情的溯源、传播机制还不清楚，国外疫情形势复杂严峻，国内局部地区疫情出现反复，外防输入、内防反弹的压力仍然较大。我们要做好与新冠病毒长期做斗争的思想准备，杜绝任何麻痹思想、侥幸心理、松劲心态，细之又细、慎之又慎地做好疫情防控各项措施，坚决守住“零确诊”的不易成果。充分发挥疫情防控专班工作机制作用，落实落细精准措施，强化重点人员排查管控，加强农贸市场、批发市场、超市以及医院发热门诊等重要环节管控，健全联防联控、群防群治长效机制，织密织牢公共卫生防护网。加强疫情防控的宣传教育引导，大力倡导推广使用公筷公勺、不随地吐痰、见面作揖礼等文明新风尚，持续巩固拓展全社会支持参与疫情常态化防控的良好局面。

2. 继续打好内外兼修发展组合拳。外抓“双招双引”、内抓国土整治，是我们举全县之力打响的两场大战，要继续加大力度、扩大战果。招商引资方面，要想尽一切办法、用尽一切人脉抓招引，围绕重点领域补链、建链、强链，加快引进一批龙头型、科创型、成长型企业，争取下半年新引进5个亿元以上项目、1个20亿元以上先进制造业项目。强化招商实效，加快44个重点在谈项目落地转化，确保全竹生态产业园、德爵啤酒、鸿获科技、多元纺织等4个5亿元以上项目以及13个亿元以上签约项目落地开工。招才引智方面，要充分发挥人才新政效能，抢抓国内外人才流动新机遇，大力引进一批契合产业发展的高端人才、紧缺人才、技术人才。继续深化政校企合作、产学研融合，加快建设一批科技创新平台、人才创新平台，鼓励企业建立“科研飞地”。国土整治方面，要深入实施全域土地综合整治三年行动计划，争取三年任务两年完成。抢抓土地指标调剂“窗口期”，不折不扣完成土地指标调剂1500亩报备入库。全面推进矿山生态环境治理，加快横山镇志棠村废弃矿山综合利用项目出让。

3. 以更大力度推进“四大行动”。面对因新冠疫情、中美摩擦等引发的诸多不稳定不确定因素，我们要始终树牢风险意识、危机意识，驰而不息推进工业、服务业、农业、项目建设“四大行动”，稳住基本盘，打好主动战，努力夺取全年经济工作的高分报表。工业方面，要持续深化“四抢”行动，聚焦企业上市、政策落地、企业融资、人才需求等方面开展精准服务，千方百计支持企业过好“产能恢复关”“近期经营关”。服务业方面，要敏锐捕捉新的消费热点、新的增长点，紧盯国庆、“双11”等黄金消费时段，充分整合全县旅游景点、特色街区、商业综合体和专业市场，精心策划各类促消费活动，加强夜间经济的谋划打造，持续引旺人气商气。农业方面，要瞄准后疫情时代销售新模式、新热点，做好以销带产的文章，积极发展“直播+电商”数字营销，大力实施村播企播文播“三进”工程，高品质打造红木小镇县级直播中心，支持农批市场、申通产业园等打造营销品牌。项目建设方面，要深入开展重点项目县领导分区挂帅、“六比六看”“冲刺三季、收官四季”等活动，全力以赴推动在建项目快竣工、新建项目早开工、储备项目抓前期，确保65个、年度投资72亿元的重点建设项目按期推进。

4. 确保高水平全面建成小康社会。要以补短板、提成色为重点，确保全面小康路上一项工作都不能落下、一个人都不能掉队，与全省同步高水平全面建成小康社会。要在补短板上下功夫。全面对照县级监测中存在差距的6项指标和补短提升中任务艰巨的10个领域，一项一项梳理，一个一个整改，加大攻坚克难力度，三季度基本达标，四季度查漏补缺。要在惠民生上下功夫。全面推进县域医共体建设，加快健康产业中心项目进度，推动区域公共卫生服务更加优质均衡。持续深化教育体制改革创新，突出抓好高中段教育改革的破题，优化县域教育网点布局和教育资源配置，努力创建省级教育现代化县。完善公共文化服务体系，加强全民健身基础设施建设。要在强弱项上下功夫。助力企业纾困发展，降低企业生产经营成本，引导帮扶企业升级转型。聚焦农村困难家庭危房治理、村集体经济消薄增收、低收入农户饮用水保障等重点领域和薄弱环节，确保低收入农户收入年增长10%以上。坚持政府过紧日子，把钱用在刀刃上，保就业保民生保市场主体。

5. 对标建设区域明珠型城市。对标市委建设四省边际中心城市的战略部署，紧密结合龙游实际，在加快打造浙西新明珠的征程中拉高标杆、打开局面。要向着"高能级"持续发力。突出现代化、高标准、精品范，加速推进城东新区开发建设，深化绿色生态城区创建，锲而不舍抓好征迁扫尾攻坚，完善新区路网框架和绿地系统，加快公共文化服务中心、总部经济大楼、健康产业中心、大草坪地下空间、凤翔洲景观云桥、滨水休闲带等配套设施建设。统筹抓好老城补短提升，完善城市功能布局，加快大南门历史文化街区保护开发。要打造"开放型"区域枢纽。坚决扛起"桥头堡"的门户担当，加快推进高铁站房改扩建、杭金衢拓宽、"四好农村路"等项目建设，力促高铁北站、320国道外移、龙游港区桥头江工程二期、综合客运枢纽等项目前期取得突破性进展。构建完善公铁水综合物流体系，加快临港物流园区和城北物流交易中心建设，大力引进现代物流企业主体，发展壮大交通物流经济。要彰显"最有礼"城市特质。打好省示范文明县城创建荣誉战，深入实施"有礼指数"测评，常态长效推进"八个一"工作。深化城市管理执法体制改革，创新城市治理方式，深入开展"城市体检"、"十乱"整治行动，推进城市垃圾分类、物业管理提标扩面，提升城市管理科学化、精细化、智慧化水平。

6. 全面打造政治生态最佳县。党的建设是"重要窗口"建设的根本保障。我们要全面落实新时代党的建设总要求，以永远在路上的坚韧和执着不断把全面从严治党引向深入，持续营造风清气正的政治生态。要加强党的政治建设。坚持用习近平新时代中国特色社会主义思想武装头脑、指导实践、推动工作，健全落实不忘初心、牢记使命长效机制，严肃党内政治生活，经常对标对表，及时校准偏差，以理论清醒促政治坚定。牢牢把握意识形态工作领导权、管理权和话语权，认真落实意识形态工作责任制，切实维护政治安全、文化安全、意识形态安全。要夯实基层战斗堡垒。抓好村社组织换届，推进"百日攻坚、千中选人"排位赛，踩准节点、稳扎稳打推进试点及面上换届工作，高质量完成"一肩挑"换届目标，确保重点工作不脱档。按照三年计划两年完成的要求做好"两全"示范创建，以党建促脱贫攻坚、促乡村振兴，发展壮大村级集体经济。持续整顿软弱涣散党组织，坚决排查整顿农村发展党员违规违纪问题。要优化干部队伍作风。全面履行从严治党主体责任，抓实抓好"清廉龙游"建设。发挥巡察利剑作用，推进村社巡察全覆盖。建立容错纠错裁定机制，配套实施澄清保护相关制度，弘扬正气、鼓励担当。设立监察工作联络站，实施村监会"腰杆子"工程，推进基层公权力规范运行。驰而不息正风肃纪，持续解决形式主义突出问题，保持惩治腐败的高压态势。

最后，我就"十四五"规划相关工作再作一强调。"十四五"时期是我国由全面建成小康社会向基本实现社会主义现代化迈进的关键时期，高质量编制好"十四五"规划具有深远的战略意义和重大的现实意义。一要把握方向、放大格局。立足"以国内大循环为主体、国内国际双循环相互促进"的新发展格局，深入研析中央和省市精神，加强对宏观发展趋势、竞争态势和演变规律的研判，确保"十四五"规划的前瞻性、科学性、引领性。二要打开思路、深谋细研。坚持"传承+创新"，全面剖析龙游发展基础、产业结构、资源禀赋、人口流动和区位条件，在重大改革、重大政策、重大平台、重大项目谋划上开新篇、布新局。三要群策群力、集思广益。对于"十四五"规划的计划安排，9月底形成《纲要》框架，10月形成初稿（征求意见稿），11月底经修改形成《纲要（草案）》，12月提交县委县政府审议，明年1月提交人代会审议发布。各级各部门要主动参与、献计献策，充分吸收社会期盼、群众智慧、基层经验和专家意见，齐心协力把"十四五"规划编制好。

同志们，使命需要担当，实干成就未来，让我们更加紧密团结在以习近平同志为核心的党中央周围，坚决贯彻落实习近平总书记在浙江考察时的重要讲话精神，以昂扬的精神、奋进的姿态，大笔书写浙西新明珠的时代画卷，为建设"重要窗口"贡献更大力量！

龙游县第十三届人民代表大会第四次会议报告摘要

龙游县人民代表大会常务委员会工作报告（摘要）

龙游县人大常委会主任　周中民

2020 年 4 月 21 日

过去一年主要工作

2019 年，县人大常委会在县委的正确领导下，高举习近平新时代中国特色社会主义思想伟大旗帜，紧紧围绕县委“14456”工作布局，解放思想勇创新，助推发展勤履职，狠抓落实有作为，一年来共召开县人大常委会会议 11 次，听取和审议工作报告 33 项，作出决议决定、审议意见 32 项；召开主任会议 33 次，组织人大代表专题视察 4 次，执法检查 2 次，专题调研 10 次，处理议案和代表建议 178 件，依法选举和任免国家机关工作人员 85 人次，举行宪法宣誓 35 人次，补选市人大代表 2 名、县人大代表 14 名，较好地完成了县十三届人大三次会议确定的各项任务。

一、以政治引领为先，在履职行权中始终坚持党的领导

（一）切实提高政治站位。坚持把政治建设摆在首位，深入学习贯彻习近平总书记关于坚持和完善人民代表大会制度的重要思想、对地方人大及其常委会工作的重要指示精神，坚持以“八八战略”为总纲，自觉践行习近平总书记对衢州“八个嘱托”、对龙游“三个指示”精神。不断加强常委会党组建设，切实发挥常委会党组把方向、管大局、保落实的领导作用。出台县人大常委会党组重大事项向县委请示报告制度实施办法，坚持重大事项、重要活动、重要会议主动向县委请示报告。全面落实省、市、县委关于高水平推进人大工作和建设的实施意见，保证人大各项工作在县委的正确领导下依法有序开展。紧扣中心工作，科学安排年度监督议题，自觉融入全县发展大局。全力支持配合省委巡视工作，高标准抓好巡视整改任务落实。

（二）扎实推进主题教育。认真开展“不忘初心、牢记使命”主题教育，坚持学习教育、调查研究、检视问题、整改落实贯穿全过程。组织党员干部读原著、学原文、悟原理，开展集中自学、专题交流研讨、上专题党课等活动，不断深化对党的理论创新成果的理解。坚持把开展主题教育与人大依法履职有机结合，借助代表联络站平台，征求各类意见建议 39 条。深入村社、企业开展调研，累计走访 85 场次，发现各类问题 54 个，解决问题 19 个，领衔破难项目 12 个，解决民生实事问题 8 个，撰写调研文章 15 篇。全面深入检视问题，召开对照党章党规找差距专题会议和专题民主生活会、组织生活会，以刀刃向内的自我革命精神，认真开展批评和自我批评，逐条逐项对照检视，落实整改措施。

（三）依法规范人事任免。坚持党管干部和人大依法任免国家机关工作人员有机统一。加强任后监督，全面实施常委会任命人员履职情况年度报告制度，听取 6 名政府部门“一把手”口头报告，其他任命人员以书面形式提交履职报告，对任后履职情况提出个性化评价和意见，并开展满意度测评。组织开展“两院”拟任命人员任前公示，任命 30 名人民陪审员，推动司法队伍整体素质提高。

二、以服务大局为重，在助推中心工作中全力以赴

（一）主动参与全县重点工作。常委会领导分别牵头高坪桥水库、士元实验区、“两江走廊”小南海片区、红木小镇建设和“3+3+1”产业服务团等中心工作，有力促进了各项重点工作的推进落实。常委会及时研究出台“人大代表助推超级版美丽乡村大花园士元实验区建设”“人大代表投身农房整治、助力风貌提升”两个主题活动实施方案，并组织代表视察士元实验区、小南海片区的建设情况。县人大机关 3 名干部常驻士元实验区工作组；2 名干部加入小南海片区整治工作组，助力征迁拆违和美丽庭院建设；4 名干部担任“3+3+1”产业服务团团长。各乡镇、街道人大积极参与中心工作，在农房整治及乡镇模块化运行工作中发

挥了重要作用。各级人大代表积极响应县人大常委会号召，在农房整治等工作中充分发挥代表示范引领作用，以实际行动回答县委“铁军八问”。

（二）助力经济高质量发展。对“十三五”规划中期执行情况的审议意见落实情况开展跟踪督查，进一步激活县域经济内生发展动力。重视民营经济高质量发展，对部分重点企业开展集中走访调研，听取和审议关于促进我县民营经济高质量发展情况的报告，以18条清单式审议意见交办政府，要求坚持问题导向，推动各项政策落地见效，为企业排忧解难，提升服务质量。围绕打造营商环境最佳县，发挥行政服务中心代表联络站作用，省、市、县三级人大代表定期进驻联络站，以坐访、明察暗访等方式，收集交办意见，助力解决企业和群众办事遇到的困难问题。

（三）持续强化财经监督。两次听取和审议县政府关于我县经济社会发展情况的报告，依法作出决议决定，促进全县经济社会科学发展。听取和审议财政预算执行及其他财政收支审计发现问题整改情况的报告，推动审计发现问题整改落实到位。健全国有资产监督机制，首次听取和审议国有资产管理专项报告和综合报告，推动政府全面摸清家底、健全制度，提高管理水平。加强部门预算监督，9个政府部门预算提交县人代会审查，督促政府部门科学编制和执行预算。

（四）依法讨论决定重大事项。及时作出关于贯彻落实县委“14456”工作布局加快建设浙西新明珠的决定，通过法定程序把县委决策部署转化为全县人民的共同意志和自觉行动。作出关于批准《龙游县生态文明建设规划（2018—2025年）》的决定，促进我县生态文明建设，提升绿色发展水平。修订政府重大投资项目监督办法，分批审议通过23个政府重大投资项目，力促提高财政资金使用绩效。专题听取和审议政府重点项目推进情况报告，就存在的问题进行分析研究，有针对性地提出意见建议。

三、以改善民生为本，在增进人民福祉中彰显责任担当

（一）聚焦民生实事项目。深入实施民生实事项目代表票决制，县十三届人大三次会议票决确定的十大民生实事项目按期完成。对社会关注度高的热点民生问题常抓不懈，连续8年监督农民饮用水问题，听取县政府关于农村饮用水达标提标专项行动方案实施情况的报告，实地视察原水管道、龙北自来水厂等饮用水达标提标工程，建议政府加快项目进度，确保2020年全面完成全县农村饮用水达标提标任务。连续5年监督小区物业管理，对3个物业管理试点小区和15个试点扩面小区深入走访调研，委托第三方对县人大常委会物业管理审议意见落实情况开展督查测评，召开全县小区物业管理工作专题询问会，对问题实行清单式交办，确保问题及时销号解决，不断提升全县物业管理规范化水平。

（二）聚焦社会事业发展。针对社会各界呼声较为强烈的城乡公交一体化项目，由常委会领导牵头督办，县政府领导亲自挂帅，有关部门积极行动，在全市率先完成全区域的城乡公交运营，实现县内所有城乡公交线路“两元一票”。组织代表视察固废污染防治、污水零直排工作，依法落实环境状况报告制度，听取和审议我县环境状况和环境保护目标完成情况的报告，实现全县15个乡镇（街道）环境报告制度全覆盖。听取我县全域土地综合整治与生态修复工程建设情况的报告，要求政府充分发挥土地整治综合效应，通过产业培育带动经济社会发展，加快乡村振兴步伐。对全域旅游、学前教育工作的审议意见落实情况，开展督查和满意度测评，监督基本公共文化服务体系建设。

（三）聚焦农民增收致富。专题听取县政府关于扶贫开发工作的报告，建议政府进一步抓住扶贫开发工作重点，做到精准发力，加快资源整合，打赢脱贫攻坚战。组织代表专题视察特色效益农业助农增收情况，听取县政府关于特色效益农业发展情况的报告，督促政府完善产业规划和扶持政策，改善配套设施，优化生产环境，切实加快我县特色效益农业发展，多途径促进农民增收致富。

四、以公平正义为基，在法治龙游建设中持续发力

（一）推进普法宣传和宪法实施。听取县政府关于我县“七五”普法规划中期实施情况的报告，不断提高全社会法治意识和水平。深入学习宣传和贯彻实施宪法，组织宪法宣传日活动，普及宪法知识，弘扬宪法精神。严格执行常委会选举任命国家机关工作人员宪法宣誓制度，督促“一府一委两院”组织新任命人员向宪法宣誓。专题听取县政府扫黑除恶专项斗争工作开展情况的报告，要求“一府一委两院”形成合力，健全长效机制，打造共建共治共享的社会治理格局。

（二）不断深化司法监督。关注公益诉讼工作，听取和审议相关工作报告，作出加强和保障检察机关开展公益诉讼工作的决定，并对我县公益诉讼工作的审议意见落实情况开展督查。作出关于加强监督和支持县人民检察院法律监督工作的决定，进一步增强法律监督工作质效。对我县贯彻实施新民事诉讼法情况进行监督，督促“两院”切实维护人民群众合法权益。持续关注法院执行难问题，出台相关意见，充分发挥人大代表作用，助推法院破解执行难题。加强规范性文件备案审

查工作，保证宪法法律有效实施。

（三）加强法律实施监督。首次听取县监察委员会专项工作情况报告，促进依法监察。与省市联动开展学前教育条例执法检查并听取相关情况汇报，针对我县学前教育城区挤乡村弱、公办幼儿园较少等突出问题，督促政府从规划、经费、师资、管理等方面强化保障，推进学前教育持续健康发展。配合省市人大开展反走私综合治理、禁燃烟花爆竹、物业管理、非机动车管理、城乡网格化服务管理、农房建设管理等方面的立法调研，并提出立法建议。配合开展就业促进方面的执法检查。

五、以为民服务为责，在发挥主体作用中不遗余力

（一）切实加强常委会与代表的联系。完善常委会组成人员联系代表制度，邀请代表参加视察、执法检查，列席常委会会议、主任专题会议、常委会任命人员述职会议等活动，不断拓宽常委会联系代表途径。坚持开展代表小组活动，征求代表对常委会年度工作、监督议题、民生实事项目的意见建议。规范落实“三服务”、组团联村、组团联企等制度，深入基层开展调研，有序开展进代表联络站接待活动，及时回应人大代表和群众呼声，切实解决突出问题。

（二）充分发挥代表密切联系群众的作用。贯彻落实栗战书委员长在衢州调研时提出要把代表联络站建设成为人大代表联系群众的好桥梁、履行职责的好平台、学习交流的好阵地以及国家机关听取人大代表意见的好场所的“四好”要求，进一步规范全县代表联络站建设，在县行政服务中心设立代表联络站，并着力打造湖镇镇、经济开发区、阳光社区和子鸣小区4个“明星”站点，提升代表联络站的建设水平。建立健全代表联络站运行工作制度、考核制度，规范开展代表定期接待选民活动，把代表联络站建设及运行情况纳入对乡镇（街道）人大工作年度考核内容。全年各代表联络站接待选民559人次，收集问题建议322件，帮助解决问题254个。

（三）认真办理代表议案建议。高度重视代表议案建议办理落实工作，完善交办流程，深化领办督办模式，通过深入现场视察调研、邀请代表参与、听取承办部门汇报、召开座谈会等方式，推动代表议案建议有效落实。县十三届人大二次会议确定的关于加强城市饮用水保障工程建设的议案，施工期限为两年，目前主体工程已完工。县十三届人大三次会议确定的关于加快推进“两江”沿江美丽公路建设的议案已完成年度实施任务。17件重点建议中，已经圆满解决或基本解决的有7件，正在解决或列入计划逐步解决的有9件，未能有效解决的有1件。178件议案和建议已解决或基本解决的有76件，占总数的42.7%；正在解决或列入计划逐步解决的有91件，占51.1%；因受客观条件限制暂时难以解决，向代表作出说明的有11件，占6.2%。

（四）强化代表履职服务管理。坚持把代表培训作为一项基础性工作来抓，分批组织40名县人大代表赴全国人大培训中心集中轮训。依托信息化平台拓宽代表履职渠道，组织代表持续开展智慧监督治水活动，一年来各级代表积极参与治水监督巡查，累计巡查小微水体和养殖场数7225人次，反馈乡镇“四个平台”30多个问题，巡查频次在全市排名领先。坚持督促和激励并重，加强代表履职管理，落实代表向原选区选民述职制度，建立健全代表履职档案，注重规范代表履职行为。

六、以固本强基为要，在常委会自身建设中与时俱进

（一）加强思想政治建设。坚持不懈抓好理论武装，通过党组学习会、“人大讲坛”等多种载体，结合“不忘初心、牢记使命”主题教育，系统深入地组织学习习近平新时代中国特色社会主义思想。强化对机关党组、机关党支部意识形态工作的督促检查，全面落实意识形态工作责任制。规范落实常委会党员领导干部参加双重组织生活会制度，指导下级党组织扎实开展“三会一课”、主题党日、组织生活会等活动。加强人大宣传工作，召开纪念地方人大设立常委会40周年座谈会，精心制作专题片，编印人大工作文集。

（二）严守纪律规矩。严格执行中央八项规定精神，一以贯之推动全面从严治党向纵深发展。落实党风廉政建设主体责任，认真履行“一岗双责”，严格执行党组成员述责述廉制度。抓好理想信念和党性党风党纪教育，不断增强防腐拒变的能力。严肃党内政治生活，高质量开好民主生活会，及时查找问题，强化整改落实，营造良好的政治生态。

（三）完善工作运行机制。进一步完善常委会会议议事规则、主任会议议事规则等制度，夯实常委会履职行权的基础。加强业务联系指导，推进乡镇人大规范化建设。强化县人大常委会对街道人大工委的领导，听取街道人大工作汇报，配齐街道人大工委委员，全面实行街道居民议事会制度。完善县人大常委会工作机构，组建社会建设工作委员会。认真贯彻省人大常委会党组书记、副主任梁黎明在龙游蹲点调研时提出要利用“龙游通”平台创新开展人大工作的要求，在“龙游通”平台开通人大版块，于10月正式投入运行，初步实现代表掌上履职，推动“智慧人大”建设。

各位代表！岁末年初，一场突如其来的新冠肺炎疫情以凶猛的态势蔓延全国。面对这场没有硝烟的战争，县人大常委会高度重视、迅速行动，五次召开党组扩大会议，

第一时间传达学习习近平总书记重要指示精神和省委、市委、县委部署以及全国、省、市人大常委会的决定要求。召开主任会议专题听取“一府两院”落实省、市人大常委会“关于依法全力做好当前新冠肺炎疫情防控工作的决定”情况的报告，并作出关于依法全力做好我县当前新冠肺炎疫情防控工作的意见。及时发布《致全县各级人大代表的一封信》，倡议全县各级人大代表积极参与疫情防控工作。贯彻落实县委关于落实疫情防控与经济发展“两手都要硬、两战都要赢”的决策部署，人大常委会领导深入乡镇、村社、企业、重点场所检查指导，研判疫情、排查隐患，督促落实疫情防控措施。人大机关干部认真参与卡点值勤、“龙游通”实名认证、“健康码”推广等工作，并且深入社区开展防疫知识宣传、出租房和外来流动人员排摸、“清楼”行动等工作。各乡镇人大主席团、街道人大工委充分发挥密切联系群众的优势，凝聚代表力量，全力助推属地疫情防控工作。全县937名省市县乡四级人大代表在“战疫”一线主动当好示范员、宣传员、监督员，以实际行动践行人大代表的初心使命。

各位代表！一年来县人大常委会取得的工作成效，是县委正确领导的结果，是全体人大代表和常委会组成人员共同努力的结果，是“一府一委两院”密切支持配合的结果，也是全县人民、社会各界大力支持的结果。在此，我谨代表县人大常委会，表示衷心的感谢和崇高的敬意！

回顾过去一年的工作，我们也清醒地认识到，县人大常委会工作还存在一定的差距与不足。主要是：监督的形式和方法还需创新，跟踪督办的力度还需加大；代表作用发挥还不够充分，代表活动质量有待提高，代表意见建议办理的实效还有待增强；信息化建设和运用还需深化，机关工作效能和服务水平还需进一步提升。对这些问题，我们将在今后的工作中采取有效措施，认真加以改进。

2020年主要任务

2020年，是全面建成小康社会、实现第一个百年奋斗目标的决胜之年，是收官“十三五”规划、谋划“十四五”规划的承启之年，也是以新理念推进治理体系和治理能力现代化的开篇之年。2020年县人大常委会工作的总体要求是：高举习近平新时代中国特色社会主义思想伟大旗帜，深入学习贯彻习近平总书记关于坚持和完善人民代表大会制度的重要思想，按照县委十一届八次全会的部署要求，紧扣高水平全面建成小康社会，围绕推进县域治理现代化走在前列，坚守初心使命，服务中心大局，聚焦民生关切，忠诚履职行权，主动担当作为，创造性地推进人大工作和建设，为建设浙西新明珠、决胜高水平全面建成小康社会作出新的贡献。

一、致力扛起政治责任，确保人大工作正确方向。深入学习贯彻习近平新时代中国特色社会主义思想，特别要把全面持续深入学习贯彻习近平总书记关于坚持和完善人民代表大会制度的重要思想作为重要政治任务。始终坚持党对人大工作的全面领导，主动服务工作大局，依法履行职责，做到与县委决策部署同频共振、同向发力。常委会党组要切实履行全面从严治党责任，加强党风廉政建设和意识形态工作，抓好人大机关党的建设，严肃规范党内政治生活，推动全面从严治党不断走向深入。

二、致力精准有效监督，积极服务发展主战场。加强对经济运行情况的分析与监督，听取和审议国民经济和社会发展计划及执行情况的报告，重点加大对政府重大投资项目、部门预算、国有资产管理的监督力度。抓紧抓实“十三五”规划纲要执行及“十四五”规划纲要编制情况的监督。视察“文旅产业融合试验区”培育情况，推进文化旅游深度融合和高质量发展。联动开展《浙江省民营企业发展促进条例》执法检查，跟踪监督促进民营经济高质量发展审议意见落实情况。关注数字经济发展，重视科技创新工作。聚力聚焦“双招双引”工作主旋律，专题听取“双招双引”工作开展情况，专题调研企业股改上市工作。深化“三服务”活动，继续高度关注疫情防控和复工复产工作。围绕民生热点问题，深化民生实事项目代表票决制，开展医共体建设、基本养老保险、绿色生态殡葬改革等专项监督。聚焦乡村振兴和“美丽大花园”建设，持续加强小区物业管理、农村饮用水达标提标等工作监督，积极助推打赢低收入百姓增收攻坚战。重视环境问题，重点监督工业固废环境污染防治工作，促进全县生态环境持续改善。

三、致力弘扬法治精神，助推县域治理现代化。继续开展政府组成部门主要负责人向县人大常委会述职工作，听取县监察委员会专项工作报告。加强对“两院”审判权、检察权的监督，继续推动法院执行难问题的解决，依法推进检察机关法律监督工作。把听取和审议相关法律法规的实施情况作为监督重点，跟踪监督扫黑除恶专项工作，动态监督“一府一委两院”新任命人员宪法宣誓开展情况，不断加强规范性文件备案审查工作。持续监督“最多跑一次”改革，听取县政府推动矛盾纠纷调处化解“最多跑一地”工作情况报告，监督“七五”普法实施情况，助推县域治理现代化落地见效。

四、致力强化履职保障，汇聚代表工作强大力量。进一步深化“双联系”制度，发挥代表联络站主阵地作用，扩大联络站活动范围，通过代表接待日、代表小组活动等载体，持续开展人大代表进联络站接待群众活动。加强代表履职服务保障，建立健全代表履职评估机制，完善代表履职档案，加强履职学习培训，常态化开展代表述职评议，扩大代表对监督、任免、决定等工作的有序参与。用好“龙游通”人大版块，推动智慧监督由治水向民生实事项目等其他领域拓展延伸。健全完善议案建议“提好”“办好”制度机制，努力实现议案建议内容高质量、办理高质量。

五、致力守初心担使命，树立新时代人大新形象。坚持把“不忘初心、牢记使命”作为加强人大党的建设的永恒课题和党员干部的终身课题，巩固拓展主题教育成果，加强规范化制度化建设，深化落实抓人促事机制，激励干部改革创新、担当作为，不断推进人民代表大会制度在龙游的生动实践。重视人大宣传工作，全面加强县乡人大工作和建设，不断提升人大整体工作水平。

各位代表，新征程开启新篇章，新使命呼唤新担当。让我们更加紧密地团结在以习近平同志为核心的党中央周围，在县委的坚强领导下，不忘初心、牢记使命，锐意进取、奋发有为，为加快建设浙西新明珠、决胜高水平全面建成小康社会而努力奋斗！

龙游县十三届政府第七次全体（扩大）会议暨廉政工作会议上的讲话摘要

对标“重要窗口”建设　唯实惟先 奋勇争先

龙游县人民政府县长　祝建东

（2020 年 9 月 2 日）

同志们：

习近平总书记赋予了浙江建设“重要窗口”的使命，省市县分别作出了系统研究和贯彻落实，县委全会号召全县上下“勇担‘窗口’新使命，奏响实干最强音，奋力绘就浙西新明珠的时代画卷”。今天，我们召开县政府第七次全体（扩大）会议暨廉政工作会议，主要任务是进一步贯彻落实市委、市政府和县委全会精神，对标“重要窗口”建设，聚焦争先创优，拼经济、干项目、守底线，奋力争取全年“两手抓、两战赢”的高分报表。

刚才，会议发布了人才新政、表彰了先进，4 个部门发了言、各位副县长分别就口子上的重点工作作了部署，这个安排体现我们的导向：①产业创新的导向。新经济下人才在哪里，创新创业就在哪里；技工在哪里，制造业基础就在哪里；人口在哪里，市场和消费就在哪里。本次人才新政无论是广度、还是力度，都有较大的提升。尤其是突出“两化”融合，突出以平台和项目集聚人才，把“引进来”和“留下来”结合在一起，对人才保障力度比较大。②实干实绩的导向。县委全会肯定了上半年工作，刚才受表彰的企业、单位和个人都在我县产业创新、疫情防控、争先创优中作出过杰出贡献，党建获殊荣、防疫零确诊、经济走前列，这也是体现实干实绩的导向。③整体政府的导向。请各位副县长分别作了部署，一方面是参照市政府全会的做法，另一方面也体现整体政府的理念。各位副县长的部署，都是政府全体会议作出的部署，大家要一并落实好，请办公室做好汇总和任务下发，督查问效同步跟进。

刚才 4 家单位发了言：①经信局围绕打造内陆地区制造业高质量发展示范样板发了言，这是县委提出的“五大标志性工程”之一，包括其他四大工程，都要把思路理清楚、任务落下去。②开发区围绕“争先创优”“双招双引”发了言，双招双引是主旋律，争先创优是今年经济工作的主线，开发区作为主战场，理应“担重任、当先锋”。③农业农村局围绕决胜全面小康脱贫攻坚发了言，现在已经到了决胜全面小康的关键期，也是收官期，这项工作必须时不我待地抓好。④市委全会对“四省边际中心城市”建设作了部署，项目推进任务非常重，涉及住建的领域也非常大，所以请住建局围绕加快城市项目建设发言。徐洪同志还通报了今年以来全县党员干部、监察对象违规违纪违法查处情况，大家要引以为戒、自警自省。

会议还准备了“四个十”进展情况等材料，这些都是政府在县人代会上作出的承诺。受疫情影响，上半年部分工作有所耽搁，包括民生实事、为企办实事和为基层办实事，有些还没有达到进度，请大家对照要求再看一看、查一查。接下来，要抓住项目施工的黄金时段，坚持“两促进、两不误”，把时间抢回来。下面，我讲 3 点意见：

一、对标“重要窗口”，唯实惟先、实干快干

要坚定信心、正视问题、聚焦关键。

（一）坚定信心。信心来自于哪里？

信心，首先来自于市域一体、市县联动的势能。看一个地方的发展，不能局限于“一地一域”，必须善于借梯登高，看清水涨船高，区域靠单打独斗是没有出路的。当前，京津冀、长三角、珠三角正处于一种竞合的状态，都在联合发展，长三角一体化是国家战略，总书记亲自部署、亲自推动，现在正如火如荼展开。浙江是展示中国特色社会主义优越性的“重要窗口”，份量可想而知，未来的发展势头会非常好。从衢州来讲，近年来市委、市政府立足于统筹学、系统论、体系化，提出“1433”发展战略体系，明确了“八大任务”等一系列战略举措。特别是这次市委全会描绘的四省边际中心城市，提出的大小两个“三城记”等，极大地提振了大家的信心。而且这个蓝图的描绘不仅仅停留在口头，背后有一个个项目在支撑，这些项目无论是建设理念还是建设标

准，在国际、国内都拿得出手。在这种背景下，近几年我们通过努力，积累了独特优势、积蓄了发展势能：一是交通枢纽的门户优势进一步显现。四省通衢汇龙游，当前东西向和南北向的几条要道铁路、高速公路、国道都在龙游交汇。去年初龙游港开通，标志着我县正式进入了通江达海的时代，而且增势非常强劲，去年全年吞吐量60万吨，今年已经超过160万吨；铁路方面，沪昆铁路站房正在改造，衢宁铁路已经建成，杭衢高铁也已经启动，明年底还将启动衢丽铁路建设，届时会将龙游城站和南站、北站连为一体；还有未来的空港物流新城，有三分之一的地界在龙游，到龙游的直线距离也是最短。二是产业优势进一步强化。近年来，省市各级领导来龙调研，都表示“没想到像龙游这种小县城还有这么好的产业”。高端智造支柱产业方面，我们有禾川科技，链动中孚精机、威仕喜等，形成了“禾川系”；有中浙高铁，承担着国家重大专项；还有乌克兰团队，为我县新材料的研发作出了很大贡献。我县“3+3”产业已经初具雏形，尤其是造纸产业，通过开展现代服务业与先进制造业融合，去年获得了省政府督查激励奖励，实属不易。美丽经济幸福产业方面，我县形成了“两江化一龙”的全域旅游运动休闲新格局：“龙头”红木小镇，从去年开始，在物理空间上已经有了很大变化；“龙尾”六春湖景区，桩基已经打下去，索道、栈道都已建成，接下来将迎来一个大建设时期；“龙身”的一个个项目也逐渐清晰，都在逐步启动之中，沿江公路在推进建设，姑蔑城、龙和文化园、龙山运动小镇、浦山村等都在不断填充内容、不断提质提升。数字经济智慧产业方面，中孚精机五轴联动精密数控机床研发生产线项目入选省数字经济产业重大合作项目。今年，禾川科技数字化工厂项目、伊利绿色生产及智能制造示范应用项目，都列入了全省重大产业项目。三是平台优势进一步强化。我们谋划打造了经济开发区、城东新区、龙游港区、士元实验区、“两江走廊”、六春湖、红木小镇、新型城镇等“八大平台”，同步建设、同向发力，为产业培育、项目落地打下了非常好的基础。

信心，其次来自于指向清晰、节奏分明的布局。去年以来，县委准确把握“势、局、役”三步曲的节奏，围绕“浙西新明珠”的目标愿景，在去年初的干部大会上发出了振聋发聩的“铁军八问”，在县委全会上提出了“14456”工作布局，明确了“五县”“三最”等重点任务，刚刚开过的县委全会又提出要“打造五大标志性成果”，为全县高质量发展指明了方向、凝聚了合力。党委有部署，政府见行动。在县委的领导下，我们致力于政府工作的体系化，按照“模块化、标准化、项目化”的要求，把县委的决策部署转化为一个个系统联动的模块、一条条清晰可控的标准、一个个落地实施的项目。在去年县人代会期间和人代会之后的第一次政府常务会议上提出“两抓三化”和“四种思维四个意识”，即：一手抓大事打桩基，一手办实事抓关键小事；模块化、标准化、项目化；系统的思维、整体的意识，聚焦的思维、整合的意识，产业的思维、算账的意识，底线的思维、风险的意识。去年5月份的政府全体会议，我们的主题就是奏响“实干、快干、干成”的最强音，并聚焦营商环境建设，致力推动环境容量承载力、基础设施支撑力、资源要素保障力和行政效能竞争力的提升。应该说，“四力”的建设，虽然目前正处于阵痛期，但最终“四力”的提升必然会带来营商环境大的提升。去年9月份聚焦项目建设，我们开展了“百日攻坚”。今年人代会，我们把县委“五县”“三最”、“双招双引”、大干项目等十项重点工作和为民为企为基层各十方面实事，整合成“四个十”，清单式地落小落细落实。有县委对“势、局、役”的准确把握，有“14456”工作布局和“五县”“三最”的正确指引，有人大、政协的监督支持，有上上下下的同心协力，我们有信心走在前列、成为“窗口”。

信心，还来自于实干快干、争先创优的实绩。近年来，全县上下实干快干、奋勇争先，在改革、发展、稳定上都呈现出“当龙头、争上游”的态势。尤其是今年：我们“快”字当头，众志成城抓疫情防控，取得了“零确诊”的防控战疫成果。1月20日，在全省紧急会议之后，当晚汤市长就召集各县（市、区）开紧急会议。钟爱红副县长、卫健局连夜研究，第二天早上就对这项工作进行了部署。同时，我们感到这项工作非同小可，向县委晓峰书记作了报告，晓峰书记高度重视，在22日县委常委会上作了专题研究，要求立足当前，干群打通，打好人民战争。这项工作上升到四套班子和县委常委会层面，龙游是最早的。23日武汉封城，省里启动一级响应，因为有前两天的基础，我们快速反应，第一时间成立指挥部，日以继夜、连续作战，每天及时消化、执行、落实上级指令。所以从组织架构、指挥体系、运作机制到奉献精神，我们都要总结到位、提炼到位。我们“实”字为要，凝心聚力抓争先创优。立足于“零确诊”优势，我们鲜明提出“危中求机抓转化、紧中求活抓复工、稳中求进抓发展”，推进“四大行动”，以非常之策推动复工复产复市，在省内也是领先的。全省4月底启动MEI指数排名，当时我县排名全省46、全市第4，处于中下游水平，但是匹配度指标是全省20、全市第1，说明前期“四大行动”、复工复产复市都是实实在在的。5月份明确规则后，凭借部门、专班高效的执行力，专班推进指数马上走到前列，排名全省第24、全市第1；6月份，我县MEI指数排名全省第10、全市第1，而且这是剔除匹配性指标、专班指数的成绩，说明我们工作很实、很有成效。这次省对市的统计核查过程中，衢州没有被列为数据质量高风险和数据审核查询不到位区域。衢州自我加压，市对县也进行数据核查，我县也没有被列入数据质量高风险区域和数据审核查询不到位区域，单项提示是6个县（市、区）最少的，数据质量也是最好的，经得起检查。

（二）正视问题。对标“重要窗口”建设，我们有成绩，但差距、短板也很明显。

首先，发展“起势”，但未成“胜势”。尽管现在方方面面看好龙游，对龙游寄予厚望。但“势虽起而未胜”，当前龙游还处于爬坡过坎的节点和阵痛期，如果把握不好就很可能失控失势，我们万万不能掉以轻心。

其次，能力不足的风险。能力不足的风险始终存在，但当前尤为突出。正如习总书记指出，当今世界正经历百年未有之大变局，国际环境面对逆风逆水情况更多，国内环境也发生了深刻变化，逐步形成国内大循环为主体、国内国际双循环相互促进的发展新格局，新矛盾、新格局都会带来一系列变化。疫情是暂停键，更是快进键，一些与市场不适应的矛盾提前暴露、一些秩序提前到来、一些问题也集中爆发，比如出口替代、军民融合、生命健康等产业势头很好，但是部分与趋势不符合的产业在加速灭亡。在这个过程中，国家也进行了一系列战略调整，使今年成为规划大年、政策大年，成为一个“窗口期”，错过这个“窗口”，很可能就错过一个时代。这些“窗口”的把握，不仅靠企业家，更需要靠在座的各位。这两年，我县领导班子、部门班子、乡镇班子调整比较多比较快，但我们业务知识积累、情况掌握需要一个过程。从目前来看，能静心静气研究政策、静心静气研究专业、静心静气研究项目推进环节的干部还不多，如果大家专业水平、业务能力跟不上，规划大年、政策大年这个“窗口期”就很可能抓不住。大家一定要有危机意识、责任意识、使命意识，学中干、干中学，在游泳中学会游泳、在战斗中学会战斗，平心静气抓研究抓落实，体系化项目化清单化去破解难题、精准服务。

第三，不严不实不纯的问题不同程度存在。这次市政府全体会议指出了干部作风上“中梗阻”“粗放化”“亚健康”的问题，还有市里讲的“六机干部”（拖拉机、推土机、压缩机、洗衣机、搅拌机、复读机），这些问题在我们当中不同程度存在。一是好人主义、精致利己。有些干部莫测高深，话讲一半，揣着明白装糊涂。有些干部碰到事情，不是从事业出发、事实出发，揣摩领导、迎合领导。有些干部不愿得罪人，碰到问题上推下卸。有些干部爱惜羽毛，没批示怕办事、不见纪要怕执行，开会定了还要发个钉钉留痕。二是粗放粗暴、笼而统之。有些部门接到任务要么忘了、要么当“二传手”一转了之，前期不扎实、工作推不进，上面逼了、领导问了，仓促上阵，什么法规、什么程序都不要了，留下问题一堆。“无条件、有办法”始终是两句话，接受任务不讲条件，但是不讲条件要靠创新的办法、并联的审批、业务的整合来完成，而不是蛮干，甚至说领导定了，把责任推到领导头上。有些同志抓工作细不下去、深不下去，问起来说“好的，没问题”，时间到了没完成，解释起来这个原因、那个原因，我们任何工作都要做到“有底、有数、有招”。有些部门，毛里毛糙，连上会的材料也是错别字连篇、标题也错，从这些细节、这些小事中，我就怀疑你对下面的管理会不会失之以宽，关键时候紧不紧得起来、站不站得出来。按照“海恩法则”，一起严重事故背后，必然有29次轻微事故和300起未遂先兆、1000起事故隐患，这样松下去，迟早会出事。还有些同志，“报喜藏忧”，发现问题第一反应是藏着、掖着，不让领导知道，事实上，成绩不说也跑不掉，问题不报也摆在那，错过最佳时机，还会让小问题变为大问题。三是领地意识、刷存在感。你的、我的分得很清，一点权力用得很好。四是虚化落空、闭环不够。有交代没反馈，重部署轻落实、重结果轻过程、重安排轻检查。五是规矩意识不够、敏感性不强，部分领域存在廉政风险，“撞枪口”的事情也时有发生。

（三）聚焦关键。社会主义制度优越性的显著特征是集中力量办大事，建设“重要窗口”必须树立系统的思维、整体的意识，聚焦的思维、整合的意识。要突出“五个重大”：

1. 重大改革。重点要围绕县委提出的“五大标志性工程”改革探索、创新突破。同时，要突出三条脉络：一是以“最多跑一次”改革为牵引的整体智治。很重要的一条衡量标准是上《领跑者》《竞跑者》。同时，要聚焦今年的重中之重，抓好营商环境集成化改革试点。二是以争先创优为导向的最佳实践。8月17日省争先创优办下发了5号文件，明确争先创优工作要突出专班干，保留工业、投资、出口、消费、政策专班，激励“最佳实践”，鼓励当期创新。“最佳实践”的基本条件是该项工作走在全省前列，做法受到国家部委以上肯定，或获得省委、省政府领导认可，或具有可复制、可推广性。龙游向来是出经验的地方，希望大家静下心来研究，力争在争先创优和为企服务的过程中，出现一批管用实用有效的“最佳实践”。三是以破除体制机制障碍为目标的创新突破。重中之重是开发区整合提升、新时代美丽乡村集成改革和老百姓最关心的教育、卫生体制改革，同时希望在“停车难”问题破解上也有所探索、有所突破。这些都是实用导向的改革探索。

2. 重大项目。项目的重要性无须多说，没有项目就是“空中楼阁”。现在国家和省里的资金都是跟着项目走，没有项目，争取上级支持将沦为空谈。项目的工作水平决定着经济工作的水平，也是向上争取的水平。项目工作：首先要敢想。想都不想，项目从哪里来？要“大胆设想、小心求证、谨慎落地”。仍旧举衢江抽水蓄能电站的事例，就因为当地有个水库、山上有个山坳，符合抽水蓄能电站的建设条件，当地乡镇书记就从一个简单的想法，谋划出了衢江第一大项目。这里表扬一下水利工程建设管理中心，能抓住“十四五”大型灌区续建配套与现代化改造项目申报的契机，积极主动谋划打造乌引“幸福渠”项目，并顺利通过省水利厅和省发改委的审查，这类项目列入国家盘子可获得省级以上补助资金约 70%。二要能谋。要有产业的思维、算账的意识，领会好大账开明、中账高明、小账精明的关系，尤其要树立“PPP”思维，统筹考虑“资本方谁出钱、建设方谁来建、运营方建成以后怎么办”等问题，由此去考虑项目、谋划项目，项目往往都会落地。要按照资产覆盖本金、收益覆盖利息“两个覆盖”的标准去谋划包装，项目落地性、操作性才强。三要拼抢。要虎口夺食，拼尽全力则必有机会，拼到无力也终不后悔。

3. 重大平台。抓平台就是筑巢引凤，是政府最该干的事。要把全县域看作一个大平台，在战略上布局、在关键处落子。众所周知，交通格局的变化会带来空间格局的变化，空间格局的变化又会推动要素集聚方式的变化。从龙游来讲，目前的格局仍是杭金衢高速开通后形成的城市格局，随着高铁时代的到来，沪昆铁路正在推动整个城市发生改变，未来还有衢宁铁路、杭长高铁，包括空港物流等，都将对我县城市格局、平台构建造成影响。当前，由于衢宁铁路和高速灵溪出口，我们城市发展的力量和节奏更偏向于龙南片区，但是未来空港物流和杭长高铁建成后，龙北片区发展的机会必然存在。因此，战略上布局，要结合外围的交通格局的变化来考虑。而关键处落子，县委已经提出了“八大平台”，当务之急是抓好“八大平台”的构建。

4. 重大政策。今年是“政策大年”，既要落实政策，又要争取政策，还要我们研究政策，提高政策的精准度、实效性，丰富“政策工具箱”，形成既管当前更管长远的一整套政策体系。

5. 重大规划。当前的首要任务是“十四五”规划，确保 9 月底形成《纲要》框架，10 月份形成初稿，11 月底经修改形成《纲要》（草案），12 月份提交县委县政府审议，明年 1 月份提交人代会审议发布。编制过程中，要把握三点：一要遵循“棋子”落到“棋盘”上的思维。立足干什么事、在哪里干，把发展规划和空间规划打通。二要强化规划的计划性和体系化。各个专项规划不能瞎编，要形成体系。三要坚持开门搞规划，创新规划方法。规划编制重在过程，而不是一个文本。我们常说“没有领导参与的规划是瞎规划、不懂规划的领导是瞎领导”“三分工匠、七分东家”，这就要求我们开门搞规划。领导有爱好、有专长，但是不可能全面掌握情况，通过规划手段，土洋结合、专群结合，把专家和情况熟悉的人请进来，领导和编制单位一起研究判断，期间不断碰撞、不断形成共识，才能形成有用的规划。

二、全力争先创优，冲刺三季、决胜全年

三季度开始，省里对争先创优机制进行了优化调整，取消了 MEI 指数月评比。但大家一定要清醒认识到，“争先创优”、MEI 指数绝不是抓数据，而是经济工作的量化细化、系统集成，是系统论、体系化的思维理念，是标准化、模块化的工作方法，是比学赶超、激发干劲的推进载体。接下去，我们要把前期在推进工作、应对风险挑战上形成的一整套观念理念、体制机制、方式方法有效固化下来、长期坚持下去，按照“争先创优”的理念，在精准度、管控力、持续性上下功夫，把力量更多地汇聚到拼经济、干项目、稳增长上来，冲刺三季、决胜全年。

（一）提高精准度。坚持目标导向、问题导向，紧盯重点、精准发力。一是目标的精准度。按照“跳一跳，够得着”的理念科学合理确定目标：确保前三季度 GDP 增长 3.6%（三季度单季 7.2%），规上工业增加值增长 4%，规上服务业营业收入增长 8%，固定资产投资增长 7%，社会消费品零售总额增长 1.6%，外贸出口总额占全国份额 0.176‰。上半年，我县取得的成绩不错，但是全年任务仍然很重，去年三季末、四季度初我们启动了“百日攻坚”，四季度在全年中的占比很高，GDP 当季增长了 15.2%、投资当季增长了 31.3%，即使今年二季度我们全面发力，也达不到这种增速。因此，大家不能过于乐观，务必做到“有底、有数、有招”。二是发力的精准度。①要主攻工业。工业是支柱，必须起支撑作用。要突出重点产业，探索特种纸产业改造提升 2.0 版，全面完成特种纸传统制造业改造提升省级试点工作，不断提升特种纸产业竞争力；要突出重点行业，聚焦防疫需求、产能带动，进一步补齐产业链、打通供应链，全力支持和推动重点企业扩能扩产，尽快形成直接投资量；要突出重点企业，紧盯 221 家规上企业，特别是中浙高铁、禾川科技、维达纸业等龙头企业和中孚精机、吉成新材等新兴产业标杆企业，切实用好“重点关注”和“重点帮扶”两张清单，对重点关注企业予以点对点精准服务。同时，工业专班、经信局、开发区等单位要高度关注规上小微企业年底退规风险，千方百计保住现有存量，

将小微企业退规风险降到最低。②要稳定农业。重中之重要狠抓粮食生猪稳产保供。未雨绸缪做好粮油储备工作，进一步调动种粮大户生产积极性，今年要把粮食生产功能区非粮化率控制摆在重要位置。做好猪肉、蔬菜等稳价保供工作，避免造成大的价格波动。③要提速建筑业。要继续落实好扶持建筑业提速发展新政，加快诚信评价体系建设，真实反映建筑业企业经营情况。要把握土地出让节奏，力争9月底前出让土地2宗、年底前再出让1宗。同时，要充分考虑可持续性，资规局已经排出了土地出让三年计划以及收储地块（存量建设用地）情况，要严格执行，把土地经营好。④要挖潜服务业。尤其要关注四季度的服务业，持续打好“暖心地摊经济”、“美食美购活动”、“红木小镇撬动”、“最美索道牵引”和“溪口老街智慧商圈建设”提振消费“组合拳”，进一步推动旅游回暖、消费回补。尤其是近期要加大文旅消费策划力度，推出一批精品旅游路线、特色活动，高水平办好石窟国际音乐盛典、绿色中国行、全国钓鱼锦标赛等品牌赛事。大力发展“直播+电商”新业态，高标准打造好红木小镇县级直播中心和30个直播点。尤其要强调一下，争先创优中的“最佳实践”，各单位、专班一定要注重工作创新和特色挖掘，总结提炼我们的好经验、好做法、好成绩，积极上报争取激励。三是服务的精准度。要注重政策惠企、服务助企、环境活企。①要深化组团联企。组团联企的目的是打通服务企业的“最后一公里”，一定要把组团联企这套机制继续完善好、“产业服务团”“战时服务团”的叠加作用发挥好。原先的261名护企手、网格长要继续通过挂联服务、组团联企、“亲清服务日”等形式，畅通线上线下渠道，实时掌握企业生产、销售、经营、融资等动态情况，真正把底数摸清楚、把企业服务好。②要做实政策激励。坚持政银企携手共克时艰，突出机制集成、服务集成、政策集成，主动为企业争政策、找政策、送政策，抢抓国家、省市支持企业发展一揽子政策机遇，落实“四减”政策，真正打通政策惠企“最后一公里”，县营商办、经信局要分别牵头做好“政企通”和“企业码”推广应用，9月底前实现涉企政务服务异地联办，涉企政策线上办理率、兑现率均达到100%。要继续加强政策研究，强化政策激励，尤其要把准企业需求，注重过程性激励。比如，企业上市，不要等企业上市以后再奖励企业，而要在上市过程中就给予企业奖励；又如，鼓励企业技改，设备补贴可以分阶段给予企业，设备到位补多少、安装到位补多少、投产达产补多少，舒缓企业流动资金的压力。政策不在于多，关键在于精准，要弄清楚企业的诉求在哪里。③要畅通金融服务。做实做好融资畅通工程，深化龙游金融综合服务平台建设，实施金融机构支持实体经济发展“赛马”机制，鼓励金融机构不断创新县域金融产品，加大对中小微企业信贷投放力度，更好地服务龙游发展。金融机构今年很努力，但在支持实体经济方面还要进一步加大力度。④要重抓企业上市。接下去一段时期是企业上市的窗口期、黄金期、机遇期，资本市场也处在明显的政策“窗口期”。金瑞泓母公司杭州立昂微电子申请上市，7月21日上初审会，8月6日就通过了发审会，只用了15天时间；中芯国际从材料受理到发审过会只用了19天；今年科创板上市审核，从受理到发审平均用时从65天缩短到了47天。这些例子都释放出了明显信号：国家在“大循环”“内循环”的背景下，会重点倾斜这类高科技企业，尤其是进口替代型制造业企业，都有“绿色通道”。这项工作一直都是龙游的痛点，按照龙游企业的活力和实力，不应该没有本地企业上市。这样的政策“窗口期”还有很多，大家要有敏感性，主动“扫描”，看看哪些行业有这种“超级绿色通道”。前期人大对加快推动企业股改上市开展了专题调研，报告建议非常及时、非常精准，操作性很强，提出的一次动员、一份计划、一轮政策、一套机制都是切实可行的。请姜建军、徐仲利副县长牵头，金融办、经信局负责，抓紧转化落实到位，确保明年A股上市1家、力争3家。

（二）增强管控力。坚持过程管控、全程可控，以工作的确定性应对形势的不确定性。一要量化细化。MEI指数虽然不再实行月考核，但6大类、26项指标以及各专班的指标任务，仍是经济工作的重点。要把这些重点量化细化成颗粒度，列出清单把举措落到一家家企业、一个个项目、一个个指标。这里再强调一下，争先创优工作一定要实事求是，千万不要做数据文章，推进办、统计局要把好关，既要防止数据造假，也要做到应统尽统，真正把精力放在真抓实干上，用好成绩说话、用真数据比拼。二要闭环管理。在量化细化的基础上，落实好“日报告、周监测、旬分析”制度，形成回路闭环，确保工作推进和服务保障应对及时、精准高效。三要比学赶超。争先创优的核心是赛马机制，各条线、各个区块，条条、块块、条块之间都要比起来、赛起来、拼起来。各部门、乡镇（街道）要主动担当作为、加快工作节奏，层层压实责任、到点到人，规定动作做到位、自选动作出亮点，推动本单位工作多出成果、走在前列。要进一步发挥考核指挥棒作用，加大督查督考力度，落实“三色管理”“领导约谈”“督查激励”等措施，激励先进、鞭策后进，确保各项工作有序高效推进。

（三）注重持续性。坚持长短结合、标本兼治，在平台赋能、项目推进、要素保障上持续发力，进一步增强区域发展后劲。一是持之以恒抓平台。大企业好项目需要强平台承载，要对标高端智造示范县、乡村振兴示范带、全域旅游核心区、美丽花园精品园等目标定位，加快打造一批承载力强、特色鲜明的重大平台。重点聚焦3个方面：①要突出两江走廊。第一，打造串联两江沿线景点。文广旅体局牵头，10月底前完成姜席堰世界灌溉工程遗产旅游区规划编制，加快打造灵山江水利景观带；詹家镇要加快推进姑蔑城景区民俗文化厅、餐厅及民宿扩建等项目，争取年内通过4A级旅游景区景观质量评估；龙洲街道要做好龙和渔业文化园垂钓赛场提升、龙山运动小镇景区配套和桨板冲浪水上运动等项目建设，争取龙和渔业文化园、龙山运动小镇年内分别创成4A、3A级旅游景区。第二，打造龙头龙尾核心产品。围绕“红木小镇+龙游石窟”5A联创，小镇专班牵头，发改、文广旅体等部门要以开园、验收命名为契机，倒排时间、挂图作战，10月份完成木都商业街区业态招商布局，儿童乐园和研学旅游产品建成投运，五乐商业街年底前主体完工。加快石窟拓展提升改造，力争启动原声音乐小镇一期项目建设。加快六春湖景区开发，同步抓好山上山下两篇文章：山上，文旅公司牵头，确保年底前完成游步道项目建设，服务区对游客开放，开工建设滑雪运动公园山塘水库，深化云岭度假酒店启动方案设计；山下，年底前启动地热勘查工作，完成运动小镇游客中心初步设计，溪毛线景观提升具备招标条件。第三，打造乡村振兴标志性项目。全力推进士元实验区建设，士元专班牵头，加快完成剩余112户已办理腾空交接农户腾空工作，并基本完成北片清表及土地流转，同时加快黄茶小镇建设进度。围绕“乡村双创集聚地，集成改革试验区”目标，加快溪口乡村版未来社区建设，继续推进牛角湾和龙南旅游集散中心项目，10月份启动黄泥山小区二期、联合宿舍、乡愁体验中心，年底前启动新溪路及新溪小区建设、完成北入口公园改造提升，争取“两联、两大、两中心、两小区”建设基本成型，全力办好全省美丽城镇现场会及全市乡村版未来社区发布会。②要突出开发区。全力做好开发区整合提升方案编制，深化经济开发区管理体制改革，加快道路改造提升、电力设施、污水处理厂扩建等项目进度。推进临港物流园区、纸浆交易中心建设，加强与嘉兴、镇海等港区航运合作。③要突出新区老城。以全国首个县级绿色生态城区创建为契机，进一步完善城东新区路网框架和绿地系统，在建成凤翔洲景观云桥、石窟滨水休闲带等项目的同时，持续加快推进公共文化服务中心、商务中心、金融中心、金鼎级酒店、东方综合体等重点项目。注重老城双修更新，深化“城市体检”和城市赋能“十大专项行动”，全力打造“15分钟幸福生活圈”，年底前完成竹海路、龙翔路改造和22个城区“污水零直排区”小区建设。开展文明城市创建“十大攻坚行动”，确保顺利通过省示范文明县城创建省级验收。坚持征迁设计建设运营一体推进大南门历史文化街区开发，年底前挑水巷片区基本完成修缮，其它片区10月底前完成初步设计，年底前开工建设。二是持之以恒干项目。①要加快项目推进。深化“365”攻坚行动，紧扣项目推进关键环节，以“六比六看”推动项目加快落地。投资专班、发改局、督考办要严格落实“一月一通报、一季一约谈”督查机制，聚焦固定资产投资、4个结构性指标、制造业投资等重点指标，形成“分析—摸排—研判—交办—督办—通报—约谈”投资工作闭环。同时，项目谋划比学赶超也要同步做起来。②要全力“双招双引”。第一，重研判。现在招商氛围更浓、信息很多，项目研判机制要发挥好作用，主体靠不靠谱、项目实不实在、落地可不可能，需要我们付出什么、存在哪些风险，一定要做好分析研判，必要时还要借助第三方专业评估，为县委县政府决策提供准确的信息、科学的分析、专业的判断。第二，盯重点。要在信息研判基础上，筛选出一批真正的好项目，盯住不放、一抓到底。经济技术协作中心要把近期有望签约项目、年内有望入库项目全部梳理出来，清单化管理、责任制推进，真正做到招引目标明确、有章有法，下半年力争新引进亿元以上项目5个、20亿元以上先进制造业项目1个。第三，促转化。招商引资专班要对重大招商引资项目实行全流程管理，强化研判精度、转化力度、推进速度，确保全竹生态产业园、德爵啤酒、鸿获科技、多元纺织等4个5亿元以上项目落地开工。同时，要重视存量企业，特别关注中浙高铁、吉成新材、维达纸业、伊利乳业等“金凤凰”企业，不断挖掘“二期在龙游”潜力。三是持之以恒强保障。着力构建资源、资产、资金联动的要素保障体系。①要开展国土整治大会战。以国土空间规划为载体，加强国土空间用途管制，优化配置空间资源要素，力争年底前形成县域国土空间总体规划成果。要系统推进全域土地综合整治、建设用地复垦、耕地垦造、质量提升、矿山综合利用等工作，9月底前、10月底前分别完成3000亩垦造耕地项目和1500亩建设用地复垦验收入库，9月底前完成第一批全域土地综合整治项目651户农户安置工作，力争士元实验区列入全域土地综合整治部级试点。②要推进国有资产大归集。这项工作氛围要更浓、行动要更快、力度要更大。清产核资要全方位、拉网式，要制定资产清单、问题清单、工作清单，11月底前将全县未纳入“资产池”集中管理的国有资产移交至县国资办统一监管，年底前基本完成资产权证办理、性质用途变更、价值再评估等工作，确保底数清晰、产权明晰、价值再现。③要实行资源要素大保障。坚持资金、要素跟着项目走，创新体制机制，强化计划管理，进一步完善招商项目研判、决策咨询和国土规划、财政国资联席会议等制度，财政局、发改局、国资办等单位要脑勤腿勤并举、开源节流并进，统盘考虑政府债券、企业债和国资公司贷款的额度和匹配性，最大限度拓展融资空间、降低融资成本，积极争取中央预算内资金、专项债券等上级政策扶持，全力保障重点项目落地推进。

三、强化风险意识，坚定清醒、守牢底线

要把底线思维、风险意识植入到政府工作的各个环节：

（一）加强政治建设、法治建设、廉政建设。一要加强政治建设，树牢“四个意识”，坚定“四个自信”，坚决做到“两个维护”。全力做好扫黑除恶、村级组织换届等重点工作，做到闻令而动、令行禁止，切实把中央、省市和县委的要求部署逐条逐项抓落实、抓到位。二要加强法治建设，坚持法定职责必须为、法无授权不可为，将政府工作全面纳入法治轨道，自觉运用法治思维和法治方式推动工作，强化府院联动，建立健全行政诉讼调解机制，构建“行政复议局+行政复议咨询委员会”新模式，今年9月底前建立行政复议咨询委员会。三要加强廉政建设，强化重点领域重点环节监管，紧盯“三资”管理、低保救助、惠农资金等领域，加强项目建设、土地出让、工程招投标、资源资产处置、物资采购等管理。特别要关注“六稳”“六保”“两直”“五减”等资金落实，严格审计执纪，推动政策落地见效。要持续深化作风建设，严格执行上级各项规定精神，全面加强从严治党，严格落实“一岗双责”，驰而不息纠正“四风”。要坚持“俭”字为要，让政府过紧日子、企业百姓过好日子，强化财政绩效管理，做好非刚性、非重点项目支出压减，防止餐饮浪费等各项工作。

（二）慎终如始抓好疫情防控。疫情防控“零确诊”的战果来之不易，而且难守易失，任何麻痹思想、厌战情绪、侥幸心理、松劲心态，都可能带来严重后果。马上进入秋冬季，这也是疫情防控的关键期、窗口期，外防输入、内防反弹的压力加大，要紧盯重点地区重点人群、重点市场重点食品、重点行业重点场所，继续用好“一图一码一指数”精密智控机制，严格落实早发现、早报告、早隔离、早治疗“四早”要求，盯住散发疫情，严防聚集性疫情，把管控闭环扎得更严更牢，巩固好“零确诊”成果。

（三）抓好中央环保督察整改。最近省市县对这项工作进行了接连部署。这里我再强调3点：①要真重视。领导小组、协调联络组及相关专项工作组要集中办公、迅速进入状态。各乡镇、部门对辖区内、领域内的重点环保问题，要掌握清楚。②要快落实。坚持“管行业必须管环保、管业务必须管环保、管生产经营必须管环保”，把整改放在第一位，对所有涉及到的问题进行全面梳理，对已完成的要防止反弹，对进度偏慢和未完成的要提出有说服力的理由，全员发动、全面启动、内紧外松，共同做好迎检准备。这里强调下，要特别关注审计中发现的生态环境问题，对违建别墅也要高度关注，尤其是生态保护区等范围内的违建问题。③要讲规矩。高度重视信访件的交办落实，各单位接到交办的信访件要第一时间办理落实。特别要把好信访件办理质量关，对重点信访件，要求各单位党政一把手签字确认后上报。同时，要明确一位领导对所有上报的材料进行审核把关，确保做到一个口子进一个口子出，不得随意上报乱报。各单位更不得擅自报送材料，必须经领导小组审核把关，不该公开不应公布的不得私自发布。

（四）补齐民生短板。深入开展全面小康决胜年行动，进一步补短板堵漏洞强弱项，强化扶持政策集成，培育壮大村集体经济，促进低收入农户增收，9月底前完成脱贫攻坚主要目标任务，确保低收入农户人均纯收入年增幅10%以上，年内实现“年家庭人均收入8000元以下情况、两不愁三保障突出问题、集体经济薄弱村”等“三个清零”。

（五）抓好安全生产和社会稳定。昨天袁家军书记在中央环保督察组督察浙江工作动员会上，对当前工作就强调两个字：“安全”！份量不言自明，大家要深刻领会落实。要坚决守牢安全生产底线，始终做到“人防+技防”“预防+应急”“平时+战时”，紧盯物的不安全状态和人的不安全行为，持续抓好道路交通、危化品、消防等领域安全，抓早抓小抓源头，坚决防范遏制重特大事故发生。聚焦全国基层治理体系和治理能力现代化县级样板的目标，深化“最多跑一地”改革，推进“龙游通”迭代升级和网格化精准治理，通过“制度设计+技术支撑”，不断丰富完善县域“智治”模式，全力维护社会稳定。

（六）广泛接受监督。要把政府工作置于阳光之下，主动接受人大工作监督、政协民主监督，全力办好人大政协建议提案。持续开展电视问政，推进政务公开，打造阳光政府。坚持目标导向、结果导向，聚焦短板弱项、痛点，全力推进为民为企为基层各十方面实事项目。加强对实事项目的督查指导，有效开展“回头看”，坚决防止出现实事不实情况，确保好事办好、实事办实。

同志们，号角已经吹响，发展刻不容缓，让我们在市委、市政府和县委的坚强领导下，对标“重要窗口”建设，唯实惟先，奋勇争先，实干快干干成，为绘就浙西新明珠时代画卷而努力奋斗！

政协第十届龙游县委员会第四次会议报告摘要

中国人民政治协商会议第十届龙游县委员会常务委员会工作报告（摘要）

龙游县政协主席 洪一舟

2020 年 4 月 20 日

各位委员：

我代表政协第十届龙游县委员会常务委员会，向大会报告工作，请予审议，并请会议列席人员提出意见。

2019 年工作回顾

2019 年是中华人民共和国成立 70 周年，也是人民政协成立 70 周年。县政协及其常委会高举习近平新时代中国特色社会主义思想伟大旗帜，认真贯彻落实中央和省、市、县委政协工作会议精神，聚焦聚力党委政府中心工作履职尽责，充分发挥政协专门协商机构作用，不断推进建言资政和凝聚共识双向发力，圆满完成了县政协十届三次会议确定的目标任务，为加快建设“活力绽放，精彩纷呈”的浙西新明珠作出了积极贡献。

一、坚持党对政协工作的全面领导，在筑牢共同思想政治基础上把握新方位

一年来，我们旗帜鲜明讲政治，切实把党的领导贯穿政协工作的全过程和各方面，强化党建统领，树牢“四个意识”，坚定“四个自信”，坚决做到“两个维护”，增进“四个认同”，确保政协事业方向正确、行稳致远。县委重视支持政协工作的经验做法在省、市委政协工作会议上作典型交流。

坚定政治方向。认真学习贯彻习近平总书记关于加强和改进人民政协工作的重要思想，深入学习贯彻中共十九届四中全会和中央政协工作会议精神以及省、市、县委政协工作会议精神，认真落实《中共龙游县委关于新时代加强和改进人民政协工作的实施意见》，做到学思用贯通、知信行统一，切实加强和改进党对政协工作的全面领导。建立 10 个党员委员活动小组，实行“四联系、五带头、四必谈”工作法，开展“党员委员示范岗”创建，切实在政治引领、发扬民主、凝聚共识、合作共事、廉洁奉公等方面带好头、做示范。不断加强政协机关党建工作，压紧压实全面从严治党主体责任，形成以党建带队伍、促履职的良好局面。

加强思想武装。按照中央和省、市、县委部署，扎实开展“不忘初心、牢记使命”主题教育。紧扣“守初心、担使命，找差距、抓落实”的总要求，坚持学原著、读原文、悟原理，认真抓好学习教育、集中研讨、专题党课、调查研究、检视问题、整改落实等各项工作，达到预期效果。健全完善以政协党组理论中心组学习为引领，党组会议、主席会议、常委会会议集体学习和委员培训等相配套的学习体系，统筹抓好政协委员和机关干部学习。继续推行青年委员“导师制”，做好“传帮带”，不断增强委员政治把握能力和履职能力。推进委员学习培训全覆盖，分两期组织全体县政协委员赴浙江大学开展政协委员履职能力提升暨“新时代人民政协要有新样子”专题培训，不断提高政协委员的思想理论水平，巩固团结奋斗的共同思想政治基础。

深化理论研究。组织开展“人民政协发挥专门协商机构作用研究”“县级人民政协工作研究”专题征文活动，组织指导有关委员和各界人士认真选题，开展理论研究文章的撰写征集工作。一年来，共征集论文 11 篇，省市政协录用 10 篇，论文数量继续位居全市首位，整体质量进一步提升。坚持以理论研究成果推动工作创新，龙游县政协推进建言资政和凝聚共识双向发力、在村规民约完善修订过程中助推全方位植入“法律芯片”等经验做法，先后得到省政协领导的批示肯定。

二、坚持紧扣中心服务大局，在助推全县改革发展中展现新作为

一年来，我们聚焦工业提升、城市建设、旅游开发、乡村振兴四件大事和群众关注的社会热点难点问题，通过调研视察、专题协商、专项监督等途径，依托“请你来协商”

平台，积极建言资政，在助推全县改革发展中展现新作为。

围绕中心开展专题调研。先后围绕“优化营商环境 推动工业经济高质量发展”“加快我县服务业培育与发展”等重点课题开展深入调研和专题协商，报送的调研报告为县委、县政府提供了重要决策参考。县委、县政府主要领导分别与委员面对面协商，协商成果直接进入县委县政府决策视野，推动了龙游营商环境和产业发展环境的进一步优化。围绕精准扶贫、全域土地整治等重点工作，联动开展市县政协协商课题调研。

聚焦热点敞开大门协商。充分发挥政协专门协商机构作用，先后围绕行业协会、土地整治、脱贫攻坚、扫黑除恶专项斗争、疾病防控、教育发展等议题开展主席会议专题协商，形成协商意见5份，提出对策建议30多条，推动相关热点难点问题的解决。组织委员先后就士元实验区建设、工业开发区建设与运行、城东新区规划建设、道路交通安全管理等情况开展视察活动，在前期调研、座谈协商的基础上，形成并报送视察报告4份。县政府及相关部门认真研究吸纳政协意见，并及时书面反馈落实情况。

紧扣难点聚力专项监督。注重发挥协商式监督特色优势，助力党委政府决策部署落地见效。按照省市政协的统一部署，紧盯垃圾分类处理的组织保障、前端源头分类、末端处置、再生资源回收利用等重点环节，联动开展“城乡生活垃圾分类处理”专项集体民主监督。一年来，8个监督调研组，对126个行政村（社区）开展督查，发现问题132个，逐条提出整改建议意见，及时反馈相关乡镇（街道）、部门，抓好整改落实。龙游经验做法在省政协专题会议上作交流。开展全县农房管控风貌提升专项集体民主监督活动，采用委员督查、随手拍、随机抽查等形式，积极助推农房整治工作。开展扩大有效投资专项监督，4个监督小组，围绕政府性投资项目推进进度、资金到位、完成绩效等情况，进行跟踪监督。

三、坚持紧贴民生关注民情，在真情履职为民中彰显新担当

一年来，我们始终坚持以人民为中心的发展思想，做到言为民所建、策为民所献、力为民所尽，切实彰显人民政协为人民的责任担当。

开好社情民意直通车。充分发挥省政协社情民意信息直报点优势，广泛组织引导政协委员和信息员紧扣中心，贴近民生，深入基层调查研究，及时编报了一批有质量、接地气的社情民意信息，架起了党委、政府密切联系群众的“连心桥”。2019年，县政协报送信息被省政协采用19篇、获得省部级以上领导批示4篇，其中《民企腐败已成企业发展绊脚石 建议纳入国家反腐体系》等6篇信息被全国政协采用，获得中央政治局委员批示1篇，信息工作继续位居全市首位并跨进全省前列。

搭好服务民生大舞台。注重发挥5个委员工作室自身专长和所在界别优势，开展法律服务、文化传播、项目管理咨询、关爱留守儿童、慰问抗战老兵等社会公益活动。支持住龙省政协委员吴树良、施彩莲创建“龙游中小企业政协委员会客厅”，邀请业内专家、企业代表、龙游籍大学新生现场互动、深度探讨，共商中小企业高质量发展。同时支持市政协委员吴幼平积极申报创建“龙游三治融合政协委员会客厅”，列入省政协第四批“政协委员会客厅”挂牌名单。举办第三期“委员议政行”城市拥堵治理电视议政，委员代表和部门负责人围绕城市拥堵治理中的热点、难点问题，开展面对面协商监督，群众代表现场评议，县政协全程跟踪，现场交办的10个方面的治堵问题得到有效落实。深入开展“三服务”活动，积极跟踪和引进浙江联众休闲产业，促成“凤凰部落亲子游乐村”项目落地。

创新提案评议新方式。制订出台《关于开展提案“双评议”工作的实施办法》，创新提案“双向评议、双质提升”工作法，对提案质量和提案办理质量开展民主评议。继续开展提案办理“回头看”再提升，切实提高提案办理质量，评出优秀提案20件，提案办理先进单位12个，推动提案由数量型向质量型转变，提案办理从答复型向落实型转变。《加快推进我县水务一体化改革 全力保障农民饮用水达标提标》等一批民生提案，经相关承办部门的认真办理，取得良好的效果。

四、坚持求同存异聚同化异，在加强团结合作中广聚新能量

一年来，我们充分发挥人民政协统战功能，坚持大团结大联合，坚持一致性和多样性统一，求同存异、聚同化异，协以成事、商以求同，增进了各党派团体和各族各界人士的团结合作。

广泛凝聚共识。坚持把加强思想政治引领、广泛凝聚共识作为政协履职的中心环节，在开展调研、协商、视察、监督等履职活动中，既组织委员围绕党政中心工作建言资政，又积极引导委员发挥专业优势和影响力主动发声，深入基层和界别群众广泛凝聚共识，协助党委政府做好宣传政策、协调关系、解疑释惑、化解矛盾的工作。发挥委员工作室、委员会客厅等平台优势，拓展团结联谊、凝聚共识新渠道。加强政协宣传工作，广泛传播政协好声音。积极向上级政协和《联谊报》《同心苑》等报送龙游特色亮点工作，制作《我们共同走过——树立新时代龙游政协新样子》专题片，讲好龙游政协故事。2019年，龙游政协网站刊出宣传报道55篇，微信公众号

推送文章65篇；《联谊报》采用11期，同心苑采用12期，位居全市第一，获评2019年度全省政协宣传工作先进单位。

强化合作共事。坚持和发展新型政党制度，坚持和完善县政协领导班子联系各民主党派、工商联、知联会、新联会制度，积极为各民主党派、工商联和无党派人士履职建言搭建平台、创造条件。优先安排党派团体成员参与政协视察调研、大会发言、专题协商、提案办理协商等各项履职活动，支持他们充分发表意见，最大限度地发挥党派团体在参政议政中的骨干作用。2019年，各党派团体和无党派人士提交大会发言材料32篇，集体提案41件，报送社情民意信息62篇，分别占总数的76.2%、23.7%、62.7%，较好地体现了参政有舞台、建言有机会、协商有渠道。2019年，民革龙游总支一支部被民革中央评为“民革示范支部”，民革龙游县总支党员之家获评“优秀民革党员之家”；九三学社龙游县基层委获社中央“组织工作先进集体”称号。

促进文化传承。加强政协文史工作，编辑出版《味道里的龙游》，弘扬龙游美食文化，助力全域旅游。挖掘龙游特色历史文化，收集并整理上报龙游商帮、龙游石窟、姜席堰等10个文化印记，全部被省政协录用；完成省政协《70年·70人》文史图书征稿工作，发挥存史、资政的作用。开展庆祝中华人民共和国成立70周年和人民政协成立70周年系列活动，与统战部联合举办“不忘合作初心　继续携手前进”文艺晚会，举办龙游、兰溪、婺城三地政协书画联展。

五、坚持与时俱进开拓进取，在强化自身建设中提升新本领

一年来，我们坚持守正与创新相统一，主动探索政协工作新思路、新办法、新平台、新机制，不断加强自身建设，提升政协履职能力。

建好用好“请你来协商”平台。按照省政协的统一部署要求，报请县委印发《政协龙游县委员会开展“请你来协商”平台建设工作的实施方案》，制订“请你来协商”平台建设操作流程和年度协商议题产生办法，重点打造“委员议政行电视议政”“提案回头看双评议”“委员工作室会客厅”“党员委员示范岗”“社情民意直通车”等履职品牌，更好发挥政协专门协商机构作用。

推进制度建设。认真落实全国政协、省市政协关于完善建言资政和凝聚共识双向发力的制度、程序和机制要求，制订《政协龙游县委员会关于推进建言资政和凝聚共识双向发力的实施意见》，在建言资政中不断拓展凝聚共识的深度，在凝聚共识中不断提高建言资政的质量。修订主席会议、常务委员会、全体会议工作规则和专门委员会通则，完善县机关各部门同县政协专门委员会对口联系工作机制，确保各项工作运行更加顺畅。

加强委员服务管理。修订委员履职工作规则，健全委员履职量化考评体系，完善委员个人信息档案和履职档案，继续实施委员年度履职述职和常委提交履职报告等制度，委员履职的积极性持续提升。2019年通过委员微信群自主报名应邀参加中小学校招生、电视问政、旁听法院庭审、有关听证会等民主监督活动26次、120余人次。围绕如何把新时代人民政协的政治责任担当起来等“五个如何”，开展“新时代人民政协的新样子”专题讨论活动，学习新思想、践行新使命、树立新样子，收到委员“新时代新风貌”笔谈文章133篇，金点子150条，转理念、转方式、转作风、提质量，锻造“懂政协、会协商、善议政，守纪律、讲规矩、重品行”的委员队伍。

主动“一线”作为。以开展“不忘初心、牢记使命”主题教育为契机，大力弘扬一线精气神，倡导政协机关干部和政协委员立足本职、爱岗敬业，主动作为、勇于担当。政协领导、机关干部和委员积极参与党建治理大花园、城东新区、士元实验区、“两江走廊”示范带、省示范文明县城创建、大南门历史文化街区、高坪桥水库、临港物流园区建设和产业服务等全县中心工作，服务在“一线”，助力在“一线”，展现了新时代政协人的精神风貌。

各位委员！过去一年县政协取得的工作成绩，是习近平新时代中国特色社会主义思想的科学指引和中共龙游县委正确领导的结果，是县人大常委会、县政府大力支持和社会各界协助配合的结果，是各位老领导、老同志热情关心的结果，是县政协各参加单位和广大委员共同努力的结果。在此，我代表县政协常委会表示衷心感谢！

同时，我们也清醒地认识到，工作还存在一些亟待加强和改进的方面。如有些调研协商的质量效果还有待进一步提高，凝聚共识工作的针对性实效性还有待进一步凸现，工作制度机制还有待进一步完善，有些委员担当新使命的责任意识和履职能力还有待进一步增强，等等。这些都需要我们在今后工作中予以认真研究，切实改进。

2020年工作思路

2020年年初新冠肺炎疫情防控以来，县政协认真贯彻执行中央和省、市、县委的决策部署，坚持把疫情防控作为头等大事来抓，加强组织领导、思想引领和服务保障，第一时间发布《致全县政协委员的倡议书》，倡议广大委员积极投身新冠肺炎疫情防控人民战争、总体战、阻击战，部署开展政协助力疫情防控和企业复工复产“两手抓、两手硬，

两战赢、两领先”活动，积极为疫情防控和复工复产建言献策，广泛凝心聚力。政协各参加单位、广大政协委员和政协机关干部，立足各自岗位，主动担当作为，坚守一线防控，下沉一线卡点值守，踊跃捐资捐物，开展民主监督，参与“战时服务团”，凝聚起众志成城、共克时艰的强大正能量，彰显了龙游政协人的责任担当。

2020年是新冠肺炎疫情给全面建成小康社会带来新挑战的一年。县政协工作的总体要求是：以习近平新时代中国特色社会主义思想为指导，全面贯彻中共十九届四中全会精神，按照中央和省、市、县委政协工作会议的部署要求，紧扣县委“14456”工作布局和县委十一届八次全会确定的“双招双引”工作主旋律，充分发挥专门协商机构作用，坚持建言资政和凝聚共识双向发力，为推进浙西新明珠建设贡献智慧和力量。

一、坚定履职方向，广泛凝聚共识

坚持把习近平新时代中国特色社会主义思想作为统揽政协工作的总纲，牢牢把握新时代人民政协新方位新使命，推动政协事业沿着正确方向发展。要强化思想政治引领，深入学习贯彻习近平总书记关于加强和改进人民政协工作的重要思想，全面贯彻落实中央和省、市、县委政协工作会议精神，坚持把加强思想政治引领、广泛凝聚共识作为中心环节，教育引导政协各参加单位和广大委员旗帜鲜明讲政治，增强“四个意识”、坚定“四个自信”、做到“两个维护”，增进“四个认同”。要把准履职方位，坚决贯彻落实中共中央和省、市、县委各项决策部署，切实把政协各参加单位和广大委员的思想和行动统一到中共十九届四中全会精神上来，把智慧和力量凝聚到县委各项重点任务上来，将履职着眼点放在党政关注大事和改革发展难事上、放在重大决策部署和发展举措贯彻落实上、放在以人民为中心各项民生事业推进上，确保政协工作与县委、县政府中心工作同向同行、同频共振。要深化团结合作，建立健全各党派参加人民政协工作的共同性事务情况交流机制，进一步深化与各民主党派、工商联、无党派人士、人民团体的合作共事，进一步加强与新社会组织、新经济组织和新阶层代表人士的联系沟通，寻求最大公约数、画出最大同心圆，不断巩固各族各界人士团结奋斗的共同思想政治基础。

二、聚焦中心大局，强化建言资政

要聚焦县委县政府中心工作，做好协商主业，更好释放专门协商机构的效能。要加强调研建言，坚持“不调研不协商、先调研后协商”原则，选准切入点，找准突破口，围绕全域土地综合整治、城东新区国家绿色生态城区创建等重点课题开展调研，继续做好县委书记、县长与委员面对面协商活动，有力助推党政中心工作落地落实。要开展委员视察，围绕美丽大花园士元实验区、经济开发区、龙游港区平台、“两江”走廊示范带等建设情况开展委员视察协商，切实助推重点项目建设。要深化专题协商，依托“请你来协商”平台，围绕突发疫情防控、“十四五”规划编制、“3+3”主导产业培育发展等议题开展专题协商，继续开展“委员议政行电视议政”，努力实现“知情明政全方位，协商议政面对面，建言献策零距离，凝聚共识全过程”。

三、践行履职为民，助力民生改善

认真践行“以人民为中心”的发展思想，坚持协商于民、协商为民，使人民群众更多地共享发展红利。要强化民主监督，聚焦重大民生项目开展民主监督，寓监督于支持之中，推动县委决策部署有效落实。要按照省市政协的统一部署和县委要求，重点就高水平全面建成小康社会补短板工作、社会治理领域“最多跑一地”、城乡生活垃圾分类处理、全域土地综合整治等联动开展专项集体民主监督，切实发挥政协民主监督钉钉子抓落实的重要一锤作用。要积极反映社情民意，依托省政协社情民意信息直报点优势，加强社情民意信息员队伍建设，聚焦各类民生“关键小事”，及时准确反映具有全局性、苗头性、倾向性的民生热点问题，以“小信息”推动“大民生”。要优化民生服务，聚焦群众普遍关注的教育医疗、社会保障等民生热点难题，开展委员视察和对口协商，察民情，解民忧，谋民利，增进民生福祉。按照“立足界别、发挥特长、形成特色、打造品牌”的要求，指导委员工作室发挥各自专长和优势，争创专业服务民生品牌。继续开展“三服务”活动和送医疗、文化、技术、法律等下乡活动，聚焦企业需求和民生短板，积极建言，增进企业和群众获得感。

四、拓展履职平台，助推县域治理

人民政协是国家治理体系的重要组成部分。要站在县域治理现代化的大格局中来思考谋划政协工作，以改革思维、创新理念、务实举措大力推进履职能力建设，努力在县域治理现代化中发挥更大作用。要推动政协协商和基层协商有机衔接。不断拓展协商平台，开展“请你来协商”进乡村、进社区活动。同时，弘扬协商文化，营造协商氛围，以点带面推动政协协商与基层协商相衔接、与社会治理相结合。加强政协乡镇（街道）联络组制度建设，探索建立政协民情联络站，充分发挥基层民主协商、寓外乡贤联谊、反映社情民意等职能作用，更好地把政协制度优势转化为基层治理效能。要深化“委员会客厅”建设。围绕“双招双引”工作重点，常态化开展“龙游中小企业政协委员会客厅”活动，助推“3+3”主导产业做大做强。围绕基层治理热点难点问题，常态化开展“龙游三治融合政协委员会客厅”活动，为推进重大项目建设提供法律服务。同时，发挥其平台功能，加强学习交流，深化团结联谊，通过委员影响界别群众、影响有影响力的人，把更多的人团结在党的周围。要推进提案工作提质增效。围绕县域治理重点问题加强提案征集，完善提案“双评议”和提案办理“回头看”再提升工作机制，发挥好1号提案引领示范作用，推动提案质量和提案协商办理质量的“双提升、双促进”。

五、加强自身建设，强化责任担当

要对标对表“四个一线”新要求，引导政协机关干部和广大委员增强一线意识，追求一线作为，树立新时代人民政协的新样子。要强化委员主体作用。完善委员培训机制，不断提升委员政治把握能力和协商能力。完善委员履职量化考评体系，健全委员履职档案、委员年度述职和常委提交履职报告等制度。考评结果实行“双反馈、双通报”机制，激发委员履职的积极性和主动性。按照省政协的统一部署，开展最美政协人、委员履职好故事推选活动。要拓展市政协龙游小组委员活动平台，进一步发挥市政协委员服务县域经济建设的作用。要强化专委会基础作用。突出政协专门委员会“专”的优势、“联”的特点、“精”的实效，优化专委会和党政部门对口联系运行机制。开展“一委一精品”创建，提高专委会议政建言的专业化水平。健全专委会联系委员界别小组制度，强化组织协调功能，组织界别委员高质量开展履职活动，使专委会工作更具活力、更富实效。要强化机关保障作用。巩固“不忘初心、牢记使命”主题教育成果，切实提高机关干部的理论素养和业务水平。完善理论学习、履职规则、工作机制、队伍管理等制度，不断推进政协履职制度化、规范化、程序化，努力建设政治强、能力强、服务强、作风强的模范机关。

各位委员、同志们！新思想引领新时代，新使命呼唤新作为。让我们更加紧密地团结在以习近平同志为核心的中共中央周围，在中共龙游县委的坚强领导下，不忘初心、牢记使命，维护核心、忠诚履职，凝聚人心、团结奋进，为奋力书写新时代人民政协事业的“龙游篇章”，加快浙西新明珠建设作出新的更大贡献！

2020年度龙游县重要文件选目

中共龙游县委员会文件选目

县委发〔2020〕1号　《关于印发张晓峰同志在县委十一届八次全体（扩大）会议上的报告的通知》
县委发〔2020〕2号　《关于周巧萍同志为县（市、区）人大、政协副职领导干部人选考察对象的建议报告》
县委发〔2020〕3号　《中共龙游县委2019年意识形态工作责任制落实情况自查报告》
县委发〔2020〕4号　《关于认真学习贯彻党的十九届四中全会精神努力实现县域治理现代化走在前列的决定》
县委发〔2020〕5号　《关于傅正军同志为市直部门副县级领导干部人选考察对象的建议报告》
县委发〔2020〕6号　《关于推迟召开县十三届人大四次会议的批复》
县委发〔2020〕7号　《关于推迟召开县政协十届四次会议的批复》
县委发〔2020〕8号　《关于调整部分党组织设置的通知》
县委发〔2020〕10号　《关于2019年度乡镇（街道）及县机关部门综合考核评价结果的通报》
县委发〔2020〕11号　《关于落实全面从严治党主体责任检查考核情况反馈意见整改方案的报告》
县委发〔2020〕14号　《关于表扬2019年度“民生工作”“经济发展”“平安龙游”突出贡献集体和个人的通报》
县委发〔2020〕15号　《关于俞耀根等同志为考察对象的建议报告》
县委发〔2020〕17号　《关于表彰信访维稳专班等十四个单位（专班）的通报》
县委发〔2020〕18号　《中共龙游县委关于落实全面从严治党主体责任检查考核情况反馈意见及点评意见的整改落实情况报告》
县委发〔2020〕19号　《关于召开县十三届人大四次会议的批复》
县委发〔2020〕20号　《关于召开县政协十届四次会议的批复》
县委发〔2020〕21号　《关于设立龙游县第十三届人民代表大会社会建设委员会的批复》
县委发〔2020〕22号　《关于建立龙游县十三届人大四次会议和政协龙游县十届四次会议临时党委的通知》
县委发〔2020〕23号　《关于学习贯彻习近平总书记在浙江考察时的重要讲话精神的情况报告》
县委发〔2020〕24号　《关于县纪委副书记人选考察对象和晋升职级考察对象的建议报告》
县委发〔2020〕25号　《关于调整部分党组织设置的通知》
县委发〔2020〕28号　《关于高水平体系化推进8090新时代理论宣讲工作的实施意见》
县委发〔2020〕30号　《关于推进新时代民政事业高质量发展的实施意见》
县委发〔2020〕31号　《关于成功承办全省新时代青年理论宣讲工作现场会的报告》
县委发〔2020〕33号　《关于印发〈龙游县2020年度乡镇(街道)、机关部门分类争先综合考核评价办法〉的通知》
县委发〔2020〕34号　《关于举办〈共产党宣言〉华岗译本出版90周年暨马克思主义中国化研讨会的请示》
县委发〔2020〕35号　《关于严志源同志为考察对象的建议报告》
县委发〔2020〕36号　《关于表扬全省新时代青年理论宣讲工作现场会承办中表现突出的集体和个人的通报》
县委发〔2020〕38号　《关于印发张晓峰同志在县委十一届九次全体（扩大）会议上的报告的通知》
县委发〔2020〕39号　《关于持之以恒深化8090新时代理论宣讲工作凝聚青年力量助推浙西新明珠建设的决定》
县委发〔2020〕40号　《关于打造更优人才生态加快龙游建设新时代浙西新明珠的意见》
县委发〔2020〕41号　《关于给予郑强等101名公务员记三等功的决定》
县委发〔2020〕42号　《关于落实“民革党员之家”场所的批复》
县委发〔2020〕43号　《关于同意召开中国少年先锋队龙游县第四次代表大会的批复》

县委发〔2020〕44 号　《关于中国少年先锋队龙游县第四届委员会人事安排的批复》

（县委办　赖建伟整理）

中共龙游县委办公室文件选目

县委办发〔2020〕2 号　关于印发《中共龙游县委落实省委对市委、市委对县委全面从严治党主体责任检查考核情况反馈意见整改任务责任分工》的通知

县委办发〔2020〕3 号　关于印发《创建政治生态最佳县 2020 年行动方案》的通知

县委办发〔2020〕4 号　关于调整县委办公室班子及县管干部工作分工的通知

县委办发〔2020〕5 号　关于印发《龙游县招商引资工作制度体系》的通知

县委办发〔2020〕6 号　关于印发《龙游县实施“红色物业联盟”——机关部门“三联工程”助力城市基层治理的意见》的通知

县委办发〔2020〕8 号　关于印发《2020 年龙游县国土整治大会战实施方案》的通知

县委办发〔2020〕9 号　关于印发《龙游县“双招双引”攻坚活动方案》的通知

县委办发〔2020〕10 号　关于印发《龙游县高水平全面建成小康社会补短板工作清单》的通知

县委办发〔2020〕11 号　关于印发《龙游县推进刑事犯罪系统治理的实施意见》的通知

县委办发〔2020〕12 号　关于印发《龙游县发展壮大村级集体经济“一村一策”实施方案》的通知

县委办发〔2020〕13 号　关于印发《县委理论学习中心组 2020 年学习计划》的通知

县委办发〔2020〕14 号　印发《关于加强公立医院党的建设工作的实施意见》的通知

县委办发〔2020〕15 号　关于建立“战时服务团”常态化运行工作机制的通知

县委办发〔2020〕17 号　关于印发《中共龙游县委党建工作领导小组 2020 年工作要点》的通知

县委办发〔2020〕18 号　关于印发《进一步加强检察机关法律监督工作机制建设的实施意见》的通知

县委办发〔2020〕19 号　关于印发《新时代龙游产业工人队伍建设改革实施方案》的通知

县委办发〔2020〕20 号　关于印发高水平推进“河湖长制”工作有关制度的通知

县委办发〔2020〕21 号　印发《关于构建“县乡一体、条抓块统”模式提高基层治理能力试点工作方案》的通知

县委办发〔2020〕23 号　关于印发《龙游县“3+3+1”产业服务团考核办法》的通知

县委办发〔2020〕24 号　印发《关于加快推进新时代社会救助体系建设的实施意见》的通知

县委办发〔2020〕25 号　关于印发《龙游县县乡双向考核评价实施办法》的通知

县委办发〔2020〕26 号　关于认真做好《习近平谈治国理政》第三卷学习宣传工作的通知

县委办发〔2020〕27 号　关于印发《持续解决形式主义突出问题为基层减负若干措施》的通知

县委办发〔2020〕28 号　关于印发《龙游县 8090 新时代理论宣讲员星级评定管理办法》《龙游县 8090 新时代理论宣讲工作网格化管理办法》的通知

县委办发〔2020〕29 号　关于印发《规范乡镇街道“属地管理”的实施办法》的通知

县委办发〔2020〕30 号　关于表扬 2020 年度上半年经济发展争先创优工作表现突出集体的通报

县委办发〔2020〕31 号　关于“五县联创”工作进展情况的通报

县委办发〔2020〕32 号　关于高质量推进“八大平台”建设的通知

县委办发〔2020〕33 号　关于印发《打造全国“直播”样板县实施方案》的通知

县委办发〔2020〕34 号　印发《关于赋能发力“小县大城、农民集聚”打造城乡统筹融合发展示范样板的实施意见》的通知

县委办发〔2020〕35 号　印发《关于赋能发力“龙游通 + 全民网格”打造县域治理体系和治理能力现代化示范样板的实施意见》的通知

县委办发〔2020〕36 号　印发《关于赋能发力“小县大城、农民集聚”打造城乡统筹融合发展示范样板的实施意见》的通知

县委办发〔2020〕37 号　印发《关于赋能发力“科技引领、产业创新”打造内陆地区制造业高质量发展示范样板的实施意见》的通知
县委办发〔2020〕38 号　关于印发《龙游县城市赋能“十大专项”行动方案》的通知
县委办发〔2020〕39 号　关于印发《龙游县计划生育协会改革实施方案》的通知
县委办发〔2020〕40 号　印发《关于进一步加强城乡社区协商的实施意见》的通知
县委办发〔2020〕41 号　印发《关于高质量做好村社区组织换届选举工作的意见》的通知
县委办发〔2020〕44 号　印发《关于加快推进全域旅游发展的若干政策意见》的通知
县委办发〔2020〕45 号　关于印发《龙游县坚决制止餐饮浪费行为实施方案》的通知
县委办发〔2020〕46 号　印发《关于规范党员干部新媒体使用行为的规定》的通知
县委办发〔2020〕47 号　印发《关于深化“三位一体”改革服务党建治理大花园建设的实施方案》的通知
县委办发〔2020〕48 号　印发《关于高质量推进龙南片区“一镇带三乡”区域协同发展的实施意见》的通知
县委办发〔2020〕49 号　关于印发《龙游县加快推进企业股改挂牌上市三年行动方案（2020—2022 年）》的通知

（县委办　赖建伟整理）

龙游县人大常委会文件选目

龙人大常〔2020〕1 号　关于龙游县国有资产管理情况报告的审议意见
龙人大常〔2020〕10 号　龙游县人大常委会 2020 年监督工作计划
龙人大常〔2020〕16 号　龙游县人大常委会关于批准 2020 年政府重大投资项目的决定
龙人大常〔2020〕18 号　龙游县人大常委会关于加强监督和支持县人民检察院法律监督工作的决定
龙人大常〔2020〕24 号　龙游县人大常委会 2020 年工作要点
龙人大常〔2020〕30 号　关于龙游县 2019 年度审计问题整改落实情况的审议意见
龙人大常〔2020〕31 号　关于我县环境状况和环境保护目标完成情况以及一般工业固废处置情况的审议意见
龙人大常〔2020〕32 号　关于龙游县人大常委会主任、副主任及办公室主任分工调整的通知
龙人大常〔2020〕33 号　龙游县人大常委会关于设立龙游县“诚信日”的决定
龙人大常〔2020〕34 号　龙游县人大常委会关于批准龙游县 2019 年财政决算的决议
龙人大常〔2020〕37 号　龙游县人民代表大会常务委员会听取和审议人大街道工委工作报告的办法（试行）
龙人大常〔2020〕38 号　龙游县人民代表大会常务委员会街道工作委员会工作规则（试行）
龙人大常〔2020〕39 号　龙游县人民代表大会常务委员会街道工作委员会委员提名和任免办法（试行）
龙人大常〔2020〕40 号　龙游县人民代表大会常务委员会关于街道预算审查监督办法（试行）
龙人大常〔2020〕41 号　关于 2019 年财政决算及其他财政收支审计情况和 2020 年上半年财政预算执行情况报告的审议意见
龙人大常〔2020〕42 号　关于龙游县 2020 年上半年国民经济和社会发展计划执行情况的审议意见
龙人大常〔2020〕47 号　关于龙游县医共体建设工作情况报告的审议意见
龙人大常〔2020〕48 号　关于我县基本养老保险工作情况的审议意见
龙人大常〔2020〕49 号　关于我县依法行政工作情况报告的审议意见
龙人大常〔2020〕52 号　龙游县人大常委会关于批准龙游县 2020 年新增地方政府债务限额、抗疫特别国债和新增债务预算调整方案的决议
龙人大常〔2020〕53 号　龙游县人大常委会关于批准龙游县 2020 年财政预算调整方案的决议
龙人大常〔2020〕54 号　关于龙游县 2019 年国有资产管理情况报告的审议意见
龙人大常〔2020〕55 号　关于我县农村饮用水达标提标专项行动计划（2018—2020 年）执行情况的审议意见
龙人大常〔2020〕56 号　关于印发龙游县人民代表大会各专门委员会工作职责的通知
龙人大常〔2020〕57 号　龙游县人大常委会关于批准龙游县 2020 年财政预算调整方案的决议

龙人大常〔2020〕58 号　龙游县人民代表大会常务委员会任免国家机关工作人员办法
龙人大常〔2020〕59 号　关于调整龙游县第十三届人民代表大会常务委员会代表资格审查委员会组成人员的决定
龙人大常〔2020〕62 号　龙游县人大常委会关于补选龙游县第十三届人民代表大会代表的决定

（县人大　徐鹏臻整理）

龙游县人大常委会办公室文件选目

龙人大常办〔2020〕10 号　关于做好县十三届人大四次会议代表提出议案建议相关服务工作的通知
龙人大常办〔2020〕11 号　关于全县人大系统聚力助推“双招双引”工作的通知
龙人大常办〔2020〕12 号　关于开展人大代表“投身双招双引、助力经济发展”主题活动的实施方案
龙人大常办〔2020〕13 号　关于印发《龙游县人大常委会 2020 年度分月主要工作安排》的通知
龙人大常办〔2020〕16 号　龙游县人大常委会关于开展“推动企业　股改上市”调研的实施方案
龙人大常办〔2020〕17 号　关于做好 2020 年人大信息宣传和意识形态工作的通知
龙人大常办〔2020〕18 号　关于组织县人大代表跟踪监督 2020 年民生实事项目的通知
龙人大常办〔2020〕21 号　关于县人大常委会领导及委室联系督办 2020 年度议案和重点建议的通知
龙人大常办〔2020〕24 号　龙游县机关部门人大工作考核评价办法
龙人大常办〔2020〕25 号　龙游县乡镇（街道）人大工作考核评价办法
龙人大常办〔2020〕30 号　印发《关于实施“四化一指数”打造人大代表联络站升级版的实施方案》的通知
龙人大常办〔2020〕33 号　印发《关于加强街道人大工作和建设的实施方案》的通知
龙人大常办〔2020〕34 号　龙游县人大常委会关于交办人大街道工委 2020 年工作任务的通知
龙人大常办〔2020〕35 号　印发《关于建立“代表议政直通车”工作机制的实施意见》的通知
龙人大常办〔2020〕36 号　印发《关于龙游县人大常委会领导及各室委联系乡镇、街道人大工作的实施意见》的通知
龙人大常办〔2020〕39 号　关于县人大常委会一般工业固废处置审议意见落实情况的督查意见
龙人大常办〔2020〕42 号　关于 2020 年民生实事项目实施情况的视察意见
龙人大常办〔2020〕44 号　代表联络站规范化建设交叉检查情况通报
龙人大常办〔2020〕45 号　关于开展全县人大系统 8090 新时代理论宣讲工作的实施方案
龙人大常办〔2020〕49 号　关于我县低收入百姓增收攻坚战执行情况的视察意见
龙人大常办〔2020〕50 号　关于小区物业管理巩固扩面情况的视察意见
龙人大常办〔2020〕51 号　印发《2020 年县人大常委会主任接待代表月活动方案》的通知
龙人大常办〔2020〕53 号　关于做好 2021 年民生实事项目谋划征集工作的通知
龙人大常办〔2020〕55 号　关于印发《龙游县人大常委会机关内部管理制度》的通知
龙人大常办〔2020〕59 号　关于我县政府重大投资项目建设推进情况的视察意见
龙人大常办〔2020〕63 号　关于我县文旅产业融合试验区培育情况的视察意见
龙人大常办〔2020〕68 号　关于县人大各专门委员会和常委会内设机构对口联系部门调整的通知

（县人大　徐鹏臻整理）

龙游县人民政府文件选目

龙政发〔2020〕1 号　关于进一步加快小微企业园建设的实施意见
龙政发〔2020〕2 号　关于龙游县小南海镇红船头村村级土地利用规划的批复
龙政发〔2020〕3 号　关于龙游县龙洲街道半爿月等三村村级土地利用规划的批复
龙政发〔2020〕4 号　关于《溪口镇灵山江沿江公路集体土地房屋征收补偿安置实施方案》的批复
龙政发〔2020〕5 号　关于龙游县水务集团 2020 年度衢江（龙游段）河道疏浚计划指标的批复
龙政发〔2020〕8 号　关于龙游县社阳水库—洪畈水库饮用水水源地安全保障达标建设实施方案的批复
龙政发〔2020〕9 号　关于表彰 2019 年度县政府质量获奖企业的通报
龙政发〔2020〕10 号　关于给予士元实验区专班等七个单位（专班）记集体三等功的决定
龙政发〔2020〕11 号　关于《龙游县城东片区控制性详细规划及城市设计（调整）》的批复
龙政发〔2020〕12 号　关于《龙游县林地保护利用规划（2010—2020 年）》局部调整方案（2020-I）的批复
龙政发〔2020〕13 号　关于同意对龙游县庙下乡养老服务中心（龙游县龙南中心敬老院）重大火灾隐患实行政府挂牌督办的批复
龙政发〔2020〕14 号　关于同意 2020 年度龙游县应急管理局安全生产监督检查计划的批复
龙政发〔2020〕15 号　关于龙游县詹家镇 PS 单元 01 地块控制性详细规划的批复
龙政发〔2020〕16 号　关于水务集团河道疏浚泽潭基地环境整治方案的批复
龙政发〔2020〕17 号　关于公布龙游县新确定 15 处历史建筑名录的通知
龙政发〔2020〕18 号　关于印发龙游县 2020 年“项目推进 365 行动”方案的通知
龙政发〔2020〕19 号　关于同意变更东华化工集中区名称的批复
龙政发〔2020〕20 号　关于开展第七次人口普查的通知
龙政发〔2020〕21 号　关于同意认定浙江枣椿堂农业发展有限公司等为县级农业龙头企业的批复
龙政发〔2020〕22 号　关于《横山镇志棠区块矿地环境综合整治项目房屋搬迁补偿安置实施方案》的批复
龙政发〔2020〕23 号　关于龙游县 2020 年国有建设用地供应计划的批复
龙政发〔2020〕24 号　关于印发龙游县新建杭州至衢州铁路建德至衢州段（龙游段）集体土地房屋征收补偿安置实施方案的通知
龙政发〔2020〕25 号　关于印发龙游县人民政府重大事项决策程序规定的通知
龙政发〔2020〕27 号　关于印发龙游县Ⅰ区域村庄搬迁改造实施办法（试行）的通知
龙政发〔2020〕28 号　关于印发龙游县Ⅱ区域集体土地房屋征收补偿安置办法（试行）的通知
龙政发〔2020〕29 号　关于印发龙游县Ⅲ区域集体土地房屋征收补偿安置办法（试行）的通知
龙政发〔2020〕30 号　关于同意收回龙游华茂外国语学校东侧地块国有土地使用权的批复
龙政发〔2020〕31 号　关于《龙游县溪口镇未来社区项目国有土地房屋收购补偿安置实施方案》的批复
龙政发〔2020〕32 号　关于《龙游县溪口镇未来社区项目集体土地房屋征收补偿安置实施方案》的批复
龙政发〔2020〕33 号　关于印发进一步加快建筑业发展的若干意见的通知
龙政发〔2020〕35 号　关于给予鄢航等 3 位同志记三等功的决定
龙政发〔2020〕36 号　关于明确“燃气管理”行政处罚职权单位的批复
龙政发〔2020〕37 号　关于同意收回龙游县溪口镇 2018M — 01 土地使用权的批复
龙政发〔2020〕38 号　关于横山镇志棠村废弃矿山生态治理及矿地综合利用项目的批复
龙政发〔2020〕39 号　关于《龙游县城北入城口项目城区段集体土地房屋征收补偿安置实施方案》《龙游县城北入城口项目开发区段集体土地房屋征收补偿安置实施方案》的批复
龙政发〔2020〕40 号　关于调整县政府领导分工的通知
龙政发〔2020〕41 号　关于印发《龙游县治水长效战 2020 年工作计划》《龙游县治气攻坚战暨蓝天保卫战 2020

年工作计划》《龙游县治土持久战2020年工作计划》和《龙游县清废保卫战暨清废行动2020年工作计划》的通知

龙政发〔2020〕42号　关于同意对龙游县模环乡湖塘殿等18个建设用地复垦项目予以立项的批复

龙政发〔2020〕43号　关于同意对龙游县士元实验区一期12区块建设用地复垦项目予以立项的批复

龙政发〔2020〕44号　关于同意对龙游县东华街道方坦等10个建设用地复垦项目予以立项的批复

龙政发〔2020〕45号　关于印发《龙游县征地区片综合价补偿办法》的通知

龙政发〔2020〕46号　关于《龙游县西入城口改造提升工程集体土地上房屋征收补偿安置实施方案》《龙游县西入城口改造提升工程国有土地上房屋征收补偿安置实施方案》的批复

龙政发〔2020〕47号　关于同意对龙游县东华街道横路祝村等9个建设用地复垦项目予以立项的批复

龙政发〔2020〕48号　关于进一步推进湖镇镇小城市培育试点工作的若干意见

龙政发〔2020〕49号　关于印发龙游县开展"证照分离"改革全覆盖试点工作实施方案的通知

龙政发〔2020〕50号　关于给予龙游县委宣传部及余鹏等7人记三等功的决定

龙政发〔2020〕51号　关于同意横山镇志棠村废弃矿山生态治理及矿地综合利用项目建筑石料用灰岩矿采矿权挂牌出让方案的批复

龙政发〔2020〕52号　关于同意设立新溪社区的批复

龙政发〔2020〕53号　关于同意龙游县320国道二改一（模环段）项目集体土地房屋征收补偿安置实施方案的批复

龙政发〔2020〕54号　关于同意龙游县320国道二改一（横山段）项目集体土地房屋征收补偿安置实施方案的批复

龙政发〔2020〕55号　关于同意龙游县320国道二改一（塔石双联新村段）项目集体土地房屋征收补偿安置实施方案的批复

龙政发〔2020〕56号　关于公布龙游县高坪桥水库放水预警方案的通知

龙政发〔2020〕57号　关于湖镇镇张家埠村历史文化村落保护利用重点村规划的批复

龙政发〔2020〕58号　关于同意收回龙游经济开发区M145地块的批复

龙政发〔2020〕59号　关于《龙游县5G通信基站布点规划》的批复

龙政发〔2020〕60号　关于同意收储龙游县国有资产经营有限公司国有土地使用权的批复

龙政发〔2020〕61号　关于同意收储浙江元众新能源有限公司国有土地使用权的批复

龙政发〔2020〕62号　关于同意动用社会保障风险准备金的批复

龙政发〔2020〕63号　关于同意龙游县石佛乡石佛村矿地综合开发利用项目的批复

龙政发〔2020〕64号　关于同意横山镇志棠村废弃矿山生态治理及矿地综合利用项目政策处理实施方案的批复

龙政发〔2020〕65号　关于同意收回龙游经济开发区M119　M120地块的批复

龙政发〔2020〕66号　关于表彰2019年全县征兵工作先进单位和先进个人的通报

龙政发〔2020〕68号　关于建立龙游县府院联席会议制度的通知

龙政发〔2020〕69号　关于公布龙游县第六批非物质文化遗产保护名录的通知

龙政发〔2020〕70号　关于对龙游县大街乡贺田村等共54个建设用地复垦项目予以立项的批复

龙政发〔2020〕71号　关于同意石佛乡石佛矿地综合开发利用项目政策处理的实施方案的批复

龙政发〔2020〕72号　关于给予汪俊芳等6人记个人三等功的决定

龙政发〔2020〕73号　关于龙游经济开发区化工集中区控制性详细规划的批复

龙政发〔2020〕74号　关于龙游县化工行业安全发展规划的批复

龙政发〔2020〕75号　关于龙游经济开发区化工集中区产业发展规划的批复

龙政发〔2020〕76号　关于变更调整庙下乡晓溪村等公益林的批复

龙政发〔2020〕77号　关于同意浙江龙游经济开发区管理委员会设立企业困难职工帮扶资金专户的批复

龙政发〔2020〕78号　关于龙游县乡镇级及以下河道标准化划界的批复

龙政发〔2020〕79号　关于同意对龙游县2020年旱改水项目予以立项的批复

龙政发〔2020〕80号　关于同意对詹家镇夏金村（千家畈）等2个标准农田建设项目予以立项的批复

龙政发〔2020〕81号　关于同意对龙游县2020年垦造耕地项目予以立项的批复

龙政发〔2020〕82 号　关于对龙游县湖镇镇彭塘等共 11 个建设用地复垦项目予以立项的批复
龙政发〔2020〕83 号　关于修改《关于推进龙游县国资改革的若干意见》附件内容的通知
龙政发〔2020〕84 号　关于上海龙掣旅游有限责任公司国有股权转让的批复
龙政发〔2020〕85 号　关于龙游经济开发区城南 B20（1）-15 地块的批复
龙政发〔2020〕86 号　关于印发《龙游县“两山银行”改革试点实施方案》的通知
龙政发〔2020〕88 号　关于对龙游县横山镇后徐村等 2 个耕地质量提升项目予以立项的批复
龙政发〔2020〕89 号　关于对龙游县庙下乡养老服务中心（龙游县龙南中心敬老院）重大火灾隐患摘牌销案的批复
龙政发〔2020〕90 号　关于东华街道上圩头村等 19 个村村庄规划的批复
龙政发〔2020〕96 号　关于组建龙游县金融发展有限公司的批复
龙政发〔2020〕97 号　关于确认龙游县龙游麻鸡行业协会申请龙游麻鸡国家地理标志证明商标的批复
龙政发〔2020〕98 号　关于同意溪口镇人民政府开设新溪小区房屋征收资金专户的批复
龙政发〔2020〕99 号　关于对龙游县沐尘畲族乡双戴村等共 4 个建设用地复垦项目予以立项的批复
龙政发〔2020〕101 号　关于龙游县水务集团有限公司发行绿色公司债券同时申报公募　私募公司债的批复
龙政发〔2020〕106 号　关于同意龙游县模环乡士元实验区一期 1　2 区块土地整治项目立项的批复
龙政发〔2020〕107 号　关于公布第五批县级文物保护单位的通知
龙政发〔2020〕108 号　关于龙游县城区智慧停车项目实行授权经营的批复
龙政发〔2020〕109 号　关于同意对龙游县塔石镇莲塘村等共 3 个建设用地复垦项目予以立项的批复
龙政发〔2020〕110 号　关于收回龙游经济开发区 M117 地块部分土地的批复
龙政发〔2020〕111 号　关于推进健康龙游行动的实施意见
龙政发〔2020〕112 号　关于同意对龙游县模环乡士元村等共 2 个建设用地复垦项目予以立项的批复
龙政发〔2020〕113 号　关于《龙游县沐尘水库及流域生态环境保护实施方案》的批复
龙政发〔2020〕114 号　关于进一步加快推进企业对接多层次资本市场的实施意见
龙政发〔2020〕115 号　关于收储浙江巨化化工矿业有限公司国有土地使用权的批复
龙政发〔2020〕116 号　关于无偿划转国有企业股权的批复
龙政发〔2020〕117 号　关于印发《龙游县“三线一单”生态环境分区管控方案》的通知
龙政发〔2020〕118 号　关于同意动用 2020 年度财政预备费的批复
龙政发〔2020〕119 号　关于同意认定龙游伊利乳业有限责任公司等为县级农业龙头企业的批复
龙政发〔2020〕120 号　关于对龙游县横山镇天池村等共 6 个建设用地复垦项目予以立项的批复

（县政府办　叶凌豪整理）

龙游县人民政府办公室文件选目

龙政办发〔2020〕1 号　关于印发加强海绵城市园林绿化建设管理工作的指导意见的通知
龙政办发〔2020〕2 号　关于印发《龙游县禁限燃放烟花爆竹实施方案》的通知
龙政办发〔2020〕3 号　关于印发龙游县 2020 年度无偿献血工作方案的通知
龙政办发〔2020〕4 号　关于规范涉企保证金管理的通知
龙政办发〔2020〕5 号　关于印发龙游县畜禽养殖禁养区划定调整方案的通知
龙政办发〔2020〕6 号　关于切实做好 2020 年国土绿化工作的通知
龙政办发〔2020〕7 号　关于贯彻落实国务院《优化营商环境条例》的实施意见
龙政办发〔2020〕8 号　关于公布龙游县基准地价更新成果的通知
龙政办发〔2020〕9 号　关于印发龙游县消防安全红牌挂牌督办集中整改攻坚行动方案的通知
龙政办发〔2020〕10 号　关于开展行政规范性文件清理工作的通知

龙政办发〔2020〕11 号　关于印发龙游县城市区域声环境功能区划分方案的通知
龙政办发〔2020〕12 号　关于印发龙游县行政争议调解工作实施意见的通知
龙政办发〔2020〕13 号　关于印发龙游超精密制造小镇创建实施方案的通知
龙政办发〔2020〕14 号　关于印发《龙游县加快美丽城镇 5G 智慧建设的若干意见》的通知
龙政办发〔2020〕15 号　关于印发龙游县 2020 年重点建设项目推进“421”行动计划的通知
龙政办发〔2020〕16 号　关于印发龙游县 2020 年政府性投资项目计划的通知
龙政办发〔2020〕17 号　关于完善推动经济发展工作机制的实施意见
龙政办发〔2020〕18 号　关于印发《龙游县农村道路交通安全管理办法》的通知
龙政办发〔2020〕19 号　关于印发《关于进一步深化殡葬改革助推乡村治理的实施意见》的通知
龙政办发〔2020〕20 号　关于印发龙游县国土整治异地搬迁安置方案的通知
龙政办发〔2020〕21 号　关于印发龙游溪口乡村版未来社区工作推进方案的通知
龙政办发〔2020〕22 号　关于印发《龙游县加快推进水产养殖绿色发展的实施方案（2019—2022 年）》的通知
龙政办发〔2020〕23 号　关于公布 2020 年度县政府重大行政决策事项目录的通知
龙政办发〔2020〕24 号　关于启用龙游县人民政府信访听证专用章的通知
龙政办发〔2020〕25 号　关于印发龙游县农村饮用水统一运维管理实施方案的通知
龙政办发〔2020〕26 号　关于印发 2020 年民生实事项目责任分解的通知
龙政办发〔2020〕27 号　关于印发龙游县防汛防台抗旱应急预案的通知
龙政办发〔2020〕28 号　关于印发政策专班等 7 个专班工作方案的通知
龙政办发〔2020〕29 号　关于印发 2020 年养老保险扩面征缴工作目标任务的通知
龙政办发〔2020〕30 号　关于印发龙游县提振消费促进经济发展实施方案的通知
龙政办发〔2020〕31 号　关于做好龙游红木小镇验收命名期间相关工作的通知
龙政办发〔2020〕32 号　关于印发龙游县企业稳就业工作应急预案的通知
龙政办发〔2020〕33 号　关于抓好 2020 年粮食生产工作的指导意见
龙政办发〔2020〕35 号　关于印发龙游县积极推动供应链创新与应用实施方案的通知
龙政办发〔2020〕36 号　关于印发《龙游县稻渔综合种养产业发展实施方案（2020—2022 年）》的通知
龙政办发〔2020〕37 号　关于进一步加强和改进生活无着的流浪乞讨人员救助管理工作的实施意见
龙政办发〔2020〕38 号　关于印发 2020 年县政府重点工作责任分解（一）的通知
龙政办发〔2020〕39 号　关于印发《龙游县创建文旅产业融合试验区 2020 年工作方案》的通知
龙政办发〔2020〕40 号　关于印发龙游精密高端装备制造省级高新技术产业园区创建实施方案的通知
龙政办发〔2020〕41 号　关于印发 2020 年为企办实事项目责任分解的通知
龙政办发〔2020〕42 号　关于印发龙游县 2020 年度“污水零直排区”建设工作方案的通知
龙政办发〔2020〕43 号　关于印发《龙游县瓶装燃气专项整治（长效管理）工作实施方案》的通知
龙政办发〔2020〕44 号　关于做好 2020 年订单粮食工作的通知
龙政办发〔2020〕45 号　关于明确城市管理不明事项管理机制责任清单的通知
龙政办发〔2020〕46 号　关于印发《龙游县争创大花园典型示范建设单位 2020 年行动计划》的通知
龙政办发〔2020〕47 号　关于印发《龙游县民宿提升发展三年行动计划（2020—2022 年）》的通知
龙政办发〔2020〕48 号　关于印发《龙游县公安政务服务“一窗通办”工作方案》的通知
龙政办发〔2020〕49 号　关于印发龙游县小微企业和个体工商户纾困专班工作方案（试行）的通知
龙政办发〔2020〕50 号　关于印发 2020 年县政府领导重点议案　建议　提案领办件的通知
龙政办发〔2020〕51 号　关于印发《龙游县人民政府质量奖管理办法》的通知
龙政办发〔2020〕52 号　关于印发《龙游县城乡农贸市场改造升级三年（2020—2022）行动实施方案》的通知
龙政办发〔2020〕53 号　关于印发进一步加强县属国有资产集中管理工作方案的通知
龙政办发〔2020〕54 号　关于印发《龙游县 2020 学年中小学事业发展计划和招生工作意见》的通知
龙政办发〔2020〕55 号　印发《关于加快推进服务业转型升级的若干意见（试行）》的通知
龙政办发〔2020〕56 号　关于印发龙游县“1345”政务督查体系建设方案的通知
龙政办发〔2020〕57 号　关于开展国家天然富硒土地申报工作的通知

龙政办发〔2020〕58 号　关于印发 2020 年度民生实事项目考核办法的通知
龙政办发〔2020〕59 号　关于聘任王德正等 23 名信访听证员的通知
龙政办发〔2020〕60 号　关于印发 2020 年度窗口单位履行职能考核评价办法的通知
龙政办发〔2020〕61 号　关于印发 2020 年度垂直管理单位履行职能考核办法的通知
龙政办发〔2020〕62 号　关于启用“龙游县人民政府行政复议专用章”等印章的通知
龙政办发〔2020〕63 号　关于印发龙游县“无废城市”建设工作实施方案的通知
龙政办发〔2020〕64 号　关于印发《龙游县 2020 年度服务业发展工作考核办法》的通知
龙政办发〔2020〕66 号　关于建立行政诉讼案件常态化督查机制的通知
龙政办发〔2020〕67 号　关于印发《龙游县全面禁止非法交易和滥食野生动物妥善处置在养野生动物工作方案》的通知
龙政办发〔2020〕68 号　关于印发 2020 年度“两山”实践示范区建设专项考核办法的通知
龙政办发〔2020〕69 号　关于印发龙游县 5G 移动通信基础设施建设实施方案的通知
龙政办发〔2020〕70 号　关于印发 2020 年度中央　省环保督查整改专项工作考核办法的通知
龙政办发〔2020〕71 号　关于印发《龙游县“潮起龙游　嗨翻十月”消费券推送活动方案》通知
龙政办发〔2020〕72 号　关于落实争取省政府 2020 年真抓实干督查激励责任分解的通知
龙政办发〔2020〕73 号　关于全面推进龙游县国有企业退休人员社会化管理的通知
龙政办发〔2020〕74 号　关于印发县十三届政府第七次全体（扩大）会议暨廉政工作会议重点工作任务分工的通知
龙政办发〔2020〕75 号　关于做好 2020 年中晚稻订单收购工作的通知
龙政办发〔2020〕76 号　关于规范政府性投资项目招标资金审批机制的通知
龙政办发〔2020〕77 号　关于印发《龙游县防范处置火灾事故应急预案》的通知
龙政办发〔2020〕78 号　关于印发《龙游县工业企业闲置及低效土地分类处置办法》的通知
龙政办发〔2020〕79 号　关于印发杭衢铁路龙游段取土场项目推进工作方案的通知
龙政办发〔2020〕80 号　关于印发龙游县节水行动实施方案的通知
龙政办发〔2020〕81 号　关于印发《龙游县“十四五”专项规划编制实施方案》的通知
龙政办发〔2020〕82 号　关于做好 2021 年度城乡居民基本医疗保险参保缴费工作的通知
龙政办发〔2020〕83 号　关于印发 2020 年度龙游县打造山海协作升级版考核办法的通知
龙政办发〔2020〕84 号　关于印发龙游县 MEI 争先创优考核办法（试行）的通知
龙政办发〔2020〕85 号　关于印发《龙游县关于全面推进政务公开标准化规范化工作实施方案》的通知
龙政办发〔2020〕86 号　关于印发《龙游县加快培育“三衢味”农产品区域公用品牌实施方案》的通知
龙政办发〔2020〕87 号　关于印发 2020 年度龙游县东西部扶贫工作考核细则的通知
龙政办发〔2020〕88 号　关于印发龙游县婚俗改革试点工作实施方案的通知
龙政办发〔2020〕89 号　关于加快推广应用医保电子凭证的通知
龙政办发〔2020〕90 号　关于扎实做好龙游县综合行政执法事项划转推进依法履职的通知
龙政办发〔2020〕91 号　关于印发《龙游县自然资源统一确权登记工作方案》的通知
龙政办发〔2020〕92 号　关于印发《2020 年度土地征迁专项考核办法》的通知
龙政办发〔2020〕93 号　关于公布县政府及县政府办公室行政规范文件清理结果的通知
龙政办发〔2020〕94 号　关于印发龙游县 2021 年度无偿献血工作方案的通知
龙政办发〔2020〕95 号　关于进一步严肃财经纪律加强财务管理的通知
龙政办发〔2020〕96 号　关于加强龙游县瓶装燃气市场监管的实施意见
龙政办发〔2020〕97 号　关于印发龙游县小水电清理整改长效考核办法的通知
龙政办发〔2020〕98 号　关于印发龙游县农村房屋安全隐患排查整治实施方案的通知
龙政办发〔2020〕99 号　关于印发龙游县 2020 年度国土整治工作考核办法的通知
龙政办发〔2020〕100 号　关于印发龙游县地质灾害“整体智治”三年行动方案（2020—2022 年）的通知

（县政府办　叶凌豪整理）

政协龙游县委员会文件选目

龙政协〔2020〕1 号　关于召开中国人民政治协商会议第十届龙游县委员会第四次会议的决定
龙政协〔2020〕2 号　关于印发《关于在县政协系统开展助推“双招双引”攻坚年活动的通知》的通知
龙政协〔2020〕6 号　报送县政协《对我县全域土地综合整治的调查与思考》的调研报告
龙政协〔2020〕7 号　关于印发《政协龙游县委员会委员履职工作规则》的通知
龙政协〔2020〕8 号　关于印发《政协龙游县委员会乡镇（街道）民情联络站工作规则》（试行）的通知
龙政协〔2020〕9 号　关于召开中国人民政治协商会议第十届龙游县委员会第四次会议的公告
龙政协〔2020〕10 号　关于召开中国人民政治协商会议第十届龙游县委员会第四次会议的公告
龙政协〔2020〕11 号　关于印发中国人民政治协商会议第十届龙游县委员会常务委员会第二十次会议审议通过的有关人事事项的通知
龙政协〔2020〕12 号　政协第十届龙游县委员会第四次会议公告
龙政协〔2020〕13 号　关于印发《政协第十届龙游县委员会 2020 年履职议题》的通知
龙政协〔2020〕14 号　关于印发《关于围绕高水平全面建成小康社会补短板开展专项集体民主监督的实施方案》的通知
龙政协〔2020〕15 号　关于印发《关于开展“全域土地综合整治”专项集体民主监督的实施方案》的通知
龙政协〔2020〕20 号　关于印发《关于社会治理领域“最多跑一地”专项集体民主监督的实施方案》的通知
龙政协〔2020〕21 号　关于印发《关于开展“城乡生活垃圾分类处理”专项集体民主监督的实施方案》的通知
龙政协〔2020〕22 号　关于加强县政协系统 8090 新时代理论宣讲工作的实施方案
龙政协〔2020〕23 号　关于报送县政协《加快国家绿色生态城区创建　建设美丽城东新区》的调研报告

（县政协　郭晓玲整理）

政协龙游县委员会办公室文件选目

龙政协办〔2020〕1 号　关于召开政协第十届龙游县委员会第四次会议的通知
龙政协办〔2020〕3 号　关于开展政协助力疫情防控和企业复工复产“两手抓、两手硬，两战赢、两领先”活动的通知
龙政协办〔2020〕4 号　关于开展全域土地综合整治专题调研的通知
龙政协办〔2020〕9 号　关于调整《县政协党员委员“四联系”方案》的通知
龙政协办〔2020〕14 号　关于我县六春湖高山运动小镇项目建设情况的视察报告
龙政协办〔2020〕18 号　关于我县寓外乡贤服务“双招双引”情况的视察报告
龙政协办〔2020〕25 号　关于印发《龙游县政协委员会客厅基本运行规范（试行）》的通知
龙政协办〔2020〕30 号　关于印发《中国人民政治协商会议浙江省龙游县委员会大会发言工作规则》的通知
龙政协办〔2020〕31 号　关于印发《无烟政协领导小组及办公室工作制度》的通知

（县政协　郭晓玲整理）

索引

表索引

图索引

中心词索引

一画

二画

三画

四画

五画

六画

七画

八画

九画

十画

十一画

十二画

十二画以上